魏連科等　注譯

新譯後漢書(二)紀二傳一

三民書局　印行

國家圖書館出版品預行編目資料

新譯後漢書(二)紀㈢傳㈠／魏連科等注譯.——初版一刷.——臺北市：三民, 2013
面； 公分.——(古籍今注新譯叢書)

ISBN 978-957-14-5782-6 (平裝)

1. 後漢書 2. 注釋

622.201 102005833

© 新譯後漢書(二)紀㈢傳㈠

注譯者	魏連科等
責任編輯	張加旺
美術設計	陳宛琳
發行人	劉振強
著作財產權人	三民書局股份有限公司
發行所	三民書局股份有限公司
	地址 臺北市復興北路386號
	電話 (02)25006600
	郵撥帳號 0009998-5
門市部	(復北店) 臺北市復興北路386號
	(重南店) 臺北市重慶南路一段61號
出版日期	初版一刷 2013年6月
編號	S 033740

行政院新聞局登記證局版臺業字第〇二〇〇號

ISBN 978-957-14-5782-6 (平裝)

http://www.sanmin.com.tw 三民網路書店

新譯後漢書　目次

第二冊

卷十上　皇后紀第十上……六一一
光武郭皇后　六二〇　光烈陰皇后　六二六　明德馬皇后　六三一
賈貴人　六四五　章德竇皇后　六四五　和帝陰皇后　六四九
和熹鄧皇后　六五一
卷十下　皇后紀第十下……六七七
安思閻皇后　六七七　順烈梁皇后　六八三　虞美人　六八八
陳夫人　六八八　孝崇匽皇后　六九〇　桓帝懿獻梁皇后　六九二
桓帝鄧皇后　六九五　桓思竇皇后　六九七　孝仁董皇后　六九九
靈帝宋皇后　七〇一　靈思何皇后　七〇四　獻帝伏皇后　七一一
獻穆曹皇后　七一五　附皇女　七一九

卷十一 劉玄劉盆子列傳第一……七三一
劉玄 七三一 劉盆子 七五一
卷十二 王劉張李彭盧列傳第二……七七三
王昌 七七三 劉永 七八〇 龐萌 七八六 張步 七九〇 王閎 七九五
李憲 七九七 彭寵 七九九 盧芳 八〇八
卷十三 隗囂公孫述列傳第三……八一九
隗囂 八一九 公孫述 八五一
卷十四 宗室四王三侯列傳第四……八七三
齊武王縯 八七三 子北海靖王興 八八五 趙孝王良 八九〇
城陽恭王祉 八九二 泗水王歙 八九七 安成孝侯賜 八九九
成武孝侯順 九〇二 順陽懷侯嘉 九〇四
卷十五 李王鄧來列傳第五……九〇九
李通 九〇九 王常 九二〇 鄧晨 九二八 來歙 九三三 曾孫歷 九四四
卷十六 鄧寇列傳第六……九五五
鄧禹 九五五 子訓 九七五 孫騭 九八二 寇恂 九九六 曾孫榮 一〇一〇
卷十七 馮岑賈列傳第七……一〇二一
馮異 一〇二一 岑彭 一〇四六 賈復 一〇六四

卷十八　吳蓋陳臧列傳第八……一〇七七
吳漢　一〇七七　蓋延　一〇九八　陳俊　一一〇四　臧宮　一一〇八
卷十九　耿弇列傳第九……一一二一
耿弇　一一二一　弟國　一一四五　國子秉　一一四七　秉弟夔　一一五三
國弟子恭　一一五六
卷二十　銚期王霸祭遵列傳第十……一一六九
銚期　一一六九　王霸　一一七五　祭遵　一一八四　從弟肜　一一九四
卷二十一　任李萬邳劉耿列傳第十一……一二〇五
任光　一二〇五　子隗　一二〇七　李忠　一二一三　萬脩　一二一七
邳彤　一二一八　劉植　一二二三　耿純　一二二五

卷十上

皇后紀第十上

【題　解】本卷上篇除「序」議論了古代帝王設立后妃制度的過程及意義外，為以下六后一妃作了傳記：光武帝的皇后郭聖通、皇后陰麗華；明帝的皇后馬氏、明帝的貴人即章帝之生母賈氏；章帝的皇后竇氏；和帝的皇后陰氏、皇后鄧綏。對東漢王朝中前期這幾位頗有影響的女性，每人都突出了個人的特點，而且對所記錄的人，史家亦未平均使用筆墨，他重點記述了郭皇后家族對光武朝初期的貢獻，陰皇后的美貌、善良；馬皇后的聰慧、明智、克己、節儉；章德竇皇后、和帝陰皇后的狹隘、陰狠。全傳特別突出了和帝的皇后鄧綏，她居后位二十年，臨朝聽政，在內憂外患中支撐著王朝日漸傾頹的大廈，想靠自己的節儉自厲、重文修德、嚴以律己、寬以待人諸般作風為天下垂範。但安帝及後世子孫不爭氣，難以挽救日趨衰敗之數運。

下篇為東漢中後期的九位正式皇后、兩位追封皇后、一位夫人、兩位貴人撰寫了簡要的傳紀。這些人是：安帝的安思皇后閻姬；順帝的順烈皇后梁妠；順帝的虞美人（生沖帝後封為憲陵貴人）；質帝生母、渤海孝王劉鴻的陳夫人（後封為孝王妃）；桓帝之母、蠡吾侯劉翼媵妾匽明，後追封為孝崇皇后；桓帝的懿憲皇后梁女瑩；桓帝的二任皇后鄧猛女；桓帝的三任皇后竇妙；靈帝的生母、解犢亭侯劉萇之夫人董某，追封為孝仁皇后；靈帝的宋皇后；靈帝的何皇后（附記了獻帝生母、被何皇后鴆殺的王美人）；獻帝的皇后伏壽；獻帝的皇后曹節。以上十四位女性，除梁妠有值得肯定之處外，其餘不是嫉妒、弄權，捲入宮廷鬥爭，便是在上層權勢鬥爭中受害，下場大多悲憫悽慘，與東漢王朝的衰落有著密切的關係。

1 夏、殷❶以上，后妃之制，其文略矣。周禮王者立后，三夫人，九嬪，二十七世婦，八十一女御❷，以備內職焉。后正位宮闈，同體天王❸。夫人坐論婦禮，九嬪掌教四德，世婦主喪、祭、賓客，女御序于王之燕寢❹。頒官分務，各有典司。女史彤管，記功書過❺。居有保阿之訓，動有環佩之響❻。進賢才以輔佐君子，哀窈窕而不淫其色❼。所以能述宣陰化❽，修成內則❾，閨房肅雍，險謁不行也❿。故康王晚朝，關雎作諷⓫；宣后晏起，姜氏請愆⓬。

2 及周室東遷，禮序凋缺⓭。諸侯僭縱，軌制無章。齊桓有如夫人者六人，晉獻升戎女為元妃⓮，終於五子作亂，冢嗣遘屯⓯。爰逮戰國，風憲逾薄，適情任欲，顛倒衣裳⓰，以至破國亡身，不可勝數。斯固輕禮弛防，先色後德者也。

3 秦并天下，多自驕大，宮備七國⓱，爵列八品⓲。漢興，因循其號，而婦制莫釐⓳。高祖帷薄不修⓴，孝文衽席無辯㉑。然而選納尚簡，飾翫少華。自武、元之後，世增淫費，至乃掖庭㉒三千，增級十四㉓。妖倖毀政之符，外姻亂邦之迹，前史載之詳矣。

4 及光武中興，斲彫為朴㉔，六宮稱號，唯皇后、貴人㉕。貴人金印紫綬，奉不過粟數十斛。又置美人、宮人、采女三等，並無爵秩㉖，歲時賞賜充給而已。漢法常因八月筭人㉗，遣中大夫與掖庭丞及相工，於洛陽鄉中閱視良家童女，年十三以上，二十已下，姿色端麗，合法相㉘者，載還後宮，擇視可否，乃用登御㉙。所以明慎聘納，詳求淑哲。明帝聿遵先旨，宮教頗修，登建嬪后，必先令德，內無出閫㉚之言，權無私溺之授，可謂矯其敝矣。向使因設外戚之禁，編著甲令㉛，改正后妃之制，貽厥㉜方來，豈不休㉝哉！雖御己有度，而防閑未篤，故孝章㉞以下，漸用色授，恩隆好合，遂忘淄蠹㉟。

5 自古雖主幼時艱，王家多釁，必委成冢宰㊱，簡求忠賢，未有專任婦人，斷割重器㊲。唯秦芈太后始攝政事，故穰侯權重於昭王，家富於嬴國㊳。漢仍其謬，知患莫改。東京㊴皇統屢絕，權歸女主，外立者四帝㊵，臨朝者六后㊶，莫不定策帷帟㊷，委事父兄，貪孩童以久其政，抑明賢以專其威。任重道悠，利深禍速。身犯霧露於雲臺之上㊸，家嬰縲絏於囹圄之下㊹。湮滅連踵，傾輈繼路㊺。而赴蹈不息，燋爛為期，終於陵夷大運，淪亡神寶㊻。詩書所歎，略同一揆㊼。故考列行跡，以為皇后本紀。雖成敗事異，而同居正號者，並列于篇。其以私恩追尊，非當時所奉者，則隨它事附出㊽。親屬別事，各依列傳。其餘無所見，則係之此紀，以纘西京外戚云爾㊾。

【章　旨】以上為〈皇后紀〉之序言。作者論述帝王設立後宮后妃之制的簡史，讚揚了古代及光武中興初期按禮法選任女官的典範作法，批評了秦、西漢時期及東漢章帝以後重色輕德帶來的禍患，表明了他撰寫本紀的意圖和體例。

【注　釋】❶夏殷　中國歷史上有文字記載的最早的兩個王朝。夏朝的建立者為禹的兒子啟，傳十三代、十六王，至桀滅亡，約當西元前二十一世紀到前十六世紀左右。殷，又稱商，湯滅夏桀而建，傳十七代、三十一王，至紂時為周武王攻滅，約當西元前十六至前十一世紀。❷周禮五句　周禮，原名《周官》，也稱《周官經》，是一部講古代官職設置的書。因在西漢末年列為「經」而屬於「禮」，故稱《周禮》。內分〈天官〉、〈地官〉、〈春官〉、〈夏官〉、〈秋官〉、〈冬官〉六篇。后，原本指天子和諸侯，後來專指帝王的正妻，因為受到天下的尊崇，位同君主，故稱后。而鄭玄注《禮記》以同音釋義法，解作「后之言後，言在夫之後也。」亦備一說。夫人，古代指帝王的妾或諸侯之妃，後世也是對婦女的封號，始於王莽，終於清季。歷代也作為對婦女的尊稱。嬪，古代宮廷內的女官名，《禮記・昏義》：「古者，天子后立六宮，三夫人，九嬪。」世婦，古代宮中女官，相當於妃嬪之類。《禮記・曲禮下》：「天子有后，有夫人，有世婦……」疏：「婦，服也，言其進以事君子也；以其貴，故加以世言之。」《周禮・天官・冢宰》：「世婦掌祭祀賓客喪紀之事。」女御，古時宮中女官名，《周禮・天官・女御》：「掌御敘于王之燕寢，以歲時獻功事，凡祭祀贊世婦，大喪掌沐浴，后之喪持翣……。」❸后正位二句　宮闈，宮中后妃所居之處。闈，指宮中的旁門。此二句言后在內廷中的地位，猶天王之於前朝，相當於一體也。❹夫人坐論婦禮四句　分別指明宮廷女官的職責。鄭玄注《周禮》云「夫人之於后，猶三公之於王，坐而論婦禮」也。九嬪比之九卿。《周禮》：「九嬪，掌婦學之法，以教九御。」四德，謂婦德、婦言、婦容、婦功。世婦比二十七大夫，《周禮》：「世婦，掌祭祀、賓客、喪紀之事。祭之日，涖陳女宮之具，凡內羞之物，掌弔臨于卿大夫之喪。」御謂進御於王，比之於八十一元士。燕寢，周制王有六寢，一是正寢，餘五寢在後，通名燕寢，由女御掌管安排君王休寢之序。❺女史彤管二句　女史手執紅色筆管之筆，記錄宮廷中的功勞和過失。女史，古代宮中女官名，《周禮》天官、春官所屬都有女史。屬天官的，掌管王后禮儀，佐內治，為內官；屬春官的，掌管文書，為府史之屬。彤管，赤管筆也。後相沿稱女史記事所用的赤管筆為彤管。語源自《詩・靜女》：「靜女其孌，貽我彤管。」意思是貞靜的女子容貌俊俏，贈給我一件紅色的管狀樂器。而此處則指筆管。❻居有二句　保阿，又作「阿保」。指保母。保之義謂保護養育，阿之義謂親近。據《列女傳・齊孝孟姬》：「齊孝孟姬者，華氏之長女，齊孝公之夫人也。從孝公遊於琅邪，車奔，姬墮，車碎，孝公使駟馬立車載姬。姬泣曰：『妾聞妃后踰閾，必乘安車輜軿，下堂必從傅母保阿，進退則鳴玉環珮；今立車無軿非敢受命。』」輜車和軿車，都是有帷蓋可障蔽的車，泛指有衣蔽之車，多為婦女所乘。玉珮環，指珮玉有環也。❼進賢才二句　意謂推薦賢德的人來輔佐君子，哀憐愛惜幽靜閒雅的美女而不是被其美色所淫惑。窈窕，美好貌。語見《毛詩序》：「是以〈關雎〉樂得淑女，以配君子，憂在進賢，不淫其色；哀窈窕，思賢才，而無傷善之心焉。」❽陰化　婦德教化。古時以陽象男，以陰象女。❾內則　內宮中的規範典則。《周禮》內宰職曰：「以陰禮教六宮，以婦職之法教九御。」《禮記》有〈內則〉篇，內容規定婦女在家庭中的言行，不許超越禮教。《禮記・內則・疏》引鄭玄《目錄》：「名曰內則者，以其記男女居室事父母舅姑之法，以閨門之內，軌儀可則，故曰內則。」❿閨房二句　肅雍，莊敬和合整齊和諧。險謁，私請；不正當請託。《詩・卷耳・序》：「內有進賢之志，而無險詖私謁之心。」險詖，又作「險陂」。邪諂不正。孔穎達疏：「險詖者，情實不正，譽惡為善之辭也。私謁者，婦人有寵，多私薦親戚。」此二句言：在婦女居住的房室內，人與人之間莊敬和諧，沒有因私情而產生的不正當請託行為。⓫康王晚朝二句　周之康王沉耽於女色而推遲上朝時間，詩人便創作出〈關雎〉來進行諷勸。周康王，姬姓，名釗。關雎，《詩・周南》第一篇，古人認為是講究婦德的。《漢書音義》：「后夫人雞鳴佩玉去君所。周康王后不然，故詩人嘆而傷之。」⓬宣后晏起二句　周宣王因貪戀女色而晚起，姜后便自責請罪。《列女傳》：「姜后者，齊侯之女，宣王之后也。宣王嘗夜臥晏起，后夫人不出於房。姜后既出，乃脫簪珥，待罪於永巷，使傅母通言於王曰：『妾不才，淫心見矣，至使君王失禮而晏起，以見君王樂色忘德。敢請罪，惟君王之命。』王曰：『寡人之過，夫人何辜。』遂勤政事，成中興之名焉。」⓭周室東遷二句　周幽王姬宮湦在位時（西元前七八一－前七七一年），西夷、犬戎共攻殺幽王於驪山之下。太子宜臼立，是為平王，西元前七七〇－前七二〇年在位，東遷洛邑（今河南洛陽），以避犬戎，史稱東周，王政遂走向微弱。⓮齊桓二句　齊桓公，姜姓，名小白，西元前六五〇－前六三七年在位，是春秋時第一位霸主。《左傳・僖公十七年》：「齊侯之夫人三，王姬、徐嬴、蔡姬，皆無子。齊侯好內，多內寵，內嬖如夫人者六人：長衛姬生武孟，少衛姬生惠公，鄭姬生孝公，葛嬴生昭公，密姬生懿公，宋華子生公子雍。」晉獻公為晉文公重耳之父，他討伐驪戎，得其女驪姬，立為夫人，生奚齊。她被獻公寵幸，欲立奚齊，於是譖殺太子申生，逐群公子。元妃，嫡夫人；正妻。如夫人，即妾的別稱，又稱側室。⑮終於五子作亂二句　此二句交互承上二句，五子作亂承齊桓句。齊桓公有六位妾，生六子，桓公卒，立公子昭（即孝公），於是公子無虧（武孟）、公子元（即惠公）、公子潘（即昭公）、公子商人（即懿公）、公子雍等五公子皆求立，公子昭奔宋，齊國內亂多年。五子指孝公以外的五位公子。冢嗣遘屯承晉獻句，晉獻公受驪姬之譖，殺太子申生，故曰遘屯。冢嗣，嫡長子；太子。遘，遭遇；遇。屯，艱難；難。屯為《易》六十四卦之一，震（☳）下，坎（☵）上，釋為艱難。⑯顛倒衣裳　謂上下顛倒，不合禮制。上曰衣，下曰裳。《詩・東方未明》：「東方未明，顛倒衣裳。」意謂東方天還沒有亮，就忙著起床，慌忙中把上下衣都穿顛倒了。⑰宮備七國　宮室規格具備了七國各地的樣式。《史記・秦始皇本紀》：「秦每破諸侯，寫放其宮室，作之咸陽北阪上，南臨渭，自雍門以東至涇、渭，殿屋複道周閣相屬。所得諸侯美人鍾鼓，以充入之。」⑱爵列八品　《漢書・外戚傳序》：「漢興，因秦之稱號，帝母稱皇太后，祖母稱太皇太后，適稱皇后，妾皆稱夫人。又有美人、良人、八子、七子、長使、少使之號焉。」⑲釐　治理；改正。⑳高祖帷薄不修　《漢書・張周趙任申屠傳》：「昌為人強力，敢直言……昌嘗燕入奏事，高帝方擁戚姬，昌還走。」《大戴禮》：「大臣坐汙穢男女無別者，不曰汙穢，曰帷薄不修。」帷是帳幔，薄是草簾，二者都用來障隔內外之用。本句以高帝劉邦白日公開擁抱愛姬戚夫人被直臣周昌撞見的事件，諷刺劉邦有縱慾宣淫之嫌。㉑孝文衽席無辯　孝文帝劉恆寵幸邯鄲慎夫人，每與文帝皇后竇氏同坐，不分尊卑，故曰「衽席無辯」。衽，臥席。㉒掖庭　也作掖廷。宮中旁舍，為妃嬪居住的地方。㉓增級十四　西漢武帝劉徹時，增置後宮女官一級婕妤，二級娙娥，三級容華，四級充衣；元帝劉奭增置第五級昭儀；武帝元帝之後，又增置六級美人，七級良人，八級七子，九級八子，十級長使，十一級少使，十二級五官，十三級順常，十四級無涓、共和、娛靈、保林、良使、夜者。㉔斲彫為朴　義為經過砍削加工，把原本複雜繁多的變成簡單的，質樸的，即去掉浮華，崇尚質樸。斲，今作「斫」。大鋤，引申為砍、斬。彫，又作「雕」、「琱」。雕刻。朴，也作「樸」。本指木皮或未經加工的木材，引申作質樸、本色。《史記・酷吏列傳・序》：「漢興，破觚而為圜，斲雕而為朴。」㉕貴人　後宮女官名，金印紫綬。自光武帝初設之後，歷代因之，但地位尊卑有差。㉖爵秩　爵位品級和俸祿。爵本為古代禮器，因尊貴之人方能奉爵獻爵，故引申為爵位。《禮記・王制》：「王者之秩祿爵，公、侯、伯、子、男，凡五等。」秩為官吏的職位或品級，也作為所享用的俸祿。㉗筭人　計口徵賦。《漢儀注》：「八月初為筭賦，故曰筭人。」筭，通「算」。計數的工具；計數。筭賦為漢代的人丁稅，「民年十五以上至五十六出賦錢，人百二十為一算，為治庫名車馬。」㉘法相　指漢代皇宮選擇妃嬪、宮女所規定的容貌標準。㉙登御　進位侍奉，為皇帝所用。㉚閫　門限；門檻。也指閨門，即婦女所居之地，引申代指婦女。㉛甲令　朝廷所頒發的法令。甲令、乙令、丙令為令篇的次序。㉜貽厥　指遺留給後世子孫，或以歇後的修辭方式代指子孫。《詩・文王有聲》：「詒厥孫謀，以燕翼子。」《尚書・五子之歌》：「有典有則，貽厥子孫。」㉝休　美善；吉慶。㉞孝章　指東漢章帝劉炟，西元七五—八八年在位。㉟淄蠹　比喻汙損敗壞，傾敗。淄，通「緇」。黑色。蠹，食木蟲。㊱冢宰　周代初置官名，為六卿之首，又稱大宰。《尚書・周官》：「冢宰掌邦治，統百官，均四海。」後來也稱吏部尚書為冢宰。㊲重器　本指國之寶器，古代也用來象徵國家政權、社稷。㊳唯秦羋太后二句　只有秦國的羋太后開始代理君主攝理政事，所以她弟弟穰侯魏冉的權力比昭王還重，家財比秦國還富有。《史記・秦本紀》載：秦武王娶魏女為后，無子，立異母弟，是為昭襄王。年少，其母為楚人，姓羋氏，號宣太后。代昭襄王任國事，以同母弟魏冉為將軍，任政，封為穰侯。太后攝政，自此而始。嬴國，即秦國，因秦的祖先柏翳在舜時被賜姓嬴氏。㊴東京　指東漢的京師洛邑。這裡代東漢政權。㊵外立者四帝　由外戚專權擁立的皇帝有四個：即安帝劉祜，為清河王劉慶子，殤帝死，他被鄧太后及其兄鄧騭立為帝；安帝死，閻太后與其兄閻顯立濟北惠王之子北鄉侯劉懿為帝；質帝死，梁太后與其兄梁冀立蠡吾侯之子劉志為帝，是為桓帝；桓帝死，竇太后與其父竇武立解瀆亭侯劉萇之子劉宏為帝，是為靈帝。詳見本書卷五至卷八之帝紀。㊶臨朝者六后　本書帝紀載：漢章帝的竇皇后，和帝劉肇即位時，太后臨朝；和熹鄧太后，立殤帝，太后臨朝；安思閻皇后，立少帝，太后臨朝；順烈梁皇后，立沖帝，太后臨朝；桓思竇皇后，立靈帝，太后臨朝；靈思何皇后，帝崩，皇子劉辯即位，太后臨朝。㊷帷帟　即帷帳、帳幕之意，帟是小帳幕，是帳篷中座上承塵的平幕。此處代指宮廷內部，禁中，隱密場所。㊸身犯霧露於雲臺之上　霧露以喻疾病，是隱諱委婉的說法。靈帝時，中常侍曹節矯詔遷竇太后於雲臺，謝弼上封事曰：「伏惟皇太后援立明聖，幽居空宮，如有霧露之疾，陛下當何面目以見天下！」㊹家嬰縲絏於圄犴之下　此句言皇后或皇太后的娘家遭遇被誅殺的禍患。嬰，纏繞；遭遇。縲絏又可代指監獄，牢房。縲，繩索。特指拘縛犯人的繩索。絏，又作「紲」。馬韁繩；綁縛犯人的繩索。圄，囹圄；監獄。犴，古代地方鄉亭的監獄叫犴。㊺湮滅連踵二句　埋沒滅亡的接連不斷，就像在路上接二連三的翻車一般。踵，腳跟；足跡。輈，車轅，用於大車上的稱轅，用於兵車、田車、乘車上的稱輈。此處代指車。㊻神寶　神器；寶器。代指江山社稷。㊼揆　尺度；準則。㊽其以私恩三句　那些憑藉私人間的恩德追加尊號而不是當時所賜封的，則隨其他史事附帶記敘。如安帝之母左姬及祖母宋貴人之類，都附於〈清河孝王傳〉中。詳見本書卷五十五。㊾以纘西京外戚云爾　來繼承《漢書・外戚傳》。纘，繼承；接續。西京，指西漢的京師長安。這裡代指西漢政權和記述西漢史實的著作《漢書》。外戚，指《漢書・外戚傳》。

【語　譯】夏代和殷商朝以前的年代，關於帝王后妃制度的文字記載那是太簡略了。《周禮》中說，王者立皇后，設三位夫人、九個嬪、二十七名世婦、八十一名女御，用以全面充任內廷的各種職務。皇后在後宮中居於正位，與前朝的帝王居於正位如同一體。夫人坐論後宮女官應遵奉的婦道禮法，九嬪掌管對後廷人員進行婦德、婦言、婦容、婦功等四種基本品德技能的教化，世婦負責主管喪儀、祭祀、賓客之事，女御列序於帝王的燕寢。設置女官，分別擔承職務，各自有具體掌管的內容。女史持紅管筆，負責記錄后妃們的功勞過失。這些後宮人員，平時有師傅保母們的訓導，行動時有身上佩戴的環珮等裝飾物的響聲，合乎禮儀地生活著。她們進獻品行賢德有才能的人來輔佐君主，打扮得窈窕美麗而不過分炫耀自己的姿色。所以，她們能夠宣揚女性的美德教養，修煉成內廷的典範，使閨房之內恭敬和順，不正當的邪諂請託無法進行。所以，當周康王貪戀女色而推遲上朝時間，詩人就創作出〈關雎〉這首詩歌進行諷勸；周宣王迷戀宣姜美色夜臥遲起，姜氏由於自己耽誤了朝政而深深自責，主動向君王請罪。

2　等到周平王東遷洛邑之後，國勢衰微，國家綱常失序，禮法凋敝缺損。諸侯僭越放縱，禮法制度雜亂無章。齊桓公有側室妾婦六人，每人生一個兒子，為繼承爵位，有五個公子作亂；晉獻公把驪戎之女升作正妻，驪姬為使自己生的兒子奚齊繼承爵位，讒言害死了太子申生，使獻公的嫡長子遇難。到了戰國時期，風氣和禮法更為澆漓浮薄，君王放縱自己的情慾，任意胡為，恣情享樂，顛倒上下，最後導致國家破滅自亡其身，此類事件多得不可勝數。這當然是輕視禮法教化，放鬆了對破壞禮制的防範，只重視女人的美色而忽視了她們品德的後果啊。

3　秦始皇帝兼併天下統一宇內之後，在許多方面傲視一切，妄自尊大，連後庭宮室建築也大規模仿建其他六國及秦本國的高級樣式，形成龐大的宮殿群，其中居住的女官，由皇后到少使，爵位名號達八個品級。漢代興起，因襲秦代的皇帝稱號，而後宮女官制度也沒有改正。漢高祖劉邦白天擁抱著戚姬，被譏為「帷薄不修」；孝文帝劉恆寵幸慎夫人，令與皇后同席而坐，尊卑不辨。然而那時選妃納嬪，畢竟還崇尚簡樸，裝飾及雜玩之具很少奢華無度。自武帝劉徹、元帝劉奭之後，後宮淫靡享樂的費用一代比一代增加，以致發展到供皇帝役使的人員三千名之多，品爵達十四級之繁。至於妖佞寵幸毀亂國政的徵兆，外戚弄權混亂邦國的劣跡，前代史書已經記載得夠詳盡了。

4 等到光武帝劉秀中興漢室，各項制度削減浮華，崇尚質樸，後宮女官的名號，只保留皇后和貴人兩種。貴人被授予紫色綬帶的金印，俸祿不過是幾十斛粟米。又另設置美人、宮人、采女三個等級的女官，但並沒有爵位品級和俸祿，只不過每年賞賜幾次物品以充當基本生活費用而已。按照漢代的法規，經常在八月時徵收人頭稅，朝廷就藉這機會，派遣中大夫與掖庭丞、相工等官吏人員，到洛陽所轄的鄉村中，審察選擇清白人家的未婚女兒，年齡在十三歲以上，二十歲以下，品貌端莊美麗，符合漢代皇宮選取妃嬪容貌骨相標準的，就用車將她們載回後宮，再經選擇和審視，看能否合格，才將優秀的進獻給皇帝以備侍奉使用。之所以如此認真嚴格的選拔，是為了公開而謹慎地挑選納取，以求得到賢淑聰慧的女子。漢明帝劉莊遵循了先帝的旨意，制定了一些關於後宮教化禮法的規矩，選升加封妃嬪皇后，一定先考慮她們有無美好的品德，宮廷之內，無越軌犯戒的言論，她們雖然握有一定的權勢，卻不敢謀求私利而相與授受，這可以說是矯正了前朝的弊端。假若明帝藉此機會制定限制外戚權力的禁規，明確地寫入皇帝首頒的甲令之內，對前代不合適的后妃制度加以改正，並將此遺留給後世子孫，那豈不是件大好事嗎！可惜明帝只對自己嚴加要求不越法度，而對後世可能會產生的弊端防範未深，考慮欠遠，所以從他的兒子孝章皇帝之後，逐漸按女色恩寵授以權力，啟用外戚，加恩進爵，好惡相合，於是忘記了國家可能由此而走向傾敗的危險。

5 自古以來，即使皇帝年幼，時運艱難，皇家多逢險釁，也必將朝政大權委託給主事的大臣，選拔忠貞賢良有才能的人，從未有過讓婦人專掌政權因而中斷皇統的。只有秦國的芈太后起始，代理幼主攝理政事，所以她的同母弟魏冉被封為穰侯，權力高於國君秦昭王，財富比整個秦國還多。漢代沿襲這種女人攝政的錯誤作法，明知有弊患卻沒有改正。東漢時期，皇家的統序屢屢中斷，朝政大權多次被女主掌握，因皇帝無子由外支旁系被立的有安、質、桓、靈四帝；臨朝聽政的有章帝竇氏、和帝鄧氏、安帝閻氏、順帝梁氏、桓帝竇氏、靈帝何氏等六位皇后。這些都是由已故皇帝之后與其親屬「定策禁中」，密謀策立，把朝政大權放手託付給自己的父親和娘家兄弟，貪圖孩童年幼無知，以期長久地把持朝政，壓制英明賢德的人，以便使自己專擅威福。統治國家的職責任重道遠，謀求私利越深，招致禍災就越快。有的自身被逼病死於雲臺之上，有的娘家親屬被囚繫於監牢之中。敗亡之禍接踵而至，翻車的事件接續出現。但是赴勢蹈利的追求不肯停息，直到焦頭爛額身敗名裂才算終期，最終導致國運衰微，皇統淪亡。《詩》、《尚書》中不少篇章所慨歎的，與這些情況如出一轍。因此本書考察羅列該朝皇后們的行狀事跡，撰寫出〈皇后本紀〉。雖然她們一生的成敗事由不同，但是凡能享皇后稱號的，都一併列於篇中。對於那些因私恩而追尊為皇后而非當時所尊封的，就把她的事跡附記在其他篇的有關史事中。皇后家族中其他人的事跡，則歸記於各自的列傳。其餘如賈貴人、虞美人等無所依附的，則附記於此紀之中，以此作為前漢〈外戚傳〉的續篇吧。

1 光武郭皇后諱聖通，真定稾人❶也。為郡著姓。父昌，讓田宅財產數百萬與異母弟，國人義之。仕郡功曹❷。娶真定恭王❸女，號郭主，生后及子況。昌早卒，郭主雖王家女，而好禮節儉，有母儀之德。更始二年❹春，光武擊王郎❺，至真定，因納后，有寵。及即位，以為貴人。

2 建武元年，生皇子彊。帝善況小心謹慎，年始十六，拜黃門侍郎❻。二年，貴人立為皇后，彊為皇太子，封況緜蠻侯。以后弟貴重，賓客輻湊。況恭謙下士，頗得聲譽。十四年，遷城門校尉❼。其後，后以寵稍衰，數懷怨懟❽。十七年，遂廢為中山王太后，進后中子右翊公輔為中山王，以常山郡益中山國。徙封況大國，為陽安侯。后從兄竟，以騎都尉從征伐有功，封為新郪侯，官至東海相。竟弟匡為發干侯，官至太中大夫⑨。后叔父梁，早終，無子。其壻南陽陳茂，以恩澤封南䜌侯。

3 二十年，中山王輔復徙封沛王，后為沛太后。況遷大鴻臚⑩。帝數幸其第，會公卿諸侯親家飲燕，賞賜金錢縑帛，豐盛莫比，京師號況家為金穴。二十六年，后母郭主薨，帝親臨喪送葬，百官大會，遣使者迎昌喪柩，與主合葬，追贈昌陽安侯印綬，謚曰思侯。二十八年，后薨，葬于北芒⑪。

4 帝憐郭氏，詔況子璜尚⑫淯陽公主，除璜為郎。顯宗即位，況與帝舅陰識、陰就並為特進⑬，數授賞賜，恩寵俱渥。禮待陰、郭，每事必均。永平二年，況卒，贈賜甚厚，帝親自臨喪，謚曰節侯，子璜嗣。

5 元和⑭三年，肅宗北巡狩，過真定，會諸郭，朝見上壽，引入倡飲⑮甚歡。以太牢⑯具上郭主冢，賜粟萬斛，錢五十萬。永元⑰初，璜為長樂少府⑱，子舉為侍中⑲，兼射聲校尉⑳。及大將軍竇憲被誅㉑，舉以憲女壻謀逆，故父子俱下獄死，家屬徙合浦㉒，宗族為郎吏者，悉免官。新郪侯竟初為騎將㉓，從征伐有功，拜東海相。永平㉔中卒，子嵩嗣；嵩卒，追坐染楚王英㉕事，國廢。建初㉖二年，章帝紹封嵩子勤為伊亭侯，勤無子，國除。發干侯匡，官至太中大夫，建武㉗三十年卒，子勳嗣；勳卒，子駿嗣，永平十三年，亦坐楚王英事，失國。建初三年，復封駿為觀都侯，卒，無子，國除。郭氏侯者凡三人，皆絕國。

【章　旨】以上記光武帝郭皇后的出身、家世，她本人受寵、失寵經過，她的家族特別是她弟弟郭況的興盛及衰敗情況，郭氏後人的結局。

【注　釋】❶真定槀人　真定國的槀縣人。真定，戰國時為趙國東垣邑。漢武帝元鼎四年（西元前一一三年）置真定國，屬冀州。故地為今河北正定。槀，應為「槀」，漢置縣名。屬真定國。東漢時屬鉅鹿郡。故地為今河北藁城。❷功曹　漢代州郡的佐吏，有功曹、功曹史。掌管考察記錄功勞等人事活動，相當於郡守的總務長。❸真定恭王　為漢景帝的第七代玄孫，名劉普。❹更始二年　西元二四年。更始為淮陽王劉玄稱帝時的年號。❺王郎　即王昌，新莽末邯鄲（今河北邯鄲）人。本以卜卦相面為業，趁西漢末之亂，詐自稱是漢成帝劉驁之子劉子輿，被西漢宗室劉林和大豪強李育等立為漢帝，都邯鄲。不久，被攻入河北的劉秀武裝所攻殺。詳見本書卷十二。❻黃門侍郎　官名。秦及西漢時，郎官給事於黃闥（指宮門）之內者，稱黃門郎或黃門侍郎。東漢始設為專官，或稱給事黃門侍郎，其職為侍從皇帝，傳達詔命。後世因其掌管機密文件，備皇帝顧問，職位日漸重要。❼城門校尉　校尉是漢代的軍職官名，地位略次於將軍，常隨其職務冠以名號。城門校尉，漢時負責掌管京師城門的屯兵，隸屬於南軍。❽怨懟　怨望；不滿。懟，怨恨。❾太中大夫　大夫為古代中央任職的官員的一般稱呼。常因其職務不同而冠以不同名號，如諫議大夫、光祿大夫等。太中大夫屬光祿勳，秩千石。❿大鴻臚　漢代九卿之一，由秦時之典客改稱，原掌有關接待少數民族等事，後漸變為贊襄禮儀之官。⓫北芒　也作北邙，即邙山、郟山、芒山、北山。在今河南洛陽東北。⓬尚　本義為奉事、匹配，後專指娶帝王之女，即娶公主為妻，故又稱「尚主」。⓭特進　西漢末期始置官名，用以授給列侯中有特殊地位的人，可以自己徵召屬吏和辦事人員。⓮元和　東漢章帝劉炟的年號，西元八四—八七年。⓯倡飲　歡飲。倡是古代的歌舞藝人。倡飲，即在藝妓的舞蹈演唱陪伴下飲酒作樂。⓰太牢　是古代一種祭祀或飲宴時高規格的儀式。盛牲的食器叫牢，大的叫太牢，用以盛三牲，即牛、羊、家。⓱永元　東漢和帝年號，西元八九—一〇五年。⓲長

樂少府　長樂宮的少府。長樂宮本為西漢時把秦代的興樂宮增飾改建而成，漢初為朝會之所，其後為太后所居。故址在今陝西長安西北。東漢時在洛陽，太后所居宮殿也叫長樂宮。少府為漢代九卿之一，掌山海池澤收入和皇室手工業製造，為皇帝的私府。東漢時，掌宮中御衣、寶貨、珍饍等。⑲侍中　秦始置官名，兩漢沿置，為自列侯以下至郎中的加官，無定員。侍從皇帝左右，出入宮廷，初僅伺應雜事，由於接近皇帝，地位漸形貴重。⑳射聲校尉　校尉為漢代軍職之稱，略次於將軍。隨其職務冠以名號。射聲校尉屬北軍中候，比二千石，掌宿衛兵。㉑及大將軍竇憲被誅　竇憲為漢章帝竇皇后之兄，章帝死，和帝即位，太后臨朝，竇憲為侍中，操縱朝政。曾北擊匈奴，勒石燕然山，後任大將軍，刺史守令等地方官吏多出其門，弟兄橫暴京師。永元四年，和帝與宦官鄭眾等定議誅滅竇氏，他被迫自殺。詳見本書卷二十三。㉒合浦　漢代郡名。屬交州，轄五城，漢武帝元鼎六年所設置的九郡之一，郡治在徐聞。故地當今之廣東、廣西二地鄰接之沿海地帶。㉓騎將　騎兵將領。㉔永平　東漢明帝劉莊年號，西元五八—七五年。㉕楚王英　劉英為光武帝之許美人所生子，建武十七年（西元四一年）由楚公進爵為楚王。「少時好游俠，交通賓客；晚節更喜黃老，學為浮圖齋戒祭祀。」「大交通方士，作金龜玉鶴，刻文字以為符瑞。」被人告發「有謀逆」、「大逆不道，請誅之」，被廢，自殺。詳見本書卷四十二。㉖建初　東漢章帝劉炟年號，西元七六—八四年。㉗建武　東漢光武帝劉秀年號，西元二五—五六年。

【語　譯】漢光武帝劉秀的郭皇后名叫聖通，是真定國槀縣人。郭家是郡國中有名望的大姓。她的父親郭昌，謙遜禮讓，把自己價值數百萬的田宅財產贈給他的異母弟弟，郡國中的人都稱頌他講道義重義氣。郭昌出仕為郡功曹，娶真定恭王劉普之女為妻，號稱「郭主」，生下女兒郭皇后聖通和兒子郭況。郭昌死得早，其妻郭主雖是親王家生的女子，卻喜好禮儀，生活節儉，有為人之母身作典範的崇高品德。更始二年的春天，光武帝劉秀到黃河以北進擊王郎，進軍到真定，於是娶納郭聖通為妻，很得寵愛。等到劉秀即皇帝位後，就封郭聖通為貴人。

2　光武帝建武元年，郭貴人生下皇子劉彊。光武帝讚賞貴人之弟郭況辦事小心，性格謹慎，年齡才十六歲，就讓他在宮中當黃門侍郎。建武二年，郭貴人被冊立為皇后，劉彊被立為皇太子，皇后之弟郭況被封為緜蠻侯。由於皇后之弟的身分貴重，郭況家招來四面八方的賓客。郭況恭敬謙讓，禮賢下士，很得當時人的稱譽。

建武十四年，郭況遷任為城門校尉。此後，郭皇后因逐漸失寵，多次表現出對皇帝心懷怨望。建武十七年，郭皇后被廢為中山王太后，光武帝進封郭皇后生的排行中間的兒子右翊公劉輔為中山王，把常山郡劃增到中山國轄屬。徙封郭況一個大國，為陽安侯。郭皇后的堂兄郭竟，以騎都尉之職跟隨劉秀征伐有功，被封為新郪侯，官至東海國相。郭竟的弟弟郭匡為發干侯，官至太中大夫。郭皇后的叔父郭梁，死得早，沒留兒子。郭梁的女婿南陽人陳茂，因是皇親被封為南䜌侯。

3 建武二十年，中山王劉輔又徙封為沛王，郭聖通改稱為沛國太后。郭況升遷為大鴻臚。光武帝劉秀多次臨幸郭況的府第，在那裡會集三公九卿等高級官員以及諸侯親家等舉行家庭宴會，賞賜給郭況金銀錢財綢緞絲帛之類，豐盛無比，京師人傳稱郭況家為「金穴」。建武二十六年，郭太后之母郭主去世，光武帝親自參加喪禮送葬，集合百官，舉行大會，派遣使臣到真定槀縣迎來早年已死的郭昌的靈柩，與郭主合葬一起。追贈給郭昌陽安侯爵位的印璽和綬帶，贈諡號稱「思侯」。建武二十八年，沛太后郭聖通去世，埋葬在洛陽北芒山。

4 光武帝同情郭氏一族，下詔，讓郭況之子郭璜娶淯陽公主為妻，封郭璜為郎。顯宗明帝劉莊即位後，郭況與劉莊的親娘舅陰識、陰就，一起被封為特進，多次給予賞賜，恩澤和寵遇都很優厚。明帝對待陰家和郭家都依禮而行，每件事都平等對待，務必使其均衡。明帝永平二年，郭況去世，朝廷餽贈和賞賜的財物十分豐厚，明帝親自臨喪弔唁，給郭況的諡號叫「節侯」，讓他的兒子郭璜承襲爵位。

5 元和三年，肅宗孝章帝劉炟到北方巡行視察，路過真定封國，約會郭皇后的娘家族人，讓他們朝見皇帝，行祝壽之禮。他們被引入皇帝行宮，由樂舞伴奏，飲宴十分高興。章帝讓禮官準備下盛有牛、羊、豬三牲的太牢級之祭品，供奉到「郭主」的墓冢前，並賜給郭氏萬斛粟米，五十萬錢。永元初年，郭璜被任命為長樂少府，其子郭舉任官為侍中，兼任射聲校尉。等到大將軍竇憲被迫自殺時，因為郭舉是竇憲的女婿，參與謀逆，所以父子都被下獄處死，家屬被遷往邊郡合浦。他們的宗親族屬，凡在朝擔任郎吏的，全都被免去官職。新郪侯郭竟，開始時為騎部將官，跟隨皇帝征伐有功，被任為東海國相，永平年間去世，他的兒子郭嵩繼承爵位。郭嵩死後，被追究生前與楚王劉英謀逆一案有牽連而犯罪，封國被撤銷。建初二年，章帝繼封郭嵩之子郭勤為伊亭侯。郭勤沒有兒子，封國被撤銷。發干侯郭匡，官至太中大夫，建武三十年去世，其子郭勳承襲爵位；郭勳死後，其子郭駿襲爵。永平十三年，也因為楚王劉英謀逆事被牽連而犯罪，失掉封國。建初三年，皇帝又封郭駿為觀都侯，死時沒有兒子，封國被撤除。郭氏家族被封為侯爵的共三人，都以不同原因而封國滅絕。

論曰：物之興衰，情之起伏，理有固然矣。而崇替去來之甚者，必唯寵惑乎？當其接牀笫❶，承恩色，雖險情贅行，莫不德焉。及至移意愛，析嬿❷私，雖惠心妍狀，愈獻醜焉。愛升，則天下不足容其高；歡隊❸，故九服❹無所逃其命。斯誠志士之所沈溺，君人之所抑揚，未或違之者也。郭后以衰離見貶，恚怨成尤❺，而猶恩加別館，增寵黨戚。至乎東海❻逡巡，去就以禮，使後世不見隆薄進退之隙❼，不亦光於古乎！

【章　旨】以上是史家對郭皇后一生的評論。史家認為，光武帝不因對郭皇后的恩寵變化而累及她的親族的地位，是難能可貴值得稱道的。

【注　釋】❶牀笫　床席。有時又作為男女之事的隱語，猶言「枕席」。牀，又作床。笫是竹編的床板。❷嬿　美好；安順。❸隊　同「墜」。下落。❹九服　相傳古代天子所住京都以外的地方按遠近分為九等，叫九服。方千里稱王畿，其外方五百里叫侯服，又其外方五百里叫甸服，又其外方五百里叫男服，又其外方五百里叫采服，又其外方五百里叫衛服，又其外方五百里叫蠻服，又其外方五百里叫夷服，又其外方五百里叫鎮服，又其外方五百里叫藩服。見《周禮・夏官・職方氏》。❺恚怨成

尤　怨恨造成了罪過。恚，發怒；怨恨。尤，罪過；過失。❻東海　漢代郡名。屬徐州，轄十三城。故地當今山東南部與江蘇接壤地區。此處以東海代指曾任東海相的新郪侯郭竟。❼隙　間隙；怨恨。

【語　譯】史家評論說：事物的興盛與衰敗，人的感情的高漲與消沉，是有著本身固有的道理與規律的。而女人受到尊崇或廢替變化很迅速的原因，一定只是由於恩寵的迷惑嗎？當她們在床席上取歡於君主，秉承君主的眷顧恩惠和歡樂顏色時，即使她有邪情惡行，沒有人不認為她是有德的。及至帝王把愛心轉移，私情別戀，即使她表現出賢惠美麗的樣子，卻更被認為是呈現醜陋之態了。君王對女人的寵愛上升，那麼天下也不足容納她的高大；君王的歡心墜降，所以九服疆域之內她也沒辦法安頓性命。這種情況，推而廣之，便是有志之士之所以沉溺而不彰顯，是因為靠君王的壓抑或提揚決定的，自古至今所有人，沒有違背這種社會規律的啊。郭皇后因皇帝恩衰遠離而遭貶謫，她的怨恨不滿又造成罪過，但光武帝仍然把對她的恩寵增加到別個地方，給予她的親族宗黨以特別的優待。至於對東海相郭竟一族遲疑徘徊，重用與否依禮法而行，使後世人看不到郭氏族人的興衰榮辱厚薄升降與郭皇后之地位變化有什麼不當，光武帝的作法，不也是光耀古代史冊的嗎！

1 光烈陰皇后❶諱麗華，南陽新野❷人。初，光武適新野，聞后美，心悅之。後至長安，見執金吾❸車騎甚盛，因歎曰：「仕宦當作執金吾，娶妻當得陰麗華。」更始元年六月，遂納后於宛當成里，時年十九。及光武為司隸校尉❹，方西之洛陽，令后歸新野。及鄧奉起兵，后兄識為之將，后隨家屬徙淯陽❺，止於奉舍。

2 光武即位，令侍中傅俊迎后，與湖陽、寧平主諸宮人俱到洛陽，以后為貴人。帝以后雅性寬仁，欲崇以尊位，后固辭，以郭氏有子，終不肯當，故遂立郭皇后。

建武四年，從征彭寵，生顯宗於元氏。九年，有盜劫殺后母鄧氏及弟訢，帝甚傷之，乃詔大司空❻曰：「吾微賤之時，娶於陰氏，因將兵征伐，遂各別離。幸得安全，俱脫虎口。以貴人有母儀之美，宜立為后，而固辭弗敢當，列於媵妾❼。朕嘉其義讓，許封諸弟。未及爵土，而遭患逢禍，母子同命，愍傷于懷。小雅曰：『將恐將懼，惟予與汝；將安將樂，汝轉棄予。』❽風人之戒，可不慎乎？其追爵謚貴人父陸為宣恩哀侯，弟訢為宣義恭侯，以弟就嗣哀侯後。及尸柩在堂，使太中大夫拜授印綬，如在國列侯禮。魂而有靈，嘉其寵榮！」

3 十七年，廢皇后郭氏而立貴人。制詔三公曰：「皇后懷執怨懟，數違教令，不能撫循它子，訓長異室。宮闈之內，若見鷹鸇❾。既無關雎之德❿，而有呂、霍之風⓫，豈可託以幼孤，恭承明祀？今遣大司徒⓬涉、宗正⓭吉持節，其上皇后璽綬。陰貴人鄉里良家，歸⓮自微賤。『自我不見，于今三年⓯。』宜奉宗廟，為天下母。主者詳案舊典，時上尊號。異常之事，非國休福，不得上壽稱慶。」后在位恭儉，少嗜玩，不喜笑謔。性仁孝，多矜慈。七歲失父，雖已數十年，言及未曾不流涕。帝見，常歎息。

4 顯宗即位，尊后為皇太后。永平三年冬，帝從太后幸章陵⓰，置酒舊宅，會陰、鄧故人諸家子孫，並受賞賜。七年，崩，在位二十四年，年六十，合葬原陵⑰。

明帝性孝愛，追慕無已。十七年正月，當謁原陵，夜夢先帝、太后如平生歡。既寤，悲不能寐，即案歷，明旦日吉，遂率百官及故客上陵。其日，降甘露於陵樹，帝令百官采取以薦。會畢，帝從席前伏御牀，視太后鏡奩中物，感動悲涕，令易脂澤裝具。左右皆泣，莫能仰視焉。

【章旨】以上為光武帝陰皇后作傳，突出了她的美麗善良、通情達理等多種美德和光武帝對她的深摯感情。作者用「互見法」，在這一部分暴露了郭皇后聖通的嚴重缺點，說明了她失寵被廢的原因，是使讀者全面了解人物的有力補充。

【注釋】❶光烈陰皇后　光武帝的陰皇后諡號光烈。〈諡法〉：「執德遵業曰烈。」陰皇后的家世，據《東觀漢記》：「有陰子公者，生子方，方生幼公，公生君孟，名睦，即后之父也。」❷南陽新野　南陽郡新野縣。漢之南陽郡屬荊州，轄三十七城，故地當今之豫西南與鄂北接壤一帶區域。新野為其所轄縣，故地在今河南新野境。❸執金吾　漢代負責維持京師及其附近地區治安的官員。金吾為兩端塗金的銅棒，此官執之以示權威，為督巡三輔治安的長官。另一說，「吾」，讀為「御」，謂執金以禦非常。又一說，金吾為鳥名，主辟不祥。均可供參考。❹司隸校尉　司隸本為《周禮》秋官司寇之屬官。漢武帝時始置司隸校尉，掌糾察京師百官及所轄附近各郡，相當於州刺史。❺淯陽　又作「育陽」。漢代南陽郡所轄縣名，因在淯水之陽而得名。故城在今之河南南陽境內。❻大司空　漢時三公之一，由御史大夫改稱，是中樞要員，東漢時稱司空，掌水土之事，屬員多人。❼媵妾　側室及陪嫁之人。古時諸侯女兒出嫁時，隨嫁或陪嫁之女子稱媵。妾本為女奴隸，後泛指非正妻的女子，即小妻。❽小雅曰五句　見《詩·谷風》：「將恐將懼，維予與女。將安將樂，女轉棄予。」意思是：正當憂患之時，只有我幫你助你；到了安樂時，你反而拋棄離開了我。❾鷹鸇　鷹和鸇都是猛禽，常用來比喻勇猛或兇殘之人，此處用後一義。❿關雎之德　代指為女子典範之德。〈關雎〉是《詩》的第一篇，《毛詩序》認為，它是歌頌后妃之德的，是以周文王妃太姒的典型風範影響普天下女子的教化道德的。「所以風天下而正夫婦也。」⓫呂霍之風　呂指高祖劉邦之妻呂雉，她曾將劉邦寵愛過的戚夫人斷其手足，「去眼熏耳，飲瘖藥，使居鞠域中，名曰『人彘』」。霍指漢孝宣帝劉詢的霍皇后，為大司馬、大將軍、博陸侯霍光之女。她曾夥同其母顯欲鴆殺許后之子，事洩被廢。⓬大司徒　漢代三公之一，管民事，約相當於丞相之職。⓭宗正　掌管王室親族事務的官員，秦代始置，兩漢因之。⓮歸　女子出嫁。⓯自我不見于今三年　原句見《詩・東山》，是表示出征的士兵思念家中妻子的。⓰章陵　光武帝祖考陵寢名。在今湖北棗陽東。見本書卷十四：「建武二年，以皇祖、皇考墓為昌陵，置陵令守視；後改為章陵，因以舂陵為章陵縣。」⓱原陵　東漢光武帝劉秀的墓園。地在今河南孟津境。

【語　譯】光烈陰皇后名麗華，是南陽郡新野縣人。起初，光武帝劉秀到達新野，聽說陰麗華相貌美麗，內心十分愛慕她。後來到長安，見到執金吾們所乘車馬裝飾華美壯麗，因而感慨地說：「要當官就當執金吾這樣氣派的，娶妻就要娶陰麗華那麼漂亮的。」更始元年六月，劉秀就在宛城之當成里納娶陰麗華，那時她十九歲。等到劉秀當上司隸校尉，正要向西去洛陽，就讓陰麗華回到新野。及至鄧奉起兵時，麗華之兄陰識做鄧奉的將領，陰麗華隨家屬遷徙到淯陽，住在鄧奉的住宅裡。

2　光武帝劉秀即皇帝位後，命令侍中傅俊前去迎接陰麗華，與湖陽、寧平主諸宮人都到洛陽，進升陰氏為貴人。劉秀因為陰貴人素來性情寬厚仁慈，想提升她為宮中的最尊貴的位次，但陰氏堅決辭讓，由於當時郭聖通已生子劉彊，陰氏最終不肯當皇后，所以就立了郭氏為皇后。建武四年，陰麗華跟隨劉秀到河北征伐彭寵，在常山國之元氏縣生下皇子劉莊，即後來的顯宗孝明帝。建武九年，陰貴人的母親鄧氏和弟弟陰訢被強盜劫殺，光武帝劉秀對此十分痛惜，就下詔令給大司空說：「我在地位微賤的時候，迎娶陰氏為妻室，由於連年帶兵征戰討伐，於是各自分離別居。所幸都得以安全，都曾從兇險如虎口的境遇中逃脫厄運。因為陰貴人有母儀天下的美德風範，應該立為皇后，但她堅辭不敢受此尊位，只好列於媵妾之低位。我非常嘉賞她的義氣和禮讓，答應封賞她的各位兄弟。尚未分封給他們爵位和采邑，卻遭逢此憂患橫禍，母子竟同時殞命，我內心十分感傷悲痛。《詩・小雅》中說：『在遭受又驚恐又憂懼的日子裡，只有我贊助支持你；在即將過安樂日子的幸福歲月，你反而捨棄了我。』那些民歌創作者的告誡，能不引起人們的警惕嗎？現追封陰貴人的父親陰陸的爵位和諡號為宣恩哀侯，陰貴人之弟陰訢為宣義恭侯，由陰貴人的另一弟弟陰就承襲其父哀侯的爵位。趁著此刻陰貴人父母弟弟的靈位棺柩擺妥在祭堂，就讓太中大夫向靈柩拜授印璽和綬帶，就像授予活著的在國的列侯之禮節儀式一樣。魂魄如果有靈驗，也該嘉賞這種褒寵榮耀！」

3 建武十七年，朝廷廢掉郭聖通的皇后稱號，而立陰貴人為皇后。光武帝下詔書給太尉、司徒、司空等中央大員說：「郭皇后對我心懷怨恨和不滿，多次地違背我的教誨和訓令，不能安撫順慰他宮所生的子女，訓教培養其他嬪妃的子女。在皇家後宮之內，好像有鷹鸇之類猛禽一般，使百鳥震恐。她既沒有《詩・關雎》中所讚頌的周文王的太姒那樣的美德，卻具有前朝呂雉、霍皇后那樣兇殘狠毒的作風，這哪裡可以把幼小的孤兒託付給她養育，以恭謹地承襲對神明的祭祀呢？現在派遣大司徒戴涉、宗正吉持符節，要她上繳皇后的印璽和綬帶。陰貴人出身於善良的鄉間民家，嫁我於微賤之時，『自從我們不得相見，到如今已有三年。』應該讓她奉祀宗廟，為天下人的母儀。主管此事的官員要詳細地考察舊典，按時為她獻上尊號。廢立皇后是朝廷異常之事，不是國家的吉祥福分，不許上賀表祝福慶頌。」陰氏居於皇后高位而恭敬節儉，很少遊戲玩耍等嗜好，不喜歡與人嬉戲笑謔。性情仁德孝順，多憐憫慈愛之心。她七歲時喪父，雖然已經過去數十年，但言及此事時沒有不傷心落淚的。光武帝遇到此種場面，也常常為她的孝心感動而歎息不止。

4 顯宗明帝劉莊即皇帝位後，尊其生母陰皇后為皇太后。永平三年冬天，明帝跟從陰太后臨幸埋葬光武帝的祖父和父親的章陵，在舊先的宅院中擺下酒宴，會見陰氏家族、鄧氏家族的後輩子孫，這些人都接受了皇帝的賞賜。永平七年，陰太后去世，她居后位二十四年，活了六十歲，死後合葬於劉秀的原陵。

5 明帝劉莊性情孝順，對太后追念不止。永平十七年正月，按禮當拜謁原陵，夜間夢見他的父親劉秀和母親陰太后，就如同生前歡聚一樣快樂。醒來以後，悲傷得再難入睡，立刻查看曆書，第二天就是黃道吉日，於是就率領百官及舊臣故客到原陵去拜祭。那一天，天降甘露於陵園樹木之上，明帝命令百官採取甘露來奉獻於陵前祭奠。祭儀完畢，明帝從跪拜的席上向前伏看擺祭品的御案，仔細看視陰太后梳洗化妝用的鏡匣中的物品，睹物思人，傷感激動，悲痛流淚，令人更換新的化妝用的脂油及用具。身旁左右的人都悲傷淚下，沒有人能仰起頭看他。

明德❶馬皇后諱某，伏波將軍援❷之小女也。少喪父母。兄客卿敏惠早夭，母藺夫人悲傷發疾慌惚。后時年十歲，幹理家事，勑制僮御，內外諮稟，事同成人。初，諸家莫知者，後聞之，咸歎異焉。后嘗久疾，太夫人令筮❸之，筮者曰：「此女雖有患狀而當大貴，兆不可言也。」後又呼相者使占諸女，見后，大驚曰：「我必為此女稱臣。然貴而少子，若養它子者得力，乃當踰於所生。」

初，援征五溪蠻❹，卒於師，虎賁中郎將❺梁松、黃門侍郎❻竇固等因譖之，由是家益失埶，又數為權貴所侵侮。后從兄嚴不勝憂憤，白太夫人絕竇氏婚，求進女掖庭❼。乃上書曰：「臣叔父援孤❽恩不報，而妻子特獲恩全，戴仰陛下，為天為父。人情既得不死，便欲求福。竊聞太子、諸王妃匹未備，援有三女，大者十五，次者十四，小者十三，儀狀髮膚，上中以上。皆孝順小心，婉靜有禮。願下相工，簡其可否。如有萬一，援不朽於黃泉矣。又援姑姊妹並為成帝婕妤❾，葬於延陵。臣嚴幸得蒙恩更生，冀因緣先姑，當充後宮。」由是選后入太子宮。

時年十三。奉承陰后，傍接同列，禮則脩備，上下安之。遂見寵異，常居後堂。

【章　旨】以上記明馬皇后的出身家世及被選入宮的經過。

【注　釋】❶明德　明帝的德皇后。〈謚法〉：「忠和純淑曰德。」❷伏波將軍援　指東漢初年的重要將領馬援（西元前一四—西元四九年），字文淵，扶風茂陵（今陝西興平）人。新莽末，為新城大尹（漢中太守），曾依附割據隴西的隗囂，後歸劉秀，參加攻滅隗囂的戰爭。建武十一年（西元三五年），任隴西太守，率軍攻破羌人的先零部，建武十七年任伏波將軍，封新息侯。後在進擊武陵「五溪蠻」時，病死軍中。詳見本書卷二十四。❸筮　古人預測吉凶的方法之一，用蓍草占吉凶曰筮，以龜甲占吉凶曰卜。❹五溪蠻　五溪一帶的少數民族。五溪，指雄溪、樠溪、無溪、酉溪、辰溪。即湖南沅水上游的五條支流，地在今湖南西部、貴州東部一帶。蠻，古代對南方少數民族的蔑稱。❺虎賁中郎將　東漢時皇帝侍衛隊的統領軍官。秦時置中郎，西漢時分五官、左、右三署，各置中郎將以統領皇帝的侍衛，隸屬於光祿勳。平帝劉衎時，又置虎賁中郎將，統領虎賁郎。東漢以後，統兵將領多用中郎將之名，其上再加稱號。虎賁，即猛虎之奔，以喻武士的勇猛。❻黃門侍郎　秦及西漢時的郎官給事於黃門之內者稱黃門郎或黃門侍郎。東漢時設為專官，其職為侍從皇帝，傳達詔命。由於接近皇帝，地位漸顯貴重。❼掖庭　也作「掖廷」。宮中傍舍，是妃嬪居住的地方。東漢時，宮中女官自婕妤以下皆居掖庭。❽孤　辜負；有負於。❾婕妤　漢代武帝時始置女官，位視上卿，秩比列侯。

【語　譯】明德馬皇后不知叫什麼名字，是伏波將軍馬援的最小的女兒。年幼時就死去了父母。她的哥哥馬客卿聰敏多智，未成年而死，他的生母藺夫人由於悲痛傷心引發了精神恍惚的疾病。當時，馬皇后才十歲，即出面管理家中事務，差遣使喚家中的傭工僕人，處理家庭內外的請示諮詢，就像成年人一般。當初，各家沒人知道這種情況，以後聽說了，都驚詫慨歎她的突出才能。馬皇后曾經久病不癒，太夫人曾請人為她占卜吉凶，占卜的人說：「這女子雖然現在患有病狀，而將來必有大福大貴，所占的好預兆不能用言語形容。」後來，太夫人又叫看相的給女兒們看相以預測未來，當看相的看到皇后時，大吃一驚說：「我今後必定向此女子稱臣。但是，她地位尊貴，卻注定命中少子嗣，如果著力撫養別人的兒子成人，那就一定比自己親生的兒子還會有出息。」

當初，馬援率軍征討五溪蠻，死在軍旅中。虎賁中郎將梁松、黃門侍郎竇固等人乘機用讒言說馬援的壞話，由此馬援家族一天天失去當年的威勢，又多次被有權勢的富貴人家侵凌欺侮。馬皇后的堂兄馬嚴對此情況不勝憂鬱煩悶，氣憤不平，就向太夫人稟告，請求解除與竇家的婚約，謀求將女兒送進皇帝後宮，以求升遷。馬嚴於是上書光武帝說：「我的叔父馬援已過世，辜負了陛下的大恩大德，沒能報答，而他的妻子兒女特獲皇恩得以保全，他們感戴仰慕陛下，猶如對上天和慈父那樣敬重。人之常情，既然能免除一死，便想追求幸福。我私下聽說，太子和諸王子尚未選妃匹配婚姻，馬援有三個女兒，大女兒十五歲，二女兒十四歲，最小的十三歲，她們的儀態身材，容貌長相，頭髮肌膚，都在上中等以上。她們都孝敬溫順，謹慎細心，和婉文靜，知書達禮。希望陛下傳旨給相工，親眼審察，命他來挑選，看是否可供選擇。假如萬一有幸被選中，馬援也應含笑九泉死亦不朽了。此外，馬援的幾個姑母，都在成帝時充當婕妤，與成帝合葬在延陵。微臣馬嚴我幸蒙陛下隆恩獲得再生，希望因為死去姑姑的關係，能夠入後宮當差效力。」因此，馬皇后被選入太子劉莊的宮內，當時年齡才十三歲。她入太子宮後，無論是對上侍奉陰皇后，還是對待與她同列的其他妃嬪，都是依照禮儀規則，修美完備，周到細緻，上下相安，和睦共處。於是被太子特別寵愛，經常住在後堂陪伴太子。

1 顯宗即位，以后為貴人。時后前母姊女賈氏亦以選入，生肅宗。帝以后無子，命令養之。謂曰：「人未必當自生子，但患愛養不至耳。」后於是盡心撫育，勞悴❶過於所生。肅宗亦孝性淳篤，恩性天至，母子慈愛，始終無纖介之間❷。后常以皇嗣未廣，每懷憂歎，薦達左右，若恐不及。後宮有進見者，每加慰納。若數所寵引，輒增隆遇。永平三年春，有司奏立長秋宮❸，帝未有所言。皇太后曰：「馬貴人德冠後宮，即其人也。」遂立為皇后。

2 先是數日，夢有小飛蟲無數赴著身，又入皮膚中而復飛出。既正位宮闈，愈自謙肅。身長七尺二寸❹，方口，美髮。能誦易，好讀春秋、楚辭，尤善周官、董仲舒書❺。常衣大練，裙不加緣。朔望諸姬主朝請，望見后袍衣疏麤，反以為綺縠❻，就視，乃笑。后辭曰：「此繒特宜染色，故用之耳。」六宮莫不歎息。帝嘗幸苑囿離宮，后輒以風邪露霧為戒，辭意款備，多見詳擇。帝幸濯龍❼中，並召諸才人，下邳王已下皆在側，請呼皇后。帝笑曰：「是家志不好樂，雖來無歡。」是以遊娛之事希嘗從焉。

3 十五年，帝案地圖，將封皇子，悉半諸國。后見而言曰：「諸子裁食數縣，於制不已儉乎？」帝曰：「我子豈宜與先帝子等乎？歲給二千萬足矣。」時楚獄連年不斷，囚相證引，坐繫者甚眾。后慮其多濫，乘間言及，惻然。帝感悟之，夜起仿偟，為思所納，卒多有所降宥。時諸將奏事及公卿較議難平者，帝數以試后。后輒分解趣理❽，各得其情。每於侍執之際，輒言及政事，多所毗補❾，而未嘗以家私干。故寵敬日隆，始終無衰。

【章　旨】以上記馬皇后即尊位前後的作為，突出她慈愛、儉約、克己、明理、聰慧等諸多過人之處。

【注　釋】❶勞悴　憂勞憔悴。又作「勞瘁」。勞，憂愁。悴，憂傷；疲萎。❷纖介之間　絲毫的隔閡。纖，細小；細微。介，又作「芥」。小草，芥子小而值錢，常用以比喻輕微的東西。間，間隙；縫隙。❸長秋宮　皇后所居的宮室。長，久也。秋者，萬物成熟之初也。長秋宮在此處以居所代皇后之位。❹身長七尺二寸　漢尺比現在的長度小，每尺約為二十三公分。七尺二寸約為一六五．六公分，是美女的標準身高。❺能誦易三句　記述馬皇后在文字方面的修養及造詣。《易》，又稱《易經》或《周易》，是一部古代研究事物消長、盛衰諸多方面變化的著作，為儒學經典之一。後人多用它的理論預測未來，實際上是我國古代一部重要的哲學著作。《春秋》，我國第一部編年體的史書，為儒家經典之一。相傳是孔子依據魯國史官所編的《春秋》整理修訂而成，起於魯隱公元年（西元前七二二年），終於魯哀公十四年（西元前四八一年），是後代編年體史書的開端，其文字精簡扼要，寓有褒貶之意，被後人稱為「春秋筆法」。《楚辭》，是我國戰國時期以屈原為代表的楚地作家所創作的詩歌的總稱。以屈原的〈離騷〉最為有名。西漢時，劉向將騷體類文章彙編成集，稱作《楚辭》，收有戰國楚人屈原、宋玉、景差、唐勒諸賦，附以屈賦形式的漢人賈誼的〈惜誓〉、淮南小山的〈招隱士〉、東方朔的〈七諫〉、嚴忌的〈哀時命〉、王褒的〈九懷〉以及劉向自作的〈九嘆〉，計十六篇，因都具有楚地的文學樣式、方言聲韻、風土色彩，故名《楚辭》。《周官》，即《周禮》的初名，也稱《周官經》。自劉歆以後，《周官》改稱《周禮》。分〈天官〉、〈地官〉、〈春官〉、〈夏官〉、〈秋官〉、〈冬官〉六篇，今本四十二卷，漢鄭玄注，唐賈公彥疏。董仲舒書，董仲舒（西元前一七九－前一〇四年），廣川（今河北景縣）人，西漢時著名的儒學大師，少治《春秋公羊傳》，景帝時為博士；武帝時，以賢良對策稱旨見重。生平講學著書，推尊儒術，抑黜百家，開以後二千多年封建社會以儒學為正統的局面。他的著作有《春秋繁露》等。❻綺縠　綺是素地織紋起花的絲織物，縠是縐紗，二者在此處代表高級華美的絲織品衣料。❼濯龍　東漢時洛陽北宮附近一處園林名稱。❽趣理　旨趣、意味和道理。即事情的要點、關鍵和發展方向，變化規律。❾毗補　裨補；補益。

【語　譯】顯宗明帝劉莊即皇帝位後，把馬某封為貴人。當時，馬某的前母姐姐的女兒賈氏也已被選入宮中，生下了後來被稱作肅宗的章帝劉炟。明帝因為馬某沒有生子，就下令讓她撫育劉炟。明帝對馬貴人說：「人未必一定要親生兒子，只是擔心愛護養育不能盡心盡力罷了。」馬貴人於是對劉炟竭盡心力去撫養教育，憂勞勤苦，勝過養育自己親生的孩子。劉炟也稟性孝順，篤實淳厚，二人都表現出母慈子孝的天性，相互親愛，始終沒有絲毫隔閡和嫌隙。馬貴人常常因為皇家的後代子嗣不繁盛，每每憂愁歎息，就常把身旁同列的妃嬪們推薦給皇帝侍寢，生怕不夠周到。凡是後宮有進見皇帝的女子，她都一一加以撫慰和交往接納。如果有人多次被明帝寵幸和招引，她就更加給予優厚的待遇。永平三年的春天，主管官員向明帝奏報，應該確立誰當正宮皇后，明帝沒有明確表示立誰。皇太后說：「馬貴人的品德在後宮數第一，皇后的位子就是她了。」於是，馬貴人被立為皇后。

2 在馬貴人被立為皇后的前幾日，有天夜裡，她夢見有無數個小飛蟲飛來撲赴到她身上，接著進入她的皮膚中，後又飛了出來。她當正宮皇后之後，自己更加謙謹恭敬。馬皇后身高七尺二寸，是標準型美女的身材，有著方正的口型和美麗的頭髮。她能誦讀《周易》，喜歡讀《春秋》和《楚辭》，對《周禮》和董仲舒書尤為精通。經常穿粗線織的繒衣，裙子也不加花邊之類的裝飾。每逢初一、十五等朔望日，諸王貴婦、宮中女官及公主等來朝請拜見皇后，遠遠望見皇后的袍衣粗糙稀疏，反而認為是名貴的綺縠，等到就近仔細審視後，才發現原來是粗帛，於是相互笑了起來。馬皇后解釋說：「這種絲織物特別適合染色，所以用它做衣料啦。」對她貴為皇后卻如此節儉，六宮嬪妃沒有人不感動歎息的。明帝劉莊曾經到苑囿和離宮中遊幸暫住，皇后常常告誡他要注意身體，防範風邪露霧的侵襲，言詞懇切，情意周到詳備，這些囑託，多被明帝知悉採納。明帝有次駕幸離北宮不遠的濯龍園，在園林中一併召見後宮的妃嬪等各種女官，下邳王以下官員都陪侍在皇帝身邊，他們都要求請馬皇后出來一塊兒遊樂。明帝笑著說：「這個人性情不好遊樂，即使來了也不會有多麼快樂。」因此，遊玩娛樂之事，馬皇后很少跟從皇帝隨行。

3 永平十五年，明帝查閱地圖，準備分封給皇子們采邑，封地均為侯國的一半。馬皇后看到了，就進言說：「眾皇子的食邑才不過幾個縣，按朝廷制度規定，不是太儉約了嗎？」明帝說：「我的兒子哪裡應當與先皇光武帝的兒子們等同呢？每人每年有兩千萬錢收入也就足夠了。」當時，南方楚地的刑獄連年不斷，囚徒們互相指控告發，檢舉攀引，因而獲罪被拘繫的人很多。馬皇后擔心這樣發展下去，必然造成刑獄過濫，便找機會對皇帝說起此事，並表現出同情百姓內心悲痛的神情。明帝受到了感動，醒悟過來，半夜起床徘徊不決，考慮如何採納皇后的建議，後來對那些罪囚大多有所減等處罰或寬宥饒恕。當時，對諸將領上奏的事情和公卿們互相爭議一時難以解決處理的事情，明帝也多次拿來試探皇后的才智見解。馬皇后總是能分析辨別解釋清事情的要旨和道理，並且都很符合各種事物的實情。每當馬皇后陪侍在明帝左右的時候，凡是談起國家大事，馬皇后的建言對明帝的決策多有補益，而從來沒有以自家私事有所請求。所以，明帝對她的寵幸敬重日漸加強，自始至終從未衰減。

1 及帝崩，肅宗即位，尊后曰皇太后。諸貴人當徙居南宮❶，太后感析別之懷，各賜王赤綬，加安車駟馬，白越❷三千端❸，雜帛二千匹，黃金十斤。自撰顯宗起居注❹，削去兄防參醫藥事。帝請曰：「黃門舅旦夕供養且一年，既無褒異，又不錄勤勞，無乃過乎？」太后曰：「吾不欲令後世聞先帝數親後宮之家，故不著也。」

2 建初元年，帝欲封爵諸舅，太后不聽。明年夏，大旱，言事者以為不封外戚之故，有司因此上奏，宜依舊典❺。太后詔曰：「凡言事者皆欲媚朕以要福耳。昔王氏五侯同日俱封❻，其時黃霧四塞，不聞澍雨❼之應。又田蚡、竇嬰，寵貴橫恣，傾覆之禍，為世所傳❽。故先帝防慎舅氏，不令在樞機❾之位。諸子之封，裁令半楚、淮陽諸國，常謂『我子不當與先帝子等』。今有司柰何欲以馬氏比陰氏乎？吾為天下母，而身服大練，食不求甘，左右但著帛布，無香薰之飾者，欲身率下也。以為外親見之，當傷心自勑，但笑言太后素好儉。前過濯龍門上，見外家問起居者，車如流水，馬如游龍，倉頭衣綠褠，領袖正白⑩，顧視御者，不及遠矣。故不加譴怒，但絕歲用而已，冀以默愧其心，而猶懈怠，無憂國忘家之慮。知臣莫若君，況親屬乎？吾豈可上負先帝之旨，下虧先人之德，重襲西京敗亡之禍⑪哉！」固不許。

3 帝省詔悲歎，復重請曰：「漢興，舅氏之封侯，猶皇子之為王也。太后誠存謙虛，柰何令臣獨不加恩三舅乎？且衛尉年尊，兩校尉有大病⑫，如令不諱⑬，使臣長抱刻骨之恨。宜及吉時，不可稽留。」

4 太后報曰：「吾反覆念之，思令兩善。豈徒欲獲謙讓之名，而使帝受不外施⑭之嫌哉！昔竇太后欲封王皇后之兄⑮，丞相條侯言受高祖約，無軍功，非劉氏不侯⑯。今馬氏無功於國，豈得與陰、郭中興之后等邪？常觀富貴之家，祿位重疊，猶再實之木，其根必傷⑰。且人所以願封侯者，欲上奉祭祀，下求溫飽耳。今祭祀則受四方之珍，衣食則蒙御府餘資，斯豈不足，而必當得一縣乎？吾計之孰矣，勿有疑也。夫至孝之行，安親為上。今數遭變異，穀價數倍，憂惶晝夜，不安坐卧，而欲先營外封，違慈母之拳拳⑱乎？吾素剛急，有匈⑲中氣，不可不順也。若陰陽調和，邊境清靜，然後行子之志。吾但當含飴弄孫⑳，不能復關政矣。」

時新平主家御者失火，延及北閣後殿。太后以為己過，起居不歡。時當謁原陵，自引守備不慎，慙見陵園，遂不行。初，太夫人葬，起墳微高，太后以為言，兄廖等即時減削。其外親有謙素義行者，輒假借溫言，賞以財位。如有纖介，則先見嚴恪之色，然後加譴。其美車服不軌法度者，便絕屬籍，遣歸田里。廣平、鉅鹿、樂成王車騎朴素，無金銀之飾，帝以白太后，太后即賜錢各五百萬。於是內外從化，被服如一，諸家惶恐，倍於永平時。乃置織室，蠶於濯龍中，數往觀視，以為娛樂。常與帝旦夕言道政事，及教授諸小王，論議經書，述敘平生，雍和終日。

【章旨】以上記馬皇后成為皇太后後的作為，突出表現她身居高位，頭腦清醒，深明大義，率先垂範的高貴品德以及對當時朝廷內外產生的影響。

【注釋】❶南宮　南宮本為南方的列宿名，漢代以之比擬尚書省，後世又作為禮部的代稱。此處指洛陽的一處宮殿名稱，故地在洛陽東北的洛陽故城中。❷白越　白色的越布。越是古代江浙閩粵一帶民族的統稱，也叫「百越」，古人也曾以今浙江紹興為中心建立越國。漢代曾把越地所產的布作為貢品進獻朝廷。❸端　古代布帛的長度名稱，絹曰匹，布曰端，古絹以四丈為一匹，布以六丈為一端。❹顯宗起居注　記錄顯宗明帝日常生活作息舉止的一部書。起居注本為古代宮中官名，多由女史擔任，後來她們記錄皇帝日常生活的文字稱「起居注」。❺舊典　舊有的典章、規定。漢代制度，外戚可以由皇帝加恩封侯。❻昔王氏五侯同日俱封　漢成帝劉驁於河平二年（西元前二七年）封他的舅舅王譚為平阿侯，王商為成都侯，王立為紅陽侯，王根為曲陽侯，王逢時為高平侯。「五人同日封，故世謂之『五侯』」，此太后即元帝劉奭的皇后，也就是王莽的姑母。詳見《漢書・元后傳》。❼澍雨　時雨；及時雨。❽又田蚡竇嬰四句　田蚡，漢武帝生母、景帝皇后王志的異父同母弟，被封為武安侯，武帝時為丞相，貪驕無度，曾與淮南王劉安在霸上私語，支持劉安繼帝位，且接受其贈金。死後，淮南王事發，「上（武帝）曰：『使武安侯在者，族矣！』」竇嬰，漢武帝的祖母、文帝的皇后竇氏之堂兄之子，封魏其侯，為丞相，因灌夫使酒罵座，得罪田蚡，他受牽連被誣為朋黨而「棄市渭城」。詳見《史記・魏其武安侯列傳》。❾樞機　指皇帝身邊親近而重要的官位，即朝廷的機要部門或職位，如宰輔之類。❿倉頭二句　倉頭，又作「蒼頭」。漢代對奴僕的稱呼，因漢時奴隸僕人以深青色巾包頭，故名。褠，臂衣；袖套。領袖，衣服的領子和袖子。正白，純白色。⓫重襲西京敗亡之禍　西京指漢代西都長安。敗亡之禍，指發生在西漢時期，外戚家族干預朝政而自取滅亡的禍端，如呂雉的娘家人呂祿、呂產，竇太后之族姪竇嬰，昭帝上官皇后之祖父上官桀及其子上官安，宣帝霍皇后之兄霍禹等，均因為涉及宮廷權力鬥爭而遭慘死。⓬且衛尉二句　衛尉為漢代九卿之一，掌管皇宮內的警衛，中二千石。此處代指馬太后之兄馬廖。校尉，是漢代軍職名稱，權位略次於將軍，常隨其職務冠以不同名號。此處之「兩校尉」，指馬太后之兄馬防、馬光。⓭不諱　死的委婉說法。意為人死不可避免，無可忌諱。⓮外施　對外戚家施以恩澤加封爵位。⓯昔竇太后句　竇太后，西漢文帝劉恆的皇后，漢景帝之母，魏其侯竇嬰之堂姑母。王皇后，景帝劉啟之皇后，武帝劉徹之母。其異母弟為武安侯田蚡。王皇后之兄即王信，後被封為蓋侯。⓰丞相三句　條侯即漢初絳侯周勃之子周亞夫。此處事見《漢書・周亞夫傳》：「竇太后曰：『皇后兄王信可侯也。』……亞夫曰：『高帝約「非劉氏不得王，非有功不得侯。不如約，天下共擊之。」今信雖皇后兄，無功，侯之，非約也。』」⓱猶再實二句　就像第二次結果實的樹，它的養分供應超量了，根部必然耗損過多而受傷。語見《文子》：「再實之木根必傷，掘臧之家後必殃。」文子相傳為老子的弟子，姓辛名妍，字文子，號針然，為春秋時越人范蠡之師，著有《文子》九篇。《漢書・藝文志・道家》有《文子》九篇，係漢人依託之作。⓲拳拳　猶「勤勤」、「勤拳」。懇切真摯；忠謹。⓳匈　同「胸」。⓴含飴弄孫　口裡含著糖果逗弄小孫子玩耍，形容老年人恬適的樂趣。飴是糖漿。

【語　譯】到明帝劉莊去世後，章帝劉炟即皇帝位，尊馬皇后為皇太后。明帝後宮中的那些貴人嬪妃按禮法要搬到南宮中居住，皇太后感念與這些人分別思念之情，每人都賜給親王級別的紅色綬帶，加賜駟馬安車，越地產的白布三千端，雜帛二千匹，黃金十斤。太后親自撰寫《顯宗起居注》一書，刪去了她哥哥馬防在明帝病後參與侍奉醫藥一事的記錄。章帝向太后請求說：「我那在黃門效力的舅父馬防，日日夜夜伺候先帝將近一年，既沒有褒獎他特別的功勞，又不在書中載錄他勤奮勞苦的事績，這豈不是為避嫌顯得太過分了嗎？」馬太后說：「我不想讓後世知道先帝常常親近善待後宮人員的家族成員，所以刪去這些內容而不予載錄。」

2 漢章帝劉炟建初元年，皇帝打算給各位舅舅封爵，馬太后不允許。第二年夏季，天下大旱，負責議事的官員認為這天災是因為不封外戚的緣故，主管部門因而上奏朝廷，應該依照舊有的制度和以往的慣例，加恩封爵外戚。馬太后下詔書說：「凡是提這種建議的人，都是想討好諂媚皇家而邀取他自家的福祿利益罷了。往昔成帝時，外戚王家同一天有五個人同時封侯，那時節黃霧瀰天，充塞四野，也沒聽說時雨因依舊典封了外戚而及時到來。另外，武帝時的外戚武安侯田蚡、魏其侯竇嬰，曾受皇家寵幸，他們權位高貴，驕橫放縱，終遭傾亡覆滅之大禍，被後世人所傳述。所以先帝顯宗對舅舅們一直防範謹慎，不讓他們占據朝廷機要的關鍵部位。先帝對自己各個兒子的分封，才使他們的食邑僅及楚國、淮陽國諸國封地的一半，他常說『我的兒子們不應當與光武帝的兒子們等同』。現在，有關官員為何將我馬氏家族與陰氏家族相比同論呢？我本人身為天下的母儀閫範，但我身穿粗帛，食物不追求甘美，左右的侍從人員也只穿帛布，都沒有香袋之類的薰香裝飾品，只是想以身作則，成為天下人的表率罷了。我原以為外戚見我如此，會捫心自省，自加勸勉，卻不想只聽見他們笑著說太后性格素來喜歡儉樸。我前段時間路過濯龍園門上時，看到外戚家前來向我問候生活起居的人，他們乘坐的華貴的車多如流水一般，駕車的馬如游龍般漂亮壯健，隨行的奴僕戴著綠色的套袖，衣領和衣袖雪白純淨，回頭看看我的車馬和侍從，離他們差遠了。我故意不對這些外家譴責發怒，只是斷絕了每年對他們的財物供應罷了，希望以我的默不作聲，促使他們內心感到慚愧，卻不想他們依然懈怠如故，仍然沒有憂慮國事忘懷自家私利的考慮。了解臣子的沒人比得上國君的，更何況我是他們的親屬呢？我怎能再姑息縱容優待他們，對上辜負先帝顯宗的意旨，對下有損於馬氏先人的遺德，重蹈前漢時那些外家不約束自己而招致敗亡慘禍的覆轍呢！」她堅決不同意加封外戚勳爵。

3 章帝看過馬太后的詔書之後，內心不勝傷感，又再次向太后請求說：「自大漢興起以來，加封國舅們侯爵，就像對皇子們加封為王一樣名正言順。太后您誠心誠意要保存謙虛遜讓的美名，可是怎麼能唯獨不讓兒臣我施恩加封於三位舅父呢？況且衛尉馬廖年紀已老，校尉馬防、馬光又患有重病，假若他們一旦故去，將令兒臣我長抱刻骨銘心之遺憾。應該及時選擇良辰吉日，行加封之禮，萬不可再延遲耽誤了。」

4 馬太后答覆章帝說：「我翻來覆去考慮過這件事，總想找出個兩全其美的辦法。難道只是我想得到謙遜禮讓的好名聲，而使皇帝蒙受不施恩澤於外戚的嫌猜嗎！當年，竇太后想加封景帝的王皇后之兄王信以侯爵，丞相條侯周亞夫說，秉承高祖皇帝之約定，沒有立過軍功的人，除非是劉氏皇族，不許封侯爵。現在，馬氏家族子弟對國家沒有功勳，怎應能夠與協助光武帝中興大漢的陰皇后、郭皇后的家族等同呢？我常常觀察那些富貴的人家，俸祿封爵重疊相加，富了更富，貴了還貴，這就像已經結了果實的樹木再度結果，它的樹根必定因耗損過多而受傷。況且，人們所以希望封侯的原因，不過是對上可以祭祀祖先，光宗耀祖，對下可以養活妻兒求得溫飽罷了。現在，外戚的祭祀可以接受四方進獻的珍品，穿衣吃飯可以享受皇家宮廷內多餘出來的物資，這難道還不滿足，而一定要得到一個縣的食邑嗎？我已經考慮成熟，不必再有什麼疑慮了。大凡最孝順的行為，是使親長得到安逸為最上。現在天下屢次遭受不正常的變異，糧食價格增加了好幾倍，我為此日夜憂慮惶恐，坐臥不安，而你們卻優先考慮營求對外戚的分封，豈不有違慈母我這番忠摯懇切的心意嗎？我素來性情剛烈急躁，胸中有鬱悶之氣，不能不使之順暢通達。如果天地間陰陽調和，國家邊境安寧清靜，然後再實現你照顧外戚的志向吧。到那時，我就不再為國事操心，可以含飴弄孫，安享晚年，不再干預朝政了。」

5 當時，新平公主家駕馭馬車的人不慎失火，大火延燒到北閣後殿。馬太后認為是自己疏忽的過失，日常起居，悶悶不樂。這時，本該去拜謁光武帝的原陵，馬太后以守備欠謹慎引以自責，沒臉面去先帝陵園拜見祖宗，所以就沒有去。當初，太后的母親下葬時，所起的墳堆比禮制規定稍微高了些，太后對此發表了意見，她的哥哥們馬廖等人就及時將墳堆減削改低。那些外戚中，凡是有謙恭樸素、有義行的人，馬太后總是嘉賞讚許，並且用財物官位進行獎勵。如果誰有輕微細小的過失，她就要先表現出嚴肅認真的神色，然後再進行批評譴責。對那些刻意裝扮自己的車馬衣飾不遵守規矩法度的人，太后便把他們從皇親國戚的名冊中除去名籍，把他們遣送回鄉間老家去。廣平王、鉅鹿王、樂成王三人所用的車騎簡單樸素，沒有用金銀的裝飾品，章帝把這情況向馬太后稟告，馬太后就賞賜給他們每人五百萬錢。在這些措施影響下，宮廷內外的風氣就跟著發生變化，衣被車服規制合乎統一標準，各外戚之家誠惶誠恐，比明帝的永平時代還要謹慎小心，加倍戒懼。馬太后又讓設置織造室，在濯龍園中讓人養蠶，她多次去那裡視察參觀，以此為賞心娛樂的活動。馬太后還常常與章帝不分白晝黑夜，得便就討論治理國家的政事，並且時時教導各位小王子，為他們講解闡述經書的要旨要義，或者向他們敘述自己平生經歷的往事，和睦融洽，安樂度日。

四年，天下豐稔，方垂無事，帝遂封三舅廖、防、光為列侯。並辭讓，願就關內侯❶。太后聞之，曰：「聖人設教，各有其方，知人情性莫能齊也❷。吾少壯時，但慕竹帛❸，志不顧命。今雖已老，而復『戒之在得❹』，故日夜惕厲❺，思自降損。居不求安，食不念飽。冀乘此道，不負先帝。所以化導兄弟，共同斯志，欲令瞑目之日，無所復恨。何意老志復不從哉？萬年之日長恨矣！」廖等不得已，受封爵而退位歸第焉。

太后其年寢疾❻，不信巫祝❼小醫，數敕絕禱祀。至六月，崩。在位二十三年，年四十餘。合葬顯節陵。

【章　旨】以上記馬太后晚年的情況，她「戒之在得」，不謀私利；「不信巫祝小醫」，不迷信鬼神，突出了她的遠見卓識。

【注　釋】❶關內侯　漢時的關內侯，為第十九級爵位，僅有侯爵的稱號而無具體的封邑。❷知人情性句　知道人們的感情性格是沒有統一模式的。齊，等同；無差別。語見《禮記・王制》：「凡居人材，必因天地寒暖燥濕，廣谷大川異制，人居其間異俗。修其教不易其俗，齊其政不易其宜。中國戎狄五方之人，皆有性也，不可推移。」❸竹帛　此處意為書史、史冊。古代初無紙，常把字刻寫在竹簡或白絹上，故以竹帛代書冊。❹戒之在得　要戒除貪得無厭。語見《論語・季氏》：「孔子曰：『君子有三戒：少之時，血氣未定，戒之在色；及其壯也，血氣方剛，戒之在鬥；及其老也，血氣既衰，戒之在得。』」❺惕厲　心存警惕、戒懼、謹慎。《易・乾》：「君子終日乾乾，夕惕若厲，無咎。」❻寢疾　臥病在床。❼巫祝　古代從事通鬼神的迷信職業的人。

【語　譯】建初四年，全國莊稼大豐收，四方邊境也無戰事滋擾，天下太平。章帝於是封他的三個舅舅馬廖、馬防和馬光為列侯。這三人一起謝辭，只願被封為不食采邑的關內侯。馬太后聽說了這件事，發表意見說：「聖人設立教化的方法，對不同人有不同的針對性，就是知道天下眾人的性情和習俗是不能完全相同的。我年輕的時候，只是仰慕古代的典籍，追慕歷史上古人的建樹，而不顧念生命之長短。現在雖然已經年老，仍然牢記聖人『戒之在得』的教誨，不敢貪取私家的利益，所以日夜警惕戒慎，老考慮降低減少自己的待遇。居所不求安逸，食不求飽。希望繼續遵循這個準則，以求不辜負先帝的在天之靈。所以教化訓導眾位兄弟，共同遵守這個志向，希望在我瞑目的那一天，不留什麼遺憾。哪裡料到我年老的宿志你們不再遵從了呢？這讓我百年之後也抱恨終生啊！」馬廖等人沒辦法，接受封爵稱號後就退位還家不參與朝政了。

馬太后那一年得了病臥床不起，她不相信那些裝神弄鬼的巫祝之類的小醫，多次下令取消為她舉行的祈禱活動。到當年六月，馬太后病故。她身居后位二十三年，活了四十多歲。後來合葬於漢明帝的顯節陵。

賈貴人，南陽人。建武末選入太子宮，中元二年生肅宗，而顯宗以為貴人。帝既為太后所養，專以馬氏為外家，故貴人不登極位，賈氏親族無受寵榮者。及太后崩，乃策書加貴人王赤綬，安車❶一駟，永巷❷宮人二百，御府雜帛二萬匹，大司農❸黃金千斤，錢二千萬。諸史並闕後事，故不知所終。

【章　旨】以上為章帝劉炟生母賈貴人的傳記。她雖然生了個皇帝，卻因為只有貴人的名分，竟記得如此簡略，不光事跡缺失，連「所終」也不知道。

【注　釋】❶安車　一馬所駕的小車。古車多立乘，如戰車；此為坐乘，故曰安車。凡婦人車皆坐乘，高官告老或徵召有重望的人，往往賜乘安車，通常多用一馬，禮尊者多用四馬。此處一駟，即指四匹馬駕的安車，以示尊貴。❷永巷　本義指長巷或深巷，漢代宮中的長巷，是幽禁妃嬪或宮女的地方。永巷也泛指皇宮中妃嬪的住地，即後宮，漢武帝時改永巷為掖庭。❸大司農　漢代九卿之一，掌租稅田穀鹽鐵和國家的財政收支。

【語　譯】賈貴人是南陽郡人。光武帝之建武末期被選入太子劉莊的宮中，中元二年生下皇孫劉炟。明帝劉莊即位後封她為貴人。章帝劉炟自幼歸馬太后所養育，所以章帝就只認馬氏為外戚家，因此賈貴人一生也未升上皇后的位置，而賈氏親族中也沒人受到皇家的寵幸和恩榮的。等到馬太后去世後，章帝才下策書加給貴人諸侯王級的紅綬帶，賞給一輛四匹馬駕的安車，後宮的女婢二百名，皇家使用的各色雜帛二萬匹，由大司農調撥的黃金千斤，錢二百萬。由於各種史料中都缺失此後有關賈貴人的記載，所以不知道她最終結局如何。

1 章德竇皇后諱某，扶風平陵❶人，大司空❷融之曾孫也。祖穆，父勳，坐事死，事在竇融傳❸。勳尚東海恭王彊女沘陽公主，后其長女也。家既廢壞，數呼相工問息耗❹，見后者皆言當大尊貴，非臣妾容貌。年六歲能書，親家皆奇之。建初二年❺，后與女弟俱以選例入見長樂宮，進止有序，風容甚盛。肅宗先聞后有才色，數以訊諸姬傅。及見，雅以為美，馬太后亦異焉，因入掖庭，見於北宮章德殿。后性敏給，傾心承接，稱譽日聞。明年，遂立為皇后，妹為貴人。七年，追爵諡后父勳為安成思侯。后寵幸殊特，專固後宮。

2 初，宋貴人生皇太子慶，梁貴人生和帝。后既無子，並疾忌之，數閒於帝，漸致疏嫌。因誣宋貴人挾邪媚道，遂自殺，廢慶為清河王，語在慶傳。

3 梁貴人者，褒親愍侯梁竦之女也。少失母，為伯母舞陰長公主❻所養。年十六，亦以建初二年與中姊俱選入掖庭為貴人。四年，生和帝。后養為己子，欲專名外家而忌梁氏。八年，乃作飛書❼以陷竦，竦坐誅，貴人姊妹以憂卒。自是宮房惵息❽，后愛日隆。

4 及帝崩，和帝即位，尊后為皇太后。皇太后臨朝，尊母沘陽公主為長公主，益湯沐邑❾三千戶。兄憲，弟篤、景，並顯貴，擅威權，後遂密謀不軌。永元四年，發覺被誅。

5 九年，太后崩，未及葬，而梁貴人姊嫕上書陳貴人枉歿之狀。太尉張酺、司徒劉方、司空張奮上奏，依光武黜呂太后故事❿，貶太后尊號，不宜合葬先帝。百官亦多上言者。帝手詔曰：「竇氏雖不遵法度，而太后常自減損。朕奉事十年，深惟大義，禮，臣子無貶尊上之文。恩不忍離，義不忍虧。案前世上官太后亦無降黜⓫，其勿復議。」於是合葬敬陵。在位十八年。

6 帝以貴人酷歿，斂葬禮闕，乃改殯於承光宮，上尊謚曰恭懷皇后⓬，追服喪制，百官縞素，與姊大貴人俱葬西陵，儀比敬園⓭。

【章　旨】以上為章帝竇皇后的傳記。介紹了她的家世、性格，突出她機敏、陰毒狡詐的特點，也記述了她死後被大臣奏議的遭遇。文中並附記和帝生母梁貴人的事跡。

【注　釋】❶扶風平陵　扶風為長安附近由司隸校尉部直接管轄的地區，與馮翊、京兆合稱「三輔」，為西漢時的京畿重地。東漢時，右扶風轄十五城。故地當今陝西秦嶺以北，戶縣、咸陽、旬邑以西地。平陵為其下轄縣之一，故地為今陝西興平東北，因有葬漢昭帝的平陵而得名。❷大司空　漢代三公之一，由西漢初之御史大夫改稱，東漢時又稱「司空」，掌水土事。❸竇融傳　見本書卷二十三。❹息耗　音信；信息。❺建初二年　西元七七年。建初，東漢章帝劉炟年號，西元七六－八四年。❻舞陰長公主　為光武帝之女，嫁給了梁統之子梁松，是梁竦之嫂。詳見本書卷三十四。舞陰，漢代縣名。屬荊州南陽郡。故地在今河南泌陽西北。長公主，皇帝的女兒稱公主，皇帝的姐妹稱長公主。❼飛書　即今之匿名信。因為其書信憑空飛來，無根而至，故名。❽惵息　由於畏懼而緘口屏息。惵，也作「㥏」。恐懼。❾湯沐邑　天子賜給諸侯的封邑，邑內收入供諸侯作沐浴之用。又叫「朝宿邑」，意謂備朝見時供食宿之用。漢制，皇帝、諸侯、皇后、公主等皆有湯沐邑，收取賦稅以供個人奉養。❿依光武黜呂太后故事　依照光武帝劉秀貶黜呂太后廟主的先例。事見本書卷一〈光武帝紀下〉：「中元元年……冬十月……甲申，使司空告祠高廟曰：『高皇帝與群臣約：非劉氏不王。呂太后賊害「三趙」，專王呂氏。賴社稷之靈，祿、產伏誅，天命幾墜，危朝更安。呂太后不宜配食高廟，同祧至尊……遷呂太后廟主于園。』」⓫案前世句 查考前代上官太后也沒因為娘家人犯罪而遭降級處分的情況。事見《漢書・外戚傳》。上官太后是安陽侯上官桀的孫女、桑樂侯上官安的女兒，年甫六歲，入宮，為昭帝劉弗陵的皇后。不久，其祖、父上官桀、安，驕橫不法，與燕王勾結，陰謀廢立，被殺。「桀、安宗族既滅，皇后以年少不與謀，亦光外孫，故得不廢。……宣帝即位，為太皇太后。凡立四十七年，年五十二。」⓬恭懷皇后 〈謚法〉：「敬事尊上曰恭，慈仁哲行曰懷。」此處和帝稱其生母為「皇后」，實際上是提高了梁貴人及其家族的地位。⓭敬園 安葬章帝侍妾宋貴人的墓園。宋貴人生清河王劉慶，劉慶之子為安帝劉祜。

【語譯】章德竇皇后的名字不詳，扶風平陵縣人，是光武朝的大司空竇融的曾孫女。她的祖父是竇穆，父親是竇勳，因犯賄賂小吏的罪死在獄中，那件事記在〈竇融傳〉內。竇勳娶東海恭王劉彊之女沘陽公主為妻，所生的大女兒就是竇皇后。竇氏家族因犯事而敗落，就多次叫來占相的術師問訊未來的吉凶禍福，凡見到竇皇后的相工，都說她將來要大尊大貴，不是做臣做妾的容貌。她年方六歲就能讀書寫字，親戚家人都驚奇於她的早慧。章帝建初二年，竇皇后與她妹妹一起按例被選入長樂宮應召，行動舉止得體有序，風姿容貌顯得特別優雅美麗。章帝劉炟在此前早就聽說皇后既有才華又美貌超群，多次向見過她的女侍女傅詢問。等到親眼看到竇皇后，更認為美豔絕倫，他的養母馬太后也驚異於她的美麗，因而被選入後宮，在北宮章德殿拜見皇帝劉炟。竇皇后性格機敏靈慧，一心一意為章帝服務，好名聲日漸傳播。第二年，就被章帝立為皇后，她妹妹被封為貴人。建初七年，把竇皇后的父親竇勳追封爵位謚號為「安成思侯」。竇皇后受到章帝特殊的寵幸，在後宮地位專一鞏固。

2 當初，宋貴人生下皇太子劉慶，梁貴人生下以後的和帝劉肇。皇后竇氏自己既然沒生兒子，就對宋、梁二貴人產生嫉妒懷恨之心，多次在章帝面前說壞話，進行挑撥離間，於是章帝對宋貴人和梁貴人漸漸疏遠嫌棄。竇皇后又趁機誣陷宋貴人奸邪諂媚，惑亂朝政，逼得宋貴人自殺，皇太子劉慶被廢為清河王，這事記在〈劉慶傳〉中。

3 章帝的梁貴人，是褒親愍侯梁竦的女兒。她幼年時母親去世，被伯母舞陰長公主撫養成人。年紀十六歲時，也是在建初二年與她排行居中的姐姐一起被選入後宮成為貴人。建初四年，生下後來被稱為和帝的劉肇。竇皇后把劉肇當作自己生的兒子進行撫養，她想讓自己娘家專享外戚的名號和待遇因而忌恨梁氏家族。建初八年，竇皇后用匿名書信的方式誣陷梁竦有謀逆不臣之心，梁竦獲罪被處死，梁貴人姐妹二人都因憂懼而死。從此之後，後宮內各嬪妃都恐懼得不敢說話出大氣，只有竇皇后受章帝的寵愛日甚一日。

4 等到章帝劉炟去世，和帝劉肇即位，尊奉竇皇后為皇太后。竇皇太后臨朝聽政，尊她的生母沘陽公主為長公主，增加三千戶作她的湯沐邑。竇太后的哥哥竇憲，弟弟竇篤、竇景，都一起顯貴了，專擅權力，作威作福，此後就祕密圖謀策劃不軌之事。永元四年，密謀洩漏，都被誅殺。

5 永元九年，竇太后去世，還沒有下葬，而梁貴人的姐姐梁嫕就上書和帝，陳述梁貴人姐妹二人被竇后陷害而冤死的事。這時，太尉張酺、司徒劉方、司空張奮也上奏章，請求依照光武帝貶黜呂太后的舊例，貶降竇太后的尊號，不應當與死去的章帝合葬一處。朝廷中的官員也有許多人紛紛上書議論此事。和帝親自動手寫詔書說：「竇氏家族的人雖然不遵法度，但竇太后常常自我貶損。我奉事太后十年，深思人倫大義，照禮法看來，在下位的臣子，從來沒有貶斥尊上的文字記述。她對我的撫養之恩，使我不忍心違離；我們母子之間的德義，我也不忍心虧損。考察前代上官太后家族的事，她的祖父和父親因罪被殺，但她也沒因此而受貶降和處罰，不要再議論此事了。」於是把竇太后合葬於章帝的敬陵。她居后位十八年。

6 和帝因為其生母梁貴人遭冤慘死，當時殯殮和埋葬的禮儀草率缺損，於是又在承光宮重新改殯，奉上尊敬的諡號，叫「恭懷皇后」，依制追行喪禮喪服，朝中百官都身穿縞素孝服，把梁貴人和她姐姐大貴人的遺骸一起安葬於西陵，其規制及祭祀儀制與安葬宋貴人的敬園相同。

和帝陰皇后諱某，光烈皇后兄執金吾識之曾孫也。后少聰慧，善書藝。永元四年，選入掖庭，以先后近屬，故得為貴人。有殊寵。八年，遂立為皇后。

自和熹鄧后入宮，愛寵稍衰，數有恚恨。后外祖母鄧朱出入宮掖，十四年夏，有言后與朱共挾巫蠱❶道，事發覺，帝遂使中常侍張慎與尚書陳褒於掖庭獄雜考案之。朱及二子奉、毅與后弟軼、輔、敞辭語相連及，以為祠祭祝詛❷，大逆無道。奉、毅、輔考死獄中。帝使司徒魯恭持節賜后策，上璽綬，遷于桐宮，以憂死。立七年，葬臨平亭部。父特進❸綱自殺，軼、敞及朱家屬徙日南比景縣❹，宗親外內昆弟皆免官還田里。永初四年，鄧太后詔赦陰氏諸徙者悉歸故郡，還其資財五百餘萬。

【章　旨】以上為和帝陰皇后的傳略，突出記她及其家族因「巫蠱」事受到嚴厲懲處，多人亡故流放而衰敗的經過。

【注　釋】❶巫蠱　古代迷信，把巫師使用邪術加禍於人，如在寫有名字及生辰八字的木偶身上刺針或埋於土中加以詛咒之類稱作巫蠱。巫指能以舞蹈及歌唱降神的女人。蠱，毒蟲。❷祝詛　用言語訴說於鬼神，使降禍於自己所憎惡的人。❸特進　西漢末始置官名，用來授給列侯中有特殊地位的人物，特進可以自己徵辟僚屬助手。❹日南比景縣　日南郡屬交州，在洛陽南一萬三千四百里，故地在今越南中部。比景為其所轄縣名，一作「北景」。景，同「影」。謂其地在北回歸線之南，須向北看日，故曰「日南」，人體與影子等，故曰「比景」，為當時最荒遠之地。

【語　譯】和帝劉肇的陰皇后，不知其名諱，是光武帝皇后陰麗華哥哥執金吾陰識之曾孫女。她自幼聰明智慧，善於書法。永元四年，被選入後宮，因為是先太后陰麗華的近支親屬，所以被封為貴人。她受到和帝特殊的寵幸。永元八年，就被冊立為皇后。

自從和帝的鄧皇后入宮後，陰皇后所受寵愛漸漸衰減，她對此屢屢表現出怨望不滿之意。她的外祖母鄧朱時常出入宮禁，永元十四年夏天，有人言說陰皇后與其外祖母鄧朱共同進行巫蠱奸邪之術，欲加害於人，事情被發覺，和帝於是令中常侍張慎與尚書陳褒，在後宮獄中對各類女官女侍進行拷問。鄧朱以及她的兩個兒子奉、毅和陰皇后的弟弟陰軼、陰輔、陰敞等被受審人的供辭所牽連，被認為是在祠祭時詛咒長上，屬於大逆不道。奉、毅、輔三人被拷問受刑，死在獄中。和帝派遣司徒魯恭，手持符節，賜給陰皇后策書，令她上繳皇后的印璽和印綬，陰氏遷到桐宮去住，不久就因為憂懼懷恨而死。她居皇后位七年，死後埋葬在臨平亭部內之地。陰皇后的父親特進陰綱自殺，陰軼、陰敞以及鄧朱等人的家屬被強令遷到日南郡比景縣。這兩族內外宗親及所有兄弟們都被免官遷回本鄉故里。安帝永初四年，鄧太后下詔，赦免陰氏家族那些被遷徙到遠方的人，允許他們全部遷回老家，並且返還他們被抄沒的家產資財五百多萬。

和熹❶鄧皇后諱綏，太傅❷禹之孫也。父訓，護羌校尉❸；母陰氏，光烈皇后從弟女也。后年五歲，太傅夫人愛之，自為翦髮。夫人年高目冥❹，誤傷后額，忍痛不言。左右見者怪而問之，后曰：「非不痛也，太夫人哀憐為斷髮，難傷老人意，故忍之耳。」六歲能史書❺，十二通詩❻、論語。諸兄每讀經傳，輒下意難問❼。志在典籍，不問居家之事。母常非之，曰：「汝不習女工❽以供衣服，乃更務學，寧當舉博士❾邪？」后重違母言，晝修婦業，暮誦經典，家人號曰「諸生❿」。父訓異之，事無大小，輒與詳議。

永元四年，當以選入，會訓卒，后晝夜號泣，終三年不食鹽菜，憔悴毀容，親人不識之。后嘗夢捫天，蕩蕩正青，若有鍾乳狀，乃仰噉飲之。以訊諸占夢，言堯⑪夢攀天而上，湯⑫夢及天而咶之，斯皆聖王之前占，吉不可言。又相者見后驚曰：「此成湯之法也。」家人竊喜而不敢宣。后叔父陔言：「常聞活千人者，子孫有封。兄訓為謁者⑬，使修石臼河，歲活數千人。天道可信，家必蒙福。」初，太傅禹歎曰：「吾將百萬之眾，未嘗妄殺一人，其後世必有興者。」

【章旨】以上記和帝鄧皇后幼年和入宮前的特殊表現及長輩的期待。

【注釋】❶和熹　和，和帝劉肇。熹，〈謚法〉：「有功安人曰熹。」❷太傅　為古代的三公之一，周始置。漢時位在三公之上。東漢每一帝即位，必置太傅，錄尚書事，參與朝政。❸護羌校尉　校尉是漢代軍官名稱，地位略次於將軍，常隨其職責冠以不同的名號。羌人是漢代西部邊疆地區最大的少數民族部族名稱。兩漢時設護羌校尉，執掌西羌事務。❹冥　目力昏花，視力不清晰。通「瞑」。❺史書　周宣王時之太史籀所作大篆十五篇，為當時教學童之書，現在常作為大篆書體之代表。❻詩　又稱《詩三百》、《詩經》，為我國古代第一部詩歌總集，相傳曾經孔子刪訂過，今存詩三〇五首，為儒家重要典籍之一。❼下意難問　提出意見進行辯駁詰問，探討研究。❽女工　又作「女功」、「女紅」。指從事手工勞動的女性的工作，多指紡織、刺繡、縫紉等。❾博士　戰國及秦漢時均設立博士，指在某一學術領域通達博識之人，如諸子、詩賦、術數、方技，都立博士，漢武帝時置五經博士，通常為教授之官。❿諸生　眾儒生；眾弟子。明清時稱經過省各級考試錄取入府、州、縣的生員，含增生、附生、廩生、例生等，統稱為諸生。⓫堯　傳說中父系氏族社會後期部落聯盟領袖，陶唐氏，名放勳，史稱唐堯。⓬湯　又稱武湯、成湯或成唐，商王朝的建立者。⓭謁者　春秋、戰國時始置官名，為國君掌管傳達。秦漢時沿置。漢制，郎中令屬官有謁者。東漢時以宦官充任者，稱中宮謁者。謁者為主管皇帝外出時奉引、殿上時節威儀、賓贊受事及上章報問等事，有謁者僕射、給事謁者、常侍謁者等不同職責和名稱，屬光祿勳領導。

【語　譯】和熹鄧皇后名綏，是太傅鄧禹的孫女兒。她的父親叫鄧訓，官至護羌校尉；母親陰氏，是光烈皇后陰麗華堂弟之女兒。鄧綏五歲時，她祖母太傅夫人非常喜歡她，經常親自給她修剪頭髮。祖母由於年邁，目力昏花，有一次誤傷了她的額頭，但她忍住疼痛沒有出聲。旁邊侍從的僕人看到後感到奇怪，便問她為什麼不向祖母說明，鄧綏說：「我不是感覺不到疼痛，只是因為太夫人疼愛我，才親手為我剪髮，我不能為此而傷了老人家一片心意，所以才忍著的。」她六歲時就能認識和書寫大篆《史籀篇》，十二歲便通曉了《詩》和《論語》。她的哥哥們每次讀經傳的時候，她常常提出問題與他們進行辯論和探討。她的志向只在經學典籍上面，從來不過問居家過日子的事。她的母親認為這不好，經常責難她，說：「你不好好學習紡織縫紝等女工之事以供給衣服穿著，卻反而鑽研什麼學問，難道你想被徵舉為博士嗎？」鄧綏不敢違背母親的話，就在白天從事婦女們日常應該做的工作，到晚上誦讀經學典籍，家裡人都稱她為「諸生」。父親鄧訓對她的行為感到不同尋常，對她格外看重，事情無論大小，總是同她詳細商議，徵求她的看法和意見。

和帝永元四年，按規定，鄧綏應該被選入朝廷後宮中，正趕上她父親鄧訓病故，她悲痛得晝夜哀號哭泣，一連三年不吃鹽和菜，面色憔悴，容貌損毀，連家裡人都不認得她了。鄧綏曾經做了個夢，夢見她用手摸到了天幕，天上空空蕩蕩，一片蔚藍色，好像有石鍾乳狀的東西，倒垂著滴下來液體，她於是就仰起頭用嘴啣住喝了下去。醒來以後，把這夢境向那些懂得解夢的人訊問主何吉凶，占夢的人說唐堯曾夢見攀著天登上去，商湯曾夢見接觸到天並用舌頭舔過它，這些都是將成為古代聖君賢王的前兆，大吉大利，不可用言語形容。又有懂相術的人見到鄧綏後驚奇地說：「這女子的身架是成湯一樣的帝王骨法啊！」全家人聽到了都私下暗自高興，只是不敢對外人宣揚。鄧綏的叔父鄧陔說：「我常常聽人說，救活一千個人命的人，積下的善行，能夠使子孫得到封賞。我哥哥鄧訓當謁者的時候，曾奉命修治石臼河，每年能救活好幾千人。天道佑善賜福是真實可信的，我家一定能夠蒙受上天賜給的福祉。」早先，太傅鄧禹曾經概歎說：「我率領上百萬的兵眾打仗，後來沒有隨便殺過一個人，我的後輩子孫中一定會有興旺發達的人。」

七年，后復與諸家子俱選入宮。后長七尺二寸，姿顏姝麗❶，絕異於眾，左右皆驚。八年冬，入掖庭為貴人，時年十六。恭肅小心，動有法度。承事陰后，夙夜戰兢。接撫同列，常克己以下之，雖宮人隸役，皆加恩借。帝深嘉愛焉。及后有疾，特令后母兄弟入視醫藥，不限以日數。后言於帝曰：「宮禁至重，而使外舍久在內省❷，上令陛下有幸私之譏，下使賤妾獲不知足之謗。上下交損，誠不願也。」帝曰：「人皆以數入為榮，貴人反以為憂，深自抑損，誠難及也。」每有讌會❸，諸姬貴人競自修整，簪珥光采，袿裳鮮明❹，而后獨著素，裝服無飾。其衣有與陰后同色者，即時解易。若並時進見，則不敢正坐離立❺，行則僂身自卑。帝每有所問，常逡巡❼後對，不敢先陰后言。帝知后勞心曲體，歎曰：「修德之勞，乃如是乎！」後陰后漸疏，每當御見，輒辭以疾。時帝數失皇子，后憂繼嗣不廣，恆垂涕歎息，數選進才人，以博帝意。

陰后見后德稱日盛，不知所為，遂造祝詛，欲以為害。帝嘗寢病危甚，陰后密言：「我得意，不令鄧氏復有遺類❽！」后聞，乃對左右流涕言曰：「我竭誠盡心以事皇后，竟不為所祐，而當獲罪於天。婦人雖無從死之義，然周公身請武王之命❾，越姬心誓必死之分❿，上以報帝之恩，中以解宗族之禍，下不令陰氏有人豕⓫之譏。」即欲飲藥，宮人趙玉者固禁之，因詐言屬⓬有使來，上疾已愈。后信以為然，乃止。明日，帝果瘳⓭。

【章　旨】以上記鄧綏入宮後為貴人時的表現，突出她的深明大義、謹慎小心、謙恭自抑、忠心事君的特行。陰皇后對她由妒生恨，進一步暴露出自己狹隘邪惡的本性。

【注　釋】❶姝麗　容貌美麗。姝，美好；美女。❷而使外舍句　外舍，外戚；外家。內省，皇宮之內；宮禁之中。❸讌會　飲宴，聚會。讌，同「宴」。宴會；會飲。❹簪珥二句　簪是插定髮髻或冠的長針，珥是耳飾，以玉充耳，多用金玉製成。袿，婦女穿的上衣。裳，下衣。古稱裙為裳，男女皆可服。❺離立　猶言並立。《禮記．曲禮上》：「離坐離立，毋往參焉。」相並曰離。❻僂　曲身，曲背，是對人表示恭敬之貌。❼逡巡　遲疑不前的樣子。❽遺類　殘存的人；活著的人。❾然周公句　周公，即周武王姬發的弟弟姬旦。據《史記．周本紀》載：武王生病，周公親自齋戒禱告，用贄幣告於大王、王季、文王，願意用自己本身代替武王去死，到上天效命。武王的病隨即痊癒了。❿越姬心誓句　越姬，越王句踐之女，楚昭王的姬妾。心誓，內心許下的誓願。據《列女傳》載，楚昭王病，越姬願以身代，自殺而死。⓫人豕　人彘；人豬。據《漢書．外戚傳》：劉邦死後，惠帝劉盈立，呂雉為皇太后，鴆殺了趙王如意，將如意之母戚夫人，斷去手足，「去眼熏耳，飲瘖藥，使居鞠域中，名曰『人彘』。」⓬屬　方才；正好。⓭瘳　病癒。

【語　譯】永元七年，鄧綏又一次與那些公卿百官之女一起被選入皇宮。她身高七尺二寸，姿態容顏美麗出眾，大大地超越其他美人，身旁的人見到了，都大為驚異。永元八年冬天，進入後宮被封為貴人，當時年齡才十六歲。她行事小心謹慎，作風莊重嚴肅，待人謙恭有禮，一行一動都合於禮法，舉止適度。作為貴人，她侍奉陰皇后，不分晝夜，提心吊膽，戰戰兢兢。接待和安撫與自己同類身分的嬪妃女官們，經常嚴格要求自己降低姿態去與她們交往，即使是對服侍自己的宮女僕婦奴隸們，也都倍加恩惠，和顏悅色。這樣的表現，使和帝對她很是嘉賞，並且更加喜歡她了。到後來她有病的時候，和帝特別准許她的母親和兄弟進入後宮探視她，照顧她及請醫服藥，並且不限制這些親人在內宮中停留的時間。鄧貴人主動對和帝說：「宮廷之內是皇家至關重要的禁地，卻讓外戚長期留居在內宮，對上來說，令陛下您招致寵幸嬪妃的譏諷，對下來說，會使我遭到不知滿足的毀謗。對上對下，都會有損失，我內心實在是不願意的。」和帝說：「別人都是把能夠經常出入宮禁作為莫大的榮耀，可貴人你反而以此為憂慮之事，這種深自抑損的做法，實在是別人比不上的。」每逢有飲宴聚會的場合，宮中那些女官貴人嬪妃們，都比賽著修飾打扮，頭上的簪珠等金玉首飾，光彩照人，身上的服飾鮮豔奪目，只有鄧貴人只著素裝，衣服上也不加任何裝飾。她的衣服如果與陰皇后的衣服為同一種顏色，一經發現，她就馬上脫下來換掉。如果與陰皇后同時參見皇帝，她從不敢與皇后平起平坐，而是側坐側立，表示低皇后一等，連走路也略弓著身軀，表示對皇后的恭敬尊重。皇帝每次問話，她就故意遲緩回答，從來不搶在皇后之先發言。和帝深刻理解她的謙虛謹慎，行事小心，委屈著自己，感歎地說：「你修身進德之辛苦，竟然達到這樣的程度！」後來，陰皇后漸漸被和帝疏遠，每當她應該晉見和帝時，怕陰皇后嫉妒，就常常藉口生了病來推辭。當時，和帝接連失掉了幾個小皇子，她擔心繼承皇統的後嗣不多，總是流淚傷心，歎息不止，並幾次選進美女，送到和帝身邊，投合他的心願，以博得和帝的歡心。

陰皇后看到鄧綏的好名聲一天比一天上升，嫉妒得不知道怎麼辦才好，於是向鬼神進行祝詛，想加害鄧貴人。和帝曾經臥病，病勢垂危，陰皇后就暗中發誓說：「如果皇上萬一不測，讓我得了勢，我不會讓鄧氏家族留一個活人！」鄧綏聽到這話之後，流著眼淚對身邊的人哭著說：「我竭盡忠誠一心一意服侍皇后，竟然不為她所容，反而想讓我獲罪於天。作為婦人，雖然沒有從死的規定，但是周公旦願意以自身代替武王捐命，越姬也發出心誓一定要替楚昭王而死，我現在也只有結束自己的生命，這樣才能上報皇帝眷愛之恩，中免我娘家人受迫害的禍患，下不使陰氏有像迫害戚夫人那樣的人豕之譏。」說完就要喝毒藥自盡，有個叫趙玉的宮女極力勸阻她，而且騙她說有使者剛從皇上身邊來，說皇上的病已經好了。鄧貴人信以為真，才停止了自殺的行為。第二天，和帝果然病體痊癒。

1 十四年夏，陰后以巫蠱事廢，后請救不能得，帝便屬意焉。后愈稱疾篤，深自閉絕。會有司奏建長秋宮，帝曰：「皇后之尊，與朕同體，承宗廟，母天下，豈易哉？唯鄧貴人德冠後庭，乃可當之。」至冬，立為皇后。辭讓者三，然後即位。手書表謝，深陳德薄，不足以充小君❶之選。是時，方國貢獻，競求珍麗之物，自后即位，悉令禁絕，歲時但供紙墨而已。帝每欲官爵鄧氏，后輒哀請謙讓，故兄騭終帝世不過虎賁中郎將❷。

2 元興元年❸，帝崩，長子平原王有疾，而諸皇子夭沒，前後十數，後生者輒隱祕養於人間。殤帝❹生始百日，后乃迎立之。尊后為皇太后，太后臨朝。和帝葬後，宮人並歸園，太后賜周、馮貴人策曰：「朕與貴人託配後庭，共歡等列，十有餘年。不獲福祐，先帝早棄天下，孤心煢煢❺，靡所瞻仰，夙夜永懷，感愴發中。今當以舊典分歸外園，慘結增歎。燕燕之詩❻，曷能喻焉？其賜貴人王青蓋車，采飾輅，驂馬各一駟，黃金三十斤，雜帛三千匹，白越四千端。」又賜馮貴人王赤綬，以未有頭上步搖、環珮❼，加賜各一具。

3 是時新遭大憂，法禁未設。宮中亡大珠一篋，太后念，欲考問，必有不辜。乃親閱宮人，觀察顏色，即時首服。又和帝幸人吉成，御者共枉吉成以巫蠱事，遂下掖庭考訊，辭證明白。太后以先帝左右，待之有恩，平日尚無惡言，今反若此，不合人情，更自呼見實覈⑧，果御者所為。莫不歎服，以為聖明。常以鬼神難徵，淫祀⑨無福，乃詔有司罷諸祠官不合典禮者。又詔赦除建武以來諸犯妖惡，及馬、竇家屬所被禁錮者，皆復之為平人。減大官、導官、尚方、內者服御珍膳靡麗難成之物⑩，自非供陵廟，稻粱米不得導擇，朝夕一肉飯而已。舊太官湯官經用歲且二萬萬⑪，太后敕止，日殺⑫省珍費，自是裁數千萬。及郡國所貢，皆減其過半。悉斥賣上林鷹犬。其蜀、漢釦器九帶佩刀，並不復調⑬。止畫工三十九種。又御府、尚方、織室錦繡、冰紈、綺縠、金銀、珠玉、犀象、瑇瑁、彫鏤翫弄之物⑭，皆絕不作。離宮別館儲峙米糒薪炭⑮，悉令省之。又詔諸園貴人，其宮人有宗室同族若羸老不任使者，令園監實覈上名，自御北宮增喜觀閱問之，恣其去留，即日免遣者五六百人。

【章　旨】以上記鄧綏被立為皇后後的謙遜禮讓和克己明智，以及她為皇太后後在殤帝時期臨朝執政的多項利國利民的英明措施。這些明智之舉，在古代宮廷中並不多見。

【注釋】❶小君　也稱「少君」。本指諸侯之妻，這裡代指皇后。❷虎賁中郎將　主管皇宮宿衛的武官，比二千石，屬光祿勳領導。言虎賁者，以猛虎之善奔撲而喻其勇猛善戰。❸元興元年　亦即漢和帝永元十七年，當年「夏四月庚午，大赦天下，改元元興。」當年「冬十二月辛未，帝崩於章德前殿，年二十七。」詳見本書卷四。❹殤帝　即和帝劉肇的兒子劉隆。「元興元年十二月辛未夜，即皇帝位，時誕育百餘日。」第二年，「延平元年……八月辛亥，帝崩。……年二歲。」詳見本書卷四。實際上他活了剛剛一周歲左右，在位不滿八個月。❺煢煢　孤獨的樣子。❻燕燕之詩　見《詩・燕燕》，是衛國的莊姜送歸妾的內容。其首章曰：「燕燕于飛，差池其羽。之子于歸，遠送于野。瞻望弗及，泣涕如雨。」大意是：一對燕子飛啊飛，牠們的翅膀並不齊。這個人出嫁時，我遠送她到原野上。一直送到看不見她了，我難過得淚流如雨。❼步搖環珮　都是婦女頭上或身體上佩戴的裝飾物，即首飾之類。《釋名・釋首飾》：「步搖，上有垂珠，步則搖動也。」初行於貴族婦女，後也流行於民間。環珮，也作「環佩」。多指由美玉做成的環狀的或其他形狀的裝飾物，以婦女多用，又作「珮環」。❽實覈　實地考察，得出實情。覈，查驗；核實。考事得實曰覈。❾淫祀　不合禮制的祭祀。淫，過度；惑亂。❿減大官句　大官，漢代少府的屬官，有大官令、大官丞，掌管飲食膳羞。大，通「太」。導官，主掌御用和祭祀的米食乾糒的官員，西漢時屬少府，東漢時屬大司農，導官令一人，六百石。尚方，少府屬官，掌帝王所用刀劍等器物的製造供應，尚方令一人，六百石，尚方丞一人。內者，主帷帳。⓫舊太官句　太官，即前注之「大官」。湯官，少府屬官，主管供應餅餌的事務。經用，常用。⓬殺　減；削。⓭其蜀漢二句　蜀，蜀郡。屬益州，下轄十一城，故地為今四川成都一帶。漢，廣漢郡。屬益州，下轄十一城，舊地當今之四川綿竹、德陽一帶。上二郡製作金銀器物供宮廷之用。釦器，用金銀緣邊的器物。九帶，九環帶，是帝王和大官僚穿常服時用的腰帶。佩刀，古代男子服飾常在腰間佩刀，以示威武。繫物於衣帶上叫佩，那種結於衣帶上的飾物也叫佩。⓮又御府句　錦繡，有美麗花紋的絲織品。錦是用彩色的經緯絲線織出各種圖案花紋的絲織品，繡是用穿針引線的方法在絲織品上刺出各種圖案或花紋。冰紈，細潔雪白的絲織品，因色素鮮潔如冰，故名。紈是白色細絹。綺縠，素地織紋起花的織物和起縐的輕紗衣料。織采為文曰錦，織素為文曰綺，縐紗曰縠。瑇瑁，又作「玳瑁」或「蝳蝐」。是產於熱帶海洋中形狀像龜的一種爬行動物，背面呈褐色和淡黃色相間的花紋，四肢具鰭足狀，甲片可以作裝飾品。翫弄，戲弄；玩耍。翫，同「玩」。⓯離宮句　離宮，皇帝在京城內外的正式宮殿以外的生活處所。儲峙，存備，聚積儲存以備需用。常作「儲偫」或「儲跱」。糒，乾糧。薪，燒柴。

【語　譯】和帝永元十四年夏天，陰皇后因為巫蠱的事暴露，被廢掉皇后尊號，鄧貴人去替陰后求情，也未獲得批准，而和帝卻把皇后之位屬意在她的身上。鄧綏則愈加謹慎辭讓，總是藉口病重，自己深居，閉門不出，與外界隔斷來往。適值有關部門官員上奏應該確立皇后，和帝說：「皇后的身分是很尊貴的，與我一樣，要繼承宗廟社稷，母儀天下，難道是很容易當的嗎？只有鄧貴人品德冠於後宮，她才可以勝任這個位置。」到了這年冬季，鄧綏被立為皇后。她三番五次推辭謙讓，不被允准，這才就皇后之位。她親手書寫了一份謝恩表，誠懇地表示自己德薄能鮮，不足以充當帝后的人選。當時，四方的郡國向朝廷呈獻的貢品，都是競相尋求珍稀奇特瑰麗的東西，自從鄧綏當皇后之後，全部嚴令禁絕，過年過節，只要求地方供應些紙張筆墨等文化用品即可。和帝每次要給鄧氏家族的人加官晉爵，鄧皇后總是哀求皇帝，推辭謙讓，所以她的哥哥鄧騭在和帝一朝最終也不過是虎賁中郎將而已。

2　元興元年，和帝去世，長子平原王劉勝身體有病，而其他皇子全都未成年即死，前後夭折的有十幾個，以後生的皇子其生母怕遭戕害，都把兒子隱藏於民間祕密撫養。此時只有皇子劉隆出生剛剛一百天，鄧皇后就派人迎入皇宮內立他為嗣皇帝。朝廷尊鄧皇后為皇太后，由她臨朝執掌國政。安葬和帝以後，宮人們全都遣歸宮外的庭園安置。鄧太后賜給周貴人、馮貴人策書說：「我和你們一起，上託天恩，得以在後宮效力，以同等身分快快樂樂共度了十幾年光陰。但是上天不保佑我們，使先皇帝早早拋棄天下，因而我感到特別孤獨，沒有人可以依靠，日日夜夜緬懷先帝，感念悲愴，發自內心。現在依照舊的典章制度，你們要分開離別搬到外園去住，越發增加我的傷感。古人送別時，賦〈燕燕〉之詩以寄託離愁別緒，又哪裡能比喻我現在心情呢？現在賜給二位貴人親王級乘坐的青蓋車，彩帛裝飾的輅車，驂馬駕駛的四馬車各一輛，黃金三十斤，雜色絲帛三千匹，白越布四千端。」又賜給馮貴人親王級的赤色綬帶，因為馮貴人頭上沒有步搖，身上未佩環珮，於是又另外各加賞一具。

3　當時因為新遭國喪大憂，各項法禁未曾制定。皇宮中此時丟失了一箱大寶珠，鄧太后心想，若用刑罰拷打追問，一定會有人無罪蒙冤。於是她親自逐一檢看所有的宮女，仔細觀察她們的面色表情變化，當時就有人自首服罪。又有一名和帝生前寵幸的人叫吉成，宮中駕車的御者們一致屈枉他用巫蠱的手段陷害先帝，於是被抓進後宮嚴刑拷打逼問，吉成全部招供，證辭也明明白白。鄧太后認為吉成是和帝的身邊近侍，和帝對他有深恩，他平日並沒有說過不滿意的話，現在卻反而有這種事，這太不合人之常情，於是鄧太后重又把吉成叫到面前，親自審訊得出實情，果然是那些駕車的人誣告陷害。宮中的人沒有不對鄧太后慨歎佩服的，都認為她實在聖明。鄧太后一直認為鬼神作祟造福的事難以驗證，不合禮制的過多的祭祀不會帶來福祉，於是下詔令主管部門裁減和罷免那些不合古典禮制的祭祀部門及官員。又下詔書赦免撤銷自建武年間以來因興妖作惡而犯法的人，還有外戚馬家、竇家仍被禁錮拘押失去自由的家屬，全部恢復他們為平民。下令減除了大官、導官、尚方、內者等部門有關服御珍膳那些奢靡華麗難於作成的物品，如果不是上供於祖宗陵廟的祭祀品，則平時大家食用的稻粱米等不得特別挑撿選擇，早晚只吃以肉佐餐的普通飯食就行了。過去御膳房的太官、湯官常年的開支每年將近兩億錢，太后敕令停止，每日減少一部分奢侈珍奇的費用，這樣每年有幾千萬錢就夠了。還有各郡國上獻朝廷的貢品，也都減免大半。把上林園中畜養的供賞玩的鷹犬全部賣掉。對蜀郡、廣漢郡生產的釦器、九環帶、佩刀之類，全都不再徵調。又廢止繪畫工程及工匠三十九種。對皇家御府、尚方、織室中生產或加工的錦繡、冰紈、綺縠、金銀寶器、珍珠美玉、犀角象牙、玳瑁、其他的雕刻鏤空等供玩賞戲弄的東西，一律禁絕，不許製作。對皇帝離宮別館中儲存的糧米薪炭等物，下令都要省去。又下詔令給各宮園中的貴人，那些出自宗室同族而又年老體弱多病不能做事的宮人，園監要登記姓名，核實情況，報告上來，鄧太后親自駕臨北宮增喜觀中審查徵詢，任她們自選去留，當天便免去差役遣放出園中的達五六百人。

1 及殤帝崩，太后定策立安帝，猶臨朝政。以連遭大憂，百姓苦役，殤帝康陵方中❶祕藏，及諸工作，事事減約，十分居一。

2 詔告司隸校尉、河南尹、南陽太守曰：「每覽前代外戚賓客，假借威權，輕薄謥詷❷，至有濁亂奉公，為人患苦。咎在執法怠懈，不輒行其罰故也。今車騎將軍❸騭等雖懷敬順之志，而宗門廣大，姻戚不少，賓客姦猾，多干禁憲❹。其明加檢勑，勿相容護。」自是親屬犯罪，無所假貸。太后愍陰氏之罪廢，赦其徙者歸鄉，勑還資財五百餘萬。

3 永初❺元年，爵號太夫人為新野君，萬戶供湯沐邑❻。

4 二年夏，京師旱，親幸洛陽寺❼錄冤獄。有囚實不殺人而被考自誣，羸困輿見，畏吏不敢言，將去，舉頭若欲自訴。太后察視覺之，即呼還問狀，具得枉實，即時收洛陽令下獄抵罪。行未還宮，澍雨大降。

5 三年秋，太后體不安，左右憂惶，禱請祝辭，願得代命。太后聞之，即譴怒，切勑掖庭令以下，但使謝過祈福，不得妄生不祥之言。舊事，歲終當饗遣衛士，大儺逐疫❽。太后以陰陽不和，軍旅數興，詔饗會勿設戲作樂，減逐疫侲子❾之半，悉罷象橐駝之屬，豐年復故。太后自入宮掖，從曹大家❿受經書，兼天文、筭數。晝省王政，夜則誦讀，而患其謬誤，懼乖典章，乃博選諸儒劉珍等及博士、議郎、四府掾史五十餘人，詣東觀讎校傳記⓫。事畢奏御，賜葛布各有差。又詔中官近臣於東觀受讀經傳，以教授宮人，左右習誦，朝夕濟濟。及新野君薨，太后自侍疾病，至乎終盡，憂哀毀損，事加於常。贈以長公主赤綬、東園祕器⑫、玉衣繡衾，又賜布三萬匹，錢三千萬。騭等遂固讓錢布不受。使司空持節護喪事，儀比東海恭王，謚曰敬君。太后諒闇⑬既終，久旱，太后比三日幸洛陽，錄囚徒，理出⑭死罪三十六人，耐罪⑮八十人，其餘減罪死右趾已下至司寇⑯。

6 七年正月，初入太廟⑰，齋七日，賜公卿百僚各有差。庚戌，謁宗廟⑱，率命婦⑲群妾相禮儀，與皇帝交獻親薦，成禮而還⑳。因下詔曰：「凡供薦新味，多非其節，或鬱養強孰，或穿掘萌牙，味無所至而夭折生長，豈所以順時育物乎？傳曰：『非其時不食。』㉑自今當奉祠陵廟及給御者，皆須時乃上。」凡所省二十三種。

7 自太后臨朝，水旱十載，四夷㉒外侵，盜賊內起。每聞人飢，或達旦不寐，而躬自減徹，以救災戹，故天下復平，歲還豐穰㉓。

【章旨】以上記鄧太后在安帝永初年間臨朝執政時的作為和主要事跡，突出她平反冤獄、重視傳統優秀文化、尊崇儒學、節省費用、孝敬長親、順應自然等諸多方面的高貴品質。同時，也暴露出當時諸多社會矛盾，並非一人做出榜樣就能夠解決的。

【注　釋】❶方中　漢代為皇帝預築的墓穴，因為陵上的土堆成方形，故名。也指墓中。❷謥詷　誇誕；匆遽。❸車騎將軍　漢代武職，位比三公，是次於大將軍、驃騎將軍，高於衛將軍的第三等將軍，但非常置，多在征伐時設。❹多干禁憲　不少人干犯禁令和法令。干，犯。❺永初　東漢安帝年號，西元一〇七—一一三年。❻湯沐邑　即天子賜給諸侯王的封邑，其稅收供其沐浴用。意同「食邑」或「采邑」、「採邑」。❼寺　官署；官舍。寺本指閹人，自秦起以宦者任外廷之職，即將官舍通稱為寺，如大理寺、太常寺、鴻臚寺等。漢代把三公辦公處稱府，把九卿辦公地點稱寺。❽大儺逐疫　舉行大型的驅逐疫病的禳祭活動。儺為古時臘月驅除疫鬼的儀式。大儺，逐盡陰氣為陽氣之引導，多在除夕前一日舉行，擊鼓，跳舞。漢制，「大儺，選中黃門子弟，年十歲以上，十二以下，百二十人為侲子。皆赤幘皂製，執大鞉（一種鼓名）。」❾侲子　舉行大儺時，表演舞蹈逐役之童子，漢時須一百二十名。❿曹大家　即班昭。父班彪，兄班固、班超，為扶風曹世叔之妻，「博學高才」，是《漢書》八表、〈天文志〉的補作者。「帝數召入宮，令皇后諸貴人師事焉，號曰大家。」詳見本書卷八十四。⓫詣東觀讎校傳記　東觀在洛陽南宮，明帝時，曾讓班固等人在此修撰《漢紀》，章帝、和帝之後為聚藏圖書之處。讎校，對文字進行校正，校對，校定。讎，校對文字。⓬東園祕器　此處專指棺木。東園是漢代官署名，屬少府，掌管王公貴族陵墓內器物的製造和供應，棺木是埋葬於墓中的，故名東園祕器。⓭諒闇　也作「亮陰」、「梁闇」。指天子、諸侯居喪。闇，此指居喪的廬舍。⓮出　釋放；開脫。⓯耐罪　古代一種罪行較輕而不至於髡而須剃去頰鬚的刑罰。耐，通「耏」。⓰司寇　同「伺寇」。又作「司寇作」。發往邊疆戍邊防敵之人。⓱太廟　天子的祖廟。⓲宗廟　指天子、諸侯祭祀祖先的處所。⓳命婦　古時男子而為大夫的稱命夫，大夫之妻稱命婦，通常指有封號的婦女。⓴與皇帝二句　依周代禮儀，到宗廟祭祀的那一天，清晨，國君要穿袞衣戴冕進入宗廟後，站在東邊的臺階上；皇后穿祭祀時必服的祭服，隨著君王而入。君王用玉製的盛酒勺器圭瓚舀了鬱鬯酒獻給代表死者魂靈受祭的人（尸），皇后接著用璋瓚酌鬱鬯以獻尸，這就叫交獻。一共要獻九次，才算禮成。㉑傳曰二句　見《論語・鄉黨》：「不時，不食。」意為：不是那個時令出產的東西，不取來食用。㉒四夷　古代對華夏以外的各族的蔑稱，叫東夷、西戎、南蠻、北狄，統稱為四夷。㉓穰　豐收。

【語　譯】等到第二年殤帝劉隆夭折後，鄧太后確定國策，立清河孝王劉慶之子劉祜繼承皇位，是為安帝，太后仍然臨朝秉政。由於連遭和帝、殤帝大喪之憂，百姓為勞役所苦，殤帝康陵墓中的陪葬品以及其他興師動眾之事，事事簡約，只相當過去的十分之一。

2 鄧太后又下詔告知司隸校尉、河南尹、南陽太守說：「我每當看到前代外戚家的幕賓食客，往往假借朝廷的威風權勢，行為放蕩，輕浮刻薄，話語矜誇，不著實際，甚至有人品行齷齪，公然敗壞朝政，為百姓所患苦。察其原因，就是錯在執法的官員玩忽職守，怠慢鬆懈，不能及時給予嚴厲處罰的緣故。現在我的娘家人車騎將軍鄧騭等人雖然心懷敬順朝廷的志向，但是家族人員眾多，各輩人的姻戚又不少，他們的賓客之中，就不乏奸猾之徒，很多人違犯了國家的禁規法令。現令你們要仔細地加以檢查整飭，不要包庇縱容而加袒護。」從此以後只要有太后的親屬犯罪，也不被寬恕。太后憐憫陰氏因巫蠱之罪被廢，赦免那些因此事被遷徙到邊地的家屬回鄉，並下令還給他們原先被沒入的物質財產五百餘萬。

3 永初元年，鄧綏尊封她的母親太夫人的爵號為新野君，以萬戶百姓的賦稅供作湯沐洗浴的費用。

4 永初二年夏天，京師洛陽一帶大旱，鄧太后親自駕臨洛陽司法官署中，察錄訊視被押犯人有無冤枉被囚繫情況。有名囚犯實際上並未殺人卻因被嚴刑拷打逼問而自己違心地承認了罪行，此時已病弱不堪，被人從牢房中抬出來面見太后，但他見獄吏在場，害怕挨打而不敢說話；將要被人抬走離去時，又抬起頭來，像是有冤情要伸訴。鄧太后仔細觀察此人表情，發現了這個細節，就馬上喚他回來詢問，因犯蒙冤的經過，得以全部查明實情。太后立即將洛陽令收監下獄，以抵誣害之罪。太后在回皇宮的路上，上天便降了一場大雨。

5 永初三年秋天，鄧太后的身體感到不適，身旁侍女們都憂慮惶恐，為此向神明祈禱，請求佑護太后，自己情願以自身代她去死。太后聽說了此種情況，馬上就生氣發怒，譴責這種行為，嚴厲敕令掖庭令以下人員，只需對平日的過錯進行懺悔，以求上天福佑，而不要隨便說些對自己不吉利的話。依照舊有的規矩，每到年終，皇帝要犒饗即將被遣離宮廷的衛士，要隆重舉行大儺逐疫的儀式。太后認為歲末陰陽不調和，國家不寧，多次調動軍隊進行戰爭，於是下詔此次宴饗集會不得演戲作樂，表演逐疫舞蹈的侲子們也要減少一半，往年在饗宴上展示表演的大象駱駝等類也一概罷除，等到全國五穀豐登天下太平之後，才恢復舊有的規模樣式。鄧綏自被選入內宮之後，就跟著著名才女曹大家班昭學習經書，兼修天文、算數等知識。她白天管理朝政，晚上誦讀經書，她又擔心過去傳下來的經書文字有謬誤差錯，害怕這些違背了典章本義，於是就廣選有名的儒士劉珍等以及博士、議郎、三公府及將軍府中的分掾史，共五十餘人，到東觀內校正經學典籍及先儒們對經書的闡釋傳記等文字。此事完成後，奏報朝廷，太后賞賜給這些人各自不同量的夏布。太后又下詔讓宮中的太監近侍們都到東觀接受教育，誦讀儒學經傳，回宮後再教給宮女們。太后身旁的人都朝夕誦讀經書，場面熱烈隆盛，學習氣氛很濃。等到太后的母親新野君去世前，太后親自在床前侍奉湯藥，直到母親壽終正寢，太后因此悲痛憂傷，超過往常。追贈給新野君長公主級別赤綬、棺木、玉衣裹屍，繡被蓋體，又賜給家人布三萬匹，錢三千萬。其子孫鄧騭等堅決辭讓，不肯接受錢和布匹。朝廷派司空持節護理喪事，儀式比照當年安葬東海恭王劉彊的規格，並尊新野君的謚號為「敬君」。太后遵制居喪期滿，因為天下長期大旱，鄧太后接連三天到洛陽甄別囚徒，重新審理而釋放犯死罪者三十六人，犯輕罪要剃去頰鬚者八十人，其餘則減死罪改為刖右腳以下或改判發配到荒遠之地戍邊防敵。

6　永初七年正月，鄧太后首次進入皇帝的祖廟祭祀，齋戒七天，賞賜給三公九卿朝中百官各不等數量的物品。庚戌日，拜謁宗廟，鄧太后率領有封號的婦女和眾妾參加贊助禮儀，太后與皇帝交相在象徵祖宗神靈的「尸」前親自獻上祭品，依禮法全部完成儀式後才回去。太后下詔書說：「現在給宗廟供薦的時新祭品，許多不是這個節令自然生成的，有的是在暖房中強令熱氣把它催熟的，有的還處於萌芽狀態就硬把它挖掘出來，食物的性味還沒達到天然成熟的階段，就終止它們的生長而令其夭折，這難道是順應時令使萬物自然生育長大的道理嗎？書傳中說：『生長不到時期、不合時令的東西，不吃。』從今以後，凡是給宗廟陵寢上供奉的祭品以及供給皇宮御用的東西，都要按照時令待其成熟之後，方可獻上。」依此詔令，總共減省了二十三種不合時令的物品。

7　自從鄧太后臨朝管理政務以來，連續十年發生過水災旱災，四方的異族從外部侵擾邊境，國內變亂的賊寇也紛紛起事。每逢聽到百姓飢寒交迫，鄧太后就憂慮得徹夜不眠，而親身從自己做起，減少裁撤衣食諸般費用，以用來救濟災厄之人，因此天下又恢復太平安定，年成又獲得豐收。

1 元初❶五年，平望侯劉毅以太后多德政，欲令早有注記❷，上書安帝曰：「臣聞易載羲農而皇德著，書述唐虞而帝道崇❸，故雖聖明，必書功於竹帛，流音於管弦❹。伏惟皇太后膺大聖之姿，體乾坤之德❺，齊蹤虞妃，比跡任姒❻。孝悌慈仁，允恭節約，杜絕奢盈之源，防抑逸欲之兆。正位內朝，流化四海❼。及元興、延平之際，國無儲副，仰觀乾象，參之人譽，援立陛下為天下主，永安漢室，綏靜四海。又遭水潦，東州飢荒❽。垂恩元元，冠蓋交路，菲薄衣食，躬率群下，損膳解驂，以贍黎苗❾。惻隱之恩，猶視赤子❿。克己引愆，顯揚仄陋⓫。崇晏晏⓬之政，敷⓭在寬之教。興滅國，繼絕世，錄功臣，復宗室。追還徙人，蠲除禁錮。政非惠和，不圖於心；制非舊典，不訪於朝。弘德洋溢，充塞宇宙⓮；洪澤豐沛，漫衍八方。華夏⓯樂化，戎狄混并。丕功著於大漢，碩惠加於生人。巍巍之業，可聞而不可及；蕩蕩之勳，可誦而不可名。古之帝王，左右置史⓰；漢之舊典，世有注記。夫道有夷崇，治有進退。若善政不述，細異輒書，是為堯湯負洪水大旱之責，而無咸熙假天之美⓱；高宗成王有雉雊迅風之變，而無中興康寧之功也⓲。上考詩書，有虞二妃，周室三母⓳，修行佐德，思不踰閾。未有內遭家難，外遇灾害，覽總大麓，經營天物⓴，功德巍巍若茲者也。宜令史官著長樂宮注、聖德頌，以敷宣景燿㉑，勒勳金石，縣之日月，攄之罔極，以崇陛下烝烝㉒之孝。」帝從之。

2 六年，太后詔徵和帝弟濟北、河閒王子男女年五歲以上四十餘人，又鄧氏近親子孫三十餘人，並為開邸第㉓，教學經書，躬自監試。尚幼者，使置師保㉔，朝夕入宮，撫循詔㉕導，恩愛甚渥。乃詔從兄河南尹豹、越騎校尉康等曰：「吾所以引納群子，置之學官者，實以方今承百王之敝，時俗淺薄，巧偽滋生，五經㉖衰缺，不有化導，將遂陵遲㉗，故欲褒崇聖道，以匡失俗。傳不云乎：『飽食終日，無所用心，難矣哉！』㉘今末世貴戚食祿之家，溫衣美飯，乘堅驅良㉙，而面牆術學，不識臧否㉚，斯故禍敗所從來也。永平中，四姓小侯㉛皆令入學，所以矯俗厲薄，反之忠孝。先公既以武功書之竹帛，兼以文德教化子孫㉜，故能束脩，不觸羅網㉝。誠令兒曹上述祖考休烈，下念詔書本意，則足矣。其勉之哉！」

3 康以太后久臨朝政，心懷畏懼，託病不朝。太后使內人問之。時宮婢出入，多能有所毀譽，其耆宿㉞者皆稱中大人，所使者乃康家先婢，亦自通中大人。康聞，詬之曰：「汝我家出，爾敢爾邪㉟！」婢怒，還說康詐疾而言不遜。太后遂免康官，遣歸國，絕屬籍。

【章　旨】以上記鄧太后在安帝元初年間臨朝執政時的主要事跡。突出臣下對她的崇敬和讚揚，側面展示她的高貴品質以及對大漢王朝的重要貢獻。她重視對皇親國戚家子弟的培養教育，無疑是有遠見的；但她卻聽信了奴婢誑言而處罰大臣，又顯示了她性格中的另一側面。

【注　釋】❶元初　東漢安帝年號，西元一一四—一二〇年。❷注記　記錄。❸臣聞二句　易，又稱《周易》、《易經》，是我國古代有哲學思想的占卜書，儒家重要經典之一。易有變易、簡易、不易等多種含義。羲，即伏羲氏，又作宓羲、包羲，也作皇羲、犧皇，傳說中人類的始祖，相傳由他始作八卦。農，神農氏，傳說中農業和醫藥的發明者，有說他就是炎帝。《易·繫辭》：「古者包羲氏之王天下，仰觀象於天，俯觀法於地，於是始畫八卦，以通神明之德，以類萬物之情。庖羲氏沒，神農氏作，斷木為耜，揉木為耒，以教天下。」伏羲、神農與女媧共稱「三皇」，故稱皇德。書，又稱《尚書》、《書經》，儒家重要經典之一，其中保存了商、周時期特別是西周初期重要的史料，文字古奧難懂。唐，指陶唐氏，名放勳，史稱唐堯。是傳說中父系氏族社會後期部族聯盟領袖。虞，即虞舜，姚姓，有虞氏，名重華，傳說中父系氏族社會後期，部落聯盟領袖，相傳他是堯的繼承人，晚年把位子禪讓給了禹。古人把他二人列入「五帝」，故曰「帝道」。皇和帝的本義都作光明偉大解。❹故雖三句　聖明，聖賢明哲。竹帛，代指史冊。竹指簡冊。寫字的竹片叫簡，穿在一起叫冊。帛指縑素，即白色絲織物，亦可寫字。管弦，代指音樂，管謂簫笙之類樂器，弦謂琴瑟之類的樂器。古書載，黃帝以下六代之音樂，都是讚頌彰顯功德的，故曰「流音於管弦」。❺體乾坤之德　體現出與天地一致的道德。乾坤，是《易》中的兩個卦名，常用來代表天地、夫婦等相對概念。❻齊蹤二句　虞妃，大舜的妻子娥皇、女英。任、姒，周文王之母大任與周武王之母太姒。❼四海　古代以為中國四周皆有海，所以把中國叫海內，外國叫海外。四海即天下之意。《禮記》把東夷、西戎、南蠻、北狄叫做四海。❽又遭水潦二句　見〈孝安帝紀〉：「延平元年……八月，六州大水……冬十月，四州大水，雨雹。」「永初元年，稟（發放官倉之糧）司隸、兗、豫、徐、冀、并州貧民。……秋九月，調揚州五郡租米，贍給東郡、濟陰、陳留、梁國、陳國、下邳、山陽。」即為「東州飢荒」之注。❾黎苗　黎民，百姓。苗，民眾。❿惻隱二句　惻隱，同情。赤子，嬰兒。子初生為赤色，故曰赤子。引申為百姓。⓫克己二句　克己，克制約束自身的言行和私欲等，使之合乎某種規範。愆，過失；罪過。仄陋，通「側陋」。出身低賤、卑微。常指有才德而居於卑微地位的人。仄，通「側」。卑陋。⓬晏晏　溫和。⓭敷　布也；鋪陳。⓮宇宙　天地之間。古人認為四方上下謂之宇，古往今來謂之宙。宇指空間，無邊無際；宙指時間，無始無終。⓯華夏　指中國，原來僅指中原地區，後泛指一切文明開化的地區。即全部領土。華，美。夏，大。古人認為中國有禮儀之大，故稱夏；有服章之美，故稱華。⑯古之二句　史本為帝王身旁記事之官。《禮記・玉藻》：「動則左史書之，言則右史書之。」⑰是為二句　堯時洪水九載，湯時大旱七年。咸，都。熙，光明；興盛。假天，格天。古代帝王自稱受命於天，凡所作為，感通於天，叫格天。假，通「格」。《尚書・君奭》：「成湯既受命，時則有若伊尹，格於皇天。」⑱高宗成王二句　高宗指殷商之王武丁，小乙之子。在祭其祖先成湯時，有雊飛來的野雞落到禮器鼎之耳上鳴叫。武丁認為是祖宗在上天警示他，謹修德政，遂使殷道中興。成王，即周武王之子姬誦，他即位時年幼，由其叔父姬旦（即周公）輔政，後成王疑周公，天氣驟變，雷電大風，成王改過。⑲周室三母　指周的始祖后稷之母姜嫄，建立周王朝的文王之母大任，武王之母太姒。《詩・生民》：「厥初生民，時維姜嫄。……載生載育，時維后稷。」周部落最初的人，這人就是姜嫄……她則生育了被稱為后稷的姬棄。《詩・大明》：「摯仲氏任，自彼殷商，來嫁于周……大任有身，生此文王。」摯國國君的次女任氏，本是殷商的諸侯國君之女，嫁給了周的太王之子王季……大任有了身孕，生下了文王姬昌。《詩・思齊》：「大姒嗣徽音，則百斯男。」文王之妻太姒，繼承太任等人的美譽，與其他嬪妃一起，生下這上百個男孩子。⑳覽總大麓二句　大麓，指領錄天子之事。麓，通「錄」。天物，自然界的物產。除人以外，普謂天下百物鳥獸草木之屬。㉑景耀　同「景曜」。光彩；光明。㉒烝烝　厚美的樣子；純一的樣子。指孝順之心。㉓邸第　王侯的府第。邸本為漢代諸王侯為朝見皇帝而在京都設置的住所。第，房舍。古代帝王賜給臣下的房屋有甲乙次第，故官吏宅院多稱府第。㉔師保　師傅和保母，師傅管傳道授業，保母是宮廷中管撫養子女照顧其生活起居的女妾。㉕詔　告；教訓。㉖五經　《詩》、《書》、《易》、《禮》、《春秋》，為學子的必讀書。㉗陵遟　同「陵夷」。衰落。遟，同「遲」。㉘傳不云乎四句　見《論語・陽貨》。意思是：整天吃飽了飯，什麼心思也不動，不行的呀！㉙乘堅驅良　駕著好車，趕著駿馬。堅指堅車，良指良馬，是以事物性狀代替本體事物的「借代」修辭格式。㉚而面牆二句　面牆，也作「牆面」。比喻不學，猶面向牆壁一無所見。臧否，善惡得失。臧，善。否，惡。㉛四姓小侯　漢明帝時樊、郭、陰、馬四家外戚的貴族子弟稱「四姓小侯」。小侯指承襲侯爵的子弟，與列侯有別，故稱小侯。本書〈顯宗孝明帝紀〉：永平九年「是歲，大有年。為四姓小侯開立學校，置《五經》師。」㉜先公二句　先公指鄧太后的祖父鄧禹，他曾任前將軍，率大軍助光武帝打天下，劉秀即位後，他任大司徒，封酇侯。他有子十三人，各使守一藝。故句中說「武功」、「文德」。㉝故能二句　束脩，約束自己，整修品德。羅網，本指捕鳥的工具，這裡比喻法律、法網。㉞耆宿　本指老師宿儒。此處指資歷久年齡老的。㉟爾敢爾邪　你敢這麼放肆嗎。前一爾，第二人稱代詞，你。後一爾，指示代詞，這樣。

【語　譯】安帝元初五年，平望侯劉毅認為鄧太后臨朝施行了很多德政，應當讓那些史官早些記錄下她的言行，於是給安帝上書說：「我聽說《易》記載了伏羲氏和神農氏的事跡而使三皇之德化彰明昭著，《書》敘述了唐堯、虞舜的業績而使五帝的道德受到天下的尊崇，所以即使是聖賢明哲之三皇五帝，一定要記錄其功德於史冊，被音樂歌曲所廣泛頌揚歌唱，其聲譽名望才能傳播於後世。伏想皇太后膺受了偉大聖哲的風姿，體現了天地的大德，其行為事跡，可與舜妃娥皇、女英以及文王之母大任、武王之母太姒的事跡相比擬。她孝順親長，友愛兄弟，對子女慈愛，對下級寬厚仁愛，謙恭節儉，生活簡約，禁絕了奢侈浪費的根源，防備抑制安逸貪欲放縱的兆頭。她作為后之正位，德化流及四海。等到和帝元興、殤帝延平之時，國家尚未有皇位繼承人，太后仰觀上天垂示的乾象，又以人臣們的反映作參考，確定提拔陛下您作為普天下黎庶的主人，永遠使漢室皇朝安寧平定，使天下臣民和平安定。陛下您即位之初，又恰逢多處水災，國家東邊的數州發生饑荒。太后的恩德垂及黎民百姓，視察災情救濟災民的官員的車輛交錯於道路，太后減省自己的衣食，親自為臣下做出榜樣，減少並捐出自己的伙食費用和車馬用度，來救濟災民。她對災民憐憫同情的恩德，就像對待嬰兒般的周到溫暖。她克制自己，把過失責任攬到自己身上，提拔表彰那些有才能而處於卑賤低微境遇的人。她崇尚溫和的政治，布施寬鬆的教化。她使因故滅絕的封國重新振興起來，使斷絕傳承的世家大族繼續接上統緒，褒錄有功之臣，使那些受到處罰的皇家宗室恢復原來的地位。追還因罪遷徙流放的人，免除對一些罪犯的禁錮，使其恢復自由。政策如果不是恩惠溫和益民利國的，在心裡決不考慮；各項法規制度若不是依照舊有的傳統典章確定，就不向朝臣們詢問提出。弘大的德政恩惠洋溢於天下地上，充滿在宇宙之間；浩大的深仁厚澤豐足充沛，流行散布於四面八方。中原華夏人民樂於接受教化，四境的戎狄之族也紛紛向漢廷學習靠攏。偉大的功勳著稱於大漢，巨大的恩惠施加於生民。崇高偉大的業績，可以聽得見而不可以企及；浩蕩無邊的盛勳功勞，可以傳誦卻不能用語言文字來形容。古代的帝王，都設置記錄行動的左史和記錄言論的右史；大漢的舊制度，每代皇帝都設起居注。行路的大道有平坦也有高峻，歷朝的政治有前進也有後退。如果對美好的政治不加以記述，對細小的災害變異卻常常記載，這實際上是讓古聖先賢如唐堯和成湯等負連年洪水大早的責任，而無視他們功與天齊的政治之美；也就像讓人們只知道商王武丁時有雉升鼎耳鳴啼之異，周成王時有雷電大風之變，卻不知道他們有中興商朝和使周朝安定康寧得以發展的大功啊。往上考察《詩》、《尚書》的記載，有虞氏的兩個妃子，周王室有后稷母姜嫄、文王母大任、武王母太姒這三位母親，她們修養個人的品行，佐助君主的政德，但其行蹤不出宮廷門限。自古以來，沒有誰像鄧太后這樣，家中內部連遭親人亡故的災難，外部遭遇巨大水旱災害，她總攬萬機之政，經營管理著天下萬物，建樹起如此崇高偉大的功德的人啊。應該讓史官撰寫《長樂宮注》、《聖德頌》，用來弘揚光大太后的光輝業績，把她的功勳鐫刻於金石之上，使其像日月般懸於高空，彰明昭著，舒展於無窮之境，從而體現出陛下淳厚的孝親之道。」安帝聽從了劉毅奏書中的建議。

2 安帝元初六年，鄧太后下詔，徵召和帝劉肇的弟弟濟北王劉壽和河閒王劉開家中年齡在五歲以上的子女四十多人，另外還有南陽新野鄧氏家族的近親子孫三十多人，一起為他們開設了館舍，請人為他們講授經書，太后親自到場監察考試。對那些年紀還幼小的子弟，就安排教授知識的老師和管理生活的保母，每早晚還要把他們送入宮中，太后親自撫慰告誡誘導，對他們的恩愛十分深厚。接著下詔書給她的堂兄河南尹鄧豹、越騎校尉鄧康等說：「我之所以引導收納這些孩子，為他們設置學官的原因，實在是因為當今的風氣受歷代壞風氣的影響，社會風俗淺薄不淳，賣弄乖巧造假說謊之事大量滋生，社會的指導思想，儒家的《五經》傳授不全，呈衰缺之勢，如果再不對後生晚輩進行化育引導，先儒的正確思想和社會的優秀傳統將會衰落甚至滅絕，所以我要褒揚崇尚先聖的大道，用來匡扶糾正不好的習俗。書傳不是說過嗎：『整天吃飽了飯無事可做，不在正經事上用心思，要想達到國家長治久安的目的，太難了！』現在那些傳到末代的貴戚官僚吃國家俸祿的家庭，有溫暖的衣服穿，有精美的飯菜吃，出門乘著堅固豪華的車、趕著駿馬，但他們不學無術，像面對牆壁那樣，一無所見，不辨良莠，不識善惡，這就是他們招致災禍敗亡的原因啊。明帝永平年間，皇帝讓樊、郭、陰、馬四姓外戚家的子弟小侯都進入學宮接受教育，就是為了要矯正當時社會澆薄敗壞的不良風氣，而使家風回歸到忠孝大道上來。先祖父鄧禹公既能憑武功光載史冊，同時用文德教化子孫，所以後輩們都能約束自己，提高品德修養，沒有人觸犯法網刑律。假如真能令這些孩子們，上能繼承先祖父輩們偉大功業的光輝傳統，下能理解體諒我今日下詔書的基本意圖，我也就心滿意足了。你們可要奮勉努力啊！」

3 鄧康因為太后長期臨朝執政，心中害怕恐懼，遂假託有病不去上朝。鄧太后便派宮內的人去探視他。當時宮中的侍婢，出入內宮與外廷，往往能夠詆毀讚譽隨意褒貶別人，其中資歷老年歲大的，都稱為中大人。這一次太后派的人本是鄧康家原來的女奴，也通名為中大人。鄧康聽說這種情況，便責罵她說：「你是從我家出去進入內宮的，你怎麼敢這樣呢！」這個侍婢很惱火，回去以後報告說鄧康是裝病而且出言不遜。鄧太后於是罷免了鄧康的官職，遣送他回到自己的封國，而且從鄧氏外戚族屬中消除了他的名籍。

永寧❶二年二月，寢病漸篤，乃乘輦於前殿，見侍中、尚書，因北至太子新所繕宮。還，大赦天下，賜諸園貴人、王、主、群僚錢布各有差。詔曰：「朕以無德，託母天下，而薄祐不天，早離大憂❷。延平之際，海內無主，元元戹運，危於累卵❸。勤勤苦心，不敢以萬乘為樂，上欲不欺天愧先帝，下不違人負宿心，誠在濟度百姓，以安劉氏。自謂感徹天地，當蒙福祚，而喪禍內外❹，傷痛不絕。頃以廢病沈滯，久不得侍祠，自力上原陵，加欬逆❺唾血，遂至不解。存亡大分，無可柰何。公卿百官，其勉盡忠恪，以輔朝廷。」三月崩。在位二十年，年四十一。合葬順陵。

【章旨】以上記鄧太后的最後歲月。詔書內容顯示了她對世界無限留戀及對生死無可奈何的悲傷心情。

【注釋】❶永寧　東漢安帝年號，西元一二〇—一二一年。❷早離大憂　很早就遭遇到極大的憂患。離，遭遇。同「罹」。大憂，指和帝去世的大喪帶給她的最大的憂傷。❸元元二句　平民百姓面臨的困苦災難，是特別的危險。元元，平民。戹運，艱難命運；災難境遇。戹，又作「厄」、「阨」。危於累卵，比一堆雞蛋壘起來還要危險。見《說苑》：「晉靈公驕奢，造九層之臺，國困人貧，恥功不成。令曰：『左右諫者斬也。』荀息乃求見。公曰：『諫邪？』息曰：『不敢。臣能累十二博棊，加九雞子其上。』公曰：『危哉。』息曰：『復有危於此者。公為九層之臺，男女不得耕織，社稷一滅，君何所望！』君曰：『寡人之過。』乃壞臺焉。」《韓非子・十過》：「故曹小國也，而迫於晉楚之間，其君之危，猶累卵也。」故常以此比喻極端危險。❹喪禍內外　內喪指和帝、殤帝接連去世，外喪指太夫人新野君之死。❺欬逆　病名。咳喘而氣不順。

【語譯】永寧二年二月，鄧太后病情漸漸加重，經常臥床，於是乘坐輿輦由後廷駕臨前殿，召見侍中、尚書，順便北行來到太子新修繕的宮殿看了看。回到宮內，發布大赦天下令，賞賜給各外園的諸貴人、封國親王、公主、百官群僚等，各不等量的錢和布。太后下詔說：「我沒有高尚的德操，卻被委託為天下的母儀，但因福薄不曾得到上天的佑助，很早就遭遇了先王去世的最大憂患。延平年間，安、殤二帝接連去世，全國沒有君主，百姓們面臨的困苦艱難，極端危險。我時刻抱著殷勤誠懇的苦心，從來不敢以君臨天下的萬乘之尊為樂，對上以求不敢欺天，無愧於先帝，對下以求不違背人意，不背離我原有的志向，實在是為了拯救黎民百姓的苦難，使劉氏江山得以太平。我自以為這樣就能感動天地，應該會得到上天的福祚，卻不料朝廷內外接連發生禍喪，使我哀傷悲痛不斷。近來因為舊病沉重，好久沒能去侍奉祖祠，便帶病堅持著去光武帝的原陵祭祀，回來以後又加上了咳喘唾血的症候，竟致一病不起。生死存亡是人之天命，是件無可奈何的事。三公九卿群僚百官，希望你們都要奮勉盡力，忠於皇家，恪盡職守，來輔佐劉氏朝廷。」三月，鄧太后病逝。她在后位二十年，死時四十一歲。死後合葬於和帝的順陵。

論曰：鄧后稱制終身，號令自出，術謝前政之良，身闕明辟之義❶，至使嗣主側目，斂衽於虛器❷。直生懷懣，懸書於象魏❸。借之儀者，殆其惑哉！然而建光❹之後，王柄有歸❺，遂乃名賢戮辱，便孽黨進❻，衰斁❼之來，茲焉有徵。故知持權引謗，所幸者非己；焦心卹患，自強者唯國。是以班母一說，闔門辭事❽；愛姪微愆，髡剔謝罪❾。將杜根逢誅，未值其誠乎！但蹊田之牛，奪之已甚❿。

【章旨】以上是史家對鄧綏的評論。在前文中主要記錄她的正面表現，歌頌她的功德，這裡批評她的不足。長期不歸政於劉氏皇帝，引起多方不滿。

【注釋】❶術謝二句　意謂：在治國辦法上遜於周公輔成王的做法，從她自身看，又缺少及時歸還君位的大義。前政，前代政事，指周公輔成王事。辟，天子；君主。《尚書》曰「朕復子明辟」，言周公攝位，復還政於成王。❷至使二句　嗣主，指已長大的安帝劉祜。側目，不敢正視；怨怒。此處為後一義。斂衽，提起衣襟夾於帶間，表示敬意。虛器，虛設的沒有實權的帝位。器，神器；皇帝的權位。❸直生懷懣二句　直生謂杜根。象魏，宮廷外的闕門。古代宮廷門外有二臺，上有樓觀，上圓下方，兩觀雙植，門在兩旁，中間闕然為道，以其懸法，謂之象魏。本書卷五十七〈杜根傳〉：「杜根字伯堅，潁川定陵人也。……根性方實，好絞直。永初元年，舉孝廉，為郎中。時和熹鄧后臨朝，權在外戚。根以安帝年長，宜親政事，乃與同時郎上書直諫。太后大怒，收執根等，令盛以縑囊，于殿上撲殺之。」❹建光　東漢安帝年號，西元一二一—一二二年。❺王柄有歸　鄧太后死於永寧二年三月癸巳，亦即建光元年，帝王的權柄歸還給了安帝。❻遂乃二句　名賢戮辱，指太尉楊震，「特進鄧騭及度遼將軍鄧遵，並以譖自殺。」便孽黨進，指安帝寵幸重用他的乳母王聖及其女伯榮，出入宮掖，通傳姦賂，陷害忠良。詳見本書卷五十四及卷十六。❼衰斁　衰敗。斁，敗壞。❽是以班母一說二句　班母指曹大家班昭。「永初中，太后兄大將軍鄧騭以母憂，上書乞身，太后不欲許，以問昭」，班昭上疏說「今四舅深執忠孝，引身自退」，不應以「方垂未靜，拒而不許」，太后被她「蟲蟻之赤心」感動而許之。見本書卷八十四。❾愛姪微愆二句　鄧騭的兒子鄧鳳，為侍中，曾接受中郎將任尚餽贈的良馬，「後尚坐斷盜軍糧，檻車徵詣廷尉，鳳懼事泄，先自首於騭。騭畏太后，遂髡妻及鳳以謝，天下稱之。」詳見本書卷十六。❿但蹊田之牛二句　意為杜根上書雖曰有罪，但太后殺之亦為過甚。見《左傳・宣公十一年》：「牽牛以蹊人之田，而奪之牛。牽牛以蹊者，信有罪矣；而奪之牛，罰已重矣。」蹊，踩踏。蹊田奪牛，即比喻小過失受重懲罰。

【語　譯】史家評論說：鄧皇后臨朝稱制直到生命終結，所有號令由她制定發出，但她治國的辦法策略遜於前代的周公旦，沒成王時代那麼好，而自身又缺少及時歸政於帝的大義，以至於引起長大成人後期望主政的皇帝的怨怒，使他只能恭敬地眼瞅著虛設的帝位而無實際權力。鯁直的臣下杜根等發起書生脾氣，心懷憤懣不平，直接上書要求歸政於皇帝，且把奏疏公開懸掛在宮闕門上。鄧后假借天子的威儀，臨朝聽事而不歸政的原因，大概是她受迷惑頭腦有些欠清醒吧！然而在建光元年安帝直接秉政之後，帝王的權柄歸於劉祜，但卻有一批著名賢臣如楊震、鄧騭諸人受到屠戮誅殺和侮辱，奸佞讒慝之徒如王勝母女之流卻結黨而進，這種東漢王朝衰敗形勢的到來，在這時就已表現出徵兆了。所以我們才知道，鄧后把持政權儘管招來了朝臣的公開批評，所幸得好處的並不是為她本人自己；她鞠躬盡瘁思念天下的憂患，謀求強盛的只是國家。因此，班昭一封奏疏，幫她剖析利弊，使她准許了她娘家兄弟全家辭官回家盡孝；她的姪子鄧鳳犯了點小錯誤，也要被剃去頭髮受髡剃之刑向朝廷謝罪。至於直臣杜根卻碰上了被誅殺的厄運，或許是他的誠信之心沒有被太后理解吧！只是有人牽牛踩踏了別人的農田，就要把人家的牛奪去，這處罰未免太過分了。

卷十下

皇后紀第十下

1 安思❶閻皇后諱姬，河南滎陽❷人也。祖父章，永平❸中為尚書，以二妹為貴人。章精力曉舊典，久次，當遷以重職，顯宗為後宮親屬，竟不用，出為步兵校尉❹。章生暢，暢生后。

2 后有才色。元初❺元年，以選入掖庭❻，甚見寵愛，為貴人。二年，立為皇后。后專房妒忌，帝幸宮人李氏，生皇子保，遂鴆殺❼李氏。三年，以后父侍中❽暢為長水校尉，封北宜春侯，食邑五千戶。四年，暢卒，謚曰文侯，子顯嗣。

3 建光❾元年，鄧太后❿崩，帝始親政事。顯及弟景、耀、晏並為卿校，典禁兵。延光⓫元年，更封顯長社侯，食邑萬三千五百戶，追尊后母宗為滎陽君⓬。顯、景諸子年皆童齔⓭，並為黃門侍郎⓮。后寵既盛，而兄弟頗與朝權，后遂與大長秋⑮江京、中常侍⑯樊豐等共譖皇太子保，廢為濟陰⑰王。

4 四年春，后從帝幸章陵，帝道疾，崩於葉縣⑱。后、顯兄弟及江京、樊豐等謀曰：「今晏駕⑲道次，濟陰王在內，邂逅⑳公卿立之，還為大害。」乃偽云帝疾甚，徙御臥車。行四日，驅馳還宮。明日，詐遣司徒㉑劉熹詣郊廟社稷，告天請命。其夕，乃發喪。尊后曰皇太后。皇太后臨朝㉒，以顯為車騎將軍儀同三司㉓。

5 太后欲久專國政，貪立幼年，與顯等定策禁中，迎濟北惠王子北鄉侯懿，立為皇帝。

6 顯忌大將軍㉔耿寶位尊權重，威行前朝，乃風有司奏寶及其黨與中常侍樊豐、虎賁中郎將謝惲、惲弟侍中篤、篤弟大將軍長史㉕宓、侍中周廣、阿母㉖野王君王聖、聖女永、永壻黃門侍郎樊嚴等，更相阿黨㉗，互作威福，探刺禁省，更為唱和，皆大不道。豐、惲、廣皆下獄死，家屬徙比景㉘；宓、嚴減死，髡鉗㉙；貶寶為則亭侯，遣就國，自殺；王聖母子徙鴈門㉚。於是景為衛尉，耀城門校尉，晏執金吾㉛，兄弟權要，威福自由。

7 少帝立二百餘日而疾篤，顯兄弟及江京等皆在左右。京引顯屏語曰：「北鄉侯病不解，國嗣宜時有定。前不用濟陰王，今若立之，後必當怨，又何不早徵諸王子，簡所置乎？」顯以為然。及少帝薨，京白太后，徵濟北㉜、河間㉝王子。未至，而中黃門孫程合謀殺江京等，立濟陰王，是為順帝。顯、景、晏及黨與皆伏誅，遷太后於離宮㉞，家屬徙比景。明年，太后崩。在位十二年，合葬恭陵。

8 帝母李氏瘞㉟在洛陽城北，帝初不知，莫敢以聞。及太后崩，左右白之，帝感悟發哀，親到瘞所，更以禮殯，上尊謚曰恭愍皇后，葬恭北陵。為策書金匱㊱，藏于世祖廟。

【章　旨】以上記述安帝閻皇后的家世，性格特點。重點記述其為皇后後，夥同外家兄弟，專擅朝政，作威作福，奸詐狠毒的惡行，以及可悲的下場。

【注　釋】❶安思　安，東漢安帝劉祜。思，〈謚法〉：「謀慮不愆曰思。」❷河南滎陽　漢之河南尹，屬司隸校尉部，轄二十一城，故地當今河南洛陽周圍東到開封的大片區域。滎陽，縣名。境內有鴻溝，有廣武城。因位於滎澤之陽而得名。故地為今河南滎陽一帶。❸永平　東漢明帝劉莊年號，西元五八—七五年。❹步兵校尉　校尉為漢時軍職之稱。地位略次於將軍，常隨其職務冠以不同名號。統領步兵的叫步兵校尉，比二千石，掌宿衛兵，屬北軍中候管，為當時專掌特種軍隊的八大將領之一。其餘七個為中壘、屯騎、越騎、長水、胡騎、射聲、虎賁諸校尉。❺元初　東漢安帝劉祜的年號，西元一一四—一二〇年。❻掖庭　也作「掖廷」，又叫內廷、後宮。即皇宮中的旁舍，是女官嬪妃等居住宮室的總稱。❼鴆殺　用鴆毒殺害。鴆是一種有毒的鳥，雄的叫「運日」，雌的叫「陰諧」。傳說其羽有劇毒，浸入酒中，飲之立死。❽侍中　秦漢時的官名，為丞相的屬官，因侍從在皇帝左右，出入宮廷，應對顧問，地位漸形貴重。❾建光　東漢安帝劉祜年號，西元一二一—一二二年。❿鄧太后　即和帝的皇后鄧綏。詳見本卷上〈和熹鄧皇后紀〉。⓫延光　東漢安帝的年號，西元一二二—一二五年。⓬滎陽君　《續漢志》：「婦人封君，儀比公主，油軿駢車，帶綬以采組為緄帶，各如其綬色，黃金辟邪加其首為帶。」⓭童齔是剛剛把乳齒開始換成恆齒的兒童。齓，毀齒，即兒童換牙。《大戴禮》：「男八歲而齓，女七歲而齓。」⑭黃門侍郎　秦漢時供職於黃門的官職，出入禁中，省尚書事。黃門，由於禁門為黃門，故稱宮門為黃門，既作為官署名稱的代稱，也可作宦官的代稱。因為東漢時給事內廷的黃門令、中黃門諸官多由宦者充任，故謂閹者曰黃門。⑮大長秋　為在後宮服務的內官，秦時稱將行，西漢景帝時改稱大長秋。宣達皇后旨意，管理宮中事宜，為皇后的近侍，多由宦官充任。長秋本為漢代皇后所居宮名，其官署叫長秋寺。⑯中常侍　秦漢時官名，出入宮廷，侍從皇帝，常為列侯至郎中的加官。東漢時則專用宦官充任，以傳達皇帝詔令和掌管文書，權力極大。⑰濟陰　郡名。下轄十一城，故地當今山東西南一帶區域。⑱葉縣　屬荊州南陽郡。故城在今河南葉縣境內。⑲晏駕　皇帝的車駕晚到了，是死的隱語。晏，晚；遲。駕，御駕；皇帝乘坐的車輦，代指皇帝。⑳邂逅　本指不期而遇，這裡言事先雖沒有約定，萬一碰上了這種機會。㉑司徒　也稱大司徒，與大司馬、大司空並稱三公。「掌人民事」，其職責大略與各代之丞相近似。㉒皇太后臨朝　指閻姬親自到前朝攝理國政。據蔡邕《獨斷》：「少帝即位，太后即代攝政，臨前殿，朝群臣。太后東面，少帝西面。群臣奏事上書，皆為兩通，一詣后，一詣少帝。」㉓車騎將軍儀同三司　官名。車騎將軍為漢代武官名稱，為將軍中的第三等，地位與公等。儀同三司，指所享受的儀式地位同於三公。三司即三公。㉔大將軍　漢代帶兵的最高將領，位同三公，多由貴戚充任，職掌統兵征伐諸事，不少人兼掌政權。也有在大將軍之上冠以名號者，如驃騎大將軍之類。漢武帝時曾以大司馬為大將軍所兼官號。㉕大將軍長史　大將軍府中辦事官員，年俸千石。漢時相國、丞相，後漢時太尉、司徒、司空、將軍府，各有長史。㉖阿母　乳母；奶娘。㉗阿黨　循私撓法。即治獄的官吏以私恩曲撓相為也。㉘比景　漢代交州日南郡所轄縣名。故地當今越南中部，為漢時最荒遠的地區之一。景，「影」本字。因處於北回歸線之南，夏季太陽在人頭頂上，人影在自己身下，故郡名「日南」，縣名「比景」。㉙髡鉗　古代一種剃去頭髮並以鐵圈束頸的刑罰。髡，也作髨、䯻。剃髮。古時以剃去頭髮為刑罰。㉚鴈門　郡名。屬并州，下轄十四城。故地為今山西北部地區。㉛執金吾　古代官名。西漢武帝時由中尉改稱，為督巡三輔治安的長官。金吾為兩端塗金的銅棒，此官執之以示權威。㉜濟北　漢代諸侯封國名。屬兗州，下轄五城。故地當今山東濟南一帶。㉝河閒　漢代諸侯王封國名。屬冀州，下轄十一城。故地當今河北保定一帶。㉞離宮　皇帝在京師正式宮殿以外臨時所居住的地方。㉟瘞　埋葬。㊱金匱　用金屬製成的或用金線封緘的珍藏重要圖書文件的匣子。

【語　譯】安思閻皇后的名字叫姬，是河南尹滎陽縣人。她的祖父叫閻章，明帝永平年間擔任尚書之職，他的兩個妹妹被徵召入宮，被封為貴人。閻章專精通曉舊的典章，卻長久地滯留在尚書這個位子上，本來應該升遷為更重要的職務，顯宗明帝因為他是後宮的親屬，始終未加提拔重用，且外放為步兵校尉。閻章生子名閻暢，閻暢生下閻姬，即後來的安思皇后。

2 閻姬有才華及美色。安帝元初元年，被選入後宮，很是受到安帝的寵愛，被封為貴人。元初二年，被立為皇后。閻皇后生性妒忌，總想享受後宮的專寵，安帝劉祜親幸宮人李氏，李氏生下皇子劉保，閻皇后就用毒酒殺死了李氏。元初三年，安帝封閻皇后的父親侍中閻暢為長水校尉，封爵為北宜春侯，食邑五千戶。元初四年，閻暢去世，謚號為文侯，由他的兒子閻顯繼承爵位。

3 建光元年，和熹鄧太后病逝，安帝劉祜才開始親自處理政事。閻顯和他的弟弟閻景、閻耀、閻晏一起擔當卿相校尉之類的要職，統領守衛皇宮的禁軍。延光元年，改封閻顯為長社侯，食邑達一萬三千五百戶，又追尊閻皇后的母親劉宗為滎陽君。閻顯、閻景諸兄弟家的孩子，年齡都才是剛換乳牙的兒童，都已經有了黃門侍郎的官位。皇后閻姬既是專寵勢盛於當時，她的兄弟們也都嚴重地干預朝政，皇后於是勾結大長秋江京、中常侍樊豐等人，共同在安帝劉祜跟前，說太子劉保的壞話，安帝把太子劉保廢為濟陰王。

4 安帝延光四年春天，皇后閻姬跟從安帝劉祜到葬有劉秀先人的章陵縣去，安帝在路上得了病，死在了葉縣。皇后及閻顯兄弟以及江京、樊豐等人合謀說：「現在皇帝駕崩於半路途中，濟陰王劉保還住在京師內，一旦三公九卿等諸大臣擁立他為帝，我們回去後，必然遭遇大害。」於是他們就詐說皇帝得了重病，把劉祜的屍體移徙到臥車中。一路驅馬飛馳，四天後趕回皇宮。第二天，為了做出皇帝尚未去世的樣子，就派遣司徒劉熹到郊廟社稷壇舉行祈禱儀式，向上天禱告，請求保全皇帝性命。那天黃昏，便發布了皇帝駕崩舉國大喪的消息。尊皇后閻姬為皇太后。皇太后閻姬親臨前朝攝理國政，封其兄閻顯為車騎將軍，儀同三司。

5 閻太后想長期專權，個人獨裁，一心要擁立年幼的皇裔為帝，就與其兄閻顯等親信在皇宮內密謀策劃，迎接濟北惠王劉壽之子北鄉侯劉懿入宮，立為新皇帝。

6 閻顯嫉妒大將軍耿寶官位尊崇權勢重要，威望能行於前朝，就暗示主管部門官員上奏彈劾，揭發耿寶及其黨羽中常侍樊豐、虎賁中郎將謝惲、謝惲的弟弟侍中謝篤、謝篤的弟弟大將軍府長史謝宓、侍中周廣、安帝的乳母野王君王聖、王聖的女兒永、永的女婿黃門侍郎樊嚴等人，互相結黨營私，徇私枉法，欺壓百姓，作威作福，刺探打聽皇宮內的消息，相互吹捧唱和，皆為大不道之罪。於是樊豐、謝惲、周廣等都下獄致死，他們的家屬被遷徙到日南郡的比景縣；謝宓、樊嚴減免死罪，被處以剃去頭髮、頸戴鐵圈的髡鉗之刑；耿寶被貶為則亭侯，被遣送出京到侯國去，被迫自殺；王聖母子被遷徙到鴈門郡去。閻太后的弟弟閻景被任命為掌管宮廷警衛的衛尉，閻耀為守護京師的城門校尉，閻晏為管理三輔治安的執金吾，兄弟幾個都身居權勢極大的要害部門，作威作福，為所欲為。

7 北鄉侯劉懿被立為少帝才二百多天就生了重病，當時閻顯兄弟及江京等人都守護在少帝身旁。江京把閻顯拉到一邊低聲對他說：「北鄉侯的病眼看難以緩解，國脈的繼承人應該及時確定。安帝的兒子濟陰王劉保按理應該繼位，但此前沒用他，現在如果擁立他為繼承人，登基以後，必然對我們原先的排擠產生怨恨，可能進行報復，何不盡早從諸王子中進行徵召，從中挑選出合適的立為皇統繼承人呢？」閻顯認為這意見很正確。等到少帝劉懿病故，江京向閻太后稟告他的建議，就派人去徵召濟北王、河閒王二封國的王子進京備選。這些人尚未到京，中黃門孫程等人就合謀殺死了江京等人，擁立濟陰王劉保即皇帝位，這就是漢順帝。閻顯、閻景、閻晏弟兄及其同黨全部被誅殺，讓皇太后閻姬遷出皇宮搬到離宮去住，閻氏家族親屬被遷徙到日南郡比景縣去。第二年，皇太后閻姬去世。她在后位十二年，死後合葬於安帝劉祜的恭陵。

8 順帝劉保的生母宮人李氏，被閻后鴆殺之後，埋葬在洛陽城北，順帝原先不知道，也沒有人敢把這事告訴他。等到閻太后去世，身旁的人才向他稟報，順帝對生母之遭遇十分傷心悲哀，親自到埋葬的場地，重新按應有的禮制改葬殯埋，給李氏加諡號叫「恭愍皇后」，葬在安帝恭陵北邊的恭北陵。制定了策封他生母為恭愍皇后的正式的策書，將盛放此策書的金屬匣子珍藏於祭祀光武帝牌位的世廟裡。

1 順烈❶梁皇后諱妠，大將軍商之女，恭懷皇后弟之孫也。后生，有光景之祥。少善女工，好史書，九歲能誦論語，治韓詩❷，大義略舉。常以列女圖畫❸置於左右，以自監戒。父商深異之，竊謂諸弟曰：「我先人全濟河西，所活者不可勝數❹。雖大位不究，而積德必報。若慶❺流子孫者，儻興此女乎？」

2 永建三年，與姑俱選入掖庭，時年十三。相工茅通見后，驚，再拜賀曰：「此所謂日角偃月❻，相之極貴，臣所未嘗見也。」太史卜兆得壽房❼，又筮得坤之比❽，遂以為貴人。常特被引御，從容辭於帝曰：「夫陽以博施為德，陰以不專為義，螽斯則百，福之所由興也❾。願陛下思雲雨之均澤，識貫魚之次序❿，使小妾得免罪謗之累。」由是帝加敬焉。

3 陽嘉⓫元年春，有司奏立長秋宮⓬，以乘氏侯商先帝外戚⓭，春秋之義，娶先大國⓮，梁小貴人宜配天祚，正位坤極。帝從之，乃於壽安殿立貴人為皇后。后既少聰惠，深覽前世得失，雖以德進，不敢有驕專之心，每日月見謫⓯，輒降服求愆⓰。

4 建康元年⓱，帝崩。后無子，美人虞氏子炳立，是為沖帝⓲。尊后為皇太后，太后臨朝。沖帝尋崩，復立質帝⓳，猶秉朝政。

5 時揚、徐劇賊寇擾州郡，西羌、鮮卑及日南蠻夷攻城暴掠⑳，賦斂煩數，官民困竭。太后夙夜勤勞，推心杖賢，委任太尉㉑李固等，拔用忠良，務崇節儉。其貪叨罪慝㉒，多見誅廢。分兵討伐，群寇消夷。故海內肅然，宗廟以寧。而兄大將軍冀㉓鴆殺質帝，專權暴濫，忌害忠良，數以邪說疑誤太后，遂立桓帝而誅李固。太后又溺於宦官，多所封寵，以此天下失望。

6 和平㉔元年春，歸政於帝，太后寢疾遂篤，乃御輦幸宣德殿，見宮省㉕官屬及諸梁兄弟。詔曰：「朕素有心下結氣，從間以來，加以浮腫，逆害飲食，寖以沈困，比使內外勞心請禱。私自忖度，日夜虛劣，不能復與群公卿士共相終竟。援立聖嗣，恨不久育養，見其終始。今以皇帝、將軍兄弟委付股肱㉖，其各自勉焉。」後二日而崩。在位十九年，年四十五。合葬憲陵。

【章旨】以上記述順帝梁皇后的一生行事。梁皇后是個頗為矛盾的人物，一方面突出她的賢惠，「推心杖賢」任用忠良李固等人，且「務崇節儉」；另一方面，其兄梁冀殘害忠良，毒死質帝。史家以梁冀「疑誤」來為之辯解，其實她難辭其咎。

【注釋】❶順烈　順，順帝劉保。烈，〈謚法〉：「執德尊業曰烈。」❷韓詩　是古代注釋《詩》中的一家。《詩》是我國古代一部詩歌總集，漢代稱為「經」，為儒學士子必讀書。漢初傳《詩》的有齊、魯、韓三家，都立於學官，置博士弟子。《魯詩》源於申公，《齊詩》源於轅固，以上由傳詩地域稱。到魏晉時已亡。《韓詩》源於韓嬰。今僅存《韓詩外傳》。只有漢時毛公所傳的《毛詩》流傳了下來。韓、毛，是以傳詩人的姓氏稱。❸列女圖畫　西漢晚期的大學者劉向撰有《列女傳》七卷，分「母儀」、「賢明」、「仁智」、「貞順」、「節義」、「辯通」、「嬖孽」七類，列記古代婦女事跡一百零四則，每則都有贊語，且圖畫其像。❹我先人二句　梁商的曾祖父梁統，「性剛毅而好法律。初仕州郡。更始二年（西元二四年），召補中郎將，使安集涼州，酒泉太守。會更始敗，赤眉入長安，統與竇融及諸郡守起兵保境……為武威太守。」保全了河西五郡。詳見本書卷三十四。❺慶　善；吉祥。❻日角偃月　骨相如日角，如半弦月。日角，額骨中央隆起，形狀如日，相家認為是大貴之相。偃月，半弦月。凡物之形狀似半月的，多稱偃月。❼壽房　占卜讖語。❽坤之比　坤，《易》中之卦名。〈坤卦〉代表地，代表陰，代表女。坤下坤上，䷁，為六十四卦之一，變而之〈比卦〉，坤下坎上，䷇，《易．比卦》：「彖曰：比，吉也；比，輔也，下順從也。」認為是大吉大利的卦象。❾夫陽以博施四句　大意是：作為皇帝您這位男子以普遍地施予恩惠，寵幸後宮所有的女子，是最高的道德；作為後宮侍妾的女性，以不獨占皇帝的專寵為最好的義行。那麼，後輩子孫就會繁衍得如螽斯般的眾多，這是皇家的福氣，王朝所以興盛的根基。陽和陰，是中國古代哲學中最基本的兩個概念。陽代表天，代表男，代表一切剛健雄壯的性質或事物；陰代表地，代表女，代表所有柔弱順良的事物或特點。螽斯，是一種以產卵極多聞名的昆蟲，常象徵子孫繁盛。❿貫魚之次序　就像排著隊行進的魚那樣按次序排列。《易．剝卦》：「貫魚，以宮人寵，無不利。」〈剝卦〉，六十四卦之一，坤下艮上，䷖，五陰而一陽，眾陰在下，駢頭相次，像貫魚之行。⓫陽嘉　東漢順帝劉保的年號，西元一三二—一三五年。⓬長秋宮　東漢時皇后所居的宮殿，以處所借指代皇后本人。長，長久。秋天是成熟收穫的季節，故皇后所居曰長秋宮。⓭以乘氏侯句　梁妠之父梁商曾是先皇帝章帝劉炟的外戚，指梁商的祖姑、和帝劉肇之母曾是章帝貴人，所以下文梁妠被稱為「梁小貴人」以示區別。梁大貴人即上文所稱的「恭懷皇后」。⓮春秋之義二句　《春秋公羊傳》曾有天子婚配要儘先娶於大國的記載。《春秋》是魯國史官記錄的編年體史書，曾經孔子整理加工過，為古代儒學重要經典之一。後來闡釋或注解《春秋》大義和文字的，主要有左丘明、穀梁赤、公羊高三家，即所謂《春秋左氏傳》、《春秋穀梁傳》、《春秋公羊傳》。⓯日月見讁　日蝕、月蝕，被古人認為是上天對下界表示責備的象徵。《禮記》：「陽事不得，讁見於天，日為之食。陰事不得，讁見於天，月為之食。」讁，同「謫」。責難；過失。⓰愆　罪過；過失。⓱建康元年　即漢安三年，西元一四四年。這一年四月辛巳，立皇子劉炳為太子，改元建康。八月庚午，順帝劉保去世。⓲沖帝　劉保之子劉炳，建康元年八月六日即皇帝位。時年二歲。次年（西元一四五年）改元「永嘉」，正月戊戌，在玉堂前殿去世。⓳質帝　即劉纘，是漢章帝劉炟的玄孫，其父為渤海王劉鴻。正月丁巳，被梁妠之兄梁冀接到京師後封為建平侯，當日即皇帝位。年八歲。次年（西元一四六年）為本初元年，閏六月甲申，被大將軍梁冀「潛行鴆弒」。年九歲。詳見本書卷六。⓴時揚徐二句　揚，揚州。東漢時全國十三個州級行政單位之一，設揚州刺史部，下轄六個郡，九十二個縣、邑、侯國。故地當今之長江下游兩岸蘇南、浙北、皖南、贛北一帶區域。徐，徐州，轄郡、國五個，縣、邑、侯國六十二個。故地當今之山東東南部、江蘇北部相鄰接的區域。西羌，漢代西部最大的一個民族，分許多支脈，以放牧牛羊為主，生活區域為今之青海、甘南一帶，經常騷擾東漢邊域。詳見本書卷八十七。鮮卑，我國古代北部東北部的一個少數民族，是東胡的一支，也常常侵擾東漢邊境。詳見本書卷九十。日南蠻夷，泛指漢代時西南方、南方的少數民族。詳見本書卷八十六。㉑太尉　秦和西漢時與丞相、御史大夫並稱三公，東漢時與司徒、司空，並稱三公，是當時全國的軍政首腦。㉒貪叨罪慝　泛指貪汙作惡犯罪的人。貪，貪汙；貪婪。叨，同「饕」。貪食；食物。罪，罪惡。慝，同「忒」。過失；差錯。㉓大將軍冀　大將軍為東漢時全國最高的軍事將領，常由貴戚充任，位同三公。冀，梁冀，在順帝之後夥同其妹梁妠立沖、質、桓三帝，專擅朝政達二十年之久，驕奢橫暴，多建苑囿，消耗國力，作威作福，後失勢自殺。詳見本書卷三十四。㉔和平　東漢桓帝劉志年號，僅此一年。西元一五〇年。㉕宮省　設於皇宮內的官署，如尚書、中書等。宮，本是房屋的通稱，秦漢以後，專指帝王所居的房屋，也有稱宗廟、佛寺、道觀為宮的。省，官署名。漢制，總群臣而聽政為省，治公務之所為寺。尚書、中書、門下各官署皆設於禁中，因稱為省。㉖股肱　股是大腿，肱是上臂，用來比喻朝廷重臣。

【語譯】順烈梁皇后的名字叫妠，是大將軍梁商的女兒，和帝劉肇的生母恭懷皇后弟弟的孫女。梁妠出生的時候，有吉祥光影照耀的瑞兆。她年少時候，擅長紡織刺繡之類的女工技藝，愛好史書，九歲時能誦讀《論語》，學習《韓詩》，對書中大意能粗略掌握。她常常把繪有過去有特殊表現的婦女圖像的《列女傳》之類的讀物放置在身旁，作為自己學習的榜樣，或引以為鑑戒。她父親梁商對她這種舉動感到很驚異，便私下對他的弟弟們說：「我們的祖先，在戰亂紛擾的年代，曾維持安定過河西幾郡的秩序，保全拯救過那裡的百姓，得以活下來的人多得不可勝數。雖然沒有因此得到高官厚祿，但積累下來的善行功德，一定會得到報答。如果這種善報澤及子孫後代的話，或許是從這個女孩子的興隆發達起始的吧？」

2　順帝永建三年，梁妠與她姑姑同時都被選拔入內宮，當時她的年齡才十三歲。宮內的相工茅通一見到梁妠，大吃一驚，趴下磕頭拜了兩拜，祝賀說：「您的面相就是相書上講的日角偃月之相，像這種極其尊貴的面相，我還是從來沒有見過的。」朝廷的太史用龜甲占卜，得到壽房的兆頭，又用蓍草預測休咎，得到由〈坤卦〉變化到〈比卦〉的卦象，大吉大利，順帝劉保遂封梁妠為貴人。她經常被皇帝特別召幸侍寢，她從容而沉著冷靜地推辭說：「『陽』以廣泛地普遍地施加恩澤為美德，『陰』以不貪圖專寵恩幸為仁義，如果后妃們像不嫉妒不專寵多產的螽斯那樣，則帝王子孫眾多，朝廷之洪福則由此而興。希望陛下您經常考慮均衡地將雲雨之澤給後宮女性，懂得召幸次序的尊卑先後，這樣才能使小妾我免去受人嫉妒遭人誹謗的連累。」由於她深明大義，從此順帝更加敬重喜愛她了。

3 順帝陽嘉元年春天，主管官員上奏皇帝請立皇后，因為乘氏侯梁商是先皇帝的外戚之家，依照《春秋》說的天子婚配應優先從大國娶妻的大義，梁小貴人妠正應該匹配代天行運的皇帝，正位於皇后這陰德之極的高位。順帝劉保聽從了有司的建議，就在德陽宮內的壽安殿裡舉行了立梁貴人為皇后的冊封典禮。皇后梁妠從幼年時就聰穎賢惠，她深知前朝外戚家族興衰得失的緣由，自己雖然是靠仁德被立為皇后的，卻絲毫不敢存有驕橫專寵之心，每逢日蝕或月蝕這上天對下界表現責難的時候，她總是脫去彩裝，身著素服，深刻檢討自己的過失以向上天謝罪求安。

4 建康元年，順帝劉保病逝。皇后梁妠沒有生子，就立美人虞氏生的兒子劉炳為皇帝，這就是沖帝。朝廷尊皇后梁妠為皇太后，太后臨朝攝政，處理軍國大事。沖帝劉炳居皇帝位不到半年病夭，梁太后又做主立建平侯劉纘為帝，梁太后仍然臨朝秉持國柄，專攬朝政。

5 當時，揚州、徐州一帶有股勢力很大的盜賊騷擾州郡，西部的羌人、北方的鮮卑以及南方的日南郡一帶的蠻夷，攻打城池，侵暴搶掠，當時賦稅科斂名目煩多，官民困憊不堪。梁太后早起晚睡，勤於政事，竭盡心力，依靠任用賢德之人，委任太尉李固等大臣，選拔起用忠誠良善的官吏，並大力提倡節省儉約樸素淳厚的作風。那些貪墨犯罪的官吏，大多被誅殺或廢黜。又派兵分頭討伐，各地作亂的賊寇外夷被消弭平定。因此國家得以平靜，社稷宗廟得以安寧。但是梁太后的哥哥大將軍梁冀用毒酒鴆弒了質帝劉纘，而且專橫跋扈，利用權力暴虐無度，濫施威福，妒賢忌能，殘害忠良，又常常用花言巧語佞言邪說來迷惑誤導太后，於是立十五歲的劉志為桓帝，誅殺了忠直大臣李固。梁太后又沉溺於宦官的諂佞之中而不悟，對她所寵信的內官多加封賞賜爵，因此使天下失望。

6 桓帝和平元年春天，太后梁妠把朝政大權歸還給劉志，她的病勢日漸沉重，於是乘坐著輦輿駕臨宣德殿，召見內宮各省官署中的官員以及她娘家梁氏各兄弟。下詔說：「我一向患有心口下部鬱結氣悶的疾病，最近一段時間以來，又加上了浮腫，氣逆上行，防害飲食，漸漸地引起身體沉重困憊，以致使朝廷內外為我勞心，接連地一再為我祈禱上蒼。我暗自思量，身體像這樣一天天虛弱下去，不能再繼續與諸位公卿大臣各級賢士共同執政到最後的歲月了。我擁立了聖明的皇統繼承人，遺憾地是再不能長久地培養教育他長大成人，親眼看到他有所作為。現在我把皇帝和將軍兄弟們託付給你們這些朝廷的股肱之臣，希望你們各自努力吧。」下詔後兩天，梁妠去世。她居后位十九年，活了四十五歲。死後合葬於漢順帝劉保的憲陵。

1 虞美人❶者，以良家子❷年十三選入掖庭，又生女舞陽長公主❸。自漢興，母氏莫不尊寵。順帝既未加美人爵號，而沖帝早夭，大將軍梁冀秉政，忌惡佗族，故虞氏抑而不登，但稱「大家❹」而已。

2 陳夫人者，家本魏郡❺，少以聲伎入孝王宮，得幸，生質帝。亦以梁氏故，榮寵不及焉。

3 熹平❻四年，小黃門❼趙祐、議郎❽卑整上言：「春秋之義，母以子貴❾。隆漢盛典，尊崇母氏，凡在外戚，莫不加寵。今沖帝母虞大家，質帝母陳夫人，皆誕生聖皇，而未有稱號。夫臣子雖賤，尚有追贈之典，況二母見在，不蒙崇顯之次，無以述遵先世，垂示後世也。」帝感其言，乃拜虞大家為憲陵貴人，陳夫人為渤海孝王❿妃，使中常侍持節授印綬，遣太常以三牲⓫告憲陵、懷陵、靜陵焉。

【章　旨】以上記述沖帝之母虞美人、質帝之母陳夫人的簡略情況。因為她們生下沖帝、質帝，皇帝之母，不能無記，而本人又無事可述，故僅提及而已。

【注　釋】❶美人　漢代後宮妃嬪的稱號。據《續漢志》：美人父親虞詩為郎中，祖父虞衡是屯騎校尉。❷良家子　清白人家的子女。漢代指「非醫巫商賈百工」。漢制，凡從軍不在七科謫（七種情況受謫的人）內的被稱為良家子。❸長公主　皇帝的女兒稱公主，皇帝的姐妹稱長公主。❹大家　同「大姑」。古代對婦女的尊稱。❺魏郡　郡名。下轄十五城。故地當今河北邯鄲及河南安陽一帶。❻熹平　東漢靈帝年號，西元一七二—一七八年。❼小黃門　在後宮服務的男性皆為太監，故小黃門又是宦官的代稱。❽議郎　秦始置官名。漢制秩比六百石，徵賢良方正敦樸有道之士任之，掌顧問應對。❾春秋之義二句　《公羊傳》：「桓公幼而貴，隱公長而卑。桓何以貴？母貴也。母貴則子何以貴？子以母貴，母以子貴。」❿渤海孝王　孝王名鴻，章帝子千乘貞王劉伉之孫。劉鴻生劉纘，劉纘被立為質帝後，徙劉鴻為渤海孝王。⓫三牲　即太牢之禮，以牛、羊、豕三種牲畜具為一牢。《禮記・祭統》：「三牲之俎，八簋之實，美物備矣。」

【語　譯】順帝朝的美人虞氏，是以清白人家的女兒在十三歲時被選入內宮的，除生育了沖帝劉炳外，還生了女兒舞陽長公主。自大漢王朝興起以來，皇帝的生母沒有不被尊崇貴重且受寵幸的。順帝劉保生前既沒有對虞美人加封爵號，而其親生兒子沖帝劉炳又早早去世，梁妠之兄大將軍梁冀獨專朝政，忌恨厭惡其他後宮妃嬪的家族，所以虞美人一直受壓抑而未能得到名號，只是被人稱做「大家」而已。

2　陳夫人，老家本在魏郡，年少時以歌舞演員的身分入侍孝王宮內。得到寵幸，生下了兒子劉纘，後曾被立為質帝。也是由於梁妠及其兄梁冀專權嫉妒的緣故，皇家的尊榮及寵幸沒有涉及到陳氏家族。

3　靈帝熹平四年，小黃門趙祐、議郎卑整上書靈帝建議說：「根據《春秋》的大義，母親的身分當以兒子的尊貴而得到尊重提高。我們興隆的大漢，有盛大的典制，歷來尊崇皇帝的母氏，凡是皇帝的外戚，沒有不被加給尊寵和榮耀的。現在沖帝之母虞大家，質帝之母陳夫人，都曾誕生過神聖的皇帝，但是都沒有獲得過稱號。那些身處卑賤之位的臣子，有些人還因功勳或親子關係被追封贈賞，何況兩位生過皇帝的母親，又都現存人世，假如不列入受到尊寵顯貴的行列，這便無法遵奉傳述先世的傳統，也沒法垂範昭示後世啊。」靈帝劉宏受此建言的感動，就拜封虞大姑為憲陵貴人，陳夫人為渤海孝王妃，派遣中常侍拿著皇家的信物授給她們名號的印信及綬帶，並派太常用隆重的三牲之禮祭拜順帝的憲陵、沖帝的懷陵、質帝的靜陵。

孝崇匽皇后諱明，為蠡吾侯翼媵妾❶，生桓帝。桓帝即位，明年，追尊翼為孝崇皇，陵曰博陵，以后為博園貴人。和平元年，梁太后崩，乃就博陵尊后為孝崇皇后。遣司徒持節奉策授璽綬，齎乘輿器服，備法物❷。宮曰永樂。置太僕❸、少府❹以下，皆如長樂宮❺故事。又置虎賁、羽林衛士❻，起宮室，分鉅鹿九縣為后湯沐邑❼。在位三年，元嘉二年崩。以帝弟平原王石為喪主，斂以東園畫梓壽器、玉匣、飯含之具❽，禮儀制度比恭懷皇后。使司徒持節，大長秋❾奉弔祠，賻❿錢四千萬，布四萬匹，中謁者僕射⓫典護喪事，侍御史護大駕鹵簿⓬。詔安平王豹、河間王建、勃海王悝，長社、益陽二長公主⓭，與諸國侯三百里內者，及中二千石、二千石、令、長、相，皆會葬⓮。將作大匠⓯復土，繕廟，合葬博陵。

【章　旨】以上記桓帝劉志之母匽明的事跡，突出她死後喪儀的隆重，葬禮規格之高，與其說是體現劉志的孝親之道，倒不如說是暴露朝廷的奢華靡費，這正是東漢王朝日趨衰敗的重要原因之一。

【注　釋】❶為蠡吾侯翼媵妾　蠡吾侯劉翼為河間王劉開的兒子，漢和帝劉肇的孫子。媵妾，古代諸侯女兒出嫁時隨嫁或陪嫁的人。❷法物　帝王儀仗隊所用的器物。❸太僕　漢代九卿之一，掌皇帝的輿馬和馬政。❹少府　漢代九卿之一，西漢時掌山海池澤收入和皇室手工業製造，為皇帝的私府；東漢時掌宮中御衣、寶貨、珍饈等。❺長樂宮　皇帝母親居住的宮殿，也可代指帝母，與長秋宮代指皇后相同。《漢官儀》：「帝祖母稱長信宮，帝母稱長樂宮，故有長信少府、長樂少府及職吏，皆宦者為之。」❻又置虎賁羽林衛士　虎賁、羽林，皆皇宮衛士之稱，負責皇室的宿衛警衛。虎賁，言其勇武如猛虎之奔，故可作勇士之代稱。羽林，本星名。《史記・天官書》：「北宮玄武，虛威……其南有眾星，曰羽林天軍。」唐張守節《正義》曰：「羽林四十五星，三三而聚，散在壘壁南，天軍也。」所以天子的衛隊叫羽林軍。❼湯沐邑　指天子賜給諸侯的封邑，邑內的田賦等收入供受封者作湯沐之用。又叫朝宿邑，意謂備朝見時食宿之處。與封給卿大夫的食邑實質上並無多大區別。古代把沐浴叫做湯沐。❽斂以句　東園畫梓壽器，指盛放屍體用的上等的棺槨。東園，為漢代的官署名。屬少府，掌管陵墓內器物的製造和供應。畫梓，以梓木為棺，外以漆繪製圖案畫。壽器，棺材。玉匣，死者腰部以下，以玉為匣，至足亦縫，以黃金為縷。更尊貴的，全身以玉片連綴裝裹，即今稱之為「金縷玉衣」是也。飯含，古代放在死者口中的珠玉之類貴物。❾大長秋　西漢景帝時由秦時的將行改稱，管理宮中事宜，宣達皇后旨意，為皇后的近侍，多由宦官充任。❿賻　以財物助喪事。⓫中謁者僕射　宮中的謁者僕射，謁者是漢代主殿上威儀或皇帝出行時負責導引的官員，屬光祿勳，其首領稱謁者僕射，比千石。⓬鹵簿　帝王車駕出行時扈從的儀仗隊。《漢官儀》：「天子車駕次第謂之鹵簿。有大駕、法駕、小駕。大駕公卿奉引，大將軍參乘，太僕御，屬車八十一乘，備千乘萬騎，侍御史在左駕馬，詢問不法者。」此處言禮儀制度與皇帝出行時幾乎相等。⓭長社益陽二長公主　長社長公主，為桓帝劉志的姐姐，嫁給東漢初著名大將耿弇之弟耿霸的玄孫耿援。益陽長公主為桓帝之妹，嫁給侍中寇榮堂兄之子。⓮與諸國侯三句　中二千石，指年俸祿為中二千石的官吏，如太常、光祿勳、太僕、廷尉、大鴻臚、宗正、大司農、少府、執金吾、太子太傅等。二千石，本指年俸為二千石的官吏，如將作大匠、太子少傅、封國國相、郡太守之類，漢代常以二千石單指太守。令長，都指普通縣的首腦，萬戶以上之縣首長叫「令」，萬戶以下之縣首長叫「長」。相，此處指王國之相，或侯國之相。皆會葬，都會同參與葬禮。⓯將作大匠　秦始置官名，稱將作少府，西漢景帝時改稱作大匠，職掌宮室、宗廟、陵寢及其他土木營建，年俸二千石。

【語譯】孝崇匽皇后名諱為明，本是蠡吾侯劉翼正妻出嫁時陪嫁媵妾，生下了桓帝劉志。劉志即皇帝位的第二年，追尊他的父親劉翼為「孝崇皇」，其陵園為「博陵」，封他的生母匽明為「博園貴人」。和平元年，皇太后梁妠去世，桓帝移駕親到博陵，尊他的生母匽明為「孝崇皇后」。朝廷派司徒手持信物獻上策書授給皇后名號的印璽、綬帶，給予皇后級的乘輿、使用器物和服飾，配備齊全出行時的儀仗器物。她住在為皇帝母親安排居住的永樂宮內。宮內設置太僕、少府等為內廷服務的官署及下屬各級官員官吏，一切規格制度全部仿照前代帝母所住的長樂宮的舊例。又配置了虎賁衛士和羽林衛士，還在此地大建宮室，並且劃分出鉅鹿郡的九個縣，作為孝崇皇后的湯沐邑。匽明居后位三年，元嘉二年去世。桓帝令他的弟弟平原王劉石為喪主，裝斂他們的母親匽明，用的是皇家專用的東園畫梓棺材，身上穿了金縷玉衣，口中填實珠玉等葬具，禮儀制度比照和帝劉肇生母恭懷皇后葬儀的規格。朝廷使司徒秉持符節代表皇帝，命大長秋奉旨弔唁祭拜，給與助喪錢四千萬，布四萬匹，派中謁者僕射主持喪事，侍御史主持送葬的大駕及儀仗隊伍。朝廷下詔，令安平王劉豹、河間王劉建、渤海王劉悝，長社、益陽兩位長公主等，與距博陵三百里以內的諸封國之侯，以及年俸中二千石、二千石、縣令、縣長、王國侯國之相等官員，全部會集到博陵參加安葬儀式。命將作大匠主持掩埋棺槨，加蓋復土，修繕供奉死者神主牌位的神廟，與孝崇皇合葬於博陵。

桓帝懿獻❶梁皇后諱女瑩，順烈皇后之女弟也。帝初為蠡吾侯，梁太后徵，欲與后為婚，未及嘉禮❷，會質帝崩，因以立帝。明年，有司奏太后曰：「春秋迎王后于紀，在塗則稱后。今大將軍冀女弟，膺紹聖善❸。結婚之際，有命既集❹，宜備禮章，時進徵幣❺。請下三公、太常案禮儀。」奏可。於是悉依孝惠皇帝納后故事❻，聘黃金二萬斤，納采鴈璧乘馬束帛，一如舊典❼。建和❽元年六月始入掖庭，八月立為皇后。

時太后秉政而梁冀專朝，故后獨得寵幸，自下莫得進見。后藉姊兄廕埶❾，恣極奢靡，宮幄彫麗，服御珍華，巧飾制度，兼倍前世。及皇太后崩，恩愛稍衰。后既無子，潛懷怨忌，每宮人孕育，鮮得全者。帝雖迫畏梁冀，不敢譴怒，然見御轉稀。至延熹❿二年，后以憂恚崩，在位十三年，葬懿陵。其歲，誅梁冀，廢懿陵為貴人冢焉。

【章旨】以上記桓帝朝時梁女瑩在皇后位上的作為。她既無其姐梁妠前期的識禮明智，也無才德可以驕人，只是憑恃其哥哥姐姐的權勢「獨得寵幸」，「恣極奢靡」，且嫉恨同類，作惡多端。生前雖未遭懲處，而死後亦被貶廢，也可算報應。史家對她的厭惡揭露之情表露於字裡行間。

【注釋】❶懿獻 〈謚法〉：「溫和聖善曰懿，聰明叡知曰獻。」❷嘉禮 古代五禮（吉、凶、軍、賓、嘉）之一。指飲食、昏冠、賓射、饗燕、脤膰、賀慶之禮。此處指婚禮。嘉，美，善；吉慶，幸福。❸膺紹聖善 應當繼承母儀天下的后位。膺，當；受。紹，承繼；嗣也。聖善，聰明賢良；善美。此處代母氏，言娶妻當嗣親也。《詩．凱風》：「母氏聖善，我無令人。」意謂：母親明達智慧，善良美好，我們的才德卻不相稱。❹有命既集 天命已經落在這個人身上。《詩．大明》：「天監在下，有命既集。」大意是：上天的監視看到了下方，把偉大的使命聚集到此人身上。❺徵幣 徵聘的禮物。徵，徵聘。《儀禮．士昬禮》：「納徵。」注：「徵，成也。使使者納幣以成昏禮。」幣，本為繒帛，古時以束帛為祭祀或贈送賓客的禮物叫「幣」，後來稱其他聘享的禮物，如車馬玉帛等，均可稱「幣」。❻於是句 孝惠皇帝指劉邦與呂雉生的兒子劉盈，他的姐姐為魯元公主，嫁給了宣平侯張敖，生女。「惠帝即位，呂太后欲為重親，以公主女配帝為皇后。」故特優其禮。❼聘黃金三句　《漢舊儀》：「聘皇后，黃金萬斤。」此處「聘黃金二萬斤」，聘金加倍。納采，男方具送求婚的禮物。鴈，古人以鴈為鵝，雁為鴻雁。納采，用鴈，當作「雁」。雁為候鳥，順季節寒暖而往來，大夫交往以為摯，昏禮用之。《儀禮・士昏禮》：「納采，用鴈。」鄭玄注：「納其采擇之禮。用鴈，取順陰陽往來也。」璧，圓形餅狀有孔美玉。《周禮》：「王者穀圭以聘女。」鄭玄注：「士大夫已上，乃以玄纁束帛，天子加以穀圭，諸侯加以大璋。」此處雖未用穀圭、大璋而用璧，形制雖異，而同為美玉，亦合於禮。乘馬，四匹馬。束帛，納幣一束，每束五兩，每兩五尋。❽建和　東漢桓帝劉志年號，西元一四七—一四九年。❾廕埶　庇護和勢力。廕，也作「蔭」。覆蓋，庇護。封建時代由於祖先的官職、功勞而得官也叫蔭。埶，同「勢」。權勢。❿延熹　東漢桓帝劉志年號，西元一五八—一六七年。

【語　譯】桓帝劉志的懿獻梁皇后名叫女瑩，是順帝劉保的皇后梁妠的妹妹。劉志在此前是蠡吾侯，太后梁妠把他從侯國徵召至京師，想讓他與自己的妹妹梁女瑩進行婚配，還沒舉行吉慶婚禮，遇上質帝劉纘病逝，於是就讓劉志當了皇帝。第二年，主管部門官員向梁太后奏報說：「《春秋》中記載，從大國『紀』迎娶王后，未至京師，在半路途中就可以稱后。現在大將軍梁冀的妹妹，該當承繼母儀天下的位子。締結婚約之時，天命已經歸集於她身上。應該完備禮儀，按時向女家進納徵聘的禮物。請朝廷下旨，讓太尉、司徒、司空三公及掌管宗廟禮儀的太常，依據禮法儀制進行。」梁太后批准了這道奏章。於是完全按照西漢時呂后讓孝惠帝劉盈納娶她親外甥女為張皇后的舊例，親上加親，聘禮格外優殊豐厚：下聘金黃金二萬斤，納采用雁、玉璧、四匹馬駕的車、束帛等，全部合乎舊時的典章制度。建和元年六月，梁女瑩被迎入后宮。八月，被桓帝冊立為皇后。

當時梁太后秉持朝政，同時梁冀專擅朝廷大權，所以梁女瑩特別得到桓帝的寵幸，她以下的嬪妃沒有人能夠進見皇帝。梁皇后憑仗她姐姐、哥哥的庇護和權威勢力，盡情享樂，極度奢華靡費。宮室幃帳，裝飾富麗；服飾車馬，極盡珍奇寶物的裝飾，高度奢華；各項用具，日常起居規格制度，超過前代數倍。等到她姐姐皇太后梁妠去世後，桓帝對她的恩愛日漸衰減。皇后梁女瑩本身沒有生子，卻對別的嬪妃都心懷怨恨和嫉妒，每有宮人懷孕生育，很少能有保全下來的。桓帝雖然害怕梁冀的逼迫，對皇后的惡行不敢譴責和發怒，然而讓她侍寢的機會越來越少。到延熹二年，梁女瑩由於內心憂鬱怨恨而病逝。她居后位十三年，死後葬在懿陵。那一年，梁冀被誅殺。懿陵被廢，撤銷尊號，降為貴人冢了。

桓帝鄧皇后諱猛女，和熹皇后從兄子鄧香之女也。母宣，初適香，生后。改嫁梁紀，紀者，大將軍梁冀妻孫壽之舅也。后少孤，隨母為居，因冒姓梁氏。冀妻見后貌美，永興❶中進入掖庭，為采女❷，絕幸。明年，封兄鄧演為南頓侯，位特進❸。演卒，子康嗣。及懿獻后崩，梁冀誅，立后為皇后。帝惡梁氏，改姓為薄，封后母宣為長安君。四年，有司奏后本郎中鄧香之女，不宜改易它姓，於是復為鄧氏。追封贈香車騎將軍安陽侯印綬，更封宣、康大縣，宣為昆陽君，康為沘陽侯，賞賜巨萬❹計。宣卒，賵贈❺葬禮，皆依后母舊儀。以康弟統襲封昆陽侯，位侍中；統從兄會襲安陽侯，為虎賁中郎將❻；又封統弟秉為淯陽侯。宗族皆列校、郎將。

帝多內幸，博採宮女至五六千人，及驅役從使❼，復兼倍於此。而后恃尊驕忌，與帝所幸郭貴人更相譖訴。八年，詔廢后，送暴室❽，以憂死。立七年。葬於北邙❾。從父河南尹萬世及會皆下獄死。統等亦繫暴室，免官爵，歸本郡，財物沒入縣官❿。

【章　旨】以上記鄧皇后鄧猛女在桓帝朝的盛衰。盛時，父母兄弟皆因她是皇后而受褒榮升遷，宗族有權有勢；衰時被「送暴室」，亡身亡家。皇家人生沉浮榮辱竟如此無常。

【注　釋】❶永興　東漢桓帝年號，西元一五三—一五四年。❷采女　東漢初年六宮女官稱號。除皇后、貴人外，又置美人、宮人、采女三等，並無爵秩。所謂采女，是采擇之意。每年八月，到洛陽及附近收算賦時，遣中大夫與掖庭丞、相工，閱視年十三以上、二十以下未婚童女，長壯姣絜有法相者，載入後宮。❸特進　是特授給列侯之中有特殊貢獻者的一種官位，可以自己徵辟僚屬，西漢末始置，東漢因之。❹巨萬　萬萬。巨，大。❺賵贈　因喪事而賞贈。賵，助葬用的如車馬束帛等財物，車馬曰賵，貨財曰賻。❻虎賁中郎將　統率皇室警衛部隊虎賁軍的中郎將，掌宿衛侍從，比二千石，屬光祿勳領導。❼駈役從使　為內庭服役供驅遣的人和隨從供使喚的人。《資治通鑑．漢延熹五年》胡三省注：「驅役者，嬖倖挾勢驅掠良人，以供掖庭私役者也；從使者，趨炎附力，樂從而為之使者也。」駈，「驅」的俗體字。❽暴室　漢官署名。屬掖廷令，主織作染練，取暴曬為名。宮中婦女有病及皇后、貴人有罪，亦就此室，古文稱暴室獄。暴，今多作「曝」。❾北邙　也作北芒，即芒山、北山、郟山，是洛陽城東北的一座不太高的山名。❿縣官　朝廷；天子。

【語　譯】桓帝的鄧皇后名字叫猛女，是和帝劉肇的皇后鄧綏堂兄的兒子鄧香的女兒。她的母親是劉宣，開始時嫁給了鄧香，生下了猛女。後來改嫁給梁紀。梁紀是大將軍梁冀之妻孫壽的舅舅。猛女從小死去了父親，跟隨母親生活居住，因而改取梁氏之姓。梁冀的妻子孫壽見猛女生得容貌姣美，就把她於永興年間送進內宮為采女，受到桓帝的極度寵幸。第二年，桓帝封其兄鄧演為南頓侯，官位特進。鄧演死後，其子鄧康承襲爵位。等到懿獻皇后梁女瑩死後，梁冀被誅殺，猛女被立為皇后。桓帝討厭梁氏家族的人，就把冒姓梁氏的猛女改為薄姓，加封其母親劉宣為長安君。延熹四年，有關部門的主管官員向桓帝奏報說，皇后本來是郎中鄧香之女，不應該改換為別的姓，於是讓她恢復了鄧氏本姓。皇帝追封鄧香為車騎將軍的武職官位及安陽侯的爵號，同時追贈給相應的印璽、綬帶，改封劉宣、鄧康以大縣作為食邑，劉宣為昆陽君，鄧康為沘陽侯，賞賜之多以萬萬計。劉宣去世後，朝廷贈給助喪的車馬財物等以及葬禮制度，全部依照前代皇后葬母的規格進行。朝廷令鄧康的弟弟鄧統承襲昆陽侯的封爵，官位是侍中；鄧統的堂兄鄧會承襲安陽侯的爵位，官職是虎賁中郎將；又封鄧統的弟弟鄧秉為淯陽侯。鄧猛女的娘家人，宗族子弟都位列校尉、郎將之類的中級武官。

桓帝劉志年輕好色，內宮廣泛徵選采擇來的宮女多達五六千人，至於供驅使服役和隨從使喚的女子，更是這五六千人的加倍數額。而鄧皇后憑恃自己地位尊貴便驕狂專橫，忌恨他人，經常與桓帝寵幸的郭貴人互相誣陷誹謗對方。延熹八年，皇帝下詔，廢掉鄧猛女的皇后尊號，把她遣送到從事勞作的暴室去住，因而憂鬱而死。她被立為皇后在位七年。死後葬在洛陽東北的北邙山上。她的叔父河南尹鄧萬世以及鄧會都下獄而死。鄧統等也被收繫於暴室之中，被免去官職和爵位，遣還歸本郡，家產財物被沒收入朝廷。

1 桓思竇皇后諱妙，章德皇后從祖弟之孫女也。父武。延熹八年，鄧皇后廢，后以選入掖庭為貴人，其冬，立為皇后，而御見甚稀，帝所寵唯采女田聖等。永康元年冬，帝寢疾，遂以聖等九女皆為貴人。及崩，無嗣，后為皇太后。太后臨朝定策，立解犢亭侯宏，是為靈帝。

2 太后素忌忍，積怒田聖等，桓帝梓宮❶尚在前殿，遂殺田聖。又欲盡誅諸貴人，中常侍管霸、蘇康苦諫，乃止。時太后父大將軍武謀誅宦官，而中常侍曹節等矯詔殺武，遷太后於南宮雲臺，家屬徙比景。

3 竇氏雖誅，帝猶以太后有援立之功，建寧❷四年十月朔，率群臣朝于南宮，親饋上壽。黃門令董萌因此數為太后訴怨，帝深納之，供養資奉有加於前。中常侍曹節、王甫疾萌附助太后，誣以謗訕永樂宮❸，萌坐下獄死。熹平元年，太后母卒於比景，太后感疾而崩。立七年。合葬宣陵。

【章　旨】以上為桓帝的第三位皇后竇妙立傳，突出了她嫉妒殘忍的個性特點。她生當季世，繼續了外戚與宦官互相利用、又互相傾軋、互相殘殺的傳統。這種挾持皇帝發號施令你死我活此消彼長的鬥爭，直到東漢衰落滅亡尚未完全結束。

【注　釋】❶梓宮　帝、后所用的以梓木做成的棺材。❷建寧　東漢靈帝劉宏年號，西元一六八－一七二年。❸永樂宮　帝母所居宮名，用以代指皇帝的母親。

【語　譯】桓思竇皇后名妙，是章帝的竇皇后堂祖叔的孫女。父親名叫竇武。桓帝延熹八年，皇后鄧猛女被廢，竇妙被選入後宮當了貴人。那年冬天，竇妙被立為皇后，但被皇帝召去侍寢受幸的機會卻很是稀少，桓帝所寵幸的只有采女田聖等人。桓帝永康元年冬天，劉志臥病不起，於是就把田聖等九個所寵幸的女子全都封為貴人。等到桓帝劉志病故，沒有留下子嗣。皇后竇妙成了皇太后。皇太后竇妙臨朝秉政，與其父竇武定策宮中，立解犢亭侯劉宏為皇帝，這就是靈帝。

2 竇太后的性格一向嫉妒殘忍，把自己受桓帝冷落的原因遷怒於田聖等人。桓帝的靈柩尚放在前殿未及下葬時，太后就下令殺死了田聖。她還要全部殺掉被桓帝寵幸過的那些貴人，中常侍管霸、蘇康等人苦苦諫爭，太后才打消殺人惡念。當時皇太后竇妙的父親大將軍竇武私下謀劃誅殺宦官，但是宦官中常侍曹節等動手在前，他們假託皇帝的詔令誅殺了竇武，把竇太后由長樂宮遷到南宮雲臺去住，竇氏家屬被徙往荒遠的日南郡比景縣。

3 竇氏雖被誅滅，靈帝劉宏認為太后竇妙有擁立自己當皇帝的功勞，於建寧四年十月初一日，率領群臣到南宮朝見太后，親自奉酒祝壽為禮。黃門令董萌看到皇帝有敬重太后之意，因此多次替太后申訴怨屈，靈帝深深受到感動，接受了他的意見和建議，對太后的物資供應奉養規格等比以前大為增加。中常侍曹節、王甫忌恨董萌依附幫助竇太后，就誣陷董萌誹謗靈帝的母親。董萌被判有罪，下獄致死。熹平元年，竇太后的母親在比景縣病卒，竇太后也因此哀傷而生病去世。她居后位七年。與桓帝合葬於宣陵。

孝仁董皇后諱某，河閒人。為解犢亭侯萇夫人，生靈帝。建寧元年，帝即位，追尊萇為孝仁皇，陵曰慎陵，以后為慎園貴人。及竇氏誅，明年，帝使中常侍迎貴人，并徵貴人兄寵到京師，上尊號曰孝仁皇后，居南宮嘉德殿，宮稱永樂。拜寵執金吾。後坐矯稱永樂后屬請，下獄死。

及竇太后崩，始與朝政，使帝賣官求貨，自納金錢，盈滿堂室。中平❶五年，以后兄子衛尉脩侯重為票騎將軍❷，領兵千餘人。初，后自養皇子協，數勸帝立為太子，而何皇后恨之，議未及定而帝崩。何太后臨朝，重與太后兄大將軍進權埶相害，后每欲參干政事，太后輒相禁塞。后忿恚詈言曰：「汝今輈張❸，怙汝兄耶？當勑票騎斷何進頭來。」何太后聞，以告進。進與三公及弟車騎將軍苗等奏：「孝仁皇后使故中常侍夏惲、永樂太僕封諝等交通州郡，辜較❹在所珍寶貨賂，悉入西省❺。蕃后故事不得留京師❻，輿服有章，膳羞有品。請永樂后遷宮本國。」奏可。何進遂舉兵圍驃騎府，收重，重免官自殺。后憂怖，疾病暴崩，在位二十二年。民間歸咎何氏。喪還河間，合葬慎陵。

【章　旨】以上為靈帝劉宏的生母董皇后的傳記。由本紀可知，此女有兩大特點：一是利用自己是帝母的身分鼓動兒子公開標價「賣官求貨」，大貪金錢；二是依仗娘家人與另一外戚何進爭權奪勢，出言狂傲，結果大敗「暴崩」。封建時代上層統治集團內部鬥爭之激烈殘酷，於此又見一斑。

【注　釋】❶中平　東漢靈帝劉宏年號，西元一八四－一八九年。❷票騎將軍　也作驃騎將軍。將軍是漢代掌征伐背叛的帶兵武官，前四類地位與三公等同，月俸祿三百五十斛。這四類是：第一大將軍，其次為驃騎將軍，再次為車騎將軍，第四為衛將軍。❸輈張　囂張，強梁之意。又作驚懼的樣子解。❹辜較　同「辜榷」，也作「辜搉」。獨占；壟斷。❺西省　指永樂宮所屬的官署。省是內庭官署的意思。永樂宮，代指董皇后。❻蕃后故事不得留京師　蕃后，蕃國諸侯王之妻。此處指西漢末平帝劉衎的生母中山孝王之衛姬。元始元年，九歲的劉衎被立為皇帝，王莽爵為新都侯，號為安漢公，官為宰衡、太傅、大司馬。恐衛姬專權，「母衛姬及外家不當得至京師。」為此王莽還殺死了不同意他處置此事的親兒子王宇。事見《漢書・外戚傳・衛后傳》及〈王莽傳〉。

【語　譯】孝仁董皇后名字不詳，是河間國人，為解犢亭侯劉萇的夫人，生靈帝劉宏。建寧元年，劉宏即皇帝位，追尊他的生父劉萇為「孝仁皇」，其埋葬地的陵園叫「慎陵」，稱自己的母親為「慎園貴人」。等到竇氏家族被誅滅的第二年，靈帝派中常侍迎接他的母親慎園貴人到京師，並徵召貴人的哥哥董寵也到京師洛陽。靈帝為其生母上尊號稱「孝仁皇后」，使她居住在南宮嘉德殿，宮號稱「永樂」。劉宏封自己的舅父董寵為執金吾。後來董寵因假託永樂后的名義為人請託而犯罪，被捕下獄而死。

等到皇太后竇妙去世，董皇后才開始參與朝政，她公然唆使自己的皇帝兒子劉宏，公開標價出售官職，以此聚斂財貨。她親自收納金錢，堆放的錢財塞滿了堂室。中平五年，朝廷用董皇后哥哥的兒子衛尉脩侯董重為驃騎將軍，領兵一千多人。當初，孝仁皇后自己撫養皇子劉協，屢次勸說靈帝把劉協立為太子，好繼承皇位，引起靈帝何皇后的忌恨。此事議而未定而靈帝去世，何皇后升為太后，臨朝主政。董皇后的哥哥董重與何太后的哥哥大將軍何進互相以自己的權位勢力加害對方。董皇后每每想參與干預朝政大事，何太后常常加以阻止，氣得董皇后怨恨地罵道：「你現在如此囂張霸道，不就是仗恃你哥哥的權勢嗎？應當命令我哥哥驃騎將軍董重割下何進的腦袋獻上來。」何太后聽說了，把這話告訴了何進。何進與三公以及自己的弟弟車騎將軍何苗等，向朝廷稟奏：「孝仁皇后讓原來的中常侍夏惲、永樂宮的太僕封諝等，與外朝的州郡官員相互勾結，互通訊息，壟斷了他們所在州郡的珍寶財物，全部歸入了孝仁皇后所在的永樂宮的主管官署。依照西漢平帝之母不得留住京師的舊制，不同等級的人員，車馬輿服有相應的等級制度規定，飲食膳饈有不同的品級。請永樂宮的孝仁皇后依先例遷回本封的河間國去住。」奏章被臨朝執政的何太后批准。何進借此時機，起兵包圍了驃騎將軍府，逮捕了董重。董重被免去官職，自殺而死。董皇后憂愁恐懼，很快地得了病，突然死去。她身居后位二十二年。民間輿論把孝仁皇后之死歸罪於何氏。董皇后的遺體被送回河間國，與孝仁皇劉萇合葬於慎陵。

1 靈帝宋皇后諱某，扶風平陵人也，肅宗宋貴人之從曾孫也。建寧三年，選入掖庭為貴人。明年，立為皇后。父酆，執金吾，封不其鄉侯。

2 后無寵而居正位，後宮幸姬眾，共譖毀。初，中常侍王甫枉誅勃海王悝及妃宋氏❶，妃即后之姑也。甫恐后怨之，乃與太中大夫程阿共構言皇后挾左道祝詛❷，帝信之。光和❸元年，遂策收璽綬。后自致暴室，以憂死。在位八年。父及兄弟並被誅。諸常侍、小黃門在省闥者，皆憐宋氏無辜，共合錢物，收葬廢后及酆父子，歸宋氏舊塋皋門亭❹。

3 帝後夢見桓帝怒曰：「宋皇后有何罪過，而聽用邪孽，使絕其命？勃海王悝既已自貶，又受誅斃。今宋氏及悝自訴於天，上帝❺震怒，罪在難救。」夢殊明察。帝既覺而恐，以事問於羽林左監❻許永曰：「此何祥？其可攘乎❼？」永對曰：「宋皇后親與陛下共承宗廟，母臨萬國，歷年已久，海內蒙化，過惡無聞。而虛聽讒妬之說，以致無辜之罪，身嬰極誅，禍及家族，天下臣妾，咸為怨痛。勃海王悝，桓帝母弟也。處國奉藩，未嘗有過。陛下曾不證審，遂伏其辜。昔晉侯失刑，亦夢大厲被髮屬地❽。天道❾明察，鬼神難誣❿。宜并改葬，以安冤魂。反宋后之徙家，復勃海之先封，以消厥咎⓫。」帝弗能用，尋亦崩焉。

【章旨】以上記述靈帝宋皇后的身世，以及其為皇后後，被人誣陷憂屈致死的經過。史家通過許永之口為之辨誣鳴冤。

【注釋】❶初二句　中常侍在東漢時負責傳達皇帝的詔令和掌管文書，專用宦官充任。這裡記的是熹平元年事，王甫譖渤海王劉悝與中常侍鄭颯交通，欲迎立悝，悝死獄中。本書卷八〈孝靈帝紀〉：「熹平元年……冬十月，勃海王悝被誣謀反，丁亥，悝及妻子皆自殺。」即指此事。❷左道祝詛　用旁門邪道的手法進行詛咒。左道，邪門旁道。古代指未經官府認可的如巫蠱、方術等手法。祝詛，用語言或文字訴於鬼神，使降禍於所憎惡的人。❸光和　東漢靈帝劉宏年號，西元一七八—一八四年。❹皋門亭　皋門，為王宮的外門。《詩・緜》：「迺立皋門，皋門有伉。」意謂：於是就建立了皋門，皋門是那麼高大。周代把城的外門、廟與宮的外門都叫做皋門。王國的皋門外一般皆建有亭，故曰皋門亭。皋，同「皐」。❺上帝　天帝；上皇。❻羽林左監　羽林軍主宿衛侍從，是皇家警衛部隊。羽林左監是主管羽林左騎的下級軍官，秩六百石。❼此何祥二句　祥指吉凶的徵兆，不單指幸福、吉祥。攘，除也；破解。❽昔晉侯二句　見《左傳・成公十年》：「晉侯夢大厲，被髮及地，搏膺而踊，曰：『殺余孫，不義，余得請於帝矣。』壞大門及寢門而入。」杜預注：「趙氏之先祖也。八年，晉侯殺趙同、趙括，故怒。」❾天道　上天的神道，古人認為天道是支配人類命運的天神的意志。今天可以理解為自然的規律，如天象、天氣，均可稱為天道。❿誣　欺騙。⓫咎　罪過。

【語　譯】靈帝的姓宋的皇后，不知道名字，是右扶風平陵縣人。她是肅宗章帝劉炟的宋貴人之堂弟的曾孫女兒。建寧三年，被選入後宮為貴人。第二年，被立為皇后。她的父親叫宋酆，官職是負責京師治安的執金吾，被封為不其鄉侯。

2 宋某並未得到靈帝的寵愛卻居於皇后的正位，後宮那些受到劉宏寵幸的姬妾嬪妃們，紛紛在皇帝身邊說她的壞話，中傷詆毀她。當初，中常侍王甫造謠誣陷冤殺了渤海王劉悝一家，包括王妃宋氏。宋氏即宋皇后的姑母。王甫害怕宋皇后怨恨並報復他，就夥同太中大夫程阿共同編造謊言，誣陷宋皇后用邪門旁道的法術祝詛害人，靈帝相信了這事。光和元年，就下令收回了皇后的印璽、綬帶。宋皇后自知受辱，主動遷居於暴室，憂鬱致病而死。她居后位八年。她的父親兄弟都被連累遭到誅殺。那些在後宮及內廷官署當差的常侍、小黃門等人，都同情憐憫宋氏一族遭此無辜災難，共同湊集了錢物，收斂殯埋被廢的宋皇后及宋酆父子，將遺體送歸皋門亭附近宋氏舊有的墓塋中安葬。

3 靈帝劉宏後來做了個怪夢，夢見桓帝怒斥他說：「宋皇后有什麼罪過，你卻聽信奸邪妖孽之言，迫使她喪命？渤海王劉悝既然已經自己貶抑，卻又受到誅殺斃命。現在宋氏及劉悝自己已向上天申訴了冤屈，天神震怒，要懲處罪魁，罪過太大，難於補救了。」夢境中的情況極為明白。靈帝夢醒以後十分害怕，便拿這件事詢問羽林左監許永說：「這是什麼徵兆？可以消除破解嗎？」許永回答說：「宋皇后親身與陛下您共同承繼對先祖宗廟的祭祀，克紹皇統，以母儀天下的閫範君臨萬邦。經歷這麼多年，海內百姓蒙受她的教化，沒有聽說有什麼過失罪惡。您卻虛妄地聽信奸佞讒害嫉妒的話，使她獲取無辜之罪，自身受誅殺，而且禍及家族。天下的男女臣民，都為此感到痛心而怨恨。渤海王劉悝，是桓帝的同母兄弟。身居藩國，奉行屏衛中央之職，未曾有什麼過失。奸邪對他的誣陷，陛下竟然不加審察證實，遂使其無罪而自殺。從前晉景公刑罰失去公正，也曾夢見過惡鬼披散著頭髮，長髮拖到地面，對他發出警告。天神聖明詳察，鬼神是難以欺騙的。應該對屈死的宋皇后一家及渤海王劉悝一家，都重新隆重地加以安葬，使冤死的魂靈得以安息。而且應該使宋家遷徙的人返回原地，恢復渤海王國先人那樣規格的封地及封號，以此措施來消除朝廷的失誤和罪過。」

靈帝沒能聽從許永的建言，他自己不久也離開了人世。

靈思何皇后諱某，南陽宛人。家本屠者，以選入掖庭。長七尺一寸。生皇子辯，養於史道人家，號曰史侯❶。拜后為貴人，甚有寵幸。性彊忌，後宮莫不震慴。

光和❷三年，立為皇后。明年，追號后父真為車騎將軍、舞陽宣德侯，因封后母興為舞陽君。時王美人任娠❸，畏后，乃服藥欲除之，而胎安不動，又數夢負日而行。四年，生皇子協，后遂酖殺❹美人。帝大怒，欲廢后，諸宦官固請得止。董太后自養協，號曰董侯。

【章　旨】以上記述靈帝何皇后的身世、性格，突出地記述其霸道、狠毒的為人。

【注　釋】❶生皇子辯三句　何皇后生皇子劉辯，怕不成人，在道人家寄養，叫劉辯為「史侯」。道人，謂有道術之人。《獻帝春秋》：「靈帝數失子，不敢正名，養道人史子眇家，號曰史侯。」❷光和　東漢靈帝劉宏年號，西元一七八－一八四年。❸任娠　懷孕。任，通「妊」。❹酖殺　用毒酒殺害。酖，通「鴆」。鴆鳥的羽毛有毒，入酒飲之，能殺人。

【語　譯】靈思何皇后名字不詳，是南陽郡宛縣人。出身屠戶之家，以金帛賄賂選采女的主事者而進入後宮。她身高七尺一寸。入宮後，為靈帝生下了皇子劉辯，劉辯自幼養育在史道人家，號曰「史侯」。靈帝封何某為貴人，對她甚為寵幸。何貴人性格剛強嫉妒，後宮中的人沒有不懼怕她的。

光和三年，何貴人被立為皇后。第二年，追封何皇后之父何真為車騎將軍，爵號為舞陽宣德侯，同時封何皇后之母劉興為舞陽君。當時，靈帝的王美人有了身孕，害怕何皇后由於嫉妒而加害自己，就服用打胎的藥想除掉胎兒，但是胎安如常，不受擾動。王美人還多次夢見自己揹著太陽行走。光和四年，王美人生下了皇子劉協。何皇后出於嫉妒，用毒酒鴆殺了她。靈帝大怒，打算廢掉何皇后。眾宦官一再替她求情，靈帝才中止廢后之念。孝仁董太后親自撫養皇孫劉協，劉協號曰「董侯」。

王美人，趙國人也。祖父苞，五官中郎將❶。美人豐姿色，聰敏有才明，能書會計❷，以良家子應法相選入掖庭。帝愍協早失母，又思美人，作追德賦、令儀頌。

【章　旨】以上記述劉協生母王美人的情況，突出她的才幹和靈帝對她的感情。

【注　釋】❶五官中郎將　漢代官名。凡郎官皆主更值執戟，宿衛諸殿門，出充車騎。五官中郎將主管五官郎，比二千石。

❷會計　總會其數而算。後泛指管理財物及其出納等事。會，總計。

【語　譯】王美人是趙國人。她的祖父王苞，曾任五官中郎將。王美人體態豐滿，姿色出眾，聰明靈敏，有才有智，能書寫，通會計，以良家子女的身分應采擇官員的選拔，身材容貌合乎皇家選嬪妃的法相標準而進入後宮。靈帝劉宏憐憫皇子劉協幼失母親，同時又思念被鴆殺的王美人，便作了〈追德賦〉和〈令儀頌〉，對王美人進行讚揚，寄託自己的哀思。

中平六年，帝崩，皇子辯即位，尊后為皇太后。太后臨朝。后兄大將軍進欲誅宦官，反為所害；舞陽君亦為亂兵所殺。并州❶牧董卓被徵，將兵入洛陽，陵虐朝庭，遂廢少帝為弘農王而立協，是為獻帝。扶弘農王下殿，北面稱臣。太后鯁涕❷，群臣含悲，莫敢言。董卓又議太后踧迫❸永樂宮，至令憂死，逆婦姑之禮，乃遷於永安宮，因進酖，弒而崩。在位十年。董卓令帝出奉常亭舉哀，公卿皆白衣會，不成喪也。合葬文昭陵。

【章　旨】以上記述何皇后的下場，她雖為少帝劉辯之母，亦曾臨朝聽政，但不久劉辯被廢，她也被毒死。

【注　釋】❶并州　是東漢時十三個州級行政單位中之一州。轄九個郡，九十八個縣、邑、侯國。故地約為今山西中北部和內蒙古與之接壤的大片區域。州的軍政長官曾為刺史，後改稱州牧，權位更為重要。❷鯁涕　哽咽流淚。鯁本為魚骨，食骨留咽喉中曰鯁。此處通「哽」，指食物塞在喉部下不去。哽咽，指悲傷愁歎而氣結喉塞，嗚咽不能成聲。❸踧迫　緊急逼迫。

蹴，通「蹙」。緊迫。

【語譯】中平六年，靈帝劉宏去世，劉辯即皇帝位，尊其生母何皇后為皇太后。皇太后臨朝聽政，她的哥哥大將軍何進想誅殺宦官，反而被宦官所害；其母舞陽君也被亂兵所殺。并州牧董卓被徵召入京，他率領軍隊進入洛陽，陵駕於朝廷之上，肆意暴虐。於是廢掉少帝劉辯，降為弘農王，而立九歲的劉協為皇帝，這就是東漢獻帝。董卓扶著弘農王劉辯走下皇帝寶座，面朝北，向坐上龍椅的劉協改口稱臣，行大禮。何太后等親眼目睹這場面，她氣結咽喉，悲傷流淚，又不敢放聲大哭；百官群臣也人人含悲，沒有人敢發一言。董卓又提議追究何太后前不久緊急逼迫靈帝生母孝仁董皇后遷居，以致使其憂屈而死的責任，是非常嚴重的違背了兒媳婦應孝順婆婆的大禮。於是把何皇太后遷入永安宮，董卓令人送去鴆酒，毒殺了何皇太后。她在位十年。殯埋的時候，董卓令獻帝劉協到洛陽城內的奉常亭外舉哀致祭，三公九卿及百官都因國有凶事穿著素服上朝，未能依照古禮穿不同品級的喪服去送葬。何皇后合葬於靈帝的文昭陵。

1 初，太后新立，當謁二祖廟❶，欲齋❷，輒有變故，如此者數，竟不克。時有識之士心獨怪之，後遂因何氏傾沒漢祚焉。

2 明年，山東義兵大起，討董卓之亂。卓乃置弘農王於閣上，使郎中令李儒進酖，曰：「服此藥，可以辟惡。」王曰：「我無疾，是欲殺我耳！」不肯飲。強飲之，不得已，乃與妻唐姬及宮人飲讌別。酒行，王悲歌曰：「天道易兮我何艱！棄萬乘兮退守蕃。逆臣見迫兮命不延，逝將去汝兮適幽玄！」因令唐姬起舞，姬抗❸袖而歌曰：「皇天崩兮后土穨❹，身為帝兮命夭摧。死生路異兮從此乖，柰我煢獨兮心中哀！」因泣下嗚咽，坐者皆歔欷。王謂姬曰：「卿王者妃，埶不復為吏民妻。自愛，從此長辭！」遂飲藥而死。時年十八。

3 唐姬，潁川❺人也。王薨，歸鄉里。父會稽❻太守瑁欲嫁之，姬誓不許。及李傕破長安，遣兵鈔關東❼，略得姬。傕因欲妻之，固不聽，而終不自名❽。尚書賈詡知之，以狀白獻帝。帝聞感愴，乃下詔迎姬，置園中，使侍中持節拜為弘農王妃。

4 初平元年二月，葬弘農王於故中常侍趙忠成壙❾中，謚曰懷王。

【章　旨】以上記何皇后的親生兒子劉辯及其妻唐姬的結局。這位十八歲的被廢皇帝臨死前與愛妻訣別的場面寫得相當生動感人，那種生離死別時的歌舞具有震撼世人心靈的力量，也為枯燥乏味的史書頓然增輝。

【注　釋】❶二祖廟　供奉有西漢開國皇帝高祖劉邦的神主和東漢開國皇帝世祖光武帝劉秀神主的宗廟。❷齋　齋戒。古人在祭祀前沐浴更衣，不飲酒，不吃葷，獨宿，整潔身心，以示虔敬。❸抗　舉。❹皇天崩兮后土穨　皇天，對上天的尊稱。皇，大。后土，古代稱地神或土神。穨，同「頹」。崩，崩塌；敗壞。❺潁川　郡名。屬豫州，下轄十七城。故地當今河南東南部一帶區域。❻會稽　郡名。屬揚州，下轄十四城。故地當今浙江東北部一帶區域。❼關東　古代指函谷關以東，泛指洛陽以東各州郡。函谷關秦時位於今河南靈寶境內，漢時移至今河南新安東北。附近有崤山，故關東也可稱山東。❽不自名　自己不敢說出真實情況，即不敢說明自己是少帝劉辯的妻子。❾壙　墓穴。

【語譯】當初，何皇后剛被立為皇太后時，應該到東西兩漢的開國皇帝二祖廟中祭拜。每當謁廟前要舉行齋戒時，總要發生些特殊的意料之外的事情使謁廟之禮推遲。像這樣的情況竟出現多次，最終也沒能拜謁二祖宗廟。當時，有遠見卓識的人士對此都感到怪異，以後果然由於何氏兄妹當政引來董卓顛覆了漢家江山。

2 第二年，關東紛紛高舉義旗，興兵討伐董卓之亂。董卓就把弘農王劉辯安置在王府的閣樓中，派郎中令李儒送去毒酒。李儒對劉辯說：「服下這種藥酒，可以辟除惡疾。」弘農王劉辯說：「我沒有病，讓我喝藥是想殺死我罷了！」不肯飲用。李儒強迫他喝。劉辯身不由己，於是與王妃唐姬以及身邊的侍從宮人們舉行宴會以表訣別。酒宴開始，劉辯大放悲聲，高聲歌唱道：「天命發生了改變啊，我的人生怎麼這樣艱難！強迫我拋棄萬乘之尊的帝位啊，退而降為守蕃之王。逆命反臣要逼死我啊，我的性命難以久延。我將要離別你們啊，到那幽暗玄冥之地方！」於是他又讓愛妻唐姬起舞。唐姬舉起手臂甩動衣袖而作歌唱道：「偉大的上天崩裂塌落了啊，地神也傾壞顛覆了！您身為皇帝啊，命運卻短暫而摧折。生者與死者從此乖離，我無可奈何，從此以後孤孤單單啊，心中悲哀！」歌舞罷淚流滿面嗚嗚咽咽悲泣不止；同座的宮人們也都感歎歔欷。劉辯對唐姬說：「你曾是皇家親王的嬪妃，按禮制和情勢不能再改嫁做小吏和平民百姓的妻子。請你今後自己保重，咱倆就此永別了！」於是喝下毒藥死去。當時年齡為十八歲。

3 唐姬是潁川郡人氏。弘農王劉辯死後，她回到自己的故鄉。她的父親會稽郡太守唐瑁想讓她改嫁，她發誓堅決不應許。等到以後董卓的部將李傕為給董卓報仇攻破長安，派軍隊劫掠騷擾關東各地，搶掠美女，得到了唐姬。李傕見到後，想使她做自己的妻子，唐姬堅決不聽從，但也始終沒有說出自己的身分。尚書賈詡得知這事，把這些情況報告給了獻帝劉協。劉協聽說了他嫂子的這種種遭遇，感慨淒愴，就下詔令迎接唐姬，安置她住在宮外嬪妃們住的宮園裡，派侍中持代表朝廷的信物封唐姬為弘農王妃。

4 初平元年二月，安葬弘農王劉辯於原先的中常侍趙忠已修建完畢現成的墓穴中，謚號稱作「懷王」。

1 帝求母王美人兄斌，斌將妻子詣長安，賜第宅田業，拜奉車都尉❶。

2 興平元年，帝加元服❷。有司奏立長秋宮。詔曰：「朕稟受不弘，遭值禍亂，未能紹先，以光故典。皇母前薨，未卜宅兆，禮章有闕，中心如結❸。三歲之感，蓋不言吉，且須❹其後。」於是有司乃奏追尊王美人為靈懷皇后，改葬文昭陵，儀比敬、恭二陵，使光祿大夫持節行司空事奉璽綬，斌與河南尹駱業復土❺。

3 斌還，遷執金吾，封都亭侯❻，食邑五百戶。病卒，贈前將軍❼印綬，謁者❽監護喪事。長子端襲爵。

【章旨】以上記東漢獻帝劉協對其母舅的優待及對他的生母王美人身後名分的處理。因為王美人是被何皇后鴆殺的，所以附記在〈何皇后紀〉裡。

【注釋】❶奉車都尉　掌管御乘輿車的官員，比二千石，屬光祿勳。❷元服　帽子。元，首也。因為帽子戴在頭上，故名元服。《儀禮．士冠禮》：「令月吉日，始加元服。」❸中心如結　內心難過得像聚了個繩疙瘩。《詩．鳲鳩》：「其儀一兮，心如結兮。」❹須　等待。❺復土　埋葬死人靈柩時，掘穴下棺，以所出土覆於棺上為墳。由什麼人覆第一鏟土，顯示了死者的身分、地位及與覆土者的親疏關係。❻都亭侯　都亭，是城內之亭。漢代規定，凡大縣侯位視三公，小縣侯位視上卿，鄉侯、亭侯視中二千石。❼前將軍　前、後、左、右將軍都是武官，是屬於將軍系列中的地位較低者，也掌帶兵征伐，但不是常設職位。❽謁者　是少府和郎中令的屬官，天子出，主導引；平時主殿上禮節威儀；掌賓贊受事；管將軍、大夫以下喪事，掌使弔。屬光祿勳管轄。

【語譯】漢獻帝劉協尋求到了生母王美人的哥哥王斌，王斌帶他的妻子兒女到達長安。獻帝賜給自己的舅舅王斌高門大院的住宅和良田等產業，封王斌為奉車都尉的官職。

2 興平元年，劉協行成人加冠典禮。主管部門官員奏請確立皇后。獻帝頒布詔書說：「我命運不濟，生下來就遭遇禍亂的厄運，沒能繼承先人的偉大事業，來發揚光大舊有的典章制度。我的生母前些年去世，沒有選擇好安葬的吉地，從禮儀典章制度衡量，是很大的缺憾，這使我內心百般難受。三年來憂愁悲傷，從來沒心思談過吉慶的事，立皇后的事且等以後再提。」於是有關官員便奏請朝廷，追尊獻帝生母王美人為靈懷皇后，重新安葬於靈帝的文昭陵，禮儀制度比照章帝劉炟的敬陵和安帝劉祜的恭陵，派遣光祿大夫秉持信物，代行司空的職責，奉獻上皇后的印璽和綬帶。靈懷皇后之兄王斌和河南尹駱業向墓棺上行覆土之禮。

3 王斌參加畢他妹妹的安葬儀式後回到京師，升官為執金吾，被封為都亭侯，有食邑五百戶。後來生病去世，朝廷又贈給他前將軍官位的印信和綬帶，派謁者去主持喪事。王斌的長子王端承襲他父親都亭侯的爵位。

1 獻帝伏皇后諱壽，琅邪東武❶人，大司徒湛之八世孫也。父完，沈深有大度，襲爵不其侯，尚桓帝女陽安公主，為侍中。

2 初平❷元年，從大駕西遷長安，后時入掖庭為貴人。興平❸二年，立為皇后，完遷執金吾。帝尋而東歸，李傕、郭汜等追敗乘輿於曹陽❹，帝乃潛夜度河走，六宮❺皆步行出營。后手持縑❻數匹，董承使符節令孫徽以刃脅奪之，殺傍侍者，血濺后衣。既至安邑❼，御服穿敝，唯以棗栗為糧。

3 建安❽元年，拜完輔國將軍，儀比三司❾。完以政在曹操，自嫌尊戚，乃上印綬，拜中散大夫⑩，尋遷屯騎校尉⑪。十四年卒，子典嗣。

4 自帝都許，守位而已，宿衛兵侍，莫非曹氏黨舊姻戚。議郎趙彥嘗為帝陳言時策，曹操惡而殺之。其餘內外，多見誅戮。操後以事入見殿中，帝不任其憤，因曰：「君若能相輔，則厚；不爾，幸垂恩相捨。」操失色，俛仰求出。舊儀，三公領兵朝見，令虎賁執刃挾之。操出，顧左右，汗流浹背，自後不敢復朝請。董承女為貴人，操誅承而求貴人殺之。帝以貴人有妊，累為請，不能得。后自是懷懼，乃與父完書，言曹操殘逼之狀，令密圖之。完不敢發。至十九年，事乃露泄。操追大怒，遂逼帝廢后，假為策曰：「皇后壽，得由卑賤，登顯尊極，自處椒房⑫，二紀⑬于茲。既無任、姒徽音之美，又乏謹身養己之福⑭，而陰懷妒害，苞藏禍心⑮，弗可以承天命，奉祖宗。今使御史大夫郗慮持節策詔，其上皇后璽綬，退避中宮，遷于它館。嗚呼傷哉！自壽取之，未致于理，為幸多焉。」又以尚書令華歆⑯為郗慮副，勒兵入宮收后。閉戶藏壁中，歆就牽后出。時帝在外殿，引慮於坐。后被髮徒跣行泣過訣曰：「不能復相活邪？」帝曰：「我亦不知命在何時！」顧謂慮曰：「郗公，天下寧有是邪？」遂將后下暴室，以幽崩。所生二皇子，皆酖殺之。后在位二十年，兄弟及宗族死者百餘人，母盈等十九人徙涿郡⑰。

【章　旨】以上記述獻帝伏皇后的家世，及其所遭的苦難。她悲慘的結局，正是曹操不臣之心反叛之行所造成的。伏后與獻帝的訣別對話，十分感人。

【注　釋】❶琅邪東武　琅邪國東武縣。琅邪國屬徐州，轄十三城，故地當今山東東南部一帶區域。東武縣在今山東諸城境內。❷初平　東漢獻帝劉協年號，西元一九〇－一九三年。❸興平　東漢獻帝劉協年號，西元一九四－一九五年。❹曹陽　俗名七里澗。在今河南陝縣西南七里，因在曹水之陽而得名。❺六宮　代指皇后及後宮嬪妃。相傳古代天子有六宮：正寢一，燕寢五，後來泛指皇后及嬪妃居住之所，這裡以處所借代所居之人物。❻縑　用雙絲織成的微帶黃色的細絹。漢代以後多用作賞贈酬謝之物，或以作貨幣。❼安邑　縣名。故地在今山西運城境內。❽建安　東漢獻帝劉協年號，西元一九六－二二〇年。❾儀比三司　官名，也叫「儀同三司」，簡稱「儀同」。謂所享受的儀制同於三公的規格，三司即三公。❿中散大夫　省稱「中散」，王莽時設置，無固定名額可以參與議論政事的官員。屬光祿勳，六百石。⓫屯騎校尉　掌管宿衛兵的武官，比二千石，歸北軍中候領導。⓬椒房　漢代皇后所居的宮殿，以椒和泥塗壁，取其溫、香、多子之義，後因以椒房作為后妃的代稱。⓭二紀　本指二十四年，此處概其大略，應為二十年。紀是古代計年單位，十二年為一紀。⓮既無二句　大意是既沒有古代賢良母親的美德，又缺乏小心謹慎保養自己身體的福分。任，大任，文王之母；姒，太姒，武王之母。徽音，美德；好的名聲。《詩・思齊》：「大姒嗣徽音，則百斯男。」《左傳》：「人受天地之中而生，謂之命。能者養之以福，不能者敗以取禍。」⓯苞藏禍心　暗藏害人之心。苞，通「包」。包裹。⓰華歆　（西元一五七－二三一年），字子魚，三國平原高唐（今山東禹城）人。東漢末，舉孝廉，任尚書郎。獻帝時任豫章太守。後被徵入京，荀彧死，任尚書令。魏文帝時，任司徒。《三國志・魏書》卷十三有傳。⓱涿郡　東漢時幽州所轄郡名。轄七城。故地當今北京西南及河北保定西北鄰接區域。

【語　譯】東漢獻帝的伏皇后名字叫壽，琅邪國東武縣人，是光武帝時代的大司徒伏湛的第八世孫女。她的父親是伏完，為人性格沉靜，見識深遠，胸懷開廓大度，襲承上代的不其侯爵位，娶桓帝之女陽安公主為妻，官居侍中之職。

2　初平元年，伏完父女跟隨皇帝劉協的大駕西行遷都到長安，此時伏壽進入後宮被封為貴人。興平二年，伏貴人被立為皇后，伏完升官為執金吾。不久，御駕東歸。李傕與郭汜等率兵追趕皇帝一行，在曹陽墟擊敗皇帝護駕的禁衛部隊，獻帝劉協不得不悄悄地趁著夜色渡過黃河逃跑。伏皇后和後宮嬪妃們也都捨棄車騎，步行出營逃走。皇后伏壽當時手裡抱著幾匹縑帛，董承讓符節令孫徽揮刀威脅皇后一行人，強行將縑帛搶走，砍殺了皇后身邊的侍者，死者的鮮血飛濺到了皇后的衣服上。一行人逃到安邑，皇后身上的御衣都穿破了，沒有糧食吃，只能靠大棗和栗子充飢。

3 建安元年，獻帝封皇后之父伏完為輔國將軍，儀同三司。伏完看到朝廷大權、國家政事全由曹操掌握，自己是皇親國戚，怕曹氏嫉恨而陷害，就主動上交了將軍的印信、綬帶，改任中散大夫。不久，又改任屯騎校尉。建安十四年，伏完去世，其子伏典繼承爵位。

4 自從漢獻帝被曹操挾持到許都，劉協僅僅保留皇帝的空名號守著皇帝的位子而已，連在宮殿內外值宿保衛的兵丁軍官侍衛們，都是曹氏家族的同黨故舊及各種姻親戚屬。議郎趙彥曾經為獻帝分析當時朝廷內外的形勢並提出了對策，曹操討厭趙彥多事而殺了他。其餘朝廷內外不合曹操心意的人也多被殺害。曹操後來因事進宮殿中見獻帝，獻帝按捺不住心中的憤怒，借此機會說：「您如果能輔佐我當皇帝，就請您對我寬厚一點；如果不是這樣，就請您開恩拋棄我，廢掉我這個皇帝好了。」曹操聞聽，大驚失色，跪下叩頭告退出宮。依照舊有的禮法儀式規定，三公級的大臣率領軍隊或攜帶兵器朝見皇帝，朝廷要命令虎賁軍衛士手持兵刃夾持朝拜者。當時曹操走出殿門，回頭看到那些手持兵器的衛士們，嚇得遍身流汗，濡溼了脊背，從此以後再也不敢去朝見了。董承的女兒是獻帝後宮的貴人，曹操誅殺董承以後，還要把董貴人也弄出宮來殺掉。獻帝以董貴人已懷有身孕，多次替她向曹操求情，不能得到曹操允准。伏皇后從此事之後心內恐懼，就暗中給她父親伏完寫了一封密信，敘述了曹操殘忍地威逼後宮的種種情況，囑咐伏完祕密策劃，找機會除掉曹操。但伏完膽小，不敢動手。到了建安十九年，這件事洩露出來。曹操聞知大怒，要追究報復，就強迫獻帝廢掉伏皇后。他假造了皇帝的策書，以獻帝的口氣說：「皇后伏壽，出身卑微低賤，卻登上了顯赫尊貴到頂點的位置。自從她當上皇后以來，在此位已有二十年。她既沒有先代周文王之母大任、周武王之母太姒那樣的好品德、好名聲，又缺少謹慎處世、保養好自己身心的好福氣，卻在私心中暗藏著嫉妒人、禍害人的念頭，她是不能夠占有上承天命、敬奉祖宗神靈的皇后之位的。現在派遣御史大夫郗慮持著符節和策書詔令，命令伏壽上繳原先策封她為皇后時的印璽和綬帶，退位離開中宮，遷到別的館舍去住。唉，可悲啊！這種下場，是伏壽咎由自取，沒有把她交給刑法部門追究審理，就算是她的萬幸啦。」曹操又加派尚書令華歆作為郗慮的副使，率領兵士闖入皇宮，逮捕伏皇后。伏壽急忙關上房門，隱藏在夾壁牆中。華歆進去搜到，用繩拴住皇后牽了出來。當時獻帝劉協正在外殿，招呼御史大夫郗慮就坐。皇后伏壽披散著頭髮，光著腳，滿臉淚痕，走過獻帝跟前訣別說：「不能搭救我，使我再活下去嗎？」獻帝說：「我也不知道自己還能活到什麼時候！」又回頭對郗慮說：「郗先生，天下難道有皇帝不能保全皇后性命的事嗎？」曹操讓人把伏皇后下於暴室，伏壽被幽禁致死。她所生的兩個皇子，都被用毒藥鴆殺死。伏壽居皇后之位二十年。她的兄弟及宗族本家受連累而死的一百多人，她的母親盈等十九位親屬被徙往涿郡。

獻穆❶曹皇后諱節，魏公曹操之中女也。建安十八年，操進三女憲、節、華為夫人，聘以束帛玄纁五萬匹，小者待年於國。十九年，並拜為貴人。及伏皇后被弒，明年，立節為皇后。

魏受禪❷，遣使求璽綬，后怒不與。如此數輩，后乃呼使者入，親數讓之，以璽抵軒下，因涕泣橫流曰：「天不祚爾！」左右皆莫能仰視。后在位七年。魏氏既立，以后為山陽公❸夫人。自後四十一年，魏景元❹元年薨，合葬禪陵，車服禮儀皆依漢制。

【章　旨】以上是獻帝的曹皇后的簡歷。她出身於曹氏，父親曹操和兄長曹丕是劉氏漢廷的對頭，但她卻忠於劉氏，對魏竟發出了「天不祚爾」的詛咒。這可能是中國傳統文化中那種「嫁雞隨雞，嫁狗隨狗」、「從一而終」的民俗心態的反映。史家對她的這種行為是持肯定態度的。

【注　釋】❶獻穆　獻帝的穆皇后。〈謚法〉：「布德執義曰穆。」❷魏受禪　魏王曹丕接受了東漢獻帝劉協禪讓給他的天下。建安二十五年（西元二二〇年）春季正月庚子，曹操病逝，子丕襲魏王爵位。三月，改元延康。冬十月乙卯，漢家皇帝劉協遜位，魏王曹丕稱天子。十月庚午，魏改元黃初元年。❸山陽公　東漢獻帝劉協遜位以後的稱號，用了十四年，直到他五十四歲時去世。❹景元　魏元帝曹奐年號，西元二六〇—二六四年。

【語　譯】獻穆曹皇后名字叫節，是魏公曹操的排行居中的女兒。建安十八年，曹操進獻三個女兒：曹憲、曹節、曹華進皇宮中，都作為劉協的夫人。聘禮用了成束的絲帛、黑色的和黃赤色的幣帛共五萬匹，還不到婚配年齡的小者也留住於國都中等待長大成年。建安十九年，這姐妹三人都被朝廷封為貴人。等到皇后伏壽被曹操弒死的第二年，朝廷冊立曹節為獻帝劉協的正宮皇后。

魏王得到了劉氏的天下後，曹丕派遣使臣去後宮索求皇后的印璽和綬帶。曹節大怒，不給。使臣懇求，皇后不給，這樣僵持著反覆多次，曹節才把使者叫進宮內，親自多次地斥責他們，並生氣地把皇后玉璽拋擲出，碰到宮殿的闌板後掉到地下，她傷心得淚流滿面詛咒說：「上天不會保佑曹魏！」身旁的侍從人員、宮女及來要印的使者等人，都不敢或不忍心抬頭看她。曹節居皇后位七年。魏氏既已立國，把曹節皇后降為山陽公夫人。自此之後，又過了四十一年，到魏元帝曹奐景元元年時，曹節去世，合葬於漢獻帝的禪陵，安葬時的車駕帷服禮儀規格都依照漢代埋葬皇后級別的制度樣式。

論曰：漢世皇后無謚❶，皆因帝謚以為稱。雖呂氏專政，上官❷臨制，亦無殊號。中興，明帝始建光烈之稱，其後並以德為配，至於賢愚優劣，混同一貫，故馬、竇二后俱稱德焉。其餘唯帝之庶母❸及蕃王❹承統，以追尊之重，特為其號，如恭懷、孝崇之比是也。初平中，蔡邕始追正和熹之謚❺，其安思、順烈以下，皆依而加焉。

贊曰：坤惟厚載，陰正乎內❻。詩美好逑❼，易稱歸妹❽。祁祁皇孋，言觀貞淑❾，媚茲良哲，承我天祿❿。班政蘭閨，宣禮椒屋⓫。既云德升，亦曰幸進⓬。身當隆極，族漸⓭河潤。視景爭暉，方山並峻⓮。乘剛多阻，行地必順⓯。咎集驕滿，福協貞信。慶延自己，禍成誰釁⓰。

【章旨】以上是史家對〈皇后紀〉的評論。歌頌皇后位置的崇高及重要意義，說明結局的吉凶好壞，全由皇后本人的品德、性格、行為而定。今日看來，史家忽略了社會環境影響也應是重要因素。

【注釋】❶謚 是中國的帝王、貴族、大臣、士大夫死後，依其生前的事跡給予的稱號。此制始於周初，如「文王」、「武王」。秦始皇廢而不用。自漢初恢復，以後帝王謚號，由禮官議上。此制延續到清末。謚，又作「諡」。❷上官 本為姓。這裡特指西漢昭帝劉弗陵的皇后上官氏，她是太僕、左將軍安陽侯上官桀的孫女，車騎將軍桑樂侯上官安的女兒，大將軍霍光的外孫女兒，六歲時入宮，做八歲的皇帝劉弗陵的皇后。立十年而昭帝死，她方十五歲。昌邑王劉賀即位，尊她為皇太后。她又與霍光廢昌邑王而立武帝之皇曾孫劉詢為宣帝，她成了太皇太后。居后位共四十七年之久。五十二歲時去世。詳見《漢書・霍光傳》及〈外戚傳上〉。❸庶母 父之妾稱庶母。妾生的子女稱父的正妻為嫡母。庶本義為眾多，也作與嫡相對的旁支、旁系、支族解。❹蕃王 通作「藩王」。封建王朝分封的諸侯國作為朝廷的屏障，故曰藩國，諸侯王則稱藩王。藩是籬笆，引申為屏障。❺初平中二句　初平，東漢獻帝劉協年號，西元一九〇—一九三年。蔡邕，東漢後期的大學者，本書卷六十下有傳。《蔡邕集·謚議》曰：「漢世母氏無謚，至於明帝始建光烈之稱，是後轉因帝號加之以德，上下優劣，混而為一，違《禮》『大行受大名，小行受小名』之制。〈謚法〉『有功安人曰熹』。帝后一體，禮亦宜同。大行皇太后謚宜為和熹。」可見鄧綏的「和熹」謚號是在她去世數十年後才追加的。❻坤惟二句　坤，《易經》中的八卦名之一（☷），象地。也是六十四卦之一，卦象為坤下坤上（䷁）。舊時又代表女性，《易·繫辭上》：「天尊地卑，乾坤定矣。」「乾道成男，坤道成女。」這裡代表大地。厚載，指大地厚重而承載萬物。《易·坤卦》：「坤厚載物，德合無疆。」陰，代指女性。陰和陽是中國古代哲學中最基本的兩個概念，泛指一切相對的事物或性質，如天地、日月、日夜、男女、雄雌、強弱、盛衰等等，都可用陰陽的消長或互相轉化來解釋，此句中說：女性在內宮居於正位。❼詩美好逑　《詩》中讚美淑女是君子的好配偶，歌唱美好的夫妻關係。見《詩·關雎》：「窈窕淑女，君子好逑。」意思是容貌美好、品德善良的好女子，是君子的好配偶。❽易稱歸妹　《易》中稱頌少女的出嫁。婦人出嫁曰歸，妹為少女之稱。歸妹，為《易》中的卦名，六十四卦之一，兌（☱）下震（☳）上，〈兌〉為少陰，〈震〉為長陽，少陰而承長陽，悅以動之，歸妹之象也。❾祁祁二句　眾多的皇家後宮女子，都爭相表現自己的忠貞賢淑。祁祁，眾多而繁盛的樣子。孋，通「儷」。成雙成對之意。言，助詞，無義。觀，示；展示出來給人看。貞，忠心正直；始終如一。淑，美好；嫻靜。❿媚茲二句　媚，逢迎；喜愛。《詩·下武》：「媚茲一人。」良哲，賢明善良聰明智慧的人。天祿，天賜的福祿。⓫班政二句　頒布政事於蘭闈之內，宣示禮法於椒房之中。班，頒布；分條公示。蘭闈，椒屋，均指后妃們居住的宮殿。班固〈西都賦〉：「後宮則掖庭椒房，蘭林、蕙草、披香、發越。」蘭林等四個詞語均為西漢時后妃們居住的宮殿名稱。⓬既云二句　既有靠道德高尚而被擢升為皇后的，也有依仗美色受私恩寵幸而進升為皇后的。前者如明德馬皇后、和熹鄧皇后之類，後者如安思閻皇后、靈思何皇后之類。⓭漸　浸潤；沾溼。⓮視景二句　看著日光而爭取光彩，比照著山峰一起追求高峻。視，看；審察。景，日光。方，比照；比擬。⓯乘剛二句　利用地位逞其剛強驕橫的多阻遏凶險，行事卑謙的一定會順利。乘，利用；趁機會。行地，行事卑順，腳踏實地。⓰釁　也作「衅」。跡兆；事物發生變化之前的跡象、兆頭。引申為由嫌隙引發的仇恨。

【語譯】史家評論說：漢王朝的歷代皇后沒有謚號，都依據皇帝的謚號而作為皇后的稱呼。即使像劉邦之妻呂雉以皇太后身分在孝惠時代專擅朝政十幾年，昭帝的上官皇后在劉弗陵死後以皇太后身分臨朝稱制幾十年，她們也都沒加特殊的稱號。光武中興後，漢明帝劉莊才開始把他的生母、光武帝的皇后陰麗華給予「光烈」的稱號。那以後的皇后稱號都用德來相配稱呼，至於是賢明還是愚拙，是優秀還是低劣，不加區別，混同一律，所以馬、竇二后被稱為「明德馬皇后」、「章德竇皇后」，都是以德為稱呼了。其餘的只有皇帝的庶母以及由藩國之王入朝承繼大統的，為追尊其生母的貴要地位和名分，才特別為她們加上尊號，如和帝追尊他的生母、章帝的梁貴人的謚號為「恭懷皇后」，桓帝劉志追尊他的生母、蠡吾侯劉翼之媵妾匽明為「孝崇皇后」之類就是這樣的。初平年間，蔡邕才開始闡析辨正「和熹鄧皇后」謚號的含義，把謚號與皇后生前的品德行為作風相聯繫，其後的「安思」、「順烈」及以下各皇后的謚號，都才依據謚法的原則加以謚號。

史官評議說：世界上的女性，與《易》中的〈坤卦〉相應，正像大地般那麼博大厚重，承載著生生不息的萬物；表示出陰柔之美的皇后，在朝廷的內宮居於正位。世間的夫婦婚配，順應天道，合於人倫，所以《詩》中讚美淑女是君子的佳偶，《易》裡有歸妹的卦名，稱揚少女的出嫁。皇宮中那麼眾多的為皇帝服務的女子，都紛紛展示自己的忠良善美，巴結討好這個賢良聖哲的皇帝，承受上天降給自己的福祿。在後庭的蘭閨、椒屋等后妃居住的高級殿堂之內，由皇后頒布有關的政事法規，宣示禮儀教化，規範普天下的女子的德性行為。漢代能居於皇后這高貴地位的女性，既有靠自己優秀的品德而被擢升的，也有靠僥倖憑藉姿色受寵幸而晉升為后的。她們身居世上女人的最高位置，尊榮達到極點，同宗族人的勢力權位，也便像江河中的水浸潤河岸般漸漸擴展膨脹增長起來。這些人靠著太陽而爭得光彩，傍著高山而抬高自己的地位。那些驕橫不法、逞剛強耍霸道的，往往受到阻遏和懲處；而那些表現出謙恭禮讓、與群眾不相脫離的貴族，反而會順通地走到生命的盡頭。過失和罪惡都集中在驕狂自滿、濫施權威者的身上，幸福和好運則與忠貞正直、誠信守道的人協和一致。吉慶祥瑞全靠自己本人創造延續，災難禍殃的形成也不是由別人製造的。

漢制，皇女皆封縣公主，儀服同列侯❶。其尊崇者，加號長公主❷，儀服同蕃王。諸王女皆封鄉、亭公主，儀服同鄉、亭侯❸。肅宗唯特封東平憲王蒼、琅邪孝王京女為縣公主。其後安帝、桓帝妹亦封長公主，同之皇女❹。其皇女封公主者，所生之子襲母封為列侯❺，皆傳國於後。鄉、亭之封，則不傳襲。其職僚品秩，事在百官志❻。不足別載，故附于后紀末。

【章旨】以上是〈皇女紀〉序，簡要介紹東漢時代皇女的地位及封爵制度。例舉了幾位皇女所受封爵的情況，說明寫此附錄的緣由。

【注釋】❶列侯　即徹侯。秦時廢古代的五等爵，立爵自一級公士起，至二十級徹侯止，為二十等爵。徹侯或通侯，言及爵位上通於皇帝，位最尊。漢承秦制，為避漢武帝劉徹的名諱，改徹侯為列侯。❷長公主　皇帝的姐妹通稱長公主，皇帝的女兒通稱公主。公主中的尊崇者亦可稱長公主。❸鄉亭侯　漢代的鄉侯、亭侯待遇與中二千石的官員相比照。鄉和亭都是漢代縣以下的行政單位，十里為一亭，亭有長；十亭為一鄉，鄉有三老，有秩、嗇夫、游徼。百官功大者食縣，功小者食鄉亭。❹其後二句　鄧禹玄孫、少府褒，尚舞陰公主；耿弇曾孫侍中良，尚漢陽公主；岑彭玄孫、魏郡守熙，尚涅陽長公主；來歙玄孫、虎賁中郎將定，尚平氏長公主：並安帝妹也。長社公主為桓帝姐。益陽公主，桓帝妹也。❺其皇女二句　那些皇女中有封爵的公主，她們所生的兒子，可以承襲母親的爵位而成為列侯。如馮定，是獲嘉公主之子，襲母爵，封獲嘉侯；馮奮，為平陽公主之子，襲母爵封平陽侯，就是這類情況。❻其職僚二句　此二句言：她們的職責、僚屬、品級、俸祿，都載在本書的〈百官志〉中。本書現存的〈百官志〉中，無此內容。南朝梁沈約所撰的《宋書‧謝儼傳》中記載，范曄所撰的《後漢書》十志部分都是託謝儼搜集資料並執筆撰寫。即將完成時，范曄被涉宮廷鬥爭，事敗下獄致死。宋文帝劉義隆令丹陽尹徐湛之找謝儼求此十志，結果沒找到，成為千古恨事。據《續漢志》：「諸公主家令一人，六百石；丞一人，三百石；其餘屬吏，增減無常。」東漢應劭撰的《漢官儀》：「長公主傅一人，私府長一人，食官一人，永巷長一人，家令一人，秩皆六百石，各有員吏。而鄉公主傅一人，秩六百石，僕一人，六百石，家丞一人，三百石。」

【語譯】大漢王朝制度規定，皇帝的女兒都被封為縣公主，其享受的儀制服飾級別待遇與列侯等同。公主中那些地位尊貴崇高的，則加長公主的稱號，儀服禮制享受蕃王級的待遇。所有諸侯王的女兒都被封為鄉公主或亭公主，儀服規格分別同於鄉侯、亭侯。肅宗章帝劉炟唯獨特別加封了諸侯王中的東平憲王劉蒼的女兒和琅邪孝王劉京的女兒為縣公主。此後安帝劉祜的妹妹和桓帝劉志的妹妹也被封為長公主，待遇與皇帝的女兒相同。那些皇女中被封為公主的，所生的兒子也可以承襲其生母的爵號被封為列侯，都可以把封國采邑傳給後代子孫。而被封為鄉級亭級的，則不能傳承世襲。那些皇女家裡的服務官吏的職位、品級、俸祿等情況，記載在本書〈百官志〉中。有關皇女們的簡要情況，不值得另立篇章詳細記錄，所以附記在〈皇后紀〉的篇末加以介紹。

1 皇女義王，建武十五年封舞陽長公主，適陵鄉侯太僕梁松❶。松坐誹謗誅❷。

2 皇女中禮，十五年封涅陽公主，適顯親侯大鴻臚竇固❸，肅宗尊為長公主。

3 皇女紅夫，十五年封館陶公主，適駙馬都尉韓光❹。光坐與淮陽王延謀反誅。

4 皇女禮劉，十七年封淯陽❺公主，適陽安侯長樂少府❻郭璜。璜坐與竇憲謀反誅。

5 皇女綬，二十一年封酈邑❼公主，適新陽侯世子陰豐❽。豐害主，誅死。

6 世祖五女。

【章旨】以上記錄漢光武帝劉秀的五個女兒之封號和婚姻狀況。可以看出，只有劉中禮的結局較好，其餘四人則否。

【注 釋】❶皇女義王三句 適，往；女子出嫁。舞陽，縣名。故地在今河南許昌境內。梁松，梁統之子。本書卷三十四〈梁統列傳·子松〉：「松字伯孫，少為郎，尚光武女舞陰長公主。」可見此處之舞陽，應為舞陰。舞陰，縣名。故地在今河南泌陽西北。❷松坐誹謗誅 本書卷三十四梁松本傳言：「永平四年冬，乃縣飛書誹謗，下獄死，國除。」❸十五年二句 涅陽，縣名。故城在今甘肅秦安西北。大鴻臚，漢代九卿之一，中二千石，掌諸侯及四方歸義蠻夷接待禮儀之事。竇固，竇融之子。本書卷二十三有傳。❹皇女紅夫三句 館陶，縣名。故地在今河北邯鄲館陶境內。駙馬都尉，屬光祿勳領導的官員，比二千石，無屬員。掌管駕副車的馬。武帝時置，多以宗室及外戚與諸公子孫任之，後來皇帝多把皇女之婿加封駙馬都尉之稱號，簡稱駙馬，非實官。❺淯陽 縣名。故地在今河南南陽境。❻少府 漢代九卿之一，掌管山海地澤的稅收，屬於皇帝的私人倉庫管理員。東漢時掌管宮中服御諸物、衣服、寶貨、珍膳等等，卿一人，中二千石。❼酈邑 縣名。故地在今河南內鄉東北。❽陰豐 光烈陰皇后前母之兄陰識弟弟陰就之子。詳見本書卷三十二。

【語 譯】皇女劉義王，建武十五年被封為舞陰長公主，嫁給陵鄉侯太僕梁松。梁松因犯誹謗朝廷罪被誅殺。

2 皇女劉中禮，建武十五年被封為涅陽公主，嫁給顯親侯大鴻臚竇固為妻，肅宗章帝劉炟做皇帝後，尊他的姑母劉中禮為長公主。

3 皇女劉紅夫，建武十五年被封為館陶公主，嫁給駙馬都尉韓光為妻。韓光因犯了參與淮陽王劉延陰謀反叛朝廷的罪被誅殺。

4 皇女劉禮劉，建武十七年被封為淯陽公主，嫁給陽安侯長樂宮少府郭璜。郭璜因犯有參與竇憲謀反的罪被誅殺。

5 皇女劉綬，建武二十一年，被封為酈邑公主，嫁給新陽侯的嫡生長子陰豐為妻。陰豐殺死公主，自己也被誅殺而死。

6 以上是世祖光武帝劉秀五個女兒的概況。

1 皇女姬，永平二年封獲嘉❶長公主，適楊邑❷侯將作大匠馮柱。

2 皇女奴，三年封平陽❸公主，適大鴻臚馮順❹。

3 皇女迎❺，三年封隆慮❻公主，適牟平❼侯耿襲❽。

4 皇女次，三年封平氏❾公主。

5 皇女致，三年封沁水❿公主，適高密⓫侯鄧乾⓬。

6 皇女小姬，十二年封平皐⓭公主，適昌安侯侍中鄧蕃⓮。

7 皇女仲，十七年封浚儀公主，適軑⓯侯黃門侍郎王度⓰。

8 皇女惠，十七年封武安⓱公主，適征羌侯世子黃門侍郎來棱⓲，安帝尊為長公主。

9 皇女臣，建初元年封魯陽⓳公主。

10 皇女小迎，元年封樂平⓴公主。

11 皇女小民，元年封成安㉑公主。

12 顯宗十一女。

【章　旨】以上記顯宗明帝劉莊的十一位女兒的情況。有多位未記其所適何人。史書闕如，可能是她本人或她的丈夫無可記之事，也可能是未及婚嫁而夭折。

【注 釋】❶獲嘉　縣名。由漢武帝建元元年巡遊於此，聞獲南越相呂嘉乃置縣，名獲嘉。故地在今河南修武境內。❷楊邑　又作陽邑。縣名。屬并州太原郡。故地在今山西太原東南。❸平陽　縣名。屬司隸河東郡。故地在今山西臨汾西南。❹馮順　光武時司徒馮勤之中子。❺迎　或作「延」。❻隆慮　縣名。屬司隸河內郡，後改「林慮」。故地在河南林州。❼牟平　縣名。屬青州東萊郡。故地在今山東煙臺境內。❽耿襲　光武名臣耿弇之弟耿舒之子。❾平氏　縣名。屬荊州南陽郡。故地在今河南桐柏西北。❿沁水　縣名。屬司隸河內郡。故地在今河南濟陽東北。⓫高密　侯國名。屬青州北海國。故地在今山東青島附近。⓬鄧乾　鄧震之子，鄧禹之孫。永元十四年，鄧乾因受陰皇后巫蠱事牽連，國除。詳見本書卷十六。⓭平皐　縣名。境內有邢丘，故地在今河南溫縣東。⓮適昌安侯侍中鄧蕃　昌安，縣名。故地在今山東安邱東南。侍中，少府官員，比二千石。掌侍左右，贊導眾事，顧問應對。鄧蕃，東漢初大功臣鄧禹長子鄧襲之子。⓯軑　縣名。屬荊州江夏郡。軑，又作「軚」。故地在今湖北浠水縣境內。⓰王度　東漢初名臣王霸之孫，王符之子。見本書卷二十。⓱武安　縣名。屬冀州魏郡。故地在今河北邯鄲武安境內。⓲適征羌侯句　征羌，侯國名。屬豫州汝南郡。故地在今河南漯河市東。來棱，來褒之子，來歙之孫。詳見本書卷十五。⓳魯陽　縣名。屬荊州南陽郡。故地在今河南魯山縣。⓴樂平　縣名。屬兗州東郡，章帝時改名，原名太清。故地在今山東聊城西。㉑成安　在豫州潁川郡內。故址在今河南臨汝東。

【語 譯】皇女劉姬，明帝永平二年被封為獲嘉長公主，嫁給楊邑侯將作大匠馮柱為妻。

2 皇女劉奴，永平三年被封為平陽公主，嫁給了大鴻臚馮順。

3 皇女劉迎，永平三年被封為隆慮公主，嫁給了牟平侯耿襲為妻。

4 皇女劉次，永平三年被封為平氏公主。

5 皇女劉致，永平三年被封為沁水公主，嫁給高密侯鄧乾為妻。

6 皇女劉小姬，永平十二年被封為平皐公主，嫁給了昌安侯侍中鄧蕃。

7 皇女劉仲，永平十七年，被封為浚儀公主，嫁給了軑侯黃門侍郎王度。

8 皇女劉惠，永平十七年被封為武安公主，嫁給了征羌侯的世襲長子黃門侍郎來棱，安帝劉祜時尊稱她為長公主。

9 皇女劉臣，章帝建初元年被封為魯陽公主。
10 皇女劉小迎，建初元年被封為樂平公主。
11 皇女劉小民，建初元年被封為成安公主。
12 以上是顯宗明帝劉莊的十一位女兒之基本情況。

1 皇女男，建初四年封武德長公主。
2 皇女王，四年封平邑❶公主，適黃門侍郎馮由。
3 皇女吉，永元五年封陰安❷公主。
4 肅宗三女。

【章旨】以上記章帝劉炟的三個女兒的分封情況。

【注釋】❶平邑　縣名。屬幽州代郡。故地當今河北張家口境內。❷陰安　縣名。屬冀州魏郡。故地在今河北邯鄲與河南安陽鄰接地區。

【語譯】皇女劉男，章帝建初四年被封為武德長公主。
2 皇女劉王，建初四年被封為平邑公主，嫁給了黃門侍郎馮由為妻。
3 皇女劉吉，和帝永元五年被封為陰安公主。
4 以上是肅宗章帝劉炟三個女兒的簡略情況。

1 皇女保，延平❶元年封脩武❷長公主。

2 皇女成，元年封共邑❸公主。

3 皇女利，元年封臨潁❹公主。適即墨❺侯侍中賈建❻。

4 皇女興，元年封聞喜❼公主。

5 和帝四女。

【章旨】以上記和帝四個女兒分封情況。

【注釋】❶延平　東漢殤帝劉隆年號，即西元一〇六年。劉隆於此前一年十二月即皇帝位，本年八月去世。延平年號僅用一年。❷脩武　縣名。屬河內郡，故地在今河南西北部焦作境內。❸共邑　本國名，漢代為司隸河內郡所屬縣名。故地在今河南輝縣境內，為淇水源出之地。❹臨潁　縣名。屬豫州潁川郡。故地在今河南臨潁境內。❺即墨　侯國名。故地在今山東即墨境內。❻賈建　光武帝時名臣賈復之曾孫，賈參之子。順帝時官至光祿勳。❼聞喜　縣名。屬司隸河東郡轄。故地在今山西侯馬境內。

【語譯】

1 皇女劉保，延平元年被封為脩武長公主。

2 皇女劉成，延平元年被封為共邑公主。

3 皇女劉利，延平元年被封為臨潁公主。嫁給即墨侯侍中賈建為妻。

4 皇女劉興，延平元年被封為聞喜公主。

5 以上是和帝劉肇四個女兒之簡況。

1 皇女生，永和三年封舞陽長公主。

2 皇女成男，三年封冠軍❶長公主。

3 皇女廣，永和六年封汝陽❷長公主。

4 順帝三女。

【章旨】以上記順帝三女之封爵情況。都被封為長公主，可見還是受尊崇的。

【注釋】❶冠軍 縣名。故地在今河南鄧州西北。❷汝陽 縣名。屬豫州汝南郡。故地在今河南商水縣西北。

【語譯】皇女劉生，東漢順帝劉保永和三年被封為舞陽長公主。

2 皇女劉成男，永和三年被封為冠軍長公主。

3 皇女劉廣，永和六年被封為汝陽長公主。

4 以上是順帝的三個女兒的簡略情況。

1 皇女華，延熹❶元年封陽安長公主，適不其侯輔國將軍伏完❷。

2 皇女堅，七年封潁陰❸長公主。

3 皇女脩，九年封陽翟❹長公主。

4 桓帝三女。

【章旨】以上記漢桓帝劉志三個女兒的封爵情況以及劉華的婚嫁情況。

【注釋】❶延熹　東漢桓帝劉志年號，西元一五八—一六七年。❷伏完　光武帝時名臣伏湛之七世孫，曹操所殺漢獻帝的伏皇后之父。❸潁陰　縣名。屬豫州潁川郡。故地在今河南許昌境內。❹陽翟　縣名。相傳夏禹都此。屬豫州潁川郡。故地在今河南禹州。

【語譯】皇女劉華，延熹元年被封為陽安長公主，嫁給了不其侯輔國將軍伏完。

2 皇女劉堅，延熹七年被封為潁陰長公主。

3 皇女劉脩，延熹九年被封為陽翟長公主。

4 以上是桓帝劉志三個女兒的簡略情況。

皇女某，光和❶三年封萬年❷公主。

靈帝一女。

【章旨】以上記靈帝劉宏一個有封爵的女兒情況，但沒留下名字。

【注釋】❶光和　東漢靈帝劉宏年號，西元一七八—一八四年。❷萬年　縣名。屬京兆尹。故地在今陝西臨潼境內。漢高祖劉邦葬其父太上皇於櫟陽城北原，謂之萬年陵，因分置萬年縣於臨潼縣城中作為陵邑。

【語譯】皇女劉某人，光和三年被封為萬年公主。

以上是靈帝劉宏一個女兒的概況。

【研析】從本卷的記載，我們看出以下幾個特點：

(一)封建時代宮廷內部的權勢鬥爭，是劇烈而慘酷的，作為母儀天下的「國家第一夫人」的皇后，也並非人人都是婦女的榜樣。劉秀最初的皇后郭聖通，儘管其弟郭況頗得皇帝賞識，而她本人在後宮，如鷹鸇般兇暴，中途被貶，乃自取其辱。章帝的竇皇后，就因嫉恨宋貴人、梁貴人生了皇子而陷害她們致死；和帝的陰皇后忌恨鄧綏受寵而行巫蠱之術，以致連累多人喪失性命。這種充滿血腥味的宮廷鬥爭，此前不遠有呂雉、霍氏，在此後歷史上更是屢見不鮮。權勢之欲，嫉妒之心，這種人類性格中的癌瘤，不知有多少人因之身敗名裂，遺臭萬年。

(二)史家在〈序〉中批評「先色後德」的選后標準，認為這是帝王「破國亡身」的根源之一。其實，英明睿智如劉秀，尚發出「娶妻當得陰麗華」的感想，何況那些胸無大志只知追求享受的庸碌之輩？即如本卷中所歌頌的女性，除突出了她們的才德之外，也絕不忽視對她們身材、容貌的讚揚。愛美之心，人皆有之，但一切舉動都要合於禮義法度，才不會被美色迷惑而失去理智。

(三)本卷歌頌了光烈陰皇后的美貌、寬仁、恭儉、孝慈，明德馬皇后的孝謹、婉靜、節儉、明智、謙恭、守禮等諸多優點，而全卷重點在鄧綏。這位和熹鄧皇后不光是自幼聰穎過人，「姿顏姝麗，絕異於眾」，更重要的是她母儀天下之後，「不敢以萬乘為樂」，始終保持著清醒的頭腦。身居后位二十年，兩朝（殤、安）聽政，總是以天下百姓的禍福及國家的安危為第一要務。她以身作則，克己謙恭，寬厚仁慈，嚴厲公正，重視教化，目光遠大，可以說是為了漢家天下而鞠躬盡瘁，死而後已。她想以個人榜樣的力量影響世風，使漢王朝長治久安，但她生前即有外夷入侵，內有變亂；死後就有奸佞黨進，忠良被害。可見某些矛盾的產生，不是某個人的人格力量所能左右的。至於某些史家對太后臨朝太長久不歸政進行詬病，當具體分析。清初孝莊主政，國家統一；清末慈禧臨朝，國衰民貧。是政策及品德決定內容，而不在形式。

(四)本卷中用了「互見法」，在本傳中多記優點，在與之有關的他傳中才記其不足。如郭皇后的兇狠霸道，見於陰皇后紀；鄧太后對杜根的「蹊田奪牛」式的不當懲罰，見於〈杜根傳〉。所以，要想了解某個人的全貌，還需參閱與他有關的人物的傳記，了解某人做某事時的社會背景，再對材料進行思考分析，才有可能更接近歷史原貌。

(五)東漢王朝的中後期，國運逐步走向衰微，既沒了像光武帝劉秀那樣具有遠大眼光光復基業的雄主，也沒了如明帝劉莊那樣賢能叡智的守成之君。安、順之後，每況愈下，外戚與宦官交相把持朝政；桓、靈之世，奸佞當道，終於導致了獻帝劉協時代的皇權有名無實，最終歸於滅絕。與此相應的是，後宮之主也逐代衰頹，再也沒有了如光烈皇后陰麗華、明德皇后馬某、和熹皇后鄧綏那樣的才德皆稱，足以母儀天下的女性。可見後宮人員的命運是與國家的命運、皇帝的命運息息相關的。當國運昌盛，皇帝聖明時，往往也有著賢德皇后的輔助功勞，即使有人嫉妒生性，有人以色邀寵固位，也往往在聖明君主面前，難以逞其惡。但當國運衰頹、君主幼弱或昏昧只知貪色享樂時，居后位的女主便依仗外戚或鉤結宦官，獨攬大權，混亂朝綱，排斥忠良，殘害同類。這種倒行逆施，反過來又加速了王朝的衰落和滅亡。此種規律，從東漢的后妃傳中即可得到證明。

(六)卷末記劉辯夫婦生離死別的悲歌場面，記伏皇后被劉歆等曹操幫兇搜出牽過獻帝面前「被髮徒跣」的形象及對話，文字不多，卻相當傳神。在大量枯燥乏味的敘述中閃現出這點文學色彩，既不失歷史的真實性，又能給讀者留下深刻具體的印象，確屬難能可貴。(趙芳遠注譯)

卷十一

劉玄劉盆子列傳第一

【題解】本卷是《後漢書》的第一篇列傳，是為兩個短期內當過皇帝的劉姓遠支宗室人員所作的合傳。他們二人之間基本上沒有直接關係，只是劉玄把從王莽那裡得到的皇帝璽綬又被迫無奈地交給劉盆子而已，於是合成了一卷。前部分為〈劉玄傳〉，記他在亂世中由於是宗室而被立為更始皇帝，但他是個極為平庸的人，嫉賢妒能，心胸狹隘，一入皇宮即貪圖享樂，使內部分崩離析，剛即位三年就只好向另一支武裝赤眉軍投降，他本人最後被縊死告終。後部分為〈劉盆子傳〉，而實際上是為赤眉軍樊崇等人立傳。樊崇之前是呂母略傳。樊崇起事後逐步發展匯合各種武裝力量眾達百萬，為增強號召力才通過「探符」（抓鬮）方式硬讓劉盆子當皇帝，這個牧牛出身的少年不敢胡作非為而得善終，而「賊性」不改的赤眉軍終歸潰敗。

1 劉玄，字聖公❶，光武族兄也。弟為人所殺，聖公結客欲報之。客犯法，聖公避吏於平林❷。吏繫聖公父子張。聖公詐死，使人持喪歸舂陵❸，吏乃出子張，聖公因自逃匿。

2 王莽❹末，南方飢饉，人庶群入野澤，掘鳧茈❺而食之，更相侵奪。新市❻人王匡、王鳳為平理諍訟，遂推為渠帥，眾數百人。於是諸亡命馬武、王常、成丹等往從之，共攻離鄉聚，臧於綠林❼中，數月間至七八千人。地皇二年❽，荊州❾牧某發奔命二萬人攻之，匡等相率迎擊於雲杜❿，大破牧軍，殺數千人，盡獲輜重⓫，遂攻拔竟陵⓬。轉擊雲杜、安陸⓭，多略婦女，還入綠林中，至有五萬餘口，州郡不能制。

3 三年，大疾疫，死者且半，乃各分散引去。王常、成丹西入南郡⓮，號下江兵；王匡、王鳳、馬武及其支黨朱鮪、張卬等北入南陽⓯，號新市兵：皆自稱將軍。七月，匡等進攻隨⓰，未能下。平林人陳牧、廖湛復聚眾千餘人，號平林兵，以應之。聖公因往從牧等，為其軍安集掾⓱。

4 是時光武及兄伯升亦起舂陵，與諸部合兵而進。四年正月，破王莽前隊大夫⓲甄阜、屬正梁丘賜，斬之，號聖公為更始將軍。眾雖多而無所統一，諸將遂共議立更始為天子。二月辛巳，設壇場於淯水⓳上沙中，陳兵大會。更始即帝位，南面立，朝群臣。素懦弱，羞愧流汗，舉手不能言。於是大赦天下，建元曰更始元年。悉拜置諸將，以族父良為國三老，王匡為定國上公，王鳳成國上公，朱鮪大司馬，伯升大司徒，陳牧大司空，餘皆九卿、將軍⑳。五月，伯升拔宛㉑。六月，更始入都宛城，盡封宗室及諸將，為列侯者百餘人。

【章旨】以上介紹更始帝劉玄的出身，起事的社會歷史背景及被推為更始帝的經過。通過他的作風、行狀，展示了他機敏、懦弱、狹隘、偏私的個性。

【注釋】❶劉玄字聖公　新莽末年起事首領之一，號更始將軍，後稱帝。南陽郡蔡陽縣（今湖北棗陽）人。據《帝王紀》：「春陵戴侯熊渠生蒼梧太守利，（劉）利生子張，納平林何氏女，生更始（劉玄）。」❷平林　漢代荊州南陽郡隨縣境內之地名，後世曾設平林縣。今湖北隨縣東北。❸春陵　在今湖北棗陽縣境。❹王莽　字巨君，西漢元帝劉奭皇后之姪，以外戚掌握政權。西元八年稱帝，改國號為「新」，年號為「始建國」，西元二三年，被造反軍士殺死。❺鳧茈　即「荸薺」，也作「葧臍」。一種水生草類植物，葉管狀，根莖呈球形，可食。❻新市　又叫南新市。江夏郡所屬侯國名。故地在今湖北京山縣東北。漢代冀州中山國有另一個新市，故地為今河北新樂境。❼綠林　此處指山名。今湖北當陽東北。由於王匡等聚眾於綠林山，後來把結夥聚集山林的強人泛稱綠林好漢。❽地皇二年　西元二一年。地皇是王莽在位時所用的最後一個年號，西元二〇—二三年。❾荊州　漢代「十三刺史部」之一。轄南陽、南郡、江夏、零陵、桂陽、武陵、長沙等七個郡，一百一十七個縣、邑、侯國。故地當今之河南西南及湖北、湖南兩地之大部。❿雲杜　縣名。故地在今湖北沔陽西北。⓫輜重　出行的人攜載的物資，通常指軍用物資。⓬竟陵　縣名。故地在今湖北潛江市西北。⓭安陸　縣名。故地在今湖北安陸境內。⓮南郡　郡名。屬荊州，下轄十七城。故地當今湖北西部沿長江兩岸一帶地區。⓯南陽　郡名。屬荊州，轄三十七城。故地當今河南西南部南陽一帶及湖北與之鄰接的部分區域。⓰隨　縣名。故地在今湖北隨州境內。⓱掾　本為佐助之義，後把佐貳之官吏及分曹治事之屬吏統稱為掾吏。相當近現代之副官。⓲大夫　古代國君之下，有卿、大夫、士三級，都是統治階級中可以任官職者之稱。秦漢時按職能在大夫前冠以名號，如御史大夫、光祿大夫之類。⓳淯水　今河南白河，是漢水的支流。源出河南盧氏東南的支離山，東南流經南陽，至湖北襄陽合唐河後注入漢水。⑳悉拜置諸將八句　國三老，三老是古代掌教化的鄉官，漢高帝劉邦時「舉民年五十以上，有修行，能帥眾為善，置以為三老，鄉一人；擇鄉三老一人為縣三老。」後增置郡三老，國三老。上公，漢代多指太傅，其位在三公之上。大司馬，東漢稱太尉，是全國的軍政首腦；大司徒，又稱丞相，是全國的民政首腦，百官之長，皇帝的重要助手；大司空，曾稱御史大夫，主要管監察和執法；以上為「三公」。九卿，秦漢時以太常、郎中令（光祿勳）、衛尉、太僕、廷尉、典客（大鴻臚）、宗正、治粟內史（大司農）、少府為九卿，是次於「三公」分管具體職務的官員。將軍，是帶兵武官的名稱，又因其地位和具體任務的不同，常冠以不同的名號，如驃騎將軍、車騎將軍等。㉑宛東漢初的宛縣屬南陽郡。故地在今河南南陽。東漢末的宛城為荊州治所，故地為今湖北荊門南，此處當為前者。

【語譯】劉玄，表字聖公，是漢光武帝劉秀的同族的哥哥。他的弟弟被人殺死了，他結交賓客想為他弟弟報仇。不巧，那位賓客犯了律法，劉玄怕受牽連，就躲到平林，逃避官吏的追捕。當地官吏就把他父親子張抓了起來。劉玄就詐稱已死，讓人把他的靈柩送回老家舂陵，當地官府就釋放了他父親子張，劉玄於是藉機逃走並隱藏了起來。

2 王莽末年，南方發生大饑荒，百姓只好成群結隊地到荒野的沼澤地挖荸薺充飢，甚至還互相爭奪。新市人王匡、王鳳因為能公平地依理調解眾人為爭奪而產生的口舌爭端，遂被眾人推為大帥，帶領數百名群眾。於是，一些逃亡的人，如馬武、王常、成丹等，也都去投奔他跟著他一起造反，他們共同攻打離鄉聚，然後藏匿在綠林山中，幾個月時間，隊伍發展到七八千人。地皇二年，荊州牧某人招募了兩萬亡命之徒去攻打他們，王匡等人率領部眾在雲杜迎擊來犯的官軍，把州牧軍打得大敗，殺死官軍數千人，全部繳獲了官軍的輜重，接著又攻陷了竟陵。又調頭攻擊雲杜、安陸，劫掠了很多婦女，又回到綠林山中，隊伍擴展到五萬多人，荊州刺史部及江夏郡太守諸官員沒辦法制服他們。

3 地皇三年，發生大規模傳染性流行病，人眾病死的將近一半，於是各頭領把隊伍分散開離開綠林。王常、成丹領人向西進入南郡，號稱下江兵；王匡、王鳳、馬武及其分支頭領朱鮪、張卬等，向北進入南陽郡，號稱新市兵：首領們都自稱為將軍。七月，王匡等率眾攻隨縣，沒能打下來。隨縣平林人陳牧、廖湛等又聚集起民眾千餘人，號稱平林兵，以響應王匡部的行動。這時候，劉玄趁機去投靠陳牧等人，在其軍中擔任安撫招集兵士的副官。

4 當時，後來被稱作光武帝的劉秀及其哥哥劉縯也已經起兵於舂陵，和其他幾部義軍一起，聯合兵力共同向王莽兵進軍。地皇四年正月，打敗了王莽的前隊大夫甄阜和屬正梁丘賜，並將他們斬殺，大家把聖公劉玄稱為更始將軍。當時反王莽的部眾雖然很多，但沒有統一的號令和領袖，各部隊的帶兵將領就共同商量，把更始將軍劉玄擁立為天子。二月辛巳日，在淯水邊的沙灘上設置了即皇帝位的高壇和廣場，各路兵馬排列隊形，舉行盛大集會。劉玄登壇即皇帝位，面朝南方站立，接受群臣的朝拜。劉玄一向膽小怕事，體質又弱，又沒有自信，見到這隆重的場面，羞愧得遍體大汗淋漓，抬起手來想發表即位講話，卻惶恐緊張地說不出話來。於是發詔令大赦天下，建立新紀元，把當時王莽的地皇四年改為更始元年。新立的更始皇帝把擁立他的將領全都設位封官，把他同族的長輩劉良封為國三老，王匡被封為定國上公，王鳳被封為成國上公，朱鮪被封為大司馬，劉縯被封為大司徒，陳牧被封為大司空，其餘各路首領，也都被任命為九卿或者將軍。更始元年五月，劉縯攻陷了宛城。六月，更始帝劉玄進入宛城，大封同姓宗室人員和各將領的官爵，成為列侯的一下子就多達百餘人。

1 更始忌伯升威名，遂誅之，以光祿勳❶劉賜為大司徒。前鍾武侯劉望起兵，略有汝南❷。時王莽納言將軍嚴尤、秩宗將軍陳茂既敗於昆陽❸，往歸之。八月，望遂自立為天子，以尤為大司馬，茂為丞相❹。王莽使太師王匡❺、國將哀章守洛陽。更始遣定國上公王匡攻洛陽，西屏大將軍申屠建、丞相司直❻李松攻武關，三輔震動。是時海內豪桀翕然嚮應，皆殺其牧守，自稱將軍，用漢年號，以待詔命，旬月之間，徧於天下。

2 長安中起兵攻未央宮❼。九月，東海人公賓就斬王莽於漸臺❽，收璽綬，傳首詣宛。更始時在便坐黃堂❾，取視之，喜曰：「莽不如是，當與霍光❿等。」寵姬韓夫人笑曰：「若不如是，帝焉得之乎？」更始悅，乃懸莽首於宛城市。

3 是月，拔洛陽，生縛王匡、哀章，至，皆斬之。

4 十月，使奮威大將軍劉信擊殺劉望於汝南，并誅嚴尤、陳茂。

5 更始遂北都洛陽，以劉賜為丞相。申屠建、李松自長安傳送乘輿服御，又遣中黃門⓫從官奉迎遷都。

6 二年二月，更始自洛陽而西。初發，李松奉引，馬驚奔，觸北宮鐵柱門，三馬皆死。

7 初，王莽敗，唯未央宮被焚而已，其餘宮館一無所毀。宮女數千，備列後庭，自鍾鼓、帷帳、輿輦、器服、太倉、武庫、官府、市里，不改於舊。更始既至，居長樂宮⓬，升前殿，郎吏以次列庭中。更始羞怍，俛首刮席⓭不敢視。諸將後至者，更始問虜掠得幾何，左右侍官皆宮省⓮久吏，各驚相視。

【章　旨】以上記述王莽之敗和更始帝劉玄西入長安的經過。他嫉殺劉縯，見王莽首級而得意忘形，面對群臣俯首而忸怩之態，及熱衷劫掠等事，進一步展現他的個性特點，預示了他的失敗。

【注　釋】❶光祿勳　亦曾稱郎中令，漢代九卿之一，負責皇宮中的宿值守衛工作，其首領又稱光祿卿，秩中二千石，下轄中郎將、都尉等多種多位官員。❷汝南　郡名。屬豫州，下轄平輿等三十七城。故地當今之河南中部大片區域。❸昆陽　縣名。故地為今河南葉縣一帶。❹丞相　戰國時始設官名。為百官之長，輔佐皇帝，綜理全國政務。兩漢時曾改稱司徒、大司徒、相國等名稱，職權範圍略有不同。❺太師王匡　西周時始置官名。原為高級武官，是軍隊的最高統帥。漢代設太師，位在三公及太傅之上。後代多指太子太師，是輔導太子之官。此處之王匡，為王莽之姪，東平陵（今山東濟南）人，與新市人王匡，同時同姓同名而不同陣營。❻丞相司直　漢武帝時始置的丞相的輔佐官，幫助丞相檢舉不法，位在司隸校尉之上。也直稱司直。❼未央宮　西漢初由蕭何規劃督造的最大的宮殿之一，漢代許多重大事件在此殿中決策或發生。故址在今陝西西安西北方近郊。❽漸臺　西漢時在長安城西修有太液池，池中依神話傳說建有方丈、蓬萊、瀛洲三山，漸臺為太液池中的高臺，因受水浸潤，故名漸臺。❾黃堂　本為天子的便殿，後逐漸演變為郡太守辦公的廳堂。因建築為防火而塗以雄黃而得名。❿霍光　西漢時著名大臣，是霍去病的異母兄弟。他曾輔佐昭帝、宣帝，前後執掌朝政二十多年，使西漢中期的經濟政治得以穩步發展。⓫中黃門　黃門本義指黃色的宮門，是古代宮禁門戶的特點，因而宮禁官署便稱做黃門，又由於宮禁之官多由宦者充任，故又特指宦官，如黃門令。中黃門指在宮中給事服務的太監。⓬長樂宮　是長安城中另一座與未央宮齊名的豪華宮殿，許多重大的歷史事件在這裡發生。如呂后擒斬韓信，即是在長樂宮懸掛編鐘的鍾室之內。⓭刮席　頭低得摩到坐席的程度了。刮作摩解，古人坐在席上，此處極力誇張劉玄的「羞怍」之甚，「俛首」之低。然後代亦有人以為劉玄敢於起兵反王莽，亦不愧為當時之豪傑。作者如此醜化他，是源於他忌殺劉縯，是為了向稱帝的劉秀討好。⓮宮省　設於皇宮內的官署，如尚書省、中書省等。

【語　譯】更始帝劉玄畏忌劉縯的威望名聲超過自己，遂藉故誅殺了他，任命光祿勳劉賜擔任大司徒之職。前時的鍾武侯劉望也起兵反對王莽，攻占了汝南郡。當時，王莽的納言將軍嚴尤和秩宗將軍陳茂，已經在昆陽城被劉秀打敗，就率殘部投奔了劉望。八月，劉望也趁勢自立為天子，任命嚴尤為大司馬，陳茂被任命為丞相。王莽派他的太師王匡和國將哀章防守洛陽。更始帝劉玄派他的定國上公王匡率軍攻打洛陽，派西屏大將軍申屠建、丞相司直李松率軍向西攻打武關，長安及周圍的京兆尹、左馮翊、右扶風三輔地區都震動了。這時候，全國各地的英雄豪傑，都紛紛起兵響應，攻殺所在的州牧郡守等官員，自稱為將軍，都用更始帝的年號，等待著更始帝的詔書正式任命，不到一個月的光景，起兵反王莽的隊伍，遍及全國。

2 長安城中也發生人們拿起武器攻打未央宮的武裝暴動。九月，東海郡人姓公賓名就的武士，在太液池的漸臺斬殺了王莽，收繳了王莽用的皇帝印璽綬帶，割下王莽的頭顱用驛車送到劉玄所在地宛城。當時更始帝劉玄正在便殿中閒坐，叫人拿過頭來仔細近看，高興地說：「王莽假若不走到這一步，他在歷史上的地位和名望，應當能與霍光相提並論。」他寵愛的姬妾韓夫人在旁笑著說：「王莽假若不是今天這種情況，您怎麼能得到現在這種地位呢？」劉玄非常得意，讓人把王莽的頭顱懸掛在宛城的鬧市中示眾。

3 這個月，攻克了洛陽，活捉了王莽的姪子太師王匡和國將哀章，解送到宛城，都被更始帝下令斬殺。

4 十月，更始帝派遣奮威大將軍劉信率兵進擊在汝南稱帝的劉望，並殺死了他，同時斬殺了投靠他的嚴尤和陳茂。

5 更始帝劉玄遂北行定都於洛陽，任命劉賜為丞相。申屠建和李松從長安派人用驛車送來皇帝專用的車駕服飾及各種用品，又派中黃門的從官專程來洛陽恭迎更始帝遷都長安。

6 更始二年二月，更始帝劉玄自洛陽動身西行。車駕剛開始起動，李松在前邊導引，駕車的馬突然受驚狂奔，撞到北宮鐵柱門上，三匹馬都撞死了。

7 當初，王莽失敗的時候，僅僅是未央宮被焚毀，其餘的宮殿館舍都沒有被破壞。數千名宮女，仍然分住在皇宮的後庭，朝廷及皇室的用品，從禮樂用的鍾鼓、宮室用的幃帳、出行乘坐的輿輦、各種器具服飾、官家糧倉、軍器武庫、各級官府，到街道商店、居民住所，仍和過去一樣，沒有改變。更始帝劉玄到達長安，住在長樂宮中，升坐於前殿，各級守衛服務的郎吏，按品級次序列隊站於殿前的庭院中。面對這莊嚴隆重的場面，劉玄羞愧得變了臉色，把頭低得摩到了自己的坐席，不敢抬頭看大家一眼。那些隨他西行的諸將，有後到的，劉玄就詢問他們又搶掠到多少財物，在劉玄身旁侍候的官員都是在宮中官署供職多年的老吏，聽見皇帝竟這樣問話，都驚訝得互相交換眼色，面面相覷。

1 李松與棘陽人趙萌說更始，宜悉王諸功臣。朱鮪爭之，以為高祖約，非劉氏不王❶。更始乃先封宗室太常將軍劉祉為定陶王，劉賜為宛王，劉慶為燕王，劉歙為元氏王，大將軍❷劉嘉為漢中王，劉信為汝陰王；後遂立王匡為比陽王，王鳳為宜城王，朱鮪為膠東王，衛尉大將軍張卬為淮陽王，廷尉大將軍王常為鄧王，執金吾大將軍廖湛為穰王，申屠建為平氏王，尚書胡殷為隨王，柱天大將軍李通為西平王，五威中郎將李軼為舞陰王，水衡大將軍成丹為襄邑王，大司空陳牧為陰平王，驃騎大將軍宋佻為潁陰王，尹尊為郾王。唯朱鮪辭曰：「臣非劉宗，不敢干典。」遂讓不受。乃徙鮪為左大司馬，劉賜為前大司馬，使與李軼、李通、王常等鎮撫關東❸。以李松為丞相，趙萌為右大司馬，共秉內任。

2 更始納趙萌女為夫人，有寵，遂委政於萌，日夜與婦人飲讌後庭。群臣欲言事，輒醉不能見，時不得已，乃令侍中❹坐帷內與語。諸將識非更始聲，出皆怨曰：「成敗未可知，遽自縱放若此！」韓夫人尤嗜酒，每侍飲，見常侍❺奏事，輒怒曰：「帝方對我飲，正用此時持事來乎！」起，抵❻破書案。趙萌專權，威福自己。郎吏有說萌放縱者，更始怒，拔劍擊之。自是無復敢言。萌私忿侍中，引下斬之，更始救請，不從。時李軼、朱鮪擅命山東❼，王匡、張卬橫暴三輔。

其所授官爵者，皆群小賈豎❽，或有膳夫庖人❾，多著繡面衣、錦袴、襜褕❿、諸于⓫，罵詈道中。長安為之語曰：「竈下養，中郎將。爛羊胃，騎都尉。爛羊頭，關內侯⓬。」

3 軍帥將軍豫章李淑上書諫曰：「方今賊寇始誅，王化未行，百官有司宜慎其任。夫三公上應台宿，九卿下括河海⓭，故天工⓮人其代之。陛下定業，雖因下江、平林之埶，斯蓋臨時濟用，不可施之既安。宜釐改⓯制度，更延英俊，因才授爵，以匡王國。今公卿大位莫非戎陳，尚書顯官皆出庸伍，資亭長、賊捕之用，而當輔佐綱維之任。唯名與器，聖人所重。今以所重加非其人，望其毗益萬分，興化致理，譬猶緣木求魚⓰，升山採珠⓱。海內望此，有以闚度漢祚。臣非有憎疾以求進也，但為陛下惜此舉厝。敗材傷錦⓲，所宜至慮。惟割既往謬妄之失，思隆周文濟濟之美⓳。」

4 更始怒，繫淑詔獄。自是關中離心，四方怨叛。諸將出征，各自專置牧守，州郡交錯，不知所從。

【章旨】以上記更始帝大封宗室及親將等顯官要職的情況，以及他的享樂生活、拒諫行動，進一步突出他必然失敗的命運。

【注　釋】❶以為高祖約二句　語見《漢書・王陵傳》：「高后欲立諸呂為王，問陵。陵曰：『高皇帝刑白馬而盟曰：「非劉氏而王者，天下共擊之。」今王呂氏，非約也。』太后不說（悅）。」❷大將軍　為將軍中的最高稱號，執掌統兵征戰，類似近現代之總司令、司令員。戰國時始置，兩漢沿之，且多由貴戚充任，掌握政權，職位甚高。大將軍之上常冠以不同名號，以顯示其職掌範圍和身分地位，如驃騎大將軍、衛尉大將軍之類。❸關東　此處指函谷關以東，多指中原地區。❹侍中　秦始置官名。兩漢沿置，為自列侯以下至郎中的加官，無定員，侍從皇帝左右，出入宮廷。初僅伺應雜事，由於接近皇帝，地位漸形貴重，為親近之職。❺常侍　經常在君主左右侍奉之官，也叫中常侍，東漢時一般多由宦官充任。❻抵　擊打。❼山東　崤山以東。崤山是位於今河南洛寧北的山，西北接陝縣界，東接澠池界，又名嶔崟山，山分東西二崤。常與函谷並稱為「崤函」，為古代由中原進入關中的咽喉要地。此處之「山東」猶言「關東」，亦是指中原地區。❽賈豎　賈，居貨待售之人，即坐商。豎，豎子，罵人的話。賈豎，是對商人的蔑稱。❾膳夫庖人　管做飯炒菜的廚師官員。膳夫，掌王及后妃飲食的官。膳即飲食，指所食之物。庖人，管膳食的官。庖，廚房。❿襜褕　短衣。襜，遮膝的衣服。褕，華美之衣。⓫諸于　婦女穿的寬大上衣。⓬竈下養六句　大意是：在灶下炊飯烹調的廚子，也當上了中郎將。整日和爛羊胃打交道的人，也成了騎都尉。像爛羊頭一般的人，都成了關內侯。養，炊烹之事。中郎將，隸屬於光祿勳的武官，管統領皇帝的侍衛人員。漢時曾分五官、左、右三署，有的還前加名號，如虎賁中郎將，統領虎賁郎。騎都尉，都尉是秦始置的輔佐郡太守的武官，比將軍略低，漢時因其職務特點另加名號，如關都尉、農都尉等。騎都尉指統領掌管騎兵的中級武官。關內侯，漢代的第十九級爵位，有侯號而無封邑，居京畿，在列侯之下。此處之爛羊胃、爛羊頭之說，可看作比喻，指像腐爛了的羊胃羊頭之類的卑瑣不堪的小人；也可看作借代，指整天和腐爛腥臭的羊胃羊頭打交道的下等粗人。用羊下水作喻，突現關中地區多食羊肉的地域特色。⓭夫三公二句　古人迷信認為：三公在天為三台（上台、中台、下台，兩兩相比，共六星），九卿為北斗，故三公象五岳，九卿法河海。⓮天工　上天的職能。《尚書・皋陶謨》：「無曠庶官，天工人其代之。」意謂不要讓眾官閒著沒事幹，上天的工作讓人代他去完成。⓯釐改　更改；改正；改革。⓰緣木求魚　爬到樹上去找魚，喻勞而無功。《孟子・梁惠王上》：「以若所為，求若所欲，猶緣木而求魚也。」⓱升山採珠　上到山上去採集珍珠，也是比喻行為與目的相悖。因為珍珠是從水生動物貝類的體內採集的，不會從山上找到。⓲敗材傷錦　木匠把大塊成材的木料毀掉了，美錦被製衣人裁壞了，都是很可惋惜的事。敗材典出《孟子・梁惠王下》：「為巨室，則必使工師求大木。工師得大木，則王喜，以為能勝其任也。匠人斲而小之，則王怒，以為不勝其任矣。」傷錦，典出《左傳・襄公三十一年》：「子產謂子皮曰：『子有美錦，不使人學製焉。大官大邑，身之所庇也，而使學者製焉，其為美錦，不亦多乎。』」「猶未能操刀而使割也，其傷實多。」意思是：讓不會用剪刀的學徒去裁製美錦，一定會浪費掉許多原料，比喻讓沒有能力的人管理大事，一定會出紕漏誤事。⑲周文濟濟之美　濟濟為眾多美盛的樣子。《詩・文王》：「濟濟多士，文王以寧。」意謂那麼多整齊美好的人才環繞在文王周圍，文王的心裡安靜平和。

【語譯】李松和棘陽人趙萌，都勸說更始皇帝，應該把那些有功的臣將全部賜封為王。朱鮪不同意，極力諫爭，認為漢高祖劉邦曾有盟約，不是劉氏家族的人不能封王。更始帝於是先封宗室太常將軍劉祉為定陶王，封劉賜為宛王，封劉慶為燕王，封劉歙為元氏王，封大將軍劉嘉為漢中王，封劉信為汝陰王；然後把王匡立為比陽王，把王鳳立為宜城王，立朱鮪為膠東王，立衛尉大將軍張卬為淮陽王，立廷尉大將軍王常為鄧王，立執金吾大將軍廖湛為穰王，立申屠建為平氏王，立尚書胡殷為隨王，立柱天大將軍李通為西平王，立五威中郎將李軼為舞陰王，立水衡大將軍成丹為襄邑王，立大司空陳牧為陰平王，立驃騎大將軍宋佻為潁陰王，立尹尊為郾王。只有朱鮪推辭說：「我不是劉姓宗室，不敢違犯先皇定下的典則。」於是堅決辭讓不肯接受。劉玄就改任朱鮪為左大司馬，任命劉賜為前大司馬，使他們與李軼、李通、王常等一起，到函谷關以東地區去鎮守，安撫那裡的百姓。任李松為丞相，任趙萌為右大司馬，共同掌管朝廷內政。

2 更始帝劉玄納娶趙萌的女兒為夫人，對趙女甚是寵愛，於是就把朝政交給趙萌去管理，他自己夜以繼日地一天天在後庭與嬪妃們飲酒取樂。群臣想向皇帝奏報要事，更始經常喝醉了酒不能接見，有時不得不見，便讓近侍的官員坐在帷帳內代他與奏事的臣子對話。那些將領聽出不是劉玄的聲音，出宮後埋怨說：「爭奪天下的大業成敗尚難以預料，竟然放縱自己到這種程度！」韓夫人尤其喜好飲酒，每次她陪更始飲宴時，見到常侍奏報政事，常常生氣地說：「陛下正與我對飲，恰恰在這時候拿事來稟報嗎！」站起身，捶破了盛放奏書的木板案面。趙萌把持朝政，自己作威作福，獨斷專行。皇帝的警衛官員中，有人說趙萌任意胡行，不受朝廷約束，劉玄聽到了，大為生氣，拔出劍來刺這人。從此之後，再也沒人敢說話了。趙萌為私事怨恨一名侍中，要把他從皇帝身邊拉出去斬首，劉玄替這人講情，想解救他，但趙萌不聽從。此時，李軼、朱鮪等在山東地區擅自發號施令，王匡、張卬等在京師周圍的三輔地區橫行霸道，暴虐不法。他們所授予官爵的，都是些不成器的小人奸商之類，有的是掌勺的廚師或切肉的庖人，他們多穿著繡著花卉圖案的外衣，織錦的袴子，寬大漂亮的短上衣，或是女人穿的華麗大袿，在街市的通衢大道上呼罵叫喊，招搖過市。長安城中有人編了歌謠諷刺他們說：「竈下養，中郎將。爛羊胃，騎都尉。爛羊頭，關內侯。」

3 軍帥將軍豫章郡人李淑上書劉玄規勸他說：「現在賊寇剛剛被誅滅，帝王的道德教化還沒有推行開，各種官吏各部門首領應該謹慎地選任。那三公之位上應天上的三台星宿，九卿之位下象地上的河海，所以把上天的職分讓人去代替完成。陛下建立的偉大基業，雖然借助了下江兵、平林兵的勢力，這不過是臨時救急時加以利用，這種辦法，不能用於大局安定之後。應該改革用人制度，延請招攬英明俊傑之士，根據他們的才能，授給不同的爵位，靠他們來匡扶國家。現在三公九卿等重要職位，沒有不是由軍將武官擔任的，尚書等顯貴官職全是出自平庸的人群，本身資質只能當個亭長在地方上追捕盜賊的人，卻委派他擔當輔佐皇帝執掌國家綱紀的重任。名分和官爵，聖人十分重視。現在把重要的官職委任給不適合擔當這種職務的人，像這樣，若希望他們對國家政務有所補益，振興教化，達到安定團結太平治理的目的，就像上樹捉魚、上山採珠那樣。天下人見到這種情況，就會有人對漢室江山產生覬覦之心了。我不是有憎恨嫉妒別人以求得到皇上的提拔重用，只是為陛下舉措不當感到惋惜。大塊的好木料被匠人砍壞了，美麗的錦緞被學徒剪費了，這種狀況應該引起高度重視。希望陛下和以往的謬誤過失一刀兩斷，追求達到周文王那樣濟濟多士的盛美景象。」

4 劉玄看到這份奏書，十分生氣，下詔將李淑逮捕入獄。從此之後，關中地區離心離德，周圍各地軍民怨恨叛變。那些到各地征討的將領，也到處自行任命州牧郡守，結果各自所置的州郡官員竟互相重疊交錯，下級官吏不知該服從誰。

1 十二月，赤眉❶西入關。

2 三年正月，平陵❷人方望立前孺子劉嬰為天子。初，望見更始政亂，度其必敗，謂安陵❸人弓林等曰：「前定安公嬰，平帝之嗣，雖王莽簒奪，而嘗為漢主。今皆云劉氏真人，當更受命，欲共定大功，何如？」林等然之，乃於長安求得嬰，將至臨涇❹立之。聚黨數千人，望為丞相，林為大司馬。更始遣李松與討難將軍蘇茂等擊破，皆斬之。

3 又使蘇茂拒赤眉於弘農❺，茂軍敗，死者千餘人。

4 三月，遣李松會朱鮪與赤眉戰於蓩鄉❻，松等大敗，棄軍走，死者三萬餘人。

5 時王匡、張卬守河東，為鄧禹所破，還奔長安。卬與諸將議曰：「赤眉近在鄭、華陰間❼，旦暮且至。今獨有長安，見滅不久，不如勒兵掠城中以自富，轉攻所在，東歸南陽，收宛王等兵。事若不集，復入湖池中為盜耳。」申屠建、廖湛等皆以為然，共入說更始。

6 更始怒不應，莫敢復言。及赤眉立劉盆子，更始使王匡、陳牧、成丹、趙萌屯新豐❽，李松軍掫❾，以拒之。

7 張卬、廖湛、胡殷、申屠建等與御史大夫❿隗囂合謀，欲以立秋日貙膢⓫時共劫更始，俱成前計。侍中劉能卿知其謀，以告之。更始託病不出，召張卬等。

卬等皆入，將悉誅之，唯隗囂不至。更始狐疑⑫，使卬等四人且待於外廬。卬與湛、殷疑有變，遂突出，獨申屠建在，更始斬之。卬與湛、殷遂勒兵掠東西市。昏時，燒門入，戰於宮中，更始大敗。明旦，將妻子車騎百餘，東奔趙萌於新豐。

8 更始復疑王匡、陳牧、成丹與張卬等同謀，乃並召入。牧、丹先至，即斬之。王匡懼，將兵入長安，與張卬等合。李松還從更始，與趙萌共攻匡、卬於城內。連戰月餘，匡等敗走，更始徙居長信宮⑬。赤眉至高陵，匡等迎降之，遂共連兵而進。更始守城，使李松出戰，敗，死者二千餘人，赤眉生得松。時松弟汎為城門校尉⑭，赤眉使使謂之曰：「開城門，活汝兄。」汎即開門。九月，赤眉入城。更始單騎走，從廚城門⑮出。諸婦女從後連呼曰：「陛下，當下謝城！」更始即下拜，復上馬去。

【章旨】以上記述在赤眉軍入關的情勢下，更始軍內部鬥爭及分崩離析情況。

【注釋】❶赤眉　新莽末年另一支重要的農民武裝力量，由青州（今山東半島）琅邪郡（今山東諸城）人樊崇發起領導，聚眾數萬。因他們用赤色染眉作為標識，故稱「赤眉軍」。❷平陵　縣名。因有埋葬漢昭帝劉弗陵的平陵而設縣。故地在今陝西興平東北。❸安陵　縣名。漢惠帝劉盈死後葬此而得名，故城在今陝西咸陽東。❹臨涇　縣名。屬涼州安定郡。故地在今甘肅鎮原境內。❺弘農　郡名。西漢時轄十一個縣。故地當今河南西部與陝西鄰接地區，即函谷關所在地周圍區域。❻蕤鄉　鄉聚名。屬弘農郡。故地大約在今山西平陸之南一帶。蕤，本毒草名，此地以產此毒草而得名。❼鄭華陰間　鄭指西周時周宣王封其季弟桓公（名姬友）的封地，本西周封畿內之地，故地在今陝西華縣境內。其後人東遷為春秋時的鄭國，都新鄭（今河南新鄭）。華陰，縣名。因在華山之北而得名。鄭和華陰當時都屬京兆尹管轄。❽新豐　縣名。在長安城東。故地在今陝西臨潼境。❾掫　城名。新豐有鴻門亭，即此。故地在今陝西臨潼北。❿御史大夫　秦漢時地位僅次於丞相的中央高級長官，主要職務為監察、執法，兼掌重要文書典籍。御史大夫常常代理丞相缺位時的工作，且與丞相、太尉一起並稱「三公」。⓫貙膢　是立秋日舉行的一種祭祀的名稱。膢，祭名。貙，是一種體形如犬大的虎屬動物。古代常以立秋日祭獸，王者在這一天出獵，歸來後以祭宗廟，故稱貙膢之祭。⓬狐疑　俗傳狐性多疑，因以指多疑無決斷之情態，與猶豫不決義近。⓭長信宮　西漢時長安城中著名的宮殿名。⓮城門校尉　校尉是兩漢時帶兵武官之一種，地位略次於將軍，常隨其職務冠以不同之名號。城門校尉管理京師城門的屯兵，掌護衛京師之責。⓯廚城門　長安城北面之中城門為洛城門，因其門內有長安廚官，俗稱廚城門。

【語譯】更始二年十二月，赤眉軍向西進入武關。

2 更始三年正月，平陵人方望把前漢宗室一個孩童叫劉嬰的擁立為天子。當初，方望看到更始朝政混亂無序，預測它必然失敗，就對安陵人弓林等人說：「前朝安定公劉嬰，是平帝劉衎的後代，雖然他家被王莽篡奪了皇權，但他曾經是漢朝的君主。現在人們都說他是漢室劉氏的直系子孫，應當重新接受天命，我打算與你們一起成就大業，大家以為如何？」弓林等都贊同他的意見，於是在長安尋找到了劉嬰，帶這孩童到安定郡的臨涇，立劉嬰為皇帝。他們聚結了黨眾數千人，方望當丞相，弓林當大司馬。更始帝劉玄派李松與討難將軍蘇茂等人率大軍去進擊，將其打敗，把劉嬰和擁立他的人全部斬首。

3 更始又派蘇茂到弘農去抵禦西進的赤眉軍。蘇茂軍戰敗，死了一千多人。

4 三月，更始朝廷增派李松率軍會合朱鮪軍一起與赤眉軍在蓩鄉交戰，李松等人被打得大敗，帶兵將領扔下軍隊逃跑，軍士戰死的有三萬多人。

5 當時王匡、張卬鎮守河東郡，被劉秀的大將鄧禹打敗，退兵回到長安。張卬與各大將領商議說：「赤眉軍已近逼到鄭與華陰之間，早晚之間就要到來。現在我們的地盤只有這長安孤城，被消滅的日子不會久遠，咱不如率領兵卒在長安城內大肆搶掠財物，使自己富起來，然後攻取我們沿途經過的地方，向東回到南陽，奪取宛王劉賜等人的兵權和地盤。假若事情不成功，只不過再回到湖澤中重新當強盜罷了。」申屠建、廖湛等人都認為這主意不錯，就一同進入皇宮中勸說更始帝。

6 更始帝劉玄聽了此話十分生氣，不允許這麼辦，眾人再沒有人敢於說話。等到赤眉軍把劉盆子立為天子，更始帝便命王匡、陳牧、成丹、趙萌等人率軍屯駐於新豐，讓李松率軍駐紮於掫城，來抵禦赤眉軍。

7 張卬、廖湛、胡殷、申屠建諸將與御史大夫隗囂一起計謀，打算在立秋之日皇帝外出打獵舉行貙膢之祭時共同劫持更始，脅迫他按他們一夥早先商定的計策行事。侍中劉能卿探知張卬等人的陰謀，把這消息報告了更始。更始就假託有病不再出宮祭祀，而下令召見張卬等人。張卬等人都進入皇宮之內，更始準備把他們全部殺掉，但御史大夫隗囂還沒有到達。更始一時遲疑不決，就讓張卬等四人暫且在外邊廬屋中等候。張卬與廖湛、胡殷三人疑心情況有了變化，便一起衝了出去，只剩下申屠建還留在宮內，更始便殺了他。張卬與廖湛、胡殷於是率兵搶掠長安的東西二市。黃昏時分，放火焚燒宮門，進入皇宮，與守衛的軍士發生激戰，更始的禁衛軍大敗。第二天早晨，更始就帶著他的老婆孩子以及身旁的近侍人員等共乘一百多輛車馬，向東去新豐投奔他的岳父趙萌。

8 更始帝劉玄又懷疑王匡、陳牧、成丹與張卬等是共同密謀劫持他的人，便同時召他們入見。陳牧、成丹先到，立即被殺。王匡聞知後害怕，就率兵進入長安城與張卬等合兵一處。李松從掫城撤兵回來，跟隨更始，與新豐的趙萌聯合，率兵共同攻打長安城中的王匡和張卬。雙方接連激戰一月有餘，王匡等失敗逃跑，更始帝進入城中改住在長信宮裡。赤眉軍已進攻到左馮翊之高陵縣，王匡等開城門投降赤眉，雙方連兵進攻長安。更始自己負責守城，派李松出城迎戰，李松戰敗，死了兩千多人。赤眉軍活捉了李松。當時李松的弟弟李汎是更始軍的城門校尉，赤眉軍派遣使者對李汎說：「你若打開城門，就讓你哥哥活命。」李汎就打開了城門。九月，赤眉軍開進長安城。更始帝劉玄單身匹馬逃跑，從廚城門逃出長安。那些跟在他身後逃跑的嬪妃宮女等，在他身後連連高呼：「陛下，應該下馬向城池行告別之禮呀！」更始就下馬面對城門行拜別禮，再重新上馬離去。

1 初，侍中劉恭以赤眉立其弟盆子，自繫詔獄❶；聞更始敗，乃出，步從至高陵，止傳舍。右輔都尉嚴本恐失更始為赤眉所誅，將兵在外，號為屯衛而實囚之。赤眉下書曰：「聖公❷降者，封長沙王。過二十日，勿受。」更始遣劉恭請降，赤眉使其將謝祿往受之。

2 十月，更始遂隨祿肉袒詣長樂宮，上璽綬於盆子。赤眉坐更始，置庭中，將殺之。劉恭、謝祿為請，不能得，遂引更始出。劉恭追呼曰：「臣誠力極，請得先死。」拔劍欲自刎，赤眉帥樊崇等遽共救止之，乃赦更始，封為畏威侯。劉恭復為固請，竟得封長沙王。更始常依謝祿居，劉恭亦擁護之。

3 三輔苦赤眉暴虐，皆憐更始，而張卬等以為慮，謂祿曰：「今諸營長多欲篡聖公者。一旦失之，合兵攻公，自滅之道也。」於是祿使從兵與更始共牧馬於郊下，因令縊殺之。劉恭夜往收臧其屍。光武聞而傷焉，詔大司徒鄧禹葬之於霸陵❸。

4 有三子：求，歆，鯉。明年夏，求兄弟與母東詣洛陽，帝封求為襄邑侯，奉更始祀；歆為穀孰侯，鯉為壽光侯。求後徙封成陽侯。求卒，子巡嗣，復徙封濩澤侯。巡卒，子姚嗣。

【章　旨】以上記述更始帝劉玄的可悲下場及其後嗣情況。

【注　釋】❶詔獄　奉詔令關押犯人的牢獄。也可指皇帝親自過問的案件。❷聖公　指劉玄。稱其表字，不稱其帝號，是不承認他的皇帝身分。❸霸陵　西漢孝文帝劉恆陵寢所在地，今陝西長安東。

【語　譯】當初，更始朝的侍中劉恭，因為赤眉軍把他弟弟劉盆子立為皇帝，就自動地投到詔獄裡表示忠心；現在聽說更始已敗，才從獄中出來，徒步跟隨更始到高陵，住在驛站裡。右輔都尉嚴本擔心更始帝走失而被赤眉軍殺掉，就領兵守護在更始住所的外邊，名義上說是駐守保衛，實際上是囚禁了更始。赤眉軍派人給更始送來書信說：「聖公投降的話，封你為長沙王。拖延過了二十天，想投降也就不接受了。」更始就派劉恭代表他去請降，赤眉軍派將領謝祿前去受降。

2 十月，更始帝劉玄於是脫光上身赤著臂膊表示有罪，跟著受降將領謝祿到長安城中的長樂宮，把皇帝用的御璽印綬等獻給劉盆子。赤眉軍讓更始坐下，安置他在宮中庭院裡，準備殺死他。劉恭、謝祿都替更始求情，沒有得到准許，於是更始被人拉了出去。劉恭在後邊一面追一面大喊：「我實在使盡力量了，請讓我死在陛下前頭。」拔出寶劍來就要自刎，赤眉軍的統帥樊崇等人趕緊上前共同勸止救下了他，於是也就赦免了更始，封他為畏威侯。劉恭又堅決替他請求，終於被封為長沙王。更始經常依靠謝祿，起居在一起，劉恭也保護著他。

3 長安城及其四圍的京兆尹、左馮翊、右扶風這三輔地區，被赤眉軍的橫暴殘虐折騰得痛苦不堪，兵民都同情懷念更始皇帝，張卬等將領都為此而擔憂，對謝祿說：「現在各軍營的將領不少人想奪走聖公重新扶他起事。一旦我們失掉了他，他們聯合起來向您進攻，這是自取滅亡啊。」在此情況下，謝祿就讓自己的隨從士兵與更始一起到郊外去牧馬，趁人不見時用繩索縊殺了他。劉恭知道後，趁夜間前去收藏起更始的屍體。

光武帝聽到這訊息後甚為感傷，下詔令大司徒鄧禹把更始遺體埋葬在霸陵。

4 更始帝劉玄有三個兒子：劉求、劉歆、劉鯉。第二年夏天，劉求兄弟與母親向東到了洛陽，光武帝封劉求為襄邑侯，負責供奉更始帝亡靈的祭祀；封劉歆為穀孰侯，封劉鯉為壽光侯。劉求以後改封為成陽侯。劉求死後，他的兒子劉巡繼承了他的爵位，又改封為濩澤侯。劉巡死後，他的兒子劉姚繼承爵位。

論曰：周武王觀兵孟津，退而還師，以為紂未可伐，斯時有未至者也❶。漢起，驅輕黠烏合之眾❷，不當天下萬分之一，而旌旃❸之所撝及，書文之所通被，莫不折戈頓顙❹，爭受職命。非唯漢人餘思，固亦幾運之會也。夫為權首❺，鮮或不及。陳、項且猶未興，況庸庸❻者乎！

【章　旨】以上為史家對更始帝的評論。主要強調是社會環境和機遇，使他當了幾年皇帝；他沒有水平，資質太差，自然不會成就大事。

【注　釋】❶周武王觀兵四句　周武王在孟津陳兵列隊，展示力量，又退兵回去，認為商紂還不可征伐，當時征伐條件尚不成熟。語見《史記·周本紀》：「武王即位，太公望為師，周公旦為輔，召公、畢公之徒左右王，師修文王緒業。九年……東觀兵，至于盟津。……是時，諸侯不期而會盟津者八百諸侯。諸侯皆曰：『紂可伐矣。』武王曰：『女未知天命，未可也。』乃還師歸。」武王即姬發，諡號據「克定禍亂曰武」而定。紂是商代最末一代國君，即帝辛。〈諡法〉：「殘義損善曰紂。」觀兵，檢閱軍隊示人以兵威。孟津，古代黃河上的一個渡口，在今河南孟縣南。因武王伐紂時曾與八百諸侯在此會盟，故又稱盟津。❷驅輕黠烏合之眾　驅趕著一群臨時聚合起來的輕捷傑黠之人。輕黠，輕銳傑黠。輕，輕捷；輕健。黠，聰慧；機敏。烏合之眾，倉卒集合之眾，如烏鴉自由群集，多指缺乏嚴密的組織和嚴格訓練的群體。❸旌旃　泛指各種旗幟。旌，用旄牛尾和彩色鳥羽作竿飾的旗。旃，赤色曲柄的旗。❹折戈頓顙　放下武器，叩頭投降。折戈，毀掉自己的兵器，表示不再抵抗。頓顙，趴在地上，以頭抵地且稍作停留，即行跪拜大禮。頓，頓首；停頓。顙，額頭；腦門兒。❺權首　主謀；肇事者。❻庸庸　平庸。

【語　譯】史家評論說：周武王姬發在孟津會合諸侯，檢閱軍隊，展示軍威，結果還是退兵還師，沒有進攻，他認為商紂還不到攻伐的時候，條件還沒有成熟，時機還沒有到來。漢朝興起之時，驅使著一些輕銳傑黠倉卒間集合起來的人，人數不到天下人總數的萬分之一，但是，軍旗所指向的地方，征討的文書所到達的區域，沒有不放下武器俯首叩地，爭相接受任命，表示擁護服從的。劉玄為帝並不只是漢朝百姓對劉姓政權留有思念，也是因為機遇與命運碰巧交會到一起了。那些首先發難的首領人物，很少有災禍不及於自身的，陳涉、項羽尚且都沒能成就大業，何況那些極為平庸的人呢！

劉盆子者，太山式人❶，城陽景王章之後也。祖父憲，元帝時封為式侯，父萌嗣。王莽篡位，國除，因為式人焉。

【章　旨】以上介紹劉盆子的家世、出身。由於他的祖上有過王爵，所以才由一個普通人被捧上皇帝的寶座。

【注　釋】❶太山式人　太山郡式縣人。太山，又作泰山。漢之太山郡屬兗州，故地當今山東泰安周圍一帶。式，縣名。光武中興後撤銷。故地在今山東滋陽內。西元一九五八年併入曲阜。

【語　譯】劉盆子是太山郡式縣人，城陽景王劉章的後代。祖父叫劉憲，漢元帝劉奭在位時被封為式侯，父親劉萌承襲爵位。王莽篡漢位之後，廢除封國，劉盆子就成了式縣人。

1 天鳳❶元年，琅邪海曲❷有呂母者，子為縣吏，犯小罪，宰論殺之。呂母怨宰，密聚客，規以報仇。母家素豐，貲產數百萬，乃益釀醇酒，買刀劍衣服。少年來酤者，皆賒與之，視其乏者，輒假衣裳，不問多少。數年，財用稍盡，少年欲相與償之。呂母垂泣曰：「所以厚諸君者，非欲求利，徒以縣宰不道，枉殺吾子，欲為報怨耳。諸君寧肯哀之乎？」少年壯其意，又素受恩，皆許諾。其中勇士自號猛虎，遂相聚得數十百人，因與呂母入海中，招合亡命，眾至數千。呂母自稱將軍，引兵還攻破海曲，執縣宰。諸吏叩頭為宰請，母曰：「吾子犯小罪，不當死，而為宰所殺。殺人當死，又何請乎？」遂斬之，以其首祭子冢，復還海中。

2 後數歲，琅邪人樊崇起兵於莒❸，眾百餘人，轉入太山，自號三老。時青、徐大飢，寇賊蜂起，眾盜以崇勇猛，皆附之，一歲間至萬餘人。崇同郡人逄安，東海❹人徐宣、謝祿、楊音，各起兵，合數萬人，復引從崇。共還攻莒，不能下，轉掠至姑幕❺，因擊王莽探湯侯田況，大破之，殺萬餘人。遂北入青州，所過虜掠。還至太山，留屯南城❻。

3 初，崇等以困窮為寇，無攻城徇地❼之計。眾既寖盛❽，乃相與為約：殺人者死，傷人者償創。以言辭為約束，無文書、旌旗、部曲、號令。其中最尊者號三老，次從事，次卒史，汎相稱曰巨人。

4 王莽遣平均公廉丹、太師王匡擊之。崇等欲戰，恐其眾與莽兵亂，乃皆朱其眉以相識別，由是號曰赤眉。赤眉遂大破丹、匡軍，殺萬餘人，追至無鹽[9]，廉丹戰死，王匡走。

5 崇又引其兵十餘萬，復還圍莒，數月。或說崇曰：「莒，父母之國，柰何攻之？」乃解去。

6 時呂母病死，其眾分入赤眉、青犢、銅馬[10]中。赤眉遂寇東海，與王莽沂平大尹[11]戰，敗，死者數千人，乃引去，掠楚、沛、汝南、潁川，還入陳留，攻拔魯城，轉至濮陽[12]。

7 會更始都洛陽，遣使降崇。崇等聞漢室復興，即留其兵，自將渠帥二十餘人，隨使者至洛陽降更始，皆封為列侯。崇等既未有國邑，而留眾稍有離叛，乃遂亡歸其營，將兵入潁川，分其眾為二部，崇與逢安為一部，徐宣、謝祿、楊音為一部。崇、安攻拔長社[13]，南擊宛，斬縣令；而宣、祿等亦拔陽翟[14]，引之梁[15]，擊殺河南太守。

8 赤眉眾雖數戰勝，而疲敝厭兵，皆日夜愁泣，思欲東歸。崇等計議，慮眾東向必散，不如西攻長安。

9 更始二年冬，崇、安自武關⑯，宣等從陸渾關⑰，兩道俱入。三年正月，俱至弘農，與更始諸將連戰剋勝，眾遂大集。乃分萬人為一營，凡三十營，營置三老、從事各一人。進至華陰。

10 軍中常有齊巫鼓舞祠城陽景王⑱，以求福助。巫狂言景王大怒，曰：「當為縣官⑲，何故為賊？」有笑巫者輒病，軍中驚動。

11 時方望弟陽怨更始殺其兄，乃逆說⑳崇等曰：「更始荒亂，政令不行，故使將軍得至於此。今將軍擁百萬之眾，西向帝城，而無稱號，名為群賊，不可以久。不如立宗室，挾義誅伐。以此號令，誰敢不服？」崇等以為然，而巫言益甚。

12 前及鄭㉑，乃相與議曰：「今迫近長安，而鬼神如此，當求劉氏共尊立之。」六月，遂立盆子為帝，自號建世元年。

【章旨】以上介紹呂母起義、赤眉起義並發展壯大的情況，為劉盆子出場作鋪墊。也就是記錄劉盆子被立為帝的社會背景及時代背景。

【注釋】❶天鳳　王莽當政時年號，西元一四—一九年。❷琅邪海曲　琅邪郡海曲縣，琅邪郡屬徐州。故地當今之山東南部與江蘇東北部二地鄰接地區。海曲縣故地在今山東日照西。❸莒　縣名。漢代屬青州琅邪郡。故地在今山東臨沂莒縣境內。❹東海　郡名。漢之東海郡屬徐州。故地為今山東西南與江蘇北部、西北部之鄰接地區。❺姑幕　縣名。屬琅邪郡。故城在莒縣東北。❻南城　縣名。屬東海郡，因有南城山而得名。不要與江西之南城相混。❼徇地　攻占土地。徇，奪取。❽寖盛　漸漸強大起來。寖，逐漸。❾無鹽　縣名。屬東平國。故地在今山東東平境內。❿青犢銅馬　新莽末年另外兩支起兵隊伍，都在河北，他們曾共立孫登為帝，後被劉秀擊敗收編。⓫沂平大尹　王莽改東海郡為沂平，改郡守為大尹。⓬掠楚沛四句　楚為漢代封國名。故地為今安徽壽春一帶。沛，郡名。屬豫州，下轄三十七縣。故地為今安徽東北部一帶。汝南，郡名。下轄三十七縣。故地當今河南中部。潁川，郡名。屬豫州，轄二十縣。故地當今河南中南部。陳留，郡名。屬兗州，轄十七縣。故地當今河南中北部。魯城，可能指魯山縣城，今河南平頂山西邊。若指魯國之城，則為今山東曲阜一帶。若據攻戰路線來看，後一說較合理。濮陽，縣名。故地在今河南濮陽區域之內。⓭長社　縣名。故地在今河南長葛境內。⓮陽翟　縣名。相傳為大禹之都城，故地即今河南禹州。⓯梁　縣名。西漢屬河南郡，東漢屬河南尹。治所在今河南臨汝西。⓰武關　今陝西丹鳳東南。是戰國時秦之南關。與其東關函谷關遙相呼應，都是入秦的門戶。⓱陸渾關　今河南嵩縣東北伊闕附近，古代曾設關隘。⓲城陽景王　指劉章，是劉邦之子齊悼惠王劉肥的次子，曾參與誅殺諸呂的行動。他被封為城陽（今山東莒縣，即樊崇等人起兵之地）景王，那裡有他的祠堂接受祭祀。⓳縣官　即天子、朝廷、皇帝。《史記索隱》：「縣官謂天子也。所以謂國家為縣官者，〈夏官〉王畿內縣即國都也。王者官天下，故曰縣官也。」⓴逆說　上書奏事，進行勸說。㉑鄭　今陝西華縣為古鄭國所在地。

【語　譯】天鳳元年，琅邪郡海曲縣有個呂姓母親，她的兒子是海曲縣當差的小吏，犯了小罪，縣宰把他判成死罪殺死了。呂母怨恨縣宰，祕密聚集賓客，設法為兒子報仇。呂母家中向來富裕，有數百萬資產，她就大量地釀造醇酒，買了刀劍和衣服。有年輕人來買酒的，都不收錢，賒給他們，看到貧窮缺財物的，就借給他們衣裳穿，不考慮多少。幾年之後，財物漸漸用完了。那些年輕人要一起償還給她。呂母流著眼淚說：「我之所以優待諸位的原因，不是為了追求利潤，只因為縣宰不講道理，暴虐無道，冤殺了我的兒子，我想為兒子雪冤報仇罷了。諸位能夠哀憐同情我嗎？」那些年輕人覺得呂母的志向悲壯感人，平時又受到了她的恩惠，都答應了她。其中有勇敢的人自稱為猛虎，於是聚集起數十上百人，趁機與呂母一起到海島上，招集那些躲在海上的亡命之徒，人眾達到數千名。呂母自稱為將軍，領著部眾回過頭來攻破海曲縣城，捉住了縣宰。縣裡那些官吏都叩頭為縣宰講情，呂母說：「我兒子犯的是小罪過，不該被處死，卻被縣宰斬殺了。殺人應該償命，你們還為他求什麼情呢？」於是就殺了縣宰，拿縣宰的頭顱到呂母兒子的墓冢前祭奠亡靈，然後呂母又率眾回到海島上。

2 呂母起事之後過了幾年，琅邪郡人樊崇在莒縣起兵，聚眾百餘人，轉戰進入太山郡，樊崇自號為「三老」。當時，青州、徐州一帶發生大饑荒，強寇和盜賊成群結夥地紛紛起事，大家認為樊崇勇猛過人，都前往歸附他，一年之間就發展到一萬多人。與樊崇同屬於琅邪郡的逄安，東海郡人徐宣、謝祿、楊音等，也各自起兵，聚集部眾數萬人，又率眾來跟隨樊崇。他們一起回過頭來攻打莒縣，沒能破城，引軍轉到姑幕進行擄掠，趁勢攻打王莽的探湯侯田況，把他打得大敗，殺死一萬多人。樊崇帶隊伍向北進入青州境內，凡經過的地方，一路抓兵擄人，搶掠財物。還兵回到太山郡，駐紮在南城。

3 開始的時候，樊崇等人是因為貧困得沒法活下去才被逼做了強盜，並沒有攻占城池奪取地盤的長遠打算。現在部眾已經逐漸強盛壯大，就互相作出了約定：殺人的要被處死，傷了別人的要賠償對方。他們之間，就憑言詞話語為約束，並沒有文書、旌旗、部曲編制和各種號令。這支隊伍中最尊貴的首領稱作「三老」，其次叫「從事」，再低一等的叫「卒史」，一般人之間互稱為「巨人」。

4 王莽派平均公廉丹和太師王匡去攻打這支反抗力量。樊崇等首領打算和王莽軍交戰，又擔心自己的部眾與王莽士兵區分不開，弄混了敵我，就讓自己的官兵都用朱色染紅了眉毛，以相識別，由此開始，這支隊伍號曰「赤眉」。赤眉軍大破廉丹和王匡的軍隊，斬殺一萬多人，把敗軍追擊到無鹽，廉丹戰死，王匡逃走。

5 樊崇率領他的兵眾十幾萬人，回頭包圍了莒縣城，圍了好幾個月。有人勸說樊崇：「莒縣是你的出生地，是你的父母之國，為什麼攻打它？」樊崇這才率眾解圍而去。

6 當時，呂母已經病死，她原來的部眾分別加入赤眉、青犢、銅馬等隊伍中。赤眉軍侵擾東海郡，與王莽的沂平大尹交戰，吃了敗仗，赤眉軍死了數千人。於是樊崇領兵離開東海郡，攻掠楚郡、沛郡、汝南郡、潁川郡。回頭又攻入陳留郡，攻拿下魯國城，轉戰到了濮陽。

7 此時恰好趕上更始帝劉玄在洛陽建都，就派使臣來勸降樊崇。樊崇等人聽說劉姓宗室後人又興復了漢家天下，馬上留下部隊，親自帶領二十多名首領，跟隨使者到洛陽歸附了更始劉玄，他們都被封為列侯。樊崇等人雖被封成了侯爵，但沒有封國和食邑，而留在原地的部隊逐漸有人離隊叛逃，於是樊崇等人就偷偷地逃歸原軍的營地，領兵進入潁川郡，他們把大部隊分成了兩部分，樊崇與逄安為一部，徐宣、謝祿、楊音為另一部。兩部分頭行動，樊崇和逄安部攻下了長社，向南進擊宛城，斬殺了縣令；徐宣、謝祿等人也攻下了陽翟，率兵到達梁縣，擊殺了河南郡太守。

8 赤眉軍雖然取得一連串勝利，但兵士奔波疲倦，普遍產生厭戰情緒，都日夜愁悶哭泣，想著東歸回到家鄉去。樊崇和眾頭領商議，擔心大家向東開拔，隊伍一定會離散，不如向西攻打長安。

9 更始二年冬天，樊崇、逄安率軍從武關，徐宣等率軍從陸渾關，分兩路進入關中地區。更始三年正月，兩部分大軍都到達弘農，與更始軍諸將交戰，連戰連勝，赤眉軍聚集起更多的人馬。於是就分每萬人為一營，共分了三十營，每一營設置三老、從事各一人。大軍進至華陰縣。

10 赤眉軍軍中經常有齊地的巫師敲著鼓跳著舞祭祀城陽景王劉章的亡靈，以求得到他福佑幫助。巫師大發狂言說景王生氣了，責問說：「應該當天子，為什麼做盜賊呢？」有取笑巫師的往往得了病，而引起軍中的驚恐震動。

11 當時，方望的弟弟方陽怨恨更始劉玄殺死了他的哥哥，就上書樊崇等人，建議他們說：「更始朝廷荒淫混亂，政令得不到貫徹執行，所以才使將軍您發展到如此程度。現在將軍您擁有上百萬的部眾，正向西攻打帝都長安，卻沒有號令天下的正當稱號，被人稱為群賊，這樣就難以堅持長久。不如擁立劉姓宗族的人當皇帝，憑仗正義去討伐誅殺無道之人。用這名義去號令天下，誰敢不服從？」樊崇等人覺得方陽的意見很對，而此時巫師所傳布的話也日甚一日。

12 赤眉軍前進到達鄭地，首領們相互議論說：「現在我們已迫近長安，而鬼神的明示又是如此，應該找前朝劉氏的子孫，共同尊奉他立為皇帝。」當年六月，就擁立劉盆子為皇帝，自己稱紀元年號為建世元年。

1 初，赤眉過式，掠盆子及二兄恭、茂，皆在軍中。恭少習尚書，略通大義，及隨崇等降更始，即封為式侯。以明經數言事，拜侍中，從更始在長安。盆子與茂留軍中，屬右校卒史❶劉俠卿，主芻牧牛，號曰牛吏。及崇等欲立帝，求軍中景王後者，得七十餘人，唯盆子與茂及前西安侯劉孝最為近屬。

2 崇等議曰：「聞古天子將兵稱上將軍。」乃書札為符曰「上將軍」，又以兩空札置笥中，遂於鄭北設壇場，祠城陽景王。諸三老、從事皆大會陛下，列盆子等三人居中立，以年次探札。盆子最幼，後探得符，諸將乃皆稱臣拜。盆子時年十五，被髮徒跣，敝衣赭汗，見眾拜，恐畏欲啼。茂謂曰：「善藏符。」盆子即齧折棄之，復還依俠卿。

3 俠卿為制絳單衣、半頭赤幘、直綦履，乘軒車大馬，赤屏泥，絳襜絡❷，而猶從牧兒遨。

4 崇雖起勇力而為眾所宗，然不知書數。徐宣故縣獄吏，能通易經❸。遂共推宣為丞相，崇御史大夫，逢安左大司馬，謝祿右大司馬，自楊音以下皆為列卿。

5 軍及高陵，與更始叛將張卬等連和，遂攻東都門❹，入長安城，更始來降。

6 盆子居長樂宮，諸將日會論功，爭言讙呼，拔劍擊柱，不能相一。三輔郡縣營長遣使貢獻，兵士輒剽奪之。又數虜暴吏民，百姓保壁，由是皆復固守。

7 至臘日，崇等乃設樂大會，盆子坐正殿，中黃門持兵在後，公卿皆列坐殿上。酒未行，其中一人出刀筆❺書謁欲賀，其餘不知書者起請之，各各屯聚，更相背向。大司農楊音按劍罵曰：「諸卿皆老傭也！今日設君臣之禮，反更殽亂，兒戲尚不如此，皆可格殺❻！」更相辯鬬，而兵眾遂各踰宮斬關，入掠酒肉，互相殺傷。衛尉諸葛穉聞之，勒兵入，格殺百餘人，乃定。盆子惶恐，日夜啼泣，獨與中黃門共臥起，唯得上觀閣而不聞外事。

【章　旨】以上具體描述劉盆子被擁立為皇帝的經過及稱帝後的困難日子。赤眉軍將領的低素質表現，預示了他們的必然失敗。

【注　釋】❶右校卒史　漢代將作大匠的屬官，有左、右校令，掌左、右工徒。赤眉軍中的右校卒史一官，只是取其名號而已。❷絳襜絡　紅色的襜絡。絳為大紅色。襜絡，車上四周網絡狀的帷帳。❸易經　儒學重要經典之一，亦稱《周易》，是含有古代哲學思想的占卜之書。❹東都門　據《三輔黃圖》：「宣平門，長安城東面北頭第一門也，其外郭門名東都門。」❺刀筆　刀和筆在古代都是書寫的工具，古代記事，最早是用刀刻在龜甲、獸骨上即今稱之「甲骨文字」，也有刻在竹木簡牘上。有筆以後，寫字於絹帛上或竹片木片上。若在簡冊上寫字，謬誤處用刀削去另寫，故刀筆連用。主管文案之官吏亦可稱刀筆。

❻格殺　擊殺。相拒而殺曰格，格作抗拒、打擊解。

【語　譯】起初，赤眉軍經過式縣的時候，擄掠了劉盆子和他的兩個哥哥劉恭和劉茂，都留在了軍中。劉恭少年時跟人學習過《尚書》，大略懂一些書中的要義，到跟隨樊崇一夥人投降更始帝劉玄的時候，他即被封為式侯。因為他能闡明經書的要旨，以此為理論根據多次向更始帝進言論事，被封為侍中，隨更始帝留在了長安。劉盆子和劉茂則仍在赤眉軍中，隸屬於右校卒史劉俠卿領導，主管割草放牛等勞動，被稱作牛吏。到樊崇等人想立劉姓皇族後人為皇帝時，尋找在自己軍隊中的城陽景王劉章的後代，找到了七十多人，其中只有劉盆子和他哥哥劉茂以及前漢的西安侯劉孝與劉章的血統關係最接近，是劉章的近親屬。

2　樊崇等頭領們商議說：「聽說古時的天子帶兵時稱做上將軍。」就在木片上寫了「上將軍」三字作為符信，又用兩個沒寫字的木片，一塊放到一個小方竹箱中，就在鄭縣城北築起壇臺，擺上城陽景王的牌位，舉行了祭祀儀式。各營隊的「三老」、「從事」等領導成員，都集合在臺階下面，劉盆子等三人站在隊伍正中間，按年齡大小依次從竹箱中摸取小木片。劉盆子年紀最小，最後摸到了寫字的木片，各將領於是都向他跪拜稱臣。劉盆子當時才十五歲，披散著頭髮，光著雙腳，穿一身破衣服，漲紅了臉皮，出了一身大汗，看見眾人對他跪拜，又緊張又害怕，簡直要哭出聲來了。他哥哥劉茂囑咐他說：「好好地妥善收藏好這字符。」劉盆子卻把這小木片放到嘴裡用牙咬斷後扔掉了，依舊回到他原來的主管小吏劉俠卿那裡。

3　劉俠卿給劉盆子做了漢代崇尚的紅色單衣，紅色的空頂頭巾，刺繡的直線花紋的靴子，讓他乘坐高車寶馬，車前橫木用紅色屏泥塗刷，車帷門窗上掛起大紅色的網狀車帘，但劉盆子總是抽空就跑到放牛隊裡找那些夥伴們玩耍。

4　樊崇的興起是依憑勇猛善戰，力氣過人，而被部眾所尊重擁戴，推為頭領，但他不懂得書寫和計算。徐宣過去當過縣級獄吏，通曉《易經》。大家共推徐宣當丞相，樊崇當御史大夫，逄安為左大司馬，謝祿為右大司馬，自楊音以下各頭領都被封為列卿。

5 赤眉大軍進達高陵，與更始軍的叛將張卬等聯合一起，於是攻打東都門，進入長安城，更始帝劉玄前來投降。

6 劉盆子住在長樂宮裡，赤眉軍中那些帶兵的將領，每日聚集一起談論自己功勞的大小，爭長論短，辯駁喧譁，大呼小叫，激動時拔出佩劍，擊砍宮殿的楹柱，誰也不服誰，意見不能統一。長安近郊的三輔地區的郡守縣令營長一類官員，派遣使者給朝廷進貢財物，往往被兵士劫奪而去。駐軍又屢次搶掠暴虐對待當地的官吏和百姓，百姓保護自己的村落營壘，從此都又堅守起居住的城堡村寨。

7 到了歲終祭祀百神的臘日，樊崇等人就在宮中設禮作樂舉行盛大的祭祀大典，劉盆子坐在正殿，大太監中黃門手持兵器站在他身後，三公九卿諸要員都依品級列坐在殿堂之上。酒宴尚未正式開始，其中有一位官員，手持刀筆要寫名帖慶賀，其他不會寫字的就都離席站起來請他代寫，三五成群，各自聚集成堆，有臉對著臉的，有背靠著背的，秩序大亂。大司農楊音手扶劍柄斥罵說：「諸位公卿都是老邁昏庸的平俗人吧！今天舉行君臣的大禮，反而比平常時更加混亂不堪，兒童們做遊戲也不至於如此沒正經事，像你們這些人，都該被殺掉！」這些人互相爭論打鬥。而此時宮外的兵士們也跳越過宮牆，砍斷了宮門門閂，進入宮中，搶掠酒肉，他們之間也互相殺傷。負責警衛的衛尉諸葛穉聽到說宮中亂了套，就帶兵進入長樂宮，擊殺了百餘名，才使局勢穩定下來。劉盆子被嚇得心驚膽顫，白日黑夜不住啼哭流淚，他單獨與中黃門在一起睡覺和行動，只能躲身在觀上的小閣樓裡而不聞不問外間的事情了。

1 時掖庭中宮女猶有數百千人，自更始敗後，幽閉殿內，掘庭中蘆菔❶根，捕池魚而食之，死者因相埋於宮中。有故祠甘泉樂人，尚共擊鼓歌舞，衣服鮮明，見盆子叩頭言飢。盆子使中黃門稟之米，人數斗。後盆子去，皆餓死不出。

2 劉恭見赤眉眾亂，知其必敗，自恐兄弟俱禍，密教盆子歸璽綬，習為辭讓之言。建武❷二年正月朔，崇等大會，劉恭先曰：「諸君共立恭弟為帝，德誠深厚。立且一年，肴亂❸日甚，誠不足以相成。恐死而無所益，願得退為庶人，更求賢知，唯諸君省察。」崇等謝曰：「此皆崇等罪也。」恭復固請。或曰：「此寧式侯事邪？」恭惶恐起去。

3 盆子乃下牀解璽綬❹，叩頭曰：「今設置縣官而為賊如故。吏人貢獻，輒見剽劫，流聞四方，莫不怨恨，不復信向。此皆立非其人所致，願乞骸骨，避賢聖。必欲殺盆子以塞責者，無所離死。誠冀諸君肯哀憐之耳！」因涕泣噓唏。

4 崇等及會者數百人，莫不哀憐之，乃皆避席頓首❺曰：「臣無狀❻，負陛下。請自今已後，不敢復放縱。」因共抱持盆子，帶以璽綬。盆子號呼不得已。

5 既罷出，各閉營自守，三輔翕然，稱天子聰明。百姓爭還長安，市里且滿。

6 後二十餘日，赤眉貪財物，復出大掠。城中粮食盡，遂收載珍寶，因大縱火燒宮室，引兵而西。過祠南郊，車甲兵馬最為猛盛，眾號百萬。盆子乘王車，駕三馬，從數百騎。乃自南山轉掠城邑，與更始將軍嚴春戰於郿❼，破春，殺之，遂入安定❽、北地❾。至陽城、番須❿中，逢大雪，坑谷皆滿，士多凍死，乃復還，發掘諸陵，取其寶貨，遂汙辱呂后⑪屍。凡賊所發，有玉匣⑫殮者率皆如生，故赤眉得多行婬穢。大司徒鄧禹時在長安，遣兵擊之於郁夷⑬，反為所敗，禹乃出之雲陽⑭。

7 九月，赤眉復入長安，止桂宮⑮。

8 時漢中賊延岑出散關⑯，屯杜陵⑰，逢安將十餘萬人擊之。鄧禹以逢安精兵在外，唯盆子與羸弱居城中，乃自往攻之。會謝祿救至，夜戰槀街⑱中，禹兵敗走。

9 延岑及更始將軍李寶合兵數萬人，與逢安戰於杜陵。岑等大敗，死者萬餘人，寶遂降安，而延岑收散卒走。寶乃密使人謂岑曰：「子努力還戰，吾當於內反之，表裡合勢，可大破也。」岑即還挑戰，安等空營擊之，寶從後悉拔赤眉旌幟，更立己幡旗。安等戰疲還營，見旗幟皆白，大驚亂走，自投川谷，死者十餘萬，逢安與數千人脫歸長安。

10 時三輔大飢，人相食，城郭皆空，白骨蔽野，遺人往往聚為營保，各堅守不下。赤眉虜掠無所得，十二月，乃引而東歸，眾尚二十餘萬，隨道復散。

【章 旨】以上記述被逼為帝的劉盆子在戰亂中的表現。突出他憐憫下層苦難人民的善良性格，慈悲心懷。

【注 釋】❶蘆菔 也叫「蘿蔔」或「萊菔」，二年生塊根植物，多生於溫帶或寒溫帶，子可入藥，根可作菜，醃炒吃均可。❷建武 東漢光武帝年號，西元二五－五六年。❸肴亂 混雜；混亂。肴，通「淆」。❹璽綬 代表皇帝權力的印璽和綬帶。❺避席頓首 表示禮讓或恐懼時的動作。避席，指離開自己原來跪坐的位置，表示恭敬。頓首，以額頭碰地，跪拜，磕頭。❻無狀 無禮；無顏面見人。❼郿 縣名。故地當今之陝西寶雞東眉縣境。❽安定 郡名。轄二十一縣，故地當今甘肅東部與陝西接壤地區。❾北地 郡名。轄十九縣。故地當今陝西中部西北方鄰接甘肅一帶。❿陽城番須 地名。番須在今陝西隴縣西北。⓫呂后 劉邦的妻子呂雉。她於西元前一八〇年去世。⓬玉匣 《漢儀注》：「自腰以下，以玉為札，長尺，廣二寸半，為匣，下至足，綴以黃金縷，謂之為玉匣。」現代人稱它為「金縷玉衣」，已在漢墓中多次發現，尤以河北滿城中山靖王劉勝墓中出土的最為有名，現藏河北省博物館。⓭郁夷 右扶風所轄縣名。故地在今陝西寶雞東。⓮雲陽 縣名。屬左馮翊。故地在今陝西淳化西北。⓯桂宮 長安城中宮殿名。在未央宮北，亦名北宮。⓰散關 即大散關，又稱崤谷。位於今陝西寶雞西南大散嶺上，距寶雞百里左右，為古代秦蜀往來要道。⓱杜陵 位於陝西西安東南之地名。古代曾為杜伯國，本名杜原，又名樂遊原，因漢宣帝劉詢的陵墓在此，又改名杜陵。⓲槀街 長安城中街道名。

【語 譯】當時，後宮中還有宮女千數百人，自從更始軍敗散劉玄逃出之後，她們深居閉鎖在殿內，沒人供給食物，就挖掘庭院中的蘿蔔根和捕撈養魚池的游魚來充飢，死去的人也就埋葬於宮內閒地中。有些從前在甘泉宮從事祭祀時演奏的樂師，仍舊在一起擊著鼓，又唱又舞，仍舊穿著華麗光彩的衣服。他們看見新皇帝劉盆子，就上前叩頭，稟說腹中飢餓。盆子便派中黃門從官倉中取出米賜給他們，每人數斗。後來劉盆子離開皇宮，這些人都餓死在禁宮中沒有出來。

2 劉盆子之兄劉恭看到赤眉軍內部如此混亂，預料他們必然會失敗，害怕兄弟二人一塊兒受連累遭禍殃，就暗地裡教盆子把皇帝用的印璽和綬帶交還給他們，還幫他練習如何說推辭謙讓的話。建武二年正月初一日，樊崇等人舉行盛大的元旦聚會，劉恭首先發言道：「各位共同擁立我的弟弟為皇帝，這種恩德實在深厚。立帝將近一年，但混亂局面日甚一日，我弟弟他確實不能夠與大家一起成就大業。恐怕即使捨命死去也不會對你們有什麼好處，希望能准許我弟弟退位，當一個普通百姓，你們重新尋求更賢德智慧的人來為帝。我的意見懇請諸位認真考慮和審察。」樊崇等人表示歉意，謝罪說：「局面混亂，事情沒有辦好，這都是我們的罪過。」劉恭又堅決地請求。有人不滿地說：「這難道是你這更始朝的式侯該管的事嗎？」劉恭驚惶地趕緊起身離開。

3 劉盆子於是從坐榻上走下來，解下身上佩戴的璽綬，向上位叩頭說：「現在設置了天子，而軍中的作風與過去當盜賊一樣。官吏和百姓給朝廷貢獻物品，碰到軍士就被搶劫，這種事情流傳到各地，沒有人不怨恨的，百姓們已不再信任歸向我們。這都是所立皇帝不是合適的人選所造成的，我請求大家讓我回鄉，退位讓給賢達聖明的人。如果大家一定要把我推上死路來敷衍天下百姓推脫責任的話，我也不會逃避一死。實在是希望諸位同情我憐憫我罷了！」一邊說著，一邊抽咽著滿眼流淚。

4 樊崇及參加元旦聚會的有數百人，沒有人不同情憐憫的，於是都離開坐席對著盆子跪拜叩頭說：「我們沒有規矩，對不起陛下。請允許我們從今以後改正，決不敢再放縱亂來了。」於是共同上前抱住盆子，硬給他佩帶上皇帝的印璽綬帶。劉盆子掙扎著大聲號哭叫喚，堅決不幹，卻身不由己，無可奈何。

5 聚會完畢，大家回到自己的軍營都各自堅閉營門，不許隨便出入，於是三輔地區才平靜下來，都一起稱頌天子聰明懂事。四外避亂逃難的人都爭著返回長安，街市和里巷都快住滿人了。

6 元旦過後二十多天，赤眉軍士貪圖財物，又從軍營中出來，大肆搶劫掠奪。長安城中糧食吃完了，他們就把搶到的珍寶收拾好裝上車，於是大肆縱火，焚燒宮殿房舍，率軍向西而進。路過南郊，祭祀天地眾神，車輛盔甲軍士戰馬，又多又盛，兵強馬壯，士眾號稱百萬。劉盆子被安排乘坐著專為天子準備的朱班輪青蓋套著三匹馬的王車，身旁及身後有數百人騎著馬跟從護衛。於是從南山開始，一路搶掠城鎮村寨，到郿縣與更始軍的將領嚴春大戰，打敗嚴春，殺死了他，赤眉軍於是進入安定郡和北地郡。到陽城、番須一帶，趕上天降大雪，坑坑洼洼，山谷低地，都被大雪填滿了，很多兵士被凍死，於是又率軍向東，士兵挖掘長安城四郊帝王的陵墓，盜取陵墓中的珍寶及器用，趁機對呂后的屍骨進行汙辱。凡是被赤眉軍挖開的陵墓，如果屍體外裝裹著金縷玉衣的，屍體都完好無損，像活人一樣，所以赤眉軍對不少女屍進行淫辱、糟踐。劉秀朝廷的大司徒鄧禹當時已攻入長安，就派軍去攻擊赤眉，雙方在郁夷交戰，鄧禹軍反而被打敗，就撤出城到達雲陽。

7 九月，赤眉軍又一次進駐長安，劉盆子被安置於桂宮居住。

8 當時，漢中郡的變民首領延岑從大散關出來，屯駐於長安東南的杜陵，赤眉軍的逄安率領十幾萬兵士去攻打他。光武軍的將領鄧禹認為逄安率領的赤眉精兵在城外，只有劉盆子與老弱殘兵留在城中，就率兵去攻打他們。恰逢謝祿率領的救兵趕到，雙方在長安城內的槀街進行夜戰，鄧禹的部隊敗走。

9 延岑與更始軍的將領李寶合兵一起，達數萬人，與赤眉軍的逄安大戰於杜陵。延岑等聯合部隊被打得大敗，戰死一萬多人，李寶就歸降了逄安，而延岑收拾殘軍散卒敗走。李寶於是祕密派人告訴延岑說：「您盡最大努力回頭痛擊，我作內應在內部反攻，咱們內外夾擊，表裡配合可以大破逄安啊。」延岑就回過頭向赤眉軍挑戰，逄安等傾巢出動，全營將士空了營去攻擊延岑，李寶命軍士在後邊全部拔掉赤眉軍的紅色旗幟，更換豎起自己一方的白旗。逄安等交戰疲累回營，看見營中旗幟全成了白色，大驚失色，慌亂逃跑，士兵掉進河水裡，跌入山谷中，死去的十餘萬人，逄安與剩下的幾千人逃脫性命，回到了長安。

10 當時三輔地區發生大饑荒，出現人吃人的慘象，內外城郭空無人煙，死人的白骨遮蔽了原野，幸存下來的人往往聚集一起，結為營寨堡壘，各自堅守，攻打不破。赤眉軍搶掠不到東西，十二月，就領殘軍東歸，餘眾還剩二十多萬，沿途又逃散不少。

1 光武乃遣破姦將軍侯進等屯新安❶，建威大將軍耿弇等屯宜陽❷，分為二道，以要其還路。勑諸將曰：「賊若東走，可引宜陽兵會新安；賊若南走，可引新安兵會宜陽。」

2 明年❸正月，鄧禹自河北度，擊赤眉於湖❹，禹復敗走，赤眉遂出關南向。征西大將軍馮異破之於崤底❺。帝聞，乃自將幸宜陽，盛兵以邀其走路。

3 赤眉忽遇大軍，驚震不知所為，乃遣劉恭乞降，曰：「盆子將百萬眾降，陛下何以待之？」帝曰：「待汝以不死耳。」樊崇乃將盆子及丞相徐宣以下三十餘人肉袒降，上所得傳國璽綬，更始七尺寶劍及玉璧各一。積兵甲宜陽城西，與熊耳山❻齊。帝令縣廚賜食，眾積困餧❼，十餘萬人皆得飽飫❽。

4 明旦，大陳兵馬臨洛水，令盆子君臣列而觀之。謂盆子曰：「自知當死不？」對曰：「罪當應死，猶幸上憐赦之耳。」帝笑曰：「兒大黠，宗室無蚩❾者。」又謂崇等曰：「得無悔降乎？朕今遣卿歸營勒兵，鳴鼓相攻，決其勝負，不欲強相服也。」徐宣等叩頭曰：「臣等出長安東都門，君臣計議，歸命聖德。百姓可與樂成，難與圖始，故不告眾耳。今日得降，猶去虎口歸慈母，誠歡誠喜，無所恨也。」帝曰：「卿所謂鐵中錚錚，傭中佼佼❿者也。」又曰：「諸卿大為無道，所過皆夷滅老弱，溺社稷⓫，汙井竈。然猶有三善：攻破城邑，周徧天下，本故妻婦無所改易，是一善也；立君能用宗室，是二善也；餘賊立君，迫急皆持其首降，自以為功，諸卿獨完全以付朕，是三善也。」

5 乃今各與妻子居洛陽，賜宅人一區，田二頃。

6 其夏，樊崇、逄安謀反，誅死。楊音在長安時，遇趙王良有恩，賜爵關內侯⑫，與徐宣俱歸鄉里，卒於家。劉恭為更始報殺謝祿，自繫獄，赦不誅。

7 帝憐盆子，賞賜甚厚，以為趙王郎中。後病失明，賜滎陽均輸官地⑬，以為列肆，使食其稅終身。

【章　旨】以上記述了光武帝劉秀擊敗赤眉軍並收降他們的經過，交代了劉盆子及擁立他為帝的樊崇等人的結局。

【注　釋】❶新安　縣名。屬豫州弘農郡。故地為今河南澠池縣東。❷宜陽　縣名。屬弘農郡。故地為今河南洛陽南邊的宜陽境。❸明年　即光武帝建武三年。劉盆子建世三年，西元二七年。❹湖　縣名。屬弘農郡。故地在今河南靈寶北邊。❺崤底　即崤坂。即今河南洛寧西北崤山之谷底。❻熊耳山　在河南宜陽城西，是秦嶺東段的支脈，因東西兩峰相峙狀如熊耳而得名。❼餧　同「餒」。飢餓。❽飫　又作「飫」。飽。❾蚩　通「癡」。呆；傻。❿鐵中錚錚二句　是人群中比較有名聲的優秀者。錚錚，指鐵器微有剛利。佼佼，高出一等。傭，同「庸」。平庸；凡庸。⓫社稷　本指土神、穀神，又可指祭祀土神和穀神的儀式和場所。也可代指政權、國家。此處指社稷壇。⓬關內侯　此指有爵位而無食邑的侯爵。⓭賜滎陽均輸官地　賞賜給他滎陽縣的均輸用的一塊官地。滎陽，漢代縣名。屬河南郡。故城在今河南滎陽西。均輸，是漢武帝實行的一項經濟措施，在大司農屬下置均輸令和均輸丞，統一徵收、買賣和運輸貨物，以調劑各地供應。漢代桓寬《鹽鐵論・本議》：「往者郡國諸侯，各以其物貢輸，往來煩雜，物多苦惡，或不償其費；故郡置輸官，以相給運，而便遠方之貢，故曰均輸。」

【語　譯】光武帝劉秀於是派遣破姦將軍侯進等駐兵於新安，派建威大將軍耿弇等屯兵於宜陽，兵分兩路，以阻斷赤眉軍東歸的道路。劉秀命令各軍將領說：「賊兵若往東走，可把宜陽的駐軍調來會合於新安；賊兵若從南路走，可以調新安的駐軍去宜陽會合。」

2 第二年正月，鄧禹從黃河以北南渡，在湖縣一帶攻擊赤眉軍，鄧禹又一次吃敗仗退走，赤眉軍於是出函谷關向南。光武帝之征西大將軍馮異在崤底把赤眉軍打得大敗。光武帝劉秀聽到這消息，於是親率大軍到達南路的宜陽，擺開強大的陣勢來阻攔赤眉軍東逃的去路。

3 赤眉軍正前進間，忽然碰上劉秀率領的大軍擋住去路，驚惶震恐，不知道該怎麼辦才好，於是派劉恭前往乞求投降，劉恭見到劉秀說：「盆子帶領百萬人眾來投降，陛下將怎樣對待他？」光武帝說：「對你們不處死罷了。」樊崇於是率領著劉盆子以及丞相徐宣以下三十多人赤著上身，露著臂膊來投降，呈上從更始帝劉玄那裡得到的傳國玉璽和綬帶，獻上一把更始用過的七尺寶劍和一塊玉璧。兵士們也都解除了武裝，兵器和甲杖等都堆在宜陽城西，與熊耳山快要一般高了。光武帝讓御廚給降卒們備飯，赤眉軍已一連多日困頓飢疲，又累又餓，這十多萬人此時才得到一頓飽飯吃。

4 第二天，光武帝把兵馬在洛水岸邊列成聲勢浩大嚴整的軍陣，讓劉盆子君臣列隊前去觀看。劉秀對盆子說：「你自己知道該死嗎？」劉盆子回答說：「我的罪應該死，還希望皇上可憐我赦免我吧。」光武帝笑著說：「你這小孩兒聰明狡猾得很，我們劉姓宗室沒有呆傻的人。」劉秀又對樊崇等人說：「莫不是後悔投降了吧？我現在遣送你們回營，讓你們部署軍隊，敲著戰鼓來進攻我，咱們戰場上一決勝負，我不想勉強你們服從我。」徐宣等向光武帝叩頭說：「我們撤出長安，走到東都門時，君臣之間就已經商議好，要歸順於聖明仁德之人。普通百姓可以與他們共享成功的快樂，卻難以與他們商議大事的開始，所以沒有告訴眾兵士我們的意圖。現在能夠歸降到您的麾下，就像脫離凶險的虎口而投入到慈母的懷抱，實在是又高興又喜歡，沒有什麼可遺憾的。」光武帝說：「你這人可真是鐵中之錚錚者，平庸人中之佼佼者。」光武帝又說：「你們這幫人，可是做了許多不合道義的壞事，所經過的地方，殺光年老病弱的人，往祭土穀神的社稷壇上撒尿，故意弄髒人家吃水的井，做飯的灶。但是你們還有三件好處：攻城破邑，走過天下許多地方，自己原來的妻婦沒有拋棄換掉，這是第一件好處；擁立國君能用我們劉姓宗室，這是第二件好處；別股賊軍，擁立起國君之後，遇到緊急窘迫的情況，就首先把國君殺掉，手持他的頭顱投降，自以為這是立功的表現，只有你們把個完整的劉姓國君交給我，這是第三件好處。」

5 光武帝於是令樊崇等人帶著自己的妻子家人住在洛陽，每家給一處住宅，田二頃。

6 那一年的夏天，樊崇、逄安策劃叛變，被光武朝廷處死。楊音過去在長安時，對趙王劉良有過恩情，被光武朝廷賞賜封爵為關內侯，他和徐宣一樣，都回到故鄉，死在家裡。盆子的哥哥劉恭為更始帝報仇，殺了謝祿，自己投案入獄，得到赦免，沒有被殺。

7 光武帝劉秀憐憫劉盆子的遭遇，對他的賞賜十分豐厚，讓他做趙王劉良的郎中。後來劉盆子因生病眼睛失明，朝廷就賜給了他一塊滎陽縣均輸官地，在這官地上建置了一排排店鋪，盆子靠收這市場稅養活自己，終了一生。

贊曰：聖公靡聞，假我風雲❶。始順歸歷，終然崩分。赤眉阻亂❷，盆子探符❸。雖盜皇器❹，乃食均輸。

【章旨】以上是史家對本卷傳主所作的評價。史家對劉玄基本上持否定態度，說他是趁亂瞎折騰了一陣；對劉盆子是同情的，說他不是自己硬要做天子的，所以有個善終的結果。

【注釋】❶聖公靡聞二句　劉玄初起時，是個不為人所知的小人物，他並沒有高尚的道德和令人敬佩的聲望，只不過是假借我中興的風雲一時興起罷了。❷阻亂　有所憑恃而作亂。阻，恃；依仗。❸探符　摸字符；抓鬮。❹皇器　神器。本指帝王符璽之類的器物，後代指帝位、皇位，也稱天位，即天子之位。

【語譯】史官評議說：劉玄初起時是個不被人聞知的平庸之人，只不過憑藉我漢室中興的機緣，趁著轟轟烈列風起雲湧龍虎際遇的局勢，成了一股力量。開始時是順應天命，以恢復劉氏天下為指歸，但很快即走向昏亂，終於分崩離析，軍敗身死。赤眉軍是憑恃著天下大亂的機會興盛起來的，劉盆子是靠抓鬮的方式摸到了字符當上天子的。他雖然竊居了皇帝的尊位，但並非出於主動和自願，故而能靠吃均輸官地而終其天年。

【研析】本卷有以下幾點值得注意：

一、本卷名為〈劉玄劉盆子列傳〉，實際上是給幾支民間武裝力量作了傳記，傳主本人的事跡反而退居了次要地位，這是因為他們本人實在沒有重大的作為，只是由於姓「劉」才被推上皇帝的位置。他倆在史冊上能占有一頁的地位，全憑藉亂世中武裝勢力的擁戴，所以綠林、新市、平林、下江諸支以及合起來的更始軍，樊崇等領導的赤眉軍，反成了傳文的主要部分，為後世保存下來關於農民軍起事的重要歷史資料。

二、對於農民的起事造反，史家所持的立場基本上是公允的。王莽代漢，天下蜂起，劉姓宗室趁機乘勢想恢復漢室朝廷，但他們利用的是廣大的農民。農民隊伍能得以迅猛的發展壯大，正表明封建王朝壓迫剝削之重，而官軍力量之很快瓦解，也說明了其內部腐敗，離心離德。特別關於呂母起事和樊崇起事，能得到成千上萬甚至百萬群眾的擁護和參加，說明了他們的舉動符合人心民意，是代表了社會的進步力量的。但農民起事若得不到規範和正面引導，依然目光短淺，以搶掠享樂為目的，仍陷於「盜賊」之流，就必然成為社會財富和傳統文化最瘋狂的破壞力量，最終也必然失敗。文中記赤眉軍士焚燒宮殿、挖掘陵墓、盜取財寶、汙辱女屍等惡行應該是真實可信的。所以全盤肯定並歌頌農民武裝起事的看法未必正確。

三、劉玄和劉盆子雖然都是漢室宗親，但二人有很大的區別。當二人被推上最尊貴的位置前後，劉玄是成年人，頗有心機，他嫉賢妒能，殺死了比他更有才能和威望的劉縯；上臺後大肆分封他的親信以進行拉攏；鎮壓異己勢力；與寵姬飲酒作樂，抓緊時間過一把皇帝癮等等，這些都表現此人狹隘偏私，目光短淺，雖有手腕卻並不高明，是個平庸凡俗之人。而劉盆子是靠抓鬮被推上臺的天真少年，他根本不想當天子，也過不慣帝王生活，因而眷戀他昔日的放牛夥伴，他同情挨餓的宮女和樂師，表現了他勞動者的本色和善良，也從未憑仗自己的權勢和地位傷害過別人。因而史家對此二人的態度和評論也是不同的。

四、文中著意描繪他們二人當上帝位時的反應，當劉玄即位時，面對隆重的場面和儀式「羞愧流汗，舉手不能言」，「羞怍，俛首刮席不敢視」；劉盆子被群臣參拜時，「被髮徒跣，敝衣赭汗……恐畏欲啼」，都記述得相當生動具體，比乾巴巴記錄過程更具文學色彩。另外，劉玄見到王莽頭顱時的感言，劉盆子與劉秀之間的對話，也能反映出人物的心理和情態，是史家文筆精妙之處，都能給讀者留下深刻印象，使人感到真實可信，閱讀時應細細體味。(趙芳遠注譯)

卷十二

王劉張李彭盧列傳第二

【題解】本卷為王郎、劉永、張步、李憲、彭寵、盧芳之合傳。龐萌、王閎分別與劉永、張步事關係密切，因於〈劉永傳〉後附〈龐萌傳〉，〈張步傳〉後附〈王閎傳〉。王、劉、張、李、彭、盧於王莽新朝滅亡前後天下大亂之際先後起事，攻城略地，割據一方，或稱帝，或稱王，是劉秀完成統一大業在北方和東方的主要障礙。劉秀於更始二年（西元二四年）滅王郎，次年即天子位，此後又用了十餘年的時間滅了劉、張、李、彭、盧。本篇在為此數人立傳的同時，也頗為詳盡地記述了劉秀一一平滅這些割據勢力的全部過程。

1

王昌，一名郎，趙國邯鄲❶人也。素為卜相工❷，明星歷❸，常以為河北❹有天子氣❺。時趙繆王❻子林好奇數❼，任俠❽於趙、魏❾間，多通豪猾❿，而郎與之親善。初，王莽篡位⓫，長安中或自稱成帝子子輿者，莽殺之⓬。郎緣是詐稱真子輿，云「母故成帝謳者，嘗下殿卒⓭僵⓮，須臾有黃氣從上下，半日乃解，遂姓身就館⑮。趙后⑯欲害之，偽易他人子，以故得全。子輿年十二，識命⑰者郎中⑱李曼卿，與俱至蜀⑲；十七，到丹陽⑳；二十，還長安；展轉㉑中山㉒，來往燕㉓、趙，以須㉔天時㉕」。林等愈動疑惑，乃與趙國大豪㉖李育、張參等通謀，規㉗共立郎。會人間㉘傳赤眉㉙將度㉚河，林等因此宣言㉛「赤眉當至，立劉子輿」，以觀眾心，百姓多信之。

2 更始元年㉜十二月，林等遂率車騎㉝數百，晨入邯鄲城，止於王宮㉞，立郎為天子。林為丞相㉟，李育為大司馬㊱，張參為大將軍㊲。分遣將帥，徇下幽、冀㊳。移檄㊴州郡曰：「制詔部刺史、郡太守㊵：朕㊶，孝成皇帝子子輿者也。昔遭趙氏之禍，因㊷以王莽篡殺，賴知命者將護㊸朕躬㊹，解形㊺河濱，削迹㊻趙、魏。王莽竊位，獲罪於天，天命佑漢，故使東郡太守翟義㊼、嚴鄉侯劉信㊽，擁兵征討，出入胡㊾、漢。普天率土㊿，知朕隱在人間。南嶽諸劉(51)，為其先驅。朕仰觀天文(52)，乃興于斯(53)，以今月壬辰即位趙宮。休氣熏蒸，應時獲雨(54)。蓋聞為國(55)，子之襲父，古今不易。劉聖公(56)未知朕，故且持帝號。諸與義兵，咸以助朕，皆當裂土(57)，享祚子孫(58)。已詔聖公及翟太守，亟(59)與功臣詣(60)行在所(61)。疑刺史、二千石(62)皆聖公所置，未覩(63)朕之沈滯(64)，或不識去就(65)，強者負(66)力，弱者惶惑。今元元(67)

創痍，已過半矣，朕甚悼焉，故遣使者班下詔書(68)。」郎以百姓思漢，既多言翟義不死，故詐稱之，以從人望(69)。於是趙國以北，遼東(70)以西，皆從風而靡(71)。

3 明年，光武(72)自薊(73)得郎檄，南走信都(74)，發兵徇旁縣(75)，遂攻柏人(76)，不下。議者以為守柏人不如定鉅鹿(77)，光武乃引兵東北圍鉅鹿。郎太守王饒據城，數十日連攻不剋。耿純(78)說(79)曰：「久守王饒，士眾疲敝，不如及大兵精銳，進攻邯鄲。若王郎已誅，王饒不戰自服矣。」光武善其計，乃留將軍鄧滿守鉅鹿，而進軍邯鄲，屯(80)其郭(81)北門。

4 郎數出戰不利，乃使其諫議大夫(82)杜威持節(83)請降。威雅(84)稱郎實成帝遺體(85)。光武曰：「設使(86)成帝復生，天下不可得，況詐子輿者乎！」威請求萬戶侯(87)。光武曰：「顧(88)得全身可矣。」威曰：「邯鄲雖鄙(89)，并力固守，尚曠日月，終不君臣相率但全身而已。」遂辭而去。因急攻之，二十餘日，郎少傅(90)李立為反間(91)，開門內(92)漢兵，遂拔邯鄲。郎夜亡走，道死，追斬之。

【章旨】以上是〈王郎傳〉。記述王郎詐稱漢成帝之子，後被劉林等擁立為天子，攻城略地，割據北方。不久，劉秀率漢軍攻破邯鄲，王郎兵敗身死。

【注釋】❶趙國邯鄲　趙國，郡、國名。漢高帝四年（西元前二〇三年）置趙國。轄今河北邯鄲、邢臺、沙河等市和隆堯、永年二縣西部地區。建安中改為郡。邯鄲，古都邑名，亦古縣名。戰國時為趙國首都。秦置縣，為邯鄲郡治所。漢仍之，為趙國治所。故址即今河北邯鄲，城周達數十里。❷卜相工　以占卜看相為職業的人。❸星歷　天文曆法。歷，同「曆」。❹河北　泛指黃河以北地區。❺天子氣　古代方士以天象附會人事，認為天子行在之地，其周圍上空就會出現某種特殊的氣象。《史記·項羽本紀》：「范增說項羽曰：『沛公居山東時，貪於財貨，好美姬。今入關，財物無所取，婦女無所幸，此其志不在小。吾令人望其氣，皆為龍虎，成五采，此天子氣也。急擊勿失。』」《晉書·天文志中·雜氣》：「天子氣，內赤外黃，四方所發之處，當有王者。若天子欲有遊往處，其地亦先發此氣。或如城門隱隱在氣霧中，恆帶殺氣森森然；或如華蓋在氣霧中；或氣象青衣人，無手，在日西；或如龍馬；或雜色鬱鬱衝天者，此皆帝王氣。」❻趙繆王　指漢景帝曾孫、平干頃王劉偃之子劉元。劉元繼父為王，以生前暴虐無道，死後不得立嗣，國除。❼奇數　術數。即星相卜祝等方術。❽任俠　重私交，講義氣；言必行，行必果；急人危難，不畏權勢。《史記·季布欒布列傳》：「季布者，楚人也。為氣任俠，有名於楚。」《集解》引孟康曰：「信交道曰任。」又引如淳曰：「相與信為任，同是非為俠。所謂權行州里，力折公侯者也。」❾魏郡名。治鄴縣（今河北臨漳西南）。轄今河北大名、磁縣、涉縣、武安、臨漳、肥鄉、魏縣、丘縣、成安、廣平、館陶，河南滑縣、浚縣、內黃及山東冠縣等地。❿豪猾　強橫狡猾而不守法紀的人。⓫王莽篡位　居攝三年（西元八年），王莽篡漢，建立新朝。王莽（西元前四五—西元二三年），字巨君，漢魏郡元城（今河北大名）人。漢元帝皇后王政君之姪。平帝立，年僅九歲，莽為大司馬，元后以太皇太后臨朝稱制，委政於莽，號安國公。平帝死，莽立孺子嬰為帝，自稱攝皇帝，三年即真，改國號曰新。後因紛事改革，法令苛細，又連年征戰，勞役頻仍，民不聊生，各地農民紛紛起兵。地皇四年（西元二三年），農民軍攻入長安，莽被殺。⓬長安二句　《漢書·王莽傳中》：始建國二年（西元一〇年）十一月，長安城中有一男子，攔在立國將軍孫建的車前，自稱是漢成帝之子劉子輿，且言：「劉氏當復，趣空宮！」收繫之，知是長安人，姓武字仲。長安，古都城名。自西漢起，多個王朝建都於此。漢城築於惠帝時，在今西安西北。或，有。成帝，漢成帝劉驁，西元前三二—前七年在位。⓭卒　突然。⓮僵　仆倒。⓯就館　臨產時移住側室分娩。引申指生子。⓰趙后　指漢成帝皇后趙飛燕（？—西元前一年）。初屬陽阿公主家，學歌舞，以體輕，號曰飛燕。成帝微行過陽阿公主家，見而悅之，召入宮。先為婕妤，後立為皇后。成帝死，哀帝立，尊為皇太后。平帝即位，廢為庶人，自殺。⓱識命　知天命。⓲郎中　官名。屬郎中令，後屬光祿勳。管理車騎門戶，並內充侍衛，外從征戰。⓳蜀　郡名。治成都（今四川成都）。西漢轄境相當今四川松潘以南，北至彭州、洪雅以西，峨邊、石棉以北，邛崍山、大渡河以東，以及大渡河與雅礱江之間康定以南、冕寧以北地。⓴丹陽　古都邑名。

故城在今湖北秭歸東南。㉑展轉　反覆；轉移不定。㉒中山　郡、國名。西漢景帝三年（西元前一五四年）置中山國，宣帝五鳳三年（西元前五五年）改為郡。此後屢經更改，或郡或國。治盧奴（今河北定州）。轄境相當今河北狼牙山以南，保定、安國以西，唐縣新樂以東和滹沱河以北地區。㉓燕　郡、國名。楚漢之際為燕國，漢初為異姓七國之一，又為同姓九國之一。轄有戰國時燕全部領土，都於薊（今北京市區西南）。吳楚之亂後唯領秦廣陽一郡之地。元鳳初改廣陽郡。轄境相當今北京市城區、大興、昌平、河北廊坊等地。㉔須　等待。㉕天時　天命；際會。㉖大豪　豪強。㉗規　謀劃。㉘人間　民間。㉙赤眉　指王莽新朝末年以琅邪人樊崇等為首的農民軍。因以赤色塗眉為標誌，故稱赤眉。㉚度　通「渡」。㉛宣言　猶揚言。謂故意散布某種言論。㉜更始元年　西元二三年。更始，劉玄的年號，西元二三—二五年。㉝車騎　戰車戰馬。㉞王宮　指原趙王的宮殿。㉟丞相　官名。秦代以後為封建官僚組織中的最高官職，輔佐皇帝，綜理全國政務。西漢初稱相國，後改丞相，與太尉、御史大夫合稱三公。西漢末改為大司徒，東漢復稱丞相。㊱大司馬　官名。漢初置太尉，掌武事，與丞相、御史大夫合稱三公，漢武帝罷太尉置大司馬。東漢初又改稱太尉，與司徒、司空合稱三公。㊲大將軍　官名。為將軍的最高稱號，掌統兵征戰。㊳徇下幽冀　略得幽州、冀州。徇，略地。通常指率領軍隊巡行某地，借其威勢使之降服。幽，幽州。漢武帝所置「十三刺史部」之一。東漢治薊縣（今北京市區西南）。轄境相當今北京、河北北部、山西小部、遼寧大部、天津海河以北及朝鮮大同江流域。冀，冀州。漢武帝所置「十三刺史部」之一。轄境相當今河北中南部、山東西端及河南北端。東漢治高邑（今河北柏鄉北），末期移治鄴縣（今河北臨漳西南）。㊴移檄　發布文告曉示。檄，古代官府用以徵召、曉喻、聲討的文書。㊵制詔部刺史郡太守　詔告各部刺史、各郡太守。制詔，本指皇帝的命令。這裡用為動詞，謂以詔書告知臣下。部，西漢監察區域名。漢武帝為加強中央集權，於京師附近地區外分十三個監察區，稱為「十三刺史部」。刺史，每部所置之監察官員名。監察部中郡國，官階低於郡守。《漢書・百官公卿表上》：「武帝元封五年初置部刺史，掌奉詔條察州。」顏師古注引《漢官典職儀》云：「刺史班宣，周行郡國，省察治狀，黜陟能否，斷治冤獄，以六條問事。」太守，郡的行政長官。㊶朕　皇帝的自稱。㊷因　加。㊸將護　扶助護持。㊹朕躬　與單言「朕」義同，亦皇帝的自稱。㊺解形　脫身。㊻削迹　消蹤匿跡。㊼東郡太守翟義　東郡，郡名。治濮陽（今河南濮陽西南）。西漢轄境相當今山東東阿、梁山以西，山東鄆城、東明、河南范縣、長垣北部以北，河南延津以東，山東茌平、冠縣，河南清豐、濮陽、滑縣以南地區。翟義，汝南上蔡（今河南上蔡）人。漢平帝丞相翟方進之子。少以父任為郎，稍遷諸曹，年二十出為南陽都尉。後歷任弘農太守、河內太守、青州牧。所居著名，有父風。徙為東郡太守。平帝崩，王莽居攝。居攝二年（西元七年）九月，翟義立嚴鄉侯劉信為天子，起兵反莽。同年十二月，兵敗身死。(48)嚴鄉侯劉信　劉信，漢宣帝劉詢曾孫，東平煬王劉雲之子。建平二年（西元前五年）封嚴鄉侯，後坐其父大逆不道免。元始元年（西元一年）復封。居攝二年翟義舉兵反莽，立信為天子，兵敗，死。嚴鄉，《漢書・地理志》、本書〈郡國志〉均不載，胡三省推斷其地當在東郡。說見《資治通鑑・漢紀・居攝二年》胡注。(49)胡　我國古代對北方和西方各民族的泛稱。(50)普天率土　普天之下，四海之內。猶全國。語本《詩・北山》：「溥天之下，莫非王土；率土之濱，莫非王臣。」溥，通「普」。(51)南嶽諸劉　指先已起兵反莽的南陽劉玄、劉秀等人。南嶽，指衡山。五嶽之一，在湖南衡山等境內。李賢注：「聖公、光武本自春陵北徙，故春陵近衡山，故曰『南嶽諸劉』也。」(52)天文　天象。指日月星辰之運行、風雲氣色之變化等。古人把天象與人事相聯繫，以為天象可以預示人間的吉凶禍福。《易・繫辭》：「天垂象，見吉凶。」(53)斯　此。(54)休氣二句　和暖之氣升騰，即時得雨。休，通「煦」。溫暖。應時，即時；即刻。二句承接上文，是說當其即位之時，天降瑞徵以應之。(55)為國　有國。為，有。(56)劉聖公　劉玄（？—西元二五年），字聖公，南陽蔡陽（今湖北棗陽）人。劉縯、劉秀族兄。王莽末年，往從以平林人陳牧為首的農民軍。地皇四年（西元二三年）被擁立為天子，建元更始。先都洛陽，後遷都長安。更始三年（西元二五年），赤眉軍攻入長安，玄敗降，被殺。詳見本書卷十一。(57)裂土　割與土地。指封王封侯。(58)享祚子孫　指子孫得以承襲父祖的封爵，享有父祖所封之王國、侯國的統治權。亦即繼續為王為侯。享祚，猶享國。指帝王在位行施其統治權。這裡用為使動。(59)亟　疾速；趕緊。(60)詣　前往；到。(61)行在所　指天子所在的地方。(62)二千石　指郡的最高行政長官太守。漢制，郡守秩二千石，月俸百二十斛，世因稱郡守為「二千石」。(63)未覩　不了解；不知道。(64)沈滯　隱居避世。此指隱形匿跡，不為世人所知。(65)不識去就　蓋當時習語，與「不識時務」義近。意為對時局、情勢認識不清，在歸依誰、投奔誰的問題上，或不知所從，或取捨失當。本書卷十九記耿弇往投更始，其從吏孫倉、衛包於道中共謀改投王郎，耿弇按劍曰：「子輿弊賊，終為降虜耳……觀公等不識去就，族滅不久也。」亦其例，可比較、參證。(66)負　仗恃；憑靠。(67)元元　百姓；庶民。(68)詔書　皇帝頒發的命令文告。(69)人望　眾人之所屬望。(70)遼東　郡名。治襄平（今遼陽）。轄今遼寧東南部遼河以東地區。(71)從風而靡　謂如風之吹草，草隨風傾倒。這裡比喻紛紛歸順。靡，披靡；倒下。(72)光武　東漢世祖劉秀的謚號。此指劉秀。李賢注引〈謚法〉：「能紹前業曰光，克定禍亂曰武。」(73)薊　古縣名。治今北京市區西南。(74)信都　古縣名。治今河北冀州。(75)旁縣　指四旁鄰近各縣。(76)柏人　古縣名。治今河北隆堯西。(77)鉅鹿　古縣名。治今河北平鄉西南。(78)耿純（？—西元三八年），字伯山，鉅鹿宋子（今河北欒城）人。東漢開國名將。官至東郡太守，定封東光侯。詳見本書卷二十一。(79)說　勸說別人聽從自己的意見。(80)屯　駐紮；戍守。(81)郭　外城。(82)諫議大夫　官名。漢屬光祿勳，掌論議。83持節　帶著符節。古代使臣奉命出行，必執符節以為憑證。84雅　甚；極。85遺體　舊時謂兒女之身為父母之遺體。引申指親生子。86設使　即使；縱然。87萬戶侯　食邑萬戶之侯。88顧　但；只要。89鄙　狹小。90少傅　古官名。與少師、少傅、少保合稱三少，亦稱三孤，為太師、太傅、太保三公之副。西漢末平帝初年，王莽託古改制，特增少傅一職，與太師、太傅、太保合稱四輔。91為反間　叛變通敵，做了敵方的間諜。本書卷二十二〈堅鐔傳〉：「與諸將攻洛陽，而朱鮪別將守東城者為反間，私約鐔晨開上東門。」92內　「納」的古字。使進入。

【語　譯】王昌，又名王郎，趙國邯鄲人。他一向以給人占卜看相為職業，懂得天文曆法，常以為河北有天子氣。當時，趙繆王的兒子劉林喜好術數，在趙、魏一帶以任俠聞名，多與豪橫狡黠之人交結往來，而王郎和他關係親密。當初王莽篡奪了帝位，長安城中有個人自稱是漢成帝兒子劉子輿，王莽把他殺了。王郎於是詐稱自己是真劉子輿，稱說「我母親原是為成帝唱歌的宮女，曾在走下宮殿的時候突然仆倒在地，頃刻之間，有一股黃氣自上而下，很長時間才散開，母親於是有孕在身而生下了我。趙皇后要加害於我，用別人剛剛生下的兒子作假將我替換了下來，因此我的性命才得以保全。我十二歲的時候，有個識天命、官為郎中的人，叫李曼卿，帶我一起到了蜀地；十七歲時，到了丹陽；二十歲時，又回到長安；輾轉往來於中山、燕、趙之間，等待時機」。劉林等人更覺疑惑，於是和趙國的豪強李育、張參等人一起商量，謀劃共立王郎為天子。適逢當時民間傳言赤眉軍要渡過黃河北上，劉林等人乘機宣揚說「赤眉軍即將到來，立劉子輿為天子」，以此來觀測民眾的意向，百姓大多相信了這種說法。

2　更始元年十二月，劉林等人於是率領數百車兵、騎兵，早晨進入邯鄲城，駐紮在舊時趙王的王宮內，立王郎為天子。封劉林為丞相，李育為大司馬，張參為大將軍。分派將領，略取幽、冀二州。王郎向各州郡發布文告說：「詔告部刺史、郡太守：我是孝成皇帝的兒子劉子輿。當初遭受趙皇后的禍害，繼之以王莽篡奪皇權，鴆殺平帝。我賴有知天命者扶助保護，得以脫身於黃河之濱，藏身在趙、魏之間。王莽竊取帝位，獲罪於上天，天命助佑漢室，所以讓東郡太守翟義、嚴鄉侯劉信聚集軍隊加以征討，出入於胡、漢之地。普天之下的人，都知道我隱藏在民間。南嶽的劉氏宗室劉玄、劉秀等人，率先起兵反莽。我仰觀天文，知道漢天子當興起於此地，所以於本月壬辰日在趙王的王宮內即天子位。和暖之氣升騰，即時得雨。我聽說，有國者子襲父位，古今不變。劉聖公還不知道有我在，所以暫且保持帝號。各路興兵反莽的義軍，都來助我，均將封王封侯，封爵傳與子孫。我已詔告劉聖公與翟太守，疾速和功臣們到我所在的地方。恐怕部刺史、郡太守都是劉聖公所任命，不了解我潛藏世間的情況，或者不識時務，強大的仗恃自己的力量，弱小的惶恐疑惑。現在老百姓已有半數以上的人深受戰亂的傷害，我感到十分哀痛，所以派遣使者頒下詔書。」王郎因為百姓懷念劉漢，又多有傳言說翟義還沒有死，所以弄虛作假，在詔書中一再提到翟義，以迎合人心之所屬望。於是，趙國以北，遼東以西，都紛紛歸順王郎。

3 第二年，光武帝在薊地見到了王郎的檄文，於是向南急奔信都，派兵略取鄰近各縣，接著便攻打柏人，未能攻下。有人建議，認為圍困柏人不如去平定鉅鹿，光武帝於是率軍向東北進發，包圍了鉅鹿。王郎的太守王饒據守鉅鹿城，接連攻打數十日而未能攻克。耿純勸說光武帝道：「長時間圍困王饒，軍隊疲憊不堪，不如趁大軍精力充沛、士氣高漲之時進攻邯鄲。如果王郎被誅滅，王饒就會不戰自降。」光武帝認為耿純的計謀很好，於是留下將軍鄧滿圍困鉅鹿，而進軍邯鄲，軍隊駐紮在邯鄲城的北門之外。

4 王郎多次出戰，均不利，於是派他的諫議大夫杜威帶著符節出城請降。杜威極力稱說王郎確實是孝成帝的兒子。光武帝說：「即使孝成帝再生，天下也不可能是他的了，何況是假劉子輿呢！」杜威請求封王郎為萬戶侯。光武帝說：「只要能保住性命，就不錯了。」杜威說：「邯鄲雖然狹小，合力固守，還可堅持多時，終究不會僅僅為了保全性命而君臣相隨前來投降。」杜威於是辭別而去。光武帝遂即加緊攻城，二十多天後，王郎的少傅李立叛變做了內應，打開城門，放入漢軍，漢軍於是攻下邯鄲。王郎連夜逃走，死在路上，漢兵追及，斬下他的首級。

1 劉永者，梁郡睢陽❶人，梁孝王❷八世孫也。傳國至父立。元始中，立與平帝外家衛氏交通，為王莽所誅❸。

2 更始❹即位，永先詣洛陽❺，紹❻封為梁王，都睢陽。永聞更始政亂，遂據國起兵❼，以弟防為輔國大將軍❽，防弟少公御史大夫❾，封魯❿王。遂招諸豪傑沛⓫人周建等，並署⓬為將帥，攻下濟陰⓭、山陽⓮、沛⓯、楚⓰、淮陽⓱、汝南⓲，凡得二十八城。又遣使拜⓳西防⓴賊帥㉑山陽佼彊為橫行將軍。是時東海㉒人董憲起兵據其郡，而張步㉓亦定齊㉔地。永遣使拜憲翼漢大將軍，步輔漢大將軍，與共連兵㉕，遂專據㉖東方。及更始敗，永自稱天子。

3 建武二年㉗夏，光武遣虎牙大將軍蓋延㉘等伐永。初，陳留㉙人蘇茂為更始討難將軍，與朱鮪㉚等守洛陽。鮪既降漢，茂亦歸命㉛，光武因使茂與蓋延俱攻永。軍中不相能㉜，茂遂反，殺淮陽太守㉝，掠得數縣，據廣樂㉞而臣於永。永以茂為大司馬、淮陽王。蓋延遂圍睢陽，數月，拔之，永將家屬走虞㉟。虞人反，殺其母及妻子，永與麾下㊱數十人奔譙㊲。蘇茂、佼彊、周建合軍救永，為蓋延所敗，茂奔還廣樂，彊、建從永走保湖陵㊳。三年春，永遣使立張步為齊王，董憲為海西王㊴。於是遣大司馬吳漢㊵等圍蘇茂於廣樂，周建率眾救茂，茂、建戰敗，棄城復還湖陵，而睢陽人反城㊶迎永。吳漢與蓋延等合軍圍之，城中食盡，永與茂、建走鄴[42]。諸將追急，永將慶吾斬永首降，封吾為列侯[43]。蘇茂、周建奔垂惠[44]，共立永子紆為梁王。佼彊還保西防。

4 四年秋，遣捕虜將軍馬武[45]、騎都尉王霸[46]圍紆、建於垂惠，蘇茂將五校兵[47]救之，紆、建亦出兵與武等戰，不剋，而建兄子誦反，閉城門拒之。建、茂、紆等皆走，建於道死，茂奔下邳[48]與董憲合，紆奔佼彊。五年，遣驃騎大將軍杜茂[49]攻佼彊於西防，彊與劉紆奔董憲。

5 時平狄將軍龐萌反叛[50]，遂襲破蓋延，引兵與董憲連和，自號東平[51]王，屯桃鄉[52]之北。

【章　旨】以上是〈劉永傳〉。首敘劉永里籍、身世，繼則簡述其往投更始、續封梁王、據國起兵、招攬人才、攻城略地、割據東方、自號天子事，然後以較為詳細的筆墨記載了光武帝先後派遣數員大將平滅劉永的過程。

【注　釋】❶梁郡睢陽　梁郡，郡、國名。治睢陽。轄境相當今河南商丘和虞城、民權、安徽碭山等縣地。睢陽，縣名。治今河南商丘南。❷梁孝王　漢文帝劉恆之子、景帝劉啟同母弟劉武。❸元始三句　元始，西漢平帝劉衎年號，西元一—五年。平帝，漢元帝劉奭庶孫，中山孝王劉興之子。西元一—五年在位。外家，泛指母親或妻子的娘家。此指平帝母親衛姬的娘家。李賢注：「衛氏，平帝母家也，中山衛子豪之女。」劉立繼其父荒王劉嘉為梁王。劉立「為王莽所誅」事，見《漢書・文三王傳》：「元始中，立坐與平帝外家衛氏交通，新都侯王莽奏廢立為庶人，徙漢中。立自殺。二十七年，國除。」《漢書・王莽傳上》載此事尤詳，可參見。❹更始　本為更始帝劉玄年號，西元二三—二五年，這裡借以稱代劉玄。❺洛陽　中國古都之一。漢代故城在今洛陽白馬寺東洛水北岸。❻紹 續。❼據國起兵 謂以其封國梁郡為根據地而起事。據，占據。國，指其封國梁郡。起兵，猶言起事，指開展武裝鬥爭以奪取政權。❽輔國大將軍 「輔國」與下文「橫行將軍」、「翼漢大將軍」、「輔漢大將軍」、「虎牙大將軍」之「橫行」、「翼漢」、「輔漢」、「虎牙」等均為將軍的名號，與官職的品級無關。❾御史大夫 秦漢時僅次於丞相的中央最高長官。其主要職責為監察、執法，兼掌重要的文書圖籍。❿魯 郡、國名。治魯縣（今山東曲阜）。轄境相當今山東曲阜、滕州、泗水縣等地。⓫沛 縣名。故城在今江蘇沛縣城東。⓬署 暫時任命。⓭濟陰 郡、國名。治定陶（今定陶西北）。轄境相當今山東菏澤附近，南至定陶、北至濮城地區。⓮山陽 郡、國名。治昌邑（今山東金鄉西北）。轄境相當今山東獨山湖以西，鄆城以南，成武、曹縣以東，單縣以北，兼有湖東的鄒城、兗州兩地的一部。⓯沛 此指沛郡。郡、國名。治相縣（今安徽濉溪縣西北）。轄今安徽淮河以北，西淝河以東，河南夏邑、永城及江蘇沛縣、豐縣等地。⓰楚 郡、國名。轄境相當今山東微山縣，江蘇徐州、銅山縣、沛縣東南部、邳州西北部及安徽濉溪縣東部。⓱淮陽 郡、國名。治陳縣（今河南淮陽）。轄境相當今河南淮陽、鹿邑、太康、柘城、扶溝等地。⓲汝南 郡名。西漢治河南上蔡，東漢移治河南平輿。轄境相當今河南潁河、淮河之間、京廣鐵路西側一線以東，安徽西淝河以西、淮河以北地區。⓳拜 授官。⓴西防 李賢注：「西防，縣名，故城在今宋州單父縣北。」按《漢書・地理志》、本書〈郡國志〉均無此縣名。據李賢注，西防故城應在今山東單縣北。㉑賊帥 對農民軍首領的蔑稱。㉒東海 郡名。治郯（今山東郯城西北）。轄境相當今山東費縣、臨沂、江蘇贛榆以南，山東棗莊、江蘇邳州以東和江蘇宿遷、灌南以北地區。㉓張步 琅邪人。詳下文本傳。㉔齊 郡、國名。治臨淄（今山東淄博東北）。轄今山東淄博、青州、廣饒、臨朐等地。㉕連兵 聯合兵力。㉖專據 獨占。㉗建武二年 西元二六年。建武，光武帝劉秀年號，西元二五—五六年。㉘蓋延 （？—西元三九年），字巨卿，漁陽要陽人。東漢開國名將，幫助劉秀平定王郎、劉永等割據勢力，立有大功。詳見本書卷十八。㉙陳留 郡、國名。治陳留（今河南開封東南）。轄今河南東至民權、寧陵，西至開封、尉氏，北至延津、長垣，南至杞縣、睢縣地。㉚朱鮪 淮陽人，新市農民軍首領之一。更始即位，拜封鮪為大司馬。後降光武帝劉秀，封平狄將軍、扶溝侯，官至少府，傳封累代。㉛鮪既降漢二句 建武元年七月，光武派吳漢、王梁等十餘名大將圍攻洛陽，朱鮪與蘇茂等據城堅守，數月不下。光武命曾為朱鮪部下的岑彭往說之，朱鮪率眾降漢。事詳本書卷十七。歸命，歸順；投誠。㉜不相能 不和；關係不融洽。㉝殺淮陽太守 本書卷一〈光武帝紀上〉：「遣虎牙大將軍蓋延率四將軍伐劉永。夏四月，圍永於睢陽。更始將蘇茂殺淮陽太守潘蹇而附劉永。」據此，知蘇茂所殺淮陽太守為潘蹇。㉞廣樂 古地名。本書〈光武帝紀上〉：「吳漢率七將軍與劉永將蘇茂戰於廣樂。」李賢注：「廣樂地闕，今宋州虞城有長樂故城，蓋避隋煬帝諱。」據李注，廣樂故城應在今河南虞城東北。㉟虞　古縣名。治今河南虞城。㊱麾下　部下。麾，古代用以指揮軍隊的旗幟。㊲譙　古縣名。治今安徽亳州。㊳湖陵　古縣名。本書〈光武帝紀上〉：「進幸湖陵，征董憲。」李賢注：「湖陵，縣，屬山陽郡，故城在今兗州方與縣東。」據李注，湖陵故城應在今山東魚台東。㊴海西王　海西，本書〈光武帝紀上〉：「劉永立董憲為海西王。」李賢注：「海西，縣，屬琅邪郡。」按《漢書・地理志》，琅邪郡屬縣有「海曲」而無「海西」；本書〈郡國志〉琅邪國屬縣有「西海」，亦無「海西」；本書〈郡國志〉廣陵郡屬縣有「海西」，謂「故屬東海」，而《漢書・地理志》東海郡屬縣亦只有「海曲」而無「海西」。海曲，古縣名。西漢置。治今山東日照西，東漢改名西海。疑「海西王」之「海西」或為「海曲」或「西海」之訛誤，或為海曲或西海之另稱。㊵吳漢　（？—西元四四年），字子顏，南陽宛（今河南南陽）人。東漢開國名將。早年曾為本縣亭長，王莽末因故亡命漁陽。更始立，經推薦被委任為安樂縣令。後歸光武，屢立戰功，封大司馬，死諡忠侯。詳見本書卷十八。㊶反城　城中人反叛軍事占領者而迎接與占領者相敵對的一方入城。㊷酇　古縣名。治今河南永城西酇縣鄉。㊸列侯　即徹侯。秦漢時二十等封爵的最高一級。二十等封爵的第二十級為徹侯，漢時為避武帝劉徹之諱改稱通侯或列侯。㊹垂惠　古地名。今安徽蒙城西北。㊺馬武　（？—西元六一年），字子張，南陽湖陽（今河南唐河縣）人。東漢開國名將。王莽末年，馬武參加綠林農民軍，遂與漢軍合。更始立，先為侍郎，因功拜振威將軍。後歸光武。光武即位，以武為侍中、騎都尉。討伐劉永有功，拜捕虜將軍。歷封山都侯、鄃侯，定封楊虛侯。詳見本書卷二十二。㊻騎都尉王霸　騎都尉，官名。監管宿衛、侍從皇帝的軍隊羽林騎。王霸（？—西元五九年），字元伯，潁川潁陽人。東漢開國名將。霸少時曾為獄吏，後投身光武，從平河北。光武滹沱河遇險時，霸護渡有功，光武以為軍正，爵關內侯。光武即位，以霸曉兵愛士，拜偏將軍。官至上谷太守。歷封王鄉侯、富波侯、向侯，定封淮陵侯。詳見本書卷二十。㊼五校兵　活動於河北中部地區的農民軍，後被劉秀部將杜茂平定。㊽下邳　古縣名。治今江蘇睢寧西北。㊾驃騎大將軍杜茂　驃騎大將軍，即驃騎將軍。官名。掌征伐，與大將軍同為武職中之最尊者。杜茂（？—西元四四年），字諸公，南陽冠軍（今河南鄧州）人。東漢開國名將。初歸光武於河北，常從征伐。光武即位，拜大將軍。以平定五校農民軍有功，復拜驃騎大將軍。後屯田北邊，抗擊匈奴，有功，封列侯。初封樂鄉侯，更封脩侯，定封蘧鄉侯。詳見本書卷二十二。㊿平狄將軍龐萌反叛　龐萌其人及其叛漢事，詳本卷下文附傳。(51)東平　郡、國名。治無鹽（今山東東平東）。轄境相當今山東濟寧及汶上、東平等縣地。(52)桃鄉　古地名。故址在今山東濟寧。

【語　譯】劉永，梁郡睢陽人，梁孝王的第八代孫。梁孝王的封國傳到劉永的父親劉立。元始年間，劉立因為與平帝的外家衛氏有往來，被王莽誅殺。

2　更始即位後，劉永先到洛陽，被續封為梁王，以睢陽為都城。劉永聽說更始政治昏亂，於是以其封國梁郡為根據地，興兵起事。任命其弟劉防為輔國大將軍，劉防弟劉少公為御史大夫，封為魯王。於是招攬沛人周建等眾豪傑，均拜封為將領，攻占濟陰、山陽、沛、楚、淮陽、汝南等地，共得二十八城。又派使者拜封西防賊首領山陽人佼彊為橫行將軍。這時，東海人董憲起兵占據了東海郡，張步亦平定了齊地。劉永派遣使者封董憲為翼漢大將軍，張步為輔漢大將軍，與他們聯合兵力，於是獨占了東方。更始失敗後，劉永自稱天子。

3　建武二年夏天，光武帝派遣虎牙大將軍蓋延等討伐劉永。起初，陳留人蘇茂是更始的討難將軍，與朱鮪等守洛陽。朱鮪既已降漢，蘇茂也隨之而降，光武帝於是讓蘇茂與蓋延一起攻打劉永。兩人在軍中不和，蘇茂於是叛漢，殺了淮陽太守，奪取數縣，據守廣樂而稱臣於劉永。劉永封蘇茂為大司馬、淮陽王。蓋延於是圍攻睢陽，數月之後，攻克了睢陽，劉永帶領家屬逃到虞。虞地人反叛劉永，殺了他的母親和妻子兒女，劉永與部下數十人逃往譙。蘇茂、佼彊、周建聯兵援救劉永，被蓋延打敗，蘇茂逃回廣樂，佼彊、周建隨從劉永逃至湖陵據城自守。建武三年春天，劉永派使者立張步為齊王，董憲為海西王。光武帝於是派大司馬吳漢等圍攻蘇茂於廣樂，周建率軍救援蘇茂，蘇茂、周建戰敗，拋棄了廣樂，又回到湖陵，而睢陽人反叛漢軍，迎接劉永入城。吳漢與蓋延等合軍圍攻睢陽，城中糧食耗盡，劉永與蘇茂、周建逃至酇。眾將緊追不捨，劉永的將領慶吾斬殺劉永，投降了漢軍，被封為列侯。蘇茂、周建逃至垂惠，共立劉永的兒子劉紆為梁王。佼彊回至西防，據城自保。

4　建武四年秋天，光武帝派遣捕虜將軍馬武、騎都尉王霸圍攻劉紆、周建於垂惠，蘇茂率領五校的兵眾前來救援，劉紆、周建也出兵與馬武等交戰，未能取勝，而周建哥哥的兒子周誦反叛，關閉城門不讓他們進入。周建、蘇茂、劉紆等都逃走，周建死在路上，蘇茂逃往下邳與董憲會合，劉紆逃奔佼彊。建武五年，光武帝派驃騎大將軍杜茂進軍西防攻打佼彊，佼彊與劉紆逃奔董憲。

5 當時平狄將軍龐萌叛漢，遂即偷襲打敗蓋延，率領部隊與董憲聯合，自號東平王，駐軍於桃鄉之北。

1 龐萌，山陽人。初亡命❶在下江兵❷中。更始立，以為冀州牧❸，將兵屬尚書令謝躬❹，共破王郎。及躬敗❺，萌乃歸降。光武即位，以為侍中❻。萌為人遜順，甚見信愛。帝常稱曰：「可以託六尺之孤，寄百里之命❼者，龐萌是也。」拜為平狄將軍，與蓋延共擊董憲。

2 時詔書獨下延而不及萌，萌以為延譖❽己，自疑，遂反。帝聞之，大怒，乃自將討萌。與諸將書曰：「吾常以龐萌社稷之臣❾，將軍得無❿笑其言乎？老賊當族⓫。其⓬各厲兵馬⓭，會睢陽！」憲聞帝自討龐萌，乃與劉紆、蘇茂、佼彊去下邳，還蘭陵⓮，使茂、彊助萌，合兵三萬，急圍桃城⓯。

3 帝時幸⓰蒙⓱，聞之，乃留輜重⓲，自將輕騎⓳三千，步卒數萬，晨夜馳赴，師次⓴任城㉑，去桃鄉六十里。旦日，諸將請進，賊亦勒兵㉒挑戰，帝不聽，乃休士養銳，以挫其鋒。城中聞車駕㉓至，眾心益固。時吳漢等在東郡，馳使召之。萌等乃悉兵攻城，二十餘日，眾疲困而不能下。及吳漢與諸將到，乃率眾軍進桃城，而帝親自搏戰，大破之。萌、茂、彊夜棄輜重逃奔，董憲乃與劉紆悉其兵數萬人屯昌慮㉔，自將銳卒拒新陽㉕。帝先遣吳漢擊破之，憲走還昌慮。漢進守之，憲恐，乃招誘五校㉖餘賊步騎數千人屯建陽㉗，去昌慮三十里。

4 帝至蕃㉘，去憲所百餘里。諸將請進，帝不聽，知五校乏食當退，勑各堅壁以待其敝㉙。頃之，五校糧盡，果引去。帝乃親臨，四面攻憲，三日，復大破之，眾皆奔散。遣吳漢追擊之，佼彊將其眾降，蘇茂奔張步，憲及龐萌走入繒山㉚。數日，吏士聞憲尚在，復往往相聚，得數百騎，迎憲入郯城㉛。吳漢等復攻拔郯，憲與龐萌走保朐㉜。劉紆不知所歸，軍士高扈斬其首降，梁地悉平。

5 吳漢進圍朐。明年，城中穀盡，憲、萌潛出，襲取贛榆㉝，琅邪太守陳俊㉞攻之，憲、萌走澤中。會吳漢下朐城，進盡獲其妻子㉟。憲乃流涕謝㊱其將士曰：「妻子皆已得矣。嗟乎！久苦諸卿。」乃將數十騎夜去，欲從間道歸降，而吳漢校尉㊲韓湛追斬憲於方與㊳，方與人黔陵亦斬萌，皆傳首洛陽。封韓湛為列侯，黔陵關內侯㊴。

【章旨】以上為〈龐萌傳〉。記述龐萌叛漢後與劉永餘黨董憲等連兵抗漢，因於〈劉永傳〉後附〈龐萌傳〉。傳文簡要記述龐萌由參加下江兵起家，更始立，被封為冀州牧；繼則記龐萌歸降光武，且頗受光武器重，而他旋又反叛光武及反叛的原由；然後以主要篇幅寫光武帝調兵遣將、親率大軍追擊、平滅龐萌及劉永餘黨董憲等人的具體過程。

【注　釋】❶亡命　削除戶籍，逃亡在外。泛指逃亡。❷下江兵　綠林農民軍的一個分支。地皇三年（西元二二年），王常、成丹率領部分綠林軍由綠林山西入南郡，號下江兵。❸冀州牧　冀州，州名。武帝時所置「十三刺史部」之一。轄境相當今河北中南部，山東西端及河南北端。東漢治高邑（今河北柏鄉北），末期移治鄴縣（今河北臨漳西南）。牧，州牧。官名。州的軍政長官。❹尚書令謝躬　尚書令，官名。掌章奏文書。謝躬，其人其事詳下注。❺躬敗　更始二年（西元二四年），光武以計使吳漢、岑彭襲殺謝躬。本書卷十八載此事甚詳，可參看。又，〈吳漢傳〉：「躬字子張，南陽人。初，其妻知光武不平之，常戒躬曰：『君與劉公積不相能，而信其虛談，不為之備，終受制矣。』躬不納，故及於難。」❻侍中　官名。西漢為加官，東漢則為實職，其職責是得入禁中，侍從皇帝左右，分掌乘輿服物，並贊導眾事，顧問應對。❼可以託六尺之孤二句　託六尺之孤，託付以年紀幼小的孤兒。古代尺短，六尺約合今一三八公分。身高六尺的人還是小孩，一般指十五歲以下的人。寄百里之命，指代國君發布命令，主持國政。語出《論語．泰伯》：「曾子曰：『可以託六尺之孤，可以寄百里之命，臨大節而不可奪也。君子人與？君子人也。』」邢昺疏：「可以託六尺之孤者，謂可委託以幼少之君也，若周公、霍光也；可以寄百里之命者，謂君亮陰，可當國攝君之政令也。」❽譖　讒毀；誣陷。❾社稷之臣　關係國家興衰安危的重臣。❿得無　表示揣度語氣的副詞性結構。猶言能不；莫非；恐怕。⓫族　滅族。古代一種極殘酷的刑罰：一人犯罪，誅及父母兄弟妻子等親族。⓬其　句首語氣詞。表祈使語氣。⓭厲兵馬　「厲兵秣馬」的省說，意為磨礪兵器，餵飽戰馬。指作好戰鬥準備。厲，「礪」的古字。⓮蘭陵　古縣名。治今山東蒼山縣西南蘭陵鎮。⓯桃城　即桃鄉之城。⓰幸　指皇帝親臨。《史記．孝文本紀》：「帝初幸甘泉。」裴駰《集解》引蔡邕曰：「天子車駕所至，民臣以為僥倖，故曰幸。」⓱蒙　古縣名。治今河南商丘東北。⓲輜重　行軍時由運輸部隊攜帶的軍械、糧草、營帳、被服等物資。⓳輕騎　輕裝的騎兵。⓴次　軍隊駐紮。㉑任城　古縣名。治今山東濟寧。㉒勒兵　陳兵。勒，部署。㉓車駕　帝王所乘之車，因用為帝王的代稱。㉔昌慮　古縣名。治今山東滕州東南部。㉕新陽　古縣名。治今山東棗莊南。㉖五校　王莽末年以高扈為首領的農民軍稱號。㉗建陽　古縣名。治今山東棗莊南。㉘蕃　古縣名。故城在今山東滕州。㉙敝　疲憊；困乏。㉚繒山　李賢注：「繒，縣名，故城在今沂州承縣東北。繒山，即其縣之山也。」繒，古縣名。治今山東蒼山縣北。㉛郯城　古縣名。治今山東郯城北。㉜朐　古縣名。治今江蘇連雲港市西。㉝贛榆　古縣名。今江蘇贛榆。在連雲港市北部，鄰接山東，東臨黃海。㉞琅邪太守陳俊　琅邪，郡、國名。秦時治琅邪（今膠南琅邪臺西北）。轄境相當今山東半島東南部。陳俊（？—西元四八年），字子昭，南陽西鄂（今河南南陽）人。東漢開國名將。初拜彊弩將軍，繼拜泰山太守，行大將軍事。後徙為琅邪太守，領將軍如故。初封列侯，更封新處侯，定封祝阿侯。㉟進盡獲其妻子　宋劉攽《後漢書刊誤》謂「進」字為衍文。其說是。㊱謝　道歉。本卷下文〈張步傳〉「離席跪謝」之「謝」亦同義。㊲校尉　武職名。地位略次於將軍。㊳方與　古縣名。即今山東魚臺，在濟寧南部，鄰接江蘇。㊴關內侯　爵位名。秦漢二十等封爵的第十九級，次於列侯。有爵位，無國邑，寄食所在縣，民租多少各有戶數為限。

【語　譯】龐萌，山陽人。起初逃亡在下江兵中。更始立為天子，封他為冀州牧，領兵隨尚書令謝躬，共同擊敗王郎。謝躬失敗後，龐萌即投降了光武。光武即位，封他為侍中。龐萌為人謙虛和順，光武帝很信任他、喜歡他。光武帝常稱讚說：「可以託付幼小的孤兒，寄託大事的人，龐萌就是。」封他為平狄將軍，與蓋延一起攻打董憲。

2 當時詔書只頒與蓋延而未給龐萌，龐萌認為是蓋延誣陷自己，心生疑慮，於是叛漢。光武帝聽說此事，大怒，隨即親自率軍討伐龐萌。下詔書給眾將領說：「我常把龐萌視為國家重臣，我說過的那些話將軍們恐怕覺得很可笑吧？這老賊應該受到滅族的懲罰。諸將要各自秣馬礪兵，會師睢陽！」董憲聽說光武帝親自討伐龐萌，就與劉紆、蘇茂、佼彊離開下邳回到蘭陵，派蘇茂、佼彊援助龐萌，會合三萬兵眾，急速包圍桃城。

3 光武帝當時正在蒙地，聽到這個消息，便留下輜重，親自率領輕騎三千，步兵數萬人，晨夜兼程，急速前往，駐軍於任城，離桃鄉六十里。第二天，眾將領請求出兵，龐萌也擺開陣勢來挑戰，光武帝沒有應戰，卻讓士兵休息，養其銳氣，以挫折敵軍的鋒芒。桃鄉城中的軍隊聽說皇帝到來，軍心更加穩固。當時吳漢等人在東郡，光武帝急速派使者將他們召至。龐萌等人於是全力攻城，連攻二十餘日，軍隊疲憊不堪而未能攻下。吳漢與眾將領到後，光武帝於是率領眾軍向桃城進發，而且光武帝親自臨陣搏殺，大敗龐萌軍隊。龐萌、蘇茂、佼彊拋棄輜重連夜逃奔，董憲遂與劉紆集合其全部兵力數萬人駐守昌慮，自己帶領精銳士卒據守新陽。光武帝先派吳漢擊敗董憲，董憲逃回昌慮。吳漢進軍包圍昌慮，董憲恐懼，於是招誘五校的殘餘部隊，步兵、騎兵共數千人，駐守建陽，離昌慮三十里。

4 光武帝到了蕃，離董憲駐守的地方有一百多里。眾將領請求進擊，光武帝不答應，因為他知道五校的軍隊缺乏糧食時便會退走，命令將領們加固壁壘以待其自敝。不久，五校軍糧食耗盡，果然率領部隊離去。光武帝親自臨陣指揮，漢軍四面攻擊董憲，連攻三日，又將他打得大敗，其軍眾俱都逃散。光武帝派吳漢追擊敗軍，佼彊率領他的部隊投降，蘇茂投奔張步，董憲與龐萌逃入繒山。數日後，逃散的吏卒聽說董憲還在，從各地聚集在一起，共有數百騎兵，迎接董憲進入郯城。吳漢等又攻占了郯城，董憲與龐萌逃到朐，據城自守。劉紆不知道該歸向何處，身邊的兵士高扈將他斬首，投降了漢軍。梁地全部平定。

5 吳漢進軍包圍了朐。第二年，朐城中糧食耗盡，董憲、龐萌暗中出城，偷襲奪取了贛榆。琅邪太守陳俊攻打他們，董憲、龐萌逃入水澤中。吳漢恰於此時攻克了朐城，把他們的妻子兒女全部捕獲。董憲於是流著眼淚向手下的將士們表示歉意說：「妻子兒女全都被他們抓去了。唉！讓各位長時間吃苦受累。」於是帶領數十騎兵連夜離去，想從小路去投降，而吳漢的校尉韓湛在方與追及董憲，將他殺死，方與人黔陵也殺了龐萌，他們的首級都被送到洛陽。光武帝封韓湛為列侯，封黔陵為關內侯。

1 張步，字文公，琅邪不其❶人也。漢兵之起，步亦聚眾數千，轉攻傍縣❷，下數城，自為五威將軍❸，遂據本郡。

2 更始遣魏郡王閎❹為琅邪太守，步拒之，不得進。閎為檄，曉喻吏人降，得贛榆等六縣，收兵數千人，與步戰，不勝。時梁王劉永自以更始所立，貪步兵彊，承制❺拜步輔漢大將軍、忠節侯，督青徐二州❻，使征不從命者。步貪其爵號，遂受之。乃理兵於劇❼，以弟弘為衛將軍❽，弘弟藍玄武大將軍，藍弟壽高密❾太守。遣將徇太山❿、東萊⓫、城陽⓬、膠東⓭、北海⓮、濟南⓯、齊諸郡，皆下之。

3 步拓⓰地寖⓱廣，兵甲⓲日盛⓳。王閎懼其眾散，乃詣步相見，欲誘以義方⓴。步大陳兵引㉑閎怒曰：「步有何過，君前見攻之甚乎！」閎按劍曰：「太守奉朝命，而文公擁兵相距，閎攻賊耳，何謂甚邪！」步嘿㉒然，良久，離席跪謝，乃陳樂獻酒，待以上賓之禮，令閎關掌㉓郡事。

4 建武三年㉔，光武遣光祿大夫㉕伏隆㉖持節使齊，拜步為東萊太守。劉永聞隆至劇，乃馳遣立步為齊王，步即殺隆而受永命。

5 是時帝方北憂漁陽㉗，南事梁、楚㉘，故步得專集齊地㉙，據郡十二。及劉永死，步等欲立永子紆為天子，自為定漢公，置百官。王閎諫曰：「梁王以奉本朝㉚之故，是以山東㉛頗能歸之。今尊立其子，將疑眾心。且齊人多詐㉜，宜且詳之。」步乃止。五年，步聞帝將攻之，以其將費邑為濟南王，屯歷下㉝。冬，建威大將軍耿弇㉞破斬費邑，進拔臨淄㉟。步以弇兵少遠客㊱，可一舉而取，乃悉將其眾攻弇於臨淄。步兵大敗，還奔劇。帝自幸劇。步退保平壽㊲，蘇茂將萬餘人來救之。茂讓㊳步曰：「以南陽兵精，延岑善戰，而耿弇走之㊴。大王柰何就攻其營？既呼茂，不能待邪？」步曰：「負負40，無可言者。」帝乃遣使告步、茂，能相斬降者，封為列侯。步遂斬茂，使使奉其首降。步三弟各自繫41所在獄，皆赦之。封步為安丘42侯，後與家屬居洛陽。王閎亦詣劇降。

6 八年夏，步將妻子逃奔臨淮43，與弟弘、藍欲招其故眾，乘船入海，琅邪太守陳俊追擊斬之。

【章旨】以上是〈張步傳〉。記述張步起兵琅邪，受封於劉永，略取郡縣，割據齊魯；次寫光武帝對張步招降未成，而繼之以武力攻伐，張步路末途窮，於建武五年降漢。後又叛逃未遂，被殺。

【注釋】❶琅邪不其　琅邪，郡名。秦置。治琅邪（今山東膠南琅邪臺）。西漢移治東武（山東諸城）。轄境相當今山東半島東南部。東漢改為國，移治開陽（今山東臨沂北）。不其，古縣名。因境內有不其山而得名。治今山東青島西北。❷傍縣　四旁鄰近的縣。傍，同「旁」。旁側；旁邊。❸五威將軍　官名。王莽廢漢立新後所置。新莽末年，反莽義軍紛起，其首領或假以為號。本書〈光武帝紀上〉：「（光武）夜自與驃騎大將軍宗佻、五威將軍李軼等十三騎，出城南門，於外收兵。」李賢注曰：「王莽置五威將軍，其衣服依五方之色，以威天下。李軼初起，猶假以為號。」❹王閎　王莽叔父平阿侯王譚之子。本卷〈張步傳〉後附其傳。❺承制　謂秉承皇帝旨意而便宜行事。❻青徐二州　青州，漢武帝所置「十三刺史部」之一。轄今山東德州、齊河縣以東，馬頰河以南，濟南、臨朐、安丘、高密、萊陽、棲霞、乳山等地以北、以東和河北吳橋地。徐州，「十三刺史部」之一。轄境相當今江蘇長江以北和山東東南部地區。❼劇　古縣名。治今山東壽光南。❽衛將軍　官名。位次於三公而在諸卿之上。典京師兵衛，兼掌征伐背叛。❾高密　郡、國名。治高密（今山東高密西南）。西漢末轄境約當今高密一帶。❿太山　即泰山。郡名。因境內泰山得名。東漢治奉高（今山東泰安東）。轄境相當今山東淄博、長青以南，肥城以東，寧陽、平邑以北，沂源、蒙陰以西地區。⓫東萊　郡、國名。治今山東龍口市東。轄境相當今山東膠萊河以東，岠嵎山以北和乳山河以東地。⓬城陽　郡、國名。治莒縣（今山東莒縣）。西漢末轄境相當今山東莒縣、沂南和蒙陰東部地。東漢建武年間廢，建安年間復置。⑬膠東　郡、國名。治即墨（今山東平度東南）。西漢末年轄境相當今山東平度、萊陽、萊西等及迤南一帶。東漢併入北海國。⑭北海　郡、國名。故治劇縣（今山東昌樂）。轄境相當今山東濰坊及安丘、昌樂、壽光、昌邑等地。⑮濟南　郡、國名。治平陵（今山東章丘西北）。轄境相當今山東濟南、章丘、濟陰、鄒平等地。⑯拓　拓展；擴大。⑰濅　同「寖」。逐漸。⑱兵甲　軍隊。⑲盛　眾多。⑳義方　立身處事應該遵守的規範和道理。㉑引　招致；傳喚。㉒嘿　同「默」。㉓闕掌　掌管。闕，措置；處置。㉔建武三年　西元二七年。㉕光祿大夫　官名。屬光祿勳。掌議論，備顧問。㉖伏隆　（？—西元二七年），字伯文，琅邪東武（今山東諸城）人。當世名儒，西漢舊臣伏湛之子。少以節操立名，曾出仕為郡督郵。投歸光武後，初拜太中大夫，旋改光祿大夫。先後兩次使齊勸說張步降漢，未成，被殺。詳見本書卷二十六。㉗北憂漁陽　指憂慮割據北方的彭寵。彭寵事詳下文本傳。漁陽，郡名。治漁陽（今北京密雲西南）。轄境相當今河北灤河上游以南，薊運河以西，天津海河以北，北京懷柔、通州區以東地區。㉘南事梁楚　指用兵討伐劉永。㉙專集齊地　專力於安定齊地。專，專心從事。集，安輯；安定。㉚奉本朝　指奉事更始帝。劉永先曾臣事更始而被續封為梁王，故稱更始朝為本朝。㉛山東　指古齊魯一帶。先後歸依劉永的山陽佼彊、東海董憲、琅邪張步、山陽龐萌，均為古齊魯一帶人；蘇茂為陳留人，其里籍亦近齊魯。漢時人或稱古齊魯一帶為山東。錢大昕《十駕齋養新錄》卷十一「山東」條：「漢時亦有稱齊魯為山東者，如〈酷吏傳〉：『御史大夫宏曰：臣居山東，為小吏時，寧成為濟南都尉。』〈儒林傳〉：『伏生教齊魯之閒，學者由此頗能言《尚書》，山東大師，亡不涉《尚書》以教。』則齊魯號山東，非無因矣。」㉜齊人多詐　李賢注：「汲黯目公孫弘之詞。」語見《漢書．公孫弘傳》。㉝歷下　古邑名。今山東濟南西。以南對歷山城在其下得名。㉞耿弇　（西元二—五八年），字伯昭，扶風茂陵（今陝西興平）人。東漢開國名將。弇少學《詩》、《禮》，明敏有權謀。更始二年（西元二四年），與父耿況同歸光武。後屢立戰功。初拜偏將軍，旋遷大將軍。光武即位，拜建威大將軍。永平元年卒，謚曰愍侯。詳見本書卷十九。㉟臨淄　古邑名。亦古縣名。治今山東淄博臨淄區。㊱遠客　長途跋涉來攻打別人。古時稱戰爭中進攻的一方為客。㊲平壽　古縣名。治今山東濰坊。㊳讓　責備。㊴以南陽三句　指耿弇大敗延岑於穰（今河南鄧州）事。本書卷十九〈耿弇傳〉：「（建武）三年，延岑自武關出攻南陽，下數城。穰人杜弘率其眾以從岑。弇與岑等戰於穰，大破之，斬首三千餘級，生獲其將士五千餘人，得印綬三百。杜弘降，岑與數騎遁走東陽。」延岑，字叔牙，南陽人。始起兵據漢中，略有數縣，後與占據黎丘自號楚黎王的秦豐合兵。秦豐敗，延岑逃亡入蜀，降公孫述，述以為大司馬，封汝寧王。吳漢伐公孫述，破成都，岑降，被殺。㊵負負　李賢注：「負，愧也。再言之者，愧之甚。」㊶自繫　自縛其身，投案自首。㊷安丘　古縣名。治今山東安丘。

㊸臨淮　郡名。西漢武帝時置。東漢永平十五年（西元七二年）改為下邳國，移治下邳（今江蘇睢寧西北）。

【語　譯】 張步，字文公，琅邪郡不其縣人。劉玄、劉秀起兵反莽時，張步也聚集數千人馬，輾轉攻掠不其鄰近的各縣，攻下數城，自號為五威將軍，遂占據了本郡琅邪。

2 更始帝派魏郡的王閎任琅邪太守，張步對此予以抵制，王閎不能進入。王閎發布檄文，曉喻琅邪郡的官員和百姓，讓他們投降，收復了贛榆等六縣，招收士兵數千人，與張步作戰，未能獲勝。這時，梁王劉永自以為是更始帝所封立，他貪圖張步兵強，便以更始帝的名義封張步為輔漢大將軍、忠節侯，監管青、徐二州，命他征討不服從命令的人。張步貪其爵號，就接受了。張步於是在劇縣訓練軍隊，任命其弟張弘為衛將軍，張弘弟張藍為玄武大將軍，張藍弟張壽為高密太守。派將領略取泰山、東萊、城陽、膠東、北海、濟南、齊各郡，這些地方全都被張步占據。

3 張步擴占的地域日益廣大，軍隊的人數也一天比一天多。王閎擔心自己的人馬散去，於是到張步處與他相見，想用立身處事的道理誘導他。張步大排軍兵，將王閎招至面前，生氣地說：「我有何過錯，你前些時候攻我攻得那麼厲害？」王閎按住腰間的寶劍說：「我做太守是奉了朝廷之命，而你聚兵抗拒，我只是攻打賊人罷了，怎麼能說厲害呢！」張步沉默多時，然後起身離座向王閎跪拜謝罪。於是陳設音樂，捧杯獻酒，用對待上等賓客的禮儀招待王閎，並讓他掌管琅邪郡中之事。

4 建武三年，光武派遣光祿大夫伏隆帶著符節出使齊，封張步為東萊太守。劉永聽說伏隆到了劇縣，就急速派人立張步為齊王，張步便殺掉伏隆而接受了劉永的任命。

5 這時候，光武帝正憂慮北方的漁陽，在南方，又正用兵於梁、楚，所以張步能夠專力於安定齊地，並占據十二個郡。劉永死後，張步等人想立劉永的兒子劉紆為天子，自為定漢公，設置百官。王閎規勸他說：「梁王因為奉事更始朝，所以山東一帶多能歸順於他。如果立他的兒子為天子，恐怕會使眾心疑惑。況且齊地人大多奸詐，此事應該仔細考慮。」張步於是作罷。建武五年，張步聽說光武帝要攻打他，就封他的部將費邑為濟南王，屯兵於歷下。這年冬天，建威大將軍耿弇攻占了費邑，進而攻克了臨淄。張步以為耿弇軍隊不多，又是長途跋涉前來攻我，我軍可以一戰而擊敗他。於是集中全部兵力攻耿弇於臨淄。張步的軍隊大敗，逃回劇縣。光武帝親自率軍來劇縣攻打張步。張步退守平壽，蘇茂率領一萬多人前來救援。蘇茂責怪張步說：「憑南陽兵那麼精銳，延岑又善於指揮作戰，而耿弇卻把他們打得大敗而逃。您怎能去攻打他的營壘呢？既然已經招呼我前來救援，就不能等待嗎？」張步說：「慚愧，慚愧，我無話可說了。」光武帝於是派人分別告知張步、蘇茂：能夠將對方斬首而來投降的人，封為列侯。張步於是殺了蘇茂，派人帶著他的首級投降漢軍。張步的三個弟弟，各於其所在之地自縛其身，投案自首，他們都被免罪釋放。封張步為安丘侯，後來與家屬居住在洛陽。王閎也到劇縣投降。

6　建武八年夏天，張步帶著妻子兒女逃奔到臨淮，和他的弟弟張弘、張藍想招集舊部乘船入海，琅邪太守陳俊追趕上他，把他殺死。

王閎者，王莽叔父平阿侯譚❶之子也，哀帝❷時為中常侍❸。時佞臣❹董賢❺為大司馬，寵愛貴盛，閎屢諫，忤旨。哀帝臨崩，以璽綬❻付賢曰：「無妄以與人。」時國無嗣主❼，內外恇懼，閎白元后❽，請奪之；即帶劍至宣德後闥❾，舉手叱賢曰：「宮車晏駕❿，國嗣⓫未立，公受恩深重，當俯伏號泣，何事久持璽綬以待禍至邪！」賢知閎必死，不敢拒之，乃跪授璽綬。閎持上太后，朝廷壯⓬之。及王莽篡位，僭忌⓭閎，乃出為東郡太守。閎懼誅，常繫藥手內。莽敗，漢兵起，閎獨完全⓮東郡三十餘萬戶，歸降更始。

【章旨】以上是〈王閎傳〉。王閎始投更始，旋歸張步，因於〈張步傳〉後附其傳。傳文記述了王閎由佞臣董賢手中奪取御璽及保全東郡三十餘萬戶免受戰亂之苦二事，雖極簡括，卻頗有助於了解王閎之個性、人品。

【注釋】❶平阿侯譚　王譚，字子元，漢成帝劉驁生母元后王政君之同父異母弟。河平二年（西元前二七年），被封為平阿侯。王莽之父王曼，與王譚亦同父異母，曼為兄，譚為弟。❷哀帝　西漢哀帝劉欣（西元前二五—前一年），元帝劉奭庶孫，定陶王劉康之子。西元前七—前一年在位。❸中常侍　官名。掌侍從皇帝左右，得出入內宮，贊導眾事。西漢時為加官，可由士人擔任，東漢轉為實職，由宦官專任。❹倖臣　帝王寵幸嬖愛之臣。❺董賢　（西元前二三—前一年），字聖卿，雲陽（今陝西淳化）人。初為太子舍人，哀帝立，隨例遷為郎。哀帝悅其儀貌，拜黃門郎，由此寵幸日甚，常與哀帝同起臥。嘗晝寢，賢偏枕哀帝衣袖，帝欲起，賢未覺，不欲動賢，乃斷袖而起。其恩愛至此。官至大司馬衛將軍。哀帝崩，為王莽所劾，畏罪自殺。❻璽綬　古代印璽上所繫的彩色絲帶，借指印璽。此指皇帝的御璽。❼嗣主　繼承皇位的君主。❽元后　西漢元帝劉奭皇后、西漢成帝劉驁生母王政君（西元前七一—一三年）。自為西漢元皇后起，歷漢四世，六十餘年間弟王鳳、姪王音、弟王根、姪王莽等更相用事，把持朝政，直至王莽篡漢立新。始建國五年卒，年八十四。❾宣德後闥　李賢注：「《三輔黃圖》曰，未央宮有宣德殿。闥，宮中門也。」❿宮車晏駕　指皇帝死亡。宮車，帝王、后妃所乘坐的車輛，因常借指帝、后。晏駕，原義為車駕晚出，古代用為帝王死亡的諱詞。⓫國嗣　皇位繼承人。⓬壯　勇武；威猛。這裡用為意動，是認為勇壯威猛的意思。⓭僭忌　猜忌；疑忌。⓮完全　保全。

【語譯】王閎是王莽的叔父平阿侯王譚的兒子，哀帝時任中常侍。當時倖臣董賢為大司馬，皇帝寵愛他，顯貴極於一時。王閎屢次進諫，而違逆皇帝的心意。哀帝臨終時，將御璽交與董賢，對他說：「不要隨便給人。」當時國無繼位之君，朝廷內外惶恐不安，王閎稟告元后，請求奪回御璽，隨即帶劍來到宣德殿後門，舉手指著董賢斥責說：「皇帝去世，繼位之君尚未確立，你蒙受皇恩深重，應該伏地痛哭，為什麼長久地拿著御璽等待大禍臨頭呢？」董賢知道王閎必定以死相拚，不敢拒絕他，於是跪在地上把御璽交與王閎。王閎拿著御璽，把它交給了太后，朝廷上下都認為王閎勇壯威猛。王莽篡位後，猜忌王閎，便把他調離京城，去做東郡太守。王閎擔心被王莽殺害，常把毒藥繫在手中。王莽失敗，漢兵興起，王閎獨得保全東郡三十餘萬戶，歸降了更始帝。

1 李憲者，潁川許昌❶人也。王莽時為廬江❷屬令❸。莽末，江賊❹王州公等起眾十餘萬，攻掠郡縣，莽以憲為偏將軍❺、廬江連率❻，擊破州公。莽敗，憲據郡自守。更始元年，自稱淮南❼王。建武三年，遂自立為天子，置公卿百官，擁九城，眾十餘萬。

2 四年秋，光武幸壽春❽，遣揚武將軍馬成❾等擊憲，圍舒❿。至六年正月，拔之。憲亡走，其軍士帛意追斬憲而降，憲妻子皆伏誅。封帛意漁浦侯。

3 後憲餘黨淳于臨等猶聚眾數千人，屯灊山⓫，攻殺安風⓬令。揚州⓭牧歐陽歙⓮遣兵不能剋，帝議欲討之。廬江人陳眾為從事⓯，白歙請得喻降臨；於是乘單車⓰，駕白馬，往說而降之。灊山人共生為立祠，號「白馬陳從事」云⓱。

【章旨】以上是〈李憲傳〉。記述王莽末年廬江屬令李憲以平定當地農民軍有功，被封為廬江郡守，王莽敗後，憲據郡自守，始號淮南王，後自立為天子，建武六年被漢軍平滅。傳末記廬江人、揚州從事陳眾勸降屯聚於灊山的李憲餘黨淳于臨，使當地百姓免受戰亂之苦，灊山人為立生祠事。

【注釋】❶潁川許昌　潁川，郡名。以潁水得名。治陽翟（今河南禹州）。轄境相當今河南登封、寶豐以東，尉氏、郾城以西，新密以南，葉縣、舞陽以北。許昌，縣名。治今河南許昌東。❷廬江　郡名。楚漢之際分秦九江郡置。轄今安徽長江以南，涇縣、宣州以西，江西信江流域及其以北地區。漢武帝後徙治舒（今安徽廬江縣西南）。轄今安徽巢湖、舒城、霍山以南，長江以北，湖北英山、武穴、黃梅和河南商城等地。其後治所、轄境一再遷改。❸屬令　官名。王莽所置，職如都尉。輔佐郡守並掌全郡的軍事。❹江賊　出沒於江上的盜賊。此指當時廬江境內以長江兩岸百姓為主要成員的農民軍。❺偏將軍　官名。王莽時位在大將軍之下，裨將軍之上。《漢書・王莽傳下》：「莽見四方盜賊多……賜諸州牧號為大將軍，郡卒正、連帥、大尹為偏將軍，屬令長裨將軍，縣宰為校尉。」❻連率　官名。王莽所置，職如太守。❼淮南　郡、國名。治陳（今河南淮陽）。轄境約當今安徽淮河以南，巢湖、肥西以北，塘河以東，鳳陽、滁州以西地區。❽壽春　古縣名。治今安徽壽縣。❾馬成（？—西元五七年），字君遷，南陽棘陽（今河南南陽）人。東漢開國名將。少為縣吏。光武征討河北時，棄官歸光武。為期門，從征伐。光武即位，遷護軍都尉。建武四年，拜揚武將軍，率大軍擊李憲，滅之。先後任天水太守、中山太守，並曾行大司馬事。初封平舒侯，定封全椒侯。詳見本書卷二十二。❿舒　古縣名。治今安徽廬江縣西南。⓫灊山　灊縣之山，即天柱山。今安徽潛山縣西北。灊，古縣名。治今安徽霍山縣東北，天柱山在其南。本書卷七十五〈袁術傳〉：「（建安）四年夏，乃燒宮室，奔其部曲陳簡、雷薄於灊山。」李賢注：「灊縣之山也。灊，今壽州霍山縣也。」⓬安風　古縣名。治今安徽霍邱西南。⓭揚州　州名。西漢武帝所置「十三刺史部」之一。轄今安徽和江蘇長江以南及江西、浙江、福建三地，湖北英山縣、黃梅、武穴，河南固始、商城等地。東漢治歷陽（今安徽和縣），末年移壽春（今安徽壽縣）、合肥。⓮歐陽歙（？—西元三九年），字正思，樂安千乘（今山東高青）人。西漢名儒歐陽生之後。自歐陽生傳《伏生尚書》，至歙八世，皆為博士。王莽時，為長社宰。更始立，為原武令。後歸光武。光武即位，始為河南尹。建武五年坐事免官。明年，拜揚州牧，遷汝南太守。在郡視事九年，徵為大司徒。後因任汝南太守時所犯贓罪被發覺而入獄，死獄中。詳見本書卷七十九。⓯從事　官名。即從事史。漢制，州刺史之佐吏如別駕、治中、主簿、功曹等，均稱為從事史。又有州部所屬郡國從事史，每郡國各一人，主管文書，察舉非法。皆由州自行辟除，亦稱州從事。⓰乘單車　謂單身獨往，不帶隨從。單車，一輛車。⓱云　助詞。用於句末，無義。

【語譯】李憲，潁川許昌人。王莽時任廬江屬令。王莽末年，江賊王州公等人聚眾十餘萬人起兵反莽，略取郡縣。王莽任命李憲為偏將軍、廬江連率，打敗了王州公。王莽失敗後，李憲占據本郡，自保其地。更始元年，李憲自號淮南王。建武三年，遂自立為天子，設置公卿及大小百官，擁有九座城池，軍隊十餘萬。

2 建武四年秋天，光武帝到了壽春，派揚武將軍馬成等人攻打李憲，包圍了舒縣。到建武六年正月，攻下舒縣。李憲逃走，他的士兵帛意追上李憲，把他殺死而投降，李憲的妻子兒女都被處死。封帛意為漁浦侯。

3 後來，李憲的餘黨淳于臨等人依然聚集軍隊數千人，駐紮在灊山，攻打並殺死了安風縣的縣令。揚州牧歐陽歙派兵前往，也未能將他們平定。光武帝與臣下商議，想討伐他們。盧江人陳眾為州從事，向歐陽歙提出請求，請准許他去曉喻勸降淳于臨。他於是乘坐一輛由白馬駕著的車子，前往勸降了淳于臨。灊山人共同為他立了生祠，號為「白馬陳從事」。

1 彭寵，字伯通，南陽宛人❶也。父宏，哀帝時為漁陽太守，偉❷容貌，能飲❸飯，有威於邊。王莽居攝❹，誅不附己者，宏與何武❺、鮑宣❻並遇害。

2 寵少為郡吏，地皇❼中，為大司空士❽，從王邑❾東拒漢軍。到洛陽，聞同產❿弟在漢兵中，懼誅，即與鄉人吳漢亡至漁陽，抵⓫父時吏。更始立，使謁者⓬韓鴻持節徇北州⓭，承制得事⓮拜二千石已下。鴻至薊，以寵、漢並鄉閭故人，相見歡甚，即拜寵偏將軍，行⓯漁陽太守事，漢安樂⓰令。

3 及光武鎮慰⓱河北⓲，至薊，以書招寵。寵具⓳牛酒⓴，將上謁㉑。會王郎詐立，傳檄燕、趙，遣將徇漁陽、上谷㉒，急發其兵，北州眾多疑惑，欲從之。吳漢說寵從光武，語在漢傳㉓。會上谷太守耿況㉔亦使功曹㉕寇恂㉖詣寵，結謀共歸光武。寵乃發步騎[27]三千人，以吳漢行長史[28]，及都尉[29]嚴宣[30]、護軍[31]蓋延、狐奴[32]令王梁[33]，與上谷軍合而南，及光武於廣阿[34]。光武承制封寵建忠侯，賜號大將軍。遂圍邯鄲，寵轉糧食，前後不絕。

4 及王郎死，光武追銅馬[35]，北至薊。寵上謁，自負其功，意望[36]甚高，光武接[37]之不能滿，以此懷不平。光武知之，以問幽州牧朱浮[38]。浮對曰：「前吳漢北發兵時[39]，大王遺寵以所服劍，又倚以為北道主人[40]。寵謂至當迎閤[41]握手，交歡並坐。今既不然，所以失望。」浮因曰：「王莽為宰衡時[42]，甄豐[43]旦夕入謀議，時人語曰：『夜半客，甄長伯。』及莽篡位後，豐意不平，卒以誅死。」光武大笑，以為不至於此。及即位，吳漢、王梁，寵之所遣，並為三公[44]，而寵獨無所加，愈怏怏不得志。歎曰：「我功當為王；但爾者，陛下忘我邪？」

5 是時北州破散[45]，而漁陽差完[46]，有舊鹽鐵官[47]，寵轉以貿穀[48]，積珍寶，益富彊。朱浮與寵不相能，浮數譖搆之[49]。建武二年春，詔徵寵，寵意浮賣己，上疏願與浮俱徵。又與吳漢、蓋延等書，盛言浮枉狀[50]，固[51]求同徵。帝不許，益以自疑。而其妻素剛，不堪抑屈[52]，固勸無受召。寵又與常所親信吏計議，皆懷怨於浮，莫有勸行者。帝遣寵從弟子后蘭卿喻之，寵因留子后蘭卿，遂發兵反，拜署將帥，自將二萬餘人攻朱浮於薊，分兵徇廣陽(53)、上谷、右北平(54)。又自以與耿況俱有重功，而恩賞並薄，數遣使要誘(55)況。況不受，輒(56)斬其使。

6 秋，帝使游擊將軍鄧隆救薊。隆軍潞(57)南，浮軍雍奴(58)，遣吏奏狀。帝讀檄，怒謂使吏曰：「營相去百里，其勢豈可得相及？比若(59)還，北軍(60)必敗矣。」寵果盛兵(61)臨河以拒隆，又別發輕騎三千襲其後，大破隆軍。浮遠，遂不能救，引而去。明年春，寵遂拔右北平、上谷數縣。遣使以美女繒綵(62)賂遺(63)匈奴，要結和親(64)。單于(65)使左南將軍(66)七八千騎，往來為游兵(67)以助寵。又南結張步及富平獲索(68)諸豪傑，皆與交質連衡(69)。遂攻拔薊城，自立為燕王。

7 其妻數惡夢，又多見恠變(70)，卜筮(71)及望氣(72)者皆言兵當從中起。寵疑子后蘭卿質漢歸，故不信之，使將兵居外，無親(73)於中。五年春，寵齋(74)，獨在便室(75)。蒼頭(76)子密等三人因寵臥寐，共縛著牀，告外吏云：「大王齋禁，皆使吏休。」偽稱寵命教，收縛奴婢(77)，各置一處。又以寵命呼其妻。妻入，大驚(78)。寵急呼曰：「趣為諸將軍辦裝(79)。」於是兩奴將妻入取寶物，留一奴守寵。寵謂守奴曰：「若小兒，我素愛也，今為子密所迫劫耳。解我縛，當以女珠妻汝，家中財物皆與若。」小奴意欲解之，視戶外，見子密聽其語，遂不敢解。於是收金玉衣物，至寵所裝之，被(80)馬六疋，使妻縫兩縑囊(81)。昏夜後，解寵手，令作記(82)告城門將軍云：「今遣子密等至子后蘭卿所，速開門出，勿稽留(83)之。」書成，即斬寵及妻頭，置囊中，便持記馳出城，因以詣闕(84)。封為不義侯。明旦，閤門不開，官屬踰牆而入，見寵屍，驚怖。其尚書(85)韓立等共立寵子午為王，以子后蘭卿為將軍。國師(86)韓利斬午首，詣征虜將軍祭遵(87)降。夷(88)其宗族。

【章　旨】以上是〈彭寵傳〉。首敘其里籍、家世，次敘其原仕於王莽，王莽末年以故逃亡漁陽，更始時得遇同鄉故友、持節巡視北州的更始帝謁者韓鴻，韓鴻承制封他為偏將軍，行漁陽太守事。此下，詳細記述彭寵投歸光武後又反叛光武自立為燕王的過程。末段寫彭寵身邊奴僕子密趁其齋戒之機謀殺彭寵降漢，光武誅滅彭寵的宗族。

【注　釋】❶南陽宛人　南陽，郡名。治宛縣（今河南南陽）。轄境相當今河南熊耳山以南葉縣、內鄉間和湖北大洪山以北廣水、鄖縣間地。宛，古縣名。治今河南南陽。❷偉　奇異。❸飲　指飲酒。❹王莽居攝　居攝，因皇帝年幼不能親政，由大臣代居其位處理政務，謂「居攝」。彭宏、何武、鮑宣等遭莽陷害而死，事在平帝元始三年（西元三年），時平帝年十一歲，由太皇太后王政君臨朝稱制，而委政於莽。其時王莽雖尚無居攝之名，卻已有居攝之實。元始五年，平帝崩，王莽特意挑選年僅二歲的宣帝曾孫、廣戚侯劉顯之子孺子劉嬰為嗣君，莽始正式居攝踐祚，並於次年改元「居攝」。❺何武　（？—西元三年），字君公，蜀郡郫縣（今四川郫縣）人。曾詣博士受業，治《易》。以射策甲科為郎。後歷任鄠縣令、諫大夫、揚州刺史、丞相司直、清河太守、兗州刺史、司隸校尉、京兆尹、御史大夫（後改大司空）、前將軍等職。封汜鄉侯。元壽二年（西元前一年），哀帝崩，王莽為大司馬，風有司劾奏武，武免官就國。元始三年，復遭王莽誣陷，大理正檻車徵武，武自殺。❻鮑宣（？—西元三年），字子都，渤海高城（今河北鹽山縣）人。好學明經，為縣鄉嗇夫，守束州丞。後為都尉、太守功曹，舉孝廉為郎，病去官，復為州從事。大司馬衛將軍王商辟宣，薦為議郎，後以病去。哀帝初，大司空何武除宣為西曹掾，甚敬重之，薦宣為諫大夫，遷豫州牧。歲餘，被劾「舉錯煩苛，代二千石署吏聽訟，所察過詔條」免官。歸家數月，復徵為諫大夫。以上書言事有功，拜為司隸。後坐「距閉使者，亡人臣禮，大不敬」罪，減死一等，受髡鉗之刑。元始三年，與何武等同遭王莽誣陷，自殺於獄中。

❼地皇　新王莽年號，西元二〇—二三年。

❽大司空士　官名。指大司空屬卿下的元士。王莽時九卿分屬三公，每一卿置大夫三人，一大夫置元士三人，凡二十七大夫，八十一元士，分主中都官諸職。

❾王邑　（?—西元二三年），王莽叔父王商之子，王莽時初為大司空，後拜大司馬。封隆新公。地皇四年六月，與司徒王尋合兵圍攻昆陽，漢兵內外夾擊，大敗王莽軍，王尋被殺，王邑逃遁。同年十月，綠林軍攻入長安，邑戰死。

❿同產　同母所生。

⓫抵　投靠。

⓬謁者　官名。掌賓贊受事，及上章報問。其長官為謁者僕射。

⓭北州　地區名。泛指北方各州，尤指幽州、并州地區。約括今北京市、河北、山西、內蒙古、遼寧等地。

⓮專　指不必向上請示而自主其事。

⓯行　漢代官員任用方式之一。官缺未補，暫由他官兼攝調行。

⓰安樂　古縣名。治今河北三河市西南。

⓱鎮慰　安撫慰問。

⓲河北　泛指黃河以北地區。

⓳具　備辦；準備。

⓴牛酒　牛和酒。古代用作賞賜、慰勞或饋贈的物品。

㉑上謁　謂通名請求進見尊貴者。

㉒上谷　郡名。治沮陽（今河北懷來）。轄境相當今河北張家口、小五臺山以東，赤城、北京延慶以西，及內長城和昌平以北地。

㉓吳漢二句　本書卷十八〈吳漢傳〉：「會王郎起，北州擾惑。漢素聞光武長者，獨欲歸心。乃說太守彭寵曰：『漁陽、上谷突騎，天下所聞也。君何不合二郡精銳，附劉公擊邯鄲，此一時之功也。』寵以為然。」

㉔耿況　（?—西元三六年），字俠游，扶風茂陵（今陝西興平）人。以明經為郎，與王莽從弟王伋共學《老子》於安丘先生，後為朔調連率（即上谷太守）。王莽末年，與子耿弇同歸光武，以功拜偏將軍，旋遷大將軍。先封興義侯，進封隃麋侯。建武十二年卒，謚曰烈侯。

㉕功曹　官名。漢代郡守下有功曹史，簡稱功曹，除掌人事外，並得與聞一郡的政務。

㉖寇恂　（?—西元三六年），字子翼，上谷昌平（今北京昌平）人。世為著姓。初為郡功曹，太守耿況甚重之。後與耿況及其子耿弇同歸光武，拜偏將軍，號承義侯，從征伐。後歷任河內太守（行大將軍事）、潁川太守、汝南太守、執金吾。建武十二年卒，謚曰威侯。詳見本書卷十六。

㉗步騎　步兵和騎兵。

㉘長史　官名。西漢時丞相、太尉、御史大夫屬官均有長史，東漢的太尉、司徒、司空三公府亦設長史，職任頗重，號為三公輔佐。又，兩漢與少數民族鄰接各郡太守的屬官亦有長史，輔佐太守，掌一郡兵馬。此指後者。

㉙都尉　官名。西漢景帝時改郡尉為都尉，輔佐郡守並掌全郡軍事。

㉚嚴宣　里籍、家世不詳。時為漁陽都尉。後與吳漢等同歸光武，光武以為偏將軍，封建信侯。

㉛護軍　官名。秦漢於戰時臨時設置護軍都尉或中尉，以調節各將領的關係。

㉜狐奴　古縣名。屬漁陽郡。故治在今

北京順義東北。㉝王梁（？—西元三八年），字君嚴，漁陽要陽人。東漢開國名將。初為郡吏，太守彭寵以梁守狐奴令。後與彭寵、吳漢等同歸光武，拜偏將軍。既拔邯鄲，賜爵關內侯。從平河北，拜野王令。光武即位，擢拜大司空，封武強侯。後歷任中郎將行執金吾事、山陽太守、河南尹、濟南太守。定封阜成侯。建武十四年，卒於官。詳見本書卷二十二。㉞廣阿古縣名。治今河北隆堯東。㉟銅馬　新莽末年北方眾多農民軍中的一支，其首領為東山荒禿、上淮況等。㊱意望　內心所懷希望。㊲接　接待；接見。㊳朱浮　字叔元，沛國蕭（今安徽蕭縣）人。初從光武為大司馬主簿，遷偏將軍，從破邯鄲。光武遣吳漢誅更始幽州牧苗曾，乃拜浮為大將軍幽州牧。光武即位後，歷任執金吾、太僕、大司空。初封舞陽侯，徙封父城侯。建武二十二年，坐賣弄國恩免官。二十五年，徙封新息侯。永平（西元五八—七五年）中，因被人告發有罪而賜死。詳見本書卷三十三。㊴前吳漢北發兵時　〈吳漢傳〉：「光武將發幽州兵，夜召鄧禹，問可使行者。禹曰：『間數與吳漢言，其人勇鷙有智謀，諸將鮮能及者。』即拜漢大將軍，持節北發十郡突騎。」㊵北道主人　猶言東道主或東道主人。此借指可以信任、依賴的人。㊶迎閤　迎接於閤門。閤，宮中便門。㊷王莽為宰衡時　《漢書・平帝紀》：「(元始四年）夏，皇后見於高廟，加安漢公號曰『宰衡』。」顏師古注引應劭曰：「周公為太宰，伊尹為阿衡，采伊、周之尊以加莽。」後以「宰衡」指宰相。㊸甄豐　字長伯。成帝時曾任京兆都尉、水衡都尉、泗水相。哀帝時為左將軍光祿勳。平帝元始及王莽居攝間，歷任少傅、太阿右拂、大司空、衛將軍。王莽篡位，為更始將軍、廣新公。豐本阿順王莽，為其腹心，由此而致富貴，後對王莽篡漢立新意有不平，終則坐其子甄尋造作符命言漢平帝后黃皇室主（為王莽女）為其妻罪，自殺。㊹並為三公　光武即位，吳漢拜大司馬，王梁拜大司空。㊺北州破散　當時北方的農民軍尚未被漢軍平滅，幽、并二州有些郡、縣仍在其占領、控制之下，故云。破散，殘破散失。㊻差完　比較完整。差，比較；略微。完，完整。㊼鹽鐵官　鹽官和鐵官。漢代自武帝時起實行鹽鐵官營，在全國各產鹽、產鐵的地方置鹽官、鐵官。據《漢書・地理志》，漁陽郡治所漁陽縣（今北京密雲西南）有鐵官，泉州縣（今天津武清西南）有鹽官。㊽轉以貿穀　指用官營的鹽鐵換取穀物。轉，移。貿，易；換。㊾朱浮二句　朱浮與彭寵結怨及構陷彭寵事，詳見本書卷三十三。譖搆，讒間誣陷。譖，讒毀；毀謗。搆，亦作「構」。挑撥；離間。㊿枉狀　指朱浮譖毀自己的情狀。枉，誣枉。(51)固　堅決；堅持。(52)抑屈　壓抑委屈。(53)廣陽　郡、國名。治薊縣（今北京市區西南）。轄境相當今北京大興及河北固安地。東漢初廢入上谷郡。(54)右北平　郡名。戰國燕置。秦治無終（今天津薊縣），西漢移治平剛（今寧城西南）。轄境相當今內蒙古寧城、河北承德、天津薊縣以東，遼寧大凌河上游地區。東漢治土垠（今河北豐潤東南），北部轄境縮小，以今長城一線稍北為界。(55)要誘　邀請勸誘。(56)輒　每每；總是。(57)潞　指潞河。一作「潞水」。即今北京通州區以下的北運河。漢置路縣（東漢改「路」為「潞」）於今河北三河西南，沽水（即今白河）自北來至縣境合纍餘水（今溫榆河），此下通稱潞河，沿用至今。(58)雍奴　古縣名。治今天津武清西北。(59)若　你。(60)北軍　指鄧隆的軍隊。鄧隆軍潞南，朱浮軍雍奴，鄧軍在北，朱軍在南，故云。(61)盛兵　集結重兵。(62)繒綵　泛指各種絲織品。繒，帛之厚者，用素絲所織，白色。綵，彩色絲織品。(63)賂遺　賄賂贈送。指用財物買通對方。(64)要結和親　訂約結盟，彼此友好親善。要結，猶約結。訂約；結盟。「要」與「約」音近義通。(65)單于　漢時匈奴君長的稱號。此指匈奴呼都而尸道皋若鞮單于。(66)左南將軍　匈奴官名。掌管左部（東部）南方的軍事。(67)游兵　流動作戰的小股軍隊。(68)富平獲索　王莽末年北方兩支農民軍的名號。富平軍的首領是徐少，獲索軍的首領是古師郎。(69)交質連衡　互派人質，訂約結盟。交質，古代國家或侯王互相派人留居對方，作為守信的保證。質，人質。連衡，戰國時張儀遊說六國共同事奉秦國稱連衡，與蘇秦說六國合而抗秦稱合縱相對。這裡是結盟、聯合的意思。(70)恠變　奇異怪誕之事。恠，「怪」的俗字。(71)卜筮　古時以占卜預測吉凶，用龜甲稱卜，用蓍草稱筮，合稱卜筮。(72)望氣　古代方士的一種占候術，觀察雲氣的顏色、形狀以附會人事，預測吉凶。(73)親　接近。(74)齋　古人在祭祀或其他典禮前清心寡欲，不飲酒，不吃葷，不與妻妾同寢，沐浴別居，以示虔敬。(75)便室　正室以外供臨時便坐偃息的別室。《漢書．武帝紀》建元六年「高園便殿火」顏師古注：「凡言便殿、便室、便坐者，皆非正大之處，所以就便安也。」(76)蒼頭　奴僕。漢時僕隸以深青色巾包頭。《漢書．鮑宣傳》：「蒼頭廬兒，皆用致富。」顏師古注引孟康：「漢名奴為蒼頭，非純黑，以別於良人也。」(77)偽稱寵命教二句　宋劉攽《後漢書刊誤》謂「教」上「命」字為衍文。其說是。(78)妻入二句　李賢注引《東觀漢記》：「妻入，驚曰：『奴反！』奴乃捽其妻頭，擊其頰。」(79)趣為諸將軍辦裝　趣，趕快；趕緊。諸將軍，這裡是對蒼頭子密等人的稱呼。李賢注：「呼奴為將軍，欲其赦己也。」辦裝，置辦行裝。(80)被　備。(81)縑囊　細絹製成的袋子。縑，雙絲織成的細絹。《釋名．釋采帛》：「縑，兼也，其絲細緻，數兼於絹，染兼五色，細緻不漏水也。」(82)記　此指長官向屬下下命令、作指示的手札。(83)稽留　延遲；留止。(84)詣闕　指前往京城陛見皇帝。闕，宮門外兩邊的樓臺，中間有道路。後借指朝廷或京城。(85)尚書　官名。始置於戰國時，或稱掌書。「尚」即掌管之義。秦為少府屬官，漢武帝提高皇權，因尚書在皇帝左右辦事，掌管文書奏章，地位逐漸重要。漢成帝時設尚書五人，開始分曹治事。東漢時正式成為協助皇帝處理政務的官員。(86)國師　官名。王莽所置輔佐皇帝的官職。與太傅、太師、國將合稱四輔，位為上公。(87)祭遵　（？—西元三三年），字弟孫，潁川潁陽（今河南襄城）人。東漢開國名將，少好經書。王莽末年，為潁陽縣吏。昆陽之戰後投歸光武，署為門下史。從征河北，為軍市令，復拜刺姦將軍，旋又拜為偏將軍，以功封列侯。建武二年，拜征虜將軍，定封潁陽侯。

後北定漁陽，西拒隴蜀，屢立戰功。建武九年，卒於軍。謚曰成侯。詳見本書卷二十。88 夷 誅滅。

【語 譯】彭寵，字伯通，南陽宛縣人。父親彭宏，哀帝時為漁陽太守，容貌奇偉，酒量、飯量過於常人，在邊地頗有威名。王莽把持朝政，誅殺不依附他的人，彭宏與何武、鮑宣都被殺害。

2 彭寵年少時在本郡郡府中做小吏。地皇年間任大司空士，跟隨王邑往東去抵禦漢軍。到了洛陽，彭寵聽說自己的同母弟在漢軍中，怕被王莽誅殺，就與同鄉人吳漢逃到漁陽，投奔父親任漁陽太守時的僚屬。劉玄立為天子，派謁者韓鴻持符節巡視幽、并二州，秉承皇帝旨意他有權任命二千石以下的官員。韓鴻到了薊縣，與彭寵、吳漢相遇，因是同鄉舊友，十分高興，就封彭寵為偏將軍，代理漁陽太守，封吳漢為安樂縣令。

3 及至光武安撫慰問河北地區而到達薊縣時，寫信招彭寵來相見。彭寵備辦牛酒，要去進見光武。適逢王郎詐稱成帝子而自立為天子，發布檄文於燕、趙之間，派遣將領略取漁陽、上谷，並緊急徵調當地的軍隊，北方各州的人眾大多游疑不定，想歸順王郎。吳漢勸說彭寵歸依光武，規勸之詞載在〈吳漢傳〉。適逢上谷太守耿況也派功曹寇恂至彭寵處，相約謀劃一同歸順光武。彭寵於是調集步兵、騎兵三千人，由吳漢兼攝長史，以及都尉嚴宣、護軍蓋延、狐奴令王梁，與上谷郡的軍隊聯合在一起而南行，在廣阿見到了光武。光武依據皇帝的授權封彭寵為建忠侯，賜與大將軍名號。漢軍遂圍邯鄲，彭寵運送糧食，始終供給不斷。

4 王郎死後，光武追剿銅馬軍，北至薊縣。彭寵進見光武，因自負於自己的功勞，內心期望很高，光武對他的接待未能使他滿意，因此心懷不平。光武知道了這一情況，就此事向幽州牧朱浮發問。朱浮回答說：「當初吳漢向北發兵時，您曾把自己的佩劍贈送給彭寵，並將他倚為北道主人。彭寵以為他到來時您會迎接於閤門，與他握手，並肩而坐，同歡同樂。結果卻不是這樣，所以失望。」朱浮因又說道：「王莽為宰衡時，甄豐不分晝夜，天天到他府中謀劃、商議，當時人們中間流傳著『夜半客，甄長伯』這樣的話。到王莽篡位後，甄豐心懷不滿，終於被王莽誅殺。」光武聽後大笑，認為不會到這種地步。光武即位後，吳漢、王梁這些原本是彭寵派遣去投奔光武的人，均位居三公，而彭寵的職位偏偏沒有升遷，彭寵由此愈加憤悶不得志。他感歎說：「憑我的功勞我應當為王，只是像現在這樣，是因為陛下把我忘掉了！」

5 這時的幽、并二州因屬地失陷殘破不全，而漁陽郡還比較完整，有先前設置的鹽官、鐵官，彭寵用鹽、鐵換取穀物，並積聚珍寶，使本郡更加富足強盛。朱浮與彭寵不和，多次譭陷彭寵，離間他和光武帝的關係。建武二年春天，光武帝下詔書徵召彭寵，彭寵懷疑是朱浮出賣自己，上疏請求與朱浮一起被徵召。彭寵又寫信給吳漢、蓋延等人，講了許多朱浮誣陷自己的情況，堅決要求一同被徵召。光武帝不答應，彭寵更加心懷疑慮。彭寵的妻子一向倔強，忍受不了壓抑和委屈，堅決勸阻彭寵不要接受徵召。彭寵又和平時所親近、信任的僚屬商議，他們都對朱浮心懷怨恨，沒有一個勸他應召前往的。光武帝派彭寵的堂弟子后蘭卿前來勸喻彭寵，彭寵趁機扣留了他，於是起兵反叛，拜封各級將領，親自率領兩萬餘人的軍隊到薊縣去攻打朱浮，並分派部隊略取廣陽、上谷、右北平等郡、國。彭寵又自以為他與耿況均有大功，而兩人受到的恩賞全都不夠厚重，多次派使者邀約勸誘耿況叛漢。耿況拒不接受，彭寵派去的使者，每被斬殺。

6 秋天，光武帝命游擊將軍鄧隆救援薊縣。鄧隆的軍隊駐紮在潞河之南，朱浮的軍隊駐紮在雍奴，朱浮派差吏將此情況向光武帝奏明。光武帝讀了奏書，生氣地對差吏說：「兩支軍隊的營地相距一百里，像這個樣子，怎能來得及相互救援？等你回去，北邊鄧隆的軍隊肯定已經被打敗了。」彭寵果然集結重兵逼近潞河以抗拒鄧隆，又另調輕騎兵三千襲擊其背後，把鄧隆的軍隊打得大敗。朱浮離得遠，終於不能相救，退兵離去。第二年春天，彭寵攻取了右北平、上谷兩郡的幾個縣。他派遣使者以賄賂、贈送美女、綢緞為手段買通匈奴，訂約結盟，彼此友好親善。單于命左南將軍用七八千騎兵組成流動作戰的小股部隊，往來於邊地以幫助彭寵。他又結交南邊的張步以及富平、獲索兩支農民軍中的眾豪傑，與他們互派人質，結為同盟。於是攻取了薊縣，自立為燕王。

7 彭寵的妻子屢做惡夢，又常見到怪異之事，占卜者和望氣者都說刀兵之災將從內部發生。彭寵猜疑在光武帝那裡做人質回來的子后蘭卿，所以不信任他，讓他領兵在外，不得接近王宮。建武五年春天，彭寵齋戒，獨自一人居於別室。蒼頭子密等三人趁彭寵睡覺的時候，一起把他捆綁在床上，告訴外面的差役說：「大王齋戒有所禁忌，讓你們全都休假。」詐稱彭寵的命令，集合所有奴婢一一捆綁起來，一人放一個地方。又假借彭寵的命令呼喚他的妻子。其妻進入室內，大吃一驚。彭寵急忙對妻子說：「趕緊為各位將軍置辦行裝。」於是兩個奴僕帶領他的妻子到裡邊去取珠寶金銀等物，一個奴僕看守彭寵。彭寵對看守他的奴僕說：「你這孩子，我一向喜歡你，現在你是被子密脅迫而已。你給我鬆綁，我會把女兒彭珠嫁給你，家中的財物全都給你。」小奴想要給他鬆綁，向門外看了看，見子密在聽他們說話，就沒敢動手。於是，子密與另一奴僕斂取金銀、玉器、衣物，回到彭寵那裡把它們裝裹起來，備好六匹馬，讓彭寵的妻子縫製了兩個縑囊。入夜後，把彭寵的手解開，命他寫一札子告訴城門將軍說：「今派子密等人去子后蘭卿處，速開城門使出，不得阻留。」書札寫好，子密等即將彭寵及其妻子斬首，人頭放入囊中，便帶上書札飛馳出城，因而得以往赴闕下，見到了光武帝。子密被封為不義侯。第二天早上，彭寵臥室的房門緊閉不開，官員們越牆而入，看到了彭寵的屍體，大為驚恐。彭寵的尚書韓立等人共立彭寵的兒子彭午為王，以子后蘭卿為將軍。國師韓利斬下彭午的首級，到征虜將軍祭遵那裡投降了。光武帝誅滅了彭寵的宗族。

1 盧芳，字君期，安定三水❶人也，居左谷中。王莽時，天下咸思漢德，芳由是詐自稱武帝曾孫劉文伯。曾祖母匈奴谷蠡渾邪王❷之姊為武帝皇后，生三子。遭江充❸之亂，太子誅，皇后坐死，中子次卿亡之長陵❹，小子回卿逃於左谷。霍將軍❺立次卿，迎回卿。回卿不出，因居左谷，生子孫卿，孫卿生文伯。常以是言誑惑安定間。王莽末，乃與三水屬國❻羌胡❼起兵。更始至長安，徵芳為騎都尉，使鎮撫安定以西。

2 更始敗，三水豪傑共計議，以芳劉氏子孫，宜承宗廟⑧，乃共立芳為上將軍⑨、西平王⑩，使使與西羌⑪、匈奴結和親。單于⑫曰：「匈奴本與漢約為兄弟⑬。後匈奴中衰，呼韓邪單于⑭歸漢，漢為發兵擁護⑮，世世稱臣。今漢亦中絕⑯，劉氏來歸我，亦當立之，令尊事我。」乃使句林王將數千騎迎芳，芳與兄禽、弟程俱入匈奴。單于遂立芳為漢帝。以程為中郎將⑰，將胡騎還入安定。初，五原⑱人李興、隨昱，朔方⑲人田颯，代郡⑳人石鮪、閔堪，各起兵自稱將軍。建武四年，單于遣無樓且渠王㉑入五原塞㉒，與李興等和親，告興欲令芳還漢地為帝。五年，李興、閔堪引兵至單于庭㉓迎芳，與俱入塞，都九原㉔縣。掠有五原、朔方、雲中㉕、定襄㉖、鴈門㉗五郡，並置守令，與胡通兵，侵苦北邊。

3 六年，芳將軍賈覽將胡騎擊殺代郡太守劉興。芳後以事誅其五原太守李興兄弟，而其朔方太守田颯、雲中太守橋扈恐懼，叛芳，舉㉘郡降，光武令領職㉙如故。後大司馬吳漢、驃騎大將軍杜茂數擊芳，並不剋。十二年，芳與賈覽共攻雲中，久不下，其將隨昱留守九原，欲脅芳降。芳知羽翼㉚外附，心膂㉛內離，遂棄輜重，與十餘騎亡入匈奴，其眾盡歸隨昱。昱乃隨使者程恂詣闕。拜昱為五原太守，封鐫胡侯㉜，昱弟憲武進侯。

4 十六年，芳復入居高柳[33]，與閔堪兄林使使請降。乃立芳為代王，堪為代相，林為代太傅[34]，賜繒二萬匹，因使和集[35]匈奴。芳上疏[36]謝曰：「臣芳過託先帝遺體[37]，棄在邊陲[38]。社稷[39]遭王莽廢絕，以是子孫之憂，所宜共誅，故遂西連羌戎[40]，北懷[41]匈奴。單于不忘舊德，權立救助。是時兵革並起，往往而在。臣非敢有所貪覬[42]，期於奉承[43]宗廟，興立社稷，是以久僭[44]號位，十有餘年，罪宜萬死。陛下[45]聖德高明，躬率眾賢，海內賓服[46]，惠及殊俗[47]。以胏附[48]之故，赦臣芳罪，加以仁恩，封為代王，使備北藩。無以報塞[49]重責，冀必欲和輯匈奴，不敢遺餘力，負恩貸[50]。謹奉天子玉璽，思望闕庭[51]。」詔報芳朝明年正月。其冬，芳入朝，南及昌平[52]，有詔止，令更朝明歲。芳自道還，憂恐，乃復背叛，遂反，與閔堪、閔林相攻連月。匈奴遣數百騎迎芳及妻子出塞。芳留匈奴中十餘年，病死。

5 初，安定屬國胡與芳為寇，及芳敗，胡人還鄉里[53]，積苦[54]縣官[55]傜役[56]。其中有駮馬少伯者，素剛壯；二十一年，遂率種人[57]反叛，與匈奴連和，屯聚青山[58]。乃遣將兵長史[59]陳訢，率三千騎擊之，少伯乃降。徙於冀縣[60]。

【章　旨】以上是〈盧芳傳〉。記述王莽末年安定人盧芳詐稱漢武帝曾孫劉文伯起兵反莽，憑藉匈奴支持立為漢帝，掠有五原、朔方等五郡，盤踞西北邊地十餘年之久。其時光武統一天下的大局已成事實，盧芳則「羽翼外附，心脊內離」，不得已於建武十六年降漢。後以欲朝見光武帝未果而又叛漢，逃往匈奴。又十餘年，病死。

【注　釋】❶安定三水　安定，郡名。西漢置。治高平（今寧夏固原）。轄今甘肅平涼、景泰、靖遠、會寧、涇川、鎮原及寧夏中寧、中衛、同心、西吉、固原等地。東漢移治臨涇（今甘肅鎮原東南）。三水，縣名。西漢置，東漢末廢。故城在今寧夏同心東北。❷谷蠡渾邪王　谷蠡，「谷蠡王」的省稱。匈奴官名。匈奴置左右谷蠡王，位僅次於左右賢王。後用稱北方少數民族的首領。《資治通鑑·漢紀·世祖光武皇帝上之上·建武元年》記盧芳詐稱武帝曾孫事，無「谷蠡」二字，只作「渾邪王」。渾邪王，漢時匈奴部落之一渾邪（亦作「昆邪」、「混邪」、「渾耶」）之王。渾邪部落活動地區在今甘肅中部的武威至酒泉一帶。漢武帝元狩二年（西元前一二一年），驃騎將軍霍去病率萬餘騎兵出隴西擊敗匈奴，取焉支山、祁連山等地。匈奴單于怒渾邪王屢敗，欲召而誅之，渾邪王以所部四萬人歸漢，漢封渾邪王萬戶，為漯陰侯。❸江充　（？—西元前九一年），字次倩，趙國邯鄲人。本名齊，因畏罪逃亡，改名充。以告發趙太子劉丹事起家。漢武帝任他為直指繡衣使者，督三輔盜賊，禁察貴戚奢僭，取得武帝信任。與太子劉據有嫌隙，乘武帝患病之際，誣陷太子行巫蠱，太子懼，不能自明，遂舉兵收斬充。後太子事敗，亦自縊。❹長陵　古縣名。西漢五陵縣之一。漢高帝十二年（西元前一九五年）築陵置縣。治今咸陽東北。高帝死後葬此。❺霍將軍　指霍光（？—西元前六八年），字子孟，河東平陽（今山西臨汾）人。霍去病異母弟。武帝時為奉車都尉，出入宮廷二十餘年，小心謹慎，未嘗有過。昭帝八歲即位，光以大司馬大將軍受遺詔輔政，政事一決於光。封博陸侯。昭帝崩，迎立昌邑王劉賀，以其淫亂廢之，立宣帝。光秉政凡二十年，族黨滿朝，權傾內外。卒諡宣成。❻屬國　匈奴渾邪王於元狩二年率四萬餘眾降漢，武帝置五屬國以處之。自此，漢朝對降附或內屬的少數民族均設屬國。《史記·衛將軍驃騎列傳》：「居頃之，乃分徙降者邊五郡故塞外，而皆在河南，因其故俗，為屬國。」張守節《正義》：「以降來之民徙置五郡，各以本國之俗而屬於漢，故言『屬國』也。」❼羌胡　羌，古族名。主要分布在今甘肅、青海、四川一帶。最早見於甲骨卜辭。殷周時，部分居中原。秦漢時部落眾多，有先零、燒當、婼、廣漢、武都、越嶲等部。胡，我國古代對北方和西方各族的泛稱。此指匈奴。❽宗廟　本為帝王、諸侯祭祀祖宗的處所，因用作皇權、皇位的代稱。❾上將軍　官名。為全軍的統率，位在大將軍之上。❿西平王　李賢注：「欲平定西方，故以為號。」⓫西羌　西漢對羌人的泛稱。⓬單于　指匈奴呼都而尸道皋若鞮單于。⓭匈奴句　李賢注：「高祖時，與冒頓單于約為兄弟。」《史記·匈奴列傳》：「高帝乃使劉敬奉宗室女公主為單于閼氏，歲奉匈奴絮繒酒米食物各有數，約為昆弟以和親。」⑭呼韓邪單于　（？—西元前三一年），呼韓邪，匈奴單于名號。呼韓邪單于與其兄郅支單于爭國，為兄所敗，謀歸漢。宣帝甘露元年（西元前五三年），引眾南近塞，遣子右賢王銖婁渠堂入侍（為人質）。甘露三年正月，呼韓邪單于朝見宣帝於甘泉宮，漢寵以殊禮，位在諸侯王上。元帝竟寧元年（西元前三三年）復入朝，言願婿漢氏以自親，元帝以後宮良家子王嬙字昭君賜單于。建始二年，呼韓邪死。⑮擁護　扶助；保護。⑯中絕　中斷；滅絕。⑰中郎將　官名。秦置。漢時，皇帝的衛侍分置五官、左、右三署，各設中郎將統率之。位次於將軍。⑱五原　郡名。西漢置。治九原（今包頭市西）。轄今內蒙古後套以東、陰山以南、包頭市以西和達拉特、準噶爾等旗地。⑲朔方　郡名。西漢置。治朔方（今內蒙古杭錦旗北）。轄境相當今內蒙古河套西北部及後套地區。⑳代郡　郡名。戰國趙武靈王置。秦、西漢治代縣（今河北蔚縣東北）。一說西漢治桑乾，今河北陽原東）。西漢轄境相當今河北懷安、淶源以西，山西陽高、渾源以東的內外長城間地和長城外的東洋河流域。東漢移治高柳（今陽高西北）。㉑無樓且渠王　本書卷八十九〈南匈奴傳〉：「因復權立盧芳，使入居五原。」李賢注引《東觀漢記》作「毋樓且王」，無「渠」字。㉒五原塞　李賢注：「塞屬五原郡，因以為名。」㉓單于庭　《史記・匈奴列傳》：「單于之庭直代、雲中。」司馬貞《索隱》：「案：謂匈奴所都處為『庭』。樂產云『單于無城郭，不知何以國之。穹廬前地若庭，故云庭』。」㉔九原　古縣名。治今內蒙古包頭西。㉕雲中　郡名。戰國趙武靈王置。治雲中（今內蒙古托克托東北）。轄境相當今內蒙古土默特右旗以東，大青山以南，卓資以西，黃河南岸及長城以北。㉖定襄　郡名。漢高帝十一年（西元前一九六年）分雲中郡置。治成樂（今內蒙古和林格爾西北土城子）。轄今內蒙古長城以北的卓資、和林格爾、清水河等一帶。東漢移治善無（今山西右玉南），轄境縮小。㉗鴈門　郡名。戰國趙武靈王置。秦、西漢治善無。轄境相當今山西河曲、五寨、寧武等縣以北，恆山以西，內蒙古黃旗海、岱海以南地。東漢移治陰館（今山西代縣西北）。㉘舉　全。㉙領職　掌管原來的職務。㉚羽翼　喻指輔佐、護佑自己的人。㉛心膂　膂，脊骨。心和膂都是人體重要部分，因以喻親信應作為骨幹的人。㉜鐫胡侯　李賢注：「鐫謂琢鑿之，故以為名。下有鐫羌侯，即其類。」㉝高柳　古縣名。西漢置。治今山西陽高。㉞太傅　官名，周始置。漢高后元年置太傅，位次於太師，後省。哀帝時復置，位在三公上。東漢每一帝即位，必置太傅，錄尚書事，參預朝政。㉟和集　和協安撫；使安定。同「和輯」。㊱上疏　臣下向皇帝進呈奏章。疏，奏章。㊲過託先帝遺體　錯誤地託身於皇家而為先帝之子。過託，謙辭。猶言謬託。先帝，指漢武帝。㊳邊陲　邊境。㊴社稷　古代帝王、諸侯所祭祀的土神和穀神，舊時用作國家的代稱。㊵羌戎　泛指我國古代西北部的少數民族。㊶懷　安撫；懷柔。㊷貪覬　非分的希求。㊸奉承　奉祀；祭祀。㊹僭　越分；超越身分。㊺陛下　對帝王的尊稱。秦以後專稱天子為陛下。東漢蔡邕《獨斷》：「陛下者：陛，階也，所由升堂也。天子必有近臣執兵陳於陛下，以戒不虞。謂之陛下者，群臣與天子言，不敢指斥天子，故呼在陛下者而告之，因卑達尊之意也。上書亦如之。」㊻賓服　歸順；服從。㊼殊俗　風俗不同的遠方。㊽胏附　比喻帝王的親屬或親戚。胏，同「肺」。《漢書‧劉向傳》：「臣幸得託肺附，誠見陰陽不調，不敢不通所聞。」顏師古注：「舊解云，肺附謂肝肺相附著，猶言心膂也。一說，肺為斫木之肺札也，自言於帝室猶肺札附於大材木也。」王念孫《讀書雜志‧漢書八》：「余謂肺、附，皆謂木皮也……言己為帝室微末之親，如木皮之託於木也。」㊾報塞　報答。㊿恩貸　施恩寬宥。多指皇帝對臣下開恩寬恕。貸，寬免。51闕庭　朝廷。52昌平　古縣名。治今北京昌平東南部。53鄉里　家鄉；故里。54積苦　長期苦於……。55縣官　朝廷；官府。56傜役　古代國家強迫人民（主要是農民）從事的無償勞役。一般有力役、軍役和雜役。57種人　同一部族的人。58青山　今甘肅環縣西。東漢時有降胡數千人居此田畜。59將兵長史　官名。掌兵馬。60冀縣　古縣名。治今甘肅甘谷東南。

【語譯】盧芳，字君期，安定三水人，居住在左谷中。王莽新朝時，天下人都懷念漢朝的恩德，盧芳以此詐稱自己是漢武帝的曾孫劉文伯。說自己的曾祖母、匈奴谷蠡渾邪王的姐姐為武帝皇后，她生了三個兒子。因遭遇江充之亂，太子被誅殺，皇后連坐處死，次子劉次卿逃往長陵，小兒劉回卿逃到左谷。霍光立劉次卿為天子，並去迎接劉回卿。劉回卿不願回去，因留居於左谷，生了個兒子叫劉孫卿，劉孫卿生了劉文伯。盧芳常用這些話來誆騙迷惑安定人。王莽末年，盧芳便與三水屬國的羌人、匈奴人一起起兵反莽。更始帝到了長安，徵召盧芳為騎都尉，讓他守護安撫安定以西地區。

2　更始帝失敗後，三水的豪傑共同商議，認為盧芳是漢皇室的子孫，應該繼承皇位，於是一起擁立盧芳為上將軍、西平王，派使者與西羌、匈奴結為和親。匈奴單于說：「匈奴本來和漢朝約訂為兄弟關係。後來匈奴衰落，呼韓邪單于歸順漢朝，漢朝派兵來扶助他，匈奴單于世世稱臣於漢天子。現在漢朝衰敗失國，劉漢宗室來歸依於我，我也應該立他為漢帝，讓他尊敬奉事於我。」於是派句林王率領數千騎兵迎接盧芳，盧芳與其兄盧禽、弟盧程一起來到匈奴。單于於是立盧芳為漢帝。封盧程為中郎將，讓他率領匈奴騎兵回到安定。此前，五原人李興、隨昱，朔方人田颯，代郡人石鮪、閔堪，分別起兵自稱將軍。建武四年，單于派無樓且渠王進入五原塞，與李興等友好親善，告訴李興，想讓盧芳回漢地，立他為皇帝。建武五年，李興、閔堪領兵到單于庭迎接盧芳，與他一起入塞，建都於九原縣。他們略取了五原、朔方、雲中、定襄、鴈門五個郡，各郡縣全都任命了太守、縣令，與匈奴軍隊相互勾結，侵擾、苦害北部邊境。

3 建武六年，盧芳的將軍賈覽率領匈奴騎兵攻打代郡太守劉興，把他殺死。盧芳後來又借故處死了五原太守李興兄弟，而他屬下的朔方太守田颯、雲中太守橋扈感到恐懼，反叛了盧芳，率領全郡人馬投降了漢朝，光武帝讓他仍舊任原來的官職。後來，大司馬吳漢、驃騎大將軍杜茂多次攻打盧芳，都沒有獲勝。建武十二年，盧芳與賈覽一起攻打雲中，很長時間沒有攻下，他的部將隨昱留守九原，想要脅迫盧芳投降。盧芳知道，輔佐自己的人都想另有依附，原來的心腹、骨幹也與自己離心離德，於是拋棄輜重，和十多名騎兵逃往匈奴，他的部眾全都歸屬了隨昱。隨昱於是跟隨使者程恂到京城去朝見漢天子。光武帝封隨昱為五原太守、鐫胡侯，封他的弟弟隨憲為武進侯。

4 建武十六年，盧芳又進入高柳縣居住，和閔堪的哥哥閔林派使者向漢朝請求投降。光武帝於是封立盧芳為代王，封閔堪為代國相，封閔林為代太傅，賞賜盧芳繒帛兩萬疋，讓他安撫匈奴。盧芳上疏謝罪說：「我錯誤地託生皇室為武帝之子，流落在邊疆。國家被王莽篡奪，劉漢子孫為此而憂慮，認為應該共同來誅滅他，所以我聯合西方的羌戎，懷柔北方的匈奴。匈奴單于不忘漢朝舊時的恩德，權且立我為天子來救助漢家。當時戰亂遍及全國，無處不有。我不敢有非分的望想，只期望能奉祀宗廟，復興國家，所以才長久地超越本分，占據皇位，號為天子，至今十有餘年，真是罪該萬死。您有至高無上的道德而又聰明智慧，親自率領眾多賢能之人，四海之內沒有不歸順不服從的，您的恩惠無遠不至，無人不及。因為是皇室親屬，您赦免了我的罪過，還對我施以仁愛恩德，封我為代王，讓我守備北部邊疆。我沒有什麼可以報答您的厚望的，只希求我能竭盡全力安撫好匈奴，不辜負您對我的寬恕和大恩。我恭敬地捧著天子的玉璽，想望朝廷。」光武帝頒下詔書，報知盧芳，命他次年正月前來朝見。這一年的冬天，盧芳入朝，南行至昌平，有詔書頒下，命令他留步，讓他下一年再來朝見。盧芳原路返回，心中憂慮驚恐，於是又背叛光武帝。盧芳返回後，與閔堪、閔林互相攻打好幾個月。匈奴派數百騎兵迎接盧芳和他的妻子兒女出塞。盧芳留居匈奴十餘年，因病而死。

起初，安定屬國的胡人與盧芳一起寇擾劫掠，盧芳失敗後，胡人回到家鄉，長期苦於當地官府的徭役。其中有個叫駮馬少伯的人，素來剛強勇壯；建武二十一年，他於是率領同部族的人反叛，與匈奴聯合，駐紮在青山。光武帝派將兵長史陳訢率領三千騎兵攻打他，駮馬少伯於是投降。這些胡人被遷移到冀縣。

論曰：傳稱「盛德必百世祀」❶，孔子曰「寬則得眾❷」。夫能得眾心，則百世不忘矣。觀更始之際，劉氏之遺恩餘烈❸，英雄豈能抗之哉！然則知高祖、孝文之寬仁，結於人心深矣。周人之思邵公，愛其甘棠❹，又況其子孫哉！劉氏之再受命❺，蓋以此乎！若❻數子❼者，豈有國之遠圖哉！因時擾攘，苟恣縱而已耳，然猶以附假❽宗室❾，能掘強❿歲月⓫之間。觀其智略，固無足以憚漢祖，發⓬其英靈⓭者也。

贊曰：天地閉革⓮，野戰羣龍⓯。昌、芳僭詐⓰，梁、齊連鋒⓱。寵負強地⓲，憲縈深江⓳。實惟非律，代委神邦⓴。

【章旨】本卷之「論」、「贊」，突出的有兩點：一是強調漢室之功德，深入人心，雖經王莽篡奪，終於恢復劉姓之天下。劉秀能削平群雄，這是很重要的原因；二是強調仁德智慮，王郎、盧芳、劉永等人，不具備「有國之遠圖」，智略固無足數，只是乘時亂之草莽英雄，其敗亡亦是必然的。

【注　釋】❶傳稱盛德必百世祀　傳，指《左傳》。盛德，高尚的品德。這裡借指賢人。《左傳．昭公八年》：「晉侯問於史趙曰：『陳其遂亡乎？』對曰：『未也。』公曰：『何故？』對曰：『陳，顓頊之族也……臣聞盛德必百世祀，虞之世數未也，其兆既存矣。』」杜預注：「陳祖舜，舜出顓頊。」孔穎達疏：「陳氏世世益賢而位漸高，有恩德而得民意，其有國之徵兆既存矣。言可知也。」❷寬則得眾　寬，寬容；寬厚。語出《論語．陽貨》。❸餘烈　先輩遺留下來的業績。烈，功業。❹周人二句　邵公，即召公奭。《史記．燕召公世家》：「召公奭與周同姓，姓姬氏。周武王之滅紂，封召公於北燕。……其在成王時，召公為三公。自陝以西，召公主之；自陝以東，周公主之……召公之治西方，甚得兆民和。召公巡行鄉邑，有棠樹，決獄政事其下，自侯伯至庶人各得其所，無失職者。召公卒，而民人思召公之政，懷棠樹不敢伐，哥詠之，作〈甘棠〉之詩。」甘棠，棠有赤、白兩種，白棠即是甘棠，也叫棠梨，實似梨而小，可食，味甘酸。❺受命　受天之命。古帝王自稱受命於天而有天下。❻若　如。❼數子　指本卷傳主王、劉、張、李、彭、盧等人。❽附假　依附假託。❾宗室　特指與君主同宗族的人。❿掘強　同「倔強」。這裡與「強梁」義近，是恃力稱強的意思。⓫歲月　指短時間。⓬發　醒；使醒。⓭英靈　猶英魂，對死者的美稱。⓮天地閉革　指舊王朝腐敗衰朽，天下擾攘，社會正經歷大變革的時候。天地，指自然界或社會。閉，閉塞不通。革，變革；革命。此及下句，取《周易》「天下閉」、「天下革」之說為文。《周易．坤卦．文言》：「天地閉，賢人隱。」同書〈革卦．彖辭〉：「天地革而四時成，湯、武革命，順乎天而應乎人。」⓯野戰羣龍　喻群雄並起，彼此攻戰，爭奪天下。《周易．坤卦．上六爻辭》：「龍戰於野，其血玄黃。」野戰，交戰於曠野。羣龍，這裡喻指眾多英雄豪傑，猶言群雄。⓰昌芳僭詐　指王郎、盧芳詐稱是劉漢宗室而自立為天子。⓱梁齊連鋒　指梁王劉永與齊王張步連兵，劉永稱帝，張步為王。連鋒，連兵；軍隊聯合。⓲寵負強地　指彭寵據漁陽郡自立為燕王。負，憑靠；依恃。當時的漁陽郡受戰亂影響較小，尚保留有原來設置的鹽鐵官，又經彭寵經營，比較富強，故稱「強地」。⓳憲縈深江　指李憲據廬江郡自立為天子。其地南依長江，故云「縈江」。⓴實惟二句　大意是說他們稱王、稱帝不合於法統，所以相繼被光武帝擊破。惟，為；是。律，法紀；法統。代，猶言迭。相繼；一個接著一個。神邦，美好的疆土。

【語　譯】史家評論說：《左傳》說「品德高尚的人，必定世世代代享受其子孫後代乃至人民大眾的敬仰，直至百代」，孔子說「寬厚就能得民眾的擁護」。能得民心，那麼這種人就一百代也不被人們忘記。觀察更始帝時的情況，劉氏漢朝遺留下來的恩德、業績，當世的英雄豪傑怎能與之抗衡呢！這就可以知道漢高祖、漢文帝的寬厚仁愛是如何深入人心的了。周朝人因為懷念邵公，因而喜愛他曾在下面處理過公務的甘棠樹，更何況他的子孫後代呢！劉氏再次受天命而有天下，大概是因為這個吧！像本篇中記述的這幾個人，他們哪裡是深謀遠慮，想有國得天下呢！只不過是趁當時天下大亂，姑且肆意胡為罷了，然而，他們當中竟還有人因為假託是劉漢的宗室，能夠稱強稱霸於一時，看他們的智慧謀略，實在不足以驚動劉漢祖宗的英靈，讓他們擔心害怕。

史官評議說：天下混亂、社會正經歷大變革的時候，就會群雄並起，你攻我殺，爭奪天下。王昌、盧芳僭越欺詐，稱自己是劉漢宗室而立為天子；梁王劉永與齊王張步連兵，一個自稱天子，一個為王；彭寵憑靠漁陽郡自立為燕王，李憲割據廬江郡自立為天子。他們稱帝稱王不合於法統，所以相繼被光武帝擊敗。

【研　析】新莽末年，天下大亂，各地英雄豪傑爭相起兵，爭奪政權。本卷所記述的王郎、劉永、張步、李憲、彭寵、盧芳等人，是在逐鹿中原中失敗的代表性人物。他們由於種種原因，分別被劉秀一一擊敗，劉秀則統一天下，建立起東漢王朝。

在諸割據勢力中，河北的王郎勢力最強。此人係卜者出身，在群雄逐鹿中，他發揮了看相算命的本領，為自己爭奪天下大造輿論。他謊稱自己是漢成帝的兒子，以此為號召，來迎合以漢為正統的封建宗法心理，也確實收到一定的成效，勢力逐漸強大。劉秀經略河北，王郎是他最強勁的對手。真皇室與假皇室對決，王郎自然處於下風；從戰略決策到具體戰術的運用，以及選將用人等方面，王郎均不敵劉秀，最後兵敗被殺。

劉永在更始時紹封梁王，也是正宗的皇室。以劉永為首，下有張步、董憲、龐萌等人，率兵起事，盤據黃河下游河南、山東一帶，勢力也相當強大。劉秀平定河北以後，以河北為根據地，集中兵力進擊黃河下游的劉永集團。皇室對皇室，從宗法思想上說，二者勢均力敵；劉秀有較為穩固的後方，軍事物資較為充裕，在這一點上，占據優勢。以此優勢，可以坐困敵方。加之用兵得當，上下一心，使劉永等人一一被擊敗，劉秀盡得中原之地。自古以來，得中原者得天下，此時劉秀對其他割據勢力而言，已得天下之先機，其統一天下，只是時間的問題了。

本卷還記述了另一人物盧芳。此人西北安定人，王莽末年，自稱是漢武帝曾孫，以此為號召，起兵反莽。他借助匈奴的勢力，立為漢帝。此時劉秀已基本統一了天下，對盧芳也未大動干戈，只是對他採取了孤立的政策，致使盧芳內部離心離德。盧芳不自安，向劉秀投降，被封為代王。盧芳請求朝見，劉秀先允而後拒，以此羞辱之。盧芳又背叛漢朝，投奔匈奴而病死。劉秀在處理盧芳的問題上，顯示出高明的策略。若對盧芳用兵，則易給匈奴以藉口；用孤立的政策，盧芳也不可能有大的作為。劉秀以此策略平定了西北之地。以上寫各個割據勢力的人和事，實則意在弘揚劉秀統一天下的功業。(孫悅春注譯)

卷十三

隗囂公孫述列傳第三

【題解】本卷的傳主是隗囂和公孫述，撰者之所以合二人為一卷，大抵因其二人分別在西北、西南建立了獨立的政權，並曾與光武政權相抗衡，但又都以身死業敗為結局。〈隗囂傳〉中記述了隗囂在起兵伊始便深得人心，起兵後聘請方望為軍師，聽取方望的建議，修築漢高祖廟，向全國發布檄書歷數王莽逆天、逆地、逆人之大罪，以興漢伐莽為名，攻城略地。更始敗亡後，三輔士人皆歸附隗囂，一時間，他「名震西州，聞於山東」。然而終究沒能審時度勢降服於光武，直至身死業敗。公孫述亦非等閒之輩，他少年時即因有才能而聞名，起兵之初也能勇猛作戰，正確判斷形勢，但終因迷戀皇位，迷信占卜，不降光武而身死，基業亦毀於一旦。在行文方面，作者對二位傳主的記述都比較詳盡，但也不是面面俱到，而是簡繁有度，要點明確。

1 隗囂，字季孟，天水❶成紀❷人也。少仕州郡。王莽國師❸劉歆❹引囂為士❺。歆死，囂歸鄉里。季父❻崔，素豪俠，能得眾。聞更始❼立而莽兵連敗，於是乃與兄義及上邽❽人楊廣❾、冀❿人周宗⓫謀起兵應漢。囂止之曰：「夫兵，凶事也，宗族何辜！」崔不聽，遂聚眾數千人，攻平襄⑫，殺莽鎮戎⑬大尹⑭。崔、廣等以為舉事宜立主以一眾心，咸謂囂素有名，好經書，遂共推為上將軍。囂辭讓不得已，曰：「諸父眾賢不量小子，必能用囂言者，乃敢從命。」眾皆曰：「諾。」

2 囂既立，遣使聘請平陵⑮人方望⑯，以為軍師⑰。望至，說囂曰：「足下⑱欲承天順民⑲，輔漢而起，今立者乃在南陽⑳，王莽尚據長安㉑，雖欲以漢為名，其實無所受命，將何以見信於眾乎？宜急立高廟㉒，稱臣奉祠，所謂『神道設教㉓』，求助人神者也。且禮有損益，質文無常㉔，削地開兆㉕，茅茨㉖土階，以致其肅敬。雖未備物㉗，神明其舍諸㉘？」囂從其言，遂立廟邑東，祀高祖㉙、太宗㉚、世宗㉛。囂等皆稱臣執事㉜，史奉璧㉝而告。祝畢，有司穿坎㉞於庭，牽馬操刀，奉盤錯鍉㉟，遂割㊱牲而盟。曰：「凡我同盟三十一將，十有㊲六姓，允㊳承天道，興輔劉宗㊴。如懷姦慮，明神殛㊵之。高祖、文皇、武皇，俾墜厥命㊶，厥宗受兵㊷，族類滅亡。」有司奉血鍉進，護軍舉手揖諸將軍曰：「鍉不濡㊸血，歃㊹不入口，是欺神明也，厥罰如盟。」既而薶㊺血加書，一㊻如古禮。

3 事畢，移檄告郡國曰：

4 「漢復元年㊼七月己酉朔㊽，己巳，上將軍隗囂、白虎將軍隗崔、左將軍隗義、右將軍楊廣、明威將軍王遵、雲旗將軍周宗等[49]，告州牧、部監、郡卒正、連率、大尹、尹、尉隊大夫、屬正、屬令[50]：故新都侯王莽，慢侮[51]天地，悖[52]道逆理。鴆殺孝平皇帝[53]，篡奪其位。矯託天命，偽作符書[54]，欺惑眾庶，震怒上帝。反戾飾文，以為祥瑞[55]。戲弄神祇[56]，歌頌禍殃[57]。楚[58]、越[59]之竹，不足以書其惡。天下昭然[60]，所共聞見。今略舉大端[61]，以喻[62]吏民。

5 「蓋天為父，地為母[63]，禍福之應[64]，各以事降。莽明知之，而冥昧觸冒[65]，不顧大忌，詭亂天術，援引史傳[66]。昔秦始皇毀壞謚法[67]，以一二數欲至萬世[68]，而莽下三萬六千歲之歷[69]，言身當盡此度[70]。循[71]亡秦之軌[72]，推無窮之數，是其逆天之大罪也。

6 「分裂郡國，斷截地絡[73]。田為王田，賣買不得[74]。規錮山澤[75]，奪民本業。造起九廟[76]，窮極[77]土作[78]。發冢河東，攻劫丘壟[79]。此其逆地之大罪也。

7 「尊任[80]殘賊，信用姦佞，誅戮忠正，覆按口語[81]，赤車[82]奔馳，法冠[83]晨夜，冤繫無辜，妄族[84]眾庶。行炮格[85]之刑，除[86]順時之法，灌以醇醯[87]，裂以五毒[88]。政令日變，官名月易[89]，貨幣歲改[90]，吏民昏亂，不知所從，商旅窮窘，號泣市道。設為六管[91]，增重賦斂，刻剝百姓，厚自奉養，苞苴流行[92]，財入公輔[93]，上下貪賄，莫相檢考[94]。民坐挾銅炭，沒入鍾官[95]，徒隸殷積，數十萬人，工匠飢死，長安皆臭。既亂諸夏，狂心益悖，北攻強胡[96]，南擾勁越[97]，西侵羌戎[98]，東摘濊貊[99]。使四境之外，並入為害，緣邊之郡，江海之瀕[100]，滌[101]地無類。故攻戰之所敗，苛法之所陷，飢饉之所夭，疾疫之所及，以萬萬計。其死者則露屍不掩，生者則奔亡流散，幼孤婦女，流離係虜[102]。此其逆人之大罪也。

8 「是故上帝哀矜[103]，降罰于莽，妻子顛殞，還自誅刈[104]。大臣反據[105]，亡形[106]已成。大司馬董忠[107]，國師劉歆，衛將軍王涉[108]，皆結謀內潰[109]；司命孔仁[110]，納言嚴尤[111]，秩宗陳茂[112]，舉眾外降。今山東[113]之兵二百餘萬，已平齊[114]、楚，下蜀[115]、漢，定宛、洛[116]，據敖倉[117]，守函谷[118]，威命四布，宣風中岳[119]。興滅繼絕[120]，封定萬國，遵高祖之舊制[121]，修[122]孝文之遺德。有不從命，武軍平之。馳使四夷，復其爵號[123]。然後還師振旅[124]，櫜弓臥鼓[125]。申命[126]百姓，各安其所，庶無負子之責[127]。」

【章旨】以上是〈隗囂傳〉的第一部分，介紹隗囂的籍貫以及起兵的經過，詳載了隗囂起兵後詔告郡國的檄書，其中歷數了王莽逆天、逆地、逆人的三大罪狀。

【注釋】❶天水　郡名。西漢元鼎三年（西元前一一四年）置。治平襄（今甘肅通渭西北）。王莽改為鎮戎郡。東漢初復名天水郡。❷成紀　古縣名。故城在今甘肅通渭東北，王莽置。❸國師　位上公。❹劉歆　字子駿，劉向之子。仕成帝、哀帝、平帝，新莽時，拜為國師，封嘉新公。王莽敗後，自殺。繼父業，整理六藝群書，編成《七略》。歆通曉天文律曆，著有《三統曆譜》等。❺士　元士，國師的屬官。莽置九卿，分屬三公，每一卿置大夫三人，一大夫置元士三人。❻季父　叔父。❼更始　劉玄年號（西元二三—二五年），此指劉玄。劉秀族兄，字聖公。見本書卷十一。❽上邽　縣名。屬漢陽郡。今甘肅天水市東北。❾楊廣　字春卿。隗囂大將軍，死於隗囂敗亡之前，耿弇、蓋延圍攻上邽時。❿冀　縣名。漢陽郡治，今甘肅甘谷東南。⓫周宗　隗囂之將。在光武諸將攻破落門後，他與行巡、苟宇等人率隗純歸降光武。⓬平襄　古縣名。西漢置。治所在今甘肅通渭西北。北魏廢。西漢為天水郡治所，新莽為鎮戎郡治所。⓭鎮戎　王莽改天水郡為鎮戎郡。⓮大尹　王莽改郡守為大尹。⓯平陵　古縣名。西漢五陵縣之一。漢昭帝築陵置縣。治所在今陝西咸陽西北。昭帝死後葬此。三國魏改名始平。⓰方望　輔佐隗囂起事，更始帝派人徵召隗囂等，方望勸說隗囂不要歸服更始，不聽，引退。建武元年擁立劉嬰為天子，被更始派劉松擊殺。⓱軍師　古代官名，掌監察軍務。東漢、三國、晉皆設。⓲足下　下對上或同輩相稱的敬辭。⓳承天順民　承應天命，順從民意。⓴立者乃在南陽　指新市兵在南陽擁立劉玄為帝。南陽，郡名。戰國秦昭王三十五年置。治所在宛縣（今河南南陽）。㉑長安　中國古都之一。漢高帝五年（西元前二〇二年）置縣，七年定都於此。此後西漢、新、東漢（獻帝初）、西晉（愍帝）、前趙、前秦、後秦、西魏、北周、隋、唐皆定都於此，東漢、三國魏、五代唐皆以此為陪都。漢唐時代，又是對外經濟文化交流中心。漢故城築於惠帝時，在今西安西北，周圍二十五公里。㉒高廟　祭祀漢高祖劉邦的宗廟。㉓神道設教　指聖人以神道設教而天下服從。神道，天道神妙之理。設教，施行教化。語出《易．觀卦》：「聖人以神道設教，而天下服矣。」㉔質文無常　質與文變化無常。質，樸實。文，文采。㉕削地開兆　整治土地，劃定祭壇區域界線。㉖茅茨　茅草屋頂。㉗備物　備，完備。物，指祭品。㉘其舍諸　其，猶「豈」。難道。諸，「之乎」的合音字。㉙高祖　指漢高祖劉邦。㉚太宗　西漢文帝劉恆廟號。㉛世宗　西漢武帝劉徹廟號。㉜執事　奉命行事。㉝史奉璧　史，祝史官。奉，捧。璧，祭祀時所用玉器。㉞坎　坑穴。㉟錯鍉　錯，通「措」。安置。鍉，歃血器。唐李賢注：「鍉」即「題」，「題」即「匙」字。㊱割　殺。㊲有　通「又」。㊳允　誠摯。㊴興輔劉宗　輔佐興復劉氏天下。㊵殛　殺。㊶俾墜厥命　使其喪命。俾，使。墜，失。厥，與「其」字用法相同。㊷厥宗受兵　他的宗族被殺。宗，宗族。受兵，即被兵器所殺。㊸濡　沾染。㊹歃　飲；微吸。㊺薶　「埋」的本字。㊻一　全部。㊼漢復元年　西元二三年。漢復，隗囂等自設的年號。㊽朔　每月的初一。㊾上將軍隗囂句　上將軍、白虎將軍、左將軍、右將軍、明威將軍、雲旗將軍，皆為將軍的稱號。㊿州牧句　王莽以《周官．

王制》之文置卒正、連率、大尹。大尹職如太守。屬令、屬長職如都尉。置州牧、部監二十五人，見禮如三公。監位上大夫，各主五郡。公氏作牧，侯氏卒正，伯氏連率，子氏屬令，男氏屬長，皆代其官。其無爵者為尹。又置六隊，置大夫，職如太守。[51]慢侮　輕慢侮辱。[52]悖　背逆。[53]鴆殺孝平皇帝　西漢平帝劉衎死於元始五年（西元五年），時年十四。據《漢書·翟方進傳》及〈王莽傳〉，平帝被王莽以藥酒毒死。[54]偽作符書　王莽派五威將軍王奇等頒布《符命》四十二篇於天下，言當代漢。[55]反戾飾文二句　李賢注云：「大風毀莽王路堂，又拔其昭寧堂池東榆樹。大十圍。莽乃曰：『念《紫閣仙圖》，天意主太子，正其名。』乃立其子臨為太子，以為祥應也。」反戾，乖張。飾文，文飾；掩飾。[56]戲弄神祇　李賢注云：「戲弄神祇，謂仙人掌旁有白頭公青衣。莽曰『皇祖叔父子僑欲來迎我』也。[57]歌頌禍殃　李賢注云：「莽作告天策，自陳功勞千餘言，能誦策文者，除以為郎，至五十餘人。」[58]楚　郡、國名。西漢地節元年（西元前六九年）改楚國為彭城郡，黃龍元年（西元前四九年）復為楚國，治彭城（今江蘇徐州）。[59]越　古國名。亦稱於越。姒姓。相傳始祖是夏代少康的庶子無餘，建都會稽（今浙江紹興）。春秋末年常與吳交戰，西元前四九四年為吳王夫差所敗。越王句踐臥薪嘗膽，刻苦圖強，於西元前四七三年攻滅吳國。並曾向北擴展，稱為霸主。疆域有今江蘇北部運河以東、江蘇南部、安徽南部、江西東部和浙江北部。戰國時國力衰弱，約在西元前三〇六年為楚所滅。[60]昭然　顯然。[61]大端　重要事件。[62]喻　曉諭。[63]蓋天為父二句　古人認為，天地是萬物的父母。語出《尚書·泰誓》：「惟天地，萬物父母。」[64]應　應驗。[65]冥昧觸冒　頑冥地觸犯天意。[66]援引史傳　遇有災禍，王莽就引用史傳的文字來進行掩飾。[67]昔秦始皇毀壞謚法　秦始皇統一六國後，廢除謚法，並規定：「朕為始皇帝，二世三世至於萬世，傳之無窮。」詳見《史記》卷六。秦始皇（西元前二五九—前二一〇年），即嬴政，一稱趙政。戰國時秦國國君、秦王朝的建立者。由西元前二三〇年滅韓開始，十年間完成統一大業，建立了中國歷史上第一個中央集權的封建國家。統一度量衡，擊匈奴，築長城，焚書阬儒，實施專制主義，嚴刑苛法，租役繁重，他去世後不久即爆發大規模人民暴動。[68]以一二數欲至萬世　打算從一、二世傳至萬世。見上注。[69]莽下三萬六千歲之歷　天鳳六年春，王莽令太史推三萬六千歲曆紀，決定每六年改元一次，並且布告天下。[70]度　度數；度限。[71]循　追隨。[72]軌　軌跡。[73]分裂郡國二句　謂王莽分拆郡縣，斷割疆界。地絡，地脈。[74]田為王田二句　指王莽把全國的土地改為「王田」，且規定不得買賣。[75]規錮山澤　王莽規定，百姓不能在名山大澤採薪狩獵。[76]九廟　據《漢書·王莽傳》，地皇元年，王莽下令建造黃帝太初祖廟、虞帝始祖昭廟、陳胡王統祖穆廟、齊敬王代祖昭廟、濟北愍王王祖穆廟、濟南伯王尊禰昭廟、元城孺王尊禰穆廟、陽平頃王昭廟、新都顯王穆廟。殿皆重屋。太祖廟東西南北各四十丈，高十七丈，餘半之。為銅欂櫨，飾以金銅璫文，窮極百工之巧，功費數百鉅萬，卒徒死者萬數。(77)窮極　奢華到了極點。(78)土作　土木工程。(79)發冢河東二句　指地皇二年，王莽毀壞漢孝武、孝昭廟，并將其子孫分葬其中。河東，古地區名。戰國、秦、漢時指今山西西南部；唐後泛指今山西全省。因黃河經此作北南流向，本區位於黃河以東而得名。攻劫，挖掘。丘壟，墳墓。(80)尊任　尊重并任用。(81)覆按口語　覆按，追查。口語，口頭傳言。(82)赤車　使者所乘紅色帷帳的小車。李賢注引《續漢志》：「小使車，赤轂白蓋赤帷，從騶騎四十人。」(83)法冠　執法者所戴之冠。李賢注引《續漢志》：「法冠，一曰柱後，高五寸，侍御史服之。」(84)族　族滅。(85)炮格　又作「炮烙」。格為銅器，下燒火，將犯人置於格上，使之被焚而死。(86)除　廢除。順時之法，古代以秋冬季行刑，稱為順時。而王莽於春秋殺人，故稱不順時之法。(87)灌以醇醯　王莽因董忠反而收忠宗族，以醇醯、毒藥、白刃、叢棘，並一坎而埋之。(88)裂以五毒　裂，分裂肢體。五毒，使四肢及正身受盡酷刑。(89)政令日變二句　王莽改州郡官名，無常制，乃至歲復變更，一郡至五易名而還復其故，吏人不能紀也。(90)貨幣歲改　時百姓便安漢五銖錢，以莽錢大小兩行難知，皆私以五銖錢市買。莽患之，下書諸挾五銖錢者，比非井田制，投四裔。(91)設為六管　莽設六管之令，酤酒、賣鹽、鐵器、鑄錢、名山、大澤，此謂六也，皆令縣官主稅收其利。管，主。(92)苞苴流行　莽令七公六卿兼號將軍，分鎮大郡，皆使為奸於外，貨賄為市，侵漁百姓。苞苴，賄賂。(93)公輔　公卿大臣。(94)檢考　檢驗考察。(95)民坐挾銅炭二句　莽時關東大饑，蝗，人犯鑄錢，伍人相坐，沒入為官奴婢。其男子檻車，兒女子步，以鐵鎖其頸，傳詣鍾官，以十萬數。到者易其夫婦，愁苦死者什六七。坐，因某事而犯罪。挾，帶。鍾官，主管鑄錢的官吏。(96)北攻強胡　莽令十二部將同時十道並出，大擊匈奴。胡，指匈奴。(97)南擾勁越　莽改句町王為侯，其王邯怨怒不附，莽諷牂牁大尹周歆詐殺邯，邯弟承起兵攻殺歆。句町，今雲南廣南。(98)西侵羌戎　指王莽奪取西羌的土地設為西海郡。(99)東摘濊貊　王莽遣將殺了高句麗侯騶，又攻擊濊貊。濊貊，亦作「穢貊」。居住在今遼寧以東濊水流域的少數民族。(100)瀕　水濱。(101)滌　滌蕩。(102)流離係虜　流離，流徙離散。係虜，因被俘獲而成為奴婢。(103)哀矜　哀憐。(104)妻子顛殞二句　指王莽殺其子王宇、王臨等，妻王氏因莽數殺其子涕泣失明而病故。顛，顛沛。殞，死亡。(105)反據　反叛。(106)亡形　滅亡的跡象。(107)大司馬董忠　大司馬，官名。漢武帝罷太尉置大司馬。西漢一朝，常用以授掌權的外戚，多與大將軍、驃騎將軍、車騎將軍等聯稱，為三公之一。東漢初改太尉，末年又別置大司馬。董忠，王莽大司馬，與劉歆、王涉等共同謀劃誅殺王莽，事情洩露後被殺。(108)王涉　曲陽侯王根之子。(109)內潰　內部潰亂。(110)司命孔仁　司命，西漢末年新莽所置軍官。孔仁，王莽五威司命，戰敗後降更始帝劉玄，自殺。(111)納言嚴尤　納言，虞官。掌出納王命，所謂喉舌之官也。秦、漢不置。王莽改大司農為之，後又典兵，故有將軍號。嚴尤，字伯石，本為莊尤，此避漢明帝諱改為嚴尤。與秩宗陳茂敗於昆陽，降劉秀，後被更始帝大將劉望所殺。(112)秩宗陳茂　秩宗，虞官。掌郊廟之事，周謂之宗伯，秦、漢不置，王莽改太常為之，後又典兵，故納言、秩宗皆有將軍名號。陳茂，王莽秩宗將軍，與納言嚴尤敗於昆陽，降劉秀，後被更始帝大將劉望所殺。(113)山東　古地區名。戰國、秦、漢通稱崤山或華山以東為山東，與當時所謂關東含義相同。一般專指黃河流域，有時也泛指戰國時秦以外六國領土。(114)齊　地區名。今山東泰山以北黃河流域及膠東半島地區，為戰國時齊地，漢以後沿稱齊。(115)蜀　郡名。古蜀國地，戰國秦置。治成都（今四川成都）。(116)宛洛　宛，即宛縣，古縣名。戰國楚邑，秦昭襄王置縣。治所在今河南南陽。戰國時為楚著名鐵產地。秦以後為南陽郡治所。漢在此置工官、鐵官。王莽時設五均官，為五都之一。洛，即洛陽。中國古都之一。「洛」本作「雒」，三國魏改。周成王時周公營雒邑，此為成周城所在。戰國時改稱雒陽，因在雒水（今河南洛河）之北得名。秦置縣，為三川郡治所；漢後歷為河南郡、司州、洛州、河南府、河南路治所。東漢、三國魏、西晉、北魏（孝文帝以後）、隋（煬帝）、武周、五代唐先後定都於此；新莽、唐、五代梁、晉、漢、周、北宋、金（宣宗以後）皆以此為陪都。戰國至西漢是全國性商業都市之一。東漢、魏晉、隋唐時代更是當時全國乃至全亞洲的經濟、文化中心。漢、魏故城在今洛陽白馬寺東洛水北岸，南北九里餘，東西六里餘。(117)敖倉　秦所置穀倉。故址在今河南滎陽北敖山上。地當黃河與濟水分流處，是當時重要糧倉，漢魏均仍在此設倉。(118)函谷　即函谷關。戰國時秦國建築的軍事要塞。因建在深險如函（匣子）的山谷中，故稱函谷關。它是從東方入秦的重要關口，在今河南靈寶。(119)宣風中岳　宣，宣諭。風，教化。中岳，嵩山。岳，通「嶽」。嶽，古文隸變作「岳」。(120)興滅繼絕　即「興滅國、繼絕世」。(121)舊制　舊有的典章制度。(122)修　修行。(123)復其爵號　莽貶句町王為侯，西域盡改其王為侯，單于曰服于，高句麗曰下句麗，現在都恢復他們的爵號。(124)振旅　整頓部隊。《周禮》：「出曰理兵，入曰振旅。」(125)櫜弓臥鼓　收起兵器，停用戰鼓。《詩・時邁》：「載戢干戈，載櫜弓矢。」櫜，盛東西的袋子。臥，息；停止。(126)申命　再次命令。(127)負子之責　李賢注：「百姓繈負流亡，責在君上。既安其業，則無責也。」

【語譯】隗囂，字季孟，天水成紀人。他年輕的時候就在州郡任職。後來王莽的國師劉歆推薦他擔任自己的屬官元士。劉歆死後，隗囂回到家鄉。他的叔父隗崔，一向豪爽仗義，很能得到眾人的擁護。隗崔聽說更始帝登基而王莽的軍隊連連失敗，便與哥哥隗義以及上邽人楊廣、冀人周宗商量起兵以響應漢軍。隗囂制止說：「起兵作戰是凶險的事情，會給宗族的人帶來災禍，他們有什麼罪呢！」隗崔不聽從他的勸告，聚集了幾千人，攻打平襄，殺了王莽的鎮戎郡大尹。隗崔、楊廣等人以為發兵起事應該擁立主帥，以便統一軍心，他們都認為隗囂一向有名氣，好讀經書，便共同推舉他為上將軍。隗囂推辭謙讓不過，說：「各位父老、賢才不小看我，那麼必須聽從我的指揮，我才敢遵從大家的任命。」大家都答應說：「好。」

2 隗囂被立為主帥以後，便派遣使者請平陵人方望擔任軍師。方望到達後，勸說隗囂道：「您想要上承天意，下順民心，為輔助漢室而起兵，可是，現在新立為漢帝的劉玄在南陽，王莽仍然占據著長安，您雖然以輔漢為名，但實際卻無從接受漢室命令，這樣憑什麼來得到大家的信任呢？應當馬上建立高祖廟，向高祖稱臣並虔誠祭祀，人們常說的『用神道施行教化』，就是求助於聖人和神靈。況且，歷來禮節都有增減變化，質樸和華麗沒有一成不變的常規，只要清理地面劃出一個範圍，建造一個簡陋的廟堂，表示恭敬之意就行了。雖然器物禮數不夠完備，難道神明能因此就拋棄我們嗎？」隗囂聽從了方望的意見，於是在平襄城東部建立廟堂，祭祀漢高祖劉邦、漢文帝劉恆、漢武帝劉徹。隗囂等人都在高祖廟前自稱大臣和侍從，祝史官捧著玉璧進行禱告。祈禱完畢，負責禮儀的官員在高廟院中挖好坎坑，牽著馬，拿著刀，端著盤，捧著匙，殺牲取血盟誓。誓言說：「我們立誓結盟的共有三十一員將領，包括十六個姓氏，誠摯地秉承上天的旨意，輔佐漢室劉氏中興。如果有抱著奸邪目的的人，明神將給予懲罰。高祖、文帝、武帝，將使其本人喪命，他的家人也將成刀下鬼，宗族滅亡。」接著，負責歃血的官員捧著盛有牲血的匙上前，護軍對各位將領舉手作揖說：「匙不沾血，歃血不入口，是欺蒙神明，一定會受到像誓言所說的那樣的懲罰。」然後埋掉牲血和盟書，整個過程完全按照古代的禮儀進行。

3 盟誓完畢後，就向各個郡國發布告示說：

4 「漢復元年七月己酉日為初一，己巳日，上將軍隗囂、白虎將軍隗崔、左將軍隗義、右將軍楊廣、明威將軍王遵、雲旗將軍周宗等，告示各州牧、部監、郡卒正、連率、大尹、尹、尉隊大夫、屬正、屬令：原新都侯王莽，欺天侮地，違背人道天理。用毒酒藥死孝平皇帝，篡奪了他的皇位。王莽假託天命，偽造符書，欺騙愚弄百姓，使上帝震怒。他掩飾天災，把上天的警告反而說成祥瑞。他戲弄天地神靈，歌頌禍國殃民的災禍。王莽的罪惡，就是用盡楚、越兩地的竹子來做竹簡，也書寫不完。對此天下百姓都很清楚，是大家都耳聞目睹的。現在簡略列舉其中主要的幾件，以曉諭各地的官吏、百姓。

5 「天為父，地為母，遇禍或得福上天都會降下災祥加以應驗。王莽明明知道這個道理，卻冥頑地冒犯，不顧大忌，擾亂天道，並援引史傳文字來掩飾災禍。過去，秦始皇破壞謚法，以一世二世計數想傳至萬世，王莽也令史官推算三萬六千年曆紀，並聲稱他王家的天下會在此紀內一代一代傳下去。追隨秦朝滅亡的道路，推算沒有窮盡的紀數，這是他違逆上天的大罪。

6 「重新劃分郡縣，打亂了原來的疆界地脈。把天下土地改名為王田，不許買賣。規定名山大澤由官府專管，剝奪了百姓的漁樵生產。違背古制建造九廟，窮土木建築之極。在河東地區發掘古冢，從墳墓中劫取不義之財。這些是王莽違逆地祇的大罪。

7 「寵用殘酷奸佞之徒，誅殺忠義正直之士；根據口頭傳言反覆拷問無辜，使者的車子到處奔馳；侍御史不分晝夜，肆意抓捕無辜，妄行族滅百姓。又實行殘酷的炮烙之刑，廢除春夏不行刑斬人的順時之法，對犯人強行灌以純醋，施行各種毒刑。政策朝令夕改，官名月月都做更易，貨幣年年加以改動，官吏和民眾因此暈頭轉向，無所適從，商人旅客亦因之窮困潦倒，呼號哭泣於街市道旁。設立『六管』，增重賦稅，苛刻地剝奪百姓，供他們自己奢侈地享受；行賄受賄到處流行，財物都流入了三公和輔相的家中，上上下下競相貪汙賄賂，沒有人敢於檢舉。百姓中擁有銅、炭的人，就會被定為私鑄錢幣之罪，抓起來作為官奴，供鍾官役使；刑徒奴隸越積越多，達到幾十萬人，工匠因飢餓而死的越來越多，使長安城到處臭氣熏天。已經攪亂了華夏，可是狂妄之心不但沒有收斂，反而更加悖亂，向北攻打強大的匈奴，向南侵擾雄勁的越族，向西侵略羌戎，向東攪亂濊貊。使得四境之外，都入侵為害，致使邊疆的郡縣，江海之邊境，遍地被掃蕩得沒有人煙。因此，百姓遭受攻戰失敗的災殃，苛刻法律的陷害，饑饉引起的夭亡以及疾病帶來的危害，死亡人數要以萬萬來計算。那些死亡的人拋屍荒野無人掩埋，活著的人則奔亡流散，幼兒、孤老和婦女流離失所，淪為俘虜奴隸。這是王莽悖逆人倫的大罪。

8 「因此，上天哀憐人民，對王莽降下懲罰，使其自相殘殺，妻兒喪命。大臣反叛，滅亡的形勢已經形成。大司馬董忠、國師劉歆、衛將軍王涉，勾結謀反，使內部崩潰；司命孔仁、納言嚴尤、秩宗陳茂，率眾向關外投降。現在崤山以東的軍隊達到二百多萬，已經平定了齊、楚地區，拿下了蜀、漢之地，安定了宛縣、洛陽，占據了敖倉，守住了函谷關，向各地發出威嚴的命令，在中嶽宣布教化。我們要中興滅國，延續絕世，分封萬國，遵奉高祖原有的典章制度，修行孝文皇帝的遺德。如果誰有不聽從命令，就用軍隊平定。馬上派使者到四夷，恢復他們原來的爵號。然後收兵回朝，收攏兵器，偃旗息鼓。再次命令百姓，各自回歸故里，這樣做，可使我等免於使百姓負子流亡的責任。」

1 囂乃勒❶兵十萬，擊殺雍州牧陳慶❷。將攻安定❸。安定大尹王向❹，莽從弟平阿侯譚❺之子也，威風❻獨能行其邦❼內，屬縣皆無叛者。囂乃移書於向，喻以天命，反覆誨示，終不從。於是進兵虜之，以徇❽百姓，然後行戮，安定悉降。而長安中亦起兵誅王莽。囂遂分遣諸將徇❾隴西❿、武都⓫、金城⓬、武威⓭、張掖⓮、酒泉⓯、敦煌⓰，皆下之。

2 更始二年，遣使徵囂及崔、義等。囂將行，方望以為更始未可知，固止之，囂不聽。望以書辭謝而去，曰：「足下將建伊、呂⓱之業，弘不世之功⓲，而大事草創⓳，英雄未集。以望異域⓴之人，疵瑕未露，欲先崇郭隗㉑，想望樂毅㉒，故欽承大旨，順風不讓㉓。將軍以至德尊賢，廣其謀慮，動有功，發中權㉔，基業已定，大勳方緝㉕。今俊乂㉖並會，羽翮並肩㉗，望無耆耇㉘之德，而猥㉙託賓客之上，誠自愧也。雖懷介然㉚之節，欲絜㉛去就之分，誠終不背其本，貳㉜其志也。何則？范蠡收責句踐，乘偏舟於五湖㉝；舅犯㉞謝罪文公㉟，亦逡巡㊱於河上。夫以二子之賢，勒銘㊲兩國，猶削跡歸愆㊳，請命乞身㊴，望之無勞，蓋其宜也。望聞烏氏㊵有龍池之山，微徑南通，與漢相屬㊶，其傍㊷時有奇人，聊及閑暇，廣求其真。願將軍勉之。」囂等遂至長安，更始以為右將軍，崔、義皆即舊號。其冬，崔、義謀欲叛歸，囂懼并禍，即以事告之，崔、義誅死。更始感囂忠，以為御史大夫㊸。

3 明年夏，赤眉㊹入關，三輔㊺擾亂。流聞㊻光武㊼即位河北，囂即說更始歸政於光武叔父國三老良㊽，更始不聽。諸將欲劫更始東歸，囂亦與通謀。事發覺，更始使使者召囂，囂稱疾不入，因會客王遵、周宗等勒兵自守。更始使執金吾鄧曄㊾將兵圍囂，囂閉門拒守；至昏㊿時，遂潰圍，與數十騎夜斬平城門(51)關，亡歸天水。復招聚其眾，據故地，自稱西州(52)上將軍。

4 及更始敗，三輔耆老(53)士大夫皆奔歸囂。

5 囂素謙恭愛士，傾身引接為布衣交(54)。以前王莽平河(55)大尹長安谷恭為掌野大夫，平陵范逡56為師友，趙秉57、蘇衡、鄭興58為祭酒59，申屠剛60、杜林61為持書62，楊廣、王遵、周宗及平襄人行巡63、阿陽人王捷64、長陵人王元65為大將軍，杜陵、金丹之屬為賓客。由此名震西州，聞於山東。

【章旨】以上是〈隗囂傳〉的第二部分，敘述隗囂起兵後所向披靡，占據隴西、武都等多個州郡。王莽敗亡後，隗囂不聽方望勸阻歸服了更始帝。他勸更始歸政於光武叔父，不被採納故又叛離更始，回據故地，自稱西州上將軍，廣納賢士，名震西州。

【注釋】❶勒　統領。❷雍州牧陳慶　雍州，州名。古九州之一。漢末一州的軍政長官稱州牧。陳慶，王莽雍州牧，他事不詳。❸安定　郡名。西漢元鼎三年（西元前一一四年）置。治高平（今寧夏固原）。東漢移治臨涇（今甘肅鎮原東南）。❹王向　王莽堂弟平阿侯王譚的兒子，他事不詳。❺平阿侯譚　平阿侯，侯的封號。平阿，縣名。屬九江郡。今安徽淮南北。譚，即王譚，拜平阿侯，他事不詳。❻威風　威嚴的政令和教化。❼邦　封地。❽徇　遊街示眾。❾徇　此處指帶兵巡行占領地方。❿隴西　郡名。戰國秦昭襄王二十八年（西元前二七九年）置，因在隴山之西而得名。治狄道（今甘肅臨洮南）。⓫武都　郡名。西漢元鼎六年（西元前一一一年）置。治武都（今甘肅西和西南；東漢移治下辨道）。⓬金城　郡名。漢始元六年置。治允吾（今甘肅永靖西北）。⓭武威　郡名。原匈奴休屠王地。西漢昭帝或宣帝時置郡，治武威（今甘肅民勤東北），東漢移治姑臧（今甘肅武威）。⓮張掖　郡名。漢元鼎六年置。治觻得（今甘肅張掖西北）。⓯酒泉　郡名。漢元狩二年（西元前一二一年）以原匈奴昆邪王地置。治祿福（今甘肅酒泉市）。⓰敦煌　郡名。西漢元鼎六年分酒泉郡置。治敦煌縣（今甘肅敦煌西）。⓱伊呂　即伊尹、呂尚。伊尹，商初大臣。名伊，尹是官名。一說名摯。傳為家奴出身，原為有莘氏女的陪嫁之臣。湯用為「小臣」，後任以國政，助湯攻滅夏桀。湯去世後，歷佐卜丙（即外丙）、仲壬二君。仲壬死後，由太甲即位，因太甲不遵湯法，不理國政，被他放逐。三年後太甲悔過，又接回復位。死於沃丁時。一說仲壬死後，太甲當立，他篡位自立，放逐太甲。七年後，太甲潛回，將他殺死。呂尚，周代齊國的始祖。姜姓，呂氏，名望，字尚父，一說字子牙，西周初年官太師（武官名），又稱師尚父。輔佐武王滅商有功，後封於齊。有太公之稱，俗稱姜太公。東方夷族從武庚及「三監」叛亂，成王授以征討周圍地區之權。兵書《六韜》是戰國時人託名於他的作品。⑱弘不世之功　弘，弘揚。不世，不是每代都有的。猶言非常，非凡。⑲草創　初創。⑳異域　指外地。隗囂為天水人，而方望為右扶風人，故而自稱異域之人。㉑郭隗　戰國時燕國人。燕昭王欲報齊仇，擬招徠人才，向他問計。他說：「請先自隗始。」昭王即為其築宮而敬以為師，於是樂毅等相繼而至。㉒樂毅　戰國時燕將。中山國靈壽（今河北靈壽）人。樂羊後裔。燕昭王時，任亞卿。燕昭王二十八年（西元前二八四年），率軍擊破齊國，先後攻下七十餘城，因功封於昌國（今山東淄博），號昌國君。燕惠王即位，中齊反間計，改用騎劫為將，他出奔趙國，被封於觀津（今河北武邑），號望諸君。後死於趙國。㉓不讓　不推辭；勇於擔當。㉔發中權　猶言出手即能抓住要害。㉕緝　集聚，引申為建立。㉖俊乂　亦作「俊艾」。賢能的人。㉗羽翮並肩　羽翮，羽翼；指輔佐的人。並肩，比喻人數眾多。㉘耆耇　老年人。㉙猥　濫。㉚介然　堅定不移。㉛絜　明辨；分辨。㉜貳　指有二心。㉝范蠡收責句踐二句　范蠡，春秋末年越國大夫。字少伯，楚國宛（今河南南陽）人。協助越王句踐破吳，以雪會稽之恥。功成後，帶上珠寶，乘舟浮於五湖。臨行之時上書句踐說：「今既雪恥，臣請從會稽之誅。」意思是，請求承擔會稽的罪過。收責，引罪自責。句踐，春秋末年越國君。西元前四九七—前四六五年在位。曾被吳王夫差擊敗，屈服求和，入臣於吳。回國後，臥薪嘗膽，刻苦圖強，任用范蠡、文種等人，十年生聚，十年教訓，終於轉弱為強，滅亡吳國。偏舟，劉攽曰：史傳皆作「扁舟」。扁，特也。不當用「偏」字。㉞舅犯　子犯。曾隨晉公子重耳逃亡在國外，後來重耳重新回國執政，在河邊，他對重耳說：「臣負羈紲從君巡於天下，臣之罪多矣！」㉟文公　晉文公，即重耳。㊱逡巡　徘徊不前。㊲勒銘　刻石記功。㊳愆　罪責。㊴乞身　猶乞骸骨，即辭職的委婉說法。㊵烏氏　或作烏枝、閼氏、焉氏。古縣名。本烏氏戎地，戰國秦惠王置縣。治所在今寧夏固原東南。㊶相屬　連接。㊷傍　通「旁」。旁邊；側邊。㊸御史大夫　官名。秦漢時僅次於丞相的中央最高長官，主要職務為監察、執法，兼掌重要文書圖籍。西漢時丞相缺位，往往以御史大夫遞補，與丞相、太尉合稱三公。後改名大司空、司空。晉後，御史大夫多不置。隋唐以後雖置而與漢制不同，專掌監察、執法，為御史臺長官。㊹赤眉　即赤眉軍。王莽天鳳五年（西元一八年），青、徐（今山東東部和江蘇北部）發生大災荒，琅邪（今山東諸城）人樊崇在莒縣（今屬山東）起兵，逢安、謝祿等回應，聚眾數萬人。約定「殺人者死，傷人者償創」。因用赤色染眉作標識，故稱「赤眉軍」。㊺三輔　漢景帝前二年（西元前一五五年）分內史為左、右內史，與主爵中尉（不久改主爵都尉）同治長安城中，所轄皆京畿之地，故合稱「三輔」。武帝太初元年（西元前一〇四年）改左、右內史、主爵都尉為京兆尹、左馮翊、右扶風。轄境相當今陝西中部地區。後世區劃雖時有更改，但直至唐，習慣上仍稱這一地區為「三輔」。㊻流聞　傳聞。㊼光武　指光武帝劉秀。㊽良即劉良，字次伯，光武帝劉秀的叔叔。見本書卷十四。㊾執金吾鄧曄　執金吾，官名。金吾為兩端塗金的銅棒，執之以示權威。一說執金以禦非常。另說金吾為鳥名，主辟不祥。西漢武帝時改中尉為執金吾，督巡三輔治安。東漢沿置。鄧曄，更始將軍，後降光武。謝承《後漢書》曰：「曄，南陽南鄉人。以勁悍廉直為名。」㊿昏　天色才黑的時候；傍晚。51平城門　長安城南面西頭的城門。52西州　漢、晉時泛指涼州為西州，相當於今甘肅中部與西北部一帶。53耆老　老年人。特指德行高尚受尊敬的老人。54傾身引接句　傾身，側身而立，表示禮貌。引接，接待。布衣，指平民。55平河　西漢置清河郡，王莽改清河為平河。治清陽（今河北清河縣東南）。56平陵范逡　平陵，古縣名。西漢五陵縣之一。漢昭帝築陵置縣。治今陝西咸陽西北。昭帝死後葬此。三國魏改名始平。范逡，扶風平陵人。他事不詳。57趙秉　扶風茂陵人。他事不詳。58鄭興　字少贛，河南開封人。見本書卷三十六。59祭酒　本書〈百官志二〉：「博士祭酒一人，六百石。本僕射，中興轉為祭酒。」60申屠剛　字巨卿，扶風茂陵人。見本書卷二十九。61杜林　字伯山，扶風茂陵人。見本書卷二十七。62持書　即持書侍御史，秩六百石。63行巡　平襄人，隗囂之將。在光武諸將攻破落門後，他與周宗、苟宇等人將隗純歸降光武。64阿陽人王捷　阿陽，縣名。屬天水郡。今甘肅靜寧西南。王捷，隗囂大將，勸阻隗囂降光武，保守戎丘時拒降，自殺而亡。65長陵人王元　長陵，古縣名。西漢五陵縣之一。漢高帝十二年築陵置縣。治今咸陽東北，高帝死後葬於此。王元，字惠孟，長陵人。隗囂之將，後奔依公孫述。率軍數與光武將領戰，後歸降光武，拜上蔡令，遷東平相，坐墾田不實，下獄死。

【語譯】隗囂於是率兵十萬，攻打並殺死了雍州牧陳慶。接著準備攻打安定郡。安定郡大尹王向，是王莽的堂弟平阿侯王譚的兒子，只有他的威令能在郡內推行，所屬各縣沒有反叛的。隗囂便派人給王向送去書信，告知他天命之所歸，並反覆進行開導訓示，但王向最終仍不歸順。於是，隗囂派兵攻打，捉住了王向並向百姓示眾，然後斬殺了他，安定郡便全都投降了。此時，長安城中也有人起兵誅殺了王莽。隗囂便乘勢分別派遣各位將領帶兵占領了隴西、武都、金城、武威、張掖、酒泉、敦煌各郡。

2　更始二年，更始帝派使者徵召隗囂和隗崔、隗義等人。隗囂準備動身前去，方望認為更始帝的成敗尚不可知，便堅決阻止，可是隗囂不聽勸告。方望便留下一封書信辭謝而去，信中說：「您將要建立伊尹、呂望那樣的事業，弘揚非凡的功績，然而大事尚屬草創階段，英雄人物還未聚集在你身邊。由於方望我是外地人，各種缺陷還未顯露，想要像郭隗那樣先受崇敬，以便您招攬人才，也希望像樂毅那樣建功立業，於是就恭順地接受了任命擔任軍師，沒有辭讓。將軍您因為德望高，尊重賢才，廣泛地吸收各種謀略，所以舉動有功，發必中的，基業已經奠定，大功業正在成就。現在您身邊賢能聚集，羽翼眾多，我沒有國老的德望，但確濫竽於賓客之上，實在自感慚愧。我雖然懷有堅定不移的氣節，也想明辨去留的原則，但最終不會背離根本，存有二心。為什麼呢？春秋時期的范蠡在句踐滅吳後，自擔主辱臣當死的罪責，而乘扁舟浪跡於江湖；舅犯在晉文公回國即位時，也自認陪同文公流亡時有罪，故而徘徊在黃河邊上，想要離去。像范蠡、舅犯那樣的賢人，英名載入兩國史冊，仍然要自歸罪責，請求退身匿跡，我沒有功勞，更應如此。我聽說烏氏縣有一座龍池山，有小路通向南邊，與漢地相連，其間常見有奇人，我去那裡可以聊度閒暇，廣求真知。願將軍繼續努力吧。」隗囂等人就到了長安，更始帝封隗囂為右將軍，隗崔、隗義等人都還是原來的名號。這年冬天，隗崔、隗義謀劃反叛西歸，隗囂懼怕跟著遭殃，就把這件事報告了更始帝，結果隗崔、隗義被誅殺了。更始帝為隗囂的忠誠所感動，便任命他為御史大夫。

3 第二年夏天，赤眉軍入關，三輔地區受到擾亂。流言傳說光武帝劉秀在河北即帝位，隗囂隨即勸說更始帝把皇位讓給光武帝的叔父國三老劉良，更始帝沒有聽從他的意見。各位將領打算劫持更始帝向東歸附劉秀，隗囂也參與了謀劃。事情被發覺後，更始帝派使者召隗囂前去進見，隗囂假稱有病不入宮，並會同王遵、周宗等人率兵自衛。更始帝派執金吾鄧曄率兵圍攻隗囂，隗囂緊閉宅門堅守；到黃昏時分，擊潰圍兵，隗囂與數十人騎馬乘夜斬殺了平城門守將，逃回天水郡。他又招集部眾，占據原來的地盤，自稱為西州上將軍。

4 等到更始帝失敗後，三輔地區有威望的老人和士大夫都投奔、歸順了隗囂。

5 隗囂平素待人謙恭，愛護賢士，以平等的態度與人結為貧賤之交。隗囂任用以前王莽的平河大尹長安人谷恭為掌野大夫，任命平陵人范逡為師友，趙秉、蘇衡、鄭興為祭酒，申屠剛、杜林為持書，楊廣、王遵、周宗以及平襄人行巡、阿陽人王捷、長陵人王元為大將軍，杜陵、金丹等人也都作為賓客。從此以後，隗囂名震西州，在崤山以東地區也頗為聞名。

1 建武二年，大司徒鄧禹❶西擊赤眉，屯雲陽❷。禹裨將馮愔❸引兵叛禹，西向天水，囂逆擊❹，破之於高平❺，盡獲輜重❻。於是禹承制遣使持節命囂為西州大將軍，得專制涼州❼、朔方❽事。及赤眉去長安，欲西上隴，囂遣將軍楊廣迎擊，破之，又追敗之於烏氏、涇陽❾間。

2 囂既有功於漢，又受鄧禹爵，署❿其腹心⓫，議者多勸通使京師。三年，囂乃上書詣闕。光武素聞其風聲，報以殊禮，言稱字，用敵國⓬之儀，所以慰藉⓭之良⓮厚。時陳倉人呂鮪⓯擁眾數萬，與公孫述通，寇三輔。囂復遣兵佐征西大將軍馮異⓰擊之，走鮪，遣使上狀。帝報以手書曰：「慕樂德義，思相結納。昔文王三分，猶服事殷⓱。但駑馬鉛刀⓲，不可強扶。數蒙伯樂一顧之價⓳，而蒼蠅之飛，不過數步，即託驥尾，得以絕群⓴。隔於盜賊，聲問不數。將軍操執款款㉑，扶傾救危，南距公孫之兵，北禦羌胡之亂，是以馮異西征，得以數千百人躑躅㉒三輔。微㉓將軍之助，則咸陽㉔已為他人禽㉕矣。今關東㉖寇賊，往往屯聚，志務廣遠，多所不暇，未能觀兵成都㉗，與子陽㉘角力㉙。如令子陽到漢中㉚、三輔，願因將軍兵馬，鼓旗相當。儻肯如言，蒙天之福，即智士計功割地之秋也。管仲曰：『生我者父母，成我者鮑子。』㉛自今以後，手書相聞，勿用傍人解構之言㉜。」

自是恩禮愈篤。

3 其後公孫述數出兵漢中，遣使以大司空[33]扶安王印綬授囂。囂自以與述敵國，恥為所臣，乃斬其使，出兵擊之，連破述軍，以故蜀兵不復北出。

4 時關中[34]將帥數上書，言蜀可擊之狀，帝以示囂，因使討蜀，以效其信[35]。囂乃遣長史[36]上書，盛言三輔單弱，劉文伯[37]在邊，未宜謀蜀。帝知囂欲持兩端[38]，不願天下統一，於是稍黜其禮，正君臣之儀。

5 初，囂與來歙[39]、馬援[40]相善，故帝數使歙、援奉使往來，勸令入朝，許以重爵。囂不欲東，連遣使深持謙辭，言無功德，須四方平定，退伏閭里[41]。五年，復遣來歙說囂遣子入侍，囂聞劉永[42]、彭寵[43]皆已破滅，乃遣長子恂隨歙詣闕。以為胡騎校尉[44]，封鐫羌侯。而囂將王元、王捷常以為天下成敗未可知，不願專心內事[45]。元遂說囂曰：「昔更始西都，四方響應，天下喁喁[46]，謂之太平。一旦敗壞，大王幾無所厝[47]。今南有子陽，北有文伯，江湖海岱，王公十數[48]，而欲牽儒生之說[49]，棄千乘之基[50]，羇旅危國[51]，以求萬全，此循覆車之軌，計之不可者也。今天水完富，士馬最強，北收西河[52]、上郡[53]，東收三輔之地，案[54]秦舊迹，表裡河山[55]。元請以一丸泥為大王東封函谷關，此萬世一時也。若計不及此，且畜養士馬，據隘自守，曠日持久，以待四方之變，圖王不成，其弊猶足以霸[56]。要之，魚不可脫於淵[57]，神龍失埶，即還與蚯蚓同[58]。」囂心然元計，雖遣子入質，猶負其險阸[59]，欲專方面[60]，於是游士長者，稍稍去之[61]。

6 六年，關東悉平。帝積苦兵間[62]，以囂子內侍，公孫述遠據邊陲[63]，乃謂諸將曰：「且當置此兩子於度外[64]耳。」因數騰書[65]隴[66]、蜀，告示禍福。囂賓客、掾史[67]多文學生，每所上事，當世士大夫皆諷誦之，故帝有所辭荅，尤加意[68]焉。囂復遣使周游詣闕，先到馮異營，游為仇家所殺。帝遣衛尉銚期[69]持珍寶繒帛賜囂，期至鄭[70]被盜，亡失財物。帝常稱囂長者，務欲招之，聞而歎曰：「吾與隗囂事欲不諧[71]，使來見殺，得賜道亡。」

7 會公孫述遣兵寇南郡[72]，乃詔囂當[73]從天水伐蜀，因此欲以潰其心腹[74]。囂復上言：「白水[75]險阻，棧閣[76]絕敗。」又多設支閡[77]。帝知其終不為用，叵[78]欲討之。遂西幸長安，遣建威大將軍耿弇[79]等七將軍從隴道伐蜀，先使來歙奉璽書喻旨。囂疑懼，即勒兵，使王元據隴坻[80]，伐木塞道，謀欲殺歙。歙得亡歸。

8 諸將與囂戰，大敗，各引退。囂因使王元、行巡侵三輔，征西大將軍馮異、征虜將軍祭遵[81]等擊破之。囂乃上疏謝[82]曰：「吏人聞大兵卒至，驚恐自救，臣囂不能禁止。兵有大利，不敢廢臣子之節[83]，親自追還。昔虞舜事父，大杖則走，小杖則受[84]。臣雖不敏[85]，敢忘斯義。今臣之事，在於本朝，賜死則死，加刑則刑。如遂蒙恩，更得洗心[86]，死骨不朽[87]。」有司以囂言慢[88]，請誅其子恂，帝不忍，復使來歙至汧[89]，賜囂書曰：「昔柴將軍[90]與韓信[91]書云：『陛下寬仁，諸侯雖有亡叛而後歸，輒復位號，不誅也。』以囂文吏，曉義理，故復賜書。深言則似不遜，略言則事不決。今若束手，復遣恂弟歸闕庭者，則爵祿獲全，有浩大之福矣。吾年垂[92]四十，在兵中十歲，厭浮語虛辭。即不欲，勿報。」囂知帝審[93]其詐，遂遣使稱臣於公孫述。

【章　旨】以上是〈隗囂傳〉的第三部分，敘述隗囂雖然派兵助漢、連破公孫述兵使其不敢北上，並遣子入質於漢朝廷，但內心不願真正臣服於光武帝，最後終於稱臣於公孫述。

【注　釋】❶大司徒鄧禹　大司徒，三公之一，助天子掌管民事，總理萬機。鄧禹，字仲華，南陽新野人。見本書卷十六。❷雲陽　古縣名。秦置。治所在今陝西淳化西北。❸馮愔　鄧禹征赤眉，令馮愔、宗歆守栒邑，二人爭權，愔殺歆反擊禹，後被其護軍黃防所縛，至洛陽，赦不誅。❹逆擊　迎擊。❺高平　古縣名。西漢置。治所在今寧夏固原。西漢為安定郡治所。❻輜重　特指部隊行軍時攜帶的器械、糧草及其他物資。❼涼州　州、衛、府名。西漢武帝置涼州，為「十三刺史部」之一。東漢時治隴縣（今甘肅張家川回族自治縣）。❽朔方　漢武帝所置「十三刺史部」之一。東漢建武十一年（西元三五年）廢入并州。❾涇陽　古縣名。治所在今甘肅平涼西北。❿署　指代理、暫任或試充官職。⓫腹心　親信。⓬敵國　實力相當的國家。⓭慰藉　慰，安慰。藉，薦藉。⓮良　確實。⓯陳倉人呂鮪　陳倉，縣名。秦置。因山得名。治所在今陝西寶雞東。當關中、漢中間的交通要衝，歷來為戰爭要地。呂鮪，陳倉人，擁眾數萬，為寇三輔。與光武軍交戰，多敗。⑯馮異　字公孫。見本書卷十七。⑰昔文王三分二句　意謂周文王已經得到了天下的三分之二，仍然向商紂王稱臣。《論語・泰伯》：「孔子曰：『三分天下有其二，以服事殷。周之德，其可謂至德也已矣。』」⑱駑馬鈆刀　駑馬，劣馬。《周禮》：「校人掌六馬。」駑馬，最下者也。鈆，同「鉛」。以鉛為刀，其鈍可知。⑲伯樂一顧之價　《戰國策・燕策二》：「蘇代為燕說齊，未見齊王，先說淳于髡曰：『人有賣駿馬者，比三旦立市，市人莫之知，往見伯樂曰：「臣有駿馬，欲賣之，比三旦立於市，市人莫與言。願子還而視之，去而顧之，臣請獻一朝之價。」伯樂如其言，一旦而價十倍也。』」⑳蒼蠅之飛四句　李賢注：張敞書曰：「蒼蠅之飛，不過十步；自託騏驥之尾，乃騰千里之路。然無損於騏驥，得使蒼蠅絕群也。」見〈張敞傳〉。即，假如。託，依附。絕群，超群。㉑款款　忠實誠懇貌。㉒躑躅　徘徊不前。㉓微　若沒有。㉔咸陽　指馮異。時馮異專制關中，人稱為「咸陽王」，故以「咸陽」指代之。㉕禽　通「擒」。擒拿。㉖關東　地區名。秦、漢、唐等定都今陝西的王朝，稱函谷關或潼關以東地區為關東。㉗觀兵成都　觀兵，猶言用兵。成都，舊縣名。戰國秦惠文王更元十四年（西元前三一一年）置縣。治所在今四川成都。㉘子陽　公孫述字子陽。㉙角力　一決高下。㉚漢中　郡名。戰國楚懷王置，因在漢水中游得名。西元前三一二年秦惠王又置，移治南鄭（今陝西漢中東）。西漢移治西城（今陝西安康西北），東漢復還舊治。㉛管仲曰三句　《史記・管晏列傳》：「吾始困時，嘗與鮑叔賈，分財利多自與，鮑叔不以我為貪，知我貧也。吾嘗為鮑叔謀事而更窮困，鮑叔不以我為愚，知時有利不利也。吾嘗三仕三見逐于君，鮑叔不以我不肖，知我不遭時也。吾嘗三戰三走，鮑叔不以我為怯，知我有老母也。公子糾敗，召忽死亡，吾幽囚受辱，鮑叔不以我為無恥，知我不羞小節而恥功名不顯於天下也。生我者父母，知我者鮑子也。」」㉜解構之言　附會捏造的話。王先謙《集解》：「帝欲囂用手書，勿以傍人倉促間相傳，恐其為詞所掩，不達本意。」㉝大司空　三公之一，掌工程建築等事。㉞關中　古地區名。所指範圍大小不一，漢都長安，因稱函谷關以西為關中。㉟以效其信　效，檢驗。信，真實。㊱長史　官名。東漢的太尉、司徒、司空三公府均設長史，職任頗重，號為三公輔佐。㊲劉文伯　即盧芳。當時他詐稱為漢武帝曾孫，改名為劉文伯。見本書卷十二。㊳兩端　即首鼠兩端，唯利是趨。㊴來歙　字君叔。見本書卷十五。㊵馬援　字文淵。見本書卷二十四。㊶閭里　鄉里；民間。㊷劉永　梁孝王八世孫。見本書卷十二。㊸彭寵　字伯通。見本書卷十二。㊹胡騎校尉　武帝置，秩二千石。㊺內事　內附；歸附。㊻喁喁　仰慕的樣子。㊼厝　通「措」。安置。㊽江湖海岱二句　李賢注曰：「謂張步據齊，董憲起東海，李憲守舒，劉紆居重惠，佼彊、周健、秦豐等各據州郡。㊾欲牽儒生之說　牽，拘泥。儒生之說，李賢注曰：「謂馬援說囂歸光武」。本書卷二十四〈馬援傳〉中亦有記載。而王先謙《集解》引《資治通鑑》胡三省注：儒生謂鄭興、班彪等。本書卷三十六〈鄭興傳〉和卷四十〈班彪傳〉中，鄭興等有勸囂勿稱王傾漢的記載。按：馬援與鄭興、班彪勸隗囂之詞，內容相同，但馬援非儒生，此處所言「儒生之說」，似指鄭興、班彪為宜。[50]千乘之基　千乘，指諸侯。古諸侯國可擁兵千乘，故云。基，基業。[51]羇旅危國　羇旅，亦作「羈旅」。指客居他鄉。危國，危難之邦。[52]西河　郡名。漢元朔四年（西元前一二五年）置。治平定（今陝西府谷西北）。[53]上郡　郡名。戰國魏文侯置。東漢建安二十年廢。[54]案　通「按」。依照；按照。[55]表裡河山　謂有山河為屏障，自守無虞。語本《左傳．僖公二十八年》：「子犯曰：『戰也。戰而捷，必得諸侯；若其不捷，表裡山河，必無害也。』」[56]圖王不成二句　意謂即使稱王不成，也足以稱霸一方。[57]魚不可脫於淵　語本《老子．三十六章》：「魚不可脫於泉。」脫，離開。[58]神龍失埶二句　語本《慎子．威德》：「故騰蛇遊霧，飛龍乘雲。雲罷霧霽，與蚯蚓同，則失其所乘也。」[59]阸　通「隘」。險要。[60]方面　指總攬一方的軍政事務。[61]游士長者二句　據《東觀漢記》：「杜林先去，餘稍稍相隨，東詣京師。」游士，說客。[62]積苦兵間　被長期的戎馬生活所苦。積，留滯；停留。[63]邊陲　邊境；邊緣地帶。[64]度外　預料之外。[65]騰書　傳書。[66]隴地區名。今甘肅一帶。[67]掾史　漢代以後職權較重的長官，有屬吏，分曹治事。通稱掾史。多由長官自行辟舉。[68]加意　留意。[69]銚期　字次況，潁川郟（今河南郟縣）人。見本書卷二十。[70]鄭　縣名。屬京兆尹。今陝西漢中東。[71]諧　合。[72]南郡　郡名。戰國秦昭襄王二十九年（西元前二七八年）置。治郢（今湖北荊州北），後遷江陵（今荊州）。[73]當　應。[74]潰其心腹　指搗毀公孫述的老巢。[75]白水　古縣名。西漢置，屬廣漢郡。治所在今四川青川縣東北。縣內有險關。[76]棧閣　棧木閣道。[77]支閡　阻止敵人突襲的障礙物。[78]叵　於是。[79]耿弇　字伯昭。見本書卷九。[80]隴坻　即隴阪。在今陝西隴縣、寶雞與甘肅清水縣、張家川回族自治縣之間。北入沙漠，南上渭水，為關中西部屏障。[81]祭遵　字弟孫。見本書卷二十。[82]謝罪。[83]節　規矩。[84]昔虞舜事父三句　謂虞舜對待父親的責打，輕打就受，重打就逃開。儒家認為這是孝子受父母責罰時應抱的態度。語出《孔子家語》：小棰則待過，大杖則逃走。[85]敏　聰慧。[86]洗心　改過自新。[87]死骨不朽　死而不朽。[88]慢輕忽；怠惰。[89]汧　古邑，西周末秦襄公都此。秦置縣，治所在今陝西隴縣南。[90]柴將軍　柴武。[91]韓信　西漢初年的諸侯王。破歷下，事見《漢書》卷三十四。楚漢相爭時，劉邦命韓信率軍抄襲項羽後部，奪取齊地。當時齊王田廣擁兵歷下，劉邦派酈食其勸田廣投降，田廣已表示投降，並放棄了守備。韓信聽從了蒯通的話，還是攻取了歷下，俘虜了田廣。開基，開創帝王基業。[92]垂　將近。[93]審　明白。

【語　譯】建武二年，大司徒鄧禹向西攻打赤眉軍，駐紮在雲陽。鄧禹的偏將馮愔帶兵叛離了鄧禹，西向天水進兵，隗囂從西邊迎頭阻擊，在高平縣打敗了馮愔，並繳獲了他的全部軍用物資。因此鄧禹秉承光武帝的旨意，派遣使者持符節任命隗囂為西州大將軍，可以全權處理涼州、朔方的事務。等到赤眉軍離開長安，想要西上隴山時，隗囂派遣將軍楊廣迎面攻打，擊潰了赤眉軍，又追擊到烏氏縣和涇陽縣之間，大敗赤眉軍。

2　隗囂既然為漢朝建立了功勞，又接受了鄧禹封的爵號，且成為鄧禹的親信，他身邊的謀士大多勸隗囂與京師互通使節，加強往來。建武三年，隗囂便向朝廷送交了文書。光武帝往常已聽到關於隗囂的一些情況，因而用特殊的禮節對待他，對他不呼名而稱字，採用對等國家的禮儀，給予高規格的撫慰。當時，陳倉人呂鮪統轄著幾萬兵眾，與公孫述勾結，侵擾三輔地區。隗囂再次派兵協助征西大將軍馮異攻打呂鮪的軍隊，呂鮪敗走，隗囂便派使者向光武帝彙報了情況。光武帝親筆回覆說：「我傾慕您的德望忠義，早有加強聯繫的想法。過去周文王在已占有三分之二天下的情況下，仍然向殷朝稱臣。但是劣馬和鉛刀，不能夠勉強使用。駿馬承蒙伯樂多次看顧才提高了身價，而蒼蠅飛起來，不過幾步遠，假如依附到駿馬的尾巴上，就能夠騰躍千里之路而出類拔萃。由於有盜賊相隔，我對您的問候不多。將軍您胸懷忠誠，扶危救難，向南抗拒著公孫述的兵馬，向北抵禦著羌胡的擾亂，因此馮異將軍率兵西征，才能夠使數千百人逗留在三輔地區。如果沒有將軍您的協助，那麼恐怕『咸陽王』馮異已被人擒去了。現在關東地區的賊寇，常常聚集起來作亂，我雖有遠大的志向，但無暇顧及，所以未能在成都顯示軍威，與公孫述一爭高下。如果公孫述到了漢中、三輔地區，願依靠將軍您的兵馬，與他對抗。假如能這樣的話，那就是蒙受上天賜福，也是明智之士論功受封的時候了。管仲說：『生我的是父母，使我成功的是鮑叔牙。』從今以後，以親筆書信往來，不要聽信別人離間的言詞。」自此以後，光武帝對隗囂的恩義禮遇更加深厚。

3　此後，公孫述多次出兵漢中，並且派使者授予隗囂大司空扶安王的印綬。隗囂自認為與公孫述的勢力不相上下，以作其臣子為恥，便斬殺了公孫述的使者，並出兵攻擊，連連打敗公孫述的軍隊，因此，蜀軍不再向北進軍了。

4 當時，關中的將帥多次上書，呈報可以攻打蜀軍的情況，光武帝就把這些上書給隗囂看，乘機派他討伐蜀軍，以檢驗他是否忠心。隗囂派遣長史上書，以大量言詞強調三輔地區力量薄弱，還有劉文伯在北邊需要防備，因而不宜攻打蜀軍。光武帝知道隗囂想要腳踩兩隻船，不希望天下統一，因此，稍微降低了對隗囂的禮遇規格，按照一般的君臣儀節對待他。

5 當初，隗囂與來歙、馬援關係較好，所以光武帝多次派遣來歙、馬援作為使節往來奔波，勸隗囂入朝，並許諾給他很高的爵位。隗囂不願意東去，連連派遣使者以謙虛的言詞推辭，說自己沒有功勞，缺乏德望，等待四方平定後，就退居鄉里。建武五年，光武帝又一次派遣來歙勸說隗囂派兒子到朝廷侍奉皇帝，隗囂聽說劉永、彭寵都已破滅，於是派遣長子隗恂隨來歙到了朝廷。隗恂被任命為胡騎校尉，封為鐫羌侯。可是，隗囂的部將王元和王捷卻認為天下的成敗還難以預料，不願一心一意地歸附光武帝。於是王元勸隗囂說：「以前更始帝在西部建都，四方回應，天下嚮往，以為已經太平了。可是，一旦失敗，大王您幾乎無處安身。現在，南邊有公孫子陽，北邊有劉文伯，全國各地還有十幾個王侯割據，您卻拘泥於儒生的話，放棄千乘之國的基業，投靠危難四伏的國家，以此求得萬全，這是沿著失敗的軌道行事，不能這樣辦。如今，天水地區完整富庶，兵馬最強，應該向北奪取西河郡、上郡，向東收取三輔地區，依照原來秦國外山而內河的發展形勢。我請求帶兵像一丸泥那樣在東邊封住函谷關，這是萬代難逢的機會。如若不能實現這個計劃，暫且訓練士卒，蓄養馬匹，依據關隘守衛疆土，長期堅持下去，等待四方的變化，即使爭不到天下，最壞的結果，仍可以稱霸一方。重要的是，魚不可以脫離自己生活的水域，神龍一旦失勢，就與蚯蚓相同了。」隗囂心中同意王元的見解，雖然派遣長子入侍朝廷為人質，但仍然依靠其險要的地勢，想要獨霸一方，因此那些有頭腦的賓客，就逐漸離去了。

6 建武六年，關東地區全部平定。光武帝因長年征戰勞苦而不願再征戰，認為隗囂的兒子已經入朝侍奉，公孫述遠據邊遠地區，便對諸將說：「暫且可以不考慮這兩人的問題。」因此多次與隴地的隗囂和蜀地的公孫述傳遞書信，告示得失利弊。隗囂的賓客和掾史大多是具有文采的人士，每次上報朝廷的奏書，當代的士大夫都加以傳誦，所以光武帝回覆的答詞，也特別注意修飾。隗囂回報光武帝，又派周游為使者到朝廷。周游先到達馮異的營地，結果被仇人所殺。光武帝派遣衛尉銚期帶著珍寶繒帛賞賜隗囂，銚期行至鄭地時被盜，所攜財物全部丟失。光武帝常稱道隗囂為長者，一心想召他入朝，聽到這些事感歎說：「我與隗囂的事看來難以成功，他派使者來被殺了，而我賜他的財物卻在道路上丟失了。」

7 正在此時，公孫述派兵侵擾南郡，光武帝便下詔書命令隗囂從天水郡出兵討伐蜀地，想趁機搗毀公孫述的老巢。隗囂又一次上書說：「白水關十分艱險，且棧道和閣道都已毀壞，難以通過。」並且還增設了許多防禦工事和障礙。光武帝知道隗囂最終也不會為自己效力，便打算討伐他。於是親自到達長安，派遣建威大將軍耿弇等七位將軍從隴道進兵伐蜀，並先派來歙為使者帶著璽書向隗囂傳達聖旨。隗囂很是疑慮恐懼，便調動軍隊，派王元守衛隴坻，砍伐樹木堵塞道路，並謀劃要殺掉來歙。來歙得以逃走，回到了漢營。

8 光武帝的諸位將領與隗囂交戰，結果大敗，各自撤退。隗囂趁機派王元、行巡入侵三輔地區，征西大將軍馮異、征虜將軍祭遵等擊潰了王元、行巡的軍隊。隗囂於是上疏謝罪說：「我手下的官吏聽到大兵突然到達的消息，驚恐之間慌忙自衛，臣下隗囂也不能禁止。即使作戰獲取大的勝利，也不敢廢掉臣子的禮節，便親自把他們追了回去。過去虞舜對於父親的責打，用大杖就逃走，用小杖則忍受。我雖然不聰明，但也不敢忘記這種大義。現在對於臣下的處罰，全任朝廷處理，賜我去死就去死，讓我受刑就受刑。如果能因此蒙受皇帝的恩澤，一定更加洗心革面，忠心至死不變。」有關的官員認為隗囂的言詞過於傲慢，請求誅殺他的兒子隗恂，光武帝不忍這樣做，再次派來歙到汧縣，賜隗囂書信說：「從前柴武將軍給韓王信的書信中說：『皇帝陛下寬厚仁慈，諸侯之中雖然有逃亡反叛的，只要後來又歸順了，就恢復他的地位名號，不加誅殺。』由於隗囂你是通達文辭的官員，懂得仁義道理，所以再次賜書給你。深切坦率的談話會被認為不夠謙遜，過於簡略的言詞又不利於事情的解決。現在你若能束手稱臣，就再派遣隗恂的弟弟到朝廷侍奉，那麼爵位俸祿都會獲得保全，將會享受莫大的幸福。我年齡將近四十歲了，已在軍中十年，討厭浮語虛詞。如果不想真正臣服，就不要答覆了。」隗囂知道光武帝明悉自己的欺詐行為，便派使者去向公孫述稱臣。

1 明年，述以囂為朔寧王❶，遣兵往來，為之援埶。秋，囂將步騎三萬侵安定，至陰槃❷，馮異率諸將拒之。囂又令別將下隴，攻祭遵於汧，兵並無利，乃引還。

2 帝因令來歙以書招王遵，遵乃與家屬東詣京師，拜為太中大夫❸，封向義侯❹。遵字子春，霸陵❺人也。父為上郡太守❻。遵少豪俠，有才辯，雖與囂舉兵，而常有歸漢意。曾於天水私於❼來歙曰：「吾所以戮力❽不避矢石❾者，豈要爵位哉！徒以人思舊主❿，先君蒙漢厚恩，思效萬分⓫耳。」又數勸囂遣子入侍，前後辭諫切甚，囂不從，故去焉。

3 八年春，來歙從山道襲得略陽⓬城。囂出不意，懼更有大兵，乃使王元拒隴坻，行巡守番須口⓭，王孟塞雞頭道⓮，牛邯⓯軍瓦亭⓰，囂自悉⓱其大眾圍來歙。公孫述亦遣其將李育⓲、田弇⓳助囂攻略陽，連月不下。帝乃率諸將西征之，數道上隴，使王遵持節⓴監㉑大司馬吳漢㉒留屯於長安。

4 遵知囂必敗滅，而與牛邯舊故，知其有歸義㉓意，以書喻之曰：「遵與隗王歃盟為漢，自經歷虎口，踐履死地，已十數矣。于時周洛㉔以西無所統壹，故為王策，欲東收關中，北取上郡，進以奉㉕天人之用㉖，退以懲外夷之亂。數年之間，冀聖漢復存，當挈河隴奉舊都以歸本朝。生民以來，臣人之埶，未有便㉗於此時者也。而王之將吏，群居穴處㉘之徒，人人抵掌㉙，欲為不善之計。遵與孺卿日夜所爭，害幾㉚及身者，豈一事哉！前計抑絕㉛，後策不從，所以吟嘯㉜扼腕㉝，垂涕登車。幸蒙封拜，得延論議㉞，每及西州之事，未嘗敢忘孺卿之言。今車駕大眾，已在道路，吳、耿驍將㉟，雲集四境，而孺卿以奔離㊱之卒，拒要阸㊲，當軍衝㊳，視其形埶何如哉？夫智者覩危思變，賢者泥而不滓㊴，是以功名終申，策畫復得。故夷吾束縛而相齊㊵，黥布杖劍以歸漢㊶，去愚就義，功名並著。今孺卿當成敗之際，遇嚴兵㊷之鋒，可為怖慄。宜斷之心胷㊸，參之有識。」邯得書，沈吟十餘日，乃謝士眾，歸命洛陽，拜為太中大夫。於是囂大將十三人，屬縣十六，眾十餘萬，皆降。

王元入蜀求救，囂將妻子奔西㊹城，從楊廣，而田弇、李育保上邽。詔告囂曰：「若東手自詣，父子相見，保無佗㊺也。高皇帝云：『橫來，大者王，小者侯。』㊻若遂欲為黥布者㊼，亦自任也。」囂終不降。於是誅其子恂，使吳漢與征南大將軍岑彭㊽圍西城，耿弇與虎牙大將軍蓋延㊾圍上邽。車駕東歸。月餘，楊廣死，囂窮困。其大將王捷別在戎丘㊿，登城呼漢軍曰：「為隗王城守者，皆必死無二心！願諸軍亟罷(51)，請自殺以明之。」遂自刎頸死。數月，王元、行巡、周宗將蜀救兵五千餘人，乘高卒[52]至，鼓譟大呼曰：「百萬之眾方至！」漢軍大驚，未及成陳，元等決圍，殊死戰，遂得入城，迎囂歸冀。會吳漢等食盡退去，於是安定、北地、天水、隴西復反為囂。

6 九年春，囂病且餓，出城餐糗糒[53]，恚憤[54]而死。王元、周宗立囂少子純為王。明年，來歙、耿弇、蓋延等攻破落門[55]，周宗、行巡、苟宇[56]、趙恢[57]等將純降。宗、恢及諸隗分徙京師以東，純與巡、宇徙弘農[58]。唯王元留為蜀將。及輔威將軍臧宮[59]破延岑，元舉眾詣宮降。

7 元字惠孟，初拜上蔡令[60]，遷東平相[61]，坐墾田不實，下獄死。

8 牛邯字孺卿，狄道[62]人。有勇力才氣，雄於邊垂[63]。及降，大司徒司直杜林、太中大夫馬援並薦之，以為護羌校尉[64]，與來歙平隴右[65]。

9 十八年，純與賓客數十騎亡入胡，至武威，捕得，誅之。

【章旨】以上是〈隗囂傳〉的第四部分。隗囂多次與漢兵交戰失利，於建武九年病餓而死，他的小兒子被擁立為王，第二年降於漢朝廷，其後叛逃，被殺。

【注釋】❶朔寧王　王的一種稱號。李賢注：「欲其寧靜北邊也。」❷陰槃　古縣名。屬安定郡。今甘肅涇川縣東。❸太中大夫　官名。俸比千石，掌議論，有時亦被遣領兵。❹向義侯　侯的一種稱號。《續漢書》曰：「遵降，封上雒侯。」❺霸

陵　古縣名。本芷陽縣。漢文帝九年於此築霸陵，並改縣名。治所在今陝西西安東北，文帝死後葬於此。❻太守　官名。本為戰國時郡守的尊稱。漢景帝時，改郡守為太守，為一郡行政的最高長官。❼於　據《經傳釋詞》，猶「與」。❽勠力　盡力；全力。❾矢石　箭和礌石。這裡泛指兵器。❿舊主　指漢帝。⓫萬分　萬分之一。⓬略陽　縣名。在陝西漢中西北部、嘉陵江上游，鄰接甘肅。⓭番須口　今陝西隴縣附近。⓮雞頭道　一名崆峒山。山道。屬安定郡。「雞」或作「笄」。⓯牛邯　字孺卿，狄道人。有勇力才氣，稱雄邊陲。隗囂將，經王遵勸說歸降光武，封太中大夫，遷護羌校尉。⓰瓦亭　李賢注：「安定烏支縣有瓦亭故關，有瓦亭川水，屬安定郡。」⓱悉　全部。⓲李育　公孫述將，有才幹。隨述多次率兵與光武軍隊戰，後降。光武因才擢用。⓳田弇　公孫述將，與光武將領作戰，多敗。⓴持節　直接代表皇帝行使權力的官職。節，是中國古代常用的信物，因用途不同而種類繁多。封建帝王所遣使者規定持「旌節」，使命完成後歸還。西漢旌節簡稱節，「以毛為之，上下相重，取象竹節」。持節者是欽差，權力極大。朝廷命將，以節為信，以指揮軍隊。也用於其他使命，如汲黯持節發河內倉粟以賑貧民等。東漢中葉以後，由於地方不寧，軍事屢興，皇帝欲增強中央的控制，遂令在地方都督諸軍的將領加節。㉑監　督察。㉒吳漢　字子顏，南陽宛人。見本書卷十八。㉓歸義　回歸正義。㉔周洛　指東都洛陽。㉕奉　供奉。㉖天人之用　朝廷與老百姓所需的各種花費。㉗便　有利。㉘群居穴處　指無家無業。㉙抵掌　擊掌。同「抵掌」。《說文》：「抵，側擊也。」㉚幾　幾乎。㉛抑絕　斷絕。㉜吟嘯　唉聲長歎。㉝扼腕　握著自己的手腕，表示憤怒和惋惜之情。扼，同「扼」。㉞論議　王遵被封為太中大夫，在論議之職。㉟吳耿驍將　吳、耿，指吳漢、耿弇。驍將，勇敢的將領。㊱奔離　奔散離心。㊲要阸　要衝。㊳軍衝　軍事要地。㊴泥而不滓　指處汙泥之中而不染。語出《史記・屈原賈生列傳》：「皭然泥而不滓者也。」滓，汙濁。㊵夷吾束縛而相齊　管仲曾束縛從魯，後歸齊，相齊桓公。夷吾，管仲名夷吾。事詳見《史記・管晏列傳》。㊶黥布杖劍以歸漢　黥布，本名英布，原為項羽部將，後聽從隨何之言，殺楚使者以歸漢。事詳見《史記・黥布列傳》。㊷嚴兵　精銳部隊。㊸斷之心胷　斷，決斷。胷，通「胸」。心胸。㊹西　縣名。屬漢陽郡。一名始昌。今甘肅禮縣東北。㊺佗　通「他」。其他。㊻高皇帝云四句　見《漢書・田橫傳》：田橫為齊王，天下既定，橫與賓客五百人居海島，高祖使召之曰：「橫來，大者王，小者侯。」㊼若遂欲為黥布者　黥布曾欲自稱為王。此謂若隗囂仍欲稱帝，亦任之。㊽岑彭　字君然，南陽棘陽人。見本書卷十七。㊾蓋延　字巨卿，見本書卷十八。㊿戎丘　地名。屬漢陽郡。今甘肅禮縣東北。(51)亟罷　速退兵。(52)卒　通「猝」。倉促；突然。(53)糗糒　乾糧。鄭康成注《周禮》：「糗，熬大豆與米也。」《說文》：「糒，乾飯也。」(54)恚憤　憤怒；怨恨。(55)落門　聚名。在今甘肅武山縣東北。(56)苟宇　隗囂部將，他事不詳。(57)趙恢　隗囂部將，他事不詳。(58)弘

農　郡名。西漢元鼎四年（西元前一一三年）置。治弘農（今河南靈寶北）。59臧宮　字君翁，潁川郟人。見本書卷十八。60上蔡令　上蔡，縣名。屬汝南郡。今河南上蔡東北。令，縣令。萬戶以上的大縣置令一人，俸千石，掌治一縣民事。61東平相　東平，古國名。西漢甘露二年改大河郡為東平國。治無鹽（今山東東平東）。相，西漢初諸侯王國置相國、丞相，景帝中元五年改稱相，秩二千石。職掌輔導、匡正、監督諸侯王，有諫諍舉奏之責。62狄道　舊縣名。秦置。治所在今甘肅臨洮，為隴西郡治所。63邊垂　通作「邊陲」。邊境。64護羌校尉　比二千石。主西羌。65隴右　古地區名。泛指隴山以西地區。古代以西為右，故名。約當今甘肅六盤山以西，黃河以東一帶。

【語譯】第二年，公孫述封隗囂為朔寧王，並派軍隊來往，給予援助。秋天，隗囂率領步兵和騎兵共三萬多人侵入安定郡，到達陰槃縣時，馮異率領諸位將領與他對抗。隗囂又命令另一支部隊下隴山，進軍到汧縣攻打祭遵統領的軍隊，但沒有取得戰果，便撤退了。

2 光武帝趁機命令來歙寫信招降王遵，王遵便帶著家眷向東來到京師，被任命為太中大夫，並封為向義侯。王遵字子春，是霸陵縣人。他的父親是上郡太守。王遵年少時就豪俠仗義，富有才華，善於辯論，雖然與隗囂一起率兵起事，但常有歸服漢朝的想法。他曾經在天水郡私下對來歙說：「我之所以努力作戰不避刀箭不怕犧牲，難道是為了獲取爵位嗎！這只是因為人們都思念過去的主人，我父親曾蒙受漢朝的厚恩，我想要報效一點兒微薄的力量。」王遵還多次勸說隗囂派遣兒子入朝侍奉，前後勸諫的言詞都十分懇切，可是隗囂沒有聽從他的意見，因此就離去了。

3 建武八年春天，來歙率兵從山道襲擊，攻取了略陽城。隗囂沒有預料到來歙的行動，害怕會有更多的軍隊進攻，便派王元帶兵在隴坻拒敵，行巡守衛番須口，王孟占據雞頭道，牛邯駐紮在瓦亭，隗囂帶領全部兵馬圍攻來歙。公孫述也派遣手下將領李育、田弇率兵幫助隗囂攻打略陽城，但幾個月也未能拿下。光武帝於是率領諸將向西征討，分多路向隴山進軍，派王遵持節監護大司馬吳漢留駐在長安。

4 王遵預料隗囂必定會失敗滅亡，而他與牛邯是老朋友，知道牛邯有歸漢的心思，便寫書信勸他說：「我王遵與隗囂大王歃血結盟為漢室奮鬥，自此經歷艱險，出生入死，已經十幾年了。當時，洛陽以西沒有人統一起來，所以為隗王出謀劃策，想要東收關中，北取上郡，這樣進可以有供奉朝廷和生民的費用，退可以懲罰外夷的擾亂。幾年中，希望神聖的漢朝光復重建，我們就可以將河、隴地區和舊都長安回歸漢朝廷。自古以來，作為人臣的機遇，沒有比此時更有利的了。可是隗王部下的將領和官吏，多是些無家無業沒有識見的人，個個擊掌鼓舞，想要實行不軌的計劃。我與您日夜力爭，幾乎危及自身的，豈止是一件事呢！前面提出的計謀被拒絕了，後面提供的策略也不被採納，所以我扼腕長歎，流著眼淚登車離去。幸蒙皇上封侯拜官，得以在朝廷抒發議論，每當提到西州的事情，從未忘記您曾經說過的話。現在皇上所率領的大軍已經啟程上路，吳漢、耿弇等勇將也雲集周圍，而您卻帶著軍心不穩的隊伍，占據著軍事要地，面對這種形勢該怎麼辦呢？聰明的人看到危險就會考慮如何應變，賢能的人處於泥淖之中而不被沾汙，因此功名終究將獲得顯揚，策劃會得以實現。所以管夷吾雖被囚禁而終任齊國之相，黥布舉兵起事歸順漢高祖，由於捨棄愚主歸服義君，功績和名聲都得到了顯揚。現在您正處在成功與失敗的關鍵時刻，而又面臨著強大軍隊的進攻鋒芒，令人擔心恐懼。您應當慎重思考，當機立斷，參考有識之士的意見，採取明智的行動。」牛邯收到這封書信後，反覆思慮了十多天，才告別了士眾，歸順了漢朝，被拜為太中大夫。在這種情況下，隗囂手下的十三員大將，十六個屬縣，共十多萬人都投降了光武帝。

5 王元到蜀地求救，隗囂帶著妻子兒女逃到西縣，投奔楊廣，而田弇、李育則退保上邽縣。光武帝下詔書勸告隗囂說：「如果你束手來降，那麼父子可以見面，保證不會受到傷害。高祖皇帝曾經說：『田橫如來歸順，大可以封王，小也可以封侯。』如果一定不歸降，想像黥布那樣自立為帝，也由你自己決定。」隗囂最終也不肯投降。於是光武帝誅殺了他的兒子隗恂，派吳漢與征南大將軍岑彭圍攻西縣，耿弇與虎牙大將軍蓋延圍攻上邽縣。光武帝自己則起駕東歸。一個多月後，楊廣死了，隗囂陷入困境。隗囂的大將王捷另率一軍守衛著戎丘城，他登上城樓對圍城的漢軍喊話道：「為隗王守城的將士，將一直戰鬥到死為止，絕無二心！希望各路漢軍還是馬上停止進攻，罷兵離去吧，我在此情願以自殺來表明我們的志向。」於是便拔劍自刎而死。幾個月後，王元、行巡、周宗帶領著蜀兵五千多人，從高地突然衝下來，大聲喊道：「有百萬大兵到了！」

漢軍非常吃驚，還沒來得及列成陣勢，王元等人便衝破包圍，拼死戰鬥，得以進入城中，迎接隗囂到了冀縣。恰巧吳漢等人統領的漢軍糧草用盡退兵離去，安定、北地、天水、隴西各郡又反漢歸服了隗囂。

6 建武九年的春天，隗囂病餓交加，出城尋食糧，悲憤而死。王元、周宗擁立隗囂的小兒子隗純為王。第二年，來歙、耿弇、蓋延等將領攻破落門，周宗、行巡、苟宇、趙恢等人帶著隗純投降了漢軍。周宗、趙恢及隗純宗族被分別遷徙到了京師以東地區，隗純與行巡、苟宇被遷徙到了弘農郡。只有王元留下作為蜀的將領。等到輔威將軍臧宮打敗延岑，王元帶領部下投降了臧宮。

7 王元字惠孟，起初拜為上蔡縣縣令，後來升遷為東平國相，因上報墾田畝數不實而犯罪，被關進監獄而死。

8 牛邯字孺卿，狄道縣人。勇武有力而且有才氣，稱雄於邊境地區。他歸降後，大司徒司直杜林和太中大夫馬援一起推薦他，當了護羌校尉，與來歙一起平定了隴西地區。

9 建武十八年，隗純與賓客共幾十人逃亡歸服匈奴，行至武威郡時，被追捕抓獲，都被誅殺。

論曰：隗囂援旗糾族❶，假制明神❷，迹夫創圖首事❸，有以識其風❹矣。終於孤立一隅❺，介于大國❻，隴坻雖隘，非有百二之埶❼，區區兩郡❽，以禦堂堂❾之鋒，至使窮廟策❿，竭征徭，身歿眾解，然後定之。則知其道有足懷者，所以棲⓫有四方之桀⓬，士至投死絕亢⓭而不悔者矣。夫功全則譽顯，業謝⓮則釁生，回成喪⓯而為其議者，或未聞焉。若囂命會符運⓰，敵非天力⓱，雖坐論西伯⓲，豈多嗤⓳乎！

【章　旨】史家總論隗囂一生，抒發其歷史感慨。

【注　釋】❶援旗糺族　援，舉起。糺，同「糾」。糾集。❷假制明神　指隗囂曾在平襄立漢高祖、文帝、武帝廟宇，並提出「興輔劉宗」的口號。制，皇帝的命令。明神，指高祖、文帝、武帝等。❸創圖首事　創，首創。圖，圖謀。首事，首先舉事。❹識其風　識，認識。風，風尚；志向。❺一隅　一角。❻介于大國　語出《左傳・襄公九年》：「天禍鄭國，使介居二大國之間。」當時，隗囂居隴地，東有劉秀，南有公孫述。❼百二之埶　指秦國地勢險要，二萬人可以抵擋諸侯各國百萬人。❽區區兩郡　當時隗囂只擁有隴西、天水二郡。❾堂堂　盛大的樣子。❿廟策　謀略。⓫棲　居住。⓬桀　通「傑」。⓭絕亢　指王捷自刎一事。亢，通「吭」。人頸的前部；喉嚨。⓮謝　凋敗。⓯成喪　成敗。⓰符運　猶言符命，指天降好運。⓱天力　指光武帝劉秀的天威。⓲西伯　指周文王。⓳嗤　嗤笑。

【語　譯】史家評論說：隗囂舉起大旗，糾集族人，立廟祭祀漢高祖，借助高祖的神靈，考察他創業舉事的作為，可以看出他的志趣。最終孤據一方，居於漢光武帝與蜀公孫述兩個大國之間，隴坻雖然險要，但卻沒有當年秦國以二當百的有利形勢，而只靠隴西、天水區區兩郡的力量，去抵禦強大的軍隊，以致用盡謀略，徵竭傜役，隗囂身亡，部眾瓦解，然後被平定。由此可知，隗囂的做法確實有值得肯定的地方，所以四方雄傑聚集到他的麾下，部下將士甚至有為他自刎而死也毫不後悔的。做任何事，成功了就會提高聲譽，而失敗了就會受到譭謗，不以成敗論人，還沒聽說過。假如隗囂能膺受天降好運，而遇到的又不是光武帝那樣得上天之助的勁敵，那麼他把自己比做周文王，也不必多加嗤笑！

1 公孫述，字子陽，扶風茂陵❶人也。哀帝時，以父任為郎❷。後父仁為河南都尉❸，而述補清水長❹。仁以述年少，遣門下掾隨之官。月餘，掾辭歸，白❺仁曰：「述非待教者也。」後太守以其能，使兼攝❻五縣，政事修理❼，姦盜不發，郡中謂有鬼神。王莽天鳳中，為導江❽卒正，居臨邛❾，復有能名。

2　及更始立，豪傑各起其縣以應漢。南陽人宗成自稱「虎牙將軍」，入略漢中；又商❿人王岑⓫亦起兵於雒縣⓬，自稱「定漢將軍」，殺王莽庸部⓭牧以應成，眾合數萬人。述聞之，遣使迎成等。成等至成都，虜掠暴橫。述意惡之，召縣中豪桀謂曰：「天下同苦新室，思劉氏久矣，故聞漢將軍到，馳迎道路。今百姓無辜而婦子係獲⓮，室屋燒燔⓯，此寇賊，非義兵也。吾欲保郡自守，以待真主。諸卿欲并力⓰者即留，不欲者便去。」豪桀皆叩頭曰：「願效死。」述於是使人詐稱漢使者自東方來，假⓱述輔漢將軍、蜀郡太守兼益州⓲牧印綬⓳。乃選精兵千餘人，西擊成等。比至成都，眾數千人，遂攻成，大破之。成將垣副⓴殺成，以其眾降。二年秋，更始遣柱功侯李寶㉑、益州刺史㉒張忠，將兵萬餘人徇蜀、漢。述恃其地險眾附，有自立志，乃使其弟恢㉓於綿竹㉔擊寶、忠，大破走之。由是威震益部。

3　功曹李熊㉕說述曰：「方今四海波蕩，匹夫橫議㉖。將軍割據千里，地什湯武㉗，若奮威德以投天隙㉘，霸王之業成矣。宜改名號，以鎮百姓。」述曰：「吾亦慮之，公言起我意。」於是自立為蜀王，都成都。

4 蜀地肥饒㉙，兵力精強，遠方士庶多往歸之，邛、筰㉚君長皆來貢獻。李熊復說述曰：「今山東飢饉，人庶㉛相食；兵所屠滅，城邑丘墟㉜。蜀地沃野千里，土壤膏腴㉝，果實所生，無穀而飽㉞。女工㉟之業，覆衣天下。名材竹幹㊱，器械之饒，不可勝㊲用。又有魚鹽銅銀之利㊳，浮水轉漕㊴之便。北據漢中，杜褒、斜之險㊵；東守巴郡㊶，拒扞關㊷之口；地方數千里，戰士不下百萬。見利則出兵而略地，無利則堅守而力農㊸。東下漢水以窺秦地，南順江流以震荊、揚。所謂用天因地㊹，成功之資。今君王之聲，聞於天下，而名號未定，志士狐疑。宜即大位，使遠人有所依歸。」述曰：「帝王有命，吾何足以當之？」熊曰：「天命無常㊺，百姓與能㊻。能者當之，王何疑焉？」述夢有人語㊼之曰：「八厶子系㊽，十二為期㊾。」覺，謂其妻曰：「雖貴而祚㊿短，若何？」妻對曰：「朝聞道，夕死尚可[51]，況十二乎！」會有龍出其府殿中，夜有光耀，述以為符瑞[52]，因刻其掌，文曰「公孫帝」。建武元年四月，遂自立為天子，號成家[53]，色尚白。建元曰龍興元年。以李熊為大司徒，以其弟光為大司馬，恢為大司空。改益州為司隸校尉，蜀郡為成都尹。

【章　旨】以上是〈公孫述傳〉的第一部分，介紹公孫述的籍貫及其稱帝的過程。

【注　釋】❶扶風茂陵　扶風，郡名。治所在今陝西興平東南。茂陵，古縣名、陵墓名。武帝建元二年在槐里縣（今陝西興平）茂鄉築陵，並遷戶置縣。治所在今興平東北。❷郎　帝王侍從官的通稱。❸河南都尉　河南，郡名。漢高帝二年改秦三川郡置。治雒陽（今河南洛陽東北）。都尉，官名。輔佐郡守並掌全郡軍事。❹清水長　清水，縣名。在甘肅天水市東部，鄰接陝西。漢置縣，以縣境有清水得名。長，為漢官名。掌治其縣。不足萬戶人口的縣的最高長官叫長，秩三百石至五百石。❺白　告訴。❻兼攝　兼管。❼修理　猶修治。指政事完美。❽導江　王莽改蜀郡為導江。❾臨邛　古縣名。秦置。治所在今四川邛崍。❿商　縣名。屬京兆尹。今陝西商洛縣。⓫王岑　自稱「定漢將軍」，起兵於益州廣漢郡雒縣。⓬雒縣　縣名。屬廣漢郡。今四川廣漢。⓭庸部　王莽改益州為庸部。⓮婦子係獲　婦子，婦女和孩子。係，綁縛。獲，俘虜。⓯燔　焚燒。⓰并力　合力。⓱假　授予。⓲益州　州名。漢武帝所置「十三刺史部」之一。治所在今四川成都。⓳印綬　印，官印。綬，繫印的絲帶。⓴垣副　宗成將軍，他事不詳。《風俗通》：「垣，秦邑也，因以為姓。秦始皇有將垣齮。」《東觀漢記》：「初，副以漢中亭長聚眾降成，自稱輔漢將軍。」㉑李寶　更始將軍。曾與延岑合兵大戰逢安，後為李嘉相，鄧禹西征時勸李嘉擁兵自守，李嘉歸降鄧禹後李寶傲慢無禮被鄧禹所殺。㉒刺史　官名。西漢武帝時，分全國為十三部（州），部置刺史，以六條察問郡縣，本為監察官性質，其官階低於郡守。成帝時，改刺史為州牧。哀帝初，又改歸舊制，不久復稱為州牧。東漢初又稱刺史。靈帝時，再改刺史為州牧，居郡守之上，掌握一州的軍政大權。㉓恢　李賢注：本或作「惔」。㉔綿竹　古縣名。屬廣漢郡。在四川德陽西北部、沱江上游。㉕功曹李熊　功曹，官名。漢代郡守下有功曹史，簡稱功曹，相當於郡守的總務長，除掌人事外，並得與聞一郡的政務。李熊，公孫述大司徒，曾勸公孫述自立為王。㉖橫議　任意議論。㉗地什湯武　擁有的土地是湯、武的十倍。㉘投天隙　乘時應變。《列子・說符》：「投隙抵時，應事無方。」天隙，客觀機遇。㉙肥饒　肥沃富饒。㉚邛笮　西南邊境少數民族建立的國家。㉛人庶　即民眾。㉜丘墟　廢墟。㉝膏腴　（土地）肥沃。㉞無穀而飽　《漢書・貨殖傳》：「唯卓氏曰：『此地陿薄。吾聞嵋山之下沃壄，下有蹲鴟，至死不飢。』」顏師古注：「蹲鴟謂芋也，其根可食，以充糧，故無飢年。」㉟女工　亦作「女功」、「女紅」。指婦女所做的紡織、刺繡、縫紉等事。㊱竹幹　竹箭。㊲勝盡。㊳又有魚鹽銅銀之利　李賢注：丙穴出嘉魚，在漢中。蜀有鹽井，又有銅陵山，其朱提界出銀。㊴轉漕　轉運糧餉。此指運輸。陸運為轉，水運為漕。㊵杜褒斜之險　杜，堵塞。褒斜，谷名。南口曰褒，北口曰斜，在今陝西境內。㊶巴郡　郡名。戰國秦於古巴國地置。治江州（今重慶市北嘉陵江北岸），三國蜀漢移治今重慶市區。㊷扞關　關名。屬巴郡。《史記》：楚肅王為扞關以拒蜀，故址在今重慶市奉節東北。㊸力農　努力從事農業，勤力耕作。㊹用天因地　用、因，依靠；憑藉。㊺天命無常　指天命沒有一定之規。語出《詩・文王》：「侯服于周，天命靡常。」㊻百姓與能　老百姓願意親近歸附有才能的人。與，親附。㊼語　告訴。㊽八厶子系　指「公孫」。八厶，合成「公」字。子系，合成「孫」字。㊾期　期限。㊿祚　福分。(51)朝聞道二句　早晨得知道義，傍晚死去都可以。語本《論語・里仁》：「子曰：『朝聞道，夕死可矣。』」(52)符瑞　祥瑞；吉兆。(53)成家　以成家為國號。

【語譯】公孫述字子陽，扶風茂陵人。哀帝的時候，公孫述因為父親為官而保任為郎。後來，他父親公孫仁任河南都尉，公孫述任清水縣令。公孫仁認為公孫述太年輕，就派自己的屬官跟隨他去任職。一個多月後，那位屬官辭職回來，告訴公孫仁說：「公孫述不是需要教導的人。」後來，太守認為公孫述有才能，讓他兼管五個縣，這五個縣在他的治理下，政務修舉，沒有作奸、偷盜的事件發生，老百姓都稱他有神靈相助。王莽天鳳年間，公孫述任導江卒正，居住在臨邛，又享有才能出眾的聲譽。

2　更始帝即位時，各地的英雄豪傑紛紛從本縣起兵響應漢軍。南陽人宗成自稱為「虎牙將軍」，攻占了漢中；還有，商縣人王岑也在雒縣起兵，自稱為「定漢將軍」，殺掉王莽的庸部牧響應宗成，聚集軍隊有幾萬人。公孫述聽說後，派使者迎接宗成他們。宗成等來到成都，搶奪掠取，橫行霸道。公孫述心裡討厭他們，召集縣中的豪傑說：「天下百姓都深受王莽新朝的苦害，想念劉姓漢朝已經很久了，所以聽說漢朝的將軍要來，就派人飛馳而去迎接於路上。現在，老百姓無罪，而他們的婦女、孩子被捉去，房屋被焚燒，這是強盜，不是正義的軍隊。我想要保護和守衛本郡，來等待真正的天子。各位如果想出力協助的就留下來，否則就離去。」豪傑們都叩頭說：「願意以死相助。」公孫述於是派人假稱漢的使者從東方到來，授予公孫述輔漢將軍、蜀郡太守兼益州牧的官印。公孫述於是選拔精兵一千多人，向西攻打宗成等人。等軍隊到達成都時，已聚集達幾千人，擊敗了宗成。宗成的部將垣副殺了他，帶領他的部下投降。更始二年秋天，更始帝派柱功侯李寶、益州刺史張忠，率領軍隊一萬多人來攻打蜀郡、漢中。公孫述倚仗自己地勢險要、百姓歸附，有自立為帝的想法，於是派他的弟弟公孫恢在綿竹攻擊李寶、張忠，把他們打得大敗而逃。從此，公孫述威震益部。

3 功曹李熊勸公孫述說：「現在國內風雲變幻，老百姓肆意議論。將軍您割據方圓千里這麼大的地方，是湯武的十倍，如果奮發自己的威力施行德政，乘大好時機，那麼帝王的事業就可以成功了。您應該更改名號，來鎮服百姓。」公孫述說：「我也考慮過這件事，你的話又喚起我這種念頭。」於是自立為蜀王，建都在成都。

4 蜀地土質肥沃，軍隊精銳強盛，遠處的士人、百姓都來歸附，邛國和筰國的君主也都來向公孫述進貢。李熊又勸說公孫述：「現在崤山以東鬧饑荒，人吃人；軍隊攻占屠殺過的地方，城池、鄉村都變為廢墟。蜀地沃野千里，土壤肥沃，果實繁生，沒有穀物也能吃飽。婦女的紡織、縫紉行業也很發達，可以使全國人都能穿上她們做的衣服。有名貴的木材和竹箭，做器械的原料豐足，用之不盡。還有魚、鹽、銅、銀之利，以及水陸運輸的方便。北邊占據著漢中，把持著褒、斜的險要；東邊守衛著巴郡，扼制著扞關的出入口；土地方圓幾千里，軍隊不下百萬。如果形勢有利，就出兵攻占土地，如果形勢不利，就固守本地而勤力務農。往東順漢水而下，可以圖謀三秦的土地，往南順長江而下，可以讓荊州、揚州震驚。這裡正是所說的具有天時地利，是取得事業成功的資本。現在您的聲望，聞名於天下，可是還未確立名號，使得有志之士猶豫不定。您應該馬上登基為天子，讓遠方的人有所依歸。」公孫述說：「當皇帝是有天命的，我有什麼資格承當呢？」李熊說：「上天的意志沒有一定之規，老百姓願意歸附賢能的人。賢能的人應該做皇帝，您還猶豫什麼呢？」公孫述夢見有人對他說：「公孫述，可以做十二年皇帝。」醒來後，對他的妻子說：「雖然顯貴，但當皇帝時間太短了，怎麼辦？」妻子回答說：「早上得道，晚上就死去都可以，何況有十二年呢！」恰逢有龍出現在他的宮殿中，夜晚發出光彩，公孫述認為這是好兆頭，於是在他的手掌刻上「公孫帝」三字。建武元年四月，公孫述就自立為天子，國號成家，以白色為尊貴。制定年號叫龍興元年。封李熊為大司徒，封他的弟弟公孫光為大司馬，公孫恢為大司空。將益州改為司隸校尉部，蜀郡改為成都尹。

1 越巂任貴❶亦殺王莽大尹而據郡降。述遂使將軍侯丹❷開白水關❸，北守南鄭❹；將軍任滿❺從閬中❻下江州❼，東據扞關。於是盡有益州之地。

2 自更始敗後，光武方事❽山東，未遑❾西伐。關中豪桀呂鮪等往往擁眾以萬數，莫知所屬，多往歸述❿，皆拜為將軍。遂大作營壘，陳⓫車騎，肄習⓬戰射，會聚兵甲數十萬人，積糧漢中，築宮南鄭。又造十層赤樓帛蘭⓭船。多刻天下牧守印章，備置公卿百官。使將軍李育、程烏⓮將數萬眾出陳倉，與呂鮪徇⓯三輔。三年，征西將軍馮異擊鮪、育於陳倉，大敗之，鮪、育奔漢中。五年，延岑、田戎⓰為漢兵所敗，皆亡入蜀。

3 岑字叔牙，南陽人。始起據漢中，又擁兵關西⓱，所在破散，走至南陽，略有數縣。戎，汝南⓲人。初起兵夷陵⓳，轉寇郡縣，眾數萬人。岑、戎並與秦豐⓴合，豐俱以女妻之。及豐敗，故二人皆降於述。述以岑為大司馬，封汝寧王，戎翼江王。六年，述遣戎與將軍任滿出江關㉑，下臨沮㉒、夷陵間，招其故眾，因欲取荊州㉓諸郡，竟不能剋㉔。

4 是時，述廢銅錢，置鐵官錢㉕，百姓貨幣不行。蜀中童謠言曰：「黃牛白腹，五銖當復。」好事者竊言王莽稱「黃」，述自號「白」，五銖錢，漢貨也，言天下當并還劉氏。述亦好為符命[26]鬼神瑞應[27]之事，妄引讖記[28]。以為孔子作春秋，為赤制[29]而斷十二公[30]，明漢至平帝十二代[31]，歷數[32]盡也，一姓不得再受命[33]。又引錄運法[34]曰：「廢昌帝，立公孫。」括地象曰：「帝軒轅受命，公孫氏握。」援神契曰：「西太守，乙卯金[35]。」謂西方太守而乙絕卯金也。五德[36]之運，黃承赤而白繼黃，金據西方為白德，而代王氏，得其正序[37]。又自言手文[38]有奇，及得龍興之瑞。數移書中國，冀以感動眾心。帝患之，乃與述書曰：「圖讖言『公孫』，即宣帝也[39]。代漢者當塗高[40]，君豈高之身邪？乃復以掌文為瑞，王莽何足效[41]乎！君非吾賊臣亂子，倉卒[42]時人皆欲為君事耳，何足數[43]也？君日月已逝，妻子弱小，當早為定計，可以無憂。天下神器，不可力爭[44]，宜留三思。」署曰「公孫皇帝」。述不荅。

明年，隗囂稱臣於述。述騎都尉[45]平陵[46]人荊邯見東方將平，兵且西向，說述曰：「兵者，帝王之大器，古今所不能廢也[47]。昔秦失其守，豪桀並起，漢祖無前人之迹，立錐之地[48]，起於行陣[49]之中，躬自奮擊，兵破身困者數矣。然軍敗復合[50]，創愈復戰[51]。何則？前死而成功，踰於卻就於滅亡也[52]。隗囂遭遇運會，割有雍州[53]，兵強士附，威加山東[54]。遇更始政亂，復失天下，眾庶引領，四方瓦解。囂不及此時推危[55]乘勝，以爭天命，而退欲為西伯之事，尊師章句[56]，賓友處士[57]，偃武息戈[58]，卑辭事漢，喟然[59]自以文王復出也。今漢帝釋關隴之憂[60]，專精東伐，四分天下而有其三；使西州豪傑咸居心於山東，發間使[61]，招攜貳[62]，則五分而有其四；若舉兵天水，必至沮潰，天水既定，則九分而有其八。陛下以梁州[63]之地，內奉萬乘，外給三軍[64]，百姓愁困，不堪上命[65]，將有王氏[66]自潰之變。臣之愚計，以為宜及天下之望未絕，豪傑尚可招誘，急以此時發國內精兵，令田戎據江陵[67]，臨江南[68]之會，倚巫山[69]之固，築壘堅守，傳檄吳[70]、楚，長沙以南必隨風而靡[71]。令延岑出漢中，定三輔，天水、隴西拱手自服。如此，海內震搖，冀有大利。」述以問群臣，博士[72]吳柱曰：「昔武王伐殷，先觀兵孟津[73]，八百諸侯不期同辭，然猶還師以待天命。未聞無左右之助，而欲出師千里之外，以廣封疆者也。」邯曰：「今東帝無尺土之柄，驅烏合之眾[74]，跨馬陷敵，所向輒平。不亟乘時與之分功，而坐談武王之說[75]，是效隗囂欲為西伯也。」述然邯言，欲悉發北軍屯士[76]及山東客兵[77]，使延岑、田戎分出兩道，與漢中諸將合兵并埶。蜀人及其弟光以為不宜空國千里之外，決成敗於一舉，固爭之，述乃止。延岑、田戎亦數請兵立功，終疑不聽。

6 述性苛細[78]，察於小事。敢誅殺而不見大體[79]，好改易郡縣官名。然少為郎，習漢家制度，出入法駕[80]，鑾[81]旗旄騎[82]，陳置陛戟[83]，然後輦[84]出房闥[85]。又立其兩子為王，食犍為[86]、廣漢[87]各數縣。群臣多諫，以為成敗未可知，戎士[88]暴露，而遽[89]王[90]皇子，示無大志，傷戰士心。述不聽。唯公孫氏得任事，由此大臣皆怨。

7 八年，帝使諸將攻隗囂，述遣李育將萬餘人救囂。囂敗，并沒其軍，蜀地聞之恐動。述懼，欲安眾心。成都郭[91]外有秦時舊倉，述改名白帝倉[92]，自王莽以來常空。述即詐使人言白帝倉出穀如山陵，百姓空市里往觀之。述乃大會羣臣，問曰：「白帝倉竟出穀乎？」皆對言「無」。述曰：「訛言[93]不可信，道隗王破者復如此矣。」俄而[94]囂將王元降，述以為將軍。明年，使元與領軍環安[95]拒河池[96]，又遣田戎及大司徒任滿、南郡太守程汎[97]將兵下江關，破威虜將軍馮駿[98]等，拔巫及夷陵、夷道[99]，因據荊門[100]。

8 十一年，征南大將軍岑彭攻之，滿等大敗，述將王政[101]斬滿首降于彭。田戎走保江州。城邑皆開門降，彭遂長驅至武陽[102]。帝乃與述書，陳言禍福，以明丹青[103]之信。述省[104]書歎息，以示所親太常常少[105]、光祿勳張隆[106]。隆、少皆勸降。

述曰：「廢興[107]命也。豈有降天子哉！」左右莫敢復言。

9 中郎將來歙急攻王元、環安，安使刺客殺歙；述復令刺殺岑彭。十二年，述弟恢及子壻史興[108]並為大司馬吳漢、輔威將軍臧宮所破，戰死。自是將帥恐懼，日夜離叛，述雖誅滅其家，猶不能禁。帝必欲降之，乃下詔喻述曰：「往年詔書比[109]下，開示恩信，勿以來歙、岑彭受害自疑。今以時自詣[110]，則家族完全；若迷惑不喻，委肉虎口，痛哉柰何！將帥疲倦，吏士思歸，不樂久相屯守，詔書手記，不可數得。朕不食言。」述終無降意。

10 九月，吳漢又破斬其大司徒謝豐[111]、執金吾袁吉[112]，漢兵遂守成都。述謂延岑曰：「事當柰何？」岑曰：「男兒當死中求生，可坐窮[113]乎！財物易聚耳，不宜有愛。」述乃悉散金帛，募敢死士五千餘人，以配岑於市橋[114]，偽建旗幟，鳴鼓挑戰，而潛遣奇兵出吳漢軍後，襲擊破漢。漢墮[115]水，緣[116]馬尾得出。

11 十一月，臧宮軍至咸門[117]。述視占書，云「虜死城下」，大喜，謂漢等當[118]之。乃自將數萬人攻漢，使延岑拒宮。大戰，岑三合三勝。自旦及日中，軍士不得食，並疲，漢因令壯士突之，述兵大亂，被刺洞胸[119]，墮馬。左右輿入城。述以兵屬[120]延岑，其夜死。明旦，岑降吳漢。乃夷[121]述妻子，盡滅公孫氏，并族[122]延岑。遂放兵大掠，焚述宮室。帝聞之怒，以譴漢。又讓[123]漢副將劉尚[124]曰：「城降三日，吏人從服，孩兒老母，口以萬數，一旦放兵縱火，聞之可為酸鼻[125]！尚宗室子孫，嘗更[126]吏職，何忍行此？仰視天，俯視地，觀放麑啜羹[127]，二者孰仁？良[128]失斬將弔[129]人之義也！」

12 初，常少、張隆勸述降，不從，並以憂死。帝下詔追贈少為太常，隆為光祿勳，以禮改葬之。其忠節志義之士[130]，並蒙旌顯[131]。程烏、李育以有才幹，皆擢用[132]之。於是西土咸悅，莫不歸心[133]焉。

【章旨】以上是〈公孫述傳〉的第二部分，敘述公孫述性情苛細又不識大體，不能採納臣下的正確意見而進兵掠地，又貪圖皇位拒不降漢，終於身死族滅。西土士人皆歸心於漢。中間穿插延岑事。

【注釋】❶越巂任貴　越巂，郡名。西漢元鼎六年（西元前一一一年）置。治邛都（今四川西昌東南）。任貴，越巂人。更始二年，攻殺王莽郡守枚根，自立為邛谷王。後降於公孫述。述敗，光武帝封其為邛谷王。建武十四年，授其越巂太守印綬。建武十九年，武威將軍劉尚攻打益州，路過越巂，任貴害怕劉尚平定南邊，自己不能為所欲為，於是起兵反叛，被劉尚誅殺。❷侯丹　公孫述將軍，建武十一年與岑彭戰於黃石，大敗。❸白水關　屬漢陽郡西縣。今甘肅天水市西南。《梁州記》：「關城西南有白水關。」❹南鄭　屬漢中郡。今陝西南鄭。❺任滿　公孫述將，為大司徒。與岑彭戰於荊門，敗，被王政斬首。❻閬中　屬巴郡。秦置縣。今四川南充北部、嘉陵江中游。❼江州　古縣名。本巴國都。戰國秦惠王置縣。治所在今重慶市區嘉陵江北岸。❽方事　這裡指征戰。❾未遑　沒有閒暇。❿關中豪桀呂鮪三句　據本書卷十七〈馮岑賈列傳〉：時「延岑據藍田，王歆據下邽，芳丹據新豐，蔣震據霸陵，張邯據長安，公孫守據長陵，……各稱將軍，擁兵多者萬餘，少者數千人。」「唯呂鮪、張邯、蔣震遣使降蜀，其餘悉平。」⓫陳　通「陣」。⓬肄習　演習。⓭帛蘭　用帛裝飾的欄杆。蘭，通「欄」。

欄杆。⑭程烏　又作「程焉」。與呂鮪屯兵陳倉，被馮異與趙匡擊敗，程烏逃至漢川，馮異追至箕谷，再敗之。⑮徇　帶兵攻取。⑯田戎　起兵夷陵，後為公孫述將。與光武軍戰，多敗。光武威虜將軍馮駿圍其於江州，擒獲之。⑰關西　古地區名。漢唐等時代泛指函谷關或潼關以西地區。⑱汝南　郡名。漢高祖四年（西元前二〇三年）置。治平輿（今河南平輿北）。⑲夷陵　縣名。屬南郡。今湖北宜昌東南。⑳秦豐　黎丘鄉人。更始政亂時自立為楚黎王，後被光武大將軍朱祐所破獲。㉑江關　古關名。又名瞿塘關。春秋楚築。今重慶奉節東長江北岸赤甲山上。㉒臨沮　古縣名。侯國，屬南郡。今湖北遠安西北。㉓荊州　漢武帝所置「十三刺史部」之一。東漢治漢壽（今湖南常德東北）。㉔剋　制勝。㉕置鐵官錢　置鐵官以鑄錢。㉖符命　古時以所謂「祥瑞」的徵兆附會成君主得到天命的徵兆。㉗瑞應　吉祥的徵兆。古謂帝王修德，時代清平，就有祥瑞的感應。㉘讖記　即讖緯之書，預言未來之事，以迷惑眾人。㉙赤制　以紅色為尚。當時，漢尚赤。㉚斷十二公　指《春秋》共記魯國十二公在位期間各諸侯國的史實。㉛漢至平帝十二代　西漢自漢高祖至漢平帝，包括呂后執政，共十二代。㉜歷數　同「曆數」。天道，指曆運、氣數。㉝一姓不得再受命　謂一個姓的人不能第二次承受天命。語本《國語・周語》：「叔向云：『吾聞之，一姓不再興。』」㉞錄運法　《河圖》篇名，或稱〈河圖錄運法〉。下文之〈括地象〉，亦《河圖》篇名。㉟西太守乙卯金　意謂西方的太守能軋絕劉氏的天下。西太守，公孫述自指。乙，軋斷。卯金，即「劉」。指劉氏宗室。㊱五德　五行之德，方士以金、木、水、火、土五行的相生相剋來附會朝廷的更替。㊲正序　正常的順序。㊳手文　手上的紋路。文，通「紋」。㊴圖讖言公孫即宣帝也　據《資治通鑑》胡三省注：因漢宣帝劉詢有「公孫病已」之符，故說「公孫」即宣帝。㊵當塗高據《東觀漢記》：「光武與述書曰：『承赤者，黃也；姓當塗，其名高也。』」㊶王莽何足效　指王莽曾以鐵契、石龜、文圭、玄印等為符瑞，不足以效仿。㊷卒　通「猝」。㊸數　指責。㊹天下神器二句　神器，指帝位。不可力爭，意謂不能用勇力去爭，更重要的是靠天命。㊺騎都尉　漢統領騎兵的高級軍官，本監羽林騎，秩比二千石。與奉車、駙馬並稱為三都尉，東漢時有掾吏十人。㊻平陵　縣名。今山東章丘西北。㊼兵者三句　語本《左傳》：「宋子罕曰：『天生五材，廢一不可，誰能去兵？聖人以興，亂人以廢，廢興存亡之術，皆兵之由也。』」㊽漢祖無前人之迹二句　指漢高祖劉邦起自布衣，沒有先人留下的基業，也沒有土地可以依靠。㊾行陣　軍隊。㊿軍敗復合　指劉邦軍隊在睢水被楚軍所破，後得韓信軍隊，得以重振。(51)創愈復戰　指劉邦在成皋間被項羽射傷前胸，癒後復戰。(52)踰於卻就於滅亡也　據劉攽《東漢書刊誤》，當作「踰於卻就而滅亡也。」(53)割有雍州　隗囂占據的隴西和天水兩郡都屬雍州。(54)威加山東　威震崤山以東。(55)推危　清除危難。(56)尊師章句　以好為章句之學的人為師長。這裡指鄭興等。(57)賓友處士　以處士為賓朋。處士，指未出仕的人。這裡指方望等人。(58)偃

武息戈　停息武備，不事戰爭。偃，停息。59喟然　歎息貌。60令漢帝釋關隴之憂　李賢注：「以囂居西，無東之意，故置之度外而不為憂。」61間使　密使。62攜貳　有二心的人。63梁州　州名。古九州之一。《尚書・禹貢》：「華陽黑水惟梁州。」華，指華山。華陽為華山之南。黑水說法不一，有瀾滄江、怒江、金沙江等說。64內奉萬乘外給三軍　奉，供養。給，供給。65不堪上命　忍受不了上級的命令。堪，承受。66王氏　指王莽。67江陵　縣名。屬南郡。今湖北仙桃西北。68江南　指長江以南地區。69巫山　山名。在重慶、湖北兩地邊境。因山勢曲折盤錯，形如「巫」字，故名。70吳　古國名。有今江蘇、上海大部和安徽、浙江的一部分。71靡　向下傾斜；倒下。這裡指投降。72博士　學官名。俸比六百石，掌教弟子；國有疑事，掌承問對。73觀兵孟津　觀兵，顯示兵力。孟津，黃河古渡口名。今河南孟津東、孟州西南。74烏合之眾　謂無組織、無紀律，如烏鴉般倉促聚合的一群人。75武王之說　據《史記・周本紀》記載，武王會兵孟津時，「諸侯皆曰：『紂可伐矣。』武王曰：『女未知天命，未可也。』乃還師歸。」76屯士　駐紮之兵。77客兵　幫助主軍作戰的外援。78苛細　注重細枝末節。79大體　本質；要點。80法駕　皇帝的車駕。81鑾　古代一種車鈴。特指帝王車駕上的鈴。82旄騎　即旄頭騎，皇帝車駕前的警衛士兵。83陛戟　指宮殿階下執戟侍衛的近臣。84輦　秦漢以後特指皇帝所乘的車。85房闥　房門。闥，小門。86犍為　郡名。西漢建元六年（西元前一三五年）置。治鄨縣（今貴州遵義西），漢末移至僰道（今四川彭山縣東）。87廣漢　郡名。漢高帝六年（西元前二〇一年）分巴蜀二郡置。治雒縣乘鄉（今四川金堂東），東漢移治雒縣（今四川廣漢北）。88戎士　軍士。89遽　急忙。90王　使……為王。91郭　外城。92白帝倉　公孫述尚白，故改秦時舊倉為白帝倉。93訛言　詐偽的話；謠言。94俄而　不久。95環安　公孫述領軍，在河池被來歙所敗，派使者刺殺了來歙。96河池　縣名。屬武都郡。今甘肅徽縣西北。97程汎　公孫述將，曾任南郡太守，他事不詳。98馮駿　威虜將軍。岑彭伐蜀漢時留其駐軍江州，公孫述將田戎、任滿等擊駿而據荊門、虎牙，後隨岑彭又攻克江州，斬田戎。99夷道　縣名。屬南郡。今湖北宜都。100荊門　山名。今湖北宜昌南。101王政　公孫述將，他事不詳。102武陽　犍為郡治，今四川彭山縣東。103丹青　丹砂和青雘兩種可作顏料的礦石，因丹青之色不易泯滅，故以之比喻堅貞不渝。揚雄《法言・君子》：「聖人之言，炳若丹青。」104省　審視。105太常常少　太常，官名。秦置奉常，漢景帝時改稱太常。九卿之一，掌宗廟禮儀，兼掌選試博士。歷代沿置為司祭祀禮樂之官。常少，任公孫述太常，曾與張隆勸公孫述歸降光武帝，不聽，憂愁而死。106光祿勳張隆　光祿勳，官名。秦稱郎中令，西漢武帝時改稱光祿勳。東漢末復稱郎中令。張隆，任公孫述光祿勳，曾與常少勸公孫述歸降光武帝，不聽，憂愁而死。107廢興　即興廢。108史興　公孫述女婿，在武陽與光武大司馬吳漢、輔威將軍臧宮作戰時，被斬殺。109比　接連。110詣　至；去到或來到。(111)謝豐　公孫述將，為大司徒。被吳漢斬殺於廣都。(112)袁吉　公孫述將，為執金吾。被吳漢斬殺於廣都。(113)窮　困厄；困窘。(114)市橋　又名沖星橋。在成都西南。(115)墮　掉；落。(116)緣　攀爬。《孟子・梁惠王上》：「以若所為，求若所欲，猶緣木而求魚也。」(117)咸門　李賢注：「成都北面有二門，其西者名咸門。」(118)當　承受；承擔。(119)被刺洞胷　本書〈吳漢傳〉：「護軍高午奔陣刺述，殺之。」(120)屬　通「囑」。囑託；託付。(121)夷　殺。(122)族　族滅。(123)讓　責備。(124)劉尚　皇室子孫，為光武帝的同族兄弟。官封武威將軍，曾平西南夷，討滅公孫述，破河池，平武都等，在攻打武陵五溪蠻夷時，深入作戰，全軍敗歿。(125)酸鼻　因悲痛而鼻酸。(126)更　經歷；經過。(127)放麑啜羹　放麑，比喻仁慈。典出《韓非子・說林上》：「孟孫獵得麑，使秦西巴持之歸，其母隨之而啼，秦西巴弗忍而與之。」啜羹，喻殘忍而不仁慈。典出《戰國策・魏策》：「樂羊為魏將而攻中山。其子在中山，中山之君烹其子而遺之羹，樂羊坐於幕下而啜之，盡一盃。」(128)良　甚。(129)弔　撫慰。(130)忠節志義之士　指李業、譙玄等人。李業，字巨游。譙玄，字君黃。事見本書卷八十一。(131)旌顯　彰顯；光耀。(132)擢用　選拔任用；提拔任用。(133)歸心　誠心歸附。

【語譯】越巂人任貴也殺掉了王莽的大尹，率領全郡人馬來投降。公孫述於是派將軍侯丹打開白水關，向北占據南鄭；派將軍任滿從閬中出發到江州，向東占據扞關。這樣，公孫述就全部占有了益州的土地。

2 自從更始帝失敗以後，光武帝在崤山以東地區作戰，沒有空閒西伐。關中的豪傑呂鮪等人聚集軍隊幾萬人，不知道歸附哪一方，其中大都投奔了公孫述，被公孫述封為將軍。於是，公孫述大築軍營堡壘，操練車馬，練習作戰、射箭，會集軍隊幾十萬人，在漢中囤積糧食，在南鄭建造行宮。另外，還製造了一艘有十層紅樓並用帛布裝飾欄杆的大船。大量地雕刻各州郡牧守的印章，設置了公卿百官。派將軍李育、程烏率領幾萬兵眾從陳倉出發，和呂鮪一起攻打三輔地區。建武三年，征西將軍馮異在陳倉攻打呂鮪、李育，打敗了他們，呂鮪、李育逃回漢中。建武五年，延岑、田戎被漢軍打敗，都逃入蜀國。

3 延岑，字叔牙，南陽人。開始起兵時占據漢中，又率軍在關西作戰，到處吃敗仗，士卒離散，延岑逃到南陽，攻占了幾個縣。田戎，汝南人。在夷陵開始起兵，轉戰於各郡縣間，擁有軍隊幾萬人。延岑、田戎一同與秦豐聯合，秦豐把女兒嫁給了他們。秦豐失敗後，他們兩人都投降了公孫述。公孫述封延岑為大司馬、汝寧王，封田戎為翼江王。建武六年，公孫述派田戎和將軍任滿從江關出發，到臨沮、夷陵一帶，召集田戎的舊部，想乘勢攻占荊州等地，最後沒有成功。

4 這時，公孫述廢除了原來的銅錢，重新設置鐵官鑄造新幣，老百姓手裡的錢幣不能通行。蜀國中有童謠說：「黃牛白了肚子，五銖錢就該恢復。」好事的人私下說，王莽尚「黃」，公孫述尚「白」，五銖錢是漢朝的錢幣，這就是說天下會回到劉姓的手裡。公孫述也好幹符命、鬼神、祥瑞之類的事情，胡亂引用讖緯圖記。他認為，孔子編纂《春秋》，確立「赤制」而以十二位魯國國君為斷限，漢代也是「赤制」，從漢高祖到漢平帝共十二代君主，這表明漢朝的氣數盡了，一個姓氏是不能兩次秉承天命而為皇帝的。他引用〈籙運法〉中的話說：「廢免昌帝，推立公孫。」〈括地象〉說：「軒轅授予天命，讓公孫氏執持。」《援神契》說：「西太守，軋卯金。」說的是西方太守能摧毀卯金（劉）。五德運行的次序是，黃色繼承紅色，而白色繼承黃色，金位於西方屬於五德中的白德，所以替代王莽的黃德，是符合次序的。公孫述還自稱他的手掌中有奇異的文字，以及得到新王朝要興起的徵兆。他多次致函中原各州郡，希望用這些瑞應之說來打動百姓的心。光武帝十分擔憂這件事，就寫信給公孫述說：「圖讖中所說的『公孫』是宣帝。代替漢朝的人是當塗高，難道你是當塗高嗎？你又以手掌中的文字作為祥瑞，像王莽那樣，有什麼值得效仿呢！你不是我的亂臣賊子，天下動亂的時候，人人都想做天子，這有什麼可責怪的呢？你的歲數已經大了，妻弱子幼，應該及早拿定主意，以後就沒有憂患了。天子的位置，不是用勇力能爭得到的，希望你好好考慮考慮。」信中署名稱「公孫皇帝」。公孫述沒有答覆。

5 第二年，隗囂向公孫述稱臣。公孫述的騎都尉平陵人荊邯看到東方將要平定，朝廷的大軍就要向西進發，勸說公孫述道：「軍隊是帝王的重要工具，這是古往今來都不能廢棄的。從前，秦王朝失勢，豪傑英雄一起起來反抗，漢高祖既沒有前輩的基業可繼承，也沒有立錐之地可依靠，而在爭戰中興起，身先士卒，英勇作戰，軍隊失敗、自己被圍困了好幾次。但是，軍隊失敗後又重新振興起來，創傷治愈又參加戰鬥。為什麼呢？拼死向前便會取得成功，畏縮退卻就會走向滅亡。隗囂遇到了好機會，割據雍州，兵勢強盛，士人歸附，威名遠播到崤山以東。碰上更始帝政治敗亂，失去天下，大家引頸觀望時局，四方人心離散。隗囂不在這個時候排除危難，乘勝進取，爭奪皇位，卻退而想成就周文王那樣的事業，尊敬地拜那些守章句之學的人為師，與隱居的處士交朋友，待之如賓客，停息武備，不事戰爭，謙卑地侍奉漢朝，儼然以周文王再世而自命。這使得光武帝解除了關隴未平的憂患，集中兵力向東征伐，占有了天下的四分之三；使得西州的豪傑都歸心於崤山以東的光武帝，光武帝也就派出來歙、馬援等密使，招納了王遵、鄭興等有二心的人來歸附，占有了天下的五分之四；如果派兵向天水出擊，天水必然也會失敗，而天水被平定後，那光武帝就占有天下的九分之八了。您僅僅憑藉梁州的地盤，對內要供養萬乘之君，對外要供養三軍，老百姓窮困愁苦，不堪忍受上面的追索，這樣，恐怕會有王莽那種內部潰敗的禍害。依臣下我的愚鈍想法，應該趁全國百姓對您還沒有完全喪失信心，豪傑英雄還可以招納的時候，迅速發動國內的精兵，命令田戎占據江陵，守住江南的要衝，倚仗巫山的險固，構築堡壘堅守，向吳、楚發布檄文，這樣，長沙以南的地方一定會望風而服。派延岑從漢中出發，平定三輔，天水、隴西就會自然順服了。這樣的話，全國震驚，便可望獲得很大的勝利。」公孫述拿荊邯的建議去徵求大臣們的意見，博士吳柱說：「從前，周武王討伐殷商，先在孟津檢閱軍隊，這時，有八百諸侯不約而同地同聲贊同，但他還是班師回去等待天命。我從來沒聽說過在左右沒有援助的情況下，而想出兵到千里之外的地方，來開拓疆域的事情。」荊邯說：「現今光武帝在沒有尺寸權柄的情況下，率領烏合之眾，跨上戰馬衝鋒陷陣，所向披靡。您不趕快乘機和他爭占土地，卻坐而論道空談周武王如何如何，這是效仿隗囂想做西伯周文王啊。」公孫述認為荊邯說的對，想全部發動北軍的駐軍和崤山以東的客兵，派延岑、田戎率領，分兩路出擊，與漢中的將領們會合，擴大勢力。蜀國人和公孫述的弟弟公孫光都認為不應該傾兵而出到千里之外，成敗在此一舉，堅決加以勸阻，公孫述才罷休。延岑、田戎也多次請求出兵作戰，公孫述始終猶豫不決沒有答應他們的請求。

6 公孫述性情苛刻，明察事情的細枝末節。敢於誅殺卻不識大體，喜歡改動郡縣的官名。但是，他年少的時候任過郎官，熟悉漢朝的禮儀制度，出入都坐皇帝專用的車子，旗上掛著鈴，馬匹用旄牛尾裝飾，陳列好持戟的近臣、武士，然後才乘車從宮殿出來。公孫述又封他的兩個兒子為王，以犍為、廣漢幾個縣的租稅分別作為他們的食祿。大臣們多次進諫，認為在國家成敗還不可知的情況下，戰士們還在外面打仗，而急促封皇子為王，這是胸無大志的表現，會傷戰士的心。公孫述不聽從。國內只有公孫氏家族的人大權在握，因而大臣們都有怨恨。

7 建武八年，光武帝派將領攻打隗囂，公孫述派李育率領一萬多人救援隗囂。隗囂失敗，公孫述派去的援軍也全軍覆沒，蜀國上下聽到這個消息，都震驚恐慌。公孫述也害怕，想安撫民心。成都城外有座秦朝留下來的舊糧倉，公孫述把它改名為白帝倉，從王莽那時就一直空著。公孫述就暗中讓人傳言白帝倉中穀堆如山，老百姓萬民空巷去看。公孫述於是召集起大臣們，問他們說：「白帝倉真的出現穀物了嗎？」都回答說「沒有」。公孫述說：「謠言不可以輕信，說隗囂失敗一事，也同樣不可信。」不久，隗囂的將領王元來投降，公孫述封他為將軍。第二年，公孫述派王元和領軍環安在河池防守，又派田戎和大司徒任滿、南郡太守程汎率軍到江關，擊敗威虜將軍馮駿等人，占據了巫縣、夷陵縣、夷道縣，並趁機占領了荊門。

8 建武十一年，征南大將軍岑彭進攻任滿等人，任滿等大敗。公孫述的部將王政割下任滿的頭顱，向岑彭投降。田戎逃守江州。沿途的城池都開門向岑彭投降，於是岑彭長驅直入，攻到了武陽。光武帝寫信給公孫述，向他闡明禍福關係，表明自己光明磊落，是講信用的。公孫述看信後歎息不已，又把它拿給所親近的太常常少、光祿勳張隆看。張隆、常少都勸他投降，公孫述說：「成敗是命運安排。哪有投降的天子呢！」左右的人不敢再勸降。

9 中郎將來歙猛攻王元、環安，環安派刺客殺掉了來歙；公孫述又派人刺殺了岑彭。建武十二年，公孫述的弟弟公孫恢和女婿史興都被大司馬吳漢、輔威將軍臧宮打敗，兩人戰死。從這以後，將帥們恐懼驚慌，不時背叛而去，公孫述雖然誅殺了這些人全家，但仍不能禁止。光武帝決心要招降公孫述，於是下詔告訴公孫述說：「往年，我頻頻給你頒下詔書，表明了我的恩德和信用，請不要因為來歙、岑彭被刺而自己猜疑不定。現在如果你及時來投降，家族可以保全；如果還執迷不悟，以肉投虎口，真是太可悲了！你的將領疲憊，士卒想家，不願意長期駐紮守衛。我的親筆詔書，不可能一再頒下。我不會食言。」公孫述始終沒有投降的意思。

10 九月，吳漢又打敗並斬殺了公孫述的大司徒謝豐、執金吾袁吉，漢軍於是占領了成都。公孫述問延岑說：「事情該怎麼辦？」延岑說：「男子漢應當死裡求生，豈能坐而待斃！財物這東西是容易聚集的，不應該太愛惜。」公孫述於是發散了所有的金銀布帛，招募到敢死之士五千多人，讓延岑率領把守於市橋，假借一些將領的名號豎立戰旗，擊鼓挑戰，而暗地裡派遣奇兵到吳漢部隊的背後偷襲，打敗了吳漢。吳漢失足落水，抓著馬尾巴才逃出來。

11 十一月，臧宮的軍隊攻到咸門。公孫述看到算命的書上說「虜死城下」，非常高興，認為吳漢等人會應驗這句話。於是，他親自率領幾萬人攻打吳漢，讓延岑抗擊臧宮。雙方展開大戰，延岑三戰三勝。從早晨一直戰到中午，公孫述的軍士不能吃飯，都很疲憊。吳漢於是命令強壯的軍士衝擊他們，公孫述的軍隊大亂，自己胸膛也被刺穿，掉落馬下。左右的人把他抬進城。公孫述把軍隊交給延岑，當天晚上就死了。第二天早上，延岑投降了吳漢。於是，誅殺了公孫述的妻子和孩子，族滅了公孫氏家族，連延岑家族也滅盡。吳漢放任士兵搶掠，焚毀公孫述的宮殿。光武帝知道後，大怒，譴責了吳漢。還責怪吳漢的副將劉尚說：「城池已經投降三天，官吏、百姓都歸順了，小兒老婦，有好幾萬人，一旦讓士兵隨意放火搶掠，聽到的人都會鼻酸欲淚！你是宗室後代，曾當過官吏，怎麼能忍心這樣做呢？你仰頭看看有天，低頭看看有地，你再想想秦西巴『放麑』和樂羊子『啜羹』之事，哪個更仁義呢？你們實在不懂得斬殺敵將撫慰百姓的道理！」

12 當初，常少、張隆勸說公孫述投降，公孫述不聽，他們兩人都憂愁而死。光武帝下詔追贈常少為太常，張隆為光祿勳，據禮制改葬他們。其他那些忠節、志義的人，都受到了表彰。程烏、李育因為有才幹，都被提升任用。於是，西部各州人士都很高興，沒有不誠心歸服的。

論曰：昔趙佗❶自王番禺❷，公孫亦竊帝蜀漢，推其無他功能，而至於後亡者，將❸以地邊處遠，非王化❹之所先乎？述雖為漢吏，無所馮資❺，徒以文俗自憙❻，遂能集❼其志計。道未足而意有餘，不能因隙❽立功，以會時變，方乃坐飾邊幅❾，以高深自安，昔吳起所以慙魏侯❿也。及其謝⓫臣屬，審⓬廢興之命，與夫泥首⓭銜玉⓮者異日談⓯也。

【章旨】以上是史家對公孫述的總體評價。

【注釋】❶趙佗　河北真定人，漢初，在番禺自稱南越王。詳見《史記・南越列傳》及《漢書・西南夷兩粵朝鮮傳》。❷番禺　縣名。屬南海郡。今廣東廣州。❸將　大概。❹王化　王道教化。❺馮資　馮，通「憑」。依靠。資，憑借。❻憙　愛好。❼集　成就。❽隙　間隙；時機。❾邊幅　猶「領地」。李賢注：「邊幅猶有邊緣，以自矜持。」❿吳起所以慙魏侯　《史記・孫子吳起列傳》：「魏武侯浮西河而下，中流而顧曰：『美哉乎，河山之固，此魏之寶也。』吳起對曰：『在德不在險。……若君不修德，舟中之人盡為敵國也。』」⓫謝　拒絕。⓬審　詳察；細究。⓭泥首　以泥塗面，表示自辱服罪。⓮銜玉　君王死後，口中銜玉而葬。故以「銜玉」、「銜璧」表示有罪當死。《左傳・僖公六年》：「許男面縛銜璧以見楚子。」⓯異日談　不可同日而語。

【語譯】史家評論說：從前，趙佗在番禺自立為王，公孫述也在蜀漢私自稱帝，研究他們的事跡，都沒有什麼能耐可言，卻能堅持到最後才被滅亡，大概是因為地處邊遠，君王的王道教化不能較早所及吧？公孫述雖然當過漢朝的官吏，但他沒有什麼可依恃的，只是一個安於習俗而自我陶醉的人，卻能實現他的志向。道義不足而欲望有餘，不能抓住時機建功立業，以適應形勢的變化，卻坐享國土，以蜀地的險固而自安，這正是以前吳起羞慚魏武侯的原因。至於他拒絕大臣的勸說，認為成敗是天命，這種不識時務、不知進退的做法，和那些滿臉塗著泥、口含玉璧來投降的人相比，真是不可同日而語。

贊曰：公孫習吏，隗王得士。漢命已還❶，二隅方跱❷。天數❸有違❹，江山難恃。

【章旨】以上總贊兩位傳主。

【注釋】❶漢命已還　漢室的命運已經回轉。指漢皇室再次興起。❷二隅方跱　二隅，指隗囂、公孫述，因他們分別居於西北和西南邊地。跱，盤踞。❸天數　天命。❹違　離開。

【語譯】史官評議說：公孫述熟悉吏事，隗囂能得到士人之心。漢家的命運已經回轉，公孫述、隗囂卻與漢室對峙。違背了天命，江山之險也難以依靠。

【研析】王莽政權殘酷暴虐，致使其統治末年，武裝暴動和地方割據勢力蜂擁而起。隗囂和公孫述便是其中勢力比較強大、存在時間較長、影響亦較廣但最終沒能成就大業的兩股勢力的首領。

隗囂「少仕州郡」、「素有名，好經書」，被發兵起事的隗崔、楊廣等推為上將軍，領導軍隊。隗囂採納了軍師方望的建議，築高祖廟，以興漢為名討伐王莽。同時，向各州郡發布檄書，歷數王莽之逆天、逆地、逆人大罪。他率軍攻占安定郡的同時，長安城中的義兵殺死了王莽。隗囂順利地占有了隴西、武威等郡，實力大增。隗囂雖表示擁漢，實割據一方。初與漢修好而反對公孫述，後又叛漢歸順公孫述，但其對公孫述和對漢都不是衷心稱臣，而期左右逢源以取利。應更始之召，幾陷虎口，幸而不死。更始敗亡後，士大夫多投奔歸囂，一時間，聲威大震。投奔而來的多為文學之士，雖善詩文，但非經世治國之才，囂謙恭相待，尋章摘句甚為投機。軍師方望是個智謀之士，因見隗囂無大志，以書辭謝而去。更始政亂，四方瓦解，隗囂不乘危進兵關中以爭天下，卻想獨守一隅以求安樂，其敗固宜。光武帝因隗囂有功於漢，又勢力較大，一心想招撫他，但隗囂自恃地勢險要，執意不肯降於光武，終致病餓而死。撰者對隗囂的評價基本允當。但把他沒能稱霸歸為「天命」則顯現了作者思想的局限。

公孫述亦非平庸之輩。他少年時即因有才能而聞名於世，起兵之初也能勇猛作戰，正確判斷形勢，但據蜀自立為皇帝後，不急於圖謀天下，卻忙於修飾邊幅，擺設排場，出入法駕，鑾旗旄騎，盛陳陛戟。對此，馬援譏諷他是「木偶人形」，認為他「不足以留天下士」。

公孫述性情苛細，察於小事而不明大體，敢誅殺而不見大體，偏安一隅則不思進取。又立兩子為王，各賜數縣為食邑。臣下多諫，認為成敗未可知，戰士拼死於外，卻立皇子，表明沒有大志，會傷透兵士死戰之心，述不聽。且述平日所親信之人皆為其族屬。由此，群臣皆怨，上下離心。迨劉秀降服銅馬、新市、平林、赤眉等武裝力量之後，其力已無敵於天下。公孫述既無力出外爭鋒，其敗亡已是必然。及吳漢率大軍入蜀，公孫述的末日也到了。當臧宮兵臨其城之咸門時，他不積極謀取自救還深信「虜死城下」的占書，終致身死，基業亦毀於一旦。

隗囂、公孫述，皆為好謀無斷、猶豫不決之人。隗囂安於割據，缺乏爭天下之志；公孫述敢於稱帝，卻無英主之略。他們都建立了強大的基業，但又都身死名敗業荒，這不是「天命」，乃在人事。他們在起兵之初也都深得民心，兵強馬壯，一度勢力不弱，甚至強於光武帝，但不能完成大業主要原因在於他們缺乏帝王的胸懷與謀略，不能抓住機會而已。本篇對兩位傳主的記述都較為詳盡，尤其突出的是詳細記述了能彰顯他們各自性格、決定其事業成敗的戰役及事件，詳略得當，語言平實。(馬春香注譯)

卷十四

宗室四王三侯列傳第四

【題解】本卷名為「四王三侯列傳」，實際記述的卻是齊武王劉縯、北海靖王劉興（附敬王劉睦）、趙孝王劉良、城陽恭王劉祉、泗水王劉歙等五王和安成孝侯劉賜、成武孝侯劉順、順陽懷侯劉嘉三侯的事跡。本卷的傳主全是光武帝劉秀的宗親：齊武王劉縯是光武帝的大哥；北海靖王劉興是光武帝二哥的兒子，也就是他的姪子；趙孝王劉良是光武帝的叔叔；城陽恭王劉祉是光武帝的同族姪子；泗水王劉歙是光武帝的族父；安成孝侯劉賜、成武孝侯劉順、順陽懷侯劉嘉則都是光武帝的同族兄長。這八位傳主中，作者比較詳細記述的是齊武王劉縯，重點記述了劉縯起兵反抗王莽以及被更始君臣殺害的過程。對於其他傳主則著墨不多，僅著重記述了他們的性格特徵或對光武帝的恩遇、功勞。本卷在行文方面的主要特點是詳略得當，要點突出。

1 齊武王縯，字伯升，光武❶之長兄也。性剛毅，慷慨❷有大節❸。自王莽篡漢，常憤憤，懷復社稷之慮❹，不事家人居業❺，傾身破產，交結天下雄俊。

2 莽末，盜賊群起，南方尤甚。伯升召諸豪傑計議曰：「王莽暴虐，百姓分崩❻。

今枯旱連年⑦，兵革並起，此亦天亡之時，復高祖⑧之業，定萬世之秋也！」眾皆然之。於是分遣親客，使鄧晨⑨起新野⑩，光武與李通⑪、李軼⑫起於宛⑬。伯升自發舂陵⑭子弟，合七八千人，部署賓客，自稱柱天都部⑮。使宗室劉嘉⑯往誘新市⑰、平林⑱兵王匡⑲、陳牧⑳等，合軍而進，屠長聚㉑及唐子鄉㉒，殺湖陽尉㉓，進拔棘陽㉔，因欲攻宛。至小長安㉕，與王莽前隊大夫甄阜、屬正梁丘賜戰㉖。時天密霧，漢軍大敗，姊元弟仲皆遇害，宗從死者數十人㉗。伯升復收會兵眾，還保棘陽。

3 阜、賜乘勝，留輜重㉘於藍鄉㉙，引精兵十萬南渡黃淳水㉚，臨沘水，阻兩川間為營，絕㉛後橋，示無還心。新市、平林見漢兵數敗，阜、賜軍大至，各欲解㉜去，伯升甚患之。會下江㉝兵五千餘人至宜秋㉞，乃往為說合從㉟之埶，下江從之。語在王常傳。伯升於是大饗軍士，設盟約。休卒三日，分為六部，潛師夜起，襲取藍鄉，盡獲其輜重。明旦，漢軍自西南攻甄阜，下江兵自東南攻梁丘賜。至食時㊱，賜陳㊲潰，阜軍望見散走，漢兵急追之，卻迫㊳黃淳水，斬首溺死者二萬餘人，遂斬阜、賜。

4 王莽納言將軍嚴尤㊴、秩宗將軍陳茂㊵聞阜、賜軍敗，引㊶欲據宛。伯升乃陳㊷

兵誓眾，焚積聚[43]，破釜甑[44]，鼓行而前[45]，與尤、茂遇育陽[46]下，戰，大破之，斬首三千餘級。尤、茂棄軍走，伯升遂進圍宛，自號柱天大將軍。王莽素聞其名，大震懼，購伯升邑五萬戶，黃金十萬斤，位上公。使長安[47]中官署及天下鄉亭皆畫伯升像於塾[48]，旦起射之。

5 自阜、賜死後，百姓日有降者，眾至十餘萬。諸將會議立劉氏以從人望，豪傑咸[49]歸於伯升。而新市、平林將帥樂放縱，憚伯升威明而貪聖公懦弱，先共定策立之，然後使騎召伯升，示其議。伯升曰：「諸將軍幸欲尊立宗室，其德甚厚，然愚鄙之見，竊有未同。今赤眉[50]起青[51]、徐[52]，眾數十萬，聞南陽立宗室[53]，恐赤眉復有所立；如此，必將內爭。今王莽未滅，而宗室相攻，是疑天下而自損權，非所以破莽也。且首兵唱[54]號，鮮有能遂[55]，陳勝[56]、項籍[57]，即其事也。舂陵去宛三百里耳，未足為功。遽自尊立，為天下準的，使後人得承[58]吾敝[59]，非計之善者也。今且稱王以號令。若赤眉所立者賢，相率而往從之；若無所立，破莽降赤眉，然後舉尊號，亦未晚也。願各詳思之。」諸將多曰「善」。將軍張卬[60]拔劍擊地曰：「疑事無功。今日之議，不得有二。」眾皆從之。

6 聖公既即位，拜伯升為大司徒[61]，封漢信侯。由是豪傑失望，多不服。平林後部攻新野，不能下。新野宰[62]登城言曰：「得司徒劉公一信，願先下。」及伯升軍至，即開城門降。五月，伯升拔宛。六月，光武破王尋[63]、王邑[64]。自是兄弟威名益甚。

7 更始君臣不自安，遂共謀誅伯升，乃大會諸將，以成其計。更始取伯升寶劍視之，繡衣御史申屠建[65]隨獻玉玦[66]，更始竟不能發。及罷會，伯升舅樊宏[67]謂伯升曰：「昔鴻門之會，范增舉玦以示項羽[68]。今建此意，得無不善乎？」伯升笑而不應。初，李軼諂事更始貴將[69]，光武深疑之，常以戒[70]伯升曰：「此人不可復信。」又不受。

8 伯升部將宗人劉稷，數陷陳[71]潰圍[72]，勇冠三軍。時將兵擊魯陽[73]，聞更始立，怒曰：「本起兵圖大事者，伯升兄弟也，今更始何為者邪？」更始君臣聞而心忌之，以稷為抗威將軍，稷不肯拜。更始乃與諸將陳兵數千人，先收稷，將誅之，伯升固爭。李軼、朱鮪[74]因勸更始并執伯升，即日害之。

9 有二子。建武[75]二年，立長子章為太原王，興為魯王。十一年，徙章為齊王。十五年，追諡伯升為齊武王。

10 章少孤，光武感伯升功業不就，撫育恩愛甚篤，以其少貴[76]，欲令親[77]吏事，故使試守[78]平陰令[79]，遷梁郡太守[80]。立二十一年薨[81]，謚曰哀王。子煬王石嗣。建武二十七年，石始就國。三十年，封石弟張為下博[82]侯。永平[83]十四年，封石二子為鄉侯。石立二十四年薨，子晃嗣。

11 下博侯張以善論議，十六年，與奉車都尉竇固[84]等並出擊匈奴，後進者多害[85]其能，數被譖訴。建初[86]中卒，肅宗[87]下詔褒揚之，復封張子它人奉其祀。

12 晃及弟利侯剛與母太姬宗更相[88]誣告。章和[89]元年，有司奏請免晃、剛爵為庶人，徙丹陽[90]。帝不忍，下詔曰：「朕聞人君正屏[91]，有所不聽。宗尊為小君[92]，宮衛周備，出有輜軿[93]之飾，入有牖戶之固，殆不至如譖者之言。晃、剛愆[94]乎至行[95]，濁[96]乎大倫[97]，甫刑[98]三千，莫大不孝。朕不忍置之于理[99]，其貶晃爵為蕪湖[100]侯，削剛戶三千。於戲[101]！小子不勗[102]大道，控[103]于法理[104]，以墮[105]宗緒[106]。其遣謁者收晃及太姬璽綬。」晃立十七年而降爵。晃卒，子無忌嗣。

13 帝以伯升首創大業，而後嗣罪廢，心常愍[107]之。時北海[108]亦絕無後。及崩，遺詔令復二國。永元[109]二年，乃復封無忌為齊王，是為惠王。立五十二年薨，子頃王喜嗣。立五年薨，子承嗣。建安[110]十一年，國除。

14 論曰：大丈夫之鼓動[111]拔起，其志致[112]蓋遠矣。若夫齊武王之破家厚士，豈游俠下客113之為哉！其慮將存乎配天114之絕業115，而痛明堂116之不祀也。及其發舉大謀，在倉卒117擾攘之中，使信先成於敵人118，赦岑彭以顯義119，若此足以見其度120矣。志高慮遠，禍發所忽121。嗚呼！古人以蜂蠆為戒122，蓋畏123此也。詩云：「敬之敬之，命不易哉124！」

【章旨】以上為〈劉縯傳〉。王莽末年，劉縯率領宗族起事，王莽驚懼，百姓歸附。更始帝即位後，君臣嫉賢妒能，捕而害之。建武十五年追諡為齊武王。傳末交代了劉縯一支的繼嗣情況。

【注釋】❶光武　指光武帝劉秀。見本書卷一。❷慷慨　意氣激昂。❸節　節操。❹慮　思慮。❺居業　產業；家業。❻分崩　分裂；離散。❼今枯旱連年　《東觀漢記》：「王莽末年，天下大旱，蝗蟲蔽天，盜賊群起，四方潰畔。」❽高祖　指漢高祖劉邦。見《漢書》卷一。❾鄧晨　字偉卿，南陽新野（今河南新野）人。見本書卷十五。❿新野　古縣名。西漢置。治所在今河南新野。⓫李通　字次元，南陽宛人。見本書卷十五。⓬李軼　南陽宛（今河南南陽）人。李通從弟，王莽末年從光武起兵於宛，時假王莽五威將軍號。後更始封其為舞陰王。曾參與謀害劉伯升事及陷害更始將朱鮪等人。後欲降光武，被朱鮪所殺。⓭宛　縣名。屬南陽郡。故城在今河南南陽。⓮春陵　古縣名。漢初元四年（西元前四五年）置。漢光武祖春陵侯劉仁遷封於此，故名。治所在今湖北棗陽南。⓯柱天都部　柱天，好像天的柱子一樣。都部，都統。⓰劉嘉　字孝孫，順陽（今河南內鄉）懷侯，光武族兄。見本書卷十四。⓱新市　縣名。屬江夏郡。今湖北應城西北。⓲平林　地名。屬南陽郡。今湖北隨縣北。⓳王匡　（？—西元二三年），新莽時期魏郡元城（今河北大名）人，原籍山東平陵（今山東章丘），王莽姪。⓴陳牧　平林人。王莽新朝末武裝暴動平林軍首領。更始立，拜大司空，莽敗，封為陰平王。後受命與王匡、成丹等屯新豐，拒赤眉。更始疑其謀不軌，乃殺之。㉑長聚　地名。《漢書音義》：「小於鄉曰聚。」故址在今湖北棗陽北。㉒唐子鄉　地名。屬南陽郡。今湖北棗陽北。㉓湖陽尉　湖陽，縣名。今河南新野東南。尉，官名。秦置，秩二百石至四百石。㉔棘陽　古縣名。西漢置。因在棘水之陽得名。治所在今河南南陽南。㉕小長安　屬南陽郡。今河南南陽南、白河西岸。㉖與王

莽前隊大夫甄阜句　前隊，地名。王莽置六隊，南陽為前隊。大夫，王莽官名，職掌相當於郡太守。甄阜，王莽時任前隊大夫，後與更始所派軍隊戰於沘水西，被殺。屬正，王莽官名。梁丘賜，王莽屬正。和王莽前隊大夫甄阜一起與漢軍作戰，在小長安大敗漢軍，後在沘水戰役中被漢軍大敗，被殺。㉗宗從死者數十人　王先謙認為應為「宗室從死者數十人」。㉘輜重　特指部隊行軍時攜帶的器械、糧草及其他物資。㉙藍鄉　地名。屬南陽郡比陽，今河南泌陽。㉚黃淳水　據酈道元《水經注》：「諸水二湖流注，合為黃水，又南經棘陽縣之黃淳聚，又謂之黃淳水。」在今河南南陽南。㉛絕　斷。㉜解　離開。㉝下江　地區名。古稱長江自南郡（今湖北荊州）以下為下江。㉞宜秋　地名。今河南唐河縣東南。㉟合從　聯合。㊱食時　指吃早飯時。㊲陳　通「陣」。㊳卻迫　卻，退。迫，逼近。㊴納言將軍嚴尤　納言，虞官。掌出納王命，所謂喉舌之官也。秦、漢不置。王莽改大司農為之，後又典兵，故有將軍號。嚴尤，字伯石，本為莊尤，此避漢明帝諱改為嚴尤。與秩宗陳茂敗於昆陽，降劉秀，後被更始帝大將劉望所殺。㊵秩宗將軍陳茂　秩宗，虞官。掌郊廟之事，周謂之宗伯，秦、漢不置，王莽改太常為之，後又典兵，故納言、秩宗皆有將軍號也。陳茂，王莽秩宗將軍，與納言嚴尤敗於昆陽，降劉秀，後被更始帝大將劉望所殺。㊶引　帶領；率領。㊷陳　陳列；布置。㊸積聚　指糧食等物資。㊹破釜甑　示必死也。《史記・項羽本紀》：「項羽北救趙，渡河，沉船破釜甑。」㊺鼓行而前　擊鼓前進。㊻育陽　縣名。屬南陽郡。今河南南陽南。㊼長安　中國古都之一。漢高帝五年（西元前二〇二年）置縣，七年定都於此。此後西漢、新、東漢（獻帝初）、西晉（愍帝）、前趙、前秦、後秦、西魏、北周、隋、唐皆定都於此，東漢、三國魏、五代唐皆以此為陪都。漢唐時代，又是對外經濟文化交流中心。漢故城築於惠帝時，在今西安西北，周圍二十五公里。㊽塾　門內、外兩側的房屋。《東觀漢記》、《續漢書》「塾」作「埻」。埻，箭靶子。王先謙認為應從《東觀記》、《續漢書》作「埻」為是。㊾咸　都。㊿赤眉　即赤眉軍。西漢末，土地兼併劇烈，階級矛盾日趨激化。王莽代漢後，又進行「改制」，廣大農民遭受更加深重的災難。王莽天鳳五年（西元一八年），青、徐（今山東東部和江蘇北部）發生大災荒，琅邪（今山東諸城）人樊崇在莒縣（今屬山東）起事，逢安、謝祿等起兵回應，聚眾數萬人。約定「殺人者死，傷人者償創」。因用赤色染眉作標識，故稱「赤眉軍」。(51)青　即青州。漢武帝所置「十三刺史部」之一。故治在今山東淄博臨淄北。(52)徐　即徐州。漢武帝所置「十三刺史部」之一。故治在今山東郯城。(53)聞南陽立宗室　當時平林、新市將帥在南陽立劉玄為帝。南陽，郡名。戰國秦昭王三十五年（西元前二七二年）置。治所在宛縣（今河南南陽）。(54)唱　首倡；倡導；帶頭。(55)遂　順遂；成就。(56)陳勝　字涉，陽城（今河南登封）人。秦末首倡起義的領袖。詳見《史記》卷四十八。(57)項籍　即項羽。名籍，字羽，下相（今江蘇宿遷）人。秦末起義軍領袖。詳見《史記》卷七。(58)承接續；繼承。(59)敝　敗。(60)張卬　衛尉大將軍，曾與王常等掌下江、新市兵。更始立，封其為淮陽王，又改立威王。後叛更始。(61)大司徒　三公之一，助天子掌管民事，總理萬機。(62)新野宰　即潘臨。宰，王莽時改令為宰。(63)王尋　新莽時，出使匈奴。初為丕進侯，後升任大司徒，封章新公。與王邑一起平定山東，在昆陽之戰中，被劉秀軍斬殺。(64)王邑　（？—西元二三年），西漢末魏郡元城人。王莽從兄弟。新莽時，遷大司空，封隆新公。更始元年，與綠林軍戰於昆陽時，大敗。綠林軍攻入長安，被殺。(65)繡衣御史申屠建　繡衣御史，官名。武帝置。衣繡者，尊寵之也。申屠建，更始帝封其為平氏王，為更始多處征戰，後曾與隗囂等謀劃劫持更始，被更始發覺，誅殺。(66)獻玉玦　示意早作決斷。玉玦，有缺口的環形佩玉。(67)樊宏　字靡卿，南陽湖陽人。見本書卷三十二。(68)昔鴻門之會二句　典出《史記・項羽本紀》，在鴻門宴上，「范增舉目項王，舉所佩玉玦以示之者三，項王默然不應。」鴻門，古地名。在今陝西西安東北鴻門堡村。東接戲水，南臨高原，北依渭河。因雨水沖刷，形似鴻溝，北端出口處如門，故名。(69)貴將　指朱鮪等人。(70)戒　告誡。(71)陷陳　攻陷敵陣。(72)潰圍　突圍。(73)魯陽　縣名。屬南陽郡。今河南魯山縣。(74)朱鮪　淮陽人，更始大司馬，與光武軍作戰，後降光武，封扶溝侯，後為少府，傳封累代。(75)建武　東漢光武帝劉秀年號，西元二五—五六年。(76)貴　祿位高；顯貴。(77)親　近；接近。(78)試守　試用。試用合格後才正式任用。《漢書音義》：「試守者，試守一歲乃為真，食其全俸。」(79)平陰令　平陰，古縣名。秦置。今河南孟津東北。三國魏改名河陰。令，縣令的簡稱；萬戶以上的大縣置令一人，俸千石，掌治一縣民事。(80)梁郡太守　梁郡，郡、國名。漢高帝五年（西元前二〇二年）改碭郡為梁國。治睢陽（今河南商丘南）。太守，官名。本為戰國時郡守的尊稱。漢景帝時，改郡守為太守，為一郡行政的最高長官。(81)薨　古代諸侯死曰薨。(82)下博　縣名。屬信都國。在博水之下故名。今河北深縣東南。(83)永平　東漢明帝劉莊年號，西元五八—七五年。(84)奉車都尉竇固　奉車都尉，官名。漢武帝元鼎二年（西元前一一五年）置，秩比二千石。掌御皇帝車乘。東漢屬光祿勳。竇固，字孟孫，扶風平陵（今陝西咸陽）人。見本書卷二十三。(85)害　嫉妒。(86)建初　東漢章帝劉炟年號，西元七六—八四年。(87)肅宗　即章帝劉炟。西元七五—八八年在位。見本書卷三。(88)更相　相互。(89)章和　東漢章帝劉炟年號，西元八七—八八年。(90)丹陽　郡名。治所在今安徽宣州。(91)正屏　正，面對著。屏，照壁；宮室、官府擋門的小牆。《白虎通義》：「所以設屏何？以自障也，示不極臣下之敬也。天子德大，故外屏；諸侯德小，故內屏。」(92)小君　諸侯之妻。(93)輜軿　輜車和軿車，都是四周有幃蓋的車，多為貴婦女所乘。《列女傳》：「齊孝公華孟姬謂公曰：『妾聞后妃踰閾必乘安車輜軿，下堂必從傅母保阿，進退則鳴玉珮，內飾則結綢繆，所以正心一意，自斂制也。』」(94)愆　違背；違反。(95)至行　最高尚的德行。(96)濁　糊塗。(97)大倫　大的倫理，指君臣、父子、兄弟、夫妻之間的倫理綱常。98甫刑　即《尚書》的〈呂刑〉篇。99理　獄官。100蕪湖　縣名。屬丹陽郡。今安徽蕪湖東南。101於戲　即「嗚呼」。102勗　勉力；勉勵。103控　控制。104法理　即法治。105墮　毀壞。106宗緒　宗室的世系。107愍　通「憫」。憐憫。108北海　指北海靖王劉興。109永元　東漢和帝劉肇年號，西元八九－一〇五年。110建安　東漢獻帝劉協年號，西元一九六－二二〇年。111鼓動　激勵；奮發。112致　風致；趣味。113下客　下等賓客。李賢注：「謂毛遂、馮煖之徒也。」114配天　古帝王祭天時以先祖配祭。115絕業　中斷了的事業。116痛明堂　痛，痛惜。明堂，古代帝王宣明政教、舉行大典的地方。117卒　通「猝」。倉促。118使信先成於敵人　指新野宰潘臨所說「得司徒劉公一信，願先下」一事。119赦岑彭以顯義　李賢注：「初，彭守宛，食盡降漢，諸將欲誅之。伯升曰：『今舉大事，當表義士，不如封之以勸其後。』更始封彭為歸德侯。」120度　度量。121禍發所忽　指伯升不聽樊宏、光武的勸告。忽，粗心；不注意。司馬相如曰：「禍故多藏於隱微，而發於人之所忽。」122古人以蜂蠆為戒　語本《左傳．僖公二十二年》：「君其無謂邾小，蜂蠆有毒，而況國乎！」蜂，黃蜂。蠆，蠍。123畏　汲古閣本作「謂」。124敬之敬之二句　見《詩．敬之》：「敬之敬之，天維顯思。命不易哉，無曰高高在上。」易，改變；變更。

【語　譯】齊武王劉縯，字伯升，是光武帝劉秀的長兄。他性格剛毅，慷慨有節操。自從王莽篡漢以後，他常憤憤不平，心中懷有光復漢室的志向，不經營家業，竭盡全力，傾家蕩產，傾心交結天下英雄俊傑。

2　王莽末年，盜賊四起，南方尤其多。劉伯升便召集眾豪傑謀劃起事，他說：「王莽暴虐無度，致使百姓流離失散。現在又連年乾旱，戰亂並起，這是上天滅亡王莽的時候了，也是恢復高祖大業，建立萬世不朽功績的時代！」大家都認為他說得對。於是他分別派遣親屬和賓客，讓鄧晨在新野起兵，光武帝與李通、李軼在宛縣起兵，伯升自己則發動春陵子弟，共七八千人，部署隊伍，自稱柱天都部。又派同族劉嘉到新市、平林兵營中，誘導王匡、陳牧等人，聯合進軍，洗劫了長聚和唐子鄉，殺了湖陽縣尉，進而攻占了棘陽縣，接著又準備攻打宛縣。他們到達小長安，與王莽的前隊大夫甄阜、屬正梁丘賜開戰。當時漫天大霧，漢軍大敗，劉伯升的姐姐劉元、弟弟劉仲都被害，族人中也有幾十人被殺死。劉伯升又收集殘兵，退保棘陽。

3　甄阜、梁丘賜乘著勝利，把輜重留在藍鄉，率領十萬精兵向南渡過黃淳水，來到沘水邊，停於兩河之間安營紮寨，並切斷了後面的橋梁，表示只有前進，沒有後退的意志。新市兵和平林兵見漢軍多次打敗仗，甄阜、梁丘賜的大軍又到了，便想各自解散離去，伯升很是擔憂。此時，正好有下江兵五千多人來到宜秋縣，伯升便趕到那裡，論說合兵併勢的好處，下江兵聽從了他的意見。這記載在〈王常傳〉中。接著，伯升犒賞軍士，訂立盟約。又讓士卒休息三天，然後將隊伍分成六支，連夜行動，偷襲藍鄉，繳獲了甄阜、梁丘賜的全部輜重。第二天早上，漢軍從西南方向進攻甄阜，下江兵從東南方向進攻梁丘賜。到吃早飯的時候，梁丘賜的陣腳被攻潰，甄阜的隊伍遠遠看見後，也四散逃命，漢軍乘勝急追，把他們一直追逼到黃淳水邊，斬首、淹死了兩萬多人，還斬殺了甄阜和梁丘賜。

4 王莽的納言將軍嚴尤、秩宗將軍陳茂聽說甄阜、梁丘賜兵敗，準備帶兵進駐宛縣。劉伯升便集合士卒，當眾發誓，燒毀平日積聚的糧食等財物，打破鍋甑等炊具，擊鼓向前，與嚴尤、陳茂的部隊在育陽下相遇，開戰，大敗嚴尤、陳茂，殺敵三千多人。嚴尤、陳茂棄軍逃走，伯升於是乘勝圍攻宛縣，自稱柱天大將軍。王莽早就聽說伯升的威名，此時非常驚慌害怕，懸賞城邑五萬戶，黃金十萬斤，上公官位，捉拿劉伯升。又命令長安各官署和全國各鄉、亭都在箭靶子上畫上劉伯升的畫像，讓人們每天早晨起來用箭去射。

5 自從甄阜、梁丘賜死後，每天都有老百姓來投奔伯升，他的隊伍擴大到十多萬。將領們集合議論，都想擁立劉氏，以順應百姓的願望，豪傑們大都歸心於伯升。可是新市和平林兵的將帥性喜放縱，他們害怕伯升的威嚴明察，而貪圖利用劉玄的懦弱可欺，便搶先定計策立劉玄為帝，然後派騎兵去召來伯升，把他們的主張告訴了他。伯升說：「承蒙各位將軍欲尊立我劉氏宗室，這恩德深厚，但我有一點淺陋的意見與大家不同。現在赤眉軍在青州、徐州之間起兵，隊伍有幾十萬，如果他們聽說我們在南陽擁立劉氏，我擔心赤眉軍也會擁立一位劉氏宗室稱帝；果真這樣，必將發生內部爭鬥。可現在王莽未滅，而劉氏宗室互相攻擊，那必然會使天下人疑惑失望，而自損威權，這不是破滅王莽的辦法。而且首先起兵倡導和號召的人，很少有成功的，陳勝、項籍就是例證。舂陵離宛縣僅僅三百多里，還不足以為功。這麼快便尊立皇帝，會成為天下的靶子，使後來人利用我們的失敗以成事，這並不是好計策。現在不如暫且稱王以號令全國。如果赤眉軍擁立的人賢明，我們就可以去歸附人家；如果沒有立帝，那麼我們在打敗王莽，降服赤眉以後，再立尊號也不晚。希望各位仔細考慮這件事。」將領們大多說「好」。只有將軍張卬拔出佩劍，砍著地面說：「總是懷疑，不會成功。今天的決定，不能有異議。」大家都聽從了張卬的意見。

6 劉玄即位以後，封劉伯升為大司徒、漢信侯。因此豪傑們失望，多不悅服。平林軍的後部攻打新野，久攻不下。新野縣宰登城說道：「只要有大司徒劉伯升一封書信，我願意率先把新野城交出來。」等到伯升的隊伍一到，他便開城出來投降。五月，伯升攻占宛縣。六月，光武帝劉秀擊敗王尋、王邑。從此以後，伯升兄弟的威望越來越高，名聲越來越大。

7 更始君臣都不安心，於是共同謀劃殺害伯升，便集合全部將領，以實現他們的計謀。宴會上，更始帝拿過伯升的寶劍，假裝欣賞，繡衣御史申屠建隨後給更始帝呈獻玉玦，示意他趕快下手，但更始帝終究還是沒能發出誅殺劉伯升的命令。等宴會結束之後，伯升的舅舅樊宏對伯升說：「從前在鴻門宴上，范增舉玉玦暗示項羽殺劉邦。申屠建今天的用意，恐怕也是來者不善吧？」伯升笑了笑，沒有回答。當初，李軼阿諛奉承更始大將朱鮪等，光武帝劉秀見了心裡很懷疑，便經常告誡伯升說：「這個人不能再信任了。」伯升也沒有接受。

8 伯升的部將、同族人劉稷，多次攻陷敵陣，突破敵人的圍攻，勇冠三軍。當時他正帶兵攻打魯陽，聽說劉玄做了皇帝，大怒，說道：「本來起兵圖謀大事的是伯升兄弟，現在這個更始帝要幹什麼？」更始君臣聽說這話，內心忌恨，授予劉稷為抗威將軍，可他卻不肯接受。更始帝便與將領們帶領幾千兵士，先把劉稷抓了起來，準備殺了他，伯升極力與更始爭辯。李軼、朱鮪於是勸更始帝把伯升也抓了起來，當天就把他殺害了。

9 伯升有兩個兒子。建武二年，伯升的長子劉章被立為太原王，次子劉興被立為魯王。建武十一年，改封劉章為齊王。建武十五年，追諡伯升為齊武王。

10 劉章從小失去父母，光武帝感慨劉伯升沒有成就功業，對劉章的撫養和恩愛都非常殷勤深厚，因為他年紀輕輕就貴為太原王，光武帝讓他接觸政事，因此讓他試做平陰縣令，後來升遷為梁郡太守。劉章立王以後二十一年死去，謚號為哀王。劉章的兒子煬王劉石繼承爵位。建武二十七年，劉石才到封國就位。建武三十年，封劉石的弟弟劉張為下博侯。永平十四年，封劉石的兩個兒子為鄉侯。劉石立王以後二十四年死去，他的兒子劉晃繼承爵位。

11 下博侯劉張因為善於言談辯論，永平十六年，與奉車都尉竇固等人一起出擊匈奴，那些後進的人大多妒忌他的才能，因而多次被詆毀中傷。建初年間死去，章帝下詔書表揚他，又封他的兒子劉它人供奉他的祭祀。

12 劉晃和他的弟弟利侯劉剛與母親太姬宗相互誣告。章和元年，有關部門上奏請求免去劉晃、劉剛的爵位，削為平民，遷徙到丹陽去。章帝不忍心，下詔書說：「我聽說人君在住地設立照壁，就是為了要屏除某些言論，有些話可以不聽取。太姬宗尊貴為諸侯之妻，宮中守衛完備，出門坐的車子都是有遮蔽的，宮中有牢固的門窗，恐怕不至於像誣告者所說的那樣。劉晃、劉剛在德行上有過錯，在人倫上糊塗，〈甫刑〉三千條中，沒有比不孝更大的罪行了。我不忍心把他們交給法官處置，把劉晃的爵位貶為蕪湖侯，消減劉剛三千的封戶。唉！小子們不自相勉勵，修身養性，受到法律的約制，以致毀壞了宗室的統緒。現在派謁者去收回劉晃和太姬宗的印綬。」劉晃被立十七年後降爵。劉晃死後，他的兒子劉無忌繼承爵位。

13 漢章帝認為劉伯升首先創立大業，但是子孫因為犯罪而被廢黜，心中很憐憫。當時北海靖王也沒有後人。章帝臨死前，留下詔書讓恢復這兩個封國。永元二年，又封劉無忌為齊王，他就是惠王。他被立以後五十二年去世，兒子頃王劉喜繼承爵位。劉喜被立五年後去世，兒子劉承繼承爵位。建安十一年，封國被廢除。

14 史家評論說：大丈夫鼓動人們起來做大事的時候，他們的志向往往是很高遠的。至於像齊武王劉縯那樣散棄家財，厚待士人，豈是那些遊俠和下等賓客的作為呢！他考慮的是恢復已絕的帝業，痛惜明堂中不能進行祭祀。等他舉兵實現大的謀略時，在匆忙紛擾的爭戰之中，使自己的威信先在敵對的一方樹立起來，赦免岑彭又顯示了他的仁義，這些都足以看到他的大度了。他的志向高深遠大，但禍患卻在疏忽大意中發生了。唉！古人以黃蜂、蠍子之類的毒蟲為戒，就是因為這個吧。《詩》說：「敬慎啊敬慎啊，命運是不容易改變的啊！」

1 北海靖王興，建武二年封為魯王，嗣光武兄仲。

2 初，南頓君❶娶同郡樊重❷女，字嫺都。嫺都性婉順，自為童女，不正容服❸不出於房，宗族敬焉。生三男三女：長男伯升，次仲，次光武；長女黃，次元，次伯姬。皇妣❹以初起兵時病卒，宗人樊巨公收斂焉。建武二年，封黃為湖陽長公主，伯姬為寧平長公主。元與仲俱歿於小長安，追爵元為新野長公主，十五年，追謚仲為魯哀王。

3 興其歲試守緱氏❺令。為人有明略，善聽訟，甚得名稱。遷弘農❻太守，亦有善政❼。視事❽四年，上疏乞骸骨，徵還京師，奉朝請❾。二十七年，始就國。明年，以魯國益東海❿，故徙興為北海王。三十年，封興子復為臨邑⓫侯。中元⓬二年，又封興二子為縣侯。顯宗器重興，每有異政，輒乘驛問焉⓭。立三十九年薨，子敬王睦嗣。

4 睦少好學，博通書傳，光武愛之，數被延納⓮。顯宗之在東宮⓯，尤見幸待，入侍諷誦，出則執轡⓰。中興⓱初，禁網⓲尚闊，而睦性謙恭好士，千里交結，自名儒宿德⑲，莫不造門，由是聲價益廣。永平中，法憲⑳頗峻，睦乃謝絕賓客，放心㉑音樂。然性好讀書，常為愛翫。歲終，遣中大夫㉒奉璧朝賀，召而謂之曰：「朝廷設問寡人，大夫將何辭以對？」使者曰：「大王忠孝慈仁，敬賢樂士。臣雖螻蟻㉓，敢不以實？」睦曰：「吁，子危我㉔哉！此乃孤幼時進趣之行也㉕。大夫其對以孤襲爵以來，志意衰惰，聲色是娛，犬馬是好。」使者受命而行。其能屈申若此。

5 初，靖王薨，悉推財產與諸弟，雖王車服珍寶非列侯制，皆以為分，然後隨以金帛贖之。睦能屬文，作春秋旨義、終始論及賦頌數十篇。又善史書㉖，當世以為楷則㉗。及寢病，帝驛馬令作草書尺牘㉘十首。立十年薨，子哀王基嗣。

6 永平十八年，封基二弟為縣侯，二弟為鄉侯。建初二年，又封基弟毅為平望侯。基立十四年薨，無子，肅宗憐之，不除其國。

7 永元二年，和帝封睦庶子斟鄉侯威為北海王，奉㉙睦後。立七年，威以非睦子，又坐誹謗，檻車㉚徵㉛詣廷尉㉜，道自殺。

8 永初㉝元年，鄧太后復封睦孫壽光侯普為北海王，是為頃王。延光㉞二年，復封睦少子為亭侯㉟。普立十七年薨，子恭王翼嗣；立十四年薨，子康王嗣，無後，建安十一年，國除。

9 初，臨邑侯復好學，能文章。永平中，每有講學事，輒令復典掌㊱焉。與班固㊲、賈逵㊳共述漢史，傅毅㊴等皆宗事㊵之。復子騊駼及從兄平望侯毅㊶，並有才學。永寧㊷中，鄧太后召毅及騊駼入東觀㊸，與謁者僕射劉珍㊹著中興以下名臣列士傳。騊駼又自造賦、頌、書、論凡四篇。

【章旨】以上為〈劉興傳〉。傳中簡略介紹了劉興的性格特點及任職情況，附有其子敬王劉睦的簡略小傳，傳末亦交代了劉興一支的繼嗣情況。

【注釋】❶南頓君 指劉伯升與劉秀的父親劉欽，曾任南頓縣令。❷樊重 字君雲，南陽湖陽人。光武帝外祖父。性情溫厚，有法度，禮儀恩德行於鄉里。謚號壽張敬侯。❸容服 儀容服飾。❹皇妣 已去世的母親，指嫺都。❺緱氏 縣名。今河南偃師東南。❻弘農 郡名。西漢元鼎四年（西元前一一三年）置。治弘農（今河南靈寶北）。❼亦有善政 司馬彪《續漢書》：「弘農縣吏張申有伏罪，興收申案論，郡中震慄。時年旱，分遣文學循行屬縣，理冤獄，宥小過，應時甘雨降澍。」❽視事 就職治事，多指政事言。❾奉朝請 官名。本為貴族、官僚定期朝見皇帝的稱謂。古代以春季的朝見為朝，秋季的朝見為請，故名。漢代退職大臣、將軍和皇室、外戚，多以奉朝請名義參加朝會。❿以魯國益東海 司馬彪《續漢書》：「二郡二十九縣，租入倍諸王也。」益，增長；加多。⓫臨邑 縣名。屬東海郡。今山東東阿。⓬中元 東漢光武帝劉秀的年號，西元五六—五七年。⓭顯宗器重興三句 據《東觀漢記》：「每朝廷有異政，京師雨澤，秋稼好醜，輒乘驛問焉，其見親重如此。」顯宗，東漢明帝劉莊的廟號。西元五七—七五年在位。見本書卷二。⓮延納 引見接納。⓯東宮 太子居住的宮室。⓰執轡 拉著韁繩駕車。李賢注：「乘輿，尊者居中，執轡在左。」⓱中興 指東漢。⓲禁網 同「禁罔」。謂張布如網的禁令法規。⓳宿德 年老有德者。⓴法憲 法令。㉑放心 用心；專心。㉒中大夫 王國官。《續漢志》：「中大夫，比六百石，無員，掌奉王使京都奉璧賀正月，及使諸國。本皆持節，後去節。」㉓螻蟻 螻蛄和螞蟻。此處用於比喻自己的渺小。

㉔危我　「危」的使動用法。使我處於危險的境地；害我。㉕此乃孤幼時進趣之行也　李賢注：「《東觀漢記》、《續漢書》並云『是吾幼時狂惷之行也』。」㉖史書　古代幼童字書。相傳為周宣王時太史籀所撰。凡五十五篇。早佚。㉗楷則　法式；楷模。㉘尺牘　長一尺的木簡。㉙奉　供養祭祀。㉚檻車　囚車。李賢注，以板四周為檻，無所見。㉛徵　徵召。㉜詣廷尉　送交廷尉治罪。廷尉，官名。掌刑獄。㉝永初　東漢安帝劉祜年號，西元一〇七—一一三年。㉞延光　東漢安帝劉祜年號，西元一二二—一二五年。㉟復封睦少子為亭侯　李慈銘謂，當為「復封普少子為亭侯」。㊱典掌　掌管。㊲班固　字孟堅，扶風安陵人。詳見本書卷四十上。㊳賈逵　字景伯，扶風平陵人。詳見本書卷三十六。㊴傅毅　字武仲，扶風茂陵人。詳見本書卷八十上。㊵宗事　尊重侍奉。㊶毅　即劉毅，北海敬王之子。初封平望侯，永元中，坐事奪爵。少有文辯。詳見本書卷八十上。㊷永寧　東漢安帝劉祜年號，西元一二〇—一二一年。㊸東觀　洛陽南宮內觀名。章、和二帝時為皇宮藏書之府。後因以稱國史修撰之所。㊹謁者僕射劉珍　謁者，官名。漢置。掌賓贊。其首長為謁者僕射，又稱大謁者。劉珍，字秋孫，南陽蔡陽人。見本書卷八十上。

【語譯】北海靖王劉興，建武二年被封為魯王，繼承了光武帝的哥哥劉仲的爵位。

2　當初，南頓君劉欽娶同郡人樊重的女兒為妻，字嫻都。嫻都性情溫婉柔順，從幼小時，她不整理好儀容服飾便不出房門，同族的人都敬重她。生有三兒三女：長子為伯升，次子為劉仲，第三子為光武帝；長女為劉黃，次女為劉元，第三女為伯姬。光武帝剛起兵時嫻都病死，同族人樊巨公將其收斂埋葬。建武二年，光武帝封劉黃為湖陽長公主，伯姬為寧平長公主。劉元和劉仲都死在了小長安，光武帝追封劉元為新野長公主，建武十五年，又追謚劉仲為魯哀王。

3　劉興那年試任緱氏縣令。他為人有謀略，善於審理訴訟案件，頗受縣中百姓稱讚。後來升遷為弘農太守，也有很好的政績。他在任四年後，上疏乞求退休，被徵召回京，任奉朝請。建武二十七年才到封國就位。第二年，朝廷將魯國併入東海郡，所以又改封劉興為北海王。建武三十年，封劉興的兒子劉復為臨邑侯。中元二年，又封劉興的兩個兒子為縣侯。顯宗明帝器重劉興，每當有政事不能決斷時，就派人乘驛馬去詢問他。劉興立三十九年後死去，他的兒子敬王劉睦繼承爵位。

4 劉睦從小愛好學習，知識廣博，精通經典，光武帝很喜歡他，多次接見他。顯宗為太子在東宮時，劉睦尤其受到寵遇，在宮內就陪太子讀書，出宮時為太子駕車。光武中興之初，各種法律法規還不很嚴格，而劉睦性情謙和恭順，喜歡士人，千里之外的人也和他結交，著名的儒者和德行高尚的長者，沒有不登門拜謁的，因此，他的聲價越來越高。永平年間，法令很苛刻，劉睦便謝絕賓客，把心思放在音樂上。但他生性喜好讀書，常常愛不釋手。年末，劉睦派遣王國中的中大夫捧著玉璧去朝廷朝賀，臨行前，喚來中大夫說：「如果皇上問起我，你準備怎樣回答呢？」使者說：「大王您忠孝仁慈，尊敬賢人，愛好士子。我雖卑微，但怎敢不如實回答呢？」劉睦說：「唉，你要害我呀！這些都是我年幼時的志趣。你應該上報朝廷，自從我承襲官爵以來，意志衰退，為人懶惰，只是喜好聲色之娛，犬馬之樂。」使者遵照他的命令行事。劉睦為人就是這樣能屈能伸。

5 當初，靖王劉興死後，劉睦把財產全部分給了弟弟們，即使諸侯國王的車服珍寶不應該為列侯所享有，也全都分了，隨即再用金帛把它們贖回。劉睦善寫文章，著有《春秋旨義》、《終始論》以及賦頌幾十篇。又長於《史書》，當世人都以他為楷模。在他病重臥床時，明帝還派出驛馬，讓他寫草書尺牘十首。劉睦在被立十年後死去，他的兒子哀王劉基繼承爵位。

6 永平十八年，明帝封劉基的兩個弟弟為縣侯，兩個弟弟為鄉侯。建初二年，章帝又封劉基的弟弟劉毅為平望侯。劉基被立為王十四年後死去，沒有兒子，章帝憐憫他，就沒有廢除他的封國。

7 永元二年，和帝封劉睦庶妻所生的兒子斟鄉侯劉威為北海王，以供奉劉睦的祭祀。劉威被立七年，因他不是劉睦的兒子，又犯了誹謗罪，被用檻車送往廷尉官署治罪，途中自殺。

8 永初元年，鄧太后又封劉睦的孫子壽光侯劉普為北海王，就是頃王。延光二年，又封劉睦的小兒子為亭侯。劉普被立十七年後死去，他的兒子恭王劉翼繼承爵位。劉翼被立十四年後死去，他的兒子康王繼承爵位。康王沒有兒子繼承，建安十一年，封國被廢除。

9 當初，臨邑侯劉復好學，擅寫文章。永平年間，每當有講學一類的事情，就讓劉復掌管。劉復和班固、賈逵一起撰述漢朝史學，傅毅等人都敬重他。劉復的兒子劉騊駼和堂兄平望侯劉毅都有才學。永寧年間，鄧太后召劉毅和劉騊駼進入東觀，和謁者僕射劉珍一起撰寫東漢開國以來的名臣列士傳。劉騊駼自己又寫了賦、頌、書、論共四篇。

1 趙孝王良，字次伯，光武之叔父也。平帝時舉孝廉，為蕭令。光武兄弟少孤，良撫循❶甚篤❷。及光武起兵，以事告，良大怒❸，曰：「汝與伯升志操不同，今家欲危亡，而反共謀如是！」既而不得已，從軍至小長安，漢兵大敗，良妻及二子皆被害❹。更始立，以良為國三老，從入關。更始敗，良聞光武即位，乃亡奔洛陽❺。建武二年，封良為廣陽❻王。五年，徙為趙王，始就國。十三年，降為趙公。頻歲來朝。十七年，薨于京師。凡立十六年。子節王栩嗣。建武三十年，封栩二子為鄉侯。建初二年，復封栩十子為亭侯。

2 栩立四十年薨，子頃王商嗣。永元三年，封商三弟為亭侯。元年，封商四子為亭侯。

3 商立二十三年薨，子靖王宏嗣。立十二年薨，子惠王乾嗣。

4 元初❼五年，封乾二弟為亭侯。是歲，趙相奏乾居父喪私娉小妻❽，又白衣❾出司馬門❿，坐削中丘縣⓫。時郎中⓬南陽程堅素有志行，拜為乾傅。堅輔以禮義，乾改悔前過，堅列上，復所削縣。本初⑬元年，封乾一子為亭侯。乾立四十八年薨，子懷王豫嗣。豫薨，子獻王赦嗣。赦薨，子珪嗣，建安十八年徙封博陵王。立九年，魏初以為崇德侯。

【章　旨】以上為趙孝王劉良的簡傳。傳中略記了劉良對光武兄弟的撫養之恩及劉良一支的繼嗣情況。

【注　釋】❶撫循　安撫存恤。❷篤　厚；誠摯。❸良大怒　據《東觀漢記》：「光武初起兵，良搏手大呼曰：『我欲詣納言嚴將軍。』叱上起去。出閤，令人視之。還白方坐啗脯，良復讙呼。上言『不可讙露』。明旦欲去，前白良曰：『欲竟何時詣嚴將軍所？』良意下，曰：『我為詐汝耳，當復何苦乎？』」❹良妻及二子皆被害　《續漢書》：「阜、賜移書於良曰：『老子不率宗族，單袴騎牛，哭且行，何足賴哉！』」❺洛陽　中國古都之一。「洛」本作「雒」，三國魏改。周成王時周公營雒邑，此為成周城所在。戰國時改稱雒陽，因在雒水（今河南洛河）之北得名。秦置縣，為三川郡治所；漢後歷為河南郡、司州、洛州、河南府、河南路治所。東漢、三國魏、西晉、北魏（孝文帝以後）、隋（煬帝）、武周、五代唐先後定都於此；新莽、唐、五代梁、晉、漢、周、北宋、金（宣宗以後）皆以此為陪都。戰國至西漢是全國性商業都市之一。東漢、魏晉、隋唐時代更是當時全國乃至全亞洲的經濟、文化中心。漢、魏故城在今洛陽白馬寺東洛水北岸，南北九里餘，東西六里餘。❻廣陽　郡、國名。秦始皇二十一年（西元前二二六年）滅燕後置郡，漢初改置燕國。元鳳初復為廣陽郡。本始初改為國。治薊縣（今北京市區西南）。❼元初　東漢安帝劉祜年號，西元一一四—一二〇年。❽娉小妻　娉，通「聘」。舊時稱訂婚、迎娶之禮。小妻，妾。❾白衣　古代平民服。這裡指微服便裝。❿司馬門　皇宮外門。⓫坐削中丘縣　據《東觀漢記》：「乾私出國，到魏郡鄴、易陽，止宿亭，令奴金盜取亭席，金與亭佐孟常爭言，以刃傷常，部吏追逐，乾藏逃，金絞殺之，懸其屍道邊樹。相國舉奏，詔書削中丘。」中丘，縣名。屬趙國。今河北內丘西。⓬郎中　官名。始於戰國。漢代沿置，屬郎中令（後改光祿勳），管理車、騎、門戶，並內充侍衛，外從作戰。初分車郎、戶郎、騎郎三類，長官有車戶騎三將，其後類別逐漸泯除。⓭本初　東漢質帝劉纘年號，西元一四六年。

【語　譯】趙孝王劉良，字次伯，是光武帝的叔叔。平帝時被推舉為孝廉，出任蕭縣縣令。光武帝兄弟自幼父母早亡，叔父劉良對他們兄弟的撫育教養很周詳。光武帝起兵以前，把這件事告訴了劉良，劉良非常生氣，說：「你和伯升的志向操守不一樣，現在家裡有存亡之險，你們反而共謀起兵！」接著，他不得已跟隨光武帝的軍隊到了小長安，結果漢軍大敗，劉良的妻子和兩個兒子全都遇害。更始帝即位後，因為劉良是國三老，便一道跟隨進了函谷關。更始帝失敗後，劉良聽說光武帝即位，就逃奔到洛陽。建武二年，光武帝封劉良為廣陽王。建武五年，改為趙王。劉良到他的封國就位。建武十三年，降為趙公。劉良每年都入朝覲見。建武十七年，死於京都。被立共十六年。他的兒子節王劉栩繼承爵位。建武三十年，封劉栩的兩個兒子為鄉侯。建初二年，又封劉栩的十個兒子為亭侯。

2 劉栩被立四十年後死去，他的兒子頃王劉商繼承爵位。永元三年，封劉商的三個弟弟為亭侯。元興元年，封劉商的四個兒子為亭侯。

3 劉商被立二十三年後死去，他的兒子靖王劉宏繼承爵位。劉宏被立十二年後死去，他的兒子惠王劉乾繼承爵位。

4 元初五年，安帝封劉乾的兩個弟弟為亭侯。這年，趙國丞相上奏劉乾在為他的父親守孝期間偷偷娶妾，又身著廝役小吏所穿的白衣服出司馬門，因此被削去中丘縣的封土。當時，郎中南陽人程堅一向有志向德行，被拜為劉乾的傅官。程堅以禮儀輔助開導劉乾，劉乾改悔以前的過錯，程堅多次上奏，恢復了劉乾被削去的封縣。本初元年，質帝封劉乾的一個兒子為亭侯。劉乾被立四十八年後死去，他的兒子懷王劉豫繼承爵位。劉豫死後，他的兒子獻王劉赦繼承爵位。劉赦死後，他的兒子劉珪繼承爵位，建安十八年，又被改封為博陵王。劉珪被立九年，曹魏初年封為崇德侯。

1 城陽恭王祉，字巨伯，光武族兄舂陵康侯敞之子也。

2 敞曾祖父節侯買，以長沙定王子封於零道之舂陵鄉，為舂陵侯。買卒，子戴侯熊渠嗣。熊渠卒，子考侯仁嗣。仁以春陵地埶下溼，山林毒氣，上書求減邑內徙。元帝初元❶四年，徙封南陽之白水鄉❷，猶以春陵為國名，遂與從弟鉅鹿❸都尉❹回及宗族往家❺焉。仁卒，子敞嗣。敞謙儉好義，盡推父時金寶財產與昆弟，荊州刺史❻上其義行，拜廬江❼都尉。歲餘，會族兄安眾侯劉崇起兵，王莽畏惡劉氏，徵敞至長安，免歸國。

3 先是平帝時，敞與崇俱朝京師，助祭明堂❽。崇見莽將危漢室，私謂敞曰：「安漢公❾擅❿國權，群臣莫不回從⓫，社稷傾覆至矣。太后⓬春秋高，天子⓭幼弱，高皇帝所以分封子弟，蓋為此也。」敞心然之。及崇事敗，敞懼，欲結援樹黨，乃為祉娶高陵侯翟宣⓮女為妻。會宣弟義起兵欲攻莽，南陽捕殺宣女，祉坐繫獄。敞因上書謝罪，願率子弟宗族為士卒先。莽新居攝，欲慰安宗室，故不被刑誅。及莽篡立，劉氏為侯者皆降稱子，食孤卿⓯祿，後皆奪爵⓰。及敞卒，祉遂特⓱見廢，又不得官為吏。

4 祉以故侯嫡子，行淳厚⓲，宗室皆敬之。及光武起兵，祉兄弟相率從軍，前隊大夫甄阜盡收其家屬繫宛獄。及漢兵敗小長安，祉挺身還保棘陽，甄阜盡殺其母弟妻子。更始立，以祉為太常將軍，紹封春陵侯。從西入關，封為定陶王。別將擊破劉嬰⑲於臨涇⑳。

5 及更始降於赤眉，祉乃閒行㉑亡奔洛陽。是時宗室唯祉先至㉒，光武見之歡甚。建武二年，封為城陽王，賜乘輿、御物、車馬、衣服。追謚敞為康侯。十一年，祉疾病，上城陽王璽綬，願以列侯奉先人祭祀。帝自臨其疾。祉薨，年四十三，謚曰恭王，竟不之國，葬於洛陽北芒㉓。

6 十三年，封祉嫡子平為蔡陽侯，以奉祉祀；平弟堅為高鄉侯。

7 初，建武二年，以皇祖、皇考墓為昌陵，置陵令守視；後改為章陵，因以舂陵為章陵縣。十八年，立考侯、康侯廟，比㉔園陵，置嗇夫㉕。詔零陵郡奉祠節侯、戴侯廟，以四時及臘㉖歲五祠焉。置嗇夫、佐吏各一人。

8 平後坐與諸王交通㉗，國除。永平五年，顯宗更封平為竟陵侯。平卒，子真嗣。真卒，子禹嗣。禹卒，子嘉嗣。

【章旨】以上為〈劉祉傳〉。傳中略記了劉敞之事。更始帝起兵後劉祉跟隨作戰，更始敗後他最早投奔光武帝，受到光武帝的恩寵。

【注釋】❶初元　西漢元帝劉奭年號，西元前四八－前四四年。❷白水鄉　屬南陽郡。今湖北棗陽南。❸鉅鹿　郡、國名。秦始皇二十五年（西元前二二二年）置郡。治鉅鹿（今河北平鄉西南）。❹都尉　官名。輔佐郡守並掌全郡軍事。❺家　立家；

安家。❻荊州刺史　荊州，漢武帝所置「十三刺史部」之一。治所在漢壽（今湖南常德東北）。刺史，官名。西漢武帝時，分全國為十三部（州），部置刺史，以六條察問郡縣，本為監察官性質，其官階低於郡守。成帝時，改刺史為州牧。哀帝初，又改歸舊制，不久復稱為州牧。東漢初又稱刺史。靈帝時，再改刺史為州牧，居郡守之上，掌握一州的軍政大權。❼廬江　郡名。楚漢之際分秦九江郡置。治舒縣（今安徽廬江縣西南）。❽助祭明堂　據《漢書・王莽傳》：「平帝時，王莽輔政，祫祭明堂，諸侯王二十八人，列侯百二十人，宗室子九百餘人，徵助祭。」❾安漢公　指王莽。王莽於元始元年（西元一年）自封為安漢公。❿擅　獨攬；占有。⓫回從　違心服從。⓬太后　指元后。⓭天子　指平帝。⓮翟宣　丞相翟方進之子，高陵侯。翟宣之女名翟習。據《東觀漢記》：「敞為嫡子終娶宣子女習為妻，宣使嫡子姬送女入門，二十餘日，義起兵。」⓯孤卿　《漢書・百官公卿表》：「太師、少傅、太保是為三公」，「又立三少為之副，少師、少傅、少保，是為孤卿，與六卿為九焉。」王莽改制後為少師、少傅、少保的別稱。⓰後皆奪爵　事在始建國二年（西元一〇年）。⓱特　單；單一。⓲淳厚　敦厚質樸。⓳劉嬰　建武元年（西元二五年）被方望等擁立為帝，被更始帝丞相李松擊破斬殺。⓴臨涇　縣名。今甘肅鎮原東南。㉑間行　從小道行走。㉒是時宗室唯祉先至　據《東觀漢記》：「祉以建武二年三月見於懷宮。」㉓北芒　山名。即邙山（今河南洛陽北）。東漢及北魏的王侯公卿多葬於此。㉔比　比照；類似。㉕嗇夫　諸侯王陵園所置之官。㉖臘　歲終祭祀叫臘。㉗交通　交接勾結。

【語譯】城陽恭王劉祉，字巨伯，是光武帝同族哥哥春陵康侯劉敞的兒子。

2 劉敞的曾祖父節侯劉買，因為是長沙定王的兒子而被封在零道的春陵鄉，為春陵侯。劉買死後，他的兒子戴侯劉熊渠繼承爵位。劉熊渠死後，他的兒子考侯劉仁繼承爵位。劉仁因為春陵地勢低溼，山林毒氣很盛，就上書請求減少封邑向內地遷徙。元帝初元四年，改劉仁的封地為南陽的白水鄉，仍以春陵為國名。劉仁便和堂弟鉅鹿都尉劉回及宗族遷到這裡定居。劉仁死後，他的兒子劉敞繼承爵位。劉敞謙讓恭儉，好行仁義，將父親留下的金銀財寶全分給兄弟們。荊州刺史上奏他的義行，朝廷封他為廬江都尉。一年多以後，他的同族哥哥安眾侯劉崇起兵，王莽對劉氏家族又畏懼又厭惡，便將劉敞召到長安，不讓他回到封國。

3 在這之前，平帝時期，劉敞與劉崇都到京師朝拜，在明堂助祭。劉崇見王莽將要危害漢朝廷，私下對劉敞說：「安漢公把持國權，群臣都違心地順從他，國家被顛覆的日子就要到來了。太后年事已高，天子幼小柔弱，當初高祖之所以分封子弟為王，大概就是為了應付這種局面的吧。」劉敞心裡覺得這話很對。到劉崇起兵失敗時，劉敞害怕，想結交黨援，便為兒子劉祉娶高陵侯翟宣的女兒翟習為妻。正碰上翟宣的弟弟翟義起兵準備攻打王莽，南陽地方官捕殺翟宣的女兒，劉祉也因此牽連入獄。劉敞於是上書謝罪，表示願意率領子弟宗族衝鋒在士卒之前。當時王莽剛居位攝政，想安撫劉氏宗室，所以劉祉沒有被處死。等到王莽篡帝位後，劉氏為侯爵者全部被降為子爵，領取與孤卿相同的俸祿，後來爵位又被全部削奪。到劉敞死後，劉祉又被廢黜，不准做官為吏。

4 劉祉因為是原來侯爵的嫡子，品行又敦厚質樸，宗室的人都敬重他。到光武帝起兵時，劉祉兄弟相繼從軍，王莽的前隊大夫甄阜把劉祉的家屬全部關進宛縣監獄。後來漢軍在小長安失敗，劉祉回兵保守棘陽，甄阜把劉祉的母親、弟弟和妻子兒女全部殺害。更始帝登上帝位後，授予劉祉為太常將軍，並繼承春陵侯之封。他跟從更始帝向西進入函谷關，被封為定陶王。獨率一軍在臨涇攻破劉嬰。

5 更始帝投降赤眉軍後，劉祉便從小路逃奔洛陽。當時宗室的人只有劉祉先到洛陽，光武帝見到他非常高興。建武二年，封劉祉為城陽王，賜他坐車、御用物品、車馬和衣物。追諡劉敞為康侯。建武十一年，劉祉患病，奉上城陽王印綬，表示願意以列侯的身分供奉先人的祭祀。光武帝親自前來探望他的病情。劉祉死時，四十三歲，諡號為恭王，最終沒有到他的封國，而是葬在洛陽的北芒山。

6 建武十三年，封劉祉的兒子劉平為蔡陽侯，讓他供奉劉祉的祭祀；封劉平的弟弟劉堅為高鄉侯。

7 當初，建武二年時，以光武帝的祖父、父親的墳墓為昌陵，設置陵令看守巡視；後來改昌陵為章陵，因此又把春陵改為章陵縣。建武十八年，立考侯、康侯廟，比照園陵的規模，並設置嗇夫看守巡視。又下詔零陵郡供奉祭祀節侯、戴侯廟，一年四季及年終祭祀五次。設置嗇夫、佐吏各一人。

8 劉平後來因為與諸位王侯交接勾通而犯罪，封國被廢除。永平五年，顯宗孝明帝改封劉平為竟陵侯。劉平死後，他的兒子劉真繼承爵位。劉真死後，他的兒子劉禹繼承爵位。劉禹死後，他的兒子劉嘉繼承爵位。

1 泗水王歙，字經孫，光武族父也。歙子終，與光武少相親愛。漢兵起，始及唐子❶，終誘殺湖陽尉。更始立，歙從入關，封為元氏❷王，終為侍中❸。更始敗，歙、終東奔洛陽。建武二年，立歙為泗水❹王，終為淄川❺王。十年，歙薨，封小子燀❻為堂谿❼侯，奉歙後。終居喪思慕，哭泣二十餘日，亦薨。封長子柱為邔❽侯，以奉終祀，又封終子鳳曲陽❾侯。

2 歙從父弟茂，年十八，漢兵之起，茂自號劉失職，亦聚眾京❿、密⓫間，稱厭新將軍。攻下潁川⓬、汝南⓭，眾十餘萬人。光武既至河內⓮，茂率眾降，封為中山⓯王。十三年，宗室為王者皆降為侯，更封茂為穰⓰侯。

3 茂弟匡，亦與漢兵俱起。建武二年，封宜春⓱侯。為人謙遜，永平中為宗正⓲。子浮嗣，封朝陽⓳侯。

4 浮弟尚，永元中為征西將軍。浮傳國至孫護，無子，封絕。延光中，護從兄瓌與安帝乳母王聖女伯榮私通，遂取伯榮為妻，得紹護封為朝陽侯，位侍中。及王聖敗，貶爵為亭侯。

【章 旨】以上略記光武帝族父劉歙一族起兵追隨光武作戰之事，傳末簡述了一族繼嗣情況。

【注　釋】❶唐子　即唐子鄉。故址在今湖北棗陽北與河南唐河交界處。❷元氏　縣名。今河北石家莊南部、太行山東麓。漢置縣。❸侍中　官名。俸比二千石，掌侍皇帝左右，贊導眾事，顧問應對。❹泗水　郡名。戰國秦置。治相縣（今安徽濉溪縣西北）。❺淄川　舊縣名。今山東中部。❻燀　李賢注作「煇」。❼堂谿　古地名。今河南西平西。❽邵　縣名。治所在今湖北宜城北。❾曲陽　古邑名。今河北曲陽西沙河之東。因在太行山曲之南得名。❿京　縣名。屬河南尹。今河南滎陽東南。⓫密　縣名。屬河南尹。今河南新密東南。⓬潁川　郡名。戰國秦王政十七年（西元前二三〇年）置。以潁水得名。治陽翟（今河南禹州）。⓭汝南　郡名。漢高帝四年（西元前二〇三年）置。治平輿（今河南平輿北）。⓮河內　郡名。治懷縣（今河南武陟西南）。⓯中山　郡、國名。西漢景帝三年（西元前一五四年）置中山國，宣帝五鳳三年（西元前五五年）改為郡，後屢有更改。治盧奴（今河北定州）。⓰穰　古縣名。戰國時楚邑，後屬韓，秦置縣。治所在今河南鄧州。⓱宜春　縣名。屬豫章郡。今江西宜春。⓲宗正　官名。始於秦，漢沿置，九卿之一，多由皇族充任，為皇族事務機關的長官。⓳朝陽　古縣名。漢置。治所在今河南鄧州東南。因在朝水之北得名。

【語　譯】泗水王劉歙，字經孫，是光武帝的同族父輩。劉歙的兒子劉終，與光武帝從小相親相愛。光武帝起兵，剛到唐子鄉時，劉終便設計誘殺了湖陽縣尉。更始稱帝後，劉歙隨從他入關，被封為元氏王，劉終則被任命為侍中。更始帝失敗後，劉歙、劉終向東逃奔洛陽。建武二年，立劉歙為泗水王，劉終為淄川王。建武十年，劉歙去世，封他的小兒子劉燀為堂谿侯，奉劉歙的祭祀。劉終守喪期間思念他的父親，哭泣了二十多天，也死去。封他的長子劉柱為邵侯，奉劉終的祭祀，又封劉終的兒子劉鳳為曲陽侯。

2 劉歙堂叔的弟弟劉茂，十八歲時，漢兵起事，劉茂自稱劉失職，在京縣、密縣一帶聚集了一批人，稱厭新將軍。他們攻占了潁川、汝南，部眾達十萬多人。光武帝的軍隊到河內後，劉茂率領部眾歸降，被封為中山王。建武十三年，宗室為王的全部降為侯，劉茂被改封為穰侯。

3 劉茂的弟弟劉匡，也與漢兵一道起事。建武二年被封為宜春侯。他為人謙遜，永平年間被任命為宗正。他的兒子劉浮繼承爵位，被封為朝陽侯。

4 劉浮的弟弟劉尚，永元年間任征西將軍。劉浮的封國傳到他的孫子劉護，因為沒有兒子，封爵的傳襲斷絕。延光年間，劉護的堂哥劉瓌與安帝的乳母王聖的女兒伯榮私通，便娶她為妻，因此得以繼承劉護的封爵為朝陽侯，任侍中。後來王聖勢敗，劉瓌也被貶爵為亭侯。

1 安成孝侯賜，字子琴，光武族兄也。祖父利，蒼梧❶太守。賜少孤。兄顯報怨殺人，吏捕顯殺之。賜與顯子信賣田宅，同拋財產，結客報吏❷，皆亡命逃伏，遭赦歸。會伯升起兵，乃隨從攻擊諸縣。

2 更始既立，以賜為光祿勳❸，封廣漢❹侯。及伯升被害，代為大司徒，將兵討汝南。未及平，更始又以信為奮威大將軍，代賜擊汝南，賜與更始俱到洛陽。更始欲令親近大將徇河北❺，未知所使。賜言諸家子獨有文叔❻可用，大司馬朱鮪等以為不可，更始狐疑，賜深❼勸之，乃拜光武行大司馬，持節過河。是日以賜為丞相❽，令先入關，修宗廟宮室。還迎更始都長安，封賜為宛王，拜前大司馬，使持節鎮撫關東❾。二年春，賜就國於宛，典將六部兵。後赤眉破更始，賜所領六部亦稍散畔，乃去宛保育陽。

3 聞光武即位，乃西之武關❿，迎更始妻子將詣洛陽。帝嘉賜忠，建武二年，封為慎⓫侯。十三年，更增戶邑，定封為安成侯，奉朝請。以賜有恩信，故親厚⓬

之，數蒙讌私⑬，時幸其第⑭，恩賜特異。賜輒賑與故舊，無有遺積⑮。帝為營冢堂，起祠廟，置吏卒，如舂陵孝侯。二十八年卒，子閔嗣。

4 三十年，帝復封閔弟嵩為白牛⑯侯。坐楚事⑰，辭語相連，國除。閔卒，子商嗣，徙封為白牛侯。商卒，子昌嗣。

5 初，信為更始討平汝南，因封為汝陰⑱王。信遂將兵平定江南⑲，據豫章⑳。光武即位，桂陽㉑太守張隆㉒擊破之，信乃詣洛陽降，以為汝陰侯。永平十三年，亦坐楚事國除。

【章　旨】以上為安成侯劉賜一族略傳。文中重點記述了劉賜勸說更始帝派光武徇兵黃河以北之事，也突出了劉賜的忠義，傳末記述了劉賜一支的繼嗣狀況。

【注　釋】❶蒼梧　郡名。西漢元鼎六年（西元前一一一年）置。治廣信（今廣西梧州）。❷結客報吏　據《續漢書》：「王莽時，諸劉抑廢，為郡縣所侵。蔡陽國釜亭侯長醉詢更始父子張，子張怒，刺殺亭長。後十餘歲，亭長子報殺更始弟騫。賜兄欲為報怨，賓客轉劫人，發覺，州郡殺顯獄中。賜與顯子信結客陳政等九人，燔燒殺亭長妻子四人。」報，報復。❸光祿勳　官名。秦稱郎中令，漢武帝時改稱光祿勳。東漢末復稱郎中令。❹廣漢　郡名。漢高帝六年（西元前二〇一年）分巴蜀二郡置。治雒縣乘鄉（今四川金堂東），東漢移治雒縣（今四川廣漢北）。❺河北　指黃河以北地區。❻文叔　光武帝劉秀，字文叔。❼深　深入。❽丞相　官名。始於戰國，為百官之長。亦稱相邦。秦代以後為封建官僚組織中的最高官職，輔佐皇帝，綜理全國政務，但也有居丞相之名而無實權的。西漢初稱為相國，後改丞相，與太尉、御史大夫合稱三公。西漢末改為大司徒，東漢末復稱丞相。❾關東　地區名。秦、漢、唐等定都今陝西的王朝，稱函谷關或潼關以東地區為關東。❿武關　今陝西丹鳳東南。戰國秦置。⓫慎　縣名。屬汝南郡。今安徽潁上西北。⓬親厚　親愛厚待。⓭讌私　祭祀後，宴飲而歡敘私誼。讌，同「宴」。⑭第　府第。⑮遺積　儲蓄；積蓄。⑯白牛　鄉亭名。故址在今河南鄧州東。⑰楚事　指楚王劉英謀反一事。時為永平十三年（西元七〇年）十一月，株連數千人。⑱汝陰　縣名。屬汝南郡。今安徽阜陽。⑲江南　指長江以南地區。⑳豫章　郡名。西漢高帝九年（西元前一九八年）分九江郡置。治所在今江西南昌。㉑桂陽　郡名。漢高帝置。治郴縣（今湖南郴州）。㉒張隆　桂陽太守。他事不詳。

【語譯】安成孝侯劉賜，字子琴，是光武帝的同族哥哥。他的祖父劉利，曾任西漢蒼梧太守。劉賜從小喪父，他的哥哥劉顯為報仇而殺人，官吏將劉顯抓捕殺掉了。劉賜和劉顯的兒子劉信一起賣掉田宅，拋盡財產交結賓客，殺掉官吏報仇，之後都亡命外逃，潛伏待機，遇到大赦才回歸。正碰上劉伯升起兵，他們便隨劉伯升一起攻擊各縣。

2　更始稱帝後，任命劉賜為光祿勳，封廣漢侯。到劉伯升被害後，劉賜代替他為大司徒，帶兵征討汝南。未等汝南平定，更始帝又任命劉信為奮威大將軍，代替劉賜攻擊汝南，劉賜與更始帝一起到了洛陽。更始帝想讓親近的大將征討黃河以北地區，但又不確定應該派誰去。劉賜說，宗室各家的子姪中只有劉文叔可以任用，大司馬朱鮪等人都認為不可以，更始帝拿不定主意，劉賜極力勸說，更始帝才授劉秀兼代大司馬，持節渡過黃河。當天更始帝拜劉賜為丞相，命令他先行入關，修築宗廟宮室。劉賜迎接更始帝定都長安，被封為宛王，拜為前大司馬，派他持符節鎮撫關東地區。更始二年春天，劉賜到他的封國宛，掌管統率六部的兵馬。後來赤眉軍攻破更始皇帝，劉賜所統領的六部兵馬也紛紛逃散叛離，劉賜只得離開宛縣退保育陽。

3　聽說光武帝即位，劉賜便西至武關，迎接更始帝的妻子兒女準備去洛陽。光武帝賞識他的忠心，建武二年封他為慎侯。建武十三年，又增加了他的封地戶邑，定封為安成侯，奉朝請。光武帝因為劉賜有恩情有信義，所以親愛厚待他，多次私下設宴款待，還常去他的宅第，對他的恩賜不同於其他人。劉賜則把光武帝賜給他的財物賑濟故友舊人，自己沒有剩餘的積存。光武帝又為他營造墳墓，修建祠堂，設置吏卒，就像對待舂陵孝侯那樣。建武二十八年，劉賜死去，他的兒子劉閔繼承爵位。

4　建武三十年，光武帝又封劉閔的弟弟劉嵩為白牛侯。後來他被楚王劉英謀反案中的供詞牽連而獲罪，封國被廢除。劉閔死後，他的兒子劉商繼承爵位，改封為白牛侯。劉商死後，他的兒子劉昌繼承爵位。

5 當初，劉信為更始帝討伐平定汝南，因此被封為汝陰王。劉信於是便領兵平定江南，占據豫章。光武帝即位後，桂陽太守張隆擊破劉信，劉信便到洛陽投降光武帝，被封為汝陰侯。永平十三年，也因為與楚王劉英謀反有關聯而獲罪，封國被廢除。

1 成武孝侯順，字平仲，光武族兄也。父慶❶，舂陵侯敞同產弟。順與光武同里閈❷，少相厚。

2 更始即位，以慶為燕王，順為虎牙將軍。會更始降赤眉，慶為亂兵所殺，順乃間行詣光武，拜為南陽太守。建武二年，封成武❸侯，邑戶最大，租入倍宗室諸家。八年，使擊破六安❹賊，因拜為六安❺太守。數年，帝欲徵之，吏人上書請留。十一年卒，帝使使者迎喪，親自臨弔。子遵嗣，坐與諸王交通，降為端氏❻侯。遵卒，子弇嗣。弇卒，無嗣，國除。永平十年，顯宗幸章陵，追念舊恩，封順弟子三人為鄉侯。

3 初，順叔父弘❼娶於樊氏，皇妣之從妹也。生二子：敏，國。與母隨更始在長安。建武二年，詣洛陽，光武封敏為甘里❽侯，國為弋陽❾侯。敏通經有行，永平初，官至越騎校尉❿。

4 弘弟梁，以俠氣聞，更始元年，起兵豫章，欲徇江東⓫，自號「就漢大將軍」，暴病卒。

【章旨】以上為成武孝侯劉順一支略傳。因是光武族兄而立傳，傳文中簡單記述了這一支的繼嗣狀況。

【注釋】❶慶　據司馬彪《續漢書》：「慶，字翁叔。」❷閈　里巷的門，又泛指門。❸成武　縣名。屬濟陰郡。今山東成武。❹六安　縣名。屬廬江郡。今安徽六安東北。❺六安　郡國名。西漢元狩二年（西元前一二一年）分九江郡置國。治六縣（今安徽六安北）。❻端氏　縣名。屬河東郡。今山西沁水縣東北。❼弘　據《東觀漢記》：「弘字孺孫，先起義兵，卒。」❽甘里　聚邑名。一名甘城。故址在今河南洛陽南洛水南岸。❾弋陽　縣名。屬汝南郡。今河南潢川縣西。❿越騎校尉　專掌特種部隊的將領，略次於將軍。⓫江東　長江在蕪湖、南京間作西南—東北流向，是南北往來主要渡口所在，秦漢以後，習稱自此以下的長江南岸地區為江東。

【語譯】成武孝侯劉順，字平仲，是光武帝的同族哥哥。父親劉慶，是春陵侯劉敞的同胞弟弟。劉順與光武帝同住一個里巷，從小關係很好。

2 更始帝即位後，封劉慶為燕王，劉順為虎牙將軍。後來，更始帝投降了赤眉軍，劉慶被亂兵殺死，劉順從小路投奔光武帝，被光武帝任命為南陽太守。建武二年，被封為成武侯，戶邑最多，所以租賦收入比其他宗室多一倍。建武八年，光武帝派他打敗了六安賊寇，因此被封為六安太守。幾年以後，光武帝想徵召他回朝，六安官吏百姓上書請求把他留下。建武十一年，劉順死去，光武帝派使者迎葬回洛陽，親自前去弔唁。他的兒子劉遵繼承爵位，後來因為與各位王侯交結而獲罪，降為端氏侯。劉遵死後，他的兒子劉弇繼承爵位。劉弇死後，因為沒有後代，封國被廢除。永平十年，顯宗孝明帝到章陵，懷念過去的恩情，又封劉順弟弟的三個兒子為鄉侯。

3 當初，劉順的叔叔劉弘娶妻樊氏，是光武帝母親的堂妹。樊氏生了兩個兒子：劉敏、劉國，他們二人與母親隨更始帝在長安。建武二年來到洛陽，光武帝封劉敏為甘里侯，劉國為弋陽侯。劉敏精通經書、有德行，永平初年，官至越騎校尉。

4 劉弘的弟弟劉梁，因有任俠之風而聞名，更始元年在豫章起兵，打算征討江東，自號「就漢大將軍」，因得急病而死。

1 順陽懷侯嘉，字孝孫，光武族兄也。父憲❶，舂陵侯敞同產弟。嘉少孤，性仁厚，南頓君養視如子，後與伯升俱學長安，習尚書、春秋。

2 及義兵起，嘉隨更始征伐。漢軍之敗小長安也，嘉妻子遇害。更始即位，以為偏將軍❷。及攻破宛，封興德侯，遷大將軍❸。擊延岑❹於冠軍❺，降之。更始既都長安，以嘉為漢中❻王、扶威大將軍，持節就國，都於南鄭❼，眾數十萬。建武二年，延岑復反，攻漢中，圍南鄭，嘉兵敗走。岑遂定漢中，進兵武都❽，為更始柱功侯李寶❾所破。岑走天水❿，公孫述⓫遣將侯丹⓬取南鄭。嘉收散卒，得數萬人，以寶為相，從武都南擊侯丹，不利，還軍河池⓭、下辨⓮。復與延岑連戰，岑引北入散關⓯，至陳倉⓰，嘉追擊破之。更始鄧王廖湛⓱將赤眉十八萬攻嘉，嘉與戰於谷口⓲，大破之。嘉手殺湛，遂到雲陽⓳就穀。

3 李寶等聞鄧禹⓴西征，擁兵自守，勸嘉且觀成敗。光武聞之，告禹曰：「孝孫素謹善，少且親愛，當是長安輕薄兒㉑誤之耳。」禹即宣帝旨，嘉乃因來歙㉒詣禹於雲陽。三年，到洛陽，從征伐，拜為千乘㉓太守。六年，病，上書乞骸骨，徵詣京師。十三年，封為順陽㉔侯。秋，復封嘉子廥為黃李侯。十五年，嘉卒。子參嗣，有罪，削為南鄉㉕侯。永平中，參為城門校尉㉖。參卒，子循嗣。循卒，子章嗣。

【章　旨】以上為順陽懷侯劉嘉略傳。傳中略記了劉嘉先跟從更始作戰後歸附光武的過程，傳末亦記其後代的繼嗣情況。

【注　釋】❶憲　據司馬彪《續漢書》：「憲字翁君。」❷偏將軍　官名。位次於將軍。❸大將軍　位如三公，主征伐，屬官有長史、司馬等。❹延岑　字叔牙，南陽人。始起據漢中，自稱武安王。又擁兵關西，至南陽，略有數縣。善戰，曾大破赤眉於杜陵。數次與光武軍隊戰，多敗。吳漢率軍屠殺成都城時殺之並滅其族。❺冠軍　古縣名。漢元朔六年（西元前一二三年）置。因霍去病功冠諸軍，封冠軍侯於此，故名。治所在今河南鄧州西北。❻漢中　郡名。戰國楚懷王置，因在漢水中游得名。西元前三一二年秦惠王又置，移治南鄭（今陝西漢中東）。西漢移治西城（今陝西安康西北），東漢復還舊治。❼南鄭　屬漢中郡。今陝西南鄭。❽武都　郡名。西漢元鼎六年（西元前一一一年）置。治所在今甘肅西和西南。❾李寶　更始將軍。曾與延岑合兵大戰逢安，後為劉嘉相，鄧禹西征時勸劉嘉擁兵自守，劉嘉歸降鄧禹後，李寶傲慢無禮被鄧禹所殺。❿天水　郡名。西漢元鼎三年（西元前一一四年）置。治所在今甘肅通渭西北。⓫公孫述　字子陽，扶風茂陵（今陝西咸陽）人。見本書卷十三。⓬侯丹　公孫述將。他事不詳。⓭河池　縣名。屬武都郡。今甘肅徽縣西北。⓮下辨　縣名。屬武都郡。今甘肅成縣西北。⓯散關　古關名。屬右扶風。今陝西寶雞西南。⓰陳倉　古縣名。秦置。因山得名。治今陝西寶雞東。當關中、漢中間的交通要衝，歷來為戰略要地。⓱廖湛　平林人。曾與陳牧一起起兵，被更始帝封為穰王。後與隗囂等合謀劫持更始帝，不成。與劉嘉在谷口大戰，大敗，被劉嘉所殺。⓲谷口　縣名。屬左馮翊。今陝西淳化南。⓳雲陽　縣名。今陝西淳化西北。⑳鄧禹　字仲華，南陽新野（今河南新野）人。見本書卷十六。㉑輕薄兒　指輕佻浮薄的人。㉒來歙　字君叔，南陽新野人。見本書卷十五。㉓千乘　郡名。西漢置。治所在今山東高青高苑鎮北。轄境相當今山東濱州和博興、高青等地。東漢改為樂安國。㉔順陽　縣名。屬南陽郡。今河南內鄉西南。㉕南鄉　縣名。今河南淅川縣西南舊淅川縣城東南原丹江南岸（今已成水庫）。㉖城門校尉　官名。俸比二千石，掌京都洛陽十二城門屯衛兵。

【語譯】順陽懷侯劉嘉，字孝孫，是光武帝的同族哥哥。劉嘉的父親劉憲是舂陵侯劉敞的同胞弟弟。劉嘉從小喪父，性情仁愛寬厚，南頓君劉欽把他當作自己的親生兒子一樣撫養，後來，劉嘉與劉伯升都去長安學習《春秋》、《尚書》。

2　當反對王莽的義兵興起後，劉嘉隨從更始帝征伐作戰。漢軍在小長安失敗，劉嘉的妻子兒女遇害。更始帝即位後，封劉嘉為偏將軍。等到攻破宛縣以後，被封為興德侯，升為大將軍。劉嘉在冠軍擊敗延岑，迫使他投降。更始帝定都長安後，任命劉嘉為漢中王、扶威大將軍，讓他持符節到封國，在南鄭建立國都，擁有幾十萬人馬。建武二年，延岑再次反叛，進攻漢中，包圍南鄭，劉嘉兵敗逃跑。延岑於是平定漢中，進攻武都，被更始帝的柱功侯李寶擊破。延岑逃往天水，公孫述派將軍侯丹攻取南鄭。劉嘉收聚散兵，得到幾萬人，任用李寶為相，從武都向南攻打侯丹，進軍不利，便回軍河池、下辨。劉嘉又與延岑多次開戰，延岑敗退入散關，到陳倉，被劉嘉追上擊敗。更始帝的鄧王廖湛率領赤眉軍十八萬人攻打劉嘉，劉嘉和他在谷口展開戰鬥，大敗廖湛軍隊。劉嘉親手殺掉廖湛，然後率軍到雲陽徵集軍糧。

3　李寶等人聽說鄧禹西征，便擁兵自守，勸劉嘉坐觀成敗。光武帝聽說後，告訴鄧禹說：「孝孫一向為人嚴謹，而且自幼與我相親相愛。現在之所以如此，一定是受了長安輕薄之人的迷惑。」鄧禹立即向劉嘉講明光武帝的意思，劉嘉便通過來歙在雲陽謁見鄧禹。建武三年，劉嘉到洛陽，跟從光武帝征戰，被封為千乘太守。建武六年，患病，上書乞求病休，光武帝便徵召他回京城。建武十三年，封他為順陽侯。秋天，又封劉嘉的兒子劉廥為黃李侯。建武十五年，劉嘉死去，他的兒子劉參繼承爵位，後來因為有罪，被削為南鄉侯。永平年間，劉參任城門校尉。劉參死後，他的兒子劉循繼承爵位。劉循死後，他的兒子劉章繼承爵位。

贊曰：齊武沈雄❶，義戈乘風❷。倉卒❸匪圖，亡我天工❹。城陽早協❺，趙孝晚同。泗水三侯，或恩或功。

【章旨】史家總評各位傳主，並點明立傳原因。

【注釋】❶沈雄　深沉雄健。❷義戈乘風　李賢注：「以義舉兵，乘風雲之會也。」❸卒　通「猝」。❹天工　上天的職任。❺協　順服。

【語譯】史官評議說：齊武王深沉雄毅，以義起兵，風雲際會。倉促之間沒有謀劃好，以致未能盡到天職。城陽王較早與光武帝合作，趙孝王協同光武帝比較晚。泗水王等三位侯爵，對於光武帝和東漢的建立，有的有恩，有的有功。

【研析】本卷傳主都是劉秀宗親，故而合為一卷。

新莽末年天下大亂，豪傑紛起，劉秀兄弟也揭竿而起，這杆大旗首先是由劉縯舉起的。劉縯性格剛毅豪爽，慷慨有大志。王莽篡奪漢室江山之後，他憤憤不平，心中常懷復興漢家社稷之志。他散盡家財，結交天下英雄俊傑，起兵舂陵，自稱柱天都部。起初，作戰不利，兵敗小長安。然後，整頓兵馬，一舉斬殺了王莽兩員將領甄阜和梁丘賜，取得了關鍵一仗的勝利，穩定了軍心，擴大了影響。於是，百姓與豪傑紛紛歸降劉縯，聲威大振。此時，各路義軍首領志向高下不一，張卬等人貪慕聖公懦弱，而懼怕劉縯軍紀嚴明，故擁立更始帝。更始即位，刺傷了天下豪傑的心，他們多不心悅誠服。而更始君臣也因懼怕劉縯的英才而不自安，欲設計謀害之。劉縯舅父樊宏和弟弟劉秀對更始君臣的計謀有所察覺，但劉縯沒有接受他們的勸告，對更始君臣一如既往，既輕信又不加防備，終被其君臣縛而害之。光武好稼穡，伯升嘗非笑之。但他英氣太露，志意恢宏，身已陷於危機，卻茫然不覺，而遭殺身之禍。千古豪傑，往往不免此病，良可惜也！自古首事者多不全，以齊武王之雄略而亦不免，惜哉！本卷八位傳主中撰者重點記述了齊武王劉縯的事跡，乃因光武帝威信的樹立及政權的建立與鞏固，皆由劉縯起事打下的良好基礎，所以說齊武王劉縯對東漢政權根基的確立功不可沒，故而列於本卷卷首，並著墨較多。

對於北海靖王劉興，只略記其善聽訟，有名稱，其子敬王劉睦卻值得一書。劉睦博通書傳，不邀功，不自傲，不愛財，潔身自好，能屈能伸，深受光武帝喜愛。趙孝王劉良是光武帝的叔叔。光武兄弟少年喪父，劉良對他們有撫養教育之恩。光武兄弟起兵後，他不得已，跟從軍隊至小長安，漢軍在此大敗，其妻及二子皆死於此處。

城陽恭王劉祉是光武族姪，謙虛謹慎，節儉好義，德行淳厚。他把父親留下的金銀財寶全部分給弟兄們，深得宗室尊敬。劉祉隨從更始征戰，在更始降於赤眉後，第一個投奔光武。泗水王劉歙乃光武帝同族父輩，其子劉終，從小與光武親近。劉歙父子在更始敗亡後也投奔光武。安成孝侯劉賜，是光武帝同族兄長。他曾力勸更始帝派光武徇兵河北，使光武得以免遭更始陷害並有機會招兵買馬，積蓄力量，建立基業。成武孝侯劉順、順陽懷侯劉嘉亦皆為光武族兄。劉嘉的妻子兒女亦在小長安遇害。他們在光武起事後來投奔，對東漢政權的確立亦有功績。

諸宗室中，唯順陽懷侯劉嘉專制漢中，且習兵事。聽信李寶之說，於雲陽擁兵自守，阻兵逆命，乃一聞帝旨，翻然詣闕，祚傳茅土。光武稱其謹善，蓋知之者深矣。

三王骨肉至親，祉、歙、賜、順、嘉，皆南陽近支宗室，人皆謹厚，兼有舊恩，故福祿攸同，傳封累業。總體來說，作者對於本卷傳主都用墨不多，除齊武王劉縯外，大多只點其一生要事，然後交代各自封爵的繼嗣情況，使全篇詳略得當，重點突出。(馬春香注譯)

卷十五

李王鄧來列傳第五

【題解】本卷主要介紹東漢開國功臣李通、王常、鄧晨、來歙以及諍臣來歷的事跡。東漢開國，是劉秀率領南陽士人集團奮鬥的結果，李通、王常、鄧晨、來歙等人，深明大義，不惜身家性命，起兵綠林，協助光武帝與王莽集團展開了殊死鬥爭。王莽敗亡後，光武帝四周面臨的仍是強敵，他們又南征北戰，平定河北一帶的割據勢力王郎、盧芳，割據關隴的隗囂和川蜀的公孫述，割據江淮的苗虛、李憲、鄧奉、董訢、蘇茂、龐萌等。抗擊騷擾邊郡的羌人，平定隴右，幫助光武帝成就了大業。難能可貴的是這些功臣個個能保持晚節。李通生性謙虛恭謹，常想避讓權勢。以病為由，請求退休。王常任南陽太守，恭敬儉讓，遵守法度，受到南陽百姓的稱讚。鄧晨喜歡擔任郡守職務，所在的中山郡，考課常居冀州第一。後又在汝南郡興建鴻郤陂數千頃，汝南因之殷富。來歙平定羌、隴，憂國忘家，深得光武帝讚賞。諍臣來歷，鐵骨錚錚，不惜觸怒皇帝，免官受罰，在朝廷上主持正義，受到朝廷上下的稱讚。

1 李通，字次元，南陽❶宛❷人也。世以貨殖❸著姓❹。父守❺，身長九尺❻，容貌絕異，為人嚴毅，居家如官廷❼。初事❽劉歆❾，好星歷❿讖記⓫，為王莽宗卿師⑫。通亦為五威將軍⑬從事⑭，出補⑮巫⑯丞⑰，有能名。莽末，百姓愁怨，通素聞守說讖云「劉氏復興，李氏為輔」，私常懷之。且居家富逸，為閭里⑱雄，以此不樂為吏，乃自免歸。

2 及下江⑲、新市⑳兵起，南陽騷動，通從弟軼㉑，亦素好事，乃共計議曰：「今四方㉒擾亂，新室且亡，漢當更興。南陽宗室㉓，獨劉伯升㉔兄弟汎㉕愛容眾，可與謀大事。」通笑曰：「吾意也。」會㉖光武㉗避吏在宛，通聞之，即遣軼往迎光武。光武初以通士君子㉘相慕也，故往荅之。及相見，共語移日㉙，握手㉚極歡。通因具言讖文事，光武初殊㉛不意㉜，未敢當之。時守在長安㉝，光武乃微觀㉞通曰：「即如此，當如宗卿師何？」通曰：「已自有度㉟矣。」因復備言㊱其計。光武既深知通意，乃遂相約結㊲，定謀議，期㊳以材官㊴都試騎士日㊵，欲劫前隊大夫㊶及屬正㊷，因以號令大眾。乃使光武與軼歸舂陵㊸，舉兵以相應。遣從兄子季之長安，以事報守。

3 季於道病死，守密知之，欲亡歸。素與邑人黃顯㊹相善，時顯為中郎將㊺，聞之，謂守曰：「今關門禁嚴，君狀貌非凡，將以此安之？不如詣闕㊻自歸。事既未然，脫可免禍。」守從其計，即上書㊼歸死㊽，章㊾未及報，留㊿闕51下。會事發覺，通得亡走，莽聞之，乃繫守於獄。而黃顯為請曰：「守聞子無狀[52]，不敢逃亡，守義自信，歸命宮闕。臣顯願質[53]守俱東，曉說其子。如遂悖逆[54]，令守北向刎[55]首，以謝大恩。」莽然其言。會前隊復上通起兵之狀，莽怒，欲殺守，顯爭之，遂并被誅，及守家在長安者盡殺之。南陽亦誅通兄弟、門宗六十四人，皆焚屍宛市[56]。

4 時漢兵[57]亦已大合。通與光武、李軼相遇棘陽，遂共破前隊，殺甄阜[58]、梁丘賜[59]。

5 更始[60]立，以通為柱國大將軍、輔漢侯。從至長安，更拜[61]為大將軍[62]，封西平王；軼為舞陰王；通從弟松為丞相[63]。更始使通持節[64]還鎮荊州[65]，通因娶光武女弟[66]伯姬，是為寧平[67]公主。光武即位，徵通為衛尉[68]。建武[69]二年，封固始侯，拜大司農[70]。帝每征討四方，常令通居守京師，鎮撫百姓，修宮室，起學官[71]。五年春，代王梁[72]為前將軍。六年夏，領破姦將軍侯進、捕虜將軍王霸[73]等十營擊漢中[74]賊[75]。公孫述[76]遣兵赴救，通等與戰於西城[77]，破之，還屯田[78]順陽[79]。

6 時天下略定，通思欲避榮寵[80]，以病上書乞身[81]。詔[82]下公卿[83]群臣議。大司徒[84]侯霸[85]等曰：「王莽篡漢，傾亂天下。通懷伊[86]、呂[87]、蕭[88]、曹[89]之謀，建造大策[90]，扶助神靈，輔成聖德[91]。破家為國，忘身奉主，有扶危存亡之義。功德最高，海內[92]所聞。通以天下平定，謙讓辭位。夫安不忘危，宜令通居職療疾。欲就諸侯[93]，不可聽。」於是詔通勉致醫藥，以時[94]視事[95]。其夏，引拜為大司空[96]。

7 通布衣唱義，助成大業，重以寧平公主故，特見親重。然性謙恭，常欲避權埶[97]。素有消疾[98]，自為宰相，謝病[99]不視事，連年乞骸骨[100]，帝每優寵之。令以公位歸第[101]養疾，通復固辭。積二歲[102]，乃聽上大司空印綬[103]，以特進[104]奉朝請[105]。有司[106]奏請封諸皇子，帝感通首創大謀，即日封通少子雄為召陵[107]侯。每幸[108]南陽，常遣使者以太牢[109]祠[110]通父冢[111]。十八年卒，謚[112]曰恭侯。帝及皇后親臨弔[113]，送葬。

8 子音嗣。音卒，子定嗣。定卒，子黃[114]嗣。黃卒，子壽嗣。

9 李軼後為朱鮪[115]所殺。更始之敗，李松戰死，唯通能以功名終。永平[116]中，顯宗[117]幸宛，詔諸李隨安眾[118]宗室會見，並受賞賜，恩寵篤[119]焉。

10 論曰：子曰「富與貴是人之所欲，不以其道得之，不處也[120]」。李通豈知夫所欲而未識以道者乎！夫天道性命，聖人[121]難言之，況乃億測微隱[122]，猖狂無妄之福[123]，汙滅親宗，以觖[124]一切[125]之功哉！昔蒙穀負書[126]，不徇[127]楚[128]難；即墨[129]用齊130，義雪燕131恥。彼之趣舍132所立，其殆與通異乎？

【章　旨】以上敘述李通事跡。李通先事王莽，後與劉秀起兵南陽。為更始大將軍。劉秀即位，為衛尉、大將軍。劉秀出征四方，常令李通居守京師。是劉秀的重臣。

【注　釋】❶南陽　郡名。戰國時置，兩漢沿置。東漢治宛（今河南南陽）。轄境相當今河南熊耳山以南葉縣、內鄉間和湖北大洪山以北廣水、隕縣間地。❷宛　春秋楚邑，秦昭穆王置縣。治今河南南陽。❸貨殖　古代指經營商業和工礦業。❹著姓　有聲望的族姓。❺守　即李守，東漢宛人。李通父。後因李通欲輔光武起事，被殺。❻九尺　新莽時期一尺相當於二三・一公分，九尺折合約二・〇七九公尺。❼官廷　《續漢書》：「守居家，與子孫尤謹，閨門之內如官廷也。」❽事　侍奉。作動詞用。❾劉歆　字子駿，後改名秀，字穎叔。劉向之子。生年不詳，卒於西元二三年。成帝時以通《詩》、《書》，能屬文，召為黃門郎。哀帝初，大司馬王莽薦為侍中太中大夫，遷騎都尉，奉車光祿大夫。復領校《五經》，承父前業，總群書而類別為《七略》。平帝時王莽執政，官至京兆尹。莽代漢，拜國師，封嘉新公。後謀誅王莽，事洩，自殺。❿星歷　星術讖緯之學。星術是以星象占吉凶之術。讖緯，即以陰陽五行、天人感應為基礎，以預占為特徵的神學體系。西漢中期以後，方士們採集、製造大量讖言，結集為書。與此同時，以《公羊傳》、《尚書大傳》、《京房易》、《春秋繁露》等為代表的西漢今文經學，依據其陰陽五行、天人感應的理論，解釋社會政治現象，預占色彩日趨濃厚。哀帝、平帝之際，讖言迷信與今文經學中的陰陽五行、天人感應神學合流，並吸收社會上流傳已久的天文占、五行占、雜占、符命、五德終始等迷信形式，形成讖緯神學。王莽代漢、光武中興，都利用過讖緯中的圖讖符命，成為占統治地位的社會思想，極為盛行。⓫讖記　預言未來事象的文字圖錄。讖，方士、巫師和儒生等製作的以隱語形式預決吉凶之宗教預言，因附有圖，故稱為「圖讖」或「圖錄」。圖讖盛行於西漢末和東漢時期。⓬宗卿師　官名。平帝五年，王莽攝政，郡國置宗師以主宗室事，蓋特尊之，故曰「宗卿師」也。⓭五威將軍　官名。王莽時置。⓮從事　官名。西漢元帝時置，為各州屬官，秩百石。東漢沿置，稱「從事史」，由各州長官辟署。⓯出補　出任地方官員。⓰巫　縣名。戰國楚巫郡，秦置縣。故城在今重慶市巫山縣東，晉移今巫山縣治，隋改曰「巫山」。⓱丞　輔佐主要官員做事的官吏。⓲閭里　鄉里；平民聚居處。⓳下江　地皇三年（西元二二年）疾疫流行，綠林軍分兵轉移，一路由王常、成丹率領，西入南郡，稱「下江兵」。⓴新市　地皇三年疾疫流行，綠林軍分兵轉移，一路由王匡、王鳳率領，北嚮南陽，稱「新市兵」。㉑軼　即李軼，東漢宛人。李通從弟，素好事，與李通助光武帝起事於舂陵，以功封舞陰王，後為朱鮪所殺。㉒四方　天下；各處。㉓宗室　帝王的宗族。㉔劉伯升　即劉縯，字伯升。東漢光武帝長兄，性剛毅慷慨，有大節。王莽篡位，縯發舂陵子弟，部署賓客，與新市、平林兵合軍而進，斬甄阜、梁丘賜於黃淳水。破嚴尤、陳茂於育陽。後為更始所害。光武即位，追封齊王，諡「武」。㉕汎　同「泛」。㉖會　恰巧；碰上。㉗光武　東漢光武帝劉秀（西元前六—西元五七年），字文叔，南陽蔡陽（今湖北棗陽）人。東漢王朝的建立者，西元二五—五七年在位，西漢遠支皇族。西漢末他與兄劉縯加入綠林農民軍，更始元年取得昆陽大捷的巨大勝利。不久到河北活動，鎮壓和收編銅馬等農民軍，力量逐漸壯大。西元二五年稱帝，隨後統一全國。在位期間，多次發布釋放奴婢和禁止殘害奴婢的命令，減輕賦稅，廢止地方更役制，興修水利，裁併四百餘縣，精簡官吏，並在中央加重尚書職權，在地方廢除掌握軍權的都尉，生產有所恢復和發展。㉘士君子　舊時指有學問而品德高尚的人。㉙移日　日影移動。指很長的一段時間。㉚握手　執手；拉手。古時在離別、會晤或有所囑託時，皆以握手表示親近或信任。㉛殊　特別；很。㉜不意　沒有想到；沒有防備。㉝長安　古都城名。漢高祖七年定都於此。此後東漢獻帝初、西晉愍帝、前趙、前秦、後秦、西魏、北周、隋、唐皆定都於此。西漢末綠林、赤眉，唐末黃巢領導的農民軍也曾建都於此。故城有二：漢城築於惠帝時，在今西安西北。隋城築於文帝時，號大興城，故址包有今西安城和城東、南、西一帶。唐末就舊城北部改築新城，即今西安城。㉞微觀　仔細觀察。㉟度　考慮；打算。㊱備言　詳細述說。㊲約結　結盟；訂約。㊳期　預定的時間；選定的日子。㊴材官　秦漢始置的一種地方預備兵兵種。㊵都試騎士日　漢法：以立秋日都試騎士，謂「課殿最」。㊶前隊大夫　王莽時改南陽稱前隊，置大夫，職如太守。此指南陽太守甄阜。㊷屬正　王莽所置，職如都尉。此指梁丘賜。㊸舂陵　地名。漢侯國，長沙定王子買封於泠道之舂陵鄉，號「舂陵侯」，故城在今湖南寧遠西北，後徙南陽之白水鄉，仍號「舂陵」。後漢改為章陵縣，三國魏改為安昌，隋仍曰「舂陵」，唐省，故城在今湖北棗陽東。㊹黃顯　西漢南陽蔡陽（今湖北棗陽）人，王莽時官中郎將，因為李通父李守辯護被誅殺。㊺中郎將　官名。秦代置，為中郎長官，隸郎中令。兩漢沿置，掌宮禁宿衛，隨行護駕，佐郎中令（光祿勳）考覈選拔郎官，亦常奉詔出使。東漢還增設使匈奴中郎將。㊻詣闕　赴朝廷。㊼上書　向君主進呈書面意見。㊽歸死　接受死刑；請死。㊾章　奏本。㊿留　引申為扣留。(51)闕　帝王居地的宮殿。(52)無狀　謂罪大不可言狀。(53)質　抵押或抵押品。(54)悖逆　指違反正道，犯上作亂。(55)刎　割也。(56)市　街市。(57)漢兵　西元二二年，下江兵、新市兵、平林兵匯合後稱漢兵。(58)甄阜　王莽時任南陽太守。(59)梁丘賜　王莽時任屬正。(60)更始　西元二三年，綠林軍立劉玄為漢帝，年號為「更始」。(61)拜　授與官職；任命。(62)大將軍　官名。

始於戰國，漢代沿置，為將軍的最高稱號，執掌統兵征戰。事實上多由貴戚擔任，掌握政權，職位甚高。63丞相　官名。始於戰國時，為百官之長，亦稱相邦。秦代以後為封建官僚組織中的最高官職，輔佐皇帝，綜理全國政務。西漢初稱為相國，後改丞相，與太尉、御史大夫合稱三公。西漢末改為大司徒，東漢末復稱丞相。64持節　古代使臣奉命出行，必執符節以為憑證。65荊州　漢武帝所置「十三刺史部」之一。治漢壽，即今湖南常德東。有今湖北、湖南兩地及河南、貴州、廣東、廣西四地的各一部。66女弟　妹妹。67寧平　縣名。漢置，屬淮陽國。故城在今河南鹿邑西南五十里。68衛尉　官名。戰國秦始置，掌宮廷警衛。西漢沿置，秩中二千石，列位九卿。掌皇帝所居未央宮禁衛，主管宮門屯駐衛士，專司晝夜巡警和檢查出入者之門籍。東漢時總領南、北宮衛士令丞，又轄左右都侯、諸宮掖門司馬。69建武　東漢光武帝年號，西元二五－五六年。70大司農　官名。西漢武帝改大農令設，秩中二千石，列位九卿。掌管全國租賦收入和國家財政開支，凡百官俸祿、軍費、各級政府機構經費等皆由其支付，兼理各地倉儲、水利、官府農業、手工業、商業的經營，調運貨物，管制物價等。71學官　學校的房舍。72王梁　字君嚴，漁陽要陽（今河北豐寧東）人。從光武帝滅王莽。自野王令召拜大司空，封武強侯。戰功甚多。官終濟南太守，改稱「阜城侯」卒。73王霸　字元伯，東漢潁陽人。從光武帝擊破王尋、王邑兵。王郎兵起，光武至下曲陽，傳聞王郎兵在後，從者皆恐，至滹沱河，侯史還曰：「河水流澌，無船不可濟。」光武使霸往視之，霸恐驚眾，還即說曰：「堅冰可渡！」遂前至河，河冰果合，乃令霸護渡，未畢數騎而冰解。光武即位，累功拜上谷太守。捕擊胡虜，治飛狐道，起亭障，自代至平城三百餘里。凡與匈奴、烏桓大小數十百戰。後南單于、烏桓降服，北邊無事。在上谷二十餘歲。封淮陵侯卒。74漢中　郡名。戰國楚地，秦置漢中郡，漢初為國，後仍為漢中郡，治南鄭，在今陝西南鄭東二里。75賊　此指延岑。76公孫述　字子陽，東漢茂陵人，哀帝時為清水長。太守以其能，使兼攝五縣，政事修理，奸盜不發。王莽天鳳年間自立為蜀王，都成都。建武初自立為天子，號「成家」。建元龍興，盡有益州之地。大司馬吳漢、輔威將軍臧宮攻之，郡邑皆降，述被刺墮馬，左右扶之登輿，入城而死。吳漢夷述妻子，盡滅公孫氏。77西城　縣名。西漢置，東漢末為西域郡治，故城在今陝西安康西北。78屯田　利用戍卒或農民、商人墾殖荒地。漢以後歷代政府沿用此措施取得軍餉和稅糧。79順陽　縣名。屬南陽郡。本漢析縣之順陽鄉，哀帝封孔光為博山侯國，東漢更名順陽，故城在今河南淅川縣東。80榮寵　指君王的恩寵。81乞身　古代官員申請退休的習慣用語，有時也為大臣引咎辭職的一種方式。或稱「乞骸」、「賜乞骸」。82詔　帝王所發布的文書命令。83公卿　三公九卿的合稱，後泛指中央政府高級行政官員。84大司徒　官名。三公之一，西漢哀帝時罷丞相，置大司徒，東漢時稱司徒，名義上與司空、太尉共掌政務，實際上權力已在尚書臺。85侯霸　字君房，東漢密人。矜嚴有威容，治《穀梁春秋》，累官淮平大尹。更始徵拜，百姓號哭，遮道乞留。光武初徵拜尚書令，明習故事，條奏前世善政法度有益於時者，皆施行之。進大司徒，封關內侯，卒諡「哀」。[86]伊　即伊尹，名摯。商初大臣，相傳曾為有莘氏媵臣，入商輔佐成湯，伐桀滅夏，建立商朝。湯死後，其子太丁未立而卒，他先後輔立太丁弟外丙、仲壬。仲壬死後，復輔立太丁子太甲。太甲即位，不遵湯法，乃放之於桐，攝政。太甲居桐三年，悔過，遂迎歸，還以國政，復為相輔，至沃丁時卒。[87]呂　即呂尚。又稱太公望、呂望，俗稱姜太公、姜子牙。姜姓，呂氏，名尚，字牙。周文王遇之於渭水之陽，云：「吾太公望子久矣」，故號「太公望」。佐武王伐紂，滅商後受封於營丘（今山東淄博），為齊國開國之君。[88]蕭　即蕭何（？—西元前一九三年），西漢初大臣，沛縣（今江蘇）人。秦末佐劉邦起兵。入咸陽，他收取秦政府的律令圖書，掌握了全國的山川險要、郡縣戶口和當時的社會情況。楚漢戰爭中，薦韓信為大將，以丞相身分留守關中，輸送士卒糧餉，支援作戰。對劉邦戰勝項羽、建立漢朝起了重要作用。後封酇侯。定律令制度，協助高祖消滅韓王信、陳豨、英布等異姓諸侯王。[89]曹　即曹參（？—西元前一九〇年），字敬伯，沛縣人。漢初大臣，秦末從劉邦起兵，屢立戰功。漢朝建立，封平陽侯，曾任齊相九年。協助高祖平定陳豨、英布等異姓諸侯王。後繼蕭何為漢惠帝丞相，「舉事無所變更，一遵蕭何約束」，有「蕭規曹隨」之稱。[90]大策　重大的謀略、決策。[91]聖德　猶言至高無上的道德。一般用於古之稱聖人，也用以稱帝德。[92]海內　古人認為中國疆土四面環海，因此稱國境以內為海內。[93]諸侯　西周、春秋時分封的各國國君。在其封土內世襲占有封地及居民，世代掌握統治權。此指封邑。[94]以時　按時。[95]視事　辦公；治事。[96]大司空　官名。西漢綏和元年（西元前八年）由御史大夫改為此名，秩萬石，祿比丞相，與丞相（大司徒）、大司馬並為三公，共同管理政務。位雖尊崇，但權移尚書。[97]權埶　亦作「權勢」。權力和勢力。[98]消疾　消渴病。[99]謝病　託詞有病。[100]乞骸骨　古代官員申請退休的習慣用語。意為向皇帝乞回骸骨，歸葬故鄉。有時也為大臣引咎辭職的一種說法。或稱「乞身」、「乞骸」、「賜乞骸」。[101]第　官僚貴族的宅院。[102]歲　年的別稱。[103]印綬　印信和繫印信的絲帶。古人印信上繫有絲帶，佩帶在身。[104]特進　官名。始置於西漢末期。初為賜列侯中有特殊地位者。東漢沿置，賜功勳卓著者，位在三公下。亦或賜諸侯王。[105]奉朝請　古代諸侯春季朝見天子叫「朝」，秋季朝見為「請」。因稱定期參加朝會為「奉朝請」。漢代退職大臣、將軍和皇室、外戚多以「奉朝請」名義參加朝會。[106]有司　官吏。古代設官分職，各有專司，故稱。[107]召陵　縣名。漢置。故城在今河南郾城東三十五里。[108]幸　指帝王巡視某地。[109]太牢　古代祭祀，牛、羊、豕三牲具備謂之「太牢」。[110]祠　祭祀。[111]冢　墳墓。[112]謚　古代帝王或大官死後根據其一生行事所加的稱號。[113]弔　祭奠死者或對遭到喪事的人家給予慰問。[114]黃　《東觀漢記》「黃」字作「簧」。[115]朱鮪　東漢人，綠林軍首領。更始政權建立後，被更始帝封為大司馬。116 永平　東漢明帝年號，西元五八－七五年。117 顯宗　即東漢明帝劉莊（西元二八－七五年），字子麗，漢光武帝劉秀第四子，西元五七－七五年在位。在位期間，遵奉光武制度，整頓吏治，嚴明法令，禁止外戚封侯預政。提倡儒術，省減租徭，修治汴河，民生比較安定。數發兵進擊北匈奴，遣班超經營西域，西域諸國皆遣子入侍。後世史家將其與章帝統治時期並稱為「明章之治」。廟號顯宗。118 安眾　縣名。西漢置，為侯國，故治在今河南鄧州東。謝承《後漢書》：「安眾侯劉崇，長沙定王五代孫，南陽宗室也。與宗人討莽有功，隨光武河北破王郎。朝廷高其忠壯，策文嗟歎，以厲宗室。安眾諸劉皆其後。」119 篤　厚。120 富與貴是人之所欲三句　語見《論語・里仁》。121 聖人　指品德最高尚、智慧最高超的人。122 億測微隱　億測，猜測。億，推測。後作「臆」。微隱，精深而隱祕。此指李通所說的「劉氏復興，李氏為輔」的讖言。123 猖狂無妄之福　語出《莊子》：「倡狂妄行。」《易・无妄卦》：「無无之往，何之矣。」鄭玄注：「妄之言望，人所望宜正。行必有所望，行而無所望，是失其正，何可往也。」即《史記》朱英曰「代有無望之福，又有無妄之禍」是也。124 觖　望；希冀。125 一切　權時；一時。126 蒙穀負書　《戰國策》：吳、楚戰於栢舉，吳師入郢。蒙穀奔入宮，負離次之典，浮江逃於雲夢之中。後昭王反郢，五官失法，百姓昏亂；蒙穀獻典，五官得法，百姓大化。校蒙穀之功，與存國相若，封之執圭。蒙穀怒曰：「穀非人臣也，社稷之臣也。苟社稷血食，余豈患無君乎！」遂棄於歷山也。127 侚　炫耀；誇示。128 楚　古國名。始祖鬻熊。西周時立國於荊山一帶，建都丹陽（今湖北秭歸）。常與周發生戰爭，周人稱為荊蠻。熊渠做國君時，疆土擴大到長江中游。楚文王時建都於郢（今湖北江陵西北紀南城）。春秋時兼併周圍小國，不斷與晉爭霸。疆域西北到武關（今陝西丹鳳東南），東南到昭關（今安徽含山縣北），北到今河南南陽，南到洞庭湖以南。戰國時疆域又有所擴大，東北到今山東南部，西南到今廣西東北角，東南至今江蘇和浙江。西元前二二三年為秦所滅。129 即墨　古地名。戰國時為齊邑，秦置縣。故城在今山東平度東南。齊湣王時，燕昭王伐齊，燕將樂毅下七十餘城，惟莒、即墨不下，湣王敗，出亡。燕人入臨菑，盡取齊寶，燒其宮室宗廟。後齊田單以即墨擊破燕軍，悉復所亡城。130 齊　即齊國，西元前十一世紀周分封的諸侯國。姜姓。在今山東北部，開國君主姜尚，建都營丘（今山東淄博）。春秋初期齊桓公任用管仲改革內政，國力強盛，成為霸主。西元前五六七年，齊靈公滅萊，領土擴展到山東東部。疆域東至海，西至黃河，南至泰山，北至無棣水（今河北鹽山縣南）。後田氏代齊，成為戰國七雄之一。西元前二二一年為秦所滅。131 燕　周代諸侯國名。本作「匽」、「郾」。姬姓，周召公之後，世稱「北燕」，擁有今河北北部和遼寧西端，建都薊（今北京市區西南）。戰國時成為七雄之一。後滅於秦。132 趣舍　進退；取捨。即趨舍。趣，趨向。

【語譯】李通，字次元，南陽郡宛縣人。世代靠經商成為著名家族。父親李守，身高九尺，容貌非凡，為人嚴肅持重，在家如在官府。早年師事劉歆，喜好天文曆數讖文圖記，王莽時擔任宗師卿。李通也擔任過五威將軍從事，外出補任巫縣縣丞，有能幹的聲譽。王莽末年，百姓愁苦怨恨，李通平時曾聽李守解釋讖言說「劉氏要重新興盛，李氏是輔佐」，心裡常想著這句話。而且他居家生活富足安逸，是當地雄豪，因此不樂意擔任縣吏，於是辭官回家。

2 等到下江、新市兵起事，南陽也開始騷動，李通堂弟李軼，也一向好事，於是共同商議說：「眼下四方擾亂，新莽王朝行將滅亡，漢室必定復興。南陽劉氏宗室，唯獨劉縯兄弟博愛且包容眾人，可與他們謀劃大事。」李通笑著回答說：「這也是我的想法。」恰好光武帝劉秀逃避官吏追捕到了宛縣，李通聽說後，馬上派李軼去迎接劉秀。劉秀開始以為李通是士人君子相互仰慕，因而前去見他。相見後，交談了很久，握手盡歡。李通趁機具體說了讖文之事，劉秀開始感到很意外，不敢承當。當時李守在長安，劉秀便稍加試探對李通說：「既然如此，你的父親宗師卿將怎麼辦？」李通說：「我自有辦法。」於是又把他的計劃全部講了一遍。劉秀深知李通的想法之後，於是就相互約定結盟，確定謀略，商定在大試材官騎士的那一天，準備劫持前隊大夫與屬正，藉以號令大家。於是讓劉秀與李軼回到春陵，舉兵相互呼應。派遣堂兄的兒子李季到長安，把起兵一事報告李守。

3 李季在路上病死，李守暗中得知起兵事，想逃回家。他一向與同邑黃顯友好，當時黃顯擔任中郎將，聽說他要逃走，對李守說：「如今關卡防禁很嚴，您體貌非凡，能跑到什麼地方呢？不如向朝廷請罪。事情尚未發生，這樣做，或許可以免於禍難。」李守聽從了他的建議，隨即上書請求死罪，奏章未來得及上報，他被留在京師。恰好起兵事被發覺，李通得以逃走，王莽得知此事，於是把李守關在監獄中。黃顯為他求情說：「李守得知兒子的罪不可饒恕，不敢逃走，而恪守仁義自信，歸命於朝廷，臣黃顯願意擔保李守出獄並與他一起回東方，曉諭勸說他的兒子。如果他的兒子還悖逆無道，令李守面朝北刎首自殺，以報答大恩。」王莽同意了他的說法。恰好前隊又上書報告李通起兵的情況，王莽大怒，想殺李守，黃顯爭辯此事，於是一道被誅殺，連同李守在長安的家屬均被殺。南陽也誅殺了李通的兄弟、同門宗人六十四人，都在宛縣鬧市上焚屍。

4 當時漢兵也已經匯合在一起。李通與劉秀、李軼在棘陽相遇，於是共同擊破前隊，殺了甄阜、梁丘賜。

5 劉玄被立為更始帝後，任命李通為柱國大將軍，封輔漢侯。隨劉玄到長安，又被任命為大將軍，封為西平王；李軼為舞陰王；李通堂弟李松為丞相。更始帝派李通持節返回鎮守荊州，李通娶劉秀妹伯姬，即後來的寧平公主。劉秀即帝位後，徵召李通出任衛尉。建武二年，被封為固始侯，任命為大司農。光武帝每次征討四方，經常命令李通留守京城，鎮撫百姓，修造宮室，建立學校館舍。五年春天，代替王梁擔任前將軍。六年夏天，率領破姦將軍侯進、捕虜將軍王霸等十多營將士攻擊漢中賊。公孫述派兵前去救援，李通等與援軍在西城交戰，打敗他們，回師後在順陽屯田。

6 當時天下基本平定，李通想躲避皇帝的寵幸，因病上書乞求辭職。皇帝詔令把此事交給公卿眾臣討論。大司徒侯霸等說：「王莽篡奪漢朝政權，使天下傾覆混亂。李通懷著伊尹、呂尚、蕭何、曹參一樣的謀略，建議制定重大策略，扶助神靈，輔助成就聖德。為了國家使家業破敗了，忘我地侍奉君主，有扶危存亡的義舉。功勞德行最高，海內盡知。李通以天下平定，謙讓辭位。安定時不能忘掉危險，應該令李通在職治病。他想歸封國，不可以聽從。」於是詔令李通盡力治病，按時辦公。同年夏天，進而任命李通為大司空。

7 李通一介平民倡導大義，協助成就大業，又因寧平公主的緣故，特別被親近器重。然而生性謙虛恭謹，常想避讓權勢。一向患有消渴症，自擔任宰相以來，因病不辦公，連年請求退休，光武帝每每優厚寵待他。令以公的身分回家養病，李通又堅決辭讓。過了二年，才允許他交還了大司空印綬，以特進身分按時朝會。有關部門奏請封各位皇子，光武帝被李通首創大謀所感動，當天封李通幼子李雄為召陵侯。每次巡幸南陽，常常派使者用太牢祭祀李通父親的墳墓。李通於建武十八年去世，贈謚號為「恭侯」。光武帝與皇后親臨弔唁送葬。

8 他的兒子李音繼承爵位。李音死，其子李定繼承。李定死，子李黃繼承。李黃死，子李壽繼承。

9 李軼後被朱鮪所殺。更始帝失敗後，李松戰死，只有李通能憑功名終其一生。永平年間，明帝到宛縣，詔令李家眾人隨安眾縣的宗親一起相見，一同受賞賜，恩寵深厚。

10 史家評論說：孔子說「發財與做官是人人所盼望的，不用正常的方法去得到它，君子不接受」。李通怎麼懂得人們的欲求要用正確方法去得到這個道理呢！天道性命，聖人卻難以說清，何況是臆測微伏隱機的讖言，覬覦非分之福，汙滅親族，以望求一時之功！古時蒙穀收藏國典，不徇楚國之難；齊國利用即墨之地，義雪燕兵破國之恥。他們安身立命的志趣，大概與李通不同吧？

1 王常，字顏卿，潁川❶舞陽❷人也。王莽末，為弟報仇，亡命江夏❸。久之，與王鳳❹、王匡❺等起兵雲杜❻綠林❼中，聚眾數萬人，以常為偏裨❽，攻傍❾縣。後與成丹❿、張卬⓫別入南郡⓬藍口⓭，號下江兵⓮。王莽遣嚴尤⓯、陳茂擊破之。常與丹、卬收散卒入蔞谿，劫略鍾⓰、龍⓱間，眾復振。引軍與荊州牧⓲戰於上唐⓳，大破之，遂北至宜秋⓴。

2 是時，漢兵與新市、平林眾俱敗於小長安㉑，各欲解去。伯升聞下江軍在宜秋，即與光武及李通俱造㉒常壁㉓，曰：「願見下江一賢將，議大事。」成丹、張卬共推遣常。伯升見常，說以合從㉔之利。常大悟，曰：「王莽篡弒㉕，殘虐天下，百姓思漢，故豪傑㉖並起。今劉氏復興，即真主㉗也。誠思出身為用，輔成大功。」伯升曰：「如事成，豈敢獨饗㉘之哉！」遂與常深相結而去。常還，具為丹、卬言之。丹、卬負其眾，皆曰：「大丈夫㉙既起，當各自為主，何故受人制乎？」常心獨歸漢，乃稍曉說其將帥曰：「往者成、哀㉚衰微無嗣，故王莽得承間㉛篡位。既有天下，而政令苛酷，積失百姓之心。民之謳吟思漢，非一日也，故使吾屬因此得起。夫民所怨者，天所去也；民所思者，天所與也。舉大事必當下順民心，上合天意，功乃可成。若負強恃勇，觸情恣欲㉜，雖得天下，必復失之。以秦㉝、項㉞之埶，尚至夷覆㉟，況今布衣相聚草澤㊱？以此行之，滅亡之道也。今南陽諸劉舉宗起兵，觀其來議事者，皆有深計大慮，王公㊲之才，與之并合，必成大功，此天所以祐吾屬也。」下江諸將雖屈強㊳少識，然素敬常，乃皆謝曰：「無王將軍，吾屬幾陷於不義。願敬受教。」即引兵與漢軍及新市、平林合。於是諸部齊心同力，銳氣益壯，遂俱進，破殺甄阜、梁丘賜。

3 及諸將議立宗室，唯常與南陽士大夫㊴同意欲立伯升，而朱鮪、張卬等不聽。及更始立，以常為廷尉㊵、大將軍，封知命侯。別徇汝南㊶、沛郡㊷，還入昆陽㊸，與光武共擊破王尋、王邑。更始西都長安，以常行南陽太守㊹事，令專命誅賞㊺，封為鄧王，食㊻八縣，賜姓劉氏。常性恭儉，遵法度，南方稱之。

4 更始敗，建武二年夏，常將妻子詣㊼洛陽㊽，肉袒㊾自歸。光武見常甚歡，勞之曰：「王廷尉良苦。每念往時，共更[50]艱戹[51]，何日忘之。莫往莫來，豈違平生之言乎[52]？」常頓首[53]謝曰：「臣蒙大命[54]，得以鞭策[55]託身陛下[56]。始遇宜秋，後會昆陽，幸賴靈武，輒成斷金[57]。更始不量愚臣[58]，任以南州[59]。赤眉[60]之難，喪心失望，以為天下復失綱紀[61]。聞陛下即位河北[62]，心開目明，今得見闕庭[63]，死無遺恨。」帝笑曰：「吾與廷尉戲耳。吾見廷尉，不憂南方矣。」乃召公卿將軍以下大會，具為群臣言：「常以匹夫[64]興義兵，明于知天命[65]，故更始封為知命侯。與吾相遇兵中，尤相厚善。」特加賞賜，拜為左曹[66]，封山桑[67]侯。

後帝於大會中指常謂群臣曰：「此家率下江諸將輔翼漢室，心如金石，真忠臣也。」是日遷常為漢忠將軍，遣南擊鄧奉、董訢，令諸將皆屬焉。又詔常北擊河間[68]、漁陽[69]，平諸屯聚。五年秋，攻拔湖陵[70]，又與帝會任城[71]，因從破蘇茂、龐萌。進攻下邳[72]，常部當城門戰，一日數合，賊反走入城，常追迫之，城上射矢雨下，帝從百餘騎自城南高處望，常戰力甚，馳遣中黃門詔使引還，賊遂降。又別率騎都尉王霸共平沛郡賊[73]。六年春，徵還洛陽，令夫人迎常於舞陽，歸家上冢。西屯長安，拒隗囂[74]。七年，使使者[75]持璽書[76]即拜常為橫野大將軍，位次與諸將絕席[77]。常別擊破隗囂將高峻於朝那[78]。囂遣將過烏氏，常要擊破之。轉降保塞羌[79]諸營壁，皆平之。九年，擊內黃[80]賊，破降之。後北屯故安[81]，拒盧芳[82]。十二年，薨[83]于屯所，謚曰節侯。

6 子廣嗣。三十年，徙封石城[84]侯。永平十四年，坐[85]與楚事[86]相連，國除。

【章　旨】以上敘述王常事跡。王常出身於綠林軍，後歸更始，為大將軍。後歸劉秀，拜橫野大將軍，封山桑侯。是劉秀統一天下的重要將領。

【注　釋】❶潁川　郡名。秦置，兩漢沿置。治陽翟縣（今河南禹州）。❷舞陽　古地名。戰國時魏邑，漢置縣。高帝封樊噲為侯國。故城在今河南舞陽西。❸江夏　郡名。西漢置。治西陵（今湖北新洲西）。❹王鳳　綠林軍首領。天鳳四年（西元一七年）新市（今湖北京山縣）人王匡、王鳳組織荊州饑民，發動武裝起事，以綠林山（今湖北京山縣北大洪山）為根據地，被稱為「綠林軍」。❺王匡　綠林軍首領。天鳳四年新市人王匡、王鳳組織荊州饑民，發動武裝起事，以綠林山為根據地，被稱為「綠林軍」。❻雲杜　縣名。漢置。故城在今湖北沔陽西北。❼綠林　山名。今湖北京山縣北大洪山。❽偏裨　偏將，裨將。將佐的通稱。❾傍　臨近。❿成丹　綠林軍首領之一。⓫張卬　綠林軍首領之一。⓬南郡　戰國時置。初治郢縣（今湖北荊州北紀南城），後移治江陵縣（今湖北荊州）。漢武帝時割東部數縣置江夏郡，宣帝後轄有相當今湖北襄樊以南，荊門、洪湖以西，長江、清江河流域以北的地區，西至重慶巫山縣。⓭藍口　鄉聚名。《續漢志》載，南郡編縣有藍口聚。⓮下江兵　西漢末農民軍之一支。地皇三年（西元二二年）疾疫流行，綠林軍分兵轉移，一路由王常、成丹率領，西入南郡，稱「下江兵」。⓯嚴尤　兩漢時期人。王莽遣十二將軍出擊匈奴，嚴尤以「討穢將軍」出漁陽。後封武建伯，為大司馬。尤有智謀，反對王莽征討四夷的作法，數諫忤莽意，由是策免。下江兵起，以納言大將軍職擊荊州，後自昆陽敗走，至沛郡，自稱漢將，降忠武侯劉聖。聖以為大司馬，十餘日敗，並死。⓰鍾　山名。在今湖北隨州東北。⓱龍　山名。在今湖北應山縣東北。⓲牧　官名。州牧的省稱。漢成帝改州刺史置，秩二千石，位次九卿，監察州郡。後廢置不常。東漢靈帝時復置，掌一州軍政大權，位高於郡守。⓳上唐　鄉聚名。故城在今湖北隨州棗陽東北。⓴宜秋　聚邑名。故址在今河南唐河縣東南。㉑小長安　古地名。一作「小長安聚」。今河南南陽南。本書〈光武帝紀〉：光武與王莽前隊大夫甄阜戰於小長安。㉒造　到；去。㉓壁　謂軍營。壁，軍營的圍牆。㉔合從　以利相合。㉕弒　臣殺君、子殺父母謂「弒」。㉖豪傑　才能出眾的人。㉗真主　古代混亂時期對正統皇帝的稱謂。㉘饗　祭獻。㉙大丈夫　有大志、有作為、有氣節的男子。㉚哀　即哀帝劉欣（西元前二五—前一年），西漢皇帝，西元前七—前一年在位。元帝庶孫，定陶恭王子。即位後為削弱外戚王氏權勢，遣王莽及曲陽侯王根就國。又欲限制宗室、諸王侯、吏民名田和奴婢，然外戚丁、傅用事阻撓，均田之議遂罷。因社會危機嚴重，採納方士夏賀良之議，以為漢家王朝歷運中衰，當再受命，以建平二年（西元前五年）為太初元將元年，自號陳聖劉太平皇帝，旋即廢除。身患痿痺之症，末年加劇，朝政日亂。㉛承間　趁機會。㉜恣欲　縱欲。㉝秦　指秦國。開國君主為秦襄公，因護送周平王東遷有功，被周分封為諸侯。春秋時建都於雍（今陝西鳳翔東南），占有今陝西中部和甘肅東南端。秦穆公曾攻滅十二國，稱霸西戎。戰國時秦孝公任用商鞅變法，國力富強，並遷都咸陽，成為戰國七雄之一。之後，疆域不斷擴大。西元前二二一年秦王政統一中國，建立秦朝。㉞項　即項羽，字羽，秦下相人。目重瞳子，力能扛鼎。曾與叔父項梁避地吳中，會秦始皇遊會稽，渡浙江，項梁與羽觀，羽曰：「彼可取而代也！」梁掩其口曰：「毋妄言，族矣！」梁以此奇羽。二世初，陳涉等兵起，羽與梁起兵吳中。梁敗死，羽將其軍，於鉅鹿遇秦軍，九戰皆破之。自立為「西楚霸王」。秦滅，與漢高祖爭衡，戰無不利。後為漢軍及諸侯軍圍於垓下，夜聞漢軍四面皆楚歌，乃與虞姬訣別，潰圍出，至烏江被圍，自刎死。㉟夷覆　滅亡。㊱草澤　在野之士；平民。㊲王公　一說指天子諸侯。一說即太師、太傅、太保三公。㊳屈強　倔強。㊴士大夫　古代官僚階層。也指有名望有學問的讀書人。㊵廷尉　官名。秦始置，為九卿之一。廷尉的職掌是管刑獄，為最高法官。廷尉的主要職責是負責審理皇帝交辦的詔獄，同時審理地方上報的疑難案件。㊶汝南　郡名。西漢置。東漢治所在平輿（今河南平輿北）。轄境相當今河南潁河、淮河之間，京廣鐵路西側一線以東，安徽茨河、西淝河以西，淮河以北地區。㊷沛郡　漢置。治相縣，東漢為沛國，在今安徽宿縣西北。㊸昆陽　縣名。戰國時魏邑，後屬秦。漢置縣，東漢封傅俊為侯邑。故城即今河南葉縣治。㊹太守　官名。西漢景帝時改郡守置，為郡的最高行政長官，掌民政、司法、軍事、財賦等，可以自辟僚屬，秩二千石。東漢沿置。㊺專命誅賞　《東觀漢記》：「誅不從命，封拜有功。」㊻食　以封地的賦稅為衣食之資。㊼詣　舊時特指到尊長那裡去。㊽洛陽　東漢都城。今河南洛陽東北白馬寺東。㊾肉袒　解衣裸露出肉體。古代以此形式向對方表示恭敬或謝罪。㊿更　經也。(51)艱戹　艱險；危難。(52)莫往莫來二句　言王常曾云：「劉氏真主也，誠思出身為用，輔成大功」。常乃久事更始，不早歸朝，帝微以責之，故下文云「吾與廷尉戲耳」。《詩・衛風》：「莫往莫來，悠悠我思。」(53)頓首　跪拜禮節。拜時頭手觸地，觸後即起。由於頭觸地面時間短暫，故稱「頓首」。(54)大命　謂天子之命。(55)鞭策　策，馬檛也。言執策以從之。(56)陛

下　古代臣子對皇帝的尊稱。「陛」，本指宮殿的臺階，「陛下」指站在臺階下的侍者，臣子向天子進言，不敢直呼天子，必先呼侍者以告之，以卑達尊之意也。(57)斷金　謂深相結交。《易．繫辭》：「二人同心，其利斷金。」(58)愚臣　大臣對君主自稱的謙辭。(59)南州　即南陽。(60)赤眉　指漢末以樊崇等為首的農民軍。因以赤色塗眉為標誌，故稱。(61)綱紀　社會的秩序和國家的法紀。(62)河北　光武帝即位於鄗，故地在今河北柏鄉。(63)闕庭　亦作「闕廷」。朝廷，亦借指京城。(64)匹夫　泛指尋常的個人。(65)天命　上天的意志。(66)左曹　官名。為加官，西漢武帝時置。加此官號者，可上朝謁見，享受二千石待遇，還可以平受尚書事，成為樞機重臣。(67)山桑　縣名。漢置。故城在今安徽蒙城北三十七里。(68)河間　封國。轄境相當今河北雄縣及大清河以南，南運河以西，高陽、肅寧以東，阜城以北地區。(69)漁陽　戰國燕置。秦漢治漁陽（今北京密雲西南）。轄境相當今河北灤河上游以南，薊運河以西，天津海河以北，北京懷柔、通州以東地區。(70)湖陵　縣名。戰國宋湖陵邑，秦置湖陵縣，後漢封東平王蒼子為侯國，改曰湖陸，故城在今山東魚台東南六十里。(71)任城　縣名。漢置。後漢為任城國治，即今山東濟寧治。(72)下邳　縣名。古邳國。漢置下邳縣，封韓信為楚王，都下邳，應劭曰，邳在薛，其後徙此，故曰下邳。故治在今江蘇睢寧西北。(73)沛郡賊　《東觀漢記》載，沛郡賊，苗虛也。(74)隗囂　字季孟，東漢成紀人。王莽末，據隴西，稱「西州上將軍」。初附更始，旋屬光武，後又叛附公孫述。光武西征，囂奔西城而死。(75)使者　奉使命辦事的人。(76)璽書　古代以泥封加印的文書。秦以後專指皇帝的詔書。(77)絕席　一人獨席，謂地位尊顯。《漢官儀》：「御史大夫、尚書令、司隸校尉，皆專席，號三獨坐。」(78)朝那　縣名。漢置。屬安定郡。故城在今甘肅平涼西北。(79)保塞羌　部族名。為漢時我國西北地區少數名族中羌族的一支。主要聚居地區在今青海湟水流域與甘肅洮水流域等地。(80)內黃　縣名。本戰國魏黃邑，漢置縣，因陳留郡有外黃縣，故加「內」字。治今河南內黃西北。(81)故安　戰國燕武陽邑。漢置故安縣，為侯國，屬涿郡。故城在今河北易縣東南。(82)盧芳　字君期，東漢安定三水人。王莽時，天下咸思漢德，芳由是詐稱武帝曾孫劉伯始，起兵據安定，自稱西平王。會匈奴句林王將兵來降，迎芳入匈奴，立為漢帝，留數年。光武即位後，五原人李興等至單于庭迎芳入塞，居九原縣。外倚匈奴，內因興等，廣略邊郡，據有五原、朔方、雲中、定襄、鴈門諸郡。其部將隨昱欲脅之降漢，乃亡入匈奴。後復入居高柳，使使請降，朝廷詔立芳為代王，使和集匈奴。未及，仍叛亡，死匈奴中。(83)薨　古代稱諸侯或有爵位的大官之死。(84)石城　古地名。戰國屬趙。今河南林縣西南八十五里。《史記．趙世家》：「惠文王十八年，秦拔我石城。」(85)坐　因某事而犯罪。(86)楚事　即楚王劉英謀逆事。劉英為光武帝與許美人所生，建武十七年封為楚王。劉英好黃老，交通方士，永平十三年，有人告劉英與漁陽王平、顏忠等造作圖書，有謀逆，事下案驗。有司奏請誅之。光武帝不忍，下詔廢劉英楚王位，國除，劉英自殺。劉英事牽連師傅親戚、諸侯州郡豪傑及考案官吏，坐死徙者以數千計。

【語譯】王常，字顏卿，是潁川舞陽人。王莽末年，因為弟報仇而犯法，便逃亡到江夏，後來與王鳳、王匡等人在雲杜綠林中起兵，有部眾數萬人，王常為副將，攻掠附近縣城。後來又與成丹、張卬領兵進入南郡藍口，號稱下江兵。王莽派遣嚴尤、陳茂將其擊破。王常便與成丹、張卬一起收集散兵進入蔞谿，在三鍾山、石龍山一帶劫掠，部眾又壯大起來。王常領軍與荊州牧在上唐大戰，擊破敵軍後，便北進到宜秋。

2 此時，漢兵與新市、平林兵眾全都在小長安失敗，各路人馬準備離開回到各處去。劉伯升聽說下江軍在宜秋，立即和光武帝及李通一起來到王常營中，說：「願見下江軍的一位賢將，一起商議大事。」成丹、張卬都推舉王常。劉伯升見到王常，把聯合的好處講給他聽。王常大悟，說：「王莽篡位弒君，殘虐天下，百姓思戀漢朝，各路豪傑起兵反莽。現在劉氏復興，這才是當今真主。我真希望出來為您所用，輔佐您成就大功。」劉伯升說：「如果事成，我怎敢獨享其成！」便與王常深相結交而去。王常見到成丹、張卬，把劉伯升的來意全部告訴他們。成丹、張卬倚仗自己兵多，都說：「大丈夫既然起兵，應當獨自為主，為什麼要受制於他人呢?」王常自己心中已決定歸漢，就慢慢地給其將帥們講道理說：「過去成帝、哀帝時皇室衰微，沒有後人繼承，所以王莽才能乘機篡位。王莽有天下之後，政令嚴苛酷虐，早已失去百姓之心。百姓思念漢朝之情，已非一日，所以我們才能趁此起兵。百姓所怨恨的，正是上天所要拋棄的；百姓所思念的，正是上天所要給予的。舉大事一定要下順民心，上合天意，這樣才能成功。若自恃兵強將勇，隨心所欲，雖然得到天下，也會再失掉。像秦朝、項羽那樣有勢力，尚且終至平夷覆滅，何況我們這些聚於草澤之中的平民呢?我們這樣行事，遲早要滅亡。現在南陽的劉姓以整個宗族起兵，我看那些前來議事的人，個個有深謀遠慮，具王公之才，若與他們合併，必成大功，這是上天用他們來保佑我們呀！」下江兵的諸將雖倔強不馴，見識寡陋，但卻一貫敬重王常，便都說：「沒有王將軍開導，我們差點成為不義之人。我們願接受您的教誨。」王常立即領兵與漢軍及新市、平林諸軍合併。於是各部齊心同力，銳氣大增，便全軍進發，攻破王莽軍，殺了甄阜、梁丘賜。

3 後來在將領們商議立漢宗室之人為皇帝時，唯有王常與南陽士大夫意見相同，想立劉伯升，而朱鮪、張卬等人不聽。後來更始皇帝立，任王常為廷尉、大將軍，並封其為知命侯。王常另外率領一支軍隊征略汝南、沛郡，又還軍進入昆陽，與光武帝一起擊破王尋、王邑。更始帝定都長安後，任王常兼南陽太守，命令他獨自掌握誅殺賞賜大權，並封他為鄧王，食邑八縣，賜姓劉氏。王常性恭敬儉讓，遵守法度，受到南陽百姓的稱讚。

4 更始皇帝敗後，建武二年夏天，王常帶領妻兒來到洛陽，歸降待罪。光武帝見到王常非常高興，撫慰他說：「王廷尉真是太辛苦了。我常常思念過去，我們曾共同經歷艱難險惡的境遇。你的功勞我一天也沒忘掉，但你卻久不與我來往，豈不是違背了你往常要輔佐真主的話了嗎？」王常叩頭認錯說：「天命讓我執鞭策馬隨從您。在宜秋才開始與您相遇，後來在昆陽又與您會合，有幸靠著您的靈武，與您結成斷金之好。更始皇帝不以我愚，任我兼代南陽太守。赤眉攻入長安，更始帝敗，我感到灰心失望，以為天下又失去了綱紀。聽說您在河北即位，讓我心開眼明，又見到希望。今天能夠在洛陽見到您，我死無遺憾。」光武帝笑著說：「我剛才不過和你開個玩笑罷了。今天見到你，我不再擔憂南陽方面的事了。」便召集公卿將軍以下的人會集一起，對群臣說：「王常單身興起義兵，明知天命，所以更始皇帝封他為知命侯。他和我在戰爭中相遇，交好甚厚。」便對王常特加賞賜，拜為左曹，封山桑侯。

5 後來，光武帝在大會中指著王常對群臣說：「這個人率領下江諸將輔佐漢室，心如金石之堅，真是個忠臣。」當天便改王常為漢忠將軍，派他南擊鄧奉、董訢，令諸將都歸他指揮。又下詔讓王常北擊閒、漁陽，平定那裡的屯聚之眾。建武五年秋天，王常攻下湖陵，又與光武帝在任城相會，並隨從攻破蘇茂、龐萌。進攻下邳時，王常部眾與敵人戰於城門，一日數戰，敵人敗退入城，王常緊追不捨，城上敵人放箭，矢密如雨。光武帝由百餘騎陪從在城南高處觀戰。見王常戰鬥勇猛，忙派中黃門下詔讓其退軍，城內敵人這才投降。又讓王常率領騎都尉王霸，一起平定沛郡敵人。建武六年春，徵召其回洛陽，令其夫人在舞陽相迎，歸家上墳。

又讓其西駐長安，抵禦隗囂。建武七年，光武帝派使者帶著璽書，拜王常為橫野大將軍，位次明顯貴於其他諸將。王常又在朝那擊破隗囂將領高峻。隗囂派將領路過烏氏時。王常設軍截擊破之。接著又降服保塞羌人的許多營壘。建武九年，王常率軍擊破降服內黃之敵。以後又北屯故安，抵禦盧芳。建武十二年，死於屯駐之處，被諡為「節侯」。

6 王常兒子王廣繼承了爵位。建武三十年，改封其為石城侯。永平十四年，因與楚王謀反之事有牽連，封國被廢除。

1 鄧晨，字偉卿，南陽新野❶人也。世吏二千石❷。父宏❸，豫章❹都尉❺。晨初娶光武姊元。王莽末，光武嘗與兄伯升及晨俱之宛，與穰❻人蔡少公等讌❼語。少公頗學圖讖，言劉秀當為天子。或曰：「是國師公劉秀乎？」光武戲曰：「何用知非僕❽邪？」坐者皆大笑，晨心獨喜。及光武與家屬避吏新野，舍晨廬，甚相親愛。晨因謂光武曰：「王莽悖暴❾，盛夏斬人❿，此天亡之時也。往時會宛，獨當應邪？」光武笑不荅。

2 及漢兵起，晨將賓客⓫會棘陽。漢兵敗小長安，諸將多亡家屬，光武單馬遁走，遇女弟伯姬，與共騎而奔。前行復見元，趣⓬令上馬。元以手撝⓭曰：「行矣，不能相救，無為兩沒也。」會追兵至，元及三女皆遇害。漢兵退保棘陽，而新野宰⑭乃汙晨宅，焚其冢墓。宗族皆恚怒⑮，曰：「家自富足，何故隨婦家人入湯鑊⑯中？」晨終無恨色。

3 更始立，以晨為偏將軍。與光武略地⑰潁川，俱夜出昆陽城，擊破王尋、王邑。又別徇陽翟⑱以東，至京⑲、密⑳，皆下之。更始北都洛陽，以晨為常山㉑太守。會王郎㉒反，光武自薊走㉓信都㉔，晨亦間行會於鉅鹿㉕下，自請從擊邯鄲㉖。光武曰：「偉卿以一身從我，不如以一郡為我北道主人。」乃遣晨歸郡。光武追銅馬㉗、高胡㉘群賊於冀州㉙，晨發積射士㉚千人，又遣委輸㉛給軍不絕。光武即位，封晨房子㉜侯。帝又感悼姊沒於亂兵，追封諡元為新野節義長公主，立廟㉝于縣西。封晨長子汎為吳房㉞侯，以奉公主之祀。

4 建武三年，徵晨還京師，數讌見，說故舊㉟平生為歡。晨從容謂帝曰：「僕竟辦之。」帝大笑。從幸章陵㊱，拜光祿大夫㊲，使持節監執金吾㊳賈復㊴等擊平邵陵㊵、新息㊶賊。四年，從幸壽春㊷，留鎮九江㊸。

5 晨好樂郡職，由是復拜為中山太守，吏民稱之，常為冀州高第㊹。十三年，更封南䜌侯。入奉朝請，復為汝南太守。十八年，行幸章陵，徵晨行廷尉事。從至新野，置酒酣㊺讌，賞賜數百千萬，復遣歸郡。晨興㊻鴻郤陂㊼數千頃㊽田，汝土以殷，魚稻之饒，流衍(49)它郡。明年，定封西華(50)侯，復徵奉朝請。二十五年卒，詔遣中謁者(51)備公主官屬禮儀(52)，招迎新野主魂，與晨合葬於北芒(53)。乘輿(54)與中宮(55)親臨喪送葬。謚曰惠侯。

6 小子棠嗣，後徙封武當(56)。棠卒，子固嗣。固卒，子國嗣。國卒，子福嗣，永建(57)元年卒，無子，國除。

【章　旨】以上敘述鄧晨事跡。劉秀起兵之前，鄧晨為其製造輿論；起兵之後，又與劉秀共破王尋、王邑，且調集運輸軍用物資，有蕭何之功。劉秀統一天下後，鄧晨又任地方大吏，為鞏固東漢政權，做出貢獻。

【注　釋】❶新野　縣名。漢置。今河南新野南。❷世吏二千石　漢制，郡守俸祿為二千石，即月俸百二十斛。世因稱郡守為「二千石」。❸宏　鄧晨父，新莽時任豫章都尉。❹豫章　郡名。西漢高帝六年（西元前二〇一年）分九江郡置，治南昌縣（今江西南昌）。轄境相當今江西地。❺都尉　官名。高級武官，地位稍低於校尉，或冠以驍騎、車騎、軍門、強弩、復土等名號，皆有事時臨時設置，事訖即罷。❻穰　戰國時韓邑，後入秦，秦置穰縣，故治在今河南鄧州。❼讌　同「宴」。❽僕　舊謙稱「我」。❾悖暴　背理兇暴。❿盛夏斬人　王莽地皇元年下書曰：「方出軍行師，有趍讙犯法者，斬無須時。」舊時處決犯人，在秋後行刑。盛夏行刑，是違天時。⓫賓客　貴族官僚所養食客的稱謂。他們要為主人充當勇士、謀士、侍衛，管理家私雜事，或委派為使者、說客、間諜。與主人無穩定隸屬關係，可自由來去。⓬趣　古同「促」。催促；急促。⓭撝　揮動。⓮宰　主管官吏。此指縣令。⓯恚怒　生氣；憤怒。⓰湯鑊　煮著滾水的大鍋。古代常作刑具，用來烹煮罪人。⓱略地　占領土地。⓲陽翟　縣名。秦置陽翟縣，兩漢沿置。故址在今河南禹州。⓳京　漢置京縣。屬河南郡。在今河南滎陽。⓴密　縣名。故城在今河南新密東南。㉑常山　郡名。漢置恆山郡，因避文帝劉恆諱，改恆山郡為常山郡。治元氏（今河北元氏西北)。㉒王郎　一名昌，東漢邯鄲人。素為卜相，明星曆，以為河北有天子氣。時趙繆王子林好奇數任俠，於趙魏間多通豪猾，郎與之親厚。更始初，林等遂立郎為天子，林為丞相，與光武抗衡。未幾，為光武所敗，郎亡走，追斬之。㉓走　逃跑；奔逃。㉔信都　郡國名。漢高祖置國。轄境相當今河北冀縣、深縣、武邑、棗強、衡水、南宮、景縣及山東德州的一部。景帝時曾改為廣川國。宣帝時復為信都郡。東漢明帝永平十五年改為樂成國。今河北冀縣治東北有信都故城，即其舊治。㉕鉅鹿　郡名。秦置。漢武帝時轄境相當今河北寧晉、晉州、柏鄉、隆堯、鉅鹿、平鄉、廣宗、新河、辛集等市縣地，治所在廮陶縣(今河北柏鄉東)。㉖邯鄲　郡名。春秋時衛邑，後屬晉，戰國屬趙，敬侯自晉陽徙都於此。秦始皇十九年(西元前二二八年)置邯鄲郡。轄境相當今河北泜河以南，滏陽河上游和河南內黃、浚縣，山東館陶、冠縣西部地區。漢高祖四年改為趙國。景帝時又一度改為邯鄲郡。故城在今河北邯鄲西南十里，俗呼為「趙王城」。㉗銅馬　新莽末北方農民軍番號。㉘高胡　新莽末北方農民軍番號。㉙冀州　漢武帝所置「十三刺史部」之一。轄境相當今河北中南部、山東西端及河南北端。東漢治高邑(今河北柏鄉北)，末期移置鄴縣(今河北臨漳西南)。㉚積射士　漢代尋跡而射的兵士。積，通「跡」。㉛委輸　轉運。亦指轉運的物資。㉜房子　戰國時趙邑。漢置縣。故城在今河北高邑西南。㉝廟　古時供奉祭祀名人的處所。㉞吳房　故房子國，漢為侯邑，孟康曰，本房子國，以吳夫槩封此，故曰「吳房」。今河南遂平治。㉟故舊　舊友總稱。㊱章陵　本書卷十四：建武十二年，以皇祖皇考墓為昌陵，後改為章陵。今湖北棗陽東。㊲光祿大夫　官名。戰國時置中大夫，漢武帝時始改稱光祿大夫，掌顧問應對，屬光祿勳。㊳執金吾　官名。西漢太初元年(西元前一〇四年)由中尉改置，秩中二千石。掌京師治安、督捕盜賊，負責宮廷、京城以內的警衛，戒備非常水火之事，管理中央武庫，皇帝出行則掌護衛及儀仗。東漢沿置。㊴賈復　字君文，東漢初南陽冠軍(今河南鄧州)人。敦崇儒學，習《尚書》。曾為縣掾。綠林起事後聚眾起兵，自號將軍。後相繼歸附更始和劉秀。擊青犢，賊堅陳不卻，復被羽先登，所向皆靡，賊乃敗走。劉秀稱帝，拜執金吾，封冠軍侯。破降更始大將軍朱鮪及赤眉農民軍，遷左將軍。建武十三年(西元三七年)累功封膠東侯。知光武帝不欲功臣擁眾京師，乃削除兵甲，與高密侯鄧禹以列侯就第，以此深受賞識。卒謚「剛」。漢明帝時圖畫功臣，列為雲臺二十八將之一。見本書卷十七。㊵邵陵　漢召陵縣。故城在今河南郾城東三十五里。㊶新息　古息國。漢置新息縣。應劭曰，縣故息國，其後東徙，故加新也，今河南息縣東。㊷壽春　今安徽壽縣，本秦壽春地。㊸九江　郡名。秦置。初治所在壽春縣(今安徽壽縣)，東漢移治陰陵縣(今安徽定遠西北)，轄境相當今安徽淮河以南、瓦埠湖流域以東、巢湖以北地區。㊹高第　經過考核，成績優秀，名列前茅。㊺酣酒　喝得很暢快。㊻興　舉辦；發動。㊼鴻郤陂　鴻郤，陂名。漢武帝時開鑿，引淮水為陂灌田。故址在今河南汝南、平輿、正陽、息縣間。㊽頃　計量土地單位。一頃等於一百畝。㊾流衍　廣泛流布。衍，饒；多餘。㊿西華　縣名。漢置，後漢為侯邑。故城今河南西華南。51中謁者　官名。始置於春秋、戰國時，為國君掌管傳達。秦漢沿置。漢制，郎中令屬官有謁者，少府屬官有中書謁者令（後改稱中謁者令）。謁者掌賓贊受事，員額至七十人，其長官稱「謁者僕射」。52備公主官屬禮儀　《漢官儀》：「長公主官屬，傅一人，員吏五人，騶僕射五人，私府長、食官長、永巷令、家令各一人。」53北芒　山名。即邙山。因在洛陽之北，故名。東漢、魏、晉的王侯公卿多葬於此。54乘輿　皇帝的馬車。借指皇帝。55中宮　皇后居住之處。因以借指皇后。56武當　縣名。漢置。以武當山名，故城在今湖北丹江口市北。57永建　東漢順帝劉保年號，西元一二六—一三二年。

【語　譯】 鄧晨，字偉卿，是南陽新野人。家中幾代都為二千石官。其父鄧宏，為豫章都尉。鄧晨以前娶光武帝姐姐劉元為妻。王莽末年，光武帝曾與哥哥劉伯升及鄧晨一起到宛城，與穰人蔡少公等飲宴談話。蔡少公很懂圖讖之術，說劉秀當為天子。有人問：「是那個國師公劉秀嗎？」光武帝開玩笑說：「怎麼知道那個劉秀不是我呢？」在座者全都大笑起來，鄧晨心中暗自高興。光武帝與家屬在新野躲避吏役時，住在鄧晨家，二人關係甚是親密。鄧晨便對光武帝說：「王莽兇悖暴虐，於盛夏之時斬人，是上天要滅亡他的時候了。當初宛城相會時蔡少公之語，恐怕要應驗到您身上了吧？」光武帝聽了笑而不答。

2 後來漢兵興起，鄧晨帶著賓客在棘陽與之相會。漢軍在小長安失敗，諸將家屬大多失散，光武帝單身匹馬逃走，遇見妹妹伯姬，便與之共騎而奔。往前走又遇見姐姐劉元，便催促她趕快上馬一起逃走。劉元揮著手說：「你們走吧，這樣不能救我。不要都丟掉性命。」在追兵到來時，劉元和三個女兒全都遇害。漢兵退守棘陽，新野守宰便弄汙鄧晨住宅，焚毀其家墳墓。宗族的人都很憤怒，說：「你家中本來很富足，為什麼要跟隨媳婦家人去下油鍋？」但鄧晨始終無後悔之意。

3 更始皇帝立，以鄧晨為偏將軍。鄧晨與光武帝一起征略潁川一帶，一起夜出昆陽城，擊破王尋、王邑。又另外領軍征略陽翟以東地方，至於京縣、密縣，全都攻占了。更始皇帝向北以洛陽為都，以鄧晨為常山太守。在王郎反叛時，光武帝從薊奔至信都，鄧晨也抄小路到鉅鹿與光武帝相會，自動請求隨從光武帝攻打邯鄲。光武帝說：「偉卿以一人隨我，不如擁有北面一郡來接濟我。」便派鄧晨回歸郡中。光武帝於冀州追擊銅馬、高胡等賊眾，鄧晨派出積射士千人相助，又派人不斷地運輸物資接濟光武帝軍隊。光武帝即位後，封鄧晨為房子侯。光武帝又感悼姐姐死於亂兵，追封劉元諡號為「新野節義長公主」，並於縣西立廟。又封鄧晨長子鄧汎為吳房侯，以供奉公主的祭祀。

4　建武三年，徵召鄧晨回京師，光武帝數次宴請他，愉快地與其暢敘故舊平生。鄧晨從容地對光武帝說：「我當初說陛下您當為天子的讖言，現在終於實現了。」光武帝聽了大笑。鄧晨隨光武帝祭掃章陵，被拜為光祿大夫。命他持節監督執金吾賈復等擊平邵陵、新息等處敵人。建武四年，又隨從光武帝至壽春。留鎮於九江。

5　鄧晨喜歡擔任郡守職務，以其為樂事，因此又被拜為中山太守，受到吏民的稱讚。其所在的中山郡，考課常居冀州第一。建武十三年，改封鄧晨為南䜌侯。加「奉朝請」銜，又為汝南太守。建武十八年，光武帝行至章陵，徵鄧晨代理廷尉事。鄧晨隨光武帝至新野，光武帝設酒與之暢飲，賞賜他金錢數百千萬，又派遣他回歸汝南郡。鄧晨在郡與建鴻郤陂灌田數千頃，汝南因之殷富，使豐饒的魚稻等物流轉到其他郡。第二年，鄧晨被封為西華侯，又徵為「奉朝請」。建武二十五年，鄧晨死。光武帝詔派中謁者用公主官屬禮儀，招迎新野主之魂，與鄧晨合葬於北芒。光武帝與皇后親自送葬。加鄧晨諡號為「惠侯」。

6　鄧晨的小兒子鄧棠繼承爵位，後改封武當。鄧棠死，其子鄧固繼承。鄧固死，其子鄧國繼承。鄧國死，其子鄧福繼承。永建元年，鄧福死，無子，國被廢除。

1　來歙，字君叔，南陽新野人也。六世祖漢，有才力❶，武帝❷世，以光祿大夫副樓船❸將軍楊僕❹，擊破南越❺、朝鮮❻。父仲，哀帝時為諫大夫，娶光武祖姑❼，生歙。光武甚親敬之，數共往來長安。

2 漢兵起，王莽以歙劉氏外屬，乃收繫之，賓客共篡奪❽，得免。更始即位，以歙為吏，從入關❾。數言事不用，以病去。歙女弟為漢中王劉嘉妻，嘉遣人迎歙，因南之漢中。更始敗，歙勸嘉歸光武，遂與嘉俱東詣洛陽。

3 帝見歙，大歡，即解衣以衣之，拜為太中大夫❿。是時方以隴⓫、蜀⓬為憂，獨謂歙曰：「今西州⓭未附，子陽稱帝，道里阻遠，諸將方務關東⓮，思西州方略，未知所任，其謀若何？」歙因自請曰：「臣嘗與隗囂相遇長安。其人始起，以漢為名。今陛下聖德隆興，臣願得奉威命，開以丹青之信⓯，囂必束手自歸，則述自亡之埶，不足圖也。」帝然之。建武三年，歙始使隗囂。五年，復持節送馬援⓰，因奉璽書於囂。既還，復往說囂，囂遂遣子恂隨歙入質⓱，拜歙為中郎將。時山東⓲略定，帝謀西收囂兵，與俱伐蜀，復使歙喻旨。囂將王元說囂，多設疑故，久冘豫⓳不決。歙素剛毅，遂發憤質責囂曰：「國家以君知臧否⓴，曉廢興，故以手書暢意。足下推忠誠，遣伯春㉑委質，是臣主之交信也。今反欲用佞惑㉒之言，為族滅之計，叛主負子，違背忠信乎？吉凶之決，在於今日。」欲前刺囂，囂起入，部勒兵㉓，將殺歙，歙徐杖節就車而去。囂愈怒，王元勸囂殺歙，使牛邯將兵圍守之。囂將王遵諫曰：「愚聞為國者慎器與名，為家者畏怨重禍。俱慎名器[24]，則下服其命；輕用怨禍，則家受其殃。今將軍遣子質漢，內懷它志，名器逆矣；外人有議欲謀漢使，輕怨禍矣。古者列國兵交，使在其間，所以重兵貴和而不任戰也，何況承王命籍重質而犯之哉？君叔雖單車遠使，而陛下之外兄也。害之無損於漢，而隨以族滅。昔宋執楚使，遂有析骸易子之禍[25]。小國猶不可辱，況於萬乘之主，重以伯春之命哉！」歙為人有信義，言行不違，及往來游說，皆可案覆[26]，西州士大夫皆信重之，多為其言，故得免而東歸。

4 八年春，歙與征虜將軍祭遵[27]襲略陽[28]，遵道病還，分遣精兵隨歙，合二千餘人，伐山開道，從番須[29]、回中[30]徑至略陽，斬囂守將金梁，因保其城。囂大驚曰：「何其神也！」乃悉兵數萬人圍略陽，斬山築堤，激水灌城。歙與將士固死堅守，矢盡，乃發屋斷木以為兵。囂盡銳攻之，自春至秋，其士卒疲弊。帝乃大發關東兵，自將上隴，囂眾潰走，圍解。於是置酒高會[31]，勞賜歙，班坐絕席，在諸將之右[32]，賜歙妻縑[33]千匹[34]。詔使留屯長安，悉監護諸將。

5 歙因上書曰：「公孫述以隴西[35]、天水[36]為藩蔽，故得延命假息。今二郡平蕩，則述智計窮矣。宜益選兵馬，儲積資糧。昔趙[37]之將帥多賈人[38]，高帝[39]懸之以重賞。今西州新破，兵人疲饉，若招以財穀，則其眾可集。臣知國家所給非一，用度不足，然有不得已也。」帝然之。於是大轉糧運，詔歙率征西大將軍馮異[40]、建威大將軍耿弇[41]、虎牙大將軍蓋延[42]、揚武將軍馬成[43]、武威將軍劉尚入天水，擊破公孫述將田弇[44]、趙匡[45]。明年，攻拔落門[46]，隗囂支黨周宗、趙恢[47]及天水屬縣皆降。

6 初王莽世，羌虜[48]多背叛，而隗囂招懷其酋豪[49]，遂得為用。及囂亡後，五谿[50]、先零[51]諸種數為寇掠，皆營塹自守，州郡不能討。歙乃大修攻具，率蓋延、劉尚及太中大夫馬援等進擊羌於金城[52]，大破之，斬首虜數千人，獲牛羊萬餘頭，穀數十萬斛[53]。又擊破襄武[54]賊傅栗卿等。隴西雖平，而人飢，流[55]者相望。歙乃傾倉廩[56]，轉運諸縣，以賑贍[57]之，於是隴右[58]遂安，而涼州[59]流通焉。

7 十一年，歙與蓋延、馬成進攻公孫述將王元、環安於河池[60]、下辨[61]，陷之，乘勝遂進。蜀人大懼，使刺客刺歙，未殊[62]，馳召蓋延。延見歙，因伏悲哀，不能仰視。歙叱延曰：「虎牙何敢然！今使者中刺客，無以報國，故呼巨卿，欲相屬[63]以軍事，而反效兒女子涕泣乎！刃雖在身，不能勒兵斬公邪！」延收淚強起，受所誡。歙自書表曰：「臣夜人定[64]後，為何人所賊傷，中臣要害。臣不敢自惜，誠恨奉職不稱，以為朝廷羞。夫理國以得賢為本，太中大夫段襄，骨鯁[65]可任，願陛下裁察。又臣兄弟不肖[66]，終恐被罪，陛下哀憐，數賜教督。」投筆抽刃而絕。

8 帝聞大驚，省[67]書攬涕，乃賜策[68]曰：「中郎將來歙，攻戰連年，平定羌、隴，憂國忘家，忠孝彰著。遭命遇害，嗚呼哀哉！」使太中大夫贈歙中郎將、征羌侯印綬，謚曰節侯，謁者護喪事。喪還洛陽，乘輿縞素[69]臨弔送葬。以歙有平羌、隴之功，故改汝南之當鄉縣為征羌[70]國焉。

9 子褒嗣。十三年，帝嘉歙忠節，復封歙弟由為宜西侯。褒子稜，尚[71]顯宗[72]女武安公主。稜早歿[73]，褒卒，以稜子歷為嗣。

10 論曰：世稱來君叔天下信士。夫專使乎二國之間，豈厭詐謀哉？而能獨以信稱者，良其誠心在乎使兩義[74]俱安，而己不私其功也。

【章旨】以上敘述來歙事跡。重點介紹來歙協助光武帝消滅隗囂、公孫述的重要戰事。

【注釋】❶才力　才識勇力。❷武帝　即西漢武帝劉徹（西元前一五六—前八七年），西漢皇帝，漢景帝之子。西元前一四一—前八七年在位。統治期間接受董仲舒建議，「獨尊儒術」，作為鞏固政權的工具。頒行「推恩令」，使諸侯王多分封子弟為侯，以削弱割據勢力。設置十三部刺史，以加強對地方的控制。徵收商人資產稅，打擊富商大賈，又採納桑弘羊建議，把冶鐵、煮鹽、鑄錢收歸官營。曾派張騫兩次至西域，加強對西域的聯繫。派唐蒙至夜郎，在西南先後建立七個郡。用衛青、霍去病為將，進擊匈奴貴族，解除匈奴威脅。由於舉行封禪，祀神求仙，揮霍無度，加以傜役繁重，致使農民大量破產流亡，社會矛盾漸趨尖銳。晚期爆發農民起義。❸樓船　水軍，兩漢兵種之一。❹楊僕　漢宜陽人。以千夫為吏，河南守舉為御史，使督關東盜賊，以敢擊行，武帝以為能。南越反，拜為樓船將軍，有功，封「將梁侯」。東越反，帝欲復使為將，為其伐前勞，乃以書敕責之。使伐東越以掩其過。僕遂破東越。後與荀彘俱擊朝鮮。坐罪免為庶人。❺南越　秦末，秦龍川令趙佗起兵附合農民暴動。秦亡，趙佗稱「南越武王」。武帝時，南越王趙興上書，請求內附，廢除邊關。遭丞相呂嘉的反對。呂嘉發動政變，殺南越王趙興及漢使。武帝遂於元鼎五年（西元前一一二年）派楊僕等率兵伐南越，平定呂嘉之亂，廢南越王國，在其地置南海等九郡。❻朝鮮　古族稱。古「朝鮮」的名稱始見於商、周時期，是濊貊系民族之一。《管子》：「八千里之發朝鮮」，《山海經》：「朝鮮在列陽東，海北山南，列陽屬燕」等記載。《東周輿地勝覽》中記載，朝鮮「東表日出之地」，「早明朝鮮之謂也」。據考，「朝鮮之稱，古人以為地近陽谷故曰朝，出日先明故曰鮮。」西漢初，中國人衛滿率千餘人進入朝鮮北部，被擁立為朝鮮王，成為漢王朝的藩屬國。至衛右渠時，漢武帝以衛右渠所「誘漢亡人滋多」為由，遣使譴責衛右渠，遭右渠拒絕，致使兩國關係惡化。元封二年（西元前一〇九年），武帝滅衛氏王朝，在其地設置樂浪、臨屯、玄菟、真番四郡，歸西漢政府管轄。❼祖姑　祖父的姐妹。❽篡奪　以強力奪取。❾關　指函谷關。❿太中大夫　官名。亦作大中大夫，秦朝置，西漢沿置，位居諸大夫之首。侍從皇帝左右，掌顧問應對，參謀議政，奉詔出使等，多以寵臣貴戚充任。東漢後期權任漸輕。⓫隴　即今甘肅之地，因在隴山之西而得名。⓬蜀　今四川之地，因古蜀國而得名。⓭西州　地區名。秦、漢、魏時稱涼州、朔方（一說不包括朔方）為西州，以在中原之西得名。故地即今河西走廊至玉門關附近一帶。此處指代隗囂。⓮關東　秦漢時稱函谷關以東地區為關東，又稱關外。⓯丹青之信　揚子《法言》：「聖人之言，明若丹青。」古代用丹砂和青雘作顏料繪畫，不易褪色，故有光明昭著之義。⓰馬援　字文淵，東漢茂陵人。少有大志，為郡督郵，以縱囚亡命北地牧畜，賓客多有歸附者。王莽以為新城大尹。莽敗，依隗囂，後歸光武。隗囂叛據隴西，援於帝前聚米為山谷，指劃形勢，因以破囂。建武中拜伏波將軍，征交阯，平之。立銅柱以表功。封新息侯。武陵五溪蠻反，援復將兵討之，時年已八十餘，嘗謂賓客曰：「丈夫立志，窮當益堅，老當益壯。」又言「男兒要當死于邊野，以馬革裹屍還葬。」後果卒於軍，建初中諡「忠成」。⓱入質　諸侯、屬國或藩部送其子弟於中央朝廷，以為人質，表示臣服。⓲山東　戰國、秦、漢時稱崤山或華山以東地區。⓳冘豫　也作「猶豫」。狐疑不決。⓴臧否　臧，善；好。否，惡；壞。連用即褒貶。㉑伯春　隗囂兒子隗恂字。㉒佞惑　諂佞；媚惑。㉓勒兵　猶陳兵。㉔名器　名號與車服儀制。古代用以別尊卑貴賤的等級。語本《左傳·成公二年》：「唯器與名，不可以假人，君之所司也。」杜預注：「器，車服；名，爵號。」㉕宋執楚使二句　《左傳》曰，楚使申舟聘齊，不假道于宋。華元曰：「楚不假道，鄙我也。」乃殺之。楚子聞之，遂圍宋。宋人懼，使華元夜入楚師，告子反曰「寡君使元以病告，弊邑易子而食，析骸以爨。」㉖案覆　核實。㉗祭遵　字弟孫，東漢潁陽人。為人廉約小心，克己奉公。從光武平河北，以功拜征虜將軍，封潁陽侯。北拒彭寵，遂進定其地；西討隗囂，數挫之，卒於軍，諡「成」。遵在軍，賞賜盡與士卒，家無私財，身著布衣，所在人不知有軍。取士皆用儒術，對酒設樂，必雅歌投壺。帝每歎曰：「安得憂國奉公之臣，如祭征虜者乎？」為雲臺二十八將之一。㉘略陽　地名。漢置略陽道，後為縣。故城在今甘肅秦安東北九十里。㉙番須　谷名。今陝西隴縣西北。㉚回中　鄉亭名，道路名。即關中平原通往隴東高原的交通要道。南起千河河谷，北出蕭關，抵清水河谷，途中經古回中宮。㉛高會　盛大宴會。㉜右　古代崇右，故以右為上，為貴，為高。㉝縑　雙絲織的細絹。㉞匹　量詞。指整卷的綢或布。㉟隴西　郡名。戰國秦昭襄王二十八年（西元前二七九年）以義渠地置。因在隴山以西得名。治狄道縣（今甘肅臨洮）。西漢時轄境相當今甘肅隴西、武山、天水等市縣以西，禮縣、舟曲、卓尼、岷縣等縣以北及廣河縣以東、以南的洮河中游地區。東漢西境擴大至今青海尖紮、同仁等縣以東，南境縮小至今岷縣一帶，東境僅有今武山、禮縣以西地區。㊱天水　郡名。漢置。治平襄（今甘肅通渭西南），後漢移治冀縣（今甘肅伏羌南），後改為漢陽郡。㊲趙　漢初封國，漢高祖三年（西元前二〇三年）立張耳為趙王，張耳死，子張敖繼立，擁有趙國故地，都於襄國（今河北邢臺）。㊳賈人　即商人。㊴高帝　即漢高祖劉邦（西元前二五六－前一九五年），字季，沛縣（今屬江蘇）人。西漢王朝的建立者，西元前二〇二－前一九五年在位。在秦末的反秦起義中，他與項羽領導的義軍逐漸成為主力，並最終推翻了秦朝的統治。之後，又與項羽展開長達五年的戰爭。西元前二〇二年，戰勝項羽，即皇帝位，建立漢朝。在位期間，繼承秦制，實行中央集權制度。先後消滅韓王信、彭越、英布等異姓諸侯王；實行重本抑末政策，發展農業生產，打擊商賈；以秦律為根據，制定《漢律九章》。㊵馮異　（？－西元三四年），字公孫，河南潁川父城縣人。喜讀《左氏春秋》和《孫子兵法》。以郡掾監督五縣，被漢兵所俘，願歸降光武。光武到河北後，馮異勸光武施行恩德，建湯、武之業。後跟光武滅王郎有功，被封為應侯。為人謙遜有禮，治軍有方。每當將領耀功時，馮異獨靠樹下，稱為「大樹將軍」。後馮異平定赤眉軍，擊敗延岑，平定關中。在同隗囂作戰中病死於軍中。見本書卷十七。㊶耿弇　字伯昭，東漢人。少好學，習父業。常見郡尉試騎士，建旗鼓馳射，由是好將帥之事。北謁光武帝，留署門下吏，以功加大將軍，勸光武定大計，從破銅馬、高湖、赤眉、青犢諸賊。光武即位，拜建威大將軍，破張步、拔全齊，凡平郡四十六，屠城三百，未嘗挫傷。卒諡「愍」。㊷蓋延　字巨卿，東漢漁陽要陽人，身長八尺，彎弓三百斤。以氣力聞。

歷郡列掾、州從事，所在職辦。彭寵為太守，召延署營尉，行護軍。王郎起，延與吳漢同謀歸光武，拜偏將軍，號建功侯，從平河北。光武即位，以延為虎牙將軍。南伐劉永，定沛、楚、臨淮，修高祖廟。又擊蘇茂、周建，皆破之。征隗囂，西擊街泉、略陽、清水諸屯聚，皆定。建武十一年，與中郎將來歙攻河池，未克，以病引還，拜為左馮翊，將軍如故，增封定食萬戶，薨於位。(43)馬成　字君遷，東漢棘陽人。光武帝以功拜揚威將軍，擊斬李憲，盡平江淮地。後屯常山中山以備北邊。又代大將軍杜茂繕治障塞，築堡壁，起烽燧，十里一候。在事五六年，征還京師，北方無事。後封全椒侯。就國卒。為雲臺二十八將之一。(44)田弇　公孫述部將。(45)趙匡　公孫述部將。(46)落門　古鄉聚名。在今甘肅武山縣東北。(47)趙恢　公孫述部將。(48)羌虜　古代對羌族的貶稱。(49)酋豪　部落的首領。(50)五谿　漢朝時西羌的一支，因居住於五谿一帶而名。(51)先零　漢朝時西羌的一支。西漢初分布於湟水及浩門水流域，後多次被漢軍擊敗，向西遷徙，東漢時徙於隴西（治今甘肅臨洮）、天水（治今陝西通渭西北）、右扶風等地。(52)金城　郡名。西漢置。轄境約當今甘肅蘭州以西，青海青海湖以東黃河、湟水流域和大通河下游地區。東漢末以後，轄境縮小，僅有今大通河下游以東地區。(53)斛　中國舊量器名，亦是容量單位。一斛本為十斗，後來改為五斗。多用於稱量糧食。(54)襄武　縣名。屬隴西郡。治所在今甘肅隴西東南。(55)流　謂流離失所以就食外地。(56)倉廩　糧庫。(57)賑贍　謂以財物周濟他人。(58)隴右　古地區名。泛指隴山以西地區。古代以西為右，故名。約當今甘肅六盤山以西、黃河以東一帶。(59)涼州　西漢武帝置「十三刺史部」之一。東漢治隴縣（今甘肅張家川回族自治縣），轄境相當今甘肅、寧夏、青海湟水流域，陝西定邊、吳旗、鳳縣、略陽和內蒙古額濟納旗一帶。(60)河池　縣名。漢置。後漢建武十一年，公孫述使王元等據河池拒漢，後攻破之，即此。故城在今甘肅徽縣西。(61)下辨　地名。漢置下辨道，東漢改為下辨縣。故城在今甘肅成縣西。(62)殊　死也。(63)屬　同「囑」。囑咐；託付。(64)人定　夜深安息之時。(65)骨鯁　魚骨頭。喻正直。《說文》：「鯁，魚骨也。」食骨留咽中為鯁。(66)不肖　不賢。肖，似也。(67)省　諦視。(68)賜策　賜予策書。(69)縞素　白衣服，指喪服。(70)征羌　侯國名。因來歙有平定羌、隴之功，封為征羌侯。故治在今河南漯河市東。(71)尚　仰攀婚姻。(72)顯宗　即東漢明帝劉莊（西元二八－七五年），字子麗，東漢皇帝，光武帝劉秀第四子，西元五七－七五年在位。在位期間，遵奉光武制度，整頓吏治，嚴明法令，禁止外戚封侯預政。提倡儒術，省減租徭，修治汴河，民生比較安定。數發兵進擊北匈奴，遣班超經營西域，西域諸國皆遣子入侍。後世史家將其與章帝統治時期並稱為「明章之治」。廟號顯宗。(73)歿　亦作「沒」。死。(74)兩義　謂使兩國守信，以求相安無事。

【語　譯】來歙，字君叔。是南陽新野人。他的六世祖來漢，有才識勇力，漢武帝時，以光祿大夫的身分，作為樓船將軍楊僕的副將，打敗了南越和朝鮮。他的父親來仲，哀帝時任諫大夫，娶光武帝的姑婆為妻，生子來歙。光武帝很信任尊敬他，多次一起往來於長安。

2 漢兵起，王莽認為來歙是劉氏的外家親屬，就把來歙逮捕關押起來。來歙的門客們用武力把他搶奪回來，來歙才免於治罪。劉玄當了皇帝，讓來歙在手下任事。來歙跟從劉玄入關。來歙多次進言論事，沒被採納，就以有病為由離去了。來歙的妹妹是漢中王劉嘉的妻子，劉嘉派人迎接來歙，於是來歙就南行到了漢中。劉玄失敗後，來歙勸說劉嘉歸順光武帝，和劉嘉一同東行到洛陽。

3 光武帝見了來歙，非常歡喜，馬上脫下衣服讓他穿上，並任他為太中大夫。當時，光武帝正為隴、蜀兩地尚未歸順而憂愁，單獨對來歙說：「現在占據隴地的隗囂沒有歸附，公孫述在蜀郡稱帝。隴、蜀道路險阻遙遠，各將領正在關東一帶努力作戰，策劃對付隗囂策略的重任，不知誰能承擔，這方面的計謀應當如何？」來歙就自動請求說：「我曾經和隗囂在長安相見過。他開始起兵的時候，以復興漢室為名。現在您聖德興隆，事業順利，我願意秉承您威嚴的命令，告諭他您光明誠信。隗囂一定會束手罷兵，自行歸順，那就造成了公孫述自取滅亡的形勢，我們也就不值得考慮他了。」光武帝認為他說得很對。建武三年，來歙第一次出使，往見隗囂。五年，來歙又持符節護送馬援，順便把光武帝璽封的書信帶給隗囂。來歙回來後，又去勸說隗囂，隗囂於是派其子隗恂為人質跟隨來歙來到京師入侍光武帝。光武帝任來歙為中郎將。當時山東一帶基本平定，光武帝謀劃西進，收降隗囂的軍隊，然後率領他們一道討伐公孫述。又派來歙為使者，向隗囂去說明光武帝的旨意。隗囂將領王元勸說隗囂，因為他提出許多值得懷疑憂慮的問題，致使隗囂很長時間猶豫不決。來歙一向剛強堅毅，知情後，怒形於色，義正辭嚴地斥責說：「皇帝以為你知道善惡得失，明白興衰之理，所以親筆寫信，盡情地表達了他的心意。你推心置腹，講求信用，派你兒子伯春委身朝廷，這是臣下和君主互相信任啊。現在你卻聽信蠱惑諂諛者的花言巧語，策劃導致滅族之災的計謀，難道你要背叛君主，有負兒子，違背忠誠信用嗎？決定吉凶，就在今天！」來歙想上前去刺殺隗囂，隗囂站起來進去，部署約束兵眾，要殺來歙。來歙慢慢地拄著節杖，登車而去。隗囂更為惱火，王元勸他殺掉來歙，派牛邯領兵把來歙圍困起來。隗囂將領王遵勸諫說：「我聽說治理國家的人對名器都非常慎重，當家的人很怕家庭中發生怨恨和災禍。名和器都很謹慎，那麼屬下就會聽從他的命令；輕易挑起怨恨和災禍，那麼家庭就會遭受禍殃。現在您派兒子去漢朝當人質，心裡又懷有別的想法，那就和上面所說對待器、名關係的道理相背了；別人有主張想謀殺漢朝的使者，這就是輕易挑起怨恨和災禍的作法。古時候列國打仗之際，都有使者在雙方之間來往調停，就是慎用武力珍視和平而不隨意開戰，更何況您已承受君王的命令，而且有重要的人質貢在朝中，反而又去冒犯他呢？來歙雖然是單身乘車，遠道而來，但他卻是光武帝的表兄。殺害他對於漢朝沒有任何損失，但隨之而來的卻是滅族之禍。過去，宋國拘押楚國的使者，並把他殺了，於是就招致戰禍，發生了『析骸而爨，易子而食』的慘劇。小國尚且不可輕侮，何況對於萬乘之主的使臣，再加上您兒子伯春的性命呢！」來歙為人講求信義，言行一致，不相違背，在他往來遊說時，事事都可得到核實，隗囂手下的士大夫都信任尊重他，紛紛替他說話，所以他得以免遭不幸，而東行回到洛陽。

4 八年春天，來歙同征虜將軍祭遵攻襲略陽，祭遵在半路生病而回，便分派精兵跟隨來歙，共兩千多人，砍伐山林，開闢道路，從番須、回中，直到略陽，斬隗囂守將金梁，於是占據了略陽城，隗囂大驚說：「怎麼這樣神速啊！」隗囂就率領全部人馬數萬包圍略陽，挖山築堤，引水淹城。來歙和將士們以必死之志，堅守城池，箭射完了，就拆房子、砍木頭當兵器。隗囂將他精銳的部隊全部派上去攻城，從春天到秋天，長時間的攻戰，士兵疲憊不堪。光武帝就大肆調發關東兵，親自領兵到隴地。隗囂兵眾潰亂逃散，略陽得以解圍。於是擺酒慶功，犒勞賞賜來歙，安排來歙獨坐一席，在諸將領的上位，賜給來歙妻子雙絲細絹一千匹。詔命來歙留駐長安，諸將都由來歙統管。

5 來歙乘勢上書說：「公孫述把隴西和天水作為藩籬屏障，所以能苟延殘喘。現在二郡被掃蕩平定，公孫述就智謀窮盡了。應該再多選兵馬，儲積物資糧草。過去陳豨反於趙、代的時候，他的將帥多是商人，漢高祖劉邦用重金懸賞，陳豨的將帥紛紛投降。現在隗囂剛被打敗，士兵和人民疲憊飢餓。如果用錢財和糧食招引他們，那裡的人眾就可以聚集起來為我所用。我知道國家所要供給的不僅是一個方面，雖用度不足，但這也是不得已的。」光武帝認為他的建議可行。於是大力轉運糧食，詔令來歙統率征西大將軍馮異、建威大將軍耿弇、虎牙大將軍蓋延、揚武將軍馬成、武威將軍劉尚進入天水，擊破公孫述部將田弇、趙匡。第二年，攻占落門，隗囂的黨羽周宗、趙恢及天水屬縣盡行歸降。

6 當初在王莽時，羌人常背叛朝廷，隗囂招安懷柔他們的酋長，於是為隗囂所用。到隗囂滅亡以後，五谿、先零等族部經常侵擾，都營造溝塹，各自堅守，州郡官府，無力征討。來歙就大肆整修攻城戰具，率領蓋延、劉尚及太中大夫馬援等進兵，在金城攻擊羌人，大獲全勝，斬俘數千人，獲牛羊一萬多頭，穀物幾十萬斛，還擊破襄武賊傅栗卿等。隴西雖然平定了，但人民飢餓，流離失所，往他處就食的人到處可見。來歙把倉庫存糧全部拿出來，轉運到各縣，來賑濟贍養他們。於是隴右一帶才得以安定，涼州與外界的交流來往也暢通無阻。

7 十一年，來歙和蓋延、馬成向河池、下辨進兵，攻打公孫述部將王元、環安，攻陷了兩地後，乘勝推進。蜀人很恐懼，派刺客刺殺來歙。來歙被傷未死，馳馬召見蓋延。蓋延見到來歙後，伏在地上不勝悲哀，以致不能仰視來歙。來歙大聲呵斥蓋延說：「虎牙將軍為什麼敢這樣！現在我被刺客刺中，無以報效國家，所以招你來，打算把軍務委託於你，你反而像小孩和女人那樣哭泣！我身上雖然帶著刺客的刀刃，難道我不能領兵殺你嗎？」蓋延止住眼淚，強立起身，接受來歙的訓誡。來歙親自向光武帝上表說：「我在深夜休息時候，不知被誰刺傷，刺中了我的要害。我不敢自我珍惜，實在慚愧任職而不稱職，給朝廷帶來羞愧。大凡治理國家，以得到賢才為根本，太中大夫段襄，為人正直，可以任用，希望陛下裁斷考察。還有我的兄弟不肖，恐怕終究要獲罪，陛下憐惜，多多對他教訓督正。」來歙寫完，將筆扔掉，一把拔出刺在身上的刀刃就絕氣了。

8 光武帝聽說後極為震驚，看罷奏疏，揩乾眼淚，便賜策命說：「中郎將來歙，連年攻戰征伐。平定羌、隴，憂國忘家，忠孝彰明昭著。不料今日遇害，真是太不幸了！」於是，讓太中大夫奉旨，追贈來歙中郎將和征羌侯的官印，諡為節侯，派謁者主持喪葬事務。靈柩回到洛陽，光武帝身穿素衣，親臨悼念送葬。因為來歙有平定羌、隴的功勞，所以改汝南郡的當鄉縣為征羌國。

9 來歙的兒子來褒繼承封爵。十三年，光武帝為嘉獎來歙的忠貞節義，又封來歙的弟弟來由為宜西侯。來褒的兒子來稜，娶顯宗劉莊的女兒武安公主為妻。來稜早死。來褒死後，讓來稜的兒子來歷繼承封爵。

10 史家評論說：世上人稱來歙是天下的信義之士。任專使來往於兩國之間，哪能不充分運用欺詐謀略呢？但是唯獨來歙能夠被稱為講信用的人的原因，確實是因為他的誠心，在於讓兩國守信，相安無事，而自己又不自私其功啊。

1 歷字伯珍，少襲爵❶，以公主子，永元❷中，為侍中❸，監羽林右騎❹。永初❺三年，遷射聲校尉❻。永寧❼元年，代馮石為執金吾。延光❽元年，尊歷母為長公主。二年，遷歷太僕❾。

2 明年，中常侍❿樊豐⓫與大將軍耿寶⓬、侍中周廣⓭、謝惲⓮等共讒陷⓯太尉楊震⓰，震遂自殺。歷謂侍御史⓱虞詡曰：「耿寶託元舅之親，榮寵過厚，不念報國恩，而傾側姦臣，誣奏楊公，傷害忠良，其天禍⓲亦將至矣。」遂絕周廣、謝惲，不與交通⓳。時皇太子⓴驚病不安，避幸安帝㉑乳母野王君王聖㉒舍。太子乳母王男、廚監㉓邴吉等以為聖舍新繕修，犯土禁㉔，不可久御㉕。聖及其女永與大長秋㉖江京㉗及中常侍樊豐、王男、邴吉等互相是非，聖、永遂誣譖男、吉，皆幽囚㉘死，家屬徙比景㉙。太子思男等，數為歎息。京、豐懼有後害，妄造虛無，構讒太子及東宮㉚官屬。帝怒，召公卿以下會議廢立。耿寶等承旨，皆以為太子當廢。歷與太常㉛桓焉、廷尉張皓議曰：「經㉜說，年未滿十五，過惡不在其身。且男、吉之謀，皇太子容有不知，宜選忠良保傅㉝，輔以禮義。廢置事重㉞，此誠聖恩所宜宿留㉟。」帝不從，是日遂廢太子為濟陰王。時監太子家小黃門㊱籍建、中傳高梵等皆以無罪徙朔方㊲。歷乃要結㊳光祿勳㊴祋諷、宗正㊵劉瑋，將作大匠㊶薛皓，侍中閭丘弘、陳光、趙代、施延，太中大夫朱倀、第五頡，中散大夫㊷曹成，諫議大夫㊸李尤，符節令㊹張敬，持書侍御史㊺龔調，羽林右監㊻孔顯，城門司馬㊼徐崇，衛尉㊽守丞樂闈，長樂、未央廄令㊾鄭安世等十餘人，俱詣鴻都門㊿證太子無過。龔調據法律明之，以為男、吉犯罪，皇太子不當坐。帝與左右患之，乃使中常侍奉詔脅(51)群臣曰：「父子一體，天性自然。以義割恩，為天下也。歷、諷等不識大典(52)，而與群小共為讙譁(53)，外見忠直而內希後福，飾邪違義，豈事君之禮？朝廷廣開言事之路，故且一切假貸(54)；若懷迷不反，當顯明刑書(55)。」諫者莫不失色。薛皓先頓首曰：「固宜如明詔。」歷怫然(56)，廷詰(57)皓曰：「屬通諫何言，而今復背之？大臣(58)乘朝車(59)，處國事，固得輾轉若此乎！」乃各稍自引起，歷獨守闕，連日不肯去。帝大怒，乃免歷兄弟官，削國租，黜公主不得會見。歷遂杜門不與親戚通，時人為之震慄(60)。

3 及帝崩(61)，閻太后(62)起歷為將作大匠。順帝(63)即位，朝廷咸(64)稱社稷臣(65)，於是遷為衛尉。祋諷、劉瑋、閭丘弘等先卒，皆拜其子為郎(66)；朱倀、施延、陳光、趙代等並為公卿，任職；徵王男、邴吉家屬還京師，厚加賞賜；籍建、高梵等悉蒙顯擢。永建(67)元年，拜歷車騎將軍(68)，弟祉為步兵校尉(69)，超為黃門侍郎(70)。二年，母長公主薨，歷稱病歸第；服闋(71)，復為大鴻臚。陽嘉(72)二年，卒官。

4 子定嗣。定尚安帝妹平氏長公主，順帝時，為虎賁中郎將(73)。定卒，子虎嗣，桓帝(74)時，為屯騎校尉。弟豔，字季德，少好學下士(75)，開館(76)養徒，少歷顯位，靈帝(77)時，再遷司空。

【章　旨】以上敘述來歷事跡。來歷繼承祖父來歙之志，忠心報國。這一部分重點記述安帝太子劉保被誣陷，廢為濟陰王，來歷聯合朝臣為太子申訴。安帝死，濟陰王即位，是為順帝。

【注　釋】❶爵　古代貴族封號。分為公、侯、伯、子、男五等。❷永元　東漢和帝劉肇年號，西元八九—一〇五年。❸侍中　官名。秦始置。兩漢沿置，為自列侯以下至郎中的加官，無定員。侍從皇帝左右，出入宮廷。初伺應雜事，由於接近皇帝，地位漸形貴重。❹羽林右騎　皇帝衛軍名，武帝置。東漢分左右，羽林右騎由羽林右監主之。❺永初　東漢安帝劉祜年號，西元一〇七—一一三年。❻射聲校尉　官名。秦漢為統兵武官，略次於將軍，高於都尉。出征時臨時任命，領一校（營）

兵，有司馬、候等屬官亦或冠以名號，如討虜校尉、輕騎校尉等。又有常設的專職校尉，依其具體職務冠以名號，如統領常備禁軍的中壘、屯騎等北軍諸校尉及西園八校尉等。秩二千石。❼永寧　安帝年號，西元一二〇—一二一年。❽延光　安帝年號，西元一二二—一二五年。❾太僕　官名。西周始置，秦、漢為九卿之一，掌御用車馬和畜牧業，秩中二千石。新莽改稱太御。東漢復原名，除御用車馬外，兼掌兵器製作。❿中常侍　官名。秦始置，西漢沿置，出入宮廷，侍從皇帝，常為列侯至郎中的加官。東漢時則專用宦官為中常侍，以傳達詔令和掌理文書，權力極大。⓫樊豐　（？—西元一二五年），東漢宦官。安帝時為中常侍。建光元年安帝親政後，與宦官江京、帝乳母王聖等用事朝中，貪侈枉法，干亂朝政，合謀廢太子劉保為濟陰王。又乘安帝出巡，詐作詔書，調發錢穀、木材，大起第宅苑囿。太尉楊震上疏告發，反遭誣陷，被逼令自殺。延光四年安帝死後，為外戚閻顯所殺。⓬耿寶　（？—西元一二五年），字君達，東漢扶風茂陵（今陝西興平）人。襲封牟平侯。其妹為安帝生母。安帝立，以元舅監羽林左騎。歷任大鴻臚、大將軍。附事內官，與中常侍樊豐、皇后兄閻顯阿黨專權，譖廢皇太子劉保為濟陰王，排陷太尉楊震。安帝死，為閻太后所忌，被有司奏以不道，貶爵為亭侯，遣就國，於道自殺，國除。⓭周廣　東漢宦官。⓮謝惲　東漢宦官。⓯讒陷　以向君主進讒言陷害於人。⓰楊震　（？—西元一二四年），字伯起，東漢弘農華陰（今屬陝西）人。少好學，博覽群經，當時稱為「關西孔子」。歷任荊州刺史、涿郡太守、司徒、太尉等職。安帝乳母王聖及中常侍樊豐等貪侈驕橫，他多次上書切諫，被樊豐所誣罷官，自殺。其子孫世代任大官僚，「弘農楊氏」成為東漢有名的世家大族。見本書卷五十四。⓱侍御史　官名。漢沿秦置，在御史大夫下，或給事殿中，或舉劾非法，或督察郡縣，或奉使出外執行指定任務。⓲天禍　上天降下的禍殃。⓳交通　結交；勾結。⓴皇太子　皇帝的兒子中已經確定繼承皇位的。㉑安帝　即劉祜（西元九四—一二五年），東漢皇帝，漢章帝孫，清河孝王劉慶子，西元一〇六—一二五年在位。即位時年十三，鄧太后臨朝，后兄鄧騭執政。在位期間，政治黑暗，社會矛盾尖銳。張伯路等起兵海上，攻擊沿海諸郡，襲殺守令；杜季貢等聯合羌人連年起義，屢敗漢兵。建光元年鄧太后死後親政，與宦官李閏等合謀誅滅鄧騭宗族，自此寵信宦官。廟號「恭宗」。㉒野王君王聖　東漢人，安帝乳母。建光元年（西元一二一年）安帝親政，參與誅滅外戚鄧氏，封「野王君」。後與宦官江京、樊豐等干亂朝政，合謀廢黜皇太子劉保為濟陰王。安帝死，外戚閻顯秉政，被徙於雁門。㉓廚監　古代宮廷的廚官。㉔土禁　不能動土的禁忌。迷信說法，掘土要躲避太歲的方位，否則就要招致災禍。㉕御　對帝王所作所為及所用物的敬稱。㉖大長秋　官名。漢置，為皇后近侍，多由宦官充任。其職掌為宣達皇后旨意，管理宮中事宜。㉗江京　東漢宦官，初為小黃門，善讒諂，以迎立安帝封都鄉侯，遷中常侍，兼大長秋。後任長樂太僕。與安帝乳母王聖、外戚耿寶、閻顯等結為私黨，干亂朝政，合謀廢皇太子劉保為濟陰王，枉殺太尉楊震。安帝死，又與閻顯等定策立北鄉侯劉懿為帝（即少帝）。少帝病死，宦官孫程等十九人擁立劉保為順帝，遂被殺。㉘幽囚　囚禁。㉙比景　縣名。漢置。故治在今越南廣平宋河下游高牢下村。㉚東宮　太子住的地方，借指太子。㉛太常　官名。西漢中元六年（西元前一四四年）改奉常置。掌禮樂、祭祀宗廟、社稷，負責朝會和喪葬禮儀，管理皇帝陵墓、寢廟所在縣邑，每月巡視諸陵，兼掌教育，主持博士及博士弟子的考核與薦舉。秩中二千石，位居九卿之首，多由列侯充任。西漢中期後職權漸分。東漢沿置。㉜經　舊稱儒家的重要代表作品和儒家祖述的古代典籍為「經」。㉝保傅　古代保育、教導太子等貴族子弟及未成年帝王、諸侯的官員統稱為保傅。㉞事重　事關重大。㉟宿留　停留。㊱小黃門　官名。東漢始置，由宦官充任。名義上隸屬少府，秩六百石。位次中常侍，高於中黃門。侍從皇帝左右，收受尚書奏事，傳宣帝命，掌宮廷內外、皇帝與後宮之間的聯絡。明帝、章帝之世，員額十人，和帝後增至二十人。以後權勢漸重，用事於內廷，甚至總典禁軍。諸中常侍多由此遷任。㊲朔方　郡名。西漢元朔二年（西元前一二七年）置。治所在朔方（今內蒙古自治區杭錦旗北）。東漢末廢。㊳要結　結合；邀引交結。㊴光祿勳　官名。秦稱郎中令，漢武帝時改稱光祿勳。東漢末年復稱郎中令。掌領宿衛侍從之官。㊵宗正　官名。西周至戰國已置，掌君主宗室親族事務。秦漢位列九卿，秩中二千石，例由宗室擔任，管理皇族外戚事務，掌其名籍，分別嫡庶親疏，編纂世系譜牒，參與審理諸侯王犯法案件。凡宗室親貴有罪，須向其先請，方得處治。㊶將作大匠　官名。西漢時由將作少府改名，亦簡稱將作、大匠。掌領徒隸修建宮室、宗廟、陵寢及其他土木工程，植樹於道旁。東漢初不設置專官，常以謁者兼領其事，至章帝始真受。㊷中散大夫　官名。掌諫議、顧問。秦漢置太中大夫、中散大夫、光祿大夫、諫大夫等，皆無定員。侍奉皇帝左右，備咨詢應對，諫諍議政，為皇帝的高級顧問。亦奉皇帝之命出使四方。地位尊崇，多由貴戚大臣、名儒或有軍功者充任。後漸成安排免職或不能任事官員的閒職。㊸諫議大夫　官名。西漢置諫大夫，東漢改稱諫議大夫，屬光祿勳，無定員，掌議論。㊹符節令　官名。《續漢志》：「符節令，秩六百石。」㊺持書侍御史　官名。《續漢志》：「持書侍御史，秩六百石。」㊻羽林右監　《漢官儀》：「羽林左、右監，屬光祿。」㊼城門司馬　領兵武職。輔佐校尉領營兵，校尉缺則代行其事。㊽衛尉　官名。戰國秦始置，掌宮廷警衛。西漢沿置，秩中二千石，列位九卿。掌皇帝所居未央宮禁衛，主管宮門屯駐衛士，專司晝夜巡警和檢查出入者之門籍。東漢時總領南、北宮衛士令丞，又轄左右都侯、諸宮掖門司馬。㊾未央廄令　《續漢志》：「未央廄令一人，長樂廄令一人，主乘輿馬。」㊿鴻都門　洛陽鴻都門。(51)脅　逼迫恐嚇。(52)大典　國家重要的典章、法令。(53)讙譁　讙，喧囂。譁，人多聲雜。(54)假貸　寬宥。(55)刑書　刑法的條文。(56)怫然　憤怒；生氣貌。(57)詰　責備；質問。(58)大臣　官職尊貴之臣。(59)朝車古代君臣行朝夕禮及宴飲時出入用車。《周禮》：「卿乘夏縵，大夫乘墨車。」(60)震慄　亦作「震栗」。驚懼；戰慄。(61)崩　帝王死謂「崩」。(62)閻太后　名姬，河南滎陽人。東漢安帝皇后。永初元年（西元一一四年）入選掖庭為貴人。次年，立為皇后。其兄閻顯等把持朝政，與宦官江京、樊豐譖廢皇太子劉保為濟陰王。延光四年安帝死，欲久柄國政，貪立幼主，與顯定策禁中，迎立北鄉侯劉懿為少帝，以皇太后臨朝，誅除大將軍耿寶及其黨羽。閻氏皆居權要。少帝旋死，中黃門孫程等擁立濟陰王為順帝，閻顯等皆伏誅。遂被遷於離宮。次年卒。(63)順帝　即劉保（西元一一五—一四四年），東漢皇帝，西元一二五—一四四年在位。漢安帝之子。永寧元年被立為太子。延光三年被廢為濟陰王。安帝死，宦官江京等立北鄉侯劉懿為帝（即少帝），旋卒。宦官孫程等殺江京迎立其為帝。孫程等十九名宦官封侯。外戚梁商、梁冀相繼為大將軍，朝政操於宦官、外戚之手，政治日益腐敗。(64)咸　全；一致。(65)社稷臣　謂關係國家安危之重臣。(66)郎　郎官泛稱。戰國至秦有郎中，為君王侍從近官，宿衛宮廷，參與謀議，備顧問差遣。西漢依職責不同，有郎中、中郎、侍郎、議郎等，無定員，多至千餘人。執掌守衛皇宮殿廊門戶，出充車騎扈從，備顧問應對，守衛陵園寢廟等。東漢於光祿勳下設五官、左右中郎將署，主管諸中郎、侍郎、郎中，實為儲備官吏人才的機構，其郎官多達二千餘人。(67)永建　東漢順帝劉保年號，西元一二六—一三二年。(68)車騎將軍　官名。西漢初設將車騎士，故名。後遂為高級武官稱號，位次大將軍，且文官輔政者亦加此銜。東漢權勢尤重，但地位仍低於大將軍、驃騎將軍，高於衛將軍。(69)步兵校尉　官名。西漢武帝始置，為北軍八校尉之一，領上林苑門屯兵，防成京師，兼任征伐。東漢時為北軍五校尉之一，秩比二千石，隸北軍中候，有司馬一員。當時五校尉所掌北軍為京師主要的常備禁軍，故地位顯要，官顯職閒，多以京師外戚近臣率任。(70)黃門侍郎　官名。秦、西漢為郎官加「給事黃門」省稱，亦稱黃門郎，無員數。為中朝官員，給事於宮門之內，侍從皇帝，顧問應對，出則陪乘。與皇帝關係密切，多以重臣、外戚子弟、公主婿為之。東漢與給事黃門合為一官，遂成為「給事黃門侍郎」省稱。(71)服闋　守喪期滿除服。(72)陽嘉　東漢順帝劉保年號，西元一三二—一三五年。(73)虎賁中郎將　官名。秦置，為中郎長官，隸郎中令。兩漢沿置，掌宮禁宿衛，隨行護駕，佐郎中令（光祿勳）考核選拔郎官，亦常奉詔出使。東漢還增設使匈奴中郎將。(74)桓帝　即劉志（西元一三二—一六七年），東漢皇帝，西元一四六—一六七年在位。章帝曾孫。本初元年被梁太后與兄大將軍梁冀迎立為帝。在位期間，梁太后臨朝，梁冀專權，朝政昏亂，民不聊生。各族人民反抗鬥爭蜂起。延熹二年與宦官單超等合謀誅滅梁氏，封單超等為縣侯，自後權歸宦官，政治更趨黑暗。大臣陳蕃、李膺等聯合太學生，反對宦官干政，被宦官誣指共為部黨。下詔逮捕黨人，禁錮終身，史稱「黨錮」。(75)下士　對有才有德的人以禮相待，對一般有才能的人不計自己的身分去結交。(76)開館　開設學館教學。(77)靈

帝 即劉宏（西元一五六—一八九年），東漢皇帝，章帝玄孫，西元一六七—一八九年在位。初襲父爵為解瀆亭侯。永康元年桓帝死，被竇太后及其父竇武迎立為帝，時年十二。在位期間，竇武與陳蕃謀誅宦官事敗，宦官繼續掌政。黨禁再起，捕殺李膺、杜密等百餘人。曾公開標價賣官鬻爵，並增天下田畝稅百錢，大修宮室。政治黑暗，民不聊生。中平元年爆發全國規模的黃巾之亂，東漢王朝趨於崩潰。

【語譯】來歷，字伯珍，年輕時繼承了父輩的爵位，因為他是武安公主的兒子，在東漢和帝永元年間，任侍中，監督羽林右騎。漢安帝永初三年，來歷升遷為射聲校尉。漢安帝永寧元年，來歷代替馮石，任為執金吾。漢安帝延光元年，朝廷尊稱來歷的母親為武安長公主。延光二年，來歷升遷為太僕。

2 第二年，中常侍樊豐和大將軍耿寶、侍中周廣、謝惲等一起讒毀陷害太尉楊震，楊震於是自殺了。來歷對侍御史虞詡說：「耿寶憑藉自己是安帝的舅舅，享受朝廷豐厚的俸祿和寵愛，不考慮怎樣報答國家的恩典，反而附和奸臣，誣衊楊震，傷害忠正善良的大臣，上天將會對他加以懲罰。」於是斷絕了和周廣、謝惲的關係，不再和他們交往。當時皇太子患驚懼之病久治不癒，在安帝乳母野王君王聖的家裡住。太子乳母王男、廚監邴吉等認為王聖的房舍是新修繕的，犯了破土之忌，不可以久住。王聖和她的女兒王永與大長秋江京及中常侍樊豐、王男、邴吉等互相指責對方的錯誤，王聖、王永於是誣衊王男、邴吉，王男、邴吉等都被囚禁而死，他們的家屬被遷徙到邊遠的比景。太子思念王男等人，經常歎息。江京、樊豐等怕有後患，於是無中生有，誣衊捏造太子東宮官屬的罪名。漢安帝很生氣，召百官公卿開會討論太子的廢立問題。耿寶等人奉承漢安帝的意旨，都認為應當廢除現在的太子。來歷與太常桓焉、廷尉張皓建議說：「古代典籍上說，人不滿十五歲，有錯誤不應自己負責。而且王男、邴吉的陰謀，皇太子或許不知道。應該選擇忠正善良的人做皇太子的師傅，輔導他學習禮義。廢立太子是大事，陛下確實應該打消這個念頭。」漢安帝不接受他們的建議，當天就把皇太子廢除為濟陰王。當時監護太子的小黃門籍建、中傅高梵等，都因沒有罪過被流放到朔方。來歷於是聯絡光祿勳祋諷、宗正劉瑋、將作大匠薛皓，侍中閭丘弘、陳光、趙代、施延，太中大夫朱倀、第五頡，中散大夫曹成，諫議大夫李尤，符節令張敬，持書侍御史龔調，羽林右監孔顯，城門司馬徐崇，衛尉守丞樂閫，長樂宮、未央宮廄令鄭安世等十多人，全都到鴻都門去證明太子沒有過錯。龔調根據法律論證太子無罪，認為王男、邴吉犯罪，皇太子不應當被牽連定罪。漢安帝和他身邊的人對此議很反感，於是派中常侍手捧漢安帝的詔書威脅眾臣說：「父子一體，慈愛之情是天生的。我現在用大義割捨私恩，是為天下百姓著想。來歷、祋諷等無視國家大法，而和許多小人一起喧譁，表面上好像體現了忠貞正直的風尚，而實際上只希望在將來皇太子登上帝位後能享受恩寵，掩蓋邪惡，違背大義，這難道是臣子事奉君主的禮義嗎？朝廷廣開言路，所以我完全原諒你們的過錯；如果你們還執迷不悟，朝廷應當用法律來制裁你們。」進諫的人莫不大驚失色。薛皓首先叩頭說：「事情本來就應該按詔書所示來辦。」來歷很憤怒，在朝廷上詰責薛皓說：「大家原來商量好到鴻都門一起向皇帝進諫，到現在怎麼又背叛了商量好的約定呢？作為朝廷重臣，處置國家大事，能像這樣反覆無常嗎？」其他人都跟隨站起來，離開鴻都門，只有來歷守在朝廷，幾天都不離開。漢安帝大怒，免去來歷兄弟的官職。削除封國的租糧，罷黜武安長公主的奉朝請資格，不許到朝廷來見漢安帝。來歷於是就閉門不和親戚交往，當時人都替他捏一把汗。

3 等到漢安帝去世，閻太后起用來歷為將作大匠。順帝即位，朝廷全都稱讚來歷是保衛國家的大臣，於是來歷升遷為衛尉。祋諷、劉瑋、閭丘弘等已去世，他們的兒子都被授職為郎；朱倀、施延、陳光、趙代等都任公卿，在朝廷任職；徵召王男、邴吉的家屬回到首都，對他們賞賜豐厚；籍建、高梵等都蒙皇恩提拔到顯要位置。永建元年，朝廷任來歷為車騎將軍，他弟弟來祉被任為步兵校尉，來超為黃門侍郎。永建三年，來歷的母親武安長公主去世，來歷稱病回家辦理喪事。守喪期滿，來歷又復職為大鴻臚。陽嘉二年，來歷死在職位上。

4 來歷的兒子來定繼承來歷的爵位。來定娶安帝的妹妹平氏長公主，順帝朝時，來定任虎賁中郎將。來定死後，兒子來虎繼承他的爵位，漢桓帝時，來虎任屯騎校尉。來虎的弟弟來豔，字季德。年少時就喜歡學習、交結士人，廣開學館招收學生，年紀很輕就有顯要的官位，漢靈帝時，再次升遷為司空。

贊曰：李、鄧豪贍❶，舍家從讖。少公雖孚，宗卿未驗❷。王常知命，功惟帝念❸。款款君叔，斯言無玷❹。方獻三捷，永墜一劍❺。

【章　旨】以上為史官的贊語：對李通、鄧晨、王常、來歙、來歷的事跡作了概括的評價。

【注　釋】❶李鄧豪贍　鄧晨歷代以吏二千石為豪，李通家業富贍。❷少公雖孚二句　言蔡少公論讖，其事雖信，而李守被誅，是未驗也。孚，信。❸王常知命二句　王常，更始中為知命侯，後歸朝，上錄其功，封為列侯，故曰「帝念」。❹玷　缺也。❺方獻三捷二句　剛剛打了勝仗，卻被殺身亡。

【語　譯】史官評議說：李通、鄧晨家裡都很富裕，他們拋開自己的家業，去追隨讖語所示之目的。蔡少公論說讖語，雖然信而有徵，但李守被誅殺這件事，卻是沒有得到驗證。王常知天命所歸，光武帝時常念及他的功勞。來君叔忠心耿耿，這是說他沒有缺點。來歙剛剛打了三次勝仗，卻被刺身亡。

【研　析】東漢開國，有如西漢，首先要推翻王莽政權，然後是群雄逐鹿，爭於一統。這期間，除了需要一位英明的領袖，還需要一批有遠見卓識，能征慣戰，富有獻身精神的文臣武將來輔佐才能成就一番帝業。本卷介紹的東漢開國功臣李通、鄧晨、王常、來歙正是其中的佼佼者。

李通不惜身家性命，以臆測讖文說動光武起事，首倡大義，功不可沒。

王常起兵綠林，在魚龍混雜的起義軍領袖中，見識非凡，幾次力排眾議，始終認為光武帝能成就帝業，最終歸附王師。光武帝讚其「以匹夫興義兵，明於知天命」，「心如金石，真忠臣也」。

鄧晨家自富足，舉家從義，與光武歷經患難，休戚與共，妻女遇害，宅汙墓焚，鄧晨終無恨色。

來歙智勇雙全，見識非凡，對劉玄進言論事，沒被採納，於是棄暗投明，勸說漢中王劉嘉歸順光武帝。在與隗囂鬥爭時，以信義為本，以誠相感，在平定邊郡羌人時，又以安危為重，表現出政治家的風範。這些功臣個個能保持晚節，謙虛恭謹，遵守法度，憂國忘家，與西漢開國功臣桀驁不馴，野心勃勃相比，尤其難能可貴。

諍臣來歷，鐵骨錚錚，不惜觸怒皇帝，免官受罰，在朝廷上主持正義，受到朝廷上下的稱讚。

東漢一朝，光武帝劉秀繼承儒家政治「以柔道治天下」，後人評價東漢士人重氣節，應該說其源淵出自劉秀的倡導及開國功臣所樹立的楷模。(聶樹鋒注譯)

卷十六

鄧寇列傳第六

【題　解】本卷的傳主分別是鄧禹和寇恂。作者主要記述了鄧禹在光武帝起事前便審時度勢追隨光武，並為之制定平定天下的大計，又親率大軍平定河東和關中，為光武帝登基及其皇位的穩固做出了不可替代的貢獻；寇恂亦能在亂世中獨識英才，排除困難追隨光武，並為他建立了穩固的大後方，保障了軍糧的及時供應，建立了與蕭何相類似的功勳。作者對他二人在東漢王朝的建立及穩固方面的功績給予了高度評價。在行文方面，作者僅對傳主的主要功績著墨，既簡明扼要、重點突出，還表明了作者的歷史態度。

1 鄧禹，字仲華，南陽❶新野❷人也。年十三，能誦詩，受業長安❸。時光武❹亦游學❺京師。禹年雖幼，而見光武知非常人，遂相親附❻。數年歸家。

2 及漢兵起，更始❼立，豪桀多薦舉禹，禹不肯從。及聞光武安集河北，即杖策❽北渡，追及於鄴❾。光武見之甚歡，謂曰：「我得專封拜，生遠來，寧欲仕乎？」禹曰：「不願也。」光武曰：「即如是，何欲為？」禹曰：「但願明公威德加於四海，禹得效其尺寸⑩，垂功名於竹帛⑪耳。」光武笑，因留宿閒語⑫。禹進說曰：「更始雖都關西⑬，今山東⑭未安，赤眉⑮、青犢⑯之屬，動以萬數，三輔⑰假號，往往群聚。更始既未有所挫，而不自聽斷，諸將皆庸人屈起⑱，志在財幣，爭用威力，朝夕自快而已，非有忠良明智，深慮遠圖，欲尊主安民者也。四方分崩離析，形埶可見，明公雖建藩輔之功，猶恐無所成立。於今之計，莫如延攬英雄，務悅民心，立高祖⑲之業，救萬民之命。以公而慮天下，不足定也。」光武大悅，因令左右號禹曰鄧將軍⑳。常宿止於中，與定計議。

3 及王郎㉑起兵，光武自薊㉒至信都㉓，使禹發奔命㉔，得數千人，令自將之，別攻拔樂陽㉕。從至廣阿㉖，光武舍城樓上，披輿地圖㉗，指示禹曰：「天下郡國如是，今始乃得其一㉘。子前言以吾慮天下不足定，何也？」禹曰：「方今海內殽亂㉙，人思明君，猶赤子之慕慈母。古之興者，在德薄厚，不以大小㉚。」光武悅。時任使諸將，多訪於禹，禹每有所舉者，皆當其才，光武以為知人。使別將騎，與蓋延㉛等擊銅馬㉜於清陽㉝。延等先至，戰不利，還保城，為賊所圍。禹遂進與戰，破之，生獲其大將。從光武追賊至蒲陽㉞，連大克獲，北州略定。

【章　旨】以上為〈鄧禹傳〉的第一部分，簡介鄧禹的籍貫及光武帝起事後鄧禹審時度勢追隨光武，初露頭角，得到光武帝的賞識。

【注　釋】❶南陽　郡名。戰國秦昭王三十五年（西元前二七二年）置。治宛縣（今河南南陽）。❷新野　古縣名。西漢置。治所在今河南新野。❸長安　中國古都之一。漢高帝五年（西元前二〇二年）置縣，七年定都於此。此後西漢、新、東漢、西晉、前趙、前秦、後秦、西魏、北周、隋、唐皆定都於此，東漢、三國魏、五代唐皆以此為陪都。漢唐時代，又是對外經濟文化交流中心。漢故城築於惠帝時，在今西安西北，周圍二十五公里。❹光武　指光武帝劉秀。見本書卷一。❺游學　指遠遊異地，從師求學。❻親附　親近依附。❼更始　劉玄年號，西元二三—二五年。此指劉玄。劉秀族兄，字聖公。見本書卷十一。❽杖策　執馬鞭，謂策馬而行。策，古代一種馬鞭，頭上有尖刺。❾鄴　古都邑名。春秋齊桓公始築城，戰國魏文侯置縣，都此。漢後為魏郡治所。東漢末年後又先後為冀州、相州治所。建安十八年（西元二一三年）曹操為魏公，定都於此。自曹操時至北齊，鄴長期為河北地區最繁盛富庶的大都市之一。有二城，南北相連。北周大象二年（西元五八〇年）楊堅焚毀鄴城。北故城遺址在今河北臨漳西南鄴鎮村一帶，南故城遺址在漳南。❿尺寸　指距離短或數量小。⓫竹帛　竹簡和白絹。古代初無紙，用竹、帛書寫。引申指書籍、史乘。⓬間語　私語；私下談話。⓭關西　古地區名。漢唐等時代泛指函谷關或潼關以西地區。⓮山東　古地區名。戰國、秦、漢通稱崤山或華山以東為山東。一般專指黃河流域，有時也泛指戰國時秦以外六國領土。⓯赤眉　即赤眉軍。王莽末年，青徐（今山東東部和江蘇北部）發生大災荒，琅邪（今山東諸城）人樊崇在莒縣（今屬山東）起義，逢安、謝祿等起兵回應，聚眾數萬人。約定「殺人者死，傷人者償創」。因用赤色染眉作標識，故稱「赤眉軍」。⓰青犢　西漢末武裝暴動軍稱號，在河北。⓱三輔　西漢景帝前元二年（西元前一五五年）分內史為左、右內史，與主爵中尉（不久改主爵都尉）同治長安城中，所轄皆京畿之地，故合稱「三輔」。武帝太初元年（西元前一〇四年）改左、右內史、主爵都尉為京兆尹、左馮翊、右扶風。轄境相當今陝西中部地區。後世區劃雖時有更改，但直至唐，習慣上仍稱這一地區為「三輔」。⓲屈起　崛起，興起；嶄露頭角。屈，通「崛」。⓳高祖　指漢高祖劉邦。見《漢書》卷一。⓴將軍　官名。不常置，掌征伐背叛。㉑王郎　即王昌，趙國邯鄲人。見本書卷十二。㉒薊　古地名。今北京市區西南。周封堯後於此，後為燕國國都。秦置縣。秦、西漢時為廣陽郡治所。㉓信都　古地名。治所在今河北冀州。㉔奔命　應急出戰的部隊。李賢注引《漢書音義》：「舊時郡國皆有材官、騎士，若有急難，權取驍勇者聞命奔赴，故謂之『奔命』。」㉕樂陽　侯國。西漢置。治所在今河北鹿泉東北。㉖廣阿　古縣名。漢置。治所在今河北隆堯東。㉗輿地圖　地圖。㉘今始乃得其一　《東觀漢記》作「我乃始得一處」。乃，才。㉙殽亂　混亂。殽，錯雜；混雜。㉚古之興者三句　據《史記・蘇秦列傳》記載，蘇秦遊說趙肅侯曰：「臣聞堯無三夫之分，舜無咫尺之地，以有天下；禹無百人之聚，以王諸侯；湯武之士不過三千，車不過三百乘，卒不過三萬，立為天子：誠得其道也。」㉛蓋延　字巨卿，見本書卷十八。㉜銅馬　新莽末年河北暴動起事兵馬中的一支。當時河北農民軍有銅馬、大彤、高湖、重連、鐵脛、大槍、尤來、上江、青犢、五校、檀鄉、五幡、五樓、富平、獲索等數百萬人，以銅馬軍為最強大，領袖有東山荒禿、上淮況等。西元二四年，暴動兵馬陸續被劉秀擊破，銅馬部眾多被收編。後銅馬、青犢、尤來餘眾共立孫登為帝，不久失敗。㉝清陽　縣名。西漢置。治所在今河北清河縣葛仙莊東南。㉞蒲陽　古山名。今河北順平西北。峰巒秀美，四面多白石，故又名白崖山。蒲水出於此。

【語譯】鄧禹，字仲華，南陽郡新野縣人。他十三歲時就能吟誦《詩》，在長安從師學習。當時，光武也在長安遊學。鄧禹雖然年齡小，但見到光武，便知他不是普通人，於是就親近歸附他。幾年後，鄧禹回了家。

2 等到漢兵起事，更始被立為皇帝，豪傑們很多向更始帝舉薦鄧禹，鄧禹卻不肯追隨。當他聽聞光武帝經略河北地區，就策馬北渡黃河，追到鄴城。光武帝見到他十分歡喜，跟他說：「我現在有封官的權力，您遠道而來，難道是想做官嗎？」鄧禹說：「不願意。」光武帝說：「如果是這樣，您想做什麼呢？」鄧禹說：「只希望您的威望和恩德遍施天下，我能盡綿薄之力，留名青史。」光武帝笑了，於是留鄧禹住下，同他私下交談。鄧禹進言說：「更始帝雖已在函谷關西建都，但崤山以東尚未安定，赤眉、青犢的部眾動輒上萬，三輔一帶也假立名號，聚集成群。更始帝未能對他們加以挫傷，又不能聽取建議作出決定，他的將領也都是庸常之人突然崛起，志向只在財物錢幣上，爭相使用各自的威力，只圖自己一時的快樂而已。他們沒有忠良明智之心和深謀遠慮、不是能輔佐皇上安定百姓的人。現在天下分崩離析之勢已經可以看到，您雖已建立了屏藩、輔衛之功，但恐怕仍然不能成功自立。眼下最好的計策莫過於招納各地英雄，致力於取悅民心，創立高祖那樣的功業，拯救天下百姓。讓您來謀劃天下，平定天下並非難事。」光武大喜，於是命令左右的人稱鄧禹為鄧將軍。鄧禹從此常住在光武左右，與他一起商定計謀。

3 王郎起兵後，光武帝從薊縣到達信都，派鄧禹徵集驍勇的兵士，徵得幾千人，讓鄧禹親自率領，另行攻打樂陽。鄧禹跟從光武帝到廣阿，光武住在城樓上，打開地圖，指著地圖讓鄧禹看，說：「天下郡國如此之多，我現在才得到一處。您以前說讓我來謀劃天下，平定並非難事，有什麼根據？」鄧禹說：「如今天下混亂，百姓思念賢明的君主，就像嬰兒思慕慈母一樣。古代能成就大業的，在於德行的高下，而不是憑藉所占地方和力量的大小。」光武喜悅。當時光武任命和調遣將領，大都徵詢鄧禹的意見。鄧禹每次舉薦的人，任職也都能適合那人的才能，光武認為鄧禹善於識別人才。光武派他另率一支騎兵與蓋延等人到清陽攻打銅馬軍。蓋延等人先到，作戰失利，撤軍退保城池，被銅馬軍包圍。鄧禹於是進軍與銅馬軍開戰，擊破銅馬軍，俘虜了他們的大將。又跟從光武追擊銅馬軍到蒲陽，接連大勝，俘獲甚多，北方各州大致平定。

1 及赤眉西入關，更始使定國上公王匡❶、襄邑王成丹❷、抗威將軍劉均❸及諸將，分據河東❹、弘農❺以拒之。赤眉眾大集，王匡等莫能當❻。光武籌赤眉必破長安，欲乘釁❼并關中❽，而方自事山東❾，未知所寄，以禹沈深有大度，故授以西討之略。乃拜為前將軍持節❿，中分麾下精兵二萬人，遣西入關，令自選偏裨以下可與俱者。於是以韓歆為軍師⓫，李文、李春、程慮⓬為祭酒⓭，馮愔⓮為積弩將軍，樊崇為驍騎將軍，宗歆⓯為車騎將軍⓰，鄧尋為建威將軍⓱，耿訢⓲為赤眉將軍，左于為軍師將軍，引而西。

2 建武元年正月，禹自箕關將入河東，河東都尉守關不開，禹攻十日，破之，獲輜重千餘乘[19]。進圍安邑[20]，數月未能下。更始大將軍樊參[21]將數萬人，度大陽[22]欲攻禹，禹遣諸將逆擊於解[23]南，大破之，斬參首。於是王匡、成丹、劉均等合軍十餘萬，復共擊禹，禹軍不利，樊崇戰死。會日暮，戰罷，軍師韓歆及諸將見兵埶已摧，皆勸禹夜去，禹不聽。明日癸亥，匡等以六甲窮日[24]不出，禹因得更理兵勒眾。明旦，匡悉軍出攻禹，禹令軍中無得妄動；既至營下，因傳發諸將鼓而並進，大破之。匡等皆棄軍亡走，禹率輕騎急追，獲劉均及河東太守[25]楊寶、持節中郎將[26]弭彊，皆斬之，收得節六，印綬五百，兵器不可勝數，遂定河東。承制拜李文為河東太守，悉更置屬縣令長以鎮撫之。是月，光武即位於鄗，使使者持節拜禹為大司徒[27]。策曰：「制詔前將軍禹：深執忠孝，與朕謀謨帷幄，決勝千里。孔子曰：『自吾有回，門人日親[28]。』斬將破軍，平定山西[29]，功效尤著。百姓不親，五品不訓[30]，汝作司徒，敬敷五教，五教在寬[31]。今遣奉車都尉[32]授印綬，封為酇侯，食邑萬戶。敬之哉！」禹時年二十四。

3 遂渡汾陰河[33]，入夏陽[34]。更始中郎將左輔都尉公乘歙，引其眾十萬，與左馮翊[35]兵共拒禹於衙[36]，禹復破走之，而赤眉遂入長安。是時三輔連覆敗，赤眉所過殘賊[37]，百姓不知所歸。聞禹乘勝獨剋而師行有紀，皆望風相攜負以迎軍，降者日以千數，眾號百萬。禹所止輒停車住節[38]，以勞來之[39]，父老童穉，垂髮戴白[40]，滿其車下，莫不感悅，於是名震關西。帝嘉之，數賜書褒美。

4 諸將豪傑皆勸禹徑攻長安。禹曰：「不然。今吾眾雖多，能戰者少，前無可仰之積[41]，後無轉餽[42]之資。赤眉新拔長安，財富[43]充實，鋒銳未可當也。夫盜賊群居，無終日[44]之計，財穀雖多，變故萬端，寧能堅守者也？上郡、北地、安定三郡[45]，土廣人稀，饒穀多畜，吾且休兵北道，就糧養士，以觀其弊，乃可圖也。」於是引軍北至栒邑[46]。禹所到，擊破赤眉別將諸營保[47]，郡邑皆開門歸附。西河太守[48]宗育遣子奉檄降，禹遣詣京師[49]。

5 帝以關中未定，而禹久不進兵，下勑曰：「司徒[50]，堯[51]也；亡賊[52]，桀[53]也。長安吏人，遑遑[54]無所依歸。宜以時進討，鎮慰西京[55]，繫百姓之心[56]。」禹猶執前意，乃分遣將軍別攻上郡諸縣，更徵兵引穀，歸至大要[57]。遣馮愔、宗歆守栒邑。二人爭權相攻，愔遂殺歆，因反擊禹[58]，禹遣使以聞。帝問使人：「愔所親愛為誰？」對曰：「護軍[59]黃防。」帝度愔、防不能久和，埶必相忤[60]，因報禹曰：「縛馮愔者，必黃防也。」乃遣尚書宗廣[61]持節降之。後月餘，防果執愔，將其眾歸罪。更始諸將王匡、胡殷[62]等皆詣廣降，與共東歸。至安邑，道欲亡，廣悉斬之。愔至洛陽，赦不誅。

6 二年春，遣使者更封禹為梁侯，食四縣。時赤眉西走扶風63，禹乃南至長安，軍昆明池64，大饗士卒。率諸將齋戒，擇吉日，修禮謁祠高廟，收十一帝65神主，遣使奉詣洛陽，因循行園陵，為置吏士奉守焉。

【章旨】以上為〈鄧禹傳〉的第二部分，記述鄧禹平定關中、河東，進占長安等地，深受光武賞識，得到很高的獎賞。

【注釋】❶王匡（？—西元二三年），新莽時期魏郡元城（今河北大名）人。原籍東平陵（今山東章丘），王莽姪。❷成丹　更始帝劉玄將軍，他事不詳。❸抗威將軍劉均　抗威將軍，將軍的一種稱號。袁山松《後漢書》作「抗威王」。劉均，更始帝劉玄將軍，他事不詳。❹河東　郡名。戰國魏置，後屬秦。治安邑（今山西夏縣東北）。❺弘農　郡名。西漢元鼎四年（西元前一一三年）置。治所在今河南靈寶北。❻當　擋住；抵擋。❼舋　同「釁」。縫隙；間隙。❽關中　古地區名。所指範圍大小不一，漢都長安，因稱函谷關以西為關中。❾山東　王鳴盛曰，河北之山莫大於太行，故謂太行以東為山東。光武安集河北，使禹別攻諸處，皆在今河北彰德、大名、廣平、真定等府。而言「方自事山東」，是謂河北為山東也。唐人尚有以河北為山東之言。❿持節　直接代表皇帝行使地方權力的官職。西漢旄節簡稱節，「以毛為之，上下相重，取象竹節」。持節者是欽差，權力極大。朝廷命將，以節為信，以指揮軍隊。也用於其他使命，如汲黯持節發河內倉粟以賑貧民等。東漢中葉以後，由於地方不寧，軍事屢興，皇帝欲增強中央的控制，遂令在地方都督諸軍的將領加節。⓫韓歆為軍師　韓歆，字翁君，南陽棘陽人，為大家豪右出身。後降光武，為鄧禹軍師。以從攻伐有功，封扶陽侯。好直言，無隱諱，言甚剛切，坐免歸田里，與其子韓嬰鬱憤自殺。因有重名，死非其罪，帝追賜錢穀，以禮葬之。軍師，古代官名，掌監察軍務。東漢、三國、晉皆設。⓬程慮　袁宏《後漢紀》作「程憲」，他事不詳。⓭祭酒　司馬彪《續漢書・百官志二》：「博士祭酒一人，六百石。本僕射，中興轉為祭酒。」此時劉秀尚未建立政權，未有完整的官制。此處之祭酒，只是對尊長者的稱號而已。⓮馮愔　鄧禹征赤眉，令馮愔、宗歆守栒邑，二人爭權，愔殺歆反擊禹，後被其護軍黃防所縛，至洛陽，赦不誅。⑮宗歆　鄧禹征赤眉，令馮愔、宗歆守栒邑，二人爭權，歆被愔所殺。⑯車騎將軍　漢代將軍的名號，位次上卿。西漢文帝元年（西元前一七九年）設，唐以後廢。⑰建威將軍　將軍的一種稱號。袁宏《後漢紀》作「建武將軍」。⑱耿訢　封著武侯，隨鄧禹出征，戰死於雲陽。⑲建武元年六句　司馬彪《續漢書》作「自箕關入攻河內都尉，破之，獲輜重車千餘乘」。建武，東漢光武帝劉秀年號，西元二五—五六年。箕關，在今河南濟源西王屋山南。都尉，官名。輔佐郡守並掌全郡軍事。⑳安邑　古邑名、縣名。相傳夏禹建都於此。秦置縣。今山西夏縣西北。㉑大將軍樊參　大將軍，位如三公，主征伐，屬官有長史、司馬等。樊參，更始帝劉玄將軍，他事不詳。㉒大陽　黃河津渡名。古名茅津，後漢屬大陽縣，通稱大陽津。㉓解　舊縣名。今山西南部。㉔六甲窮日　古代以干支紀日，干支末一天為癸亥，稱「六甲窮日」。古人迷信，認為這一日不吉利。㉕太守　官名。本為戰國時郡守的尊稱。漢景帝時，改郡守為太守，為一郡行政的最高長官。㉖中郎將　官名。秦置中郎，西漢分五官、左、右三署，各置中郎將以統領皇帝的侍衛，隸光祿勳。漢平帝時又置虎賁中郎將，統虎賁郎。東漢以後，統兵將領亦多用此名，其上再加稱號。如前期的使匈奴中郎將，後期的北中郎將等。㉗大司徒　三公之一，助天子掌管民事，總理萬機。㉘自吾有回二句　意思是說顏回可以使弟子更加親近孔子。語出《史記・仲尼弟子列傳》。㉙山西　古地區名。戰國、秦、漢時通稱崤山或華山以西為山西。㉚百姓不親二句　天下百姓不相親睦，家內尊卑五品不能和順。語本《尚書・堯典》：「百姓不親，五品不遜。」五品，即五常。訓，通「馴」。順。㉛敬敷五教二句　謹敬地散播五教，務在於寬。語本《尚書・堯典》：「敬敷五教在寬。」敷，傳播。五教，五常之教，指父義、母慈、兄友、弟恭、子孝。㉜奉車都尉　官名。漢武帝元鼎二年（西元前一一五年）置，秩比二千石。掌御皇帝車乘。東漢屬光祿勳。㉝汾陰河　即汾水注入黃河段的河流，此處形成渡口。㉞夏陽　古縣名。治所在今陝西韓城南。㉟左馮翊　官名。西漢太初元年（西元前一〇四年）改左內史置。職掌相當於郡太守。㊱衙　縣名。屬左馮翊。故城在今陝西白水縣東北。《左傳》：「秦晉戰于彭衙」，即此也。㊲殘賊　殘害。㊳住節　駐節。謂軍隊統帥於行軍中暫駐。節，皇帝所授節杖。㊴勞來之　以恩德招之使來。㊵垂髮戴白　指孩子和老人。㊶可仰之積　可以依仗的積蓄。仰，依仗。積，積蓄。這裡指軍糧、器械等。㊷轉饋　運送軍糧。㊸財富　《資治通鑑》作「財穀」。㊹終日　長久。㊺上郡北地安定三郡　上郡，郡名。戰國魏文侯置。漢轄境約當今陝西北部及內蒙古烏審旗等地。東漢建安二十年廢。北地，郡名。戰國秦置。轄今寧夏賀蘭山、青銅峽、山水河以東及甘肅環江、馬蓮河流域。安定，郡名。西漢元鼎三年（西元前一一四年）置。轄今甘肅平涼、景泰、靖遠、會寧、涇川縣、鎮原及寧夏中寧、中衛、同心、西吉、固原等地。東漢移治臨涇（今甘肅鎮原東南)。㊻栒邑　舊縣名。今陝西中部偏西。㊼營保　即「營堡」。營壘。㊽西河太守　西河，郡名。西漢元朔四年(西元前一二五年)置。轄境相當今內蒙古伊克昭盟東部、山西呂梁山、蘆芽山以西、石樓以北及陝西宜川以北黃河沿岸地帶。東漢末北境地入羌胡，轄境縮改為今山西離石、中陽、石樓、汾陽、介休、靈石等地。㊾京師　指洛陽。《公羊傳》：「天子所居曰京師。」㊿司徒　官名。西周始置，金文多作「司土」。春秋時沿置，掌土地和人民。官司籍田，負責徵發徒役。西漢哀帝時丞相改稱「大司徒」，東漢改稱「司徒」。(51)堯　名放勳。傳說中父系氏族社會後期部落聯盟首領。號陶唐氏，史稱唐堯。傳曾命羲和掌管時令，制定曆法。諮詢四岳，選舜為其繼承人。對舜考核三年後，命舜攝位行政。他死後由舜繼位，史稱「禪讓」。一說堯到了晚年為舜所囚，其位也為舜所奪。(52)亡賊　這裡指赤眉軍。(53)桀　名履癸。夏代國君。暴虐荒淫。在有仍(今山東濟寧)會合諸侯，攻滅有緡氏(今山東金鄉)。後被商湯所敗，出奔南巢(今安徽巢湖市)死。夏朝滅亡。(54)遑遑　通「惶惶」。驚慌不安的樣子。(55)西京　古都名。西漢都長安，東漢改都雒陽，因稱雒陽為東京，長安為西京。又引申為稱東漢為東京、西漢為西京。這裡指長安。(56)繫百姓之心　即獲得民心。(57)大要　古縣名。屬北地郡。(58)因反擊禹　據王先謙《後漢書集解》，《東觀漢記》：「禹征之，為愔所敗。」(59)護軍　官名。護，督統之意。秦漢時臨時設置護軍都尉或中尉，以調節各將領的關係。(60)忤　抵觸；不服從。(61)尚書宗廣　尚書，官名。分掌諸曹事。宗廣，袁宏《後漢紀》作「宋廣」。(62)胡殷　更始將，因與張卬、隗囂等人密謀劫持更始未果而被更始所殺。(63)扶風　郡名。三國魏以右扶風改名。轄境相當今陝西永壽、禮泉、戶縣以西，秦嶺以北地區。(64)昆明池　故址在今陝西西安西南斗門鎮東南一片窪地。漢元狩三年(西元前一二〇年)為準備與昆明國作戰訓練水軍和解決長安水源不足的問題而開鑿。周圍四十里。池成後引水東出，為昆明渠以利漕運；一支北出為昆明池水，引水瀉入泬水以利長安城給水。(65)十一帝　即漢高祖、惠帝、文帝、景帝、武帝、昭帝、宣帝、元帝、成帝、哀帝、平帝。王先謙《後漢書集解》引汪文台說，謂《御覽》引謝承《後漢書》作「十二帝」。

【語譯】赤眉軍西入函谷關後，更始帝派定國上公王匡、襄邑王成丹、抗威將軍劉均及其他將領，分別占據河東郡、弘農郡以抵抗赤眉。赤眉軍大批聚集，王匡等人抵擋不住。光武料定赤眉軍一定能攻破長安，便想乘機奪取關中，可自己正在太行山以東作戰，不知把奪取關中的大事託附給誰，因鄧禹沉著有謀略、氣度寬宏，所以授予他西征的謀略。於是封他為前將軍持節，平分部下精兵二萬人給鄧禹，派他西入函谷關，還讓他自己挑選偏將和裨將以下可以一同去西征的將領。於是鄧禹以韓歆為軍師，李文、李春、程慮為祭酒，馮惛為積弩將軍，樊崇為驍騎將軍，宗歆為車騎將軍，鄧尋為建威將軍，耿訢為赤眉將軍，左于為軍師將軍，領兵西進。

2　建武元年正月，鄧禹從箕關將入河東，河東都尉把住關門不開，鄧禹攻打了十天，攻破箕關，繳獲器械、糧草和其他軍用物資等共裝了一千多輛車。鄧禹進而圍攻安邑，幾個月未能攻下。更始帝大將軍樊參率領幾萬人，渡過大陽津要進攻鄧禹，鄧禹派遣將領們在解縣之南迎戰，大敗樊軍，砍下了樊參的頭顱。在這時候，王匡、成丹、劉均等人匯合十餘萬軍隊，又共同攻打鄧禹，禹軍失利，樊崇戰死。到天快黑時，停戰，軍師韓歆及將領們見兵勢已經頹敗，都勸鄧禹乘夜撤退，鄧禹不聽。第二天是癸亥日，王匡等人因癸亥是六甲中的最末一天，不出戰，鄧禹因此得以重新整理隊伍，訓誡士卒。第二天一早，王匡全軍出動攻打鄧禹，鄧禹命令士卒不可輕舉妄動；等王匡等人的軍隊已到自己營寨附近，鄧禹才傳令將領們擂鼓並進，大敗匡軍。王匡等人棄軍逃命，鄧禹率領輕騎軍加緊追擊，俘獲了劉均及河東太守楊寶、持節中郎將弭彊，都將其斬首，還繳獲了六支節杖，五百個印綬和數不清的兵器，平定了河東。鄧禹秉承皇上的旨意任命李文為河東郡太守，並全部更換了所屬各縣的縣令，以便安定這些地方。這個月，光武在鄗縣即皇帝位，派使者持節封鄧禹為大司徒。光武下策書說：「詔令前將軍鄧禹：極有忠孝之心，與我謀劃於帷幄之中，而能決勝於千里之外。孔子說：『自從我有了顏回，弟子們對我日益親近了。』斬殺敵將，攻破敵軍，平定殽山以西各地，功績尤其顯著。現在百姓不親附，是因為君臣、父子、夫妻、長幼、朋友這五常不和順，你作為司徒，要慎重地對他們進行五常的教育，而五常之教的實行又在於寬厚。今派遣奉車都尉授予你印綬，封你為鄼侯，食邑一萬戶，你要謹慎行事！」鄧禹當時年僅二十四歲。

3　接著，鄧禹渡過汾陰河，進入夏陽。更始帝的中郎將左輔都尉公乘歙率領他的十萬兵士在衙縣與左馮翊合兵共同抗拒鄧禹，鄧禹將他們擊敗並趕跑，但赤眉軍進入了長安。當時三輔一帶接連遭受覆敗，赤眉軍所過之處又殘害百姓，搶劫財物，老百姓不知道應當歸附誰。聽說鄧禹乘勝獨占各縣而軍隊又有紀律，紛紛扶老攜幼望風迎接禹軍，投降的人每天都以千計，鄧禹的軍隊於是號稱百萬。鄧禹所到之處，總是停下車乘，豎起符節，慰勞來歸附者，無論老人孩子，都聚集在他的車子周圍，沒有一個不感奮喜悅的，於是鄧禹聲名遠震關西一帶。光武帝讚美他，多次寫信褒獎他。

4 將領和才能傑出之士都勸鄧禹直接進攻長安。鄧禹說：「不能這樣。現在我們兵士雖多，能作戰的卻少，前方沒有可以依靠的積蓄，後方沒有轉運的物資供應。赤眉軍剛剛攻下長安，財貨充實，鋒銳不可抵擋。赤眉軍盜賊聚在一起，沒有長久的打算，錢財和穀物雖然很多，但他們內部矛盾重重，怎麼能夠堅守呢？上郡、北地、安定三郡，土地寬廣，人口稀少，穀物和牲畜富足，我們暫且到北方休整兵馬，用那裡的糧食供養士卒，靜觀他們的疲困鬆懈，然後可謀取長安。」於是率領軍隊向北到栒邑。鄧禹所到之處，攻下赤眉軍另路將領的許多營壘，郡邑都打開城門歸順。西河太守宗育派遣他的兒子捧著文書來投降，鄧禹將他派往京師。

5 光武帝因關中尚未平定，而鄧禹又久不進兵，下令說：「司徒，是帝堯；赤眉軍，是夏桀。長安的官吏、百姓，驚恐不安，沒有依靠和歸宿。你應當及時進討，平定、撫慰長安，以收攏百姓之心。」鄧禹還是堅持原來的想法，分派將軍另攻上郡各縣，又招兵積糧，回到大要縣。派馮愔、宗歆鎮守栒邑。他們二人為了爭權，互相攻打，馮愔殺了宗歆，趁機反擊鄧禹，鄧禹派使者將此事上報光武帝。光武帝問使者：「馮愔所親近的人是誰？」回答說：「護軍黃防。」光武帝料想馮愔與黃防不能長久和睦，勢必互相攻訐，便回書鄧禹說：「捉拿馮愔的人，一定是黃防。」便派尚書宗廣拿著符節去招降他。過了一個多月，黃防果然捉拿了馮愔，並率領他的部眾前來認罪。更始帝的將領王匡、胡殷等都到宗廣這裡請降，與宗廣一道東歸。到安邑，他們又打算中途逃跑，宗廣把他們全殺了。馮愔到洛陽，被赦免。

6 建武二年春天，光武帝派使者改封鄧禹為梁侯，食四縣的賦稅。當時，赤眉軍向西逃至扶風，鄧禹便往南到達長安，駐軍昆明池，舉行盛大宴會犒勞士卒。他率領將領齋戒，選擇好日子，備禮拜祭高祖廟，收集十一位皇帝的神主，派使者敬奉到洛陽，並巡查了各處帝王的陵園，為之設置官吏和士卒守護。

禹引兵與延岑戰於藍田❶，不克，復就穀雲陽❷。漢中王劉嘉❸詣禹降。嘉相李寶倨慢❹無禮，禹斬之。寶弟收寶部曲❺擊禹，殺將軍耿訢。自馮愔反後，禹威稍損，又乏食，歸附者離散。而赤眉復還入長安，禹與戰，敗走，至高陵❻，軍士飢餓，皆食棗菜❼。帝乃徵禹還，敕曰：「赤眉無穀，自當來東，吾折捶❽笞之，非諸將憂也。無得復妄進兵。」禹慚於受任而功不遂，數以飢卒徼戰❾，輒不利。三年春，與車騎將軍鄧弘❿擊赤眉，遂為所敗⓫，眾皆死散。事在馮異傳。獨與二十四騎還詣宜陽⓬，謝上大司徒、梁侯印綬。有詔歸侯印綬。數月，拜右將軍⓭。

【章　旨】以上為〈鄧禹傳〉的第三部分。鄧禹幾次征戰失利，威望逐漸降低，自己慚愧，辭官謝罪。

【注　釋】❶藍田　縣名。在陝西西安東部、渭河平原南緣、秦嶺北麓渭河支流灞河上游。秦置縣。以藍田山得名。❷雲陽　古縣名。秦置。治所在今陝西淳化西北。❸漢中王劉嘉　漢中，郡名。戰國楚懷王置，因在漢水中游得名。西元前三一二年秦惠王又置，移治南鄭（今陝西漢中東）。西漢移治西城（今陝西安康西北），東漢復還舊治。劉嘉，字孝孫，光武族兄。見本書卷十四。❹倨慢　傲慢。❺部曲　在漢代本是軍隊編制的名稱，大將軍營有五部，部下有曲。部、曲聯稱泛指某人統率下的軍隊。❻高陵　縣名。秦置縣。在陝西西安北部、涇河下游。❼棗菜　《東觀漢記》作「棗菓」，或作「藻菜」。❽折捶　折斷策馬的鞭子。捶，一作「箠」。❾徼戰　截擊。❿鄧弘　鄧禹之孫，鄧訓之子。少治《歐陽尚書》，有品行，尚節儉，元初二年（西元一一五年）病卒。⓫遂為所敗　據謝承《後漢書》載，初，「赤眉陽敗，棄輜重走，車皆載土，以豆覆其上」，鄧禹軍中飢，乃敗。⓬宜陽　縣名。秦置縣。故治今河南宜陽西、洛河北岸。⓭右將軍　官名。漢代有前、後、左、右四將軍，位次上卿。

【語　譯】鄧禹率兵與延岑在藍田開戰，沒有取勝，又到有糧食屯積的雲陽。漢中王劉嘉到鄧禹那裡投降。劉嘉的丞相李寶傲慢無禮，鄧禹把他殺了。李寶的弟弟收集李寶部下進攻鄧禹，殺了將軍耿訢。自從馮愔反叛以後，鄧禹的威望漸漸降低，而且缺少糧食，那些歸順他的人又離開了他。赤眉軍又回到長安，鄧禹與赤眉開戰，戰敗，逃走到高陵，士兵饑餓，都以棗葉為食。光武帝於是召鄧禹還朝，詔令說：「赤眉軍沒有糧食，自然會向東而來，我會折斷馬鞭子鞭打他們，這已不是諸位將領所須憂慮的事了。不要再貿然進兵。」鄧禹慚愧自己受命西征而沒有成功，多次用饑餓的士卒截擊作戰，都不能取勝。建武三年春天，鄧禹與車騎將軍鄧弘攻打赤眉軍，被打敗，士卒都戰死或逃跑了。此事記載在〈馮異傳〉中。鄧禹只與二十四名騎兵回到宜陽，呈上大司徒、梁侯的印綬請罪。光武帝下詔歸還他梁侯印綬。幾個月後，任命他為右將軍。

1 延岑自敗於東陽❶，遂與秦豐❷合。四年春，復寇順陽❸間。遣禹護復漢將軍鄧曄❹、輔漢將軍于匡❺，擊破岑於鄧❻；追至武當❼，復破之。岑奔漢中，餘黨悉降。

2 十三年，天下平定，諸功臣皆增戶邑，定封禹為高密❽侯，食高密、昌安、夷安、淳于四縣❾。帝以禹功高，封弟寬為明親侯。其後左右將軍官罷❿，以特進奉朝請⓫。禹內文明⓬，篤行淳備⓭，事母至孝。天下既定，常欲遠名埶。有子十三人，各使守一藝⓮。修整閨門⓯，教養子孫，皆可以為後世法。資用國邑，不修產利。帝益重之。中元⑯元年，復行司徒事，從東巡狩，封岱宗⑰。

3 顯宗⑱即位，以禹先帝元功⑲，拜為太傅⑳，進見東向㉑，甚見尊寵。居歲餘，寢疾㉒。帝數自臨問，以子男二人為郎㉓。永平㉔元年，年五十七薨，謚曰元侯。

【章　旨】以上為〈鄧禹傳〉的第四部分。記述鄧禹以其德行、文才得到光武、明帝兩代君王的敬重和封賞。五十七歲因病辭世。

【注　釋】❶東陽　聚邑名。今河南鄧州南。❷秦豐　黎丘鄉人。更始政亂時自立為楚黎王，後被光武大將軍朱祐所破獲。❸順陽　縣名。今河南淅川縣南。❹鄧曄　更始將軍，後降光武。謝承《後漢書》：「曄，南陽南鄉人。以勁悍廉直為名。」❺于匡　更始將軍，後降光武，為輔漢將軍。❻鄧　縣名。屬南陽郡。今湖北襄樊北。❼武當　縣名。屬南陽郡。今湖北丹江口西北。❽高密　古縣名。今山東濰坊東南。❾昌安句　昌安，縣名。今山東安丘東南。東漢永平初廢，永初元年復置。夷安，縣名。西漢置。今山東高密。東漢改為侯國。後復為縣。淳于，古縣名。漢置縣，北齊廢。故址在今山東安丘東北。❿其後左右將軍官罷　之後罷免了後、左、右將軍之職。李賢注引《續漢志》：「前後左右將軍皆主征伐，事訖皆罷。」⓫特進奉朝請　特進，官名。漢制，朝廷特別賜給有功者的官位。位在三公下。奉朝請，古官名。本為貴族、官僚定期朝見皇帝的稱謂。古禮以春季的朝見為朝，秋季的朝見為請。漢代對沒有固定職位的大臣、外戚、將軍、公卿、列侯多給以奉朝請的名義，參加朝會。這表示朝廷給予的政治禮遇，而且獲此名號者，朝班位次也有所提高。如果同時獲得「位特進」的名號，則禮遇猶重。⓬文明　德行光明有文采。⓭篤行淳備　篤行，品行純厚。淳備，純美無缺。⓮有子十三人二句　鄧禹有兒子十三人，讓他們各自學會一種技藝。華嶠《漢後書》作「鄧禹有十三男，各令習一藝」。袁宏《後漢紀》作「各命通一經」。⓯修整閨門　檢點，約束家門。袁宏《後漢紀》：「禹事寡嫂，盡禮敬。」⓰中元　東漢光武帝劉秀的年號，西元五六—五七年。⓱岱宗　即泰山。古以為諸山所宗，故稱「岱宗」。⓲顯宗　東漢明帝劉莊，中元二年（西元五七年）即位。⓳元功　功臣。⓴太傅　官名。春秋時晉國設置，為輔弼國君的官。戰國後廢。漢復置，次於太師。歷代沿置，多為大官加銜，無實職。㉑東向　面向東。臣子晉見皇帝本應面向北；面向東，是貴賓的禮節。㉒寢疾　臥病。㉓郎　帝王侍從官的通稱。即古「廊」字，指宮殿的廊。郎官的職責原為護衛陪從，隨時隨議，備顧問及差遣。始於戰國，秦漢沿置，有議郎、中郎、侍郎、郎中等名。秦漢時，初屬郎中令（後改光祿勳），無定員。出身或由任子、貲選，或由文學、技藝。至東漢，以尚書臺為政務中樞，其分曹任事者為尚書郎，職責範圍與過去的郎官不同。後世遂以侍郎、郎中、員外郎為各部要職。㉔永平　東漢明帝劉莊年號，西元五八—七五年。

【語譯】延岑自從在東陽戰敗以後，就與秦豐合兵。建武四年春天，又進犯順陽一帶。光武帝派鄧禹率領復漢將軍鄧曄、輔漢將軍于匡在鄧縣打敗延岑；追到武當，再一次將他打敗。延岑逃奔漢中，其他的黨徒全部投降了。

2 建武十三年，天下平定，增加了功臣們的食邑，最後封鄧禹為高密侯，以高密、昌安、夷安、淳于四縣為食邑。光武帝因為鄧禹功勞大，封他的弟弟鄧寬為明親侯。因戰事已畢，便罷免了鄧禹後、左、右將軍的職務，讓他以特進的名義行朝拜之禮。鄧禹內有文采，德行光明，品行為淳厚完備，侍奉母親極孝敬。天下已定，鄧禹常想遠離權勢名位。鄧禹有十三個兒子，讓他們各自掌握一種技藝。他整治門庭，教養子孫，這些都可以被後代效法。費用取於食邑，不置產業，光武帝更加尊重他。中元元年，再次代理司徒職務，隨從光武帝到東方巡視，祭祀泰山。

3 顯宗即位後，因鄧禹是先帝時的大功臣，封他為太傅，朝見時面向東，很受尊寵。一年多之後，臥床患病，明帝多次親自上門慰問，任命他的兩個兒子為郎。永平元年，鄧禹五十七歲去世，諡號元侯。

1 帝分禹封為三國：長子震為高密侯，襲為昌安侯，珍為夷安侯。

2 禹少子鴻，好籌策。永平中，以為小侯。引入與議邊事，帝以為能，拜將兵長史，率五營士屯鴈門❶。肅宗❷時，為度遼將軍❸。永元❹中，與大將軍竇憲❺

俱出擊匈奴，有功，徵行車騎將軍⑥。出塞追畔胡逢侯⑦，坐逗留，下獄死。

3 高密侯震卒，子乾嗣。乾尚顯宗女沁水公主。永元十四年，陰皇后⑧巫蠱事⑨發，乾從兄奉以后舅被誅，乾從坐，國除。元興⑩元年，和帝復封乾本國，拜侍中⑪。乾卒，子成嗣。成卒，子褒嗣。褒尚安帝妹舞陰長公主，桓帝⑫時為少府⑬。褒卒，長子某嗣。少子昌襲母爵為舞陰侯，拜黃門侍郎⑭。

4 昌安侯龔嗣子藩，亦尚顯宗女平皐長公主，和帝時為侍中。

5 夷安侯珍子康，少有操行。兄良襲封，無後，永初⑮六年，紹封康為夷安侯。時諸紹封者皆食故國半租，康以皇太后戚屬，獨三分食二，以侍祠侯⑯為越騎校尉⑰。康以太后⑱久臨朝政，宗門盛滿，數上書長樂宮⑲諫爭⑳，宜崇公室，自損私權，言甚切至。太后不從。康心懷畏懼，永寧㉑元年，遂謝病不朝。太后使內侍者問之。時宮人出入，多能有所毀譽，其中耆宿㉒皆稱中大人㉓。所使者乃康家先婢，亦自通中大人。康聞，詬㉔之曰：「汝我家出，亦敢爾邪！」婢怨恚㉕，還說康詐疾而言不遜。太后大怒，遂免康官，遣歸國，絕屬籍㉖。及從兄隲誅，安帝徵康為侍中。順帝㉗立，為太僕㉘，有方正稱，名重朝廷。以病免，加位特進。陽嘉㉙三年卒，謚曰義侯。

【章　旨】以上為〈鄧禹傳〉的第五部分，簡要介紹鄧禹三個兒子的品行。

【注　釋】❶鴈門　郡名。戰國趙武靈王置。秦、西漢治善無（今山西右玉南）。轄境相當今山西河曲、五寨、寧武等縣以北，恆山以西，內蒙古黃旗海、岱海以南地。東漢移治陰館（今山西代縣西北）。鴈，通「雁」。❷肅宗　東漢章帝劉炟，永平十八年（西元七五年）八月即位。❸度遼將軍　司馬彪《續漢書・百官志一》：「明帝初置度遼將軍，以衛南單于眾新降有二心者，後數有不安，遂為常守。」南朝梁劉昭注：「《東觀書》云司馬二人。」《玉海》卷一三七引與劉昭注同。劉昭注又引應劭《漢官儀》：「度遼將軍，孝武皇帝初用范明友。明帝永平八年，行度遼將軍事。安帝元初元年，置真，銀印青綬，秩二千石。長史、司馬六百石。」❹永元　東漢和帝劉肇年號，西元八九－一〇五年。❺大將軍竇憲　大將軍，位如三公，主征伐，屬官有長史、司馬等。竇憲，字伯度。事見本書卷二十三。❻行車騎將軍　行車騎將軍之職。應作「行車騎將軍事」。王先謙《後漢書集解》引劉攽曰：「檢〈和帝紀〉，有『事』字，明此脫一『事』字。」❼逢侯　原為薁鞬日逐王，後被擁立為單于，叛漢。❽陰皇后　東漢和帝妻，少聰慧，善書藝。入宮後得殊寵，八年立為皇后。和熹鄧后入宮後陰后寵衰，心懷嫉恨，挾巫蠱，事發，被遷於桐宮，以憂死。❾巫蠱事　鄧貴人入宮後，陰皇后嫉妒她日漸得寵，於是作蠱詛咒，欲害鄧貴人。巫蠱，即用以加害仇敵的巫術。起源於遠古，包括詛咒、射偶人和毒蠱等。❿元興　東漢和帝劉肇年號，西元一〇五年。⓫侍中　官名。俸比二千石，掌侍皇帝左右，贊導眾事，顧問應對。⓬桓帝　劉志，西元一四六－一六七年在位。⓭少府　官名。始於戰國。秦漢相沿，為九卿之一。掌山海池澤收入和皇室手工業製造，為皇帝私府。西漢諸侯王也設有私府，郡守亦設有少府。東漢仍為九卿之一，掌宮中御衣、寶貨、珍膳等。⓮黃門侍郎　官名。秦及西漢郎官給事於黃闥（宮門）之內者，稱黃門郎或黃門侍郎。東漢始設為專官，或稱給事黃門侍郎，侍從皇帝，傳達詔命。⓯永初　東漢安帝劉祜年號，西元一〇七－一一三年。⓰侍祠侯　爵名。為列侯之一，無朝位，掌陪祭。⓱越騎校尉　專掌特種部隊的將領，略次於將軍。⓲太后　指和熹鄧皇后綏。和帝死後，她臨朝聽政達十餘年之久。⓳長樂宮　漢高帝五年（西元前二〇二年）以秦興樂宮改建，至七年建成。漢初皇帝在此視朝，惠帝後朝會移未央宮，長樂宮改為太后居地。故址在今陝西西安西北郊漢長安故城東南隅。這裡以太后的居住地長樂宮代指太后。⓴諫爭　勸諫。爭，通「諍」。規諫。㉑永寧　東漢安帝劉祜年號，西元一二〇－一二一年。㉒耆宿　舊指年高而有道德學問的人，這裡指年老的侍者。㉓中大人　漢代稱年老而有權勢的宮女。後亦用以稱宦官。㉔詬　辱罵。㉕怨恚　怨恨。㉖絕屬籍　廢除嗣爵品名籍。㉗順帝　劉保，西元一二五－一四四年在位。㉘太僕　官名。俸中二千石，掌馭及車馬。㉙陽嘉　東漢順帝劉保年號，西元一三二—一三五年。

【語　譯】明帝將鄧禹的封地分為三個封國：長子鄧震為高密侯，鄧襲為昌安侯，鄧珍為夷安侯。

2 鄧禹的小兒子鄧鴻，喜好籌謀劃策。永平年間，封他為小侯。明帝召他入宮商議邊疆事務，認為他有才能，拜他為將兵長史，率領五營士卒屯駐雁門。肅宗時，任度遼將軍。永元年間，他與大將軍竇憲一起出擊匈奴，立了功，徵辟為代理車騎將軍。鄧鴻出塞追擊反叛了的匈奴逢侯，因逗留時間長而獲罪，被下獄而死。

3 高密侯鄧震死後，他的兒子鄧乾繼嗣。鄧乾娶顯宗的女兒沁水公主為妻。永元十四年，陰皇后下巫蠱謀害鄧貴人的事情被揭發，鄧乾的堂兄鄧奉因是陰皇后的舅舅而被處死，鄧乾受到牽連，封國被廢除。元興元年，和帝又恢復鄧乾原來的封國，任侍中。鄧乾死後，他的兒子鄧成繼嗣。鄧成死後，他的兒子鄧褒繼嗣。鄧褒娶安帝的妹妹舞陰長公主為妻，桓帝時任少府。鄧褒死後，他的長子鄧某繼嗣。鄧褒的小兒子鄧昌承襲母親的爵位為舞陰侯，任黃門侍郎。

4 昌安侯鄧襲的兒子鄧藩繼承爵位，娶顯宗的女兒平皐長公主為妻，和帝時任侍中。

5 夷安侯鄧珍的兒子鄧康，年輕時便有操行。鄧康的哥哥鄧良繼承封爵，沒有後代，永初六年，鄧康被續封為夷安侯。當時，凡是被續封爵位的都只享有原來封國租賦的一半，惟獨鄧康因為是皇太后的親戚，享有封國三分之二的租賦，以侍祠侯的身分任越騎校尉。因為皇太后長期執掌朝政，她宗族成員的權勢很盛，所以鄧康多次上書至長樂宮勸諫，認為應當尊重皇族，主動削減私權，言語非常懇切深入。但皇太后不聽從。鄧康心中害怕，於是在永寧元年，稱病不入朝。皇太后便派宮中的侍從去探問。當時宮人出入宮廷，往往能對人有所褒貶，那些年長的宮人都被稱為中大人。這次太后派去探問鄧康的宮人原來是他家的老僕人，也自己通報為中大人。鄧康聽說後，斥罵她說：「你是從我家出去的，也敢這樣嗎？」這個宮婢非常怨恨，回去報告說鄧康裝病而且出言不遜。皇太后非常生氣，於是罷免了鄧康的官職，把他貶回封國，還把他從宗族名冊中除名。他的堂兄鄧騭被處死以後，安帝徵召鄧康為侍中。順帝即位後，鄧康任太僕，有為人正直的美名，在朝廷中很有名望。後因病免職，加特進職位。陽嘉三年去世，諡號為義侯。

論曰：夫變通之世，君臣相擇❶，斯最作事謀始❷之幾也。鄧公贏糧❸徒步，觸紛亂而赴光武，可謂識所從會矣。於是中分麾下之軍，以臨山西之際，至使關河❹響動，懷赴如歸。功雖不遂，而道亦弘矣！及其威損栒邑，兵散宜陽，褫龍章❺於終朝，就侯服以卒歲，榮悴交而下無二色，進退用而上無猜情，使君臣之美，後世莫闚其間，不亦君子之致為乎！

【章　旨】以上是〈鄧禹傳〉的第六部分，作者就鄧禹的經歷及他與光武帝的關係而抒發的見解。

【注　釋】❶君臣相擇　君臣之間相互選擇。語本《孔子家語》：「君擇臣而任之，臣亦擇君而事之。」❷作事謀始　謀劃事情如何開始。語出《易・訟卦》：「君子以作事謀始。」❸鄧公贏糧　鄧公，指鄧禹。贏，通「贏」。背；擔。❹關河　地區名。為關中、河內的省稱。❺褫龍章　指鄧禹被赤眉軍擊敗後，自己主動交回大司徒及梁侯印綬一事。褫，剝奪；奪去。龍章，有龍形圖紋的禮服。

【語　譯】史家評論說：在風雲變幻的時代，君與臣相互選擇，這是事業如何開始最需考慮的重要之處。鄧公帶著乾糧徒步而行，冒著天下紛亂而投奔光武，可以說是選準追隨的對象和時機了。光武於是平分一半軍隊給他，乘殽山以西混亂之機，做出使關河地區響應震動的事情，前來歸順的人就像回自己的家園一樣。西征的大任雖然沒有完成，但他的志向、謀略卻得到了張揚。至於他的威望在栒邑有所降低，士卒在宜陽離散，君臣罷司徒於一旦，就列侯而終身。榮耀和衰敗交替出現而臣無喜憂之色，被升用或退居而君無猜疑之情，君臣之間關係良好，後人無從看到他們之間的嫌隙，這不也是君子想盡力做到的嗎！

1 訓字平叔，禹第六子也。少有大志，不好文學，禹常非之。顯宗即位，初以為郎中[1]。訓樂施下士[2]，士大夫多歸之。

2 永平中，理虖沱[3]、石臼河[4]，從都慮[5]至羊腸倉[6]，欲令通漕[7]。太原[8]吏人苦役，連年無成，轉運所經三百八十九隘[9]，前後沒溺死者不可勝筭。建初[10]三年，拜訓謁者[11]，使監領其事。訓考量隱括[12]，知大功難立，具以上言。肅宗從之，遂罷其役，更用驢輦，歲省費億萬計，全活徒士[13]數千人。

3 會上谷[14]太守任興欲誅赤沙烏桓[15]，烏桓怨恨謀反，詔訓將黎陽營[16]兵屯狐奴[17]，以防其變。訓撫接邊民，為幽部所歸。六年，遷護烏桓校尉[18]，黎陽故人多攜將老幼，樂隨訓徙邊。鮮卑[19]聞其威恩[20]，皆不敢南近塞下。八年，舞陰公主子梁扈有罪，訓坐私與扈通書，徵免歸閭里。

4 元和[21]三年，盧水胡[22]反畔，以訓為謁者，乘傳[23]到武威[24]，拜張掖[25]太守。

5 章和[26]二年，護羌校尉張紆[27]誘誅燒當種羌迷吾[28]等，由是諸羌大怒，謀欲報怨，朝廷憂之。公卿舉訓代紆為校尉。諸羌激忿，遂相與解仇結婚，交質盟詛[29]，眾四萬餘人，期冰合[30]度河[31]攻訓。先是小月氏胡[32]分居塞內，勝兵[33]者二三千騎，皆勇健富彊，每與羌戰，常以少制多。雖首施兩端[34]，漢亦時收其用。時迷吾子迷唐，別與武威種羌合兵萬騎，來至塞下，未敢攻訓，先欲脅月氏胡。訓擁衛㉟稽故㊱，令不得戰。議者咸以羌胡相攻，縣官㊲之利，以夷伐夷，不宜禁護。訓曰：「不然。今張紆失信，眾羌大動，經常屯兵，不下二萬，轉運之費，空竭府帑㊳，涼州㊴吏人，命縣絲髮㊵。原諸胡所以難得意者，皆恩信不厚耳。今因其迫急，以德懷㊶之，庶能有用。」遂令開城及所居園門，悉驅群胡妻子內㊷之，嚴兵守衛。羌掠無所得，又不敢逼諸胡，因即解去。由是湟中㊸諸胡皆言「漢家常欲鬭我曹，今鄧使君待我以恩信，開門內我妻子，乃得父母」。咸歡喜叩頭曰：「唯使君所命。」訓遂撫養其中少年勇者數百人，以為義從㊹。

6 羌胡俗恥病死，每病臨困㊺，輒以刃自刺。訓聞有困疾者，輒拘持縛束，不與兵刃，使醫藥療之，愈者非一，小大莫不感悅。於是賞賂諸羌種，使相招誘。迷唐伯父號吾乃將其母及種人八百戶，自塞外來降。訓因發湟中秦、胡、羌兵四千人，出塞掩擊㊻迷唐於寫谷㊼，斬首虜六百餘人，得馬牛羊萬餘頭。迷唐乃去大、小榆㊽，居頗巖谷㊾，眾悉破散。其春，復欲歸故地就田業，訓乃發湟中六千人，令長史任尚㊿將之，縫革為船，置於箄(51)上以度河，掩擊迷唐廬落(52)大豪，多所斬獲。復追逐奔北，會尚等夜為羌所攻，於是義從羌胡并力破之，斬首前後一千八百餘級，獲生口[53]二千人，馬牛羊三萬餘頭，一種[54]殆盡。迷唐遂收其餘部，遠徙廬落，西行千餘里，諸附落小種皆背畔[55]之。燒當豪帥東號[56]稽顙[57]歸死，餘皆款塞[58]納質。於是綏接[59]歸附，威信大行。遂罷屯兵，各令歸郡。唯置弛刑徒[60]二千餘人，分以屯田，為貧人耕種，修理城郭塢壁[61]而已。

7 永元二年，大將軍竇憲[62]將兵鎮武威，憲以訓曉羌胡方略，上求俱行。訓初厚於馬氏，不為諸竇所親，及憲誅，故不離[63]其禍。

8 訓雖寬中[64]容眾，而於閨門[65]甚嚴，兄弟莫不敬憚，諸子[66]進見，未嘗賜席[67]接以溫色。四年冬，病卒官，時年五十三。吏人羌胡愛惜，旦夕臨[68]者日數千人。戎俗父母死，恥悲泣，皆騎馬歌呼。至聞訓卒，莫不吼號，或以刀自割，又刺殺其犬馬牛羊，曰：「鄧使君已死，我曹亦俱死耳！」前烏桓吏士[69]皆奔走道路，至空城郭。吏執不聽[70]，以狀白[71]校尉[72]徐傿。傿歎息曰：「此義也。」乃釋之。遂家家為訓立祠，每有疾病，輒此請禱求福[73]。

9 元興元年，和帝以訓皇后之父，使謁者持節至訓墓，賜策[74]追封，謚曰平壽[75]敬侯。中宮[76]自臨，百官大會。

10 訓五子：騭，京，悝，弘，閶。

【章　旨】以上是〈鄧禹傳〉的第七部分，細述了鄧禹第六子鄧訓的性格、行事，其中主要描述了他安撫羌胡的功績。

【注　釋】❶郎中　官名。始於戰國。漢代沿置，屬郎中令（後改光祿勳），管理車、騎、門戶，並內充侍衛，外從作戰。初分車郎、戶郎、騎郎三類，長官有車戶騎三將，其後類別逐漸泯除。❷樂施下士　樂施，樂於施與。下士，尊重士人。❸虖沱　滹沱河，歷史上名稱多異。《禮記》稱惡池或濩池。《周禮》稱滹池。戰國時稱呼沱水（呼池水）。秦稱虖池河。西漢稱虖池。東漢稱虖沱河。《史記》稱滹沱，也稱亞沱。《水經注》始稱滹沱。滹本為呼，沱即滂沱，為水流湍急、泛濫之意。發源於山西繁峙，流經山西、河北兩地，入渤海。❹石臼河　東漢時鑿，故道自今河北靈壽西北引磁河，西南至平山縣西北接滹沱河。❺都慮　確址待考。❻羊腸倉　今山西靜樂西北。一名羊腸山，又名羊腸阪。東漢永平中在此屯田積粟，稱為羊腸倉。❼漕　水道運糧。❽太原　郡名。戰國秦莊襄王三年（西元前二四七年）置郡。轄今山西五臺山和管涔山以南、霍山以北地區。漢以後漸小。西漢文帝改為國，不久復為郡。❾隘　險要之處。❿建初　東漢章帝劉炟年號，西元七六—八四年。⓫謁者　掌管接待賓客的官，秩比六百石。⓬考量隱括　考量，考察衡量。隱括，審度；查核。⓭徒士　服勞役之人。⓮上谷　郡名。戰國燕置。轄境相當今河北張家口、小五臺山以東，赤城、延慶以西，及內長城和昌平以北地。⓯赤沙烏桓　赤沙，疑為赤山。據本書卷九十〈烏桓鮮卑列傳〉記載，烏桓「死者神靈歸赤山」。烏桓，古代少數民族名。本書卷九十：「烏桓者，本東胡也。漢初，匈奴冒頓滅其國，餘類保烏桓山，因以為號焉。」⓰黎陽營　黎陽，古縣名。西漢置。治所在今河南浚縣東。營，軍隊駐紮的地方。⓱狐奴　縣名。今北京順義東北。⓲護烏桓校尉　比二千石。主烏桓胡。⓳鮮卑　古族名。東胡族的一支。秦漢時，游牧於今西拉木倫河與洮兒河之間。附於匈奴。北匈奴西遷後，進入匈奴故地，併其餘眾，勢力漸盛。漢桓帝時，首領檀石槐建庭立制，組成軍事行政聯合體。分為東、中、西三部，各置大人率領。檀石槐死後，聯合體瓦解，由步度根、軻比能等首領各擁所部，附屬漢魏。⓴威恩　聲威恩德。據《東觀漢記》：「吏士常大病瘧，轉易至數十人，訓身為煮湯藥，咸得平愈。其無妻者，為適配偶。」㉑元和　東漢章帝劉炟年號，西元八四—八七年。㉒盧水胡　匈奴的一支。盧水為地名，胡指匈奴。西漢時為張掖屬國都尉所轄。㉓傳　古代設於驛站的房舍，亦指驛站上所備的車馬。這裡指驛站上所備的車馬。㉔武威　郡名。原匈奴休屠王地。西漢昭帝或宣帝時置郡，治武威（今甘肅民勤東北），西漢後轄今甘肅黃河以西，武威以東及大東河、大西河流域地區。東漢移治姑臧（今甘肅武威）。㉕張掖　郡名。漢元鼎六年（西元前一一一年）置。

治觻得（今甘肅張掖西北）。轄境相當今甘肅永昌以西、高臺以東地區。㉖章和　東漢章帝劉炟年號，西元八七—八八年。㉗護羌校尉張紆　護羌校尉，比二千石。主西羌。張紆，漢隴西太守、校尉，他事不詳。㉘誘誅燒當種羌迷吾　指迷吾等敗降後，張紆設兵大會，卻置毒於酒中，殺迷吾等八百餘人一事。燒當種羌，西羌的一支。西漢元帝時，羌族以其祖先燒當為種號。迷吾，羌族頭領之一。㉙遂相與解仇結婚二句　指迷吾之子迷唐與羌族的其他諸種解除仇隙、互通婚姻，互相以子孫為質，訂立盟約等。㉚合　閉上；合攏。㉛河　黃河。㉜小月氏胡　即小月氏。古族名。漢文帝初年，月氏的一小部分人沒有西遷，進入南山（今祁連山），與羌人雜居，稱小月氏。漢武帝元狩二年霍去病定西河地時，出山與漢人雜居。共有七個大「種」，分布在湟中及令居，稱「湟中月氏胡」。另有數百戶在張掖，稱「義從胡」。其語言、衣服、飲食等和羌人相似。㉝勝兵　士兵，拿武器作戰之人。㉞首施兩端　猶「首鼠兩端」，猶豫不決的樣子。㉟擁衛　擁塞護衛。㊱稽故　阻礙；留阻。李賢注引《東觀漢記》：「『稽故』字作『諸故』」。㊲縣官　指朝廷。㊳府帑　國庫。㊴涼州　州、衛、府名。西漢武帝置涼州，為「十三刺史部」之一。東漢時治隴縣（今甘肅張家川回族自治縣）。㊵命縣絲髮　生命像用絲線和頭髮懸著，比喻處境險惡，危在旦夕。縣，通「懸」。㊶懷　安撫。㊷內　通「納」。使……進入。㊸湟中　地區名。指今青海湟水兩岸。漢代為羌、漢、月氏胡等雜居地。㊹義從　稱由胡、羌丁壯組成的軍隊。㊺臨困　猶臨終。㊻掩擊　襲擊；衝殺。㊼寫谷　今青海湟源西。㊽大小榆　即大、小榆谷，又作二榆，為大榆谷、小榆谷的合稱，在今青海貴德東黃河南岸一帶。東漢時為羌族所居。㊾頗巖谷　確址待考。其地當在今青海境內。㊿長史任尚　長史，官名。東漢的太尉、司徒、司空三公府均設長史，職任頗重，號為三公輔佐。任尚，封樂亭侯，征戰羌胡，元初五年因罪棄市。(51)箄　大的筏子。(52)廬落　廬帳；氈帳。(53)生口　指俘虜。(54)一種　指迷唐羌一支。(55)畔　通「叛」。反叛。(56)東號　李賢注，「羌名」。(57)稽顙　古代一種跪拜禮，屈膝下拜，以額觸地。(58)款塞　指異族誠意來到邊界歸順。(59)綏接　撫慰交往。(60)弛刑徒　解除枷鎖的刑徒。(61)塢壁　中國古代為防禦而修建的小城堡，又稱塢堡。(62)竇憲　字伯度。見本書卷二十三。(63)離　通「罹」。遭受苦難或不幸。(64)寬中　寬厚中和。(65)閨門　古稱內室之門，也指家門。(66)諸子　眾兒。(67)席　座位。(68)臨　弔唁。(69)前烏桓吏士　李賢注：「訓前任烏桓校尉時吏士也。」(70)聽　聽從。(71)白　告訴。(72)校尉　漢時軍職之稱，略次於將軍。隨其職務冠以名號，如掌北軍軍壘者有中壘校尉，掌西域屯兵者有戊己校尉等。漢武帝時置中壘、屯騎、步兵、越騎、長水、胡騎、射聲、虎賁八校尉，為專掌特種部隊的將領，東漢略同。(73)輒此請禱求福　王先謙《後漢書集解》謂「此」字疑衍，或「此」字上奪「於」字。(74)策　策書。古代君主對臣下封土、授爵、免官或發布其他敕令的文書。(75)平壽　縣名。今山東昌樂東南。(76)中宮　皇后居住之所，以別於東西二宮。

為皇后的代稱。

【語　譯】鄧訓字平叔，是鄧禹的第六個兒子。他年輕時就懷有大志，不喜好章句之學，常被鄧禹非議。漢明帝即位，最初任用鄧訓為郎中。他樂善好施，禮賢下士，士人大多歸附他。

2 永平年間，朝廷治理滹沱河、石臼河，從都慮到羊腸倉段，想使兩河能通水運。太原郡的官吏和百姓深受這項差役之苦，幾年時間都沒有完成，運輸物品所經過的三百八十九處險要之地，前後落水淹死的人不可勝數。漢章帝建初三年，朝廷授職鄧訓為謁者，派他監督辦理這件事。鄧訓考察並大概計算工程量，知道這項工程很難成功，於是詳細上報章帝。漢章帝接受了鄧訓的建議，停止了這項工程，改用驢車運輸物品，每年節省的費用以億萬計，並保全了幾千士兵和刑徒的生命。

3 恰逢上谷太守任興要殺赤沙烏桓，烏桓怨恨，謀劃反叛，朝廷下詔令鄧訓率領黎陽營的士兵駐紮於狐奴，以防備烏桓反叛。鄧訓安撫收容邊境的民眾，使幽州的百姓都歸附他。建初六年，鄧訓遷升為護烏桓校尉，黎陽的老屬下大都扶老攜幼，跟從鄧訓遷到邊境。鮮卑人聽說鄧訓的威望以及對部下的恩德，都不敢南下靠近邊塞。建初八年，舞陰公主的兒子梁扈犯罪，鄧訓因私下與梁扈通信而受到牽連，朝廷召他免職回歸故里。

4 元和三年，盧水的匈奴人反叛，朝廷任鄧訓為謁者，乘驛車到達武威，被任命為張掖太守。

5 章和二年，護羌校尉張紆誘殺了燒當羌人首領迷吾等人，羌人各部非常憤怒，謀劃報仇，朝廷很擔心這件事。公卿們推舉鄧訓代替張紆為護羌校尉。羌人各部激動忿怒，他們互相解除前嫌，互通婚姻，交換人質，訂立盟約，並聚集了四萬多人，相約等結冰後一起渡過黃河攻打鄧訓。早先，小月氏胡人分居在邊塞內，善戰的有兩三千騎兵，都勇敢強健，每次和羌人作戰，往往能以少勝多。他們雖然猶疑不定，兩面討好，但漢軍也常利用他們。當時迷吾的兒子迷唐，另外和武威的羌人集合騎兵一萬名，來到邊塞，卻不敢攻打鄧訓，準備先脅迫小月氏胡。鄧訓堵塞交通，保衛關卡，使他們滯留難前，不能交戰。人們議論說，羌人和胡人互相攻打，朝廷可以獲利，以夷人去攻打夷人，不應去保護胡人。鄧訓說：「不對。現在張紆失信於羌人，羌人騷動，朝廷常年在這裡的屯兵不少於兩萬人，運輸軍需物資費用很高，國庫為之空虛，涼州的官吏和百姓，命在旦夕。原先，各胡人部落之所以憤憤不平，都是因為朝廷對他們的恩德和信義不夠。現在趁他們處境危險，用恩德和信義來安撫他們，他們或許能為我們所用。」於是命令打開城門和居住地的園門，收納胡人的妻子兒女，派重兵守衛。羌人擄掠，沒有收穫，又不敢進一步逼凌胡人各部，於是就撤兵走了。因此，湟中的胡人都說：「漢家以前常想讓我們自相攻殺，現在鄧使君卻用恩德和信義對待我們，打開城門收納我們的妻子兒女，使我們得以與父母團聚。」眾人都高興地叩頭說：「一切聽從鄧使君的命令。」鄧訓於是就撫養了月氏胡人中幾百名勇健少年，把他們作為義從。

6 羌人、胡人的習俗以病死為恥，每到病危時，就用刀刺死自己。鄧訓一聽說有人病危，就把他監護、束縛起來，不給兵器，並派醫生給他們治療，病癒的人很多，羌胡中大大小小的人沒有不高興、感激的。鄧訓於是用錢財賞賜給羌人各部，叫他們去招降其他的羌人。迷唐的伯父號吾率領他的母親和本部落人八百戶，從塞外來投降。鄧訓趁機調發湟中的秦人、胡人、羌人四千士兵，出邊塞，在寫谷襲擊迷唐，殺了六百多人，收繳馬牛羊一萬多頭。迷唐於是離開大榆和小榆，到頗巖谷去住，他的部屬全都潰散了。這年春天，迷唐想回到原先的地方從事農牧業，鄧訓又調發湟中六千士兵，命長史任尚率領，用皮革縫製成船，放在大木筏上，渡過黃河，襲擊迷唐部落的豪強，斬殺捕獲了許多人。又追擊那些敗逃者。恰恰這時，任尚等人在夜裡被羌人襲擊，於是那些羌、胡義從合力打敗了迷唐的部落，前後共殺了一千八百多人，俘虜了二千人，繳獲了馬牛羊三萬多頭，迷唐的部落幾乎全都被消滅了。迷唐收集餘部，遠遠地遷走了帳篷，往西去了一千多里，依附他的小部落也都背叛了他。燒當羌人的大帥東號叩頭歸降，其餘的部落都入塞送來人質。鄧訓安撫歸降的各個部落，威信大大地樹立起來。於是朝廷撤去屯兵，讓他們各自回鄉，只留下兩千多名除下枷鎖的刑徒，分別墾種田地、為貧困人家耕種，修理城郭和塢堡。

7 和帝永元二年，大將軍竇憲率兵鎮守武威。竇憲認為鄧訓通曉對付羌人、胡人的策略，向皇上請求派他同往。鄧訓當初與馬家的關係很好，不被竇氏的人所親近，因此竇憲被殺時，鄧訓沒有被牽連遭受這次災禍。

8 鄧訓雖然為人寬容大度，但對家人卻很嚴格，兄弟們沒有不敬畏他的。孩子們來拜見他，他從未讓他們坐下，和顏悅色對待他們。永元四年冬天，鄧訓在任職期間病死，時年五十三歲。官吏、百姓及羌人、胡人都愛憐他，每天都有幾千人來弔唁。戎人的習俗是父母死了，不能悲泣，因為他們認為悲泣是可恥的，所以他們在父母死後都騎馬歌呼。等到聽說鄧訓死去的消息，沒有不嚎哭悲痛的，有的人用刀割傷自己，又刺傷自己的狗、馬、牛、羊，說：「鄧使君已經死了，我們今天和他一起去死吧！」鄧訓從前任烏桓校尉時的官吏和士人，都在道路上奔走痛哭，以致城郭都空了。官吏抓住他們，他們也不聽從勸阻，官吏只得把這種情形上報現任烏桓校尉徐傿，徐傿歎息說：「這是義舉啊！」就放了他們。於是這裡家家都為鄧訓立祠紀念，每有疾病，就向鄧訓的靈位祈求福佑。

9 元興元年，漢和帝因為鄧訓是皇后的父親，派遣謁者持符節到鄧訓的墳墓上，賜策書追封鄧訓，賜謚平壽敬侯。皇后親自駕臨，百官集會。

10 鄧訓有五個兒子：鄧騭，鄧京，鄧悝，鄧弘，鄧閶。

1 騭字昭伯，少辟❶大將軍竇憲府。及女弟❷為貴人，騭兄弟皆除郎中。及貴人立，是為和熹皇后。騭三遷虎賁中郎將❸，京、悝、弘、閶皆黃門侍郎。京卒於官。延平❹元年，拜騭車騎將軍、儀同三司❺。儀同三司始自騭也。悝虎賁中郎將，弘、閶皆侍中。

2 殤帝❻崩，太后與騭等定策立安帝，悝遷城門校尉❼，弘虎賁中郎將。自和帝崩後，騭兄弟常居禁中❽。騭謙遜不欲久在內，連求還第，歲餘，太后乃許之。

3 永初元年，封騭上蔡[9]侯，悝葉[10]侯，弘西平[11]侯，閶西華[12]侯，食邑各萬戶。騭以定策功，增邑三千戶。騭等辭讓不獲[13]，遂逃避使者，間關[14]詣闕，上疏自陳曰：「臣兄弟汙濊[15]，無分可採[16]，過[17]以外戚，遭值明時，託日月之末光，被雲雨之渥澤[18]，並統列位[19]，光昭當世。不能宣贊風美[20]，補助清化[21]，誠慙誠懼，無以處心[22]。陛下躬[23]天然之姿，體[24]仁聖之德，遭國不造[25]，仍離大憂[26]，開日月之明，運獨斷[27]之慮，援立皇統[28]，奉承大宗[29]。聖策定於神心[30]，休烈[31]垂於不朽，本非臣等所能萬一，而猥推嘉美，並享大封，伏聞詔書，驚惶慙怖。追觀前世傾覆[32]之誡，退自惟念[33]，不寒而慄。臣等雖無逮及遠見之慮，猶有庶幾戒懼之情。常母子兄弟，內相勑厲[34]，冀以端慤[35]畏慎，一心奉戴[36]，上全天恩，下完性命。刻骨定分[37]，有死無二。終不敢橫受[38]爵土，以增罪累[39]。惶窘征營[40]，昧死陳乞。」太后不聽。騭頻上疏，至於五六，乃許之。

4 其夏，涼部[41]畔羌搖蕩西州[42]，朝廷憂之。於是詔騭將左右羽林[43]、北軍五校[44]士及諸部兵擊之，車駕幸平樂觀[45]餞送。騭西屯漢陽[46]，使征西校尉任尚、從事中郎司馬鈞[47]與羌戰，大敗。時以轉輸疲弊，百姓苦役。冬，徵騭班師。朝廷以太后故，遣五官中郎將[48]迎拜騭為大將軍。軍到河南[49]，使大鴻臚[50]親迎，中常侍[51]

齎牛酒郊勞，王、主以下候望於道。既至，大會群臣，賜束帛乘馬[52]，寵靈顯赫[53]，光震都鄙[54]。

5 時遭元二[55]之災，人士[56]荒飢，死者相望，盜賊群起，四夷侵畔。騭等崇節儉，罷力役，推進天下賢士何熙[57]、祋諷[58]、羊浸[59]、李郃[60]、陶敦[61]等列於朝廷，辟楊震[62]、朱寵[63]、陳禪[64]置之幕府[65]，故天下復安。

6 四年，母新野君寢病，騭兄弟並上書求還侍養。太后以閶最少，孝行尤著，特聽之，賜安車駟馬[66]。及新野君薨，騭等復乞身行服[67]，章連上，太后許之。騭等既還里第，並居冢次。閶至孝骨立，有聞當時。及服闋[68]，詔喻騭還輔朝政，更授前封。騭等叩頭固讓，乃止，於是並奉朝請，位次在三公[69]下，特進、侯上。其有大議，乃詣朝堂，與公卿參謀。

7 元初[70]二年，弘卒。太后服齊衰[71]，帝絲麻[72]，並宿幸其第。弘少治歐陽尚書[73]，授帝禁中，諸儒多歸附之。初疾病，遺言悉以常服，不得用錦衣玉匣。有司奏贈弘驃騎將軍，位特進，封西平侯。太后追思弘意，不加贈位衣服，但賜錢千萬，布萬匹，騭等復辭不受。詔大鴻臚持節，即弘殯封子廣德為西平侯。將葬，有司復奏發五營[74]輕車騎士，禮儀如霍光故事[75]，太后皆不聽，但白蓋雙騎，門生輓送[76]。後以帝師之重，分西平之都鄉[77]封廣德弟甫德為都鄉侯。四年，又封京子黃門侍郎珍為陽安[78]侯，邑三千五百戶。

8 五年，悝、閶相繼並卒，皆遺言薄葬，不受爵贈，太后並從之。乃封悝子廣宗為葉侯，閶子忠為西華侯。

9 自祖父禹教訓子孫，皆遵法度，深戒竇氏[79]，檢勑[80]宗族，闔[81]門靜居。騭子侍中鳳，嘗與尚書郎張龕[82]書，屬[83]郎中馬融[84]宜在臺閣[85]。又中郎將任尚嘗遺鳳馬，後尚坐斷盜[86]軍糧，檻車[87]徵詣廷尉[88]，鳳懼事泄，先自首於騭。騭畏太后，遂髡[89]妻及鳳以謝[90]，天下稱[91]之。

10 建光[92]元年，太后崩，未及大斂[93]，帝復申前命，封騭為上蔡侯，位特進。帝少號聰敏，及長多不德，而乳母王聖[94]見太后久不歸政，慮有廢置，常與中黃門李閏[95]侯何左右[96]。及太后崩，宮人先有受罰者，懷怨恚[97]，因誣告悝、弘、閶先從尚書鄧訪[98]取廢帝故事，謀立平原王得[99]。帝聞，追怒[100]，今有司奏悝等大逆無道，遂廢西平侯廣德、葉侯廣宗、西華侯忠、陽安侯珍、都鄉侯甫德皆為庶人[101]。騭以不與謀，但免特進，遣就國。宗族皆免官歸故郡，沒入騭等貲財田宅，徙鄧訪及家屬於遠郡。郡縣逼迫[102]，廣宗及忠皆自殺。又徙封騭為羅[103]侯，騭與子鳳並不食而死。騭從弟河南尹豹、度遼將軍舞陽侯遵、將作大匠暢皆自殺，唯廣德兄弟以母閻后(104)戚屬得留京師。

11 大司農朱寵(105)痛騭無罪遇禍，乃肉袒輿櫬(106)，上疏追訟(107)騭曰：「伏惟和熹皇后聖善(108)之德，為漢文母(109)。兄弟忠孝，同心憂國，宗廟有主，王室是賴(110)。功成身退，讓國遜位，歷世外戚，無與為比。當享積善履謙之祐(111)，而橫為宮人單辭(112)所陷。利口(113)傾險，反亂國家，罪無申證(114)，獄不訊鞠(115)，遂令騭等罹此酷濫(116)。一門七人(117)，並不以命(118)，屍骸流離(119)，怨魂不反，逆天感人(120)，率土(121)喪氣。宜收還冢次，寵樹(122)遺孤，奉承血祀(123)，以謝亡靈(124)。」寵知其言切(125)，自致廷尉，詔免官歸田里。眾庶多為騭稱枉，帝意頗悟，乃譴讓(126)州郡，還葬洛陽北芒(127)舊塋(128)，公卿皆會喪，莫不悲傷之。詔遣使者祠以中牢(129)，諸從昆弟皆歸京師。及順帝即位，追感太后恩訓，愍騭無辜，乃詔宗正(130)復故大將軍鄧騭宗親內外，朝見皆如故事。除(131)騭兄弟子及門從十二人悉為郎中，擢(132)朱寵為太尉，錄尚書事(133)。

12 寵字仲威，京兆(134)人，初辟騭府，稍遷潁川(135)太守，治理有聲。及拜太尉(136)，封安鄉侯，甚加優禮。

13 廣德早卒。甫德更召徵為開封令(137)。學傳父業。喪母，遂不仕。

14 閶妻耿氏有節操，痛鄧氏誅廢，子忠早卒，乃養河南尹豹子嗣為閶後。耿氏教之書學，遂以通博稱。永壽[138]中，與伏無忌[139]、延篤[140]著書東觀[141]，官至屯騎校尉[142]。

15 禹曾孫香之女為桓帝后，帝又紹封度遼將軍遵子萬世為南鄉[143]侯，拜河南尹[144]。及后廢，萬世下獄死，其餘宗親皆復歸故郡。

16 鄧氏自中興後，累世寵貴，凡侯者二十九人，公二人，大將軍以下十三人，中二千石十四人，列校二十二人，州牧、郡守四十八人，其餘侍中、將、大夫、郎、謁者不可勝數，東京[145]莫與為比。

【章　旨】以上是〈鄧禹傳〉的第八部分，記述鄧訓五個兒子及其後代的情況。其中主要敘述的是鄧騭等人作為外戚，憂心國事卻無罪遇禍的不幸遭遇。

【注　釋】❶辟　徵召。❷女弟　妹妹。指漢和帝皇后鄧綏，諡和熹。見本書卷十上。❸虎賁中郎將　官名。俸比二千石，掌虎賁宿衛，戰時領兵征伐。❹延平　東漢殤帝劉隆年號，西元一〇六年。❺儀同三司　官名。始於東漢。原意指非三公而給予與三公同等的待遇。❻殤帝　劉隆，西元一〇五—一〇六年在位。❼城門校尉　官名。俸比二千石，掌京都洛陽十二城門屯衛兵。❽禁中　指帝王所居之宮內。❾上蔡　縣名。今河南中部，洪河斜貫。周為蔡國。春秋楚置蔡縣。戰國韓置上蔡縣，治所在今縣西南。❿葉　古邑名。漢置縣。今河南葉縣南。⓫西平　縣名。漢置縣。今河南中部、洪河上游，京廣鐵路縱貫。⓬西華　縣名。秦置長平縣，漢分置西華縣。今河南中部偏東，南靠沙河，潁河、賈魯河流貫。⓭不獲　不被批准。「不獲恩准」的省語。⓮間關　形容道路艱險。⓯汙濊　即汙穢。卑汙；卑下。⓰無分可採　沒有一點才能和功績可取。李賢注：「言無分寸可收采也。」⑰過　錯誤。⑱被雲雨之渥澤　被，承受。渥澤，指恩惠。⑲並統列位　統，世代相繼的系統。列位，爵位。⑳宣贊風美　宣贊，宣揚。風美，風化淳美。㉑補助清化　補助，增益匡助。清化，清明的教化。㉒無以處心　指內心不安。㉓躬　本身具有。㉔體　擁有。㉕不造　不幸。這裡指國難。㉖仍離大憂　仍，頻仍。離，通「罹」。遭受。大憂，指皇帝死喪。李賢注：指「和帝、殤帝崩。」㉗獨斷　獨自決斷。㉘援立皇統　援立，援引成例來建立。皇統，世代相傳的帝系。㉙大宗　宗法社會以嫡系長房為「大宗」，餘子為「小宗」。㉚聖策定於神心　聖策，指皇帝的謀略。神心，猶聖心，謂天子的心。㉛休烈　盛美的事業。㉜前世傾覆　李賢注：「前代外戚上官安、霍禹之屬，皆被誅戮也。」㉝念思考；考慮。㉞勑厲　戒勉。㉟端慤　正直誠謹。慤，「愨」的俗字。誠實；謹慎。㊱奉戴　奉事；擁戴。㊲分　名位、職責、權利的限度。㊳橫受　意外地遭受。㊴罪累　罪過。累，過錯。㊵征營　惶恐不安的樣子。㊶涼部　為「十三刺史部」之一，西漢武帝置。東漢時治隴縣（今甘肅張家川回族自治縣）。㊷西州　漢、晉時泛指涼州為西州，相當於今甘肅中部與西北部一帶。㊸左右羽林　即左羽林軍、右羽林軍。㊹北軍五校　東漢時在北軍中設置屯騎、越騎、長水、射聲、步兵等五校尉，另置北軍中侯以監五營，稱為北軍五校。北軍，漢代守衛京師的屯衛兵。初由中尉率領。以屯守長安城內北部，故稱。士兵均為三輔騎士，一年更換一次。㊺平樂觀　漢代宮觀名。漢高祖時始建，武帝增修，在上林苑中未央宮北，周圍十五里，今陝西西安西北漢長安故城西。東漢都洛陽，明帝永平五年於長安迎取飛廉銅馬，置於西門外，築平樂觀，也作為閱兵的地方。今河南洛陽東北漢、魏洛陽故城西。㊻漢陽　郡名。東漢永平十七年改天水郡置。㊼從事中郎司馬鈞　從事中郎，漢末諸州稱雄者多置從事中郎，為州屬吏。司馬鈞，元初二年，與安定太守杜恢並擊羌，恢乘勝深入，為虜所害，鈞擁兵不救，被收下獄，自殺。㊽五官中郎將　官名。俸比二千石，掌五官郎持戟值班，宿衛皇宮殿門，出充車騎，或奉命差遣。㊾河南　郡名。漢高帝二年改秦三川郡置郡。㊿大鴻臚　官名。漢武帝時改典客為大鴻臚，原掌接待少數民族等事，為九卿之一。後漸變為贊襄禮儀之官。(51)中常侍　官名。東漢時由宦者擔任，初俸千石，後增到比二千石，掌侍從左右，從入內宮，贊導內眾事，皇帝提問時負責解答，或受差遣辦事。(52)束帛乘馬　束帛，捆為一束的五匹帛。古代用為聘問、饋贈的禮物。乘馬，四匹馬。四匹馬為乘。(53)寵靈顯赫　寵靈，恩寵。顯赫，權勢盛大顯著。(54)都鄙　京城和邊邑。都，都城。鄙，邊遠的地方。(55)元二　有兩說。一說，「元二」即「元元」。李賢注：「元二即元元也，古書字當再讀者，即于上字之下為小『二』字，言此字當兩度言之。後人不曉，遂讀為元二，或同之陽九，或附之百六，良由不悟，致斯乖舛。今岐州〈石鼓銘〉，凡重言者皆為『二』字，明驗也。」一說，「元二」指建初元年、二年。王先謙《後漢書集解》引杭世駿說及惠棟《後漢書補注》皆執此說。56人士　《後漢書集解》引惠棟：「人士當作人民。」57何熙　字孟孫，陳國人。詳參本書卷四十七。58祝諷　或作「祝諷」。59羊浸　或作「羊侵」，太山人。安帝時司隸校尉。60李郃　字孟節，漢中南鄭人。詳見本書卷八十二上。61陶敦　字文理，河南京縣人。官至司空。62楊震　字伯起，弘農華陰人。見本書卷五十四。63朱寵　字仲威，京兆杜陵人。官至太尉。64陳禪　字紀山，巴郡安漢人。見本書卷五十一。65幕府　軍隊出征，施用帳幕，所以古代將軍的府屬稱「幕府」。運籌帷幄之大將亦稱「幕府」。66安車駟馬　可以坐乘的四匹馬拉的小車，多供德高望重的老人乘坐。67行服　謂穿孝服居喪。68服闋　守孝期滿除服。闋，終了。69三公　朝中三位高級官員，東漢時指太尉、司徒、司空。太尉掌四方兵事功課，司徒掌人民事，司空掌水土事。70元初　東漢安帝劉祜年號，西元一一四－一二〇年。71齊衰　喪服名。為五服之一。服以粗麻布做成，以其緝邊縫齊，故稱「齊衰」。服期有三年、一年、五月、三月之別。72絲麻　馬敘倫《讀兩漢書記》認為，疑為「緦麻」。緦麻，喪服名。五服中最輕的一種，服喪三月。73歐陽尚書　歐陽生所傳之《尚書》。歐陽生，字和伯，西漢千乘人。受《尚書》於伏生，為西漢今文《尚書》歐陽學說的開創者。74五營　即五校。75禮儀如霍光故事　禮儀依照霍光的喪禮進行。李賢注：「霍光薨，宣帝遣太中大夫、侍御史持節護喪事，中二千石修莫府冢，上賜玉衣、梓宮、便房、黃陽題湊、轀輬車、黃屋左纛，輕車材官五校士以送葬也。」76門生輓送　門生，原指再傳弟子。後來不受業而登上門生名錄者，也稱門生。甚至依附名勢者，亦稱門生。輓，通「挽」。77都鄉　聚邑名。今河南新野東。78陽安　古縣名。西漢置。治所在今河南確山縣北。79竇氏　指東漢章帝竇皇后家族。竇皇后是竇勳之女，其祖父竇穆和叔父俱尚主。竇穆交通輕薄，囑託郡縣，干亂政化，後因圖謀不軌而被殺。80檢勑　約束；告誡。81闔　關。82尚書郎張龕　尚書郎，官名。東漢取孝廉中有才能者入尚書臺，在皇帝左右處理政務，初入臺稱守尚書郎中，滿一年稱尚書郎，三年稱侍郎。張龕，蜀郡人。83屬　通「囑」。囑託。84馬融　字季長，扶風茂陵人。見本書卷六十上。85臺閣　尚書省的別稱。因漢代尚書臺在宮禁內，乃有此稱。86斷盜　攔截盜取。87檻車　囚車。李賢注：「以板四周為檻，無所見。」88廷尉　官名。秦置。為九卿之一，掌刑獄。89髡　古代剃去頭髮的一種刑罰。90謝　謝罪。91稱　讚揚。92建光　東漢安帝劉祜年號，西元一二一－一二二年。93大斂　亦作「大殮」。將死者屍體入棺。94王聖　多行不義，與朝臣結黨，於延光四年母子被徙鴈門。95中黃門李閏　中黃門，比百石，由宦官擔任。後增比三百石。掌給事禁中。李閏，與王聖等結黨，干涉朝政。96候伺左右　《通鑑》在此句之後，尚有：「共毀短太后于帝，帝每懷忿懼。」97怨恚　怨恨。98尚書鄧訪　尚書，官名。分掌諸曹事。鄧訪，袁宏《後漢紀》作「鄧防」，他事不詳。99平原王得　李賢注：「和帝長子平原王劉勝無嗣，鄧太后立樂安王寵子得為平原王。」100追怒　追究以前的事情而發怒。

101庶人　泛指無官爵的平民；百姓。102逼迫　強行迫使。103羅　縣名。屬長沙郡。治所在今湖南汨羅北。104閻后　即安帝閻皇后，諱姬，河南滎陽人。閻暢之女，有才色。元初二年，立為皇后。後專房妒忌，曾鴆殺安帝所幸宮人李氏。安帝崩，以皇太后身分臨朝稱制十二年。詳見本書卷十下。105大司農朱寵　大司農，官名。掌租稅錢穀鹽鐵和國家的財政收支，為九卿之一。朱寵，事見本卷。106輿櫬　抬著棺材。輿，抬。櫬，棺材。107訟　為人辯冤。108聖善　專用以稱頌母德。109為漢文母　太后有聖智之善，比於文母。文母，周文王之母大任。110是賴　李賢注：「殤帝崩，太后與騭定立安帝，故曰是賴。」111積善履謙之祐　因為做好事和為人謙遜而帶來的福佑。《易・坤卦》：「積善之家，必有餘慶。」又《易・謙卦》：「鬼神害盈而福謙。」112單辭　一面之詞。113利口　伶牙俐齒，能言善辯。114申證　申，明；明白。證，驗證。115訊鞠　猶「訊鞫」。審訊。116酷濫　殘酷無度。117七人　指鄧騭及他的堂弟鄧豹、鄧遵、鄧暢，兒子鄧鳳，姪子鄧廣宗、鄧忠。118以命　按照命運的安排。119流離　離散；流落。120逆天感人　逆天，違背天意或天道。感，通「憾」。怨恨。121率土　全國；四海之內。122寵樹　加恩扶植。123血祀　指祭祀。祭祀時必殺牲取血，故稱。124亡靈　死者的靈魂。125切　急迫。126譴讓　責怪。127北芒　山名。即邙山。今河南洛陽北。東漢及北魏的王侯公卿多葬於此。128舊塋　祖墳。129中牢　祭祀時供奉的豬、羊。130宗正　官名。始於秦，漢沿置，九卿之一，多由皇族充任，為皇族事務機關的長官。131除　任命；拜官。132擢　提拔。133錄尚書事　初稱領尚書事。官名。西漢後期置。昭帝即位，大將軍霍光秉政，領尚書事。東漢自和帝起，每帝即位，輒置太傅，錄尚書事。錄為總領之意，錄尚書事獨攬大權，無所不總。134京兆　郡名。西漢太初元年改右內史置，分原右內史東半部為其轄區。因地屬畿輔，故不稱郡。為三輔之一。治所在長安（今陝西西安）。135潁川　郡名。戰國秦王政十七年（西元前二三〇年）置。以潁水得名。西漢置有工官，東漢中平初波才領導的黃巾軍在此起事。136太尉　官名。秦至西漢設置，為全國軍政首腦，與丞相、御史大夫並稱三公。漢武帝時改稱大司馬。東漢復舊名太尉，與司徒、司空並稱三公。137開封令　開封，縣名。今河南開封市郊、黃河南岸，隴海鐵路橫貫。漢置開封、浚儀兩縣。令，縣令的簡稱。萬戶以上的大縣置令一人，俸千石，掌治一縣民事。138永壽　東漢桓帝劉志年號，西元一五五－一五八年。139伏無忌　琅邪東武（今山東諸城）人。漢桓帝元嘉年間，與議郎黃景及崔寔等於東觀共撰《漢紀》。其所著稱《伏侯注》，共八卷。140延篤　字叔堅。見本書卷六十四。141東觀　漢代宮中藏書的地方。142屯騎校尉　比二千石。屬八校尉之一，掌宿衛兵。143南鄉　縣名。今河南淅川縣西南舊淅川縣城東南原丹江南岸（今已成水庫）。144尹　官名。漢代都城行政長官稱尹，有京兆尹、河南尹。145東京　東漢都洛陽，在西漢都城長安東面，故稱東京。這裡以東京借指東漢。

【語譯】鄧騭字昭伯，年輕時被徵召入大將軍竇憲幕府。他的妹妹被封為貴人後，鄧騭兄弟都被任命為郎中。鄧貴人被冊立為皇后，便是和熹皇后。鄧騭經三次升遷為虎賁中郎將，鄧京、鄧悝、鄧弘、鄧閶都升任黃門侍郎。鄧京在官位上去世。延平元年，鄧騭被任命為車騎將軍、儀同三司。儀同三司這個官職就是從鄧騭開始的。鄧悝升任虎賁中郎將，鄧弘、鄧閶都任侍中。

2 殤帝駕崩以後，鄧太后和鄧騭等人商定擁立安帝，鄧悝升任城門校尉，鄧弘為虎賁中郎將。自從和帝駕崩以後，鄧騭兄弟經常居處在宮中。鄧騭謙虛謹慎不想久住宮內，接連請求回到自己的宅第中去，過了一年多，鄧太后才同意他的請求。

3 永初元年，封鄧騭為上蔡侯，鄧悝為葉侯，鄧弘為西平侯，鄧閶為西華侯，食邑各一萬戶。鄧騭因曾與太后議定擁立安帝有功，增加食邑三千戶。鄧騭兄弟推辭不受，不被獲准，於是他們躲開朝廷的使者，跋涉到京城，上疏陳述自己的意向：「我們兄弟都是庸才，沒有分寸可用之處，忝為外戚，又生逢清明的時代，承受日月餘光的照耀，又沾雨露的潤澤，都居朝班之中，光耀當世。我們不能弘揚朝廷的風教美德，擴大朝廷的清明教化，實在慚愧恐懼，於心不安。陛下身負天生的威儀，內有仁愛聖明的道德，而逢國家不幸，頻遭大難，陛下放日月之光明，獨斷決策，拯救漢室歷代相傳的帝系，承嗣正統。聖明的決策出於神明的心智，盛美的事業永遠不會磨滅，這事業的萬分之一都不是我們兄弟等人所能做到的，而我們卻受到過分的推舉褒獎，一起享受高厚的封賞，聽到詔命，驚惶慚愧。追思前代外戚覆亡的教訓，退身思考，不寒而慄。我等雖然沒有遠見卓識，但多少還有戒滿畏懼之情，經常在母子、兄弟之間，互相告誡，希望能夠正直謹慎、心存敬畏，忠心輔佐，上不辜負皇帝的恩典，下以保全自己的性命。君臣間的名分，刻骨銘心，我們忠於朝廷至死不變，但終究不敢接受額外的爵祿與封土，而增加罪過。誠惶誠恐，冒死陳情請求。」太后不准許，鄧騭接連上疏，多達五六次，太后才允許了他的請求。

4 這年夏天，涼州羌人叛亂，震動了整個西州，朝廷為此憂慮。於是詔令鄧騭統率左右羽林軍、北軍五校兵士和各部兵士征討西羌，皇帝親臨平樂觀為鄧騭餞行。鄧騭西進，屯兵漢陽，派征西校尉任尚、從事中郎司馬鈞與羌人作戰，大敗。當時，軍需轉運困難，百姓苦於勞役。冬天，朝廷詔令鄧騭撤兵。朝廷因為鄧騭是太后的至親，派五官中郎將迎接並封他為大將軍。鄧騭的軍隊回到河南，朝廷派大鴻臚迎接，中常侍送牛肉、酒食到郊外勞軍，王侯、公主以下達官在路旁迎接。鄧騭到京城後，朝廷大會群臣，賞賜鄧騭束帛、馬匹，恩寵顯耀，榮光震動了京都和邊遠地方。

5 當時遭受「元二」之災，人民饑荒，屍骸遍地，盜賊成群結隊而起，四方外族侵擾邊境。鄧騭等人崇尚節儉，罷除勞役，薦舉國內賢士何熙、祋諷、羊浸、李郃、陶敦等到朝中任職，徵召楊震、朱寵、陳禪入幕府，於是全國又恢復了安定。

6 永初四年，鄧騭母親新野君病危，鄧騭兄弟都上書請求回鄉侍奉母親。鄧太后因為鄧閶最小，又特別孝順，只准許了他的請求，賜給他一輛可以坐乘的四匹馬拉的車。不久，新野君去世，鄧騭兄弟又請求居喪守孝，接連上了幾次奏章，太后才准許。鄧騭兄弟回鄉後，都住在母親墳旁。鄧閶特別孝敬，悲痛到瘦骨嶙峋，傳聞一時。服喪期滿後，朝廷下詔鄧騭還朝輔佐朝政，仍授予以前的職位。鄧騭兄弟叩頭堅決推讓，朝廷才收回成命。於是賜給「奉朝請」的官銜，位在三公之下，特進、列侯之上。朝廷有重大的事情商議時，他們便到朝堂和公卿商量。

7 元初二年，鄧弘死去。鄧太后穿粗麻布喪服，安帝穿絲麻喪服，一起留宿在鄧弘宅中守靈。鄧弘年輕時學習、研究《歐陽尚書》，曾在宮中教授安帝，儒生們大都歸附他。當初鄧弘患病時，留下遺囑，死後用日常穿的衣服裝斂，不能用錦衣和玉匣。有司上奏，請朝廷追贈鄧弘為驃騎將軍，位特進，封西平侯。鄧太后回想鄧弘生前的意願，不加官，不贈衣服，只賜錢一千萬，布一萬匹，鄧騭等人仍辭讓不受。朝廷下詔讓大鴻臚拿著節杖，在鄧弘的靈位前封他的兒子鄧廣德為西平侯。將要出葬，有司又奏請派五營駕輕便戰車的騎士來送葬，禮儀仿照西漢時葬霍光的做法，太后都不聽從，僅用白蓋車和兩匹馬，讓鄧弘的門生輓靈車送葬。後來因為鄧弘是皇帝的老師，地位重要，便把西平侯國的都鄉分出來，封給鄧廣德的弟弟鄧甫德，為都鄉侯。元初四年，又封鄧京的兒子黃門侍郎鄧珍為陽安侯，食邑三千五百戶。

8 元初五年，鄧悝、鄧閶相繼去世，都留下遺囑要薄葬，不接受封爵和賜贈，太后都聽從了他們。又封鄧悝的兒子鄧廣宗為葉侯，鄧閶的兒子鄧忠為西華侯。

9 鄧家，自祖父鄧禹開始，教訓子孫，遵守法度，深以竇皇后家族覆滅為鑑戒，約束族人，閉門靜居。鄧騭的兒子、侍中鄧鳳曾給尚書郎張龕寫信，囑託將郎中馬融調至臺閣任職。還有，中郎將任尚曾送給鄧鳳馬匹，後來任尚因盜竊軍糧被判罪，用囚車解送到朝中交廷尉究辦，鄧鳳擔心事情洩露，先向父親鄧騭坦白認罪，鄧騭畏懼太后，便剃了妻子和鄧鳳的頭髮向朝廷認罪，全國人士都稱讚鄧騭這種自責的精神。

10 建光元年，鄧太后去世，屍體還沒有入棺，安帝又重申前次詔令，封鄧騭為上蔡侯，加特進官位。安帝少年時便被認為聰敏，到長大以後，多有不道德的行為，安帝乳母王聖見鄧太后長期不將朝政交給安帝，怕太后把他廢了，便常與中黃門李閏在太后左右侍候窺探。太后死後，原先受過處罰的宮人，心懷怨恨，乘機誣告鄧悝、鄧弘、鄧閶曾與尚書鄧訪採取過去廢除皇帝的方法，圖謀另立平原王劉得為帝。安帝聽說，對此很惱怒，命令有司上奏彈劾鄧悝等人大逆不道，於是將西平侯鄧廣德、葉侯鄧廣宗、西華侯鄧忠、陽安侯鄧珍、都鄉侯鄧甫德都貶為普通百姓。鄧騭因不曾參與此事，只免去特進的官銜，把他遣送到他自己的封國去。鄧氏族中在官人員，都免去官職，遣送回故鄉，鄧騭等人的錢財、田地、房屋都被沒收，鄧訪及其家屬被發配到邊遠的州郡。由於受到郡縣地方官吏的逼迫，鄧廣宗和鄧忠都自殺了。又改封鄧騭為羅侯，鄧騭和他的兒子鄧鳳都絕食而死。鄧騭的堂弟河南尹鄧豹、度遼將軍舞陽侯鄧遵、將作大匠鄧暢都自殺了，只有鄧廣德兄弟因為母親是安帝閻皇后的親戚才得以留在京城。

11 大司農朱寵對鄧騭無罪遇禍感到悲痛，便袒露上身、車載棺木，上疏為鄧騭辯冤說：「臣以為和熹皇后聖明善良，是漢朝的文母。她兄弟忠孝，同心憂慮國事，因而使宗廟有主，王室有了依靠。鄧騭兄弟功成身退，辭謝封國，推讓官位，歷代的外戚沒有能與他們相比的。他們應當享受心地善良、行為謙恭的福佑，卻橫遭宮人片面之詞的陷害。能言善辯的人險詐，傾亂了國家。鄧騭兄弟的罪行沒有明白的證據，案子不經過審訊，便使他們遭到如此殘酷的刑罰，一門七人，死於非命，屍體離散失所，怨魂無所依歸。這樣做，不順於天，使人感歎，四海之內為之頹喪。朝廷應當把他們的骸骨收葬鄧氏家冢，愛護和撫養他們的後代，使他們成長，奉侍祖祭；以此向死者道歉。」朱寵自知他的言詞激切，自己到廷尉衙中投案，皇帝詔令免去他的官職，使歸鄉里。眾人多替鄧騭鳴冤，安帝心中頗有醒悟，於是譴責州郡官吏逼迫鄧廣宗等人之事，將鄧騭等人的骸骨還葬於洛陽北芒山鄧氏祖墳，三公九卿都來參加葬禮，大家都很為他們悲傷。皇帝詔令派使者用豬、羊祭祀，鄧騭的堂兄弟都回到京城。順帝即位後，追念鄧太后的恩德教訓，哀憐鄧騭的無辜，便詔令宗正恢復原大將軍鄧騭宗族內外人員的官職，參加朝會如同從前一樣。任命鄧騭兄弟的兒子及其幕府中的從事十二人為郎中，提拔朱寵為太尉，錄尚書事。

12 朱寵字仲威，京兆人，早先應召入鄧騭府中，逐漸升遷為潁川太守，治理政事頗有聲望。後來拜為太尉，封為安鄉侯，很被優待禮遇。

13 鄧廣德早早去世了。鄧甫德又被徵召為開封縣令。他繼承並傳授父親的學業。母親去世後，他就不再做官。

14 鄧閶的妻子耿氏很有氣節操守，她痛心於鄧氏家族被殺被廢，兒子鄧忠又早死，便撫養河南尹鄧豹的兒子繼嗣為鄧閶的後代。耿氏親自教他讀書，使他以通達博學而聞名，永壽年間，與伏無忌、延篤一起在東觀著書，官至屯騎校尉。

15 鄧禹曾孫鄧香的女兒做了桓帝的皇后，桓帝又續封度遼將軍鄧遵的兒子鄧萬世為南鄉侯，拜任河南尹。後來鄧皇后被廢，鄧萬世被下獄而死，其他的本家和親戚都又回老家去了。

16 鄧氏家族自光武中興以後，世代受寵，地位高貴，共計封侯者二十九人，封公者二人，大將軍以下十三人，中二千石十四人，各種校尉官二十二人，州牧、郡守四十八人，其餘擔任侍中、將、大夫、郎、謁者的更是不可勝數，在東漢沒有哪個家族能與之相比。

論曰：漢世外戚，自東、西京❶十有餘族❷，非徒豪橫盈極，自取災故❸，必於貽釁後主❹，以至顛敗者，其數❺有可言焉。何則？恩非己結，而權已先之❻；情疏禮重，而枉性圖之❼；來寵方授，地既害之❽；隙開埶謝，讒亦勝之❾。悲哉！騭、悝兄弟，委遠時柄，忠勞王室，而終莫之免，斯樂生所以泣而辭燕也❿！

【章　旨】以上是〈鄧禹傳〉的第九部分。作者對比漢代其他外戚，感慨鄧氏一族的遭遇。

【注　釋】❶東西京　東京和西京。這裡用東京和西京代指東漢和西漢。❷十有餘族　指高帝呂后、昭帝上官后、宣帝霍后、成帝趙后、平帝王后、章帝竇后、和帝鄧后、安帝閻后、順帝梁后、桓帝竇后、靈帝何后等十一家族，他們有的富貴驕奢，有的越位專權，皆被誅。❸災故　災禍變故。❹貽釁後主　貽，留。釁，間隙；把柄。後主，繼位的君主。❺數　理；道理。❻恩非己結二句　言外戚之家，承隆寵於先帝，不結恩於後主，故權勢先在其身也。❼情疏禮重二句　謂其人既居權要，禮數不可不重，故後主枉其本性與之圖謀政事，非心所好也。❽來寵方授二句　後來寵者，方欲授之要職，而先代權臣見居其地，必須除舊方得授新，是地既害之也。❾隙開埶謝二句　君臣有隙，上下離心，則權寵之人形勢漸謝，於是讒人構會，尋亦勝也。隙，指君臣之間的嫌隙。❿斯樂生所以泣而辭燕也　樂毅忠於燕昭王，其子惠王立而疑樂毅，樂毅懼而奔趙。趙王謂樂毅曰：「燕力竭于齊，其主信讒，國人不附，其可圖乎？」毅伏而垂涕曰：「臣事昭王，猶事大王也。臣若獲戾于它國，沒身不忍謀趙徒隸，況其後嗣乎？」

【語　譯】史家評論說：漢代的外戚，在東、西兩漢有十餘族，他們不只是極端強橫，自取災難，還必定給後嗣君主留下把柄，以致自己傾覆敗落，他們傾覆的道理是可以說得清楚的。為什麼呢？他們獲得的恩惠，不是後主賜予的，而他們的權勢在後主登位前便已有了；後主和他們感情疏遠而對他們的禮數又不可不隆重，只得委曲自己而與他們圖謀政事；後主要給他的新寵授以要職，而原來的寵臣已占據了要害的位置，所以必須除舊才能換新；當君臣之間有了裂痕，前代寵臣的權勢開始衰敗，於是各種誹謗也就得逞了。悲哀呀！鄧驚、鄧悝兄弟雖然主動放棄、疏遠權柄，忠誠地為王室效勞，而終究不能避免災禍，這也就是樂毅悲泣離開燕國的原因啊！

1 寇恂，字子翼，上谷昌平❶人也，世為著姓❷。恂初為郡功曹❸，太守耿況❹甚重之。

2 王莽敗，更始立，使使者徇❺郡國，曰「先降者復爵位」。恂從耿況迎使者於界上，況上印綬，使者納❻之，一宿無還意。恂勒兵入見使者，就❼請之。使者不與，曰：「天王❽使者，功曹欲脅之邪？」恂曰：「非敢脅使君❾，竊傷計之不詳也。今天下初定，國信未宣❿，使君建節銜命⓫，以臨四方，郡國莫不延頸傾耳，望風歸命⓬。今始至上谷而先墮⓭大信，沮向化之心⓮，生離畔之隙，將復何以⓯號令它郡乎？且耿府君⓰在上谷，久為吏人所親，今易之，得賢則造次⓱未安，不賢則秖⓲更生亂。為使君計，莫若復之以安百姓。」使者不應，恂叱⓳左右以使者命召況。況至，恂進取印綬帶況。使者不得已，乃承制詔之，況受而歸。

3 及王郎起，遣將徇上谷，急況發兵。恂與門下掾閔業⓴共說況曰：「邯鄲㉑

拔起㉒，難可信向㉓。昔王莽時，所難獨有劉伯升㉔耳。今聞大司馬劉公㉕，伯升母弟，尊賢下士，士多歸之，可攀附也。」況曰：「邯鄲方盛，力不能獨拒，如何？」恂對曰：「今上谷完實㉖，控弦㉗萬騎，舉大郡之資，可以詳㉘擇去就。恂請東約漁陽㉙，齊心合眾，邯鄲不足圖也。」況然之，乃遣恂到漁陽，結謀彭寵㉚。恂還，至昌平，襲擊邯鄲使者，殺之，奪其軍，遂與況子弇㉛等俱南及㉜光武於廣阿。拜恂為偏將軍㉝，號承義侯，從破群賊。數與鄧禹謀議，禹奇之，因奉牛酒共交歡。

【章　旨】以上是〈寇恂傳〉的第一部分，交代寇恂的籍貫、出身及投奔光武帝劉秀前的主要經歷。

【注　釋】❶昌平　縣名。今北京西北部、溫榆河上游、長城以南，鄰接河北。漢置昌平、軍都兩縣，北魏廢昌平入軍都縣，東魏改置昌平縣。❷著姓　世代顯貴的姓族家門。❸功曹　官名。漢代郡守下有功曹史，簡稱功曹，相當於郡守的總務長，除掌人事外，並得與聞一郡的政務。❹耿況　字俠游，扶風茂陵人。以明經為郎，與王莽從弟伋共學《老子》於安丘先生。更始時為上谷太守，後歸附光武。屢有戰功，被封為隃麋侯，死後諡烈侯。❺徇　巡行。❻納　收納；接受。❼就　接近；靠近。❽天王　指更始帝。❾君　對使者的尊稱。❿國信未宣　國信，國家的威信。宣，宣揚；廣泛傳播。⓫建節銜命　建節，執持符節。古代使臣受命，必建節以為憑信。銜命，接受使命。⓬望風歸命　望風，察看風勢，引申為順時應勢。歸命，歸順；投誠。⓭墮　同「隳」。毀壞。⓮沮向化之心　阻遏歸順之心。沮，阻止。向化，歸順。⓯何以　以何；以什麼。⓰府君　對太守的尊稱。⓱造次　倉促；匆忙。⓲秖　通「只」。⓳叱　大聲呵斥。⓴掾閔業　掾，古代屬官的通稱。閔業，官至遼西太守。㉑邯鄲　郡名。秦始皇十九年（西元前二二八年）置。轄境相當今河北泜河以南，滏陽河上游和河南內黃、浚縣，山東冠縣西部地區。㉒拔起　突然興起。㉓信向　相信和歸附。㉔劉伯升　即劉縯，字伯升，光武帝兄。見本書卷十四。

㉕大司馬劉公　大司馬，官名。漢武帝罷太尉置大司馬。西漢一朝，常以授掌權的外戚，多與大將軍、驃騎將軍、車騎將軍等聯稱，為三公之一。東漢初改太尉，末年又別置大司馬。劉公，指光武帝劉秀。當時，更始帝派劉秀以破虜將軍行大司馬事。㉖完實　完整充實。㉗控弦　拉弓；持弓。借指士兵。㉘詳　審慎。㉙漁陽　郡名。戰國燕置。秦漢治漁陽（今北京密雲西南）。東漢復名漁陽郡。㉚彭寵　字伯通。見本書卷十二。㉛弇　耿弇，字伯昭。見本書卷九。㉜及　追趕上。㉝偏將軍　官名。位次於將軍。

【語　譯】寇恂，字子翼，上谷郡昌平縣人，他家世代是有名望的大姓。寇恂最初任郡功曹，太守耿況非常器重他。

2 王莽敗亡後，劉玄被擁立為更始帝，派使者巡行於各郡和侯王的封國，說「先投降的就恢復他的爵位」。寇恂跟隨耿況到上谷郡界迎接使者，耿況獻上印綬投降，使者將印綬收下，過了一夜，沒有歸還的意思。寇恂率兵去見使者，走近去請他歸還印綬。使者不給，說：「我是天王的使者，功曹你想威脅我嗎？」寇恂說：「不敢威脅使君，我只是擔心您對此事考慮得不夠周詳。現在天下剛剛平定，國家的威信還沒有宣揚開來，使君您手持符節、身負使命而巡行四方，各郡、各侯國沒有不伸長脖子，側著耳朵，望風歸順的。現在您剛到上谷便毀壞君王的信義，傷害了我們嚮往歸順的心情，致使產生離叛的裂痕，您將再用什麼來號令別的郡國呢？況且耿府君在上谷郡，長期以來為官吏和百姓所親近愛戴，現在改換郡守，如果用的是賢能的人，那麼匆忙也不能安定局面；如果用的並非賢能，那就只會產生更大的禍亂。替使君您考慮，不如恢復耿府君的職位以安定百姓。」使者不答應，寇恂喝令左右的人假傳使者的命令召見耿況。耿況一到，寇恂就上前取回印綬給他帶上。使者不得已，才用更始的名義封了耿況，耿況受封而歸。

3 王郎起事後，派將領到上谷巡視，急令耿況發兵。寇恂與門下掾閔業一起勸耿況說：「王郎在邯鄲突然起兵，難以信任和歸附。以前王莽在位時，感到難以對付的只有劉伯升而已。現在聽說大司馬劉公是劉伯升的同母弟弟，他尊敬賢能，禮賢下士，士人多歸附他，我們可以攀附他。」耿況說：「王郎正處在強盛的時候，單靠我們的力量不能抗拒，怎麼辦？」寇恂回答說：「現在上谷郡土地完整，物產殷實，騎兵上萬，依我們大郡的資本，可以審慎選擇去向。我請求東去聯合漁陽郡，我們齊心合力，邯鄲王郎就不在話下了。」耿況認為他說得對，就派寇恂到漁陽郡，與彭寵聯結、謀劃。寇恂返回時，行至昌平，襲擊邯鄲的使者，把他殺了，奪取了他的軍隊，便與耿況的兒子耿弇等人一起往南在廣阿見到了劉秀。劉秀封寇恂為偏將軍，號承義侯，跟從劉秀打敗了許多賊寇。寇恂多次與鄧禹謀劃商議，鄧禹對他的才能感到奇異，於是拿出牛肉好酒和他共同歡飲。

1 光武南定河內❶，而更始大司馬朱鮪❷等盛兵據洛陽。又并州❸未安，光武難其守❹，問於鄧禹曰：「諸將誰可使守河內者？」禹曰：「昔高祖❺任蕭何❻於關中，無復西顧之憂，所以得專精山東，終成大業。今河內帶河為固，戶口殷實，北通上黨❼，南迫洛陽。寇恂文武備足，有牧人御眾❽之才，非此子莫可使也。」乃拜恂河內太守，行大將軍事。光武謂恂曰：「河內完富，吾將因是而起。昔高祖留蕭何鎮關中，吾今委公以河內，堅守轉運，給足軍糧，率厲❾士馬，防遏❿它兵，勿令北度而已。」光武於是復北征燕、代⓫。恂移書屬縣，講兵肄射⓬，伐淇園⓭之竹，為矢百餘萬，養馬二千匹，收租四百萬斛⓮，轉以給軍。

2 朱鮪聞光武北而河內孤，使討難將軍蘇茂⓯、副將賈彊將兵三萬餘人，度鞏河⓰攻溫⓱。檄書至，恂即勒軍馳出，並移告屬縣，發兵會於溫下。軍吏皆諫曰：

「今洛陽兵度河，前後不絕，宜待眾軍畢⑱集，乃可出也。」恂曰：「溫，郡之藩蔽⑲，失溫則郡不可守。」遂馳赴之。旦日合戰，而偏將軍馮異⑳遣救及諸縣兵適至，士馬四集，幡旗蔽野。恂乃令士卒乘㉑城鼓譟㉒，大呼言曰：「劉公兵到！」蘇茂軍聞之，陳動，恂因奔擊，大破之，追至洛陽，遂斬賈彊。茂兵自投河死者數千，生獲萬餘人。恂與馮異過河而還。自是洛陽震恐，城門晝閉。時光武傳聞朱鮪破河內，有頃恂檄至，大喜曰：「吾知寇子翼可任也！」諸將軍賀，因上尊號，於是即位。

3 時軍食急之，恂以輦車㉓驪駕㉔轉輸，前後不絕，尚書升斗㉕以稟㉖百官。帝數策書勞問恂，同門生㉗茂陵董崇㉘說恂曰：「上新即位，四方未定，而君侯以此時據大郡，內得人心，外破蘇茂，威震鄰敵，功名發聞，此讒人側目㉙怨禍之時也。昔蕭何守關中，悟鮑生之言而高祖悅㉚。今君所將，皆宗族昆弟也，無乃㉛當以前人為鏡戒？」恂然其言，稱疾不視事。帝將攻洛陽，先至河內，恂求從軍。帝曰：「河內未可離也。」數固請，不聽，乃遣兄子寇張、姊子谷崇將突騎㉜願為軍鋒。帝善之，皆以為偏將軍。

4 建武二年，恂坐繫考㉝上書者免。是時潁川人嚴終、趙敦聚眾萬餘，與密㉞

人賈期連兵為寇。恂免數月，復拜潁川太守，與破姦將軍侯進㉟俱擊之。數月，斬期首，郡中悉平定。封恂雍奴㊱侯，邑萬戶。

5 執金吾賈復㊲在汝南㊳，部將殺人於潁川，恂捕得繫獄。時尚草創㊴，軍營犯法，率㊵多相容㊶，恂乃戮之於市。復以為恥，歎。還過潁川，謂左右曰：「吾與寇恂並列將帥，而今為其所陷，大丈夫豈有懷侵怨而不決之者乎？今見恂，必手劍之！」恂知其謀，不欲與相見。谷崇曰：「崇，將也，得帶劍侍側。卒㊷有變，足以相當。」恂曰：「不然。昔藺相如不畏秦王而屈於廉頗者㊸，為國也。區區之趙㊹，尚有此義，吾安可以忘之乎？」乃敕屬縣盛㊺供具㊻，儲酒醪㊼，執金吾軍入界，一人皆兼二人之饌㊽。恂乃出迎於道，稱疾而還。賈復勒兵欲追之，而吏士皆醉，遂過去。恂遣谷崇以狀聞，帝乃徵恂。恂至引見，時復先在坐，欲起相避。帝曰：「天下未定，兩虎安得私鬪？今日朕分㊾之。」於是並坐極歡，遂共車同出，結友而去。

6 恂歸潁川㊿。三年，遣使者即(51)拜為汝南太守，又使驃騎將軍杜茂(52)將兵助恂討盜賊。盜賊清靜，郡中無事。恂素好學，乃修鄉校，教生徒，聘能為左氏春秋者，親受學焉(53)。七年，代朱浮(54)為執金吾。明年，從車駕擊隗囂(55)，而潁川盜賊群起，帝乃引軍還，謂恂曰：「潁川迫近京師，當以時(56)定。惟念獨卿能平之耳，從九卿復出，以憂國可也。」恂對曰：「潁川剽輕(57)，聞陛下遠踰阻險，有事隴、蜀(58)，故狂狡(59)乘間(60)相詿誤(61)耳。如聞乘輿南向，賊必惶怖歸死。臣願執銳前驅。」即日車駕南征，恂從至潁川，盜賊悉降，而竟不拜郡。百姓遮道曰：「願從陛下復借寇君一年(62)。」乃留恂長社(63)，鎮撫吏人，受納餘降。

7 初，隗囂將安定高峻，擁兵萬人，據高平(64)第一(65)，帝使待詔馬援(66)招降峻，由是河西(67)道開。中郎將來歙(68)承制(69)拜峻通路將軍，封關內侯，後屬大司馬吳漢(70)，共圍囂於冀(71)。及漢軍退，峻亡歸故營，復助囂拒隴阺(72)。及囂死，峻據高平，畏誅堅守。建威大將軍耿弇率太中大夫竇士(73)、武威太守梁統(74)等圍之，一歲不拔。十年，帝入關，將自征之，恂時從駕，諫曰：「長安道里居中(75)，應接近便，安定、隴西(76)必懷震懼，此從容(77)一處可以制四方也。今士馬疲倦，方履險阻，非萬乘(78)之固，前年潁川，可為至戒。」帝不從。進軍及汧，峻猶不下，帝議遣使降之，乃謂恂曰：「卿前止吾此舉，今為吾行也。若峻不即降，引耿弇等五營擊之。」恂奉璽書(79)至第一，峻遣軍師(80)皇甫文出謁，辭禮(81)不屈。恂怒，將誅文。諸將諫曰：「高峻精兵萬人，率多(82)彊弩，西遮隴道，連年不下。今欲降之而反戮其使，無乃不可乎？」恂不應，遂斬之。遣其副[83]歸告峻曰：「軍師無禮，已戮之矣。欲降，急降；不欲，固守。」峻惶恐，即日開城門降。諸將皆賀，因曰：「敢問殺其使而降其城，何也？」恂曰：「皇甫文，峻之腹心[84]，其所取計者也。今來，辭意不屈，必無降心。全之則文得其計，殺之則峻亡其膽，是以降耳。」諸將皆曰：「非所及也。」遂傳[85]峻還洛陽。

8 恂經明[86]行修[87]，名重朝廷，所得秩奉，厚施朋友、故人及從吏士。常曰：「吾因士大夫以致此，其[88]可獨享之乎？」時人歸其長者[89]，以為有宰相器[90]。

9 十二年卒，謚曰威侯。子損嗣。恂同產弟及兄子、姊子以軍功封列侯者凡八人，終其身，不傳於後。

10 初所與謀閔業者，恂數為帝言其忠，賜爵關內侯，官至遼西[91]太守。

11 十三年，復封損庶兄[92]壽為汶[93]侯。後徙封損扶柳[94]侯。損卒，子釐嗣，徙封商鄉侯。釐卒，子襲嗣。

12 恂女孫為大將軍鄧騭夫人，由是寇氏得志於永初間[95]。

13 恂曾孫榮。

14 論曰：傳[96]稱「喜怒以類者鮮矣」[97]。夫喜而不比[98]，怒而思難[99]者，其唯君子乎！子曰：「伯夷、叔齊，不念舊惡，怨是用希。」⑩於寇公而見之矣。

【章　旨】以上是〈寇恂傳〉的第二部分，記述寇恂歸附光武帝後任河內太守保全河內、派姪子和外甥隨光武作戰、與賈復結仇後主動避讓、任潁川太守時建學校教生徒等事，無論帶兵打仗還是治理郡縣都能以其才當其任。

【注　釋】❶河內　郡名。治懷縣（今河南武陟西南）。❷朱鮪　淮陽人。更始大司馬，初與光武軍作戰，後降光武，封扶溝侯，後為少府，傳封累代。❸并州　治晉陽縣（今山西太原西南），轄境相當今山西大部，陝西北部及內蒙古部分地區。❹光武難其守　難以找到守任之人。李賢注：「非其人不可，故難之。」❺高祖　西漢開國皇帝劉邦，西元前二〇六—前一九五年在位。見《漢書・高帝紀》。❻蕭何　（？—西元前一九三年），沛縣（今屬江蘇）人。漢初大臣。曾為沛縣吏。秦末佐劉邦起義，起義軍入咸陽，他收取秦政府的律令圖書，掌握了全國的山川險要、郡縣戶口和當時的社會情況。楚漢戰爭中，薦韓信為大將，以丞相身分留守關中，輸送士卒糧餉，支援作戰。後封酇侯，位次第一。定律令制度，設計助呂后殺楚王韓信。所作《九章律》，今佚。❼上黨　郡名。戰國韓、趙各置一郡，其後韓郡併入趙，入秦後仍置。治壺關（今山西長治北），西漢移治長子（今山西長子西）。東漢末移治壺關。❽牧人御眾　管理眾人。牧，管理；治理。御，治理；統治。❾率厲　率領激勵。❿遏　抑止；阻止。⓫燕代　燕，郡名。都於薊（今北京市區西南）。代，郡名。戰國趙武靈王置。秦、西漢治代縣（今河北蔚縣東北。一說西漢治桑乾，今河北陽原東）。東漢移治高柳（今陽高西北）。北鄰烏桓、匈奴等族，故為北方要郡。⓬講兵肄射　講武練兵。講，講習；訓練。肄，練習。⓭淇園　古代衛國園林名。產竹，在今河南淇縣西北。⓮斛　中國舊量器名，亦是容量單位，本以十斗為一斛，後來改為五斗一斛。⓯蘇茂　陳留人，更始將軍。⓰鞏河　指黃河。鞏，舊縣名。今河南中西部。⓱溫　縣名。今河南焦作南部，南臨黃河。⓲畢　網羅無遺之意。引申為盡，全。⓳藩蔽　屏障。⓴馮異　字公孫。見本書卷十七。㉑乘　登；升。㉒鼓噪　擂鼓吶喊。㉓輦車　古代用人挽拉的輜重車。㉔驪駕　並列駕馭。㉕升斗比喻微薄的薪俸。㉖稟　也作「廩」。給食。㉗同門生　同師受業者。猶今之同學。㉘茂陵董崇　茂陵，古縣名、陵墓名。武帝建元二年（西元前一三九年）在槐里縣（今陝西興平）茂鄉築陵，並遷戶置縣。治所在今興平東北。董崇，當時名士，他事不詳。㉙側目　猶怒目而視。形容怒恨。㉚昔蕭何守關中二句　事見《漢書・蕭何曹參傳》：「漢三年，與項羽相距京、索間，上數使使勞苦丞相。鮑生謂何曰：『今王暴衣露蓋，數勞苦君者，有疑君心。為君計，莫若遣君子孫昆弟能勝兵者悉詣軍所，上益信君。』於是何從其計，漢王大悅。」㉛無乃　表示委婉反問。不是；豈不是。㉜突騎　用於衝鋒陷陣的精銳騎兵。㉝繫考　捆綁拷打。考，通「拷」。拷打。㉞密　舊縣名。今河南中部。漢置縣。西元一九九四年改設新密。㉟侯進　參加過多次戰爭，如隨李通圍擊延岑、圍洛陽、與王霸等擊賈覽、閔堪於高柳、隨朱祐圍秦豐於蔡陽等。㊱雍奴　古縣名。西漢置。治所在今天津武清西北。㊲執金吾賈復　執金吾，官名。金吾為兩端塗金的銅棒，執之以示權威。一說執金以禦非常。另說金吾為鳥名，主辟不祥。西漢武帝時改中尉為執金吾，督巡三輔治安。東漢沿置。賈復，字君文，南陽冠軍人。見本書卷十七。㊳汝南　郡名。漢高帝四年（西元前二〇三年）置。故治上蔡（今河南上蔡西南），東漢移治平輿（今河南平輿北）。㊴草創　事業初興。㊵率　大概；通常。㊶容　寬容。㊷卒　通「猝」。倉促。㊸藺相如不畏秦王句　事見《史記・廉頗藺相如列傳》。藺相如，戰國時趙國大臣。趙惠文王時，秦向趙強索「和氏璧」，他奉命攜璧入秦，當廷力爭，使原璧歸趙。趙惠文王二十年（西元前二七九年），隨趙王到澠池與秦王相會，使趙王不受屈辱，因功任為上卿。對同朝大臣廉頗容忍謙讓，使廉頗愧悟，成為刎頸之交。秦王，指秦昭襄王，秦武王之異母弟，名則，一名紀稷。廉頗，戰國時趙國名將。趙惠文王時，任上卿，屢勝齊魏等國。長平之戰，堅壁固守三年，後因趙孝成王中秦反間計，改用趙括為將，以致大敗。趙孝成王十五年（西元前二五一年），他戰勝燕軍，任相國，封信平君。趙悼襄王時不得志，奔魏居大梁（今河南開封），魏不能用。趙以數困於秦，欲復用之，以仇者郭開之毀，趙王信以為老，遂不召。後入楚一度為將。老死於壽春（今安徽壽縣）。㊹趙　古國名。戰國七雄之一。和魏、韓瓜分晉國。西元前四〇三年被周威烈王承認為諸侯。建都晉陽（今山西太原）。西元前三八六年遷都邯鄲（今河北邯鄲）。疆域有今山西中部、陝西東北角、河北西南部。長平之戰大敗於秦，國勢衰落。西元前二二二年為秦所滅。㊺盛　準備充足。㊻供具　裝酒食的器具。㊼醪　本指汁滓混合的酒，即酒釀。㊽饌　食物。㊾分　排解，調和矛盾。㊿恂歸潁川　《東觀漢記》在此句後有「郡中政理，盜賊不入」二句。(51)即　就在所在地授予官職。(52)杜茂　字諸公，南陽冠軍人。見本書卷二十二。(53)盜賊清靜七句　《續漢書》：「誅討盜賊，政教施行，郡中無事，修禮樂教授。」清靜，肅清。(54)朱浮　字叔元，沛國蕭人。見本書卷三十三。(55)隗囂　字季孟，天水成紀人。見本書卷十三。(56)以時　按時；限期。(57)剽輕　強悍輕捷。(58)有事隴蜀　有事，指出征。隴，地區名。今甘肅一帶。蜀，郡名。古蜀國地，戰國秦置。治成都（今四川成都）。(59)狂狡　猖狂狡猾之徒。(60)乘間　伺隙，乘著有利的機會。(61)詿誤　貽誤；連累。詿，誤。(62)復借寇君一年　因寇恂以前曾任潁川太守，故曰「復借」。(63)長社　古縣名。西漢置。治所在今河南長葛東。(64)高平　古縣名。後改名平高，西漢置。治所在今寧夏固原。(65)第一　城名。今山西高平縣內。(66)待詔馬援　待詔，官名。漢代徵士凡特別優異的待詔於金馬門。馬援，字文淵，扶風茂陵人。見本書卷二十四。(67)河西　古地區名。漢唐時指今甘肅、青海兩地黃河以西，即河西走廊與湟水流域。(68)來歙　字君叔。見本書卷十五。(69)承制　秉承皇帝的旨意而便宜行事。制，帝王的命令。(70)吳漢　字子顏，南陽宛人。見本書卷十八。(71)冀　縣名。漢陽郡治，今甘肅甘谷東南。(72)隴阺　即隴阪。今陝西隴縣、寶雞與甘肅清水縣、張家川回族自治縣之間。北入沙漠，南上渭水，為關中西部屏障。(73)竇士　竇融從弟，他事不詳。(74)粱統　字仲寧，安定烏氏人。見本書卷三十四。(75)長安道里居中　長安在洛陽與高平之間。(76)隴西　郡名。戰國秦昭襄王二十八年（西元前二七九年）置，因在隴山之西而得名。治狄道（今甘肅臨洮南）。(77)從容　舉動。(78)萬乘　萬輛兵車。這裡指戰鬥力很強。(79)璽書　古代以泥封加印的文書。秦以後專指皇帝的詔書。(80)軍師　古代官名。掌監察軍務。(81)辭禮　言詞和禮節。(82)率多　大多。(83)副副使。(84)腹心　猶心腹。比喻左右親信。(85)傳　驛站；驛站的車馬。(86)明　通達。(87)行修　品行美好。(88)其　豈；難道。(89)長者　德高望重的人。(90)器　度量。(91)遼西　郡名。戰國燕置。秦漢治陽樂（今遼寧義縣西）。(92)庶兄　舊稱父妾所生的兄長。(93)洨　古縣名。西漢置。治所在今安徽固鎮東，北臨洨水（今沱河）。(94)扶柳　縣名。今河北冀縣西北。(95)得志於永初間　安帝永初元年（西元一〇七年）鄧太后綏臨朝聽政，故寇氏得志。(96)傳　指《左傳》。(97)喜怒以類者鮮矣　見《左傳．宣公十七年》：「晉范武子會將老，召其子文子曰：『吾聞之，喜怒以類者鮮矣，而易者實多也。』」以類，合乎禮法。鮮，少。(98)比　勾結；結黨。(99)難　災難。(100)子曰四句　語出《論語．公冶長》，是孔子讚美伯夷、叔齊具有不念舊惡的寬宏大量。伯夷叔齊，商末孤竹君之子。初孤竹君以次子叔齊為繼承人，孤竹君死後，叔齊讓位給伯夷，伯夷不受，後兩人聞周文王善養老而入周。武王伐紂，伯夷與叔齊勸諫。武王滅商後，他們隱居首陽山，不食周粟而死。詳見《史記．伯夷列傳》。惡，仇恨；嫌隙。是用，是以；因此。

【語譯】光武帝向南平定河內郡，但更始帝的大司馬朱鮪等卻統率大軍占據洛陽。同時并州也還沒有平定，光武帝對河內郡守的人選感到為難，問鄧禹說：「將領中誰可以被任命駐守河內？」鄧禹說：「從前高祖任用蕭何鎮守關中，不再有西顧之憂，所以能夠將精力集中在崤山以東，終於成就了大業。現在河內因為有黃河而地勢險固，人口眾多，百姓富足，北通上黨，南近洛陽。寇恂文武兼備，有管理百姓、統帥軍隊的才能，除了此人沒有別人可派了。」於是，封寇恂為河內太守，兼行大將軍職事。光武帝對寇恂說：「河內郡完整富足，我將依靠它起兵天下。從前高祖留蕭何鎮守關中，我現在把河內委託給你，望你牢固防守，轉運物資，供給充足的軍糧，統率訓練兵馬，阻止其他軍隊，不讓他們北渡黃河。」光武又往北去征討燕、代。寇恂給所屬各縣下達公文，命令他們訓練軍隊，練習射箭，砍伐淇園的竹子造箭一百多萬支，養馬兩千匹，收租糧四百萬斛，轉運供給軍隊。

2 朱鮪聽說劉秀北伐，河內孤立，派遣討難將軍蘇茂、副將賈彊率兵三萬餘人，從鞏縣渡過黃河攻打溫縣。檄文一到，寇恂立即率領軍隊出城，並通告所屬各縣，發兵到溫縣城下集合。軍中官吏都勸諫說：「現在洛陽兵渡過黃河，前後聯接不斷，應當等待各路兵馬到齊後，方可出戰。」寇恂說：「溫縣是河內郡的屏障，如果溫縣失陷，那麼河內郡也就守不住了。」於是奔赴溫縣。第二天與蘇茂軍會戰，偏將軍馮異派出的救兵和各縣的援兵恰好趕到，人馬從四面會集而來，旌旗遍野。寇恂命令兵士登上城頭擂鼓吶喊，大聲喊道：「劉秀的軍隊到了！」蘇茂的軍士聽了，戰陣動搖，寇恂乘勢衝擊，大敗蘇軍，一直追到洛陽，殺了賈彊。蘇茂的士兵自己投河而死的有好幾千人，被活捉的有一萬多人。寇恂與馮異渡過黃河，返回駐地。從此，洛陽城裡震驚恐懼，城門白天也緊閉。當時劉秀聽到傳聞說朱鮪攻破了河內，不久，寇恂的文書到了，劉秀大喜，說：「我知道寇子翼是可以任用的！」將領們向劉秀道賀，乘機獻上帝號，於是劉秀登上皇位。

3 當時軍糧緊缺，寇恂用人力車和兩匹馬拉的車轉運輸送，前後不斷，尚書用升斗將不多的糧食分給百官。光武帝多次用策書慰問寇恂，寇恂的同學茂陵人董崇對他說：「皇上剛剛登上帝位，天下尚未平定，而您此時占據大郡，內得人心，外敗蘇茂，威震鄰近的敵人，功業和名望傳揚在外，這正是讒佞小人嫉妒怨恨、製造禍端的時候啊！從前，蕭何鎮守關中，因領悟了鮑生的話而使高祖高興。現在，您統率的都是您同族兄弟，豈不是當以前人為鑑戒嗎？」寇恂認為他說的對，便稱病不理政事。光武帝將要攻打洛陽，先到河內，寇恂請求從軍作戰。光武帝說：「河內離不開你。」寇恂多次堅決請求，光武不聽從，寇恂便派遣自己哥哥的兒子寇張和姐姐的兒子谷崇率領精銳的騎兵做光武帝的先鋒。光武帝對此加以讚揚，讓寇張、谷崇都擔任偏將軍。

4 建武二年，寇恂因為拘禁拷打上書的人而被罷官。這時潁川人嚴終、趙敦聚眾一萬多人，與密縣人賈期合兵為寇。被罷免數月的寇恂又被任命為潁川太守，和破姦將軍侯進一起去攻打他們。幾個月時間，斬了賈期的腦袋，郡中全部平定了。寇恂被封為雍奴侯，食邑一萬戶。

5 執金吾賈復駐紮在汝南郡時，他的部將在潁川殺人，寇恂將這個部將逮捕入獄。當時，一切都在草創之時，軍人犯法，大多相互寬容，寇恂卻將賈復的這個部將縛赴街市殺了。賈復認為這是自己的恥辱，不斷歎息。他在歸途中路過潁川，對左右的人說：「我和寇恂並列為將帥，而現在被他陷害，大丈夫哪有心懷被人侵凌的怨憤而不發洩的呢？今天見到寇恂，一定親手殺了他！」寇恂知道他的意圖，不想和他相見。谷崇說：「我是將領，可以佩帶寶劍侍候在您身旁。如有猝然變故，完全可以抵擋。」寇恂說：「不能這樣。從前藺相如不畏懼秦王卻屈讓廉頗的原因，是為了國家。小小的趙國尚且有這樣明白大義的人，我怎麼可以忘記呢？」於是命令所屬各縣多準備飯食器具，儲備酒釀，等執金吾賈復的軍隊進入潁川地界，一個人供給兩個人的飯食。寇恂出城到大道上去迎接，然後稱病返回。賈復率兵想要追趕他，但軍吏兵士全都醉了，於是就離開了潁川。寇恂派谷崇把這些情況報告給光武帝，光武帝便召寇恂回朝。寇恂到朝廷被接見時，賈復已經在座，想起身迴避，光武帝說：「天下還沒有平定，兩虎怎能私鬥？今天我替你們調解。」於是賈、寇二人聯席而坐，十分歡快，然後同乘一輛車子出宮，結為朋友才離去。

6 寇恂回到潁川。建武三年，光武帝派使者任命寇恂為汝南太守，又派驃騎將軍杜茂領兵幫助寇恂討伐盜賊。盜賊被肅清了，郡中太平無事。寇恂素來好學，於是修建鄉校，教授學生，聘請通曉《左氏春秋》的人，親自跟他學習。建武七年，寇恂代朱浮任執金吾。第二年，跟從光武帝攻打隗囂，而潁川盜賊蜂起，光武帝於是領兵返回，對寇恂說：「潁川郡緊鄰京城，應當限期平定。我想只有您能平定，所以把您從朝中調出，您把這事當作替國分憂的事吧。」寇恂回答說：「潁川的人剽悍輕捷，聽說陛下遠越險阻，到隴、蜀一帶作戰，所以猖狂狡猾之徒便乘機來牽制您了。如果他們聽說御駕向南，一定會爭先恐後地投降。我願意手執銳利的兵器為前驅。」當天，光武帝便親自南征，寇恂隨從到潁川，盜賊全部投降了，但是沒有任命寇恂為潁川郡太守。百姓在路上攔截光武帝說：「我們向陛下請求再借寇君在潁川一年。」於是，把寇恂留在長社縣，安定撫慰吏民，接納其他投降的人。

7 當初，隗囂的將領安定人高峻，有兵士一萬多人，占據著高平縣第一城，光武帝派待詔馬援招降了高峻，從此，通往河西的道路便開通了。中郎將來歙承光武帝旨意授高峻為通路將軍，封關內侯，後來從屬於大司馬吳漢，共同在冀地圍攻隗囂。等到吳漢的軍隊退走以後，高峻卻逃回原來的軍營，又幫助隗囂在隴阺抵抗。到隗囂死後，高峻占據高平，擔心被殺而堅守不降。建威大將軍耿弇率領太中大夫竇士、武威太守梁統等圍攻高平，一年未能攻下。建武十年，光武帝到關中，要親自征討高峻，當時，寇恂跟隨著光武帝，他勸諫說：「從洛陽到高平，長安處於中間，接應近便，您在長安，安定和隴西一定感到震驚、畏懼，這就是威鎮一處便可以節制四方的道理。現在，兵馬疲倦，剛經歷艱險，我們的軍隊還不像擁有萬輛戰車那樣強大，前年潁川的事情，是最好的鑑戒。」光武帝不聽。進軍到汧縣，高峻還沒有攻下，光武帝和大家商議派使者對他勸降，便對寇恂說：「您之前勸止我此次親征，現在替我走一趟吧。如果高峻不立即投降，我就帶領耿弇等五營兵馬攻打他。」寇恂捧著加蓋有光武大印的詔書到第一城，高峻派軍師皇甫文出城拜見，言詞、禮儀都不屈服。寇恂大怒，要殺皇甫文。將領們勸他說：「高峻有精兵一萬人，擁有很強的弓箭，阻攔了通往隴地的道路，連年攻打不下。如今要讓他們投降卻殺了他的使者，恐怕不合適吧？」寇恂不答應，殺了皇甫文。派他的副使回城報告高峻說：「軍師無禮，已被殺了。要降，就馬上投降；不降，就固守吧。」高峻恐慌，當天就打開城門投降了。將領們都來道賀，趁便問道：「請問殺了高峻的使者，卻使他獻城投降，這是什麼道理呢？」寇恂說：「皇甫文是高峻的心腹，是為他出謀劃策的人。他來拜見，語意強硬，必定沒有投降的意思。保全皇甫文，則其計劃得逞；殺了皇甫文，高峻就喪失了膽量，因此就投降了。」將領們都說：「這不是我們所能想到的。」於是用驛車押送高峻回洛陽。

8 寇恂通曉經書，品行修飾，在朝廷中名聲很大，所得俸祿，多送給朋友、舊交及跟從他的官吏將士。他常說：「我是依靠將士們才有了今天，怎麼可以獨自享受這些俸祿呢？」當時的人多稱他為長者，認為他有宰相的器量。

9 寇恂於建武十二年去世，謚號威侯。他的兒子寇損繼承了爵位。寇恂的同母弟弟以及他哥哥的兒子、姐姐的兒子因有軍功被封為列侯的共有八人，但爵位只限於他們自身，沒能傳給後代。

10 早先與寇恂共同謀劃起兵之事的閔業，寇恂多次向光武帝講他的忠誠，光武帝賜給他關內侯的爵位，後來做到遼西太守。

11 建武十三年，又封寇損的庶出之兄寇壽為洨侯。後來改封寇損為扶柳侯。寇損去世後，他的兒子寇釐嗣位，後改封為商鄉侯。寇釐死後，他的兒子寇襲嗣位。

12 寇恂的孫女是大將軍鄧騭的夫人，因此在安帝永初年間寇氏非常得意。

13 寇恂的曾孫是寇榮。

14 史家評論說：《左傳》說「喜歡或是怨恨能合乎禮法的很少」。喜歡他而不與他結黨，怨恨他而想到國家的困難的，就是君子啊！孔子說：「伯夷、叔齊不記舊恨，因此怨恨也少。」這些在寇恂身上都可以看到。

1 榮少知名，桓帝時為侍中。性矜絜自貴❶，於人少所與❷，以此見害於權寵。而從兄❸子尚❹帝妹益陽長公主❺，帝又聘❻其從孫女於後宮，左右益惡之。延熹❼中，遂陷以罪辟，與宗族免歸故郡。吏承望風旨❽，持之浸急❾，榮恐不免，奔闕❿自訟。未至，刺史⓫張敬追劾榮以擅去邊，有詔捕之。榮逃竄數年，會赦令，不得除⓬，積窮困，乃自亡命⓭中上書曰：

2 「臣聞天地之於萬物也好生，帝王之於萬人也慈愛。陛下統天理物⓮，為萬國覆[15]，作人父母，先慈愛，後威武；先寬容，後刑辟[16]，自生齒[17]以上，咸蒙德澤[18]。而臣兄弟獨以無辜為專權之臣所見批抵[19]，青蠅之人所共搆會[20]。以臣婚姻王室，謂臣將撫[21]其背，奪其位，退其身，受其埶。於是遂作飛章[22]以被[23]於臣，欲使墜萬仞之阬，踐必死之地，令陛下忽[24]慈母之仁，發投杼[25]之怒。尚書背繩墨[26]，案[27]空劾，不復質确[28]其過，寘於嚴棘[29]之下，便奏正[30]臣罪。司隸校尉馮羨[31]佞邪承旨，廢於王命，驅逐臣等，不得旋踵[32]。臣奔走還郡，沒齒[33]無怨。臣誠恐卒為豺狼橫見噬[34]食，故冒死欲詣闕，披[35]肝膽，布[36]腹心。

3 「刺史張敬好為諂諛，張設機網[37]，復令陛下與雷電之怒[38]。司隸校尉應奉[39]、河南尹何豹、洛陽令袁騰並驅爭先，若赴仇敵，罰及死沒[40]，髡[41]剔墳墓，但未掘壙[42]出尸，剖棺露胔[43]耳。昔文王葬枯骨[44]，公劉敦行葦[45]，世稱其仁。今殘酷容媚[46]之吏，無折中處平[47]之心，不顧無辜之害，而興虛誣之誹，欲使嚴朝[48]必加濫罰。是以不敢觸突天威[49]，而自竄山林，以俟[50]陛下發神聖之聽，啟獨覩之明，拒讒慝[51]之謗，絕邪巧之言，救可濟[52]之人，援沒溺之命。不意滯怒不為春夏息[53]，淹恚[54]不為順時怠，遂馳使郵驛，布告遠近，嚴文剋剝[55]，痛於霜雪，張羅[56]海內，設罝[57]萬里，逐臣者窮人迹，追臣者極車軌，雖楚購伍員[58]，漢求季布[59]，無以過也。

4 「臣遇罰以來，三赦再贖，無驗之罪[60]，足以蠲除[61]。而陛下疾[62]臣愈深，有司咎臣甫力[63]，止則見埽[64]滅，行則為亡虜，苟生[65]則為窮人，極死則為冤鬼。天廣而無以自覆，地厚而無以自載。蹈陸土[66]而有沉淪之憂，遠巖牆[67]而有鎮壓之患。精誠[68]足以感於陛下，而哲王[69]未肯悟。如臣犯元惡大憝[70]，足以陳於原野[71]，備刀鋸[72]，陛下當班布[73]臣之所坐，以解眾論之疑。臣思入國門[74]，坐於肺石[75]之上，使三槐九棘[76]平臣之罪。而閶闔九重[77]，陷穽步設，舉趾觸罘罝[78]，動行絓[79]羅網，無緣至萬乘之前，永無見信之期矣。

5 「國君不可讎匹夫，讎之則一國盡懼。臣奔走以來，三離[80]寒暑，陰陽易位[81]，當煖反寒，春常淒風，夏降霜雹，又連年大風，折拔樹木。風為號令[82]，春夏布德[83]，議獄緩死[84]之時。願陛下思帝堯五教在寬之德，企成湯避遠讒夫之誡[85]，以寧[86]風旱，以弭[87]災兵。臣聞勇者不逃死，智者不重困，固不為明朝惜垂盡之命，願赴湘、沅之波，從屈原之悲[88]，沈江湖之流，弔子胥之哀[89]。臣功臣苗緒[90]，生長王國，懼獨含恨以葬江魚之腹，無以自別於世，不勝狐死首丘[91]之情，營魂識路[92]之懷。犯冒王怒，觸突帝禁，伏於兩觀[93]，陳訴毒痛[94]，然後登金鑊[95]，入沸湯，糜爛於熾爨[96]之下，九死[97]而未悔。

6 「悲夫，久生亦復何聊！蓋忠臣殺身以解君怨，孝子殞命以寧親怨，故大舜不避塗廩浚井之難[98]，申生不辭姬氏讒邪之謗[99]。臣敢忘斯議[100]，不自斃以解明朝之忿哉！乞以身塞重責。願陛下匄[101]兄弟死命，使臣一門頗有遺類[102]，以崇陛下寬饒之惠。先死陳情，臨章涕泣，泣血漣如[103]。」

7 帝省[104]章愈怒，遂誅榮。寇氏由是衰廢。

【章旨】以上是〈寇恂傳〉的第三部分，以寇榮的奏章為傳文，記述寇恂後代的不幸遭際，表達了作者的深切同情。

【注釋】❶矜絜自貴　端莊廉潔自重。絜，通「潔」。❷與　黨與；朋黨。❸從兄　即堂兄。❹尚　娶帝王之女為妻。❺益陽長公主　桓帝妹。❻聘　女子訂婚或出嫁。❼延熹　東漢桓帝劉志年號，西元一五八—一六七年。❽承望風旨　指說話行事迎合他人意旨。承望，秉承；觀望。風旨，態度和旨意。❾持之浸急　控制更嚴。持，挾制。浸，逐漸。❿闕　古代宮殿、祠廟、和陵墓前的建築物，通常左右各一，建成高臺，臺上起樓觀。這裡以宮殿的建築借指朝廷。⓫刺史　官名。西漢武帝時，分全國為十三部（州），部置刺史，以六條察問郡縣，本為監察官性質，其官階低於郡守。成帝時，改刺史為州牧。哀帝初，又改歸舊制，不久復稱為州牧。東漢初又稱刺史。靈帝時，為鎮壓武裝暴動，再改刺史為州牧，居郡守之上，掌握一州的軍政大權。⓬除　任命官職。⓭亡命　泛指流亡，逃亡。⓮統天理物　統管天地，治理萬物。統，統管。理，治理；管理。⓯覆　覆蓋。此有「統治」之意。⓰刑辟　刑法；刑律。⓱生齒　長出乳齒。古時以嬰兒長乳齒始登載戶籍，因亦以指代嬰兒。⓲德澤　恩德；恩惠。⓳批抵　排擠打擊。抵，李賢注：《說文》曰：「側擊也。」側面打擊。⓴青蠅之人所共搆會　喻指讒佞。青蠅，指蒼蠅。蠅色黑，故稱。搆會，進讒陷害。㉑撫　通「拊」。拍或輕擊。㉒飛章　亦作「飛書」。誣告他人的匿名信。㉓被　加於……之上。㉔忽　忽視。㉕投杼　放下機杼。這裡比喻傳聞可以動搖原來的信念。典出《戰國策・秦策二》：曾參住在費邑，有個同名同姓的人殺人。別人告訴曾母說：「曾參殺人！」曾母不相信，仍然繼續織布。但到第三個人來告訴她的時候，她害怕起來，放下機杼越牆而逃。㉖繩墨　比喻規矩或法度。㉗案　審訊；審問。㉘質确　質正核實。㉙嚴棘　指牢獄。古時於牢獄四周布棘，故稱。㉚正　正法；治罪。㉛司隸校尉馮羨　司隸校尉，官名。司隸本為《周禮》秋官司寇屬官。漢武帝時始置司隸校尉，掌糾察京師百官及所轄附近各郡，相當於州刺史。馮羨，與侍中杜喬、光祿大夫周舉等八人分行州郡，班宣風化，舉實臧否。㉜旋踵　掉轉腳跟。形容時間短促。㉝沒齒　終身；終生。㉞噬　咬。㉟披　披露。㊱布　鋪開。㊲機網　羅網。㊳靁電之怒　形容大怒，盛怒。靁，同「雷」。㊴應奉　字世叔，汝南南頓人。見本書卷四十八。㊵死沒　死了的人。㊶髡　一種剃去頭髮的刑罰。㊷壙　墓穴。㊸胔　爛肉。㊹文王葬枯骨　事見《呂氏春秋》。周文王讓人掘地，發現一堆枯骨。文王命人埋葬，官吏說：「這是無主屍。」文王說：「獲得天下的，便是天下之主。現在我不是他的主嗎？」於是令吏人以衣棺埋葬。人們聽說這件事後讚美說：「這位賢文王，恩澤及於枯骨，何況活人呢！」㊺公劉敦行葦　語出《詩・行葦》：「敦彼行葦，牛羊勿踐履。」謂公劉時，路旁豐茂的葦草，都禁止牛羊踐踏，對百姓就更加愛護。㊻容媚　奉承諂媚。㊼折中處平　折中，取正；使之適中。處平，處理公平。㊽嚴朝　威嚴的朝廷。㊾觸突天威　觸犯皇帝的威嚴。㊿俟　等待。(51)慝　奸邪。(52)濟　幫助；救助。(53)滯怒不為春夏息　長期積壓的怒火不因為春天、夏天的來到而平息。(54)淹恚　猶積怨。(55)嚴文剋剝　嚴文，措詞嚴厲的文書。剋剝，苛責；指責。(56)張羅　鋪設羅網。即四處抓捕。(57)罝　捕兔的網。此處泛指羅網。(58)楚購伍員　伍員，字子胥，戰國楚國人。他的父親伍奢是楚太子建的太傅，楚平王懷疑太子「外交諸侯，將入為亂」，遷怒於太子太傅伍奢，將伍員的父、兄騙至郢殺害。伍子胥奔吳，楚國懸賞捉拿他。事見《史記・伍子胥列傳》。(59)漢求季布　季布曾為項羽的部將，曾多次擊敗劉邦。劉邦稱帝後，仍耿耿於懷，懸賞千金捉拿季布，季布潛藏到朱家家裡。朱家勸灌嬰說服劉邦赦免了季布，並召拜為郎中。事見《史記・季布欒布列傳》。(60)無驗之罪　沒有實證的罪狀。(61)蠲除　廢除；免除。(62)疾　恨。(63)咎臣甫力　咎，歸罪；責怪。甫，大。(64)埽　通「掃」。(65)苟生　苟且偷生。(66)陸土　土地。(67)巖牆　高牆。(68)精誠　至誠。(69)哲王　賢明的君主。(70)元惡大憝　元惡，首惡。大憝，極為人所厭惡。(71)陳於原野　指暴屍荒野，是一種刑罰。《國語・魯・上》：「刑有五，故大者陳於原野，小者致之市朝。」(72)鋸　古刑具。(73)班布　公布。(74)國門　舊指國都的城門。(75)肺石　亦作「胏石」。古時設於朝廷門外的赤石，形如肺，故名。民有不平，可擊石鳴冤。胏，同「肺」。(76)三槐九棘　三公九卿的代稱。《周禮・秋官・朝士》：「朝士掌建邦外朝之法。左九棘，孤卿大夫位焉，群士在其後；右九棘，公侯伯子男位焉，群吏在其後；面三槐，三公位焉，州長眾庶在其後。」(77)閶闔九重　閶闔，宮中的正門。九重，形容很多。(78)罘罝　泛指捕捉鳥獸的網。(79)絓　觸犯。(80)離　通「罹」。遭遇。(81)易位　位置顛倒。(82)風為號令　李賢注引《漢書》翼奉曰：「凡風者，天之號令，所以譴告人也。」(83)春夏布德　春夏之交，皇帝廣施恩德。語出《禮記・月令》：「季春之月，天子布德行惠，命有司發倉廩，賜貧窮，振乏絕，開府庫，出幣帛，周天下，勉諸侯，聘名士，禮賢者。」「立夏之日，天子親率三公、九卿、大夫，以迎夏於南郊。還反，行賞，封諸侯，慶賜遂行，無不欣悅。」(84)讞獄緩死　審議獄案，寬赦死罪。語出《易・中孚》。(85)企成湯避遠讒夫之誡　企盼以成湯遠避讒佞小人為鑒戒。企，盼望。讒夫，讒人。(86)寧　止息。(87)弭　平息；消除。(88)顧赴湘沅之波二句　屈原憂心楚國內政外交，自投汨羅江而死。詳見《史記・屈原賈生列傳》。湘，湘江。沅，沅水。(89)沈江湖之流二句　由於宰嚭在吳王面前進讒言，伍子胥被吳王賜死。死後，吳王將其屍裝於鴟夷中，浮於大江。詳見《史記・伍子胥列傳》。(90)苗緒　後人。(91)狐死首丘　首，頭向著。丘，狐穴所在之土丘。傳說狐狸將死時，頭必朝向出生的山丘。比喻不忘本或暮年思念故鄉。語出《禮記・檀弓》：「古人有言曰，狐死正首丘，仁也。」(92)營魂識路　魂魄認識回鄉的道路。語出《楚辭・九章・抽思》：「願徑逝而未得兮，魂識路之營營。」(93)兩觀　宮門兩邊的望樓。(94)毒痛　痛楚；苦痛。(95)鑊　古代烹人的刑具。(96)熾爨　燒煮。(97)九死　猶萬死。(98)大舜不避塗廩浚井之難　舜的父親愛後妻之子，常欲殺舜。有一次，叫舜上修補糧倉，卻從下焚燒倉庫；還有一次，叫舜挖井，卻向井中填土。典見《史記・五帝本紀》。(99)申生不辭姬氏讒邪之譖　申生，晉獻公的太子。獻公聽信驪姬的讒言，殺掉了申生。典見《左傳》。(100)議　通「義」。道理。(101)匄　同「丐」。免除；寬免。(102)遺類　後代。(103)泣血漣如　哭泣得出血，形容異常悲痛。漣如，流淚的樣子。(104)省　看；察看。

【語　譯】寇榮年少時就有名，在桓帝時擔任侍中。他生性莊重，廉潔自愛，很少與人結黨，因此被權貴迫害。寇榮堂兄的兒子娶漢桓帝的妹妹益陽長公主為妻，桓帝又納寇榮的堂孫女入宮，寇榮周圍的人就更厭惡他了。延熹年間，被陷害加罪，於是寇榮和他宗族的人就被免職，回到原郡。小吏們奉迎上司的意旨，對他的迫害逐漸加重，寇榮怕不能逃過這次災難，就自己跑到朝廷去為自己申辯。他還沒到朝廷，刺史張敬就追加彈劾他擅自離開邊境，於是，朝廷下令抓捕他。寇榮在外逃奔了好幾年，碰上朝廷頒布大赦令，但他還是不被赦免罪狀，寇榮越來越困窘，於是在逃命途中向漢桓帝上書說：

2 「我聽說天地對於萬物，希望讓他們生存下去，帝王對於百姓都懷有慈愛之情。陛下您主管天地萬物，治理萬國，為人之父母，應先慈愛，後威武；先寬容，後刑罰，百姓自幼兒以上，都能蒙受帝王的恩澤。唯獨我們兄弟卻無辜受到專權之臣的排擠打擊，受到那些讒佞小人的陷害。因為我們和皇族互通婚姻，他們便說臣將在皇族背後作亂，奪皇族之位，摒退皇室成員，承接他們的權勢。於是就用匿名飛書來誣陷我，想使我墜入萬丈深阬，踏上必死之地，同時讓陛下您疏忽慈母般的仁德，大發如曾參母親疑於三告而投杼下機般的憤怒。尚書違背法律，按照不實之詞判定我的罪狀，不再去質正核實我的過錯，便投臣入獄，上奏臣罪。司隸校尉馮羨奸佞邪惡，奉承他們的意旨，廢棄王命，驅逐我們，不得回轉朝廷。我逃回原郡，至死無怨。臣確實擔心最終遭豺狼吞噬，所以冒著被殺的危險到朝廷，披肝瀝膽向皇上表白我的心跡。

3 「刺史張敬喜好阿諛進讒，張設羅網，又使陛下興起雷電之怒。司隸校尉應奉、河南尹何豹、洛陽令袁騰都爭先恐後，好像對付仇敵一樣，對我的處罰累及先人，削平墳墓，只是沒有挖墓出屍，開棺露肉罷了。從前，周文王命令埋葬枯骨，公劉禁止踐踏路旁的葦草，世人都稱讚他們的仁愛。現在那些對下殘酷、對上諂媚的官吏，沒有折中取正、處事公正的心思，不顧無辜者受害，進而生出虛假誣枉的誹謗，想使威嚴的朝廷嚴加刑罰。因此臣不敢觸犯皇上的威嚴，而逃竄於山林之中，等待皇上聽取實情，英明獨斷，拒絕邪惡的誹謗，斷絕邪巧的言論，救助可救之人，援助淹沒於水中的生命。不料陛下長期積壓的怒氣並沒有因為春夏的到來而止息，積留的怨恨沒有隨著時間的推移而消失，於是派使者到各驛站，向遠近各地發出布告，嚴詞譴責，比痛恨霜雪還嚴重，又在海內張設羅網，布置羅網於萬里之外，追拿我的人到了人跡罕見、沒有車軌的地方，即使楚國購求伍員，前漢購求季布，也沒有超過這種境況。

4 「臣受到處罰以來，朝廷多次赦免天下，允許贖罪，我的沒有被驗證的罪狀本是可以被免除的。但陛下卻痛恨我越來越深，有關機關責臣也越來越厲害，我停止奔命就會被掃滅，逃跑就是亡命之徒，苟且偷生就是不得志的人，死去就是冤屈的鬼魂。天這麼大，卻沒有能遮蓋我的東西，地這麼厚，卻沒有我立足安身的地方。腳踏大地，怕大地會塌陷；遠離高牆，仍怕被牆壓倒。我的至誠足以感動陛下，而賢明的皇帝卻不肯省悟。如果我犯了極大的罪，足以拋屍野外，或用刀鋸懲罰，那麼陛下應當頒布我的罪狀，以解除眾多議論者的疑惑。我想進入國門，坐在肺石之上，讓三公九卿來評論我的罪過。但宮門九重，步步設有陷阱，動腳就會觸犯法網，起步就會陷入羅網，無緣到皇上面前，永遠沒有申明心跡，再被信任的日子了。

5 「國君不可以仇恨匹夫，仇恨匹夫便使全國人都害怕。我逃亡以來，遭遇三次寒暑，陰陽顛倒，應該溫暖的時令反而變得寒冷，春天常刮寒風，夏天又降下霜雹，而且連年刮大風，樹木被折斷或連根拔出。風是天的號令，春夏之交，是天子廣施恩惠，重新評議獄情延緩死刑的時候。希望陛下能想一想堯帝推行五教，以「寬」為主的德化，吸取成湯遠離奸佞小人的鑑戒，來止息風旱災害，消除兵禍。我聽說勇敢的人不逃避死亡，聰明的人不為陷入困境而憐惜自己，我本來就會為了朝廷而不愛惜自己將死的生命，願意投向湘江、沅水的波浪，追隨屈原的悲劇；或者沉入江湖的流水，憑弔伍子胥的悲遇。我是功臣的後人，生長在侯王之國，只怕是含恨葬身魚腹，不能向世人表明心迹，因而臣禁不住狐死仍然不忘故土的情懷，禁不住魂魄還能認識舊路的情懷。所以我觸犯帝王的尊嚴，衝撞宮闕，匍伏在宮門外，申訴我的極度苦痛，之後哪怕進入金鍋，投身沸水，在熾烈的熱火中被煮爛，九死不悔。

6 「悲慘啊，這樣長久活下去又有什麼意思！大凡忠臣殺身以平息君王的怒氣，孝子以生命來消除雙親的怨恨，所以大舜不逃避上倉塗泥、入地挖井中遇到災難，申生不辯白驪姬讒毀奸邪的譖言。我怎敢忘掉這些道理，不自己死去以解除聖朝明主的怨恨呢！臣乞求用自己的死來排解深重的責難。希望陛下赦免我兄弟的死命，使臣一家還有後代，來推崇陛下寬恕臣家的恩惠。臣在死前向陛下陳述心情，流著淚寫下這奏章，泣血不斷。」

7 漢桓帝看了寇榮的奏章，更加生氣，於是誅殺了寇榮。寇家因此衰落下去。

贊曰：元侯淵謨❶，乃作司徒。明啟❷帝略，肇❸定秦都❹。勳成智隱❺，靜其如愚❻。子翼守溫❼，蕭公❽是埒❾。係兵轉食，以集❿鴻烈⓫。誅文⓬屈⓭賈⓮，有剛⓯有折⓰。

【章　旨】以上是史家對鄧禹、寇恂一生主要功績和行事的評點。

【注　釋】❶謨　計謀；謀略。❷啟　啟發。❸肇　開始；最初。❹秦都　指長安。❺隱　藏匿；不顯露。❻靜其如愚　語出《論語・為政》。子曰：「吾與回言終日，不違，如愚。退而省其私，亦足以發，回也不愚。」❼溫　指溫縣。❽蕭公　指蕭何。❾埒　與……相等，同等。❿集　成就；成功。⓫鴻烈　大功業。⓬文　指皇甫文。⓭屈　委屈。⓮賈　指賈復。⓯剛　硬；堅強。與「柔」相對。⓰折　彎轉；屈曲。引申為「柔」。

【語　譯】史官評議說：元侯鄧禹，謀略高深，擔任司徒。啟迪帝王的謀略，平定長安。功勳已成，智慧隱藏，安靜如愚。寇恂鎮守溫縣，功績與蕭何等同，連兵運糧，以成大業。誅殺皇甫文，屈服於賈復，這是有剛有柔。

【研　析】本卷為鄧禹、寇恂兩位東漢開國元勳的傳記，同時反映了其後代在東漢時期的興衰。

作為開國元勳，鄧禹與寇恂所具有的共同特徵，是劉秀在創業過程中，他們均足可倚重。劉秀基本上控制河北後，試圖向外擴展勢力，不僅需要戰將，還需要有大局觀念、兼具政治軍事才能，同時還必須可靠的領袖級人才。當時漢帝國政治中心所在的關中地區，既有名義上的全國性的更始政權存在，又有號稱百萬之眾的赤眉軍從山東河南湧入，當地地方勢力又各聚武裝，屯堡而守，情況複雜。劉秀在考慮分兵關中的主帥人選時，曾一度「未知所寄」，後終於因鄧禹「深沉有大度」，命其率眾而往。鄧禹成功地奪取河東這一戰略要地，並進入渭北，兵指長安，百姓「望風歸附」。雖然鄧禹軍事才能有所不足，最終未能平定關中，但畢竟打開了一個局面，牽制了更始餘部與赤眉軍，成為劉秀稱帝的重要條件。同樣，劉秀在試圖向河南、山東拓展時，河北後方亦必須有人鎮守，該人須具有政治眼光，又必須具有相當的軍事才能，使河北進一步安定，成為穩固的戰略後方，並保證對前線的糧餉與兵源支持，如同蕭何在西漢初坐鎮關中一樣重要。劉秀最終選定寇恂來擔當這一重任，寇恂亦成功地完成了使命。

儘管鄧禹在關中軍事活動上幾無所作為，在劉秀催促下，急於表現的鄧禹反而老吃敗仗，但作為東漢功臣之首，鄧禹自有其過人之處。首先，他是劉秀的老鄉與同學，在同學時代可以說就已崇拜劉秀，後來群雄蜂起時，他拒絕各方的聘請，隻身一人跑到河北投奔劉秀，劉秀對他完全了解，可以信任。而劉秀對寇恂同樣委以重任，卻保持了一定的防範。其次，劉秀在兄長被殺後，委曲求全，被遣持節安撫河北，當他還在為自己成功逃脫更始政權諸將的威脅而沾沾自喜時，是鄧禹率先鼓動劉秀獨立發展，自創政權，「延攬英雄，務悅民心，立高祖之業，救萬民之命」。鄧禹以「知人」即發現人才著稱，劉秀可以說是他發現的最重要的人才。再次，劉秀創業之初，「任使諸將，多訪於禹，禹每有所舉者，皆當其才」，寇恂守河內，亦是鄧禹推薦的結果。可以說，鄧禹為劉秀組建了後來奪取全國的基本幹部隊伍。有此數端，其為首功之臣，足以服眾。全國平定後，鄧禹還只三十七歲，正當年富力強之時，而他「遠名勢」，主動解兵，以侯歸第，教子孫讀書，為劉秀解除功臣所統軍隊，實施文治，起了重要的表率作用。可以說，東漢初年的政治基調，是劉秀與鄧禹共同創定的。「榮悴交而下無二色，進退用而上無猜情，使君臣之美，後世莫闕其間」。范曄的這一評價，極為中肯。

東漢是史學界所稱「世家大族」崛起的時代，這一群體既需家族人丁興盛，更需要要子子孫孫，連續不斷地擔任官職，尤其是重要官職，也需要家族成員服膺儒學，具有相當的文化修養。鄧氏正是這樣一個家族。不過由於鄧氏乃功臣元勳，鄧氏人物如鄧禹、鄧訓、鄧騭，無論如何退避權勢，也割不斷與政治千絲萬縷的聯繫。鄧氏「累世寵貴」，與其他功臣有別，不只因為鄧禹為開國元勳，更因為鄧禹之孫、鄧訓之女鄧綏為東漢和帝劉肇皇后，和帝死後，長子有病，剩下的就只有一個生下僅百日的幼子，鄧氏奉以為帝，即所謂殤帝。不久又立安帝劉祜，以太后身分臨朝稱制，行使皇權長達十五年，其兄弟鄧騭執掌軍政，鄧氏遂以外戚的形象再次凸顯於東漢政治舞臺。鄧太后、鄧騭兄弟執掌政權時，正當嚴重的自然災害頻繁爆發，關隴羌人暴動，百姓不安。他們秉承祖父鄧禹教訓，克己奉公，「同心憂國」，任用賢士楊震等，大力提倡儒學教育，成功地應對了危機。當安帝成長起來後，受乳母、宦官唆使，趁鄧太后死亡之機，驅除鄧氏兄弟，奪其官爵位，迫使其自殺，此後鄧氏基本上不再有政治影響。就鄧氏所為來看，外戚當政不一定就會造成政治腐敗，而最高權力爭奪，加上小人因緣牟利，趁機掌權，不行正道，才是動盪的根源。

寇恂後人，比起鄧氏，影響力更小，如卷中所說，只因其孫女嫁給了鄧騭，鄧太后當政時，「寇氏得志於永初間」，但鄧氏垮臺，也意味著寇氏短暫的影響力隨之消失。(馬春香注譯)

卷十七

馮岑賈列傳第七

【題解】本卷的傳主分別是馮異、岑彭和賈復。作者主要記述了他們三人在漢室中興初期，軍事戰鬥中的一些重要事跡和所建立的功勳。對他們在東漢政權創立、鞏固上所做的貢獻給予了充分肯定與高度評價。〈馮異傳〉中處處可見他的謙和、忠勇及才智。〈岑彭傳〉主要寫他講信義、作戰勇敢及用兵神智。作為統軍之帥，這是非常重要的。〈賈復傳〉集中描寫了賈復的勇猛果決、謙虛不伐，以及為國家的深遠謀略。傳文不是事無巨細地羅列，而是有詳有略。將筆墨集中在各人的主要事跡上，使傳文顯得層次分明，重點突出。

1 馮異，字公孫，潁川❶父城❷人也。好讀書，通左氏春秋❸、孫子兵法❹。

2 漢兵起，異以郡掾❺監五縣，與父城長苗萌❻共城守，為王莽拒漢。光武❼略地潁川，攻父城不下，屯兵巾車鄉❽。異間出行❾屬縣，為漢兵所執。時異從兄孝❿及同郡丁綝⓫、呂晏⓬，並從光武，因共薦異，得召見。異曰：「異一夫之用，不足為彊弱。有老母在城中，願歸據五城，以效功報德。」光武曰：「善。」異歸，謂苗萌曰：「今諸將皆壯士屈起，多暴橫，獨有劉將軍所到不虜掠。觀其言語舉止，非庸人也，可以歸身。」苗萌曰：「死生同命，敬從子計。」光武南還宛⑬，更始⑭諸將攻父城者前後十餘輩，異堅守不下；及光武為司隸校尉⑮，道經父城，異等即開門奉牛酒迎。光武署異為主簿⑯，苗萌為從事⑰。異因薦邑子銚期⑱、叔壽、段建⑲、左隆等，光武皆以為掾史⑳，從至洛陽㉑。

3 更始數欲遣光武徇河北㉒，諸將皆以為不可。是時左丞相㉓曹竟㉔子詡為尚書㉕，父子用事，異勸光武厚結納㉖之。及度河北，詡有力焉。

4 自伯升之敗㉗，光武不敢顯其悲戚，每獨居，輒不御㉘酒肉，枕席有涕泣處。異獨叩頭寬譬哀情。光武止之曰：「卿勿妄言。」異復因間㉙進說曰：「天下同苦王氏㉚，思漢久矣。今更始諸將從橫㉛暴虐，所至虜掠，百姓失望，無所依戴。今公專命方面㉜，施行恩德。夫有桀紂㉝之亂，乃見湯武㉞之功；人久飢渴，易為充飽㉟。宜急分遣官屬，徇行郡縣，理冤結，布惠澤。」光武納之。至邯鄲㊱，遣異與銚期乘傳㊲撫循㊳屬縣，錄㊴囚徒，存鰥寡，亡命自詣㊵者除㊶其罪，陰條㊷二千石長吏㊸同心及不附者上之。

5 及王郎[44]起，光武自薊[45]東南馳，晨夜草舍，至饒陽無蔞亭[46]。時天寒烈，眾皆飢疲，異上豆粥。明旦，光武謂諸將曰：「昨得公孫豆粥，飢寒俱解。」及至南宮[47]，遇大風雨，光武引車入道傍空舍，異抱薪，鄧禹[48]爇火，光武對竈燎[49]衣。異復進麥飯菟肩[50]。因復度虖沱河[51]至信都[52]，使異別收河閒[53]兵。還，拜偏將軍[54]。從破王郎，封應[55]侯。

6 異為人謙退不伐[56]，行與諸將相逢，輒引車避道[57]。進止皆有表識[58]，軍中號為整齊[59]。每所止舍，諸將並坐論功，異常獨屏[60]樹下，軍中號曰「大樹將軍」。及破邯鄲，乃更部分諸將，各有配隸[61]。軍士皆言願屬大樹將軍，光武以此多[62]之。別擊破鐵脛於北平[63]，又降匈奴[64]于林闟頓王[65]，因從平河北。

7 時更始遣舞陰王李軼[66]、廩丘[67]王田立、大司馬朱鮪[68]、白虎公陳僑[69]將兵號三十萬，與河南太守武勃[70]共守洛陽。光武將北徇燕[71]、趙[72]，以魏郡[73]、河內[74]獨不逢兵[75]，而城邑完，倉廩實，乃拜寇恂[76]為河內太守，異為孟津[77]將軍，統二郡軍河上，與恂合埶，以拒朱鮪等。

8 異乃遺[78]李軼書曰：「愚[79]聞明鏡所以照形，往事所以知今[80]。昔微子去殷而入周[81]，項伯畔楚而歸漢[82]，周勃迎代王而黜少帝[83]，霍光尊孝宣而廢昌邑[84]。彼皆畏天知命[85]，覩存亡之符[86]，見廢興之事[87]，故能成功於一時，垂業於萬世也。苟令長安[88]尚可扶助，延期歲月，疏不間親，遠不踰近，季文豈能居一隅哉[89]？今長安壞亂，赤眉[90]臨郊，王侯搆難[91]，大臣乖離[92]，綱紀[93]已絕，四方分崩，異姓並起，是故蕭王[94]跋涉霜雪，經營河北。方今英俊雲集，百姓風靡[95]，雖邠岐慕周[96]，不足以喻。季文誠能覺悟成敗，亟定大計，論功古人[97]，轉禍為福，在此時矣。如猛將長驅，嚴兵圍城，雖有悔恨，亦無及已。」初，軼與光武首結謀約，加相親愛，及更始立，反共陷伯升。雖知長安已危，欲降又不自安。乃報異書曰：「軼本與蕭王首謀造漢，結死生之約，同榮枯之計。今軼守洛陽，將軍鎮孟津，俱據機軸[98]，千載一會，思成斷金[99]。唯深達蕭王，願進愚策，以佐國安人。」軼自通書之後，不復與異爭鋒，故異因此得北攻天井關[100]，拔上黨[101]兩城，又南下河南成皐[102]已東十三縣，及諸屯聚[103]，皆平之，降者十餘萬。武勃將萬餘人攻諸畔者，異引軍度河，與勃戰於士鄉[104]下，大破斬勃，獲首五千餘級，軼又閉門不救。異見其信效，具以奏聞。光武故宣露軼書，令朱鮪知之。鮪怒，遂使人刺殺軼。由是城中乖離，多有降者。鮪乃遣討難將軍蘇茂[105]將數萬人攻溫[106]，鮪自將數萬人攻平陰[107]以綴[108]異。異遣校尉[109]護軍[110]將兵，與寇恂合擊茂，破之。

異因度河擊鮪，鮪走；異追至洛陽，環城一帀[111]而歸。
9 移檄[112]上狀[113]，諸將皆入賀，并勸光武即帝位。光武乃召異詣鄗[114]，問四方動
靜。異曰：「三王反畔[115]，更始敗亡，天下無主，宗廟[116]之憂，在於大王。宜從
眾議，上為社稷，下為百姓。」光武曰：「我昨夜夢乘赤龍上天，覺悟[117]，心中
動悸[118]。」異因下席再拜賀曰：「此天命發於精神[119]。心中動悸，大王重慎[120]之性
也。」異遂與諸將定議上尊號。

【章旨】以上為〈馮異傳〉的第一部分，記述光武即位之前馮異為之出謀劃策，以及多次率軍作戰，表現了馮異處事謙虛謹慎，受人敬重的品行特徵。

【注釋】❶潁川　郡名。戰國秦王政十七年（西元前二三〇年）置。以潁水得名。治所在今河南禹州。轄境相當今河南登封、寶豐以東，鄢陵、郾城以西，長葛以南，葉縣、舞陽以北地區。西漢置有工官，東漢中平初波才領導的黃巾軍在此起兵。❷父城　縣名。屬潁川郡。今河南平頂山市西北。❸左氏春秋　亦稱《左傳》、《春秋左氏傳》。儒家經典之一。舊傳春秋時左丘明所撰。清代今文經學家認為係劉歆改編。近人認為是戰國初年人據各國史料編成。多用事實解釋《春秋》，同《公羊傳》、《穀梁傳》用義理解釋有異。記事起於魯隱公元年（西元前七二二年），終於魯哀公二十七年（西元前四六八年），比《春秋》多出十三年。書中保存了大量古代史料，文字優美，記事詳明，為中國古代一部史學和文學名著。❹孫子兵法　亦稱《孫子》、《吳孫子兵法》、《孫武兵法》。中國古代最著名的兵書，也是世界現存最古老的軍事理論著作。春秋末孫武作。今本十三篇，注家甚眾，以曹操等十一家注最著名，現存宋本較詳備。❺掾　古代屬官的通稱。❻長苗萌　長，吏六百石以上，皆長吏。此指父城縣縣令。苗萌，曾任父城長，他事不詳。❼光武　指東漢光武帝劉秀，在位三十三年（西元二五—五七年）。見本書卷一。❽巾車鄉　鄉名。屬父城縣。❾間出行　間出，微服出行。行，巡視。❿孝　馮孝，馮異從兄，他事不詳。⓫丁綝

據《東觀漢記》，字幼春，定陵人。伉健有武略。⑫呂晏　潁川郡人，鄧禹將，他事不詳。⑬宛　縣名。屬南陽郡。故城在今河南南陽。⑭更始　劉玄年號，西元二三—二五年。此處指更始帝劉玄。玄，字聖公，劉秀族兄。見本書卷十一。⑮司隸校尉　官名。漢武帝時始置司隸校尉，掌糾察京師百官及所轄附近各郡，相當於州刺史。⑯主簿　官名。漢代中央及郡縣官署均置此官。以典領文書，辦理事務。⑰從事　官名。即從事史。漢以後州刺史自辟僚屬，各以從事為稱。⑱銚期　字次況。潁川郟（今河南郟縣）人。見本書卷二十。⑲段建　《東觀漢記》和《續漢書》均作「殷建」。⑳掾史　漢代以後職權較重的長官有屬吏，分曹治事。通稱掾史。多由長官自行辟舉。㉑洛陽　中國古都之一。「洛」本作「雒」，三國魏改。周成王時周公營雒邑，此為成周漢後歷為河南郡、司州、洛州、河南府、河南路治所。東漢、三國魏、西晉、北魏（孝文帝以後）隋（煬帝）、武周、五代唐先後定都於此；新莽、唐、五代梁、晉、漢、周、北宋、金（宣宗以後）皆以此為陪都。戰國至西漢是全國性商業都市之一。東漢、魏晉、隋唐時代更是當時全國乃至全亞洲的經濟、文化中心。漢、魏故城在今洛陽白馬寺東洛水北岸，南北九里餘，東西六里餘。㉒河北　指黃河以北地區。㉓左丞相　官名。春秋齊景公曾置左右相各一人，戰國秦武王曾置左右丞相各一人。秦及漢沿置。㉔曹竟　字子期，山陽（今山東）人。與赤眉作戰時陣亡。㉕詡為尚書　詡，曹詡，曹竟子，他事不詳。尚書，官名。分掌諸曹事。㉖結納　結交。㉗伯升之敗　指更始帝劉玄殺劉伯升一事。伯升，即劉縯。見本書卷十四。㉘御　進食。㉙間　縫隙；空隙。㉚王氏　指王莽。㉛從横　即「縱橫」。肆意横行，無所顧忌。㉜專命方面　專命，不奉上命而自由行事。方面，一個方面；一個區域。㉝桀紂　桀，夏代國君。暴虐荒淫。後被商湯所敗，出奔南巢（今安徽巢湖）死。夏朝滅亡。紂，一作「受」，亦稱帝辛。商代最後的君主。重徵賦稅、統治暴虐。後周武王會合西南各族向商進攻，牧野（今河南淇縣）之戰，他因「前徒倒戈」，兵敗自焚。商亡。㉞湯武　湯，又稱「武湯」、「武王」、「天乙」、「成湯」，或稱「成唐」。甲骨文稱「唐」、「太乙」，又稱「高祖乙」。商朝的建立者。建都於亳。武，即周武王，姬姓，名發。西周王朝的建立者。繼承其父遺志，聯合庸、蜀、羌等族，率軍攻商。牧野之戰，取得大勝，滅商。建立西周，都鎬京（今陝西長安灃河以東）。㉟人久飢渴二句　唐李賢注：「猶言凋殘之後，易流德澤。」㊱邯鄲　郡名。秦始皇十九年（西元前二二八年）置。轄境相當今河北泜河以南，滏陽河上游和河南內黃、浚縣，山東冠縣西部地區。㊲傳　驛站所備的車。㊳撫循　同「拊循」。安撫存恤。㊴錄　審錄。㊵自詣　自己前往，自己去到。㊶除　清除；免掉。㊷陰條　暗中呈報。陰，暗地裡。條，分條列舉或陳述。㊸長史　指職位較高的官吏。㊹王郎　即王昌。見本書卷十二。㊺薊　古地名。今北京市區西南。周封堯後於此，後為燕國國都。秦置縣。秦、西漢時為廣陽郡治所。㊻饒陽無蔞亭　饒陽，縣名。在河北衡水西北部、滹沱河流域。

戰國趙饒邑，漢置縣。以在饒河之陽得名。無蔞亭，《東觀漢記》作「蕪蔞亭」，在饒陽縣內。㊼南宮　縣名。漢置縣。屬信都國。今河北南宮西北。㊽鄧禹　字仲華，南陽新野（今河南新野）人。見本書卷十六。㊾燎　烘烤。㊿菀肩　植物名。屬葵類，可食。51虖沱河　歷史上名稱多異。《禮記》稱「惡池」或「灌池」。《周禮》稱「滹池」。戰國時稱「呼沱水」（呼池水）。秦稱「虖池河」。西漢稱「虖池」。東漢稱「虖沱河」。《史記》稱「滹沱」，也稱「亞沱」。《水經注》始稱「滹沱」。滹本為呼，沱即滂沱，為水流湍急、氾濫之意。發源於山西繁峙，流經山西、河北兩地，共有二五六條河流前後匯入，全長五一三・三公里。52信都　縣名。漢置，信都國治。治所在今河北冀州。53河間　國名。漢高帝置郡，文帝改國，其後或為郡，或為國。治樂城（今河北獻縣東南）。平帝時轄今河北獻縣、泊頭、東光、阜城、武強各一部分地。東漢初並入信都，永元初復置國，轄境擴大至相當今河北雄縣及大清河以南，南運河以西，高陽、肅寧以東，泊頭、阜城以北地。54偏將軍　官名。位次於將軍。55應　古國名。姬姓。始封之君為周武王之子，一說武王弟。今河南魯山縣東。戰國時曾為秦相范雎封地。56伐　自誇。57引車避道　據司馬彪《續漢書》：「異敕吏士，非交戰受敵，常行諸營之後，相逢引車避之，由是無爭道變鬥者也。」58表識　亦作「表幟」。標幟；標記。59整齊　有秩序；有條理。60屏　退避。61配隸　猶隸屬。李賢注：「隸，屬也。」62多　稱讚；重視。63北平　古縣名。西漢置。治所在今河北滿城北。64匈奴　古族名，亦稱胡。戰國時活動於燕、趙、秦以北地區。東漢光武建武二十四年（西元四八年），分裂為二部，南下附漢的稱為南匈奴，留居漠北的稱為北匈奴。65于林闟頓王　匈奴王號。《後漢書集解》引錢大昕說：「《說文》無『闟』字，當是『蹋』字之訛。《三國志・魏志》作『蹋頓』。」66舞陰王李軼　舞陰，縣名。屬南陽郡。今河南社旗東南。李軼，南陽宛（今河南南陽）人。李通從弟，王莽末年從光武起兵於宛，時假王莽五威將軍號。後更始封其為舞陰王。曾參與謀害劉伯升事，及陷害更始將朱鮪等人。後欲降光武，被朱鮪所殺。67廩丘　縣名。屬東郡。今山東鄆城西北。68大司馬朱鮪　大司馬，官名。西漢武帝罷太尉置大司馬，西漢一朝常以授掌權的外戚，多與大將軍、驃騎將軍、車騎將軍等聯稱，為三公之一。東漢初改太尉，末年又別置大司馬。朱鮪，更始帝大司馬，後歸附光武，屢建戰功，被封為膠東王、扶溝侯。69白虎公陳僑　更始封其為白虎公，率兵與光武將賈復戰，敗降。70河南太守武勃　河南，郡名。漢高帝二年（西元前二〇五年）改秦三川郡置郡。轄今河南黃河以南洛水、伊水下游，雙洎河、賈魯河上游地區及黃河以北原陽；其後漸小。太守，官名。郡的長官，俸二千石，總掌一郡軍政。武勃，更始河南太守，率兵與光武將馮異戰於士鄉，敗，被斬。71薊　郡、國名。都於薊（今北京市區西南）。72趙　古國名。戰國七雄之一。和魏、韓瓜分晉國。西元前四〇三年被周威烈王承認為諸侯。建都晉陽（今山西太原）。西元前三八六年遷都邯鄲（今河北邯鄲）。疆域有今山西中部、陝西東北角、河北西南部。長平之戰大敗於秦，國勢衰落。西元前二二二年為秦所滅。73魏郡　郡名。轄今河北大名、磁縣、涉縣、武安、臨漳、肥鄉、魏縣、丘縣、成安、廣平、館陶，河南滑縣、浚縣內黃及山東冠縣等地。74河內　郡名。轄境相當今河南黃河以北、京廣鐵路以西地區。75逢兵　遭逢戰事。76寇恂　字子翼，上谷昌平（今北京昌平）人。見本書卷十六。77孟津　黃河古渡口名。今河南孟津東、孟州西南。78遺　送交；交付。79愚　謙辭，用於自稱。80明鏡所以照形二句　見於《大戴禮・保傅篇》：「明鏡者所以察形也，往古者所以知今也。」也見於《孔子家語》：「孔子觀周明堂四門之墉，有堯、舜、桀、紂之象，謂從者曰：『明鏡所以察形，古事所以知今。』」81微子去殷而入周　微子，子姓，名啟，世稱微子、微子啟。是殷紂王的庶兄，多次勸諫紂王，不聽，微子出走。武王克殷，他肉袒面縛乞降。詳見《史記・宋微子世家》。82項伯畔楚而歸漢　項伯，名纏，字伯，項羽的叔叔，初為楚左尹。在鴻門宴上，項莊拔劍起舞，意欲殺害劉邦。項伯亦拔劍起舞，意在救護劉邦。後降於劉邦，被封為射陽侯。詳見《史記・項羽本紀》。畔，同「叛」。83周勃迎代王而黜少帝　呂后專立常山王劉義為帝，改名劉弘。諸呂被殺後，周勃與諸大臣迎立代王劉恆為帝，是為漢文帝。詳見《史記・呂后本紀》。黜，廢除；取消。84霍光尊孝宣而廢昌邑　漢昭帝死後，無嗣，大將軍霍光等迎立武帝孫昌邑王劉賀。因昌邑王行為淫亂，霍光等又廢掉昌邑王，改立劉詢為帝，是為漢宣帝。詳見《漢書・霍光傳》。85畏天知命　即敬天意知命運。86符徵兆。87事　變故；事件。88長安　指更始帝，當時更始建都長安。89疏不間親三句　季文，李軼字。李賢注：「言軼與更始疏遠，獨居一隅，理難久支，欲其早圖去就。」《後漢書集解》引顧炎武曰：「言季文與更始為親近之臣，當在朝秉政，豈得居此一隅！李賢注失其指，反以為疏遠，非。」90赤眉　即赤眉軍。西漢末，土地兼併劇烈，階級矛盾日趨激化。王莽代漢後，又進行「改制」，廣大農民遭受更加深重的災難。天鳳五年（西元一八年），青、徐（今山東東部和江蘇北部）一帶發生大災荒，琅邪人樊崇在莒縣（今屬山東）起事，逢安、謝祿等起兵回應，聚眾萬人。約定「殺人者死，傷人者償創。」因用赤色染眉作標識，故稱「赤眉軍」。91搆難　亦作「構難」。結仇交戰。92大臣乖離　指赤眉軍入關後，更始大臣張卬、申屠建、隗囂等人謀劃劫持更始帝之事。乖離，背離；抵觸。93綱紀　法律制度。94蕭王　指劉秀。95風靡　歸順降服。96邠岐慕周　周代，古公亶父積德行義，深得豳人愛戴。後戎狄侵犯，他不忍驅民與戰，便離開豳，到岐山下。豳人又扶老攜幼，奔赴岐山依附古公。事見《史記・周本紀》。邠，通「豳」。97古人　指前文所說微子、項伯、周勃、霍光等人。98機軸　比喻關鍵重要的處所。99斷金　語出《易・繫辭上》：「二人同心，其利斷金。」孔穎達疏：「金是堅固之物，能斷而截之，盛言利之甚也。」後謂同心協力或情深義厚。100天井關　又名「太行關」，今山西晉城南太行山頂，因關南有天井泉三所得名。

形勢險峻，當太行南北要衝，歷代為兵爭要地。101上黨　郡名。戰國韓、趙各置一郡，其後韓郡併入趙，入秦後仍置。治壺關（今山西長治北），西漢移治長子（今山西長子西）。轄境相當今山西和順、榆社以南，沁水流域以東地。東漢末移治壺關。102成臯　古縣名。漢置。治所在今河南滎陽汜水鎮西。103屯聚　駐紮軍隊的地方。屯，駐守。聚，村落。104士鄉　村名。在故洛陽城東。105蘇茂　陳留人，為更始討難將軍，後歸附光武，有功績，封淮陽王。106溫　縣名。在河南焦作南部，南臨黃河。周為溫國。春秋時晉置溫縣，以溫國為名。107平陰　古縣名。秦置。今河南孟津東北。三國魏改名河陰。108綴　連綴。此有牽制之意。109校尉　漢時軍職之稱，略次於將軍。隨其職務冠以名號，如掌北軍軍壘者有中壘校尉，掌西域屯兵者有戊己校尉等。漢武帝時置中壘、屯騎、步兵、越騎、長水、胡騎、射聲、虎賁八校尉，為專掌特種部隊的將領，東漢略同。110護軍　官名。護，督統之意。秦漢時臨時設置護軍都尉或中尉，以調節各將領的關係。111一帀　一周，一圈。帀，同「匝」。112移檄　傳送文書。113狀　情形；狀況。114鄗　古縣名。漢置。治所在今河北柏鄉北。115三王反畔　指更始三王，即淮陽王張卬、穰王廖湛與隨王胡殷帶兵搶掠長安東西兩市，然後入宮戰敗更始部屬。116宗廟　古代帝王、諸侯、大夫或士祭祀祖宗的處所。《禮記・中庸》：「宗廟之禮，所以祀乎其先也。」117覺悟　睡覺醒來。118動悸　因害怕而自覺心跳。119精神　古代稱天地萬物的精氣為精神。120重慎　猶慎重。

【語譯】馮異，字公孫，潁川郡父城縣人。愛好讀書，通曉《左氏春秋》與《孫子兵法》。

2　漢兵起事時，馮異以郡掾的身分督察五個縣，和父城縣長苗萌一起守城，為王莽防禦漢兵。光武攻打潁川各地，進攻父城卻沒有拿下，駐紮在巾車鄉。馮異乘隙出城，巡視由他督察的縣城，被漢兵抓住。當時，馮異的堂兄馮孝與同郡人丁綝、呂晏，都跟隨著光武，因此他們一起向光武推薦馮異，故而得以被召見。馮異說：「以馮異一個人的能力，不足以影響您勢力的強弱。我還有老母親在城中，我願意回去占據五座城池，來報答您的恩德。」光武說：「好。」馮異回到父城，跟苗萌說：「現在的各路將領都是壯士崛起，大多兇狠殘暴，唯獨劉秀將軍所到之處不行虜掠。看他的言語行為，不是平庸的人，我們可以歸附他。」苗萌說：「我和您生死在一起，我聽從您的安排。」光武南歸至宛城，更始派出攻打父城的將領前後十多批，馮異堅守，沒被攻下；等到劉秀為司隸校尉，路過父城時，馮異等人便開了城門，捧著牛肉、美酒迎接他。光武任命馮異為主簿，苗萌為從事。馮異又趁機推薦同鄉人銚期、叔壽、段建、左隆等人，光武都讓他們做了自己的屬官，隨從到了洛陽。

3 更始帝多次想派光武巡行占領黃河以北，將領們都認為不可以。當時左丞相曹竟的兒子曹詡任尚書，父子共同管理政事，馮異勸說光武結交他們。等光武渡過黃河北攻時，曹詡確實出了力。

4 劉縯被害之後，光武不敢表現出他的悲傷哀戚。每當他一個人的時候，總是不用酒肉，枕席上留有流淚的痕跡。只有馮異磕頭勸慰寬解光武的哀愁。光武制止他說：「您不要亂說。」馮異又趁機對光武說：「天下的人都被王莽害得很苦，思念恢復漢室很長時間了。現在更始的將領橫衝直撞，殘害百姓，到處擄搶，百姓對他們失去了信任，而沒有可以依靠、擁戴的人。現在您在一個地區專權指揮，推行恩德。有了夏桀、商紂的暴虐，方顯現出商湯和周武的功業。飢渴已久的人，容易使其飽足。您應當盡快分派官員，到郡縣視察，清理冤案，布施恩澤。」光武採納了馮異的意見。到了邯鄲，派馮異和銚期乘驛車撫慰所屬各縣，審錄囚徒的罪狀，慰問鰥夫寡婦，那些犯罪逃亡而能自己回來投案的免除他的刑罰，又祕密地將二千石俸祿的官員中與劉秀同心的人和不願歸附的人的名單呈遞給劉秀。

5 到王郎起兵時，光武從薊縣東部往南急行軍，清晨出發，夜間露宿野外，一直到饒陽縣無蔞亭，正值天寒地凍，士卒都疲乏飢餓，馮異給光武奉上豆粥。第二天早上，光武對將領們說：「昨日吃了公孫送來的豆粥，飢餓和寒冷都得以解除。」到南宮縣時，遇上大風雨，光武將車拉入道旁的空房子裡，馮異抱來柴草，鄧禹燒起火來，讓光武對著灶烘乾衣服。馮異又奉上麥飯和菟肩。然後，又渡過滹沱河到達信都，光武派馮異另行去收集河閒地區的兵眾。回來以後，封馮異為偏將軍。跟從光武擊敗王郎後，封為應侯。

6 馮異為人謙虛退讓，不自誇，在路上與別的將領相遇時，總是引車讓開道路。他行軍進退都有標記，在軍中號稱有秩序。每次部隊停止駐紮下來，將領們坐在一起評論各人的功勞，馮異經獨自退坐大樹下，軍中稱他為「大樹將軍」。攻下邯鄲後，光武更換了一些將領，使他們各有隸屬。兵眾們都說願意跟從大樹將軍，光武因此更稱許他。馮異別領部隊在北平縣擊敗鐵脛，又收降了匈奴的于林闟頓王，接著，他跟從光武平定黃河以北。

7 當時，更始派舞陰王李軼、廩丘王田立、大司馬朱鮪、白虎公陳僑率領軍隊，號稱三十萬，與河南太守武勃一起守衛洛陽。光武打算向北攻取燕、趙地區，因為當時只有魏郡、河內郡沒有遭受兵禍，城市完整，倉廩充實，便任命寇恂為河內太守，又任命馮異為孟津將軍，統轄兩郡的軍隊駐守在黃河邊上，與寇恂配合，抵禦朱鮪等人。

8 馮異於是寫信給李軼說：「我聽說，鏡子是用來照人的，過去的事情是用來認識今天的。古時候，微子離開紂王去投奔武王，項伯背叛了西楚霸王而歸順劉漢，周勃廢黜少帝而擁立代王，霍光尊奉宣帝而廢除昌邑王。他們都是敬天知命，識時務者，看到了存亡的徵兆，了解興廢的變化，所以能成功於一時，而其功業也流傳萬代。假如更始帝還可以扶助，還可以苟延歲月，那麼，關係疏遠的人不能離間關係親密的人，遠的不能逾越近的，您怎麼可能偏處一隅呢？現在長安一片混亂，赤眉軍已到了城郊，王侯發難，大臣離叛，法紀喪盡，四方分崩離析，異姓豪強到處興起，所以蕭王跋涉霜雪之中，苦心經營黃河以北。現在他身邊英雄雲集，百姓望風歸順，就是邠人、岐人追慕古公亶父那樣的情形，也不足用以比喻如今百姓歸順蕭王的盛況。季文您若真能夠認清成敗的大勢，應當馬上立定大計，這樣，您的功勞就可以與微子、項伯這些古人相比，轉禍為福便在此時了。不然，勇猛的大將長驅而來，重兵圍困城池，到那時候，您就是後悔也來不及了。」當初，李軼本與光武最先訂下盟約，相互親愛，但到了更始即位，李軼卻與他們共同謀害劉縯。他雖然知道長安城已處於危險境地，想投降劉秀，心中又有些擔憂。於是給馮異回信說：「我本來同蕭王首先謀劃中興漢室，訂立共生死的盟約及同成敗的計謀。現在我據守洛陽，您鎮守孟津，都占據著要害地方，這是千載難逢的機會，我極想與您同心合力。希望您詳細向蕭王轉達我的策略，以輔佐國家，安定百姓。」李軼自從與馮異通信以後，就不再同他交鋒，因此馮異能夠往北攻占了天井關，占領上黨郡的兩座城池，然後又往南攻占了河南成皋以東的十三個縣，許多營寨土堡也都被平定，投降的有十萬多人。武勃率領一萬多人攻打這些反叛者，馮異領軍渡過黃河，在士鄉同武勃交戰，大破勃軍並將他斬了，殺了五千多人，李軼關閉城門不出來救援。馮異見李軼講信用，便把這些情況詳細上報給光武。光武故意將李軼的信洩露出去，讓朱鮪知道。朱鮪大怒，便派人刺殺了李軼。從此，洛陽城中人心離散，好些人出城投降。朱鮪派討難將軍蘇茂率幾萬人進攻溫縣，又親自率領幾萬人進攻平陰以牽制馮異。馮異派校尉護軍領兵與寇恂聯兵抵抗蘇茂，將他打敗。馮異乘勢渡過黃河攻打朱鮪，朱鮪敗走，馮異追到洛陽，繞城一周而歸。

9 馮異上書呈報了這些情況，將領們都向光武祝賀，並勸他即皇帝位。光武將馮異召到鄗縣，向他詢問各地的形勢。馮異說：「三王反叛，更始衰敗，天下沒有君主，漢家宗廟的存亡，就決定於您了。您應當聽從大家的建議，這是上為國家，下為百姓。」光武說：「我昨夜做了一個夢，夢裡我乘坐一條赤龍上天，醒來，心裡很是害怕。」馮異於是離開座位，行再拜之禮，祝賀說：「這是上天的意志作用於您的精神，心中害怕是您特別慎重的心情所致。」馮異便同將領們一起議定，給光武奉上皇帝的尊號。

1 建武❶二年春，定封異陽夏❷侯。引擊❸陽翟❹賊嚴終、趙根❺，破之。詔異歸家上冢，使太中大夫❻齎❼牛酒，令二百里內太守、都尉❽已下及宗族❾會❿焉。

2 時赤眉、延岑⓫暴亂三輔⓬，郡縣大姓各擁兵眾，大司徒⓭鄧禹不能定，乃遣異代禹討之。車駕送至河南，賜以乘輿七尺具劍⓮。敕異曰：「三輔遭王莽、更始之亂，重以赤眉、延岑之酷，元元⓯塗炭⓰，無所依訴。今之征伐，非必略地屠城，要在平定安集⓱之耳。諸將非不健鬭，然好虜掠。卿本能御⓲吏士，念自修敕⓳，無為郡縣所苦。」異頓首⓴受命，引而西，所至皆布威信。弘農㉑群盜稱將軍者十餘輩，皆率眾降異。

3 異與赤眉遇於華陰㉒，相拒六十餘日，戰數十合，降其將劉始、王宣㉓等五千餘人。三年春，遣使者即拜異為征西大將軍。會鄧禹率車騎將軍㉔鄧弘㉕等引歸，與異相遇，禹、弘要㉖異共攻赤眉。異曰：「異與賊相拒且數十日，雖屢獲雄將，餘眾尚多，可稍以恩信傾誘，難卒㉗用兵破也。上今使諸將屯黽池㉘要其東，而異擊其西，一舉取㉙之，此萬成㉚計也。」禹、弘不從。弘遂大戰移日，赤眉陽㉛敗，棄輜重㉜走。車皆載土，以豆覆其上，兵士飢，爭取之。赤眉引還擊弘，弘軍潰亂。異與禹合兵救之，赤眉小卻㉝。異以士卒飢倦，可且休，禹不聽，復戰，大為所敗，死傷者三千餘人。禹得脫歸宜陽㉞。異棄馬步走上回谿阪㉟，與麾下數人歸營。復堅壁，收其散卒，招集諸營保㊱數萬人，與賊約期會戰。使壯士變服與赤眉同，伏於道側。旦日，赤眉使萬人攻異前部，異裁㊲出兵以救之。賊見埶弱，遂悉眾攻異，異乃縱兵大戰。日昃㊳，賊氣衰，伏兵卒起，衣服相亂，赤眉不復識別，眾遂驚潰。追擊，大破於崤底㊴，降男女八萬人。餘眾尚十餘萬，東走宜陽降。璽書勞異曰：「赤眉破平，士吏勞苦，始雖垂翅㊵回谿，終能奮翼㊶黽池，可謂失之東隅，收之桑榆㊷。方論功賞，以荅大勳。」

4 時赤眉雖降，眾寇猶盛：延岑據藍田[43]，王歆據下邽[44]，芳丹據新豐[45]，蔣震據霸陵[46]，張邯[47]據長安，公孫守[48]據長陵[49]，楊周[50]據谷口[51]，呂鮪[52]據陳倉[53]，角閎[54]據汧[55]，駱延[56]據盩厔[57]，任良[58]據鄠[59]，汝章[60]據槐里[61]，各稱將軍，擁兵多者萬餘，少者數千人，轉相攻擊。異且戰且行，屯軍上林苑[62]中。延岑既破赤眉，自稱武安[63]王，拜置牧守[64]，欲據關中[65]，引張邯、任良共攻異。異擊破之，斬首千餘級，諸營保守附[66]岑者皆來降歸異。岑走攻析[67]，異遣復漢將軍鄧曄[68]、輔漢將軍于匡[69]要擊[70]岑，大破之，降其將蘇臣[71]等八千餘人。岑遂自武關[72]走南陽[73]。時百姓飢餓，人相食，黃金一斤易豆五升。道路斷隔，委輸[74]不至，軍士悉以果實為糧。詔拜南陽趙匡[75]為右扶風，將兵助異，并送縑[76]穀，軍中皆稱萬歲。異兵食漸盛，乃稍誅擊豪傑不從令者，褒賞降附有功勞者，悉遣其渠帥[77]詣京師，散其眾歸本業[78]。威行關中。唯呂鮪、張邯、蔣震遣使降蜀[79]，其餘悉平。

5 明年，公孫述[80]遣將程焉[81]，將數萬人就[82]呂鮪出屯陳倉。異與趙匡迎擊，大破之，焉退走漢川[83]。異追戰於箕谷[84]，復破之，還擊破呂鮪，營保降者甚眾。其後蜀復數遣將間出[85]，異輒摧挫之。懷來[86]百姓，申理枉結[87]，出入三歲[88]，上林成都[89]。

6 異自以久在外，不自安，上書思慕闕廷(90)，願親帷幄(91)，帝不許。後人有章言異專制關中，斬長安令(92)，威權至重，百姓歸心，號為「咸陽王」。帝使以章示異。異惶懼，上書謝(93)曰：「臣本諸生(94)，遭遇受命(95)之會，充備行伍，過蒙恩私，位大將，爵通侯(96)，受任方面，以立微功，皆自國家謀慮，愚臣無所能及。臣伏自思惟：以詔敕戰攻，每輒如意；時以私心斷決，未嘗不有悔。國家獨見之明，久而益遠，乃知『性與天道，不可得而聞也(97)』。當兵革(98)始起，擾攘(99)之時，豪傑競逐(100)，迷惑千數。臣以遭遇，託身聖明，在傾危溷殽(101)之中，尚不敢過差(102)，而況天下平定，上尊下卑，而臣爵位所蒙，巍巍(103)不測乎？誠冀以謹敕(104)，遂自終始。見所示臣章，戰慄怖懼。伏念明主知臣愚性，固(105)敢因緣自陳(106)。」詔報曰：「將軍之於國家，義為君臣，恩猶父子。何嫌何疑，而有懼意？」

7 六年春，異朝京師。引見，帝謂公卿曰：「是我起兵時主簿也。為吾披荊棘(107)，定關中。」既罷，使中黃門(108)賜以珍寶、衣服、錢帛。詔曰：「倉卒(109)無蔞亭豆粥，虖沱河麥飯，厚意久不報。」異稽首(110)謝曰：「臣聞管仲謂桓公曰：『願君無忘射鉤，臣無忘檻車(111)。』齊國(112)賴之。臣今亦願國家無忘河北之難，小臣不敢忘巾車之恩(113)。」後數引讌見，定議圖(114)蜀，留十餘日，令異妻子隨異還西。

8 夏，遣諸將上隴[115]，為隗囂[116]所敗，乃詔異軍栒邑[117]。未及至，隗囂乘勝使其將王元、行巡[118]將二萬餘人下隴，因分遣巡取栒邑。異即馳兵，欲先據之。諸將皆曰：「虜兵[119]盛而新乘勝，不可與爭。宜止軍便地[120]，徐思方略。」異曰：「虜兵臨境，忸忲[121]小利，遂欲深入。若得栒邑，三輔動搖，是吾憂也。夫『攻者不足，守者有餘[122]』。今先據城，以逸待勞，非所以爭也。」潛往閉城，偃旗鼓。行巡不知，馳赴之。異乘其不意，卒擊鼓建旗而出。巡軍驚亂奔走，追擊數十里，大破之。祭遵[123]亦破王元於汧。於是北地[124]諸豪長耿定[125]等，悉畔隗囂降。異上書言狀，不敢自伐。諸將或欲分其功，帝患之。乃下璽書曰：「制詔[126]大司馬，虎牙、建威、漢忠、捕虜、武威將軍：虜兵猥[127]下，三輔驚恐。栒邑危亡，在於旦夕。北地營保，按兵觀望。今偏城獲全，虜兵挫折，使耿定之屬，復念君臣之義。征西功若丘山，猶自以為不足。孟之反奔而殿[128]，亦何異哉？今遣太中大夫賜征西吏士死傷者醫藥、棺斂，大司馬已下親弔死問疾，以崇[129]謙讓。」於是使異進軍義渠[130]，并領[131]北地太守事。

9 青山胡[132]率萬餘人降異。異又擊盧芳[133]將賈覽[134]、匈奴薁鞬日逐王[135]，破之。上郡、安定[136]皆降。異復領安定太守事。九年春，祭遵卒，詔異守[137]征虜將軍，并將其營。及隗囂死，其將王元、周宗[138]等復立囂子純，猶總兵[139]據冀[140]，公孫述遣將趙匡等救之，帝復令異行[141]天水[142]太守事。攻匡等且[143]一年，皆斬之。諸將共攻冀，不能拔，欲且還休兵，異固持不動，常為眾軍鋒。

10 明年夏，與諸將攻落門[144]，未拔，病發，薨[145]于軍，謚曰節侯。

11 長子彰嗣。明年，帝思異功，復封彰弟訢為析鄉侯。十三年，更封彰東緡[146]侯，食三縣。永平[147]中，徙封平鄉[148]侯。彰卒，子普嗣，有罪，國除。

12 永初[149]六年，安帝下詔曰：「夫仁不遺親，義不忘勞，興滅繼絕[150]，善善及子孫[151]，古之典[152]也。昔我光武受命中興，恢弘聖緒，橫被四表，昭假上下[153]，光耀萬世，祉祚流衍[154]，垂於罔極[155]。予末小子[156]，夙夜[157]永思，追惟[158]勳烈，披圖案[159]籍，建武元功二十八將[160]，佐命虎臣，讖記[161]有徵。蓋蕭、曹紹封[162]，傳繼於今；況此未遠，而或至乏祀，朕甚愍[163]之。其條[164]二十八將無嗣絕世，若[165]犯罪奪國，其子孫應當統後者，分別署狀上[166]。將及景風[167]，章敘[168]舊德，顯茲遺功焉。」於是紹封普子晨為平鄉侯。明年，二十八將絕國者，皆紹封焉。

【章旨】以上為〈馮異傳〉的第二部分，記述馮異平定三輔、與赤眉軍大戰華陰、挫敗公孫述經營上林苑等事，作者表達出對他不慕戰功的讚揚。此外，略述了馮異後代的襲封情況。

【注　釋】❶建武　東漢光武帝劉秀年號，西元二五—五六年。❷陽夏　古縣名。秦置。治所在今河南太康。❸引擊　劉攽《東漢書刊誤》：「引」下少一「軍」字。❹陽翟　古縣名。秦置。治所在今河南禹州。❺趙根　潁川人，曾聚眾萬人，與密人賈期連兵為寇，後歸降光武。參見本書卷十六。❻太中大夫　官名。俸比千石，掌議論，有時亦被遣領兵。❼齎　攜帶；持。❽都尉　官名。輔佐郡守並掌全郡軍事。❾宗族　同宗族之人。《爾雅・釋親》：「父之黨為宗族。」❿會　會祭。⓫延岑　字叔牙，南陽人。始起據漢中，自稱武安王。又擁兵關西，至南陽，略有數縣。善戰，曾大破赤眉於杜陵。數次與光武軍隊戰，多敗。吳漢率軍屠殺成都城時殺之並滅其族。⓬三輔　漢景帝前二年（西元前一五五年）分內史為左、右內史，與主爵中尉（不久改主爵都尉）同治長安城中，所轄皆京畿之地，故合稱「三輔」。武帝太初元年（西元前一〇四年）改左、右內史、主爵都尉為京兆尹、左馮翊、右扶風。轄境相當今陝西中部地區。後世區劃雖時有更改，但直至唐，習慣上仍稱這一地區為「三輔」。⓭大司徒　三公之一，助天子掌管民事，總理萬機。⓮具劍　用玉裝飾的劍。⓯元元　平民；百姓。⓰塗炭　陷入泥沼，墜入炭火。比喻極其艱難困苦。⓱安集　安定輯睦。⓲御　封建社會指上級對下級的治理，統治。⓳修勑　亦作「修勅」。整頓。⓴頓首　頭叩地而拜。古代九拜之一。㉑弘農　郡名。西漢元鼎四年（西元前一一三年）置。轄今河南黃河以南，宜陽以西的洛伊、淅川等流域和陝西洛水、社川河上游、丹江流域。㉒華陰　在陝西渭南東部、渭河下游。秦置寧秦縣，漢改華陰縣。㉓劉始王宣　赤眉軍將領。他事不詳。㉔車騎將軍　漢代將軍的名號，位次上卿。漢文帝元年（西元前一七九年）設，唐以後廢。㉕鄧弘　鄧禹之孫，鄧訓之子。少治《歐陽尚書》，有品行，尚節儉，元初二年（西元一一五年）病卒。㉖要　邀請；邀約。㉗卒　同「猝」。突然。㉘黽池　即澠池。縣名。秦置縣。在河南三門峽東部、黃河南岸。㉙取　攻下；得到。㉚萬成　萬全。㉛陽　通「佯」。佯裝；假裝。㉜輜重　特指部隊行軍時攜帶的器械、糧草及其他物資。㉝小卻　稍稍退卻。㉞宜陽　縣名。戰國韓邑，韓置縣。故治在今河南宜陽西、洛河北岸。㉟回谿阪　即回溪，水溪名。俗名回坑。在今河南洛寧東北。㊱營保　亦作「營堡」。堡壘。㊲裁　通「才」。僅僅。㊳日昃　太陽偏西，約下午二時左右。㊴崤底　地名。崤，崤山。底，即坂或阪。亦稱嶔崟山。在河南西部。秦嶺東段支脈，東北—西南走向，分東西兩崤，延伸黃河、洛河間。長一百六十餘公里，山勢自西南向東北逐漸低緩。㊵垂翅　垂翼。㊶奮翼　猶奮翅。喻人振奮而起。㊷失之東隅收之桑榆　比喻此時遭到損失或失敗，在另一個時候得到補償或成功。東隅，東方日出處，指早晨。桑榆，兩種樹名，指太陽落山處。㊸藍田　縣名。秦置縣。以藍田山得名。在今陝西西安東部、渭河平原南緣、秦嶺北麓、渭河支流、灞河上游。㊹王歆據下邽　王歆，光武時據下邽。他事不詳。下邽，古縣名。秦置。治所在今陝西渭南東北。㊺芳丹據新豐　芳丹，光武時據新豐。他事不詳。新豐，古縣名。漢置。治所在今陝西西安東北。(46)蔣震據霸陵　蔣震，光武時據霸陵。他事不詳。霸陵，古縣名。本芷陽縣。漢文帝九年（西元前一七一年）於此築霸陵，並改縣名。治所在今陝西西安東北。文帝死後葬於此。(47)張邯　光武時據長安。他事不詳。(48)公孫守　光武時據長陵。他事不詳。(49)長陵　古縣名。西漢五陵縣之一。漢高帝十二年（西元前一九五年）築陵置縣。治所在今咸陽東北。高帝死後葬於此。(50)楊周　光武時據谷口。他事不詳。(51)谷口　縣名。屬左馮翊故治在今陝西禮泉東北。(52)呂鮪　陳倉人，擁眾數萬，為寇三輔。與光武軍交戰，多敗。參見本書卷十三。(53)陳倉　古縣名。秦置。因山得名。治今陝西寶雞東。當關中、漢中間的交通要衝，歷來為戰爭要地。(54)角閎　光武時據汧。他事不詳。(55)汧　古邑，西周末秦襄公都此。秦置縣。治所在今陝西隴縣南。(56)駱延　光武時據盩厔。他事不詳。(57)盩厔　縣名。在陝西。今改寫為「周至」。(58)任良　光武時據鄠。他事不詳。(59)鄠　縣名。即夏代的扈，秦改名鄠，西漢置縣。治今陝西戶縣。(60)汝章　光武時據槐里。他事不詳。(61)槐里　古縣名。漢高帝三年改廢丘縣置。治所在今陝西興平東南。(62)上林苑　古宮苑名。秦都咸陽時置。故址在今陝西西安西及周至、戶縣界。東漢亦置上林苑，故址在今河南洛陽東。(63)武安　縣名。西漢置縣。故址在今河北武安西南。(64)牧守　牧，古時治民之官。漢末一州的軍政長官稱州牧。守，秦代一郡的長官，後世用為刺史、太守等的簡稱。(65)關中　古地區名。一說秦都咸陽，漢都長安，因此函谷關以西為關中。一說在秦嶺以北範圍內，又時或包括陝西陝北。(66)守附　衛護歸附。(67)析　縣名。屬南陽郡。今河南西峽東。(68)鄧曄　更始將軍，後降光武。謝承《後漢書》：「曄，南陽南鄉人。以勁悍廉直為名。」(69)于匡　更始將軍，後降光武，為輔漢將軍。(70)要擊　攔擊。(71)蘇臣　延岑將。他事不詳。(72)武關　關隘名。戰國秦置重關之一。故址在今陝西丹鳳東南。西元前二〇七年劉邦由此入秦。此關為沿漢水進入關中的重要門戶。(73)南陽　郡名。戰國秦昭王三十五年（西元前二七二年）置。漢轄境相當今河南熊耳山以南葉縣、內鄉間和湖北大洪山以北廣水市、鄖縣間地。(74)委輸　轉運。亦指轉運的物資。(75)趙匡　南陽人，光武帝右扶風。他事不詳。(76)縑　雙絲的細絹。(77)渠帥　魁首；頭目。(78)本業　本來的行業。古代指農業。(79)蜀　郡名。古蜀國地，戰國秦置。西漢轄境相當今四川松潘以南，北川羌族自治縣、彭州、洪雅以西，峨邊、石棉以北，邛崍山大渡河以東，以及大渡河與雅礱江之間康定以南，冕寧以北地。其後漸小。(80)公孫述　字子陽，扶風茂陵（今陝西咸陽）人。見本書卷十三。(81)程焉　公孫述將。他事不詳。(82)就　接近；靠近。(83)漢川　河流名。當即漢水（沔水），在今陝西漢中西北一帶。(84)箕谷　地名。今陝西漢中北。(85)間出　趁機出兵。(86)懷來　亦作「懷徠」。招來。(87)枉結　冤結；冤屈。(88)三歲　三年。(89)成都　形成都市。比喻歸附的人很多。《史記》：「一年成邑，三年成都。」(90)闕廷　朝廷。(91)帷幄　宮室中的帷幕。此代指皇帝。(92)令　官名。戰國、秦漢時，縣的行政長官稱令長。大縣稱令，小縣稱長。93謝　認錯；道歉。94諸生　儒生。95受命　受天之命。96通侯　即徹侯。避漢武帝劉徹名諱而改。97性與天道不可得而聞也　《論語·公冶長》：「子貢曰：『夫子之文章，可得而聞也；夫子之言性與天道，不可得而聞也。』」性，人性。天道，猶天理。此指自然界與人類社會的變化規律。98兵革　兵器和甲冑的總稱。此指戰爭。99擾攘　吵鬧混亂的暴動、紛亂。100逐　爭奪。101溷殽　亦作「混淆」。混亂；雜亂。102過差　過分；失度。103巍巍　高大壯觀的樣子。104謹勑　同「謹慎」。105固　通「故」。故而。106陳　述說。107荊棘　比喻紛亂局勢或艱險處境。108中黃門　官名。比百石，由宦官擔任。後增比三百石。掌給事禁中。109倉卒　亦作「倉猝」。匆忙急迫。110稽首　古時的一種跪拜之禮，叩頭到地，是九拜中最恭敬者。111願君無忘射鉤二句　據《史記·齊太公世家》，管仲為擁立公子糾為齊國國君，曾帶兵在莒國通往齊國的道路上攔擊小白，並射中小白的帶鉤，但小白仍然奔回齊國，奪得王位，是為齊桓公。這時管仲正在魯國，魯畏齊，囚管仲，後齊桓公接受鮑叔牙的建議，接管仲回國任職，終成霸業。檻車，古代運送囚犯的車。112齊國　古國名。西元前十一世紀周分封的諸侯國。姜姓。呂氏。在今山東北部，開國君主是呂尚，建都營丘（今山東淄博）。113巾車之恩　指劉秀曾在巾車鄉俘獲馮異，不但沒有治罪反而赦免並任用他。114圖　謀取。115隴　古地區名。今甘肅一帶。116隗囂　字季孟，天水成紀（今甘肅通渭）人。見本書卷十三。117栒邑　舊縣名。秦置縣。在今陝西中部偏西。118王元行巡　王元，字遊翁，長陵人。隗囂之將，後奔依公孫述。率軍數與光武將領戰，後歸降。行巡，平襄人，隗囂之將。在光武諸將攻破落門後，他與周宗、苟宇等人將隗純歸降光武。119虜兵　對敵兵的蔑稱。120便地　形勢便利之地。121忸忕　習慣。122攻者不足守者有餘　《孫子兵法》竹簡本作：「攻則不足，守則有餘。」123祭遵　字弟孫，潁川潁陽（今河南許昌）人。見本書卷二十。124北地　郡名。戰國秦置。西漢治馬嶺（今甘肅慶陽西北），東漢移治富平（今寧夏吳忠西南）。轄今寧夏賀蘭山、青銅峽市、山水河以東及甘肅環江、馬蓮河流域。125耿定　北地郡諸豪長。他事不詳。126制詔　皇帝的命令。127猥　盛；多。128孟之反奔而殿　魯國與齊國作戰，魯軍大敗，孟之反殿後阻擊，回到魯國時，他又策馬而前，告國人曰：我非勇敢在後距敵，是馬不能前進。謂不自誇功。129崇　推崇；尊崇。130義渠　縣名。屬北地郡。今甘肅西峰。131領　兼任。132青山胡　胡人的一支，住北地郡青山中。133盧芳　字君期，安定三水（今寧夏同心）人。見本書卷十二。134賈覽　盧芳將，善戰。多次領兵與光武諸將交戰，餘事不詳。135薁鞬日逐王　薁鞬日逐，匈奴族的一個部落。薁鞬日逐王，名比，自立為呼韓邪單于。136上郡安定　上郡，郡名。戰國魏文侯置。漢轄境約當今陝西北部及內蒙古烏審旗等地。東漢建安二十年（西元二一五年）廢。安定，郡名。西漢元鼎三年（西元前一一四年）置。治高平（今寧夏固原）。轄今甘肅平涼、景泰、靖遠、會寧、涇川縣、鎮原及寧夏中寧、中衛、同心、西吉、固原等地。東漢移治臨涇（今甘肅鎮原東南）。137守　攝。暫時代理某一較高職務。138周宗　隗囂之將。在光武諸將攻破落門後，他與行巡、苟宇等人將隗純歸降光武。139總兵　統領軍隊；率兵。140冀　縣名。漢陽郡治，今甘肅甘谷東南。141行　兼代。暫時代理某一較低職務。142天水　郡名。西漢元鼎三年置。轄境相當今甘肅通渭、靜寧、秦安、定西、清水縣、莊浪、甘谷、張家川回族自治縣等及天水市西北部、隴西東部、榆中東北部地。王莽改為鎮戎郡。東漢初復名天水郡。143且　將要；將近。144落門　鄉聚名。在冀縣，縣內有落門山。145薨　古代王公諸侯死曰薨。146東緡　縣名。屬山陽郡。今山東金鄉。147永平　東漢明帝劉莊年號，西元五八－七五年。148平鄉　縣名。秦置鉅鹿縣，漢置平鄉侯國。故址在今河北邢臺東部。149永初　東漢安帝劉祜年號，西元一〇七－一一三年。150興滅繼絕　重新興建已經滅亡的國家，承續已經中斷的世系。語出《論語．堯曰》：「興滅國，繼絕世，舉逸民，天下之民歸心焉。」151善善及子孫　愛護好人、做好事，必惠及子孫。語出《公羊傳．昭公二十年》：「惡惡止其身，善善及子孫。」第一個「善」用如動詞，愛護。第二個「善」用如名詞，善者。152典　準則。153橫被四表二句　橫，充盈。被，及於；到達。四表，四方。昭假，向神禱告，召示其誠敬之心以達於神。昭，光耀。假，至；到達。上下，天地。語出《尚書．堯典》：「光被四表，格于上下。」154祉祚流衍　福祉流播。流衍，廣泛流布。155罔極　無極。156末小子　自己謙稱。157夙夜　早晚。158追惟　追憶。159案　考察；研求。160元功二十八將　元功，首功。二十八將，二十八將的姓名見本書卷二十二。161讖記　預測未來的文字和圖錄。162蕭曹紹封　指蕭何與曹參的後代被紹封。蕭，蕭何。曹，曹參。二人都是幫助漢高祖劉邦奪取政權的功臣。和帝於永元三年十一月紹封二人的後代，以表彰他們的功勳。163愍　憐憫；哀憐。164條　分列條款，條目。165若　或者。166署狀上　題名呈上。署，題名。狀，以狀為樣式上呈，狀陳。上，呈上。167景風　八風之一，南風。《春秋考異郵》：「夏至四十五日，景風至，劉封有功也。」168章敘　表彰獎勵。

【語譯】建武二年春，光武帝正式封馮異為陽夏侯。馮異領兵攻打陽翟的盜賊嚴終、趙根，將他們打敗了。光武帝詔令馮異回家拜祭祖墳，並派太中大夫送牛肉和酒，命令方圓二百里內的太守、都尉以下官員以及馮異同族的人與馮異一起會祭。

2　當時，赤眉軍和延岑部署在三輔地區暴亂，各郡縣的大姓豪族也各自擁有自己的軍隊，大司徒鄧禹沒能平定這些暴亂，光武便派馮異接替鄧禹去討伐他們。光武親自送行到河南郡，送給馮異座車和一柄用寶玉裝飾的七尺寶劍。命令馮異說：「三輔地區連遭王莽、更始暴亂，又加上赤眉軍和延岑的破壞，百姓災難深重，無所依靠，無處訴說。你這次去討伐，不是一定要奪取土地、攻占城池，重要的是平定暴亂、安撫百姓。將領們不是不善於征戰，只是好搶人劫財。你本來就善於管理官吏士卒，希望更加約束他們，不再使各郡縣因而受苦。」馮異叩頭接受命令，引兵向西，所到之處布施威信。弘農郡中自封將軍的盜賊十幾個，都率領部隊向馮異投降了。

3 馮異同赤眉軍在華陰相遇，相持對抗了六十多天，開戰幾十次，最後降服了赤眉的將領劉始、王宣等五千多人。建武三年春，光武帝派使者到馮異軍中封他為征西大將軍。恰好鄧禹率領車騎將軍鄧弘等人帶兵東歸，與馮異相遇，鄧禹、鄧弘邀請馮異共同攻打赤眉軍。馮異說：「我和赤眉相持數十日，雖然多次俘虜了他們的猛將，但他們餘下的兵眾還很多，只可慢慢用恩德信義誘導歸順，難以一下子憑武力打敗他們。皇上現在派各位駐軍黽池阻攔他們東歸的道路，而我則從西面攻打他們，一次行動便可以打敗他們，這才是萬全之策。」鄧禹、鄧弘不聽。鄧弘便與赤眉大戰了很長時間，赤眉軍假裝失敗，丟棄軍需車輛逃跑。這些車裝載的是泥土，用豆子蓋在上面，鄧弘的兵士飢餓，爭搶豆子。赤眉軍回兵攻打鄧弘，鄧弘軍潰敗混亂。馮異與鄧禹合兵救援，赤眉軍才稍稍退卻。馮異認為士兵已飢餓疲倦，可暫時休戰，鄧禹又不聽，再戰，被赤眉軍打得大敗，死傷三千多人。鄧禹得以逃回宜陽。馮異棄軍徒步逃到回谿阪，與幾個部下回歸營中。再次加固壁壘，收攏失散的士卒，招集各個營壘的隊伍，共數萬人，與赤眉軍約定交戰日期。他讓一些壯勇的兵士穿上同赤眉軍一樣的衣服，埋伏在路邊。第二天，赤眉軍派一萬人攻擊馮異軍的前鋒，馮異派出一小部兵力救援，赤眉軍見馮異兵力薄弱，便集中全部兵力攻擊馮異，馮異於是出兵大戰。太陽偏西的時候，赤眉軍氣勢衰竭，馮異的伏兵驟然躍出，兩方衣著相混，赤眉軍再也分不清敵我，兵士驚慌敗退。馮異軍乘勢追擊，在崤底大敗赤眉軍，降服男女八萬人。還有十多萬人向東逃到宜陽投降了。光武寫信慰勞馮異說：「赤眉軍被平定，將士勞苦，開始雖然在回谿受到挫折，而終於能夠在黽池贏得勝利，這正是所謂『失之東隅，收之桑榆』。朝廷將要論功行賞，以答謝你們的大功。」

4 此時，赤眉雖然投降了，但盜賊還很多：延岑占據藍田，王歆占據下邽，芳丹占據新豐，蔣震占據霸陵，張邯占據長安，公孫守占據長陵，楊周占據谷口，呂鮪占據陳倉，角閎占據汧縣，駱延占據盩厔，任良占據鄠縣，汝章占據槐里，各自稱為將軍，多的有兵卒一萬多人，少的也有幾千，互相輾轉攻擊。馮異邊戰邊走，駐軍上林苑中。延岑打敗赤眉軍以後，便自稱武安王，任命州郡長官。想要占據關中，邀來張邯、任良共同進攻馮異。馮異打敗了他們，殺了一千多人，那些保守營壘依附延岑的也來向馮異投降。延岑敗走後又攻打析縣，馮異派復漢將軍鄧曄、輔漢將軍于匡攔截阻擊延岑，將他打得大敗，收降了延岑的將領蘇臣等八千多人。延岑於是從武關向南陽逃走。當時，百姓飢餓，甚至人吃人，一斤黃金只能換得五升豆子。道路不通，轉運的糧食到不了，馮異的兵士都拿野果子當糧食吃。光武下詔委任南陽趙匡為右扶風，領兵協助馮異，並送去一些細絹和糧食，將士們都高呼萬歲。馮異軍糧漸漸多了，便逐批對不肯歸順的割據勢力發起進攻，對前來歸附有功的部隊給予獎賞，將他們的首領全部遣送到京城，將他們的兵眾遣散，讓其回歸農桑本業。於是，馮異的威名傳遍關中。只有呂鮪、張邯、蔣震派出使者向蜀地的公孫述投降，其餘的割據勢力全部平定了。

5 第二年，公孫述派將領程焉率領幾萬人靠近呂鮪部屬，屯兵陳倉。馮異與趙匡率軍迎擊，把他們打得大敗，程焉撤兵逃往漢川。馮異領兵追擊，在箕谷一戰，再一次將程焉打敗，又回軍打敗呂鮪，各營各城投降的人很多。這以後，公孫述又多次派將領乘隙出擊，馮異總是將他們擊敗。馮異招撫百姓，又給百姓申理冤獄，前後三年，上林苑竟成為了都市。

6 馮異因自己長時間領兵在外，心中不安，給光武帝寫信說他思念朝廷，希望在皇帝身邊供職，光武帝不允許。後來有人上書說馮異在關中專權，殺了長安縣令，權勢極重，百姓歸附，稱他為「咸陽王」。光武派人將這份奏章送給馮異看。馮異惶恐，上書謝罪說：「臣本一介儒生，在陛下受天命之時，我有幸在隊伍中充職，常蒙受您過多的恩寵，使臣位居大將，享受通侯的爵位。接受任命，主管一方大事，得以建立小小的功勞，這都出於朝廷的謀略，並不是我的能力所致。我私下認為：每次按照皇上命令攻戰，都能如意成功，有時以個人的想法獨斷，沒有不後悔的。陛下獨到的高明見識，時間過得越久，越見深遠，因此才認識到子貢說的『人性與天道，不是一般人能知曉的』的道理。當兵戈初起，天下紛亂的時候，豪傑競起，相互角逐，被迷惑的人數以千計。臣在此時遇上皇上，托身於您，在危難混亂之中，尚且不敢超出常度，何況現在天下平定，上尊下卑，臣的爵位是您所賞賜，而朝廷巍然高大不可估測呢？我誠心地希望慎重認真地自我約束，能夠善始善終。看到皇上給我轉來的奏章，我恐懼戰慄。因為心中想到聖明的君主您知道我的愚笨情性，所以敢乘此機會向您表明我的心跡。」光武詔書回答馮異說：「將軍你對於朕來說，道義上是君臣關係，恩情卻如父子，你有什麼嫌疑，有什麼可恐懼的呢？」

7 建武六年春，馮異回到洛陽拜見光武，接見他時，光武對公卿大臣說：「馮異是我起兵時的主簿。他替我披荊斬棘，平定關中。」朝會後，又派中黃門贈送馮異珍寶、衣服、金錢和絲帛。下詔說：「在亂離中，無蔞亭的豆粥、滹沱河的麥飯，你的深情厚意，久久未能報答。」馮異叩首謝恩說：「臣聽說管仲對桓公說：『願國君不要忘記射中帶鉤之事，臣不忘坐囚車之苦。』齊國正是靠了桓公、管仲的相互信任而成就了霸業。現在，臣下我也希望皇上不忘在河北的艱難，小臣自然不敢忘卻陛下在巾車鄉對我的恩德。」後來，光武又多次宴請馮異，商議平蜀的方略。馮異在京城住了十多天，光武讓馮異的妻子兒女跟隨馮異返回關中。

8 這年夏季，光武派出將領進軍隴西，被隗囂打敗，於是詔令馮異駐軍栒邑。馮異還沒有到達，隗囂便乘勝派將領王元、行巡率領兩萬餘人出隴山，分派行巡攻取栒邑。馮異聞訊立即飛速進兵，想先占據栒邑。將領們都說：「敵人數量眾多又乘勝而來，不可與他們爭鋒。應當駐紮在對我們有利的地方，慢慢思考對策。」馮異說：「敵兵臨境，謀求小利，只想深入。要是敵兵占領了栒邑，三輔一帶將會人心動搖，這是我所擔心的。《孫子兵法》道『進攻，也許力量不足，防守，則力量有餘』。現在，我們先占據城池，以逸待勞，並不是要爭奪什麼。」於是領軍祕密地趕到了栒邑，關閉城門，偃旗息鼓。行巡不知馮異軍已經入城，迅速奔赴栒邑。馮異軍乘他不注意時，突然擂響戰鼓、高舉旗幟衝出城來。行巡的軍隊驚亂奔逃，馮異追殺幾十里，大敗行巡。祭遵也在汧縣打敗了王元。於是北地郡的豪強首領耿定等人，都叛離隗囂，向馮異投降。馮異向光武上書報告情況，不敢自誇功績。將領中有的人想分取馮異的功勞，光武感到難以處置，於是下詔書說：「令大司馬，虎牙、建威、漢忠、捕虜、武威將軍：隗囂的軍隊大批下隴山，三輔驚恐，栒邑的危亡，在朝夕之間。北地郡各營各城卻不出兵援助，坐觀成敗。現在，這一偏遠的城市保全了下來，敵人受到了挫折，因此使得耿定這類人又想到了君臣的道義。征西大將軍的功績如同高山，但是他還自以為不足。這和孟之反拼殺在前，論功靠後，有什麼分別呢？現在我派太中大夫給征西將軍部下死傷的官員、兵士送去醫藥、棺木，大司馬以下的官員要親自弔唁戰死的官兵，慰問受傷人員，以發揚謙讓精神。」又命令馮異向義渠進軍，並兼任北地郡太守之職。

9 青山胡人率領一萬多人歸降馮異。馮異又攻打盧芳的部將賈覽、匈奴薁鞬日逐王，打敗了他們。上郡、安定郡也都歸降了，馮異又兼管安定郡太守職事。建武九年春，祭遵去世，光武帝詔令馮異署理征虜將軍，並統領祭遵的軍隊。隗囂死後，他的部將王元、周宗等又擁立他的兒子隗純為帝，仍然領兵占據冀縣，公孫述派將領趙匡等人去救援。光武帝又命令馮異攝行天水郡太守職事。馮異攻打趙匡等人將近一年，把他們都殺了。各路將領共同圍攻冀縣，攻打不下，準備暫時撤退休整軍隊，馮異卻堅持戰鬥，常常擔任各軍的先鋒。

10 第二年夏天，馮異同將領們一起進攻落門，沒有攻下，生病，死在軍中，諡號節侯。

11 長子馮彰繼承爵位。建武十一年，光武帝思念馮異的功績，又封馮彰的弟弟馮訢為析鄉侯。建武十三年，改封馮彰為東緡侯，食邑三縣。永平年間，改封為平鄉侯。馮彰死，兒子馮普繼承爵位，後來犯了罪，封國被廢除。

12 永初六年，安帝下詔書說：「仁者不遺忘所親近的人，義者不遺忘有功勞的人，復興已滅絕的封國，承續已中斷的世系，善待好人及其子孫，這都是自古以來的準則。從前，光武帝受天命而中興漢家，弘揚神聖的傳統，光耀四方，至於天地，照耀萬代，福祿流傳，至於無窮無盡。我晝夜思考，懷念先代的功勳業績，披閱圖籍記載，建武年間建立首功的二十八將，是佐助天命的武臣，在圖讖上都是有徵兆的。和帝時續封了蕭何、曹參的後代，使他們傳繼到現在；而那些距今不遠的功臣，卻中斷了對他們的祭祀，對此，我非常悲傷。你們要把二十八將沒有後繼人的一一列出上報，或者是因犯了罪被奪去封國的，而他們的子孫又應當繼承的，分別把情況寫清題名報上來。將在夏至後暖風吹起時，加以封拜，表彰和獎勵他們的舊德，顯耀他們過去的功勞。」於是續封馮普的兒子馮晨為平鄉侯。第二年，二十八將中絕滅封國的，都加以續封。

岑彭，字君然，南陽棘陽❶人也。王莽時，守本縣長。漢兵起，攻拔棘陽，彭將家屬奔前隊❷大夫❸甄阜❹。阜怒彭不能固守，拘彭母妻，令效❺功自補。彭將賓客❻戰鬭甚力。及甄阜死，彭被創❼，亡歸宛，與前隊貳❽嚴說共城守。漢兵攻之數月，城中糧盡，人相食，彭乃與說舉城降。

諸將欲誅之，大司徒伯升曰：「彭，郡之大吏，執心堅守，是其節❾也。今舉大事，當表義士，不如封之，以勸❿其後。」更始乃封彭為歸德⓫侯，令屬伯升。及伯升遇害，彭復為大司馬朱鮪校尉，從鮪擊王莽揚州⓬牧李聖⓭，殺之，定淮陽城⓮。鮪薦彭為淮陽⓯都尉。更始遣立威王張卬⓰與將軍徭偉⓱鎮淮陽。偉反，擊走卬。彭引兵攻偉，破之。遷⓲潁川太守。

【章　旨】以上為〈岑彭傳〉的第一部分，記載岑彭的家世及早期為官經歷。

【注　釋】❶棘陽　古縣名。西漢置。因在棘水之陽得名。治所在今河南南陽南。❷前隊　地名。王莽置六隊，南陽為前隊。❸大夫　王莽官名。職掌相當於郡太守。❹甄阜　王莽時任前隊大夫，後與更始所派軍隊戰於沘水西，被殺。❺效　盡力致力。❻賓客　戰國時貴族官僚對所養食客的稱謂；東漢以後世家豪族對依附人口的一種稱謂。❼被創　受傷。❽貳　副職。❾節　氣節；節操。❿勸　勉勵；獎勵。⓫歸德　府、州名。轄境相當今河南商丘、虞城、夏邑、寧陵、柘城及山東曹縣等地。⓬揚州　漢置。為「十三刺史部」之一，東漢為廣陵郡。歷代治所屢有變更。⓭李聖　曾做揚州牧。他事不詳。⓮淮陽城　今河南淮陽。⓯淮陽　郡、國名。漢高帝十一年（西元前一九六年）置淮陽國，為同姓九國之一，都於陳（今淮陽），惠帝後時為郡時為國。成帝時轄境相當今河南淮陽、鹿邑、太康、柘城、扶溝等地。⓰張卬　衛尉大將軍，曾與王常等掌下江、新市兵。更始立，封其為淮陽王，又改立威王。後叛更始。⓱傜偉　更始將軍。他事不詳。⓲遷　古代調動官職叫遷，一般指升職。

【語譯】岑彭，字君然，南陽郡棘陽縣人。王莽當權時，試用為本縣縣長。漢兵起事，攻下棘陽縣，岑彭帶領家屬投奔前隊大夫甄阜。甄阜對岑彭不能堅守棘陽一事很惱怒，拘禁了岑彭的母親和妻子，命他將功補過。岑彭率領自己的賓客作戰，十分用力。甄阜死後，岑彭受傷，逃歸宛城，同前隊大夫的副手嚴說共同守城。漢兵攻打了幾個月，城中糧食吃盡了，甚至出現了人吃人的事，岑彭便與嚴說率眾投降漢兵。

漢軍將領要殺岑彭。大司徒劉縯說：「岑彭是南陽郡中的大官，一心堅守城池是他的節操。如今我們要成就大業，正應當表彰義士，不如給他封官，以鼓勵以後來降的人。」更始於是封岑彭為歸德侯，命他隸屬劉縯。劉縯被謀殺之後，岑彭又做了大司馬朱鮪的校尉，隨從朱鮪攻打王莽的揚州牧李聖，將李聖殺死，平定了淮陽城。朱鮪推薦岑彭為淮陽都尉。更始派遣立威王張卬與將軍傜偉鎮守淮陽。傜偉反叛，趕走張卬。岑彭率兵打敗了傜偉。岑彭升任潁川太守。

1 會春陵❶劉茂❷起兵，略下潁川，彭不得之官，乃與麾下數百人從河內太守邑人韓歆❸。會光武徇河內，歆議欲城守，彭止不聽。既而光武至懷❹，歆迫急迎降。光武知其謀，大怒，收歆置鼓下❺，將斬之。召見彭，彭因進說曰：「今赤眉入關，更始危殆，權臣放縱，矯❻稱詔制，道路阻塞，四方蜂起，群雄競逐，百姓無所歸命❼。竊聞大王平河北，開王業，此誠皇天祐漢，士人之福也。彭幸蒙司徒公所見全濟，未有報德，旋被禍難，永恨於心。今復遭遇，願出身❽自效。」光武深❾接納之。彭因言韓歆南陽大人❿，可以為用。乃貰⓫歆，以為鄧禹軍師⓬。

2 更始大將軍呂植⓭將兵屯淇園⓮，彭說降之，於是拜彭為刺姦大將軍，使督察⓯眾營，授以常所持節，從平河北。光武即位，拜彭廷尉⓰，歸德侯如故，行大將軍事。與大司馬吳漢⓱、大司空王梁⓲、建義大將軍朱祐⓳、右將軍萬脩⓴、執金吾賈復㉑、驍騎將軍劉植㉒、揚化將軍堅鐔㉓、積射將軍侯進㉔、偏將軍馮異、祭遵、王霸㉕等，圍洛陽數月。朱鮪等堅守不肯下。帝以彭嘗為鮪校尉，令往說之。鮪在城上，彭在城下，相勞苦歡語如平生。彭因曰：「彭往者得執鞭侍從，蒙薦舉拔擢，常思有以報恩。今赤眉已得長安，更始為三王所反，皇帝受命，平定燕、趙，盡有幽㉖、冀㉗之地，百姓歸心，賢俊雲集，親率大兵，來攻洛陽。天下之事，逝其去矣。公雖嬰城固守，將何待乎？」鮪曰：「大司徒被害時，鮪與其謀，又諫更始無遣蕭王北伐，誠自知罪深。」彭還，具言於帝。帝曰：「夫建大事者，不忌小怨。鮪今若降，官爵可保，況誅罰乎？河水在此，吾不食言。」

彭復往告鮪，鮪從城上下索曰：「必信，可乘此上。」彭趣[28]索欲上。鮪見其誠，即許降。後五日，鮪將輕騎詣彭。顧敕諸部將曰：「堅守待我。我若不還，諸君徑將大兵上轘轅[29]，歸郾王[30]。」乃面縛[31]，與彭俱詣河陽[32]。帝即解其縛，召見之，復令彭夜送鮪歸城。明旦，悉其眾出降，拜鮪為平狄將軍，封扶溝[33]侯。鮪，淮陽人，後為少府[34]，傳封累代。

3 建武二年，使彭擊荊州[35]，下犨、葉[36]等十餘城。是時南方尤亂。南郡[37]人秦豐[38]據黎丘[39]，自稱楚黎王，略有十二縣；董訢起堵鄉[40]；許邯起杏[41]；又更始諸將各擁兵據南陽諸城。帝遣吳漢伐之，漢軍所過多侵暴。時破虜將軍鄧奉[42]謁歸新野[43]，怒吳漢掠其鄉里，遂反，擊破漢軍，獲其輜重，屯據淯陽[44]，與諸賊合從。秋，彭破杏，降許邯，遷征南大將軍。復遣朱祐、賈復及建威大將軍耿弇[45]，漢忠將軍王常[46]，武威將軍郭守[47]，越騎將軍劉宏[48]，偏將軍劉嘉[49]、耿植[50]等，與彭并力討鄧奉。先擊堵鄉，而奉將萬餘人救董訢。訢、奉皆南陽精兵，彭等攻之，連月不剋。三年夏，帝自將南征，至葉，董訢別將[51]將數千人遮道，車騎不可得前。彭奔擊，大破之。帝至堵陽[52]，鄧奉夜逃歸淯陽，董訢降。彭復與耿弇、賈復及積弩將軍傅俊[53]、騎都尉[54]臧宮[55]等從追鄧奉於小長安[56]。帝率諸將親戰，大破之。奉迫急，乃降。帝憐奉舊功臣，且釁起吳漢，欲全宥之。彭與耿弇諫曰：「鄧奉背恩反逆，暴師經年[57]，致賈復傷痍[58]，朱祐見獲。陛下既至，不知悔善，而親在行陳，兵敗乃降。若不誅奉，無以懲惡。」於是斬之。奉者，西華[59]侯鄧晨[60]之兄子也。

4 車駕引還，令彭率傅俊、臧宮、劉宏等三萬餘人南擊秦豐，拔黃郵[61]，豐與其大將蔡宏[62]拒彭等於鄧[63]，數月不得進。帝怪以讓[64]彭，彭懼，於是夜勒[65]兵馬，申令[66]軍中，使明日西擊山都[67]。乃緩所獲虜，令得逃亡，歸以告豐，豐即悉其軍西邀[68]彭。彭乃潛兵度沔水[69]，擊其將張楊[70]於阿頭山[71]，大破之。從川谷間伐木開道，直襲黎丘，擊破諸屯兵。豐聞大驚，馳歸救之。彭與諸將依東山[72]為營，豐與蔡宏夜攻彭，彭豫為之備，出兵逆擊[73]之，豐敗走，追斬蔡宏。更封彭為舞陰侯。

5 秦豐相[74]趙京[75]舉宜城[76]降，拜為成漢將軍，與彭共圍豐於黎丘。時田戎[77]擁眾夷陵[78]，聞秦豐被圍，懼大兵方至，欲降。而妻兄辛臣[79]諫戎曰：「今四方豪傑各據郡國，洛陽地如掌耳，不如按甲以觀其變。」戎曰：「以秦王之彊，猶為征南所圍，豈況吾邪？降計決矣。」四年春，戎乃留辛臣守夷陵，自將兵沿江泝沔止黎丘，刻⑧⓪期日當降，而辛臣於後盜戎珍寶，從間道先降於彭，而以書招戎。戎疑必賣己，遂不敢降，而反與秦豐合。彭出兵攻戎，數月，大破之，其大將伍公⑧①詣彭降，戎亡歸夷陵。帝幸黎丘勞軍，封彭吏士有功者百餘人。彭攻秦豐三歲，斬首九萬餘級，豐餘兵裁⑧②千人，又城中食且⑧③盡。帝以豐轉弱，令朱祐代彭守之，使彭與傅俊南擊田戎，大破之，遂拔夷陵，追至秭歸⑧④。戎與數十騎亡入蜀，盡獲其妻子士眾數萬人。

【章　旨】以上為〈岑彭傳〉的第二部分，記述岑彭歸附光武，跟隨光武平定洛陽、南陽等數郡縣之地，巧計大敗秦豐軍隊，受封舞陰侯。

【注　釋】❶春陵　古縣名。漢初元四年（西元前四五年）置。漢光武祖春陵侯劉仁遷封於此，故名。治所在今湖北棗陽南。❷劉茂　劉氏宗室，自號「劉失職」。王莽末年，漢兵興起，他亦聚眾京、密間，稱厭新將軍。後率眾歸降光武，被封為中山王。建武十三年，宗室為王者皆降為侯，更封茂為單父侯、穰侯。❸韓歆　字翁君，南陽棘陽人。為大家豪右出身。後降光武，為鄧禹軍師。以從攻伐有功，封扶陽侯。好直言，無隱諱，言甚剛切，坐免歸田里，與其子韓嬰鬱憤自殺。因有重名，死非其罪，帝追賜錢穀，以成禮葬之。❹懷　古縣名。戰國魏邑。秦置縣。治所在今河南武陟西南。❺鼓下　軍門之下。古代設營，必豎旗以為軍門，並置鼓，殺人必在軍門之下，以示威嚴。❻矯　假托。❼歸命　歸順；依附。❽出身　獻身。❾深深深。❿大人　大家豪右。⓫貰　寬縱；赦免。⓬軍師　古代官名。掌監察軍務。⓭呂植　更始大將軍。他事不詳。⓮淇園　地名。古代以產竹著名，今河南淇縣附近。⓯督察　監督視察。⓰廷尉　官名。掌刑獄。⓱吳漢　字子顏，南陽宛（今河南南陽）人。見本書卷十八。⓲王梁　字君嚴，漁陽要陽人。見本書卷二十二。⓳朱祐　字仲先，南陽宛人。見本書卷二十二。⓴萬脩　字君游，扶風茂陵人。見本書卷二十一。㉑賈復　字君文，南陽冠軍（今河南鄧州）人。見本書卷十七。㉒劉植字伯先，鉅鹿昌城人。見本書卷二十一。㉓堅鐔　字子伋，潁川襄城（今河南襄城）人。見本書卷二十二。㉔侯進　參加過多次戰爭，如隨李通圍擊延岑、圍洛陽，與王霸等擊賈覽、閔堪於高柳，隨朱祐圍秦豐於蔡陽等。參見本書卷十一。㉕王霸　字元伯，潁川潁陽（今河南許昌）人。見本書卷二十。㉖幽　幽州。治薊縣（今北京市區西南），轄境相當今北京市、河北北部、遼寧大部、山西小部及天津市海河以北、朝鮮大同江流域。㉗冀　冀州，即冀州刺史部，治高邑縣（今河北柏鄉北），後徙治鄴縣（今河北臨漳西南），轄境相當今河北中南部、山東及河南一小部分地區。㉘趣　趨向；奔向。㉙轘轅　山名。今河南偃師東南，接鞏義、登封二市界。形勢險阻，歷代為控守要地。㉚郾王　更始帝曾封尹尊為郾王。郾，縣名。屬潁川郡。今河南郾城西南。㉛面縛　兩手反綁。㉜河陽　縣名。屬河內郡。今河南孟州西南。㉝扶溝　縣名。在河南中部，賈魯河同雙洎河在境內匯合。漢置縣。㉞少府　官名。始於戰國。秦漢相沿，為九卿之一。掌山海池澤收入和皇室手工業製造，為皇帝私府。西漢諸侯王也設有私府，郡守亦設有少府。東漢仍為九卿之一，掌宮中御衣、寶貨、珍膳等。㉟荊州　漢武帝所置「十三刺史部」之一。東漢治漢壽（今湖南常德東北）。㊱犨葉　犨，縣名。屬南陽郡。今河南平頂山市西南。葉，縣名。春秋楚葉邑，秦置昆陽縣，漢置葉縣。在河南平頂山市東南部。㊲南郡　郡名。戰國秦昭襄王二十九年（西元前二七八年）置。治郢（今湖北荊州北），後遷江陵（今荊州）。漢轄今湖北粉青河及襄樊以南，荊門、洪湖兩地以西，長江和清江流域以北，西至重慶市巫山。㊳秦豐　南郡邔縣黎丘鄉人。更始元年起兵，自稱楚黎王。多次領兵與光武軍隊作戰，後被建義大將軍朱祐擒獲。㊴黎丘　古城名。今湖北宜城西北。㊵堵鄉　即堵陽，今河南方城。㊶杏　聚名。屬南陽復陽縣。今河南桐柏西南。㊷鄧奉　新野（今河南新野）人，破虜將軍。詣歸新野時，怒吳漢掠其鄉里，而據淯陽反。光武帝親自征討，大破鄧奉於小長安，斬之。㊸新野　古縣名。西漢置。治所在今河南新野。㊹淯陽　縣名。屬南陽郡。今河南新野東北。淯，古水名。一作育水，即今河南白河。㊺耿弇　字伯昭，扶風茂陵（今陝西咸陽）人。見本書卷十九。㊻王常　字顏卿，潁川舞陽（今河南舞陽）人。見本書卷十五。㊼郭守　光武武威將軍。他事不詳。㊽劉宏　光武越騎將軍。他事不詳。㊾劉嘉　字孝孫，順陽（今河南內鄉）懷侯，光武族兄。見本書卷十四。㊿耿植　耿純從弟，初為偏將軍，後為輔威將軍，封武邑侯。率兵隨光武征戰，立下很多功績。(51)別將　秦、漢時軍中別部之統領官，即配合主力作戰的部隊將領。(52)堵陽　縣名。屬南陽郡。故城在今河南方城東。(53)傅俊　字子衛，潁川襄城（今河南襄城）人。見本書卷二十二。(54)騎都尉　漢統領騎兵的高級軍官，本監羽林騎，秩比二千石。與奉車、駙馬並稱為三都尉，東漢時有掾吏十人。(55)臧宮　字君翁，潁川郟（今河南郟縣）人。見本書卷十八。(56)小長安　城邑名。在今河南南陽白河流域。(57)暴師經年　使軍隊戰鬥在野外，蒙受風霜雨露。一年或幾年。

58傷痍　創傷；傷害。59西華　縣名。在河南中部偏東，南靠沙河、潁河、賈魯河。秦置長平縣，漢分置西華縣。60鄧晨　字偉卿，南陽新野人。見本書卷十五。61黃郵　聚名。在今河南新野東北。62蔡宏　秦豐將，隨豐在黎丘與光武征南大將軍岑彭戰，失敗，被擒。63鄧　縣名。屬南陽郡。今湖北襄樊西北。64讓　責備；譴責。65勒　統率。66中令　發布命令；下令。67山都　古縣名。秦置。治所在今湖北襄陽西北。68邀　阻攔；截擊。69沔水　古代通稱漢水為沔水。據《水經注》，北源出自今陝西留壩西一名沮水者為沔水，西源出自今寧強北者為漢水，二源合流後通稱沔水或漢水。70張楊　光武帝時，秦豐將。他事不詳。71阿頭山　李賢注：「阿頭山在襄陽也。」襄陽，縣名。屬南郡。今湖北襄樊西南。72東山　山名。確址不詳。73逆擊　猶迎擊。74相　古官名。百官之長。75趙京　秦豐相。他事不詳。76宜城　縣名。屬南郡。今湖北襄樊東南部，漢江縱貫。77田戎　起兵夷陵，後為公孫述將。與光武軍戰，多敗。光武威虜將軍馮駿圍其於江州，被擒獲。78夷陵　縣名。屬南郡。今湖北宜昌東南。79辛臣　田戎妻兄。80剋　限定。81伍公　田戎將。他事不詳。82裁　通「才」。83且　即將。84秭歸　縣名。秦置秭歸縣。在湖北宜昌西北部，長江橫貫。

【語譯】恰遇上舂陵劉茂起兵，攻下潁川，岑彭不能赴任，便率領部下幾百人投奔河內太守、同鄉韓歆。光武帶兵攻打河內時，韓歆與眾人商議，要堅守城池，岑彭勸止他，不聽從。不久，光武到了懷縣，韓歆迫於危急，出城迎接光武，歸降。光武知道韓歆原先的謀算，大怒，將韓歆綁在中軍旗鼓下，要將他殺掉。召見岑彭，岑彭便對光武說：「現在赤眉已進入關中，更始的處境危險，他的大臣放縱胡亂行事，假稱詔令，道路也被阻塞，四方起兵的人很多，群雄競相爭奪，老百姓沒有依歸。我聽說大王您平定了黃河以北，開創了王業，這真是上天保佑漢朝，是士人的福氣。岑彭幸蒙司徒公的保全救濟，還沒有報答他的恩德，他就遭遇禍難了，我永遠心感遺憾。如今又與您相遇，願為您獻身，貢獻自己的力量。」光武慎重地接納了他的意見。岑彭乘機說韓歆是南陽郡的世家大族，可以利用。光武於是赦免了韓歆，讓他做鄧禹的軍師。

2　更始的大將軍呂植率兵駐紮在淇園，岑彭勸他歸附了光武。光武於是任命岑彭為刺姦大將軍，令他督察各營部隊，又把自己經常使用的符節授與他，讓他隨從平定黃河以北各州郡。光武即位以後，任命岑彭為廷尉，歸德侯的爵位不變，攝行大將軍職事。與大司馬吳漢，大司空王梁，建義大將軍朱祐，右將軍萬脩，執金吾賈復，驍騎將軍劉植，揚化將軍堅鐔，積射將軍侯進，偏將軍馮異、祭遵、王霸等，包圍洛陽幾個月。朱鮪等堅守不肯投降。光武因為岑彭曾任朱鮪校尉，便派他去勸降朱鮪。朱鮪在城上，岑彭在城下，互致慰問，和以前一樣愉快交談。岑彭接著說：「以前我岑彭能有機會執鞭跟從在您的身邊，承蒙您的薦舉提拔，常常希望能夠報答您的恩德。現在赤眉已經攻下長安，三王反叛了更始，光武帝已接受天命而登基稱帝，平定了燕、趙，幽、冀之地已為他所盡有，百姓歸附，賢明豪傑之士雲集在他左右。如今，他親率大兵，來攻洛陽。我們謀取天下的想法已經過去了。您雖然環城固守，還能等待到什麼呢？」朱鮪說：「大司徒劉縯被殺害的時候，我曾經參加了策劃，又曾經勸說更始帝不要派遣蕭王北伐河北，我確實知道自己的罪惡深重。」岑彭回到軍中，將朱鮪的話都跟光武說了。光武說：「成大事業的人，不計較小的恩怨。朱鮪如果現在投降，可以保全他的官爵，哪裡還談什麼處罰呢？我對著黃河水發誓，決不食言。」岑彭又去告訴朱鮪，朱鮪從城上放下繩索說：「如果守信，可乘此上來。」岑彭走近繩索要上，朱鮪見他心誠，便答應投降。過了五天，朱鮪領著一批輕裝的騎兵去拜訪岑彭。臨行前，他告誡將領們說：「堅守城池，待我回來。我要是不回來，諸位可以領大兵上轘轅山去，投奔郾王尹尊。」於是反綁雙手，與岑彭一道前往光武紮營的河陽。光武帝立即解開他的束縛，召見他，然後又派岑彭護送朱鮪連夜返回洛陽城去。第二天一早，朱鮪率領全部軍隊出城投降光武，光武任命朱鮪為平狄將軍，封扶溝侯。朱鮪，淮陽人，後來官至少府，死後，他的子孫世代繼承了他的爵位。

3 建武二年，光武派岑彭攻打荊州，攻克了犫縣、葉縣等十餘座縣城。這時，南方的形勢更亂。南郡人秦豐占據黎丘，自稱為楚黎王，攻占了十二個縣，董訢起兵堵鄉，許邯起兵杏地，又有更始的將領各自擁兵占據南陽郡的許多城池。光武派吳漢討伐他們，但吳漢軍隊所過之處多有侵凌百姓的暴虐行為。當時破虜將軍鄧奉正告假探家在新野，對吳漢軍劫掠他家鄉百姓十分憤怒，便反叛，打敗吳漢的軍隊，繳獲了吳漢軍的輜重，屯兵淯陽，與各路盜賊聯合了起來。這年秋天，岑彭攻破杏地，降服了許邯，升任為征南大將軍。光武又派遣朱祐、賈復及建威大將軍耿弇，漢忠將軍王常，武威將軍郭守，越騎將軍劉宏，偏將軍劉嘉、耿植等，與岑彭合力討伐鄧奉。他們首先攻打堵鄉，鄧奉率領一萬多人救援董訢，董訢、鄧奉的部隊都是南陽郡的精銳，岑彭等人連月攻打，不能戰勝。建武三年夏，光武率領大軍南征，到葉縣時，董訢部下領著數千人擋住道路，車駕不能前進。岑彭率軍趕去攻擊，將董訢打得大敗。光武到堵陽，鄧奉星夜逃歸到淯陽，董訢投降。岑彭又與耿弇、賈復及積弩將軍傅俊、騎都尉臧宮等跟隨光武追擊鄧奉於小長安。光武率領將領們親自參戰，大敗鄧奉。鄧奉見形勢緊迫，便投降了。光武帝憐憫鄧奉是舊時功臣，而他的反叛又是出於吳漢軍隊的暴虐，要赦免他的罪過。岑彭與耿弇規勸說：「鄧奉辜負了皇上的恩德，反叛逆行，使朝廷的軍隊在野外戰鬥辛苦累年，又使賈復受傷、朱祐被擒。當陛下您親臨征討，他還不知悔改從善，而且親自參戰，兵敗才降。要是不把他殺了，就無法懲罰其他惡人了。」於是將鄧奉殺了。鄧奉是西華侯鄧晨哥哥的兒子。

4 光武北還，命令岑彭率領傅俊、臧宮、劉宏等三萬餘人向南攻打秦豐，攻克了黃郵。秦豐同他的大將蔡宏在鄧縣抵禦岑彭等人，使得岑彭的軍隊幾個月也不能前進。光武感到奇怪，責備岑彭，岑彭害怕。於是在夜間便部署兵馬，下令軍中，第二天一早出兵向西攻打山都。又故意放鬆對俘虜的看管，讓他們逃走，俘虜回到營中向秦豐報告了岑彭軍攻打山都的消息。秦豐便全軍向西截擊岑彭。岑彭卻派兵祕密地渡過沔水，在阿頭山襲擊秦豐的將領張楊，將他打得大敗。又從河谷伐木開路，徑直奔襲黎丘，打敗了駐紮在那裡的軍隊。秦豐聽到這一消息，大吃一驚，趕忙奔回救援。岑彭與將領們靠著東山紮營，秦豐與蔡宏晚上襲擊岑彭，岑彭預先做了準備，出兵迎擊秦豐，秦豐失敗退走，岑彭追殺了蔡宏。光武改封岑彭為舞陰侯。

5 秦豐的相趙京帶領宜城全部軍隊投降漢軍，被任命為成漢將軍，同岑彭一起在黎丘圍攻秦豐。此時，田戎在夷陵擁有一批軍隊，聽說秦豐已被圍困，害怕大軍就要到來，準備投降，而他妻子的哥哥辛臣勸阻說：「現在各地豪傑分別占據州郡，洛陽不過巴掌大一塊地方，不如按兵不動，以看事態的發展。」田戎說：「秦豐兵馬強壯，還被征南大將軍圍困，何況我呢？投降的決心已定。」建武四年春，田戎留辛臣守夷陵，自己領兵沿長江溯沔水而上，駐軍黎丘，準備在限定日期投降，而辛臣卻在後方偷了田戎的珍寶，從小路先投降了岑彭，然後寫信招降田戎。田戎懷疑辛臣一定將他出賣了，便不敢投降，反而與秦豐合兵。岑彭出兵攻打田戎，歷時幾個月，將田戎打得大敗，他的大將伍公投降了岑彭，田戎逃回夷陵。光武到黎丘慰勞軍隊，岑彭部下官吏、士卒有功的一百多人都受到封賞。岑彭攻擊秦豐三年，殺了九萬多人，秦豐只剩下一千多人，城中糧食又快吃光了。光武因見秦豐兵力已經衰弱，便命令朱祐代替岑彭圍困秦豐，派遣岑彭同傅俊往南進擊田戎，將他打得大敗，占領了夷陵，一直追擊到秭歸。田戎與幾十個騎兵逃到蜀地，他的妻子、兒女和士卒幾萬人全部被俘虜。

1 彭以將伐蜀漢，而夾川穀少，水險難漕運❶，留威虜將軍馮駿❷軍江州❸，都尉田鴻軍夷陵，領軍李玄軍夷道❹，自引兵還屯津鄉❺，當荊州要會❻，喻告諸蠻夷❼，降者奏封其君長。初，彭與交阯❽牧鄧讓❾厚善❿，與讓書陳國家威德，又遣偏將軍屈充移檄江南⓫，班⓬行詔命。於是讓與江夏⓭太守侯登⓮、武陵⓯太守王堂⓰、長沙⓱相韓福⓲、桂陽⓳太守張隆⓴、零陵㉑太守田翕㉒、蒼梧㉓太守杜穆㉔、交阯太守錫光㉕等，相率遣使貢獻㉖，悉封為列侯。或遣子將兵助彭征伐。於是江南之珍始流通焉。

2 六年冬，徵彭詣京師，數召讌見，厚加賞賜。復南還津鄉，有詔過家上冢，大長秋㉗以朔望㉘問太夫人㉙起居。

3 八年，彭引兵從車駕破天水，與吳漢圍隗囂於西城㉚。時公孫述將李育㉛將兵救囂，守上邽㉜，帝留蓋延、耿弇圍之，而車駕東歸。敕彭書曰：「兩城若下，便可將兵南擊蜀虜。人苦不知足，既平隴㉝，復望蜀。每一發兵，頭鬚為白。」彭遂壅㉞谷水灌西城，城未沒丈餘，囂將行巡㉟、周宗將蜀救兵到，囂得出還冀。漢軍食盡，燒輜重，引兵下隴，延、弇亦相隨而退。囂出兵尾擊諸營，彭殿㊱為後拒，故諸將能全師東歸。彭還津鄉。

4 九年，公孫述遣其將任滿㊲、田戎、程汎㊳，將數萬人乘枋箄㊴下江關㊵，擊破馮駿及田鴻、李玄等。遂拔夷道、夷陵，據荊門㊶、虎牙㊷。橫江水起浮橋、鬬樓㊸，立欑柱㊹絕水道，結營山上，以拒漢兵。彭數攻之，不利，於是裝直進樓船㊺、冒突露橈㊻數千艘。

5 十一年春，彭與吳漢及誅虜將軍劉隆㊼、輔威將軍臧宮、驍騎將軍劉歆㊽，發南陽、武陵、南郡兵，又發桂陽、零陵、長沙委輸棹卒㊾，凡六萬餘人，騎五千匹，皆會荊門。吳漢以三郡棹卒多費糧穀，欲罷之。彭以蜀兵盛，不可遣，上書言狀。帝報彭曰：「大司馬習用步騎，不曉水戰，荊門之事，一由征南公為重㊿而已。」彭乃令軍中募(51)攻浮橋，先登者上賞。於是偏將軍魯奇(52)應募而前。時天風(53)狂急，奇船逆流而上，直衝浮橋，而欑柱鉤不得去(54)，奇等乘埶殊死戰，因飛炬焚之，風怒火盛，橋樓崩燒。彭復悉軍順風並進，所向無前。蜀兵大亂，溺死者數千人。斬任滿，生獲程汎，而田戎亡保江州。彭上劉隆為南郡太守，自率臧宮、劉歆長驅入江關，令軍中無得虜掠。所過，百姓皆奉牛酒迎勞。彭見諸耆老(55)，為言大漢哀愍巴蜀久見虜役，故興師遠伐，以討有罪，為人除害。讓(56)不受其牛酒。百姓皆大喜悅，爭開門降。詔彭守益州(57)牧，所下郡，輒行太守事。

6 彭到江州，以田戎食多，難卒(58)拔，留馮駿守之，自引兵乘利直指墊江(59)，攻破平曲(60)，收其米數十萬石。公孫述使其將延岑、呂鮪、王元及其弟恢(61)悉兵拒廣漢(62)及資中(63)，又遣將侯丹(64)率二萬餘人拒黃石(65)。彭乃多張(66)疑兵(67)，使護軍楊翕與臧宮拒延岑等，自分兵浮江下還江州，泝都江(68)而上，襲擊侯丹，大破之。因晨夜倍道(69)兼行二千餘里，徑拔武陽(70)。使精騎馳廣都(71)，去成都(72)數十里，埶若風雨，所至皆奔散。初，述聞漢兵在平曲，故遣大兵逆之。及彭至武陽，繞出延岑軍後，蜀地震駭。述大驚，以杖擊地曰：「是何神也！」

7 彭所營地名彭亡(73)，聞而惡之，欲徙，會日暮，蜀刺客詐為亡奴降，夜刺殺彭。

8 彭首破荊門，長驅武陽，持軍(74)整齊，秋豪(75)無犯。邛穀王任貴(76)聞彭威信，數千里遣使迎降。會彭已薨，帝盡以任貴所獻賜彭妻子，謚曰壯侯。蜀人憐㊆之，為立廟武陽，歲時78祠焉。

【章　旨】以上為〈岑彭傳〉的第三部分，集中記述了岑彭率軍征伐蜀漢之地的情況及最後被刺殺，表現了他的用兵神智、遠見卓識。

【注　釋】❶漕運　水道運輸。❷馮駿　威虜將軍。岑彭伐蜀漢時留其駐軍江州，公孫述將田戎、任滿等擊駿而據荊門、虎牙，後隨岑彭又攻克江州，斬田戎。❸江州　古縣名。本巴國都。戰國秦惠王置縣。治所在今重慶市嘉陵江北岸。❹夷道　古縣名。西漢置。治所在今湖北枝城西北。❺津鄉　春秋地名。後漢屬南郡。地在湖北枝江市西。❻要會　要衝；要道。❼蠻夷　舊時泛稱四方的少數民族。❽交阯　一作「交趾」。漢武帝所置「十三刺史部」之一。轄境相當今廣東、廣西的大部和越南的北部、中部。東漢改為交州。❾鄧讓　交阯牧，與岑彭善，歸降光武，封為列侯。❿厚善　指交情深厚。⓫江南　指長江以南地區。⓬班　頒布。⓭江夏　郡名。漢高祖六年置。轄今湖北安陸、鍾祥、潛江市、仙桃、嘉魚、蒲圻、崇陽等地以東，及河南光山縣、新縣以西、信陽以東、淮河以南地。⓮侯登　曾為江夏太守。他事不詳。⓯武陵　郡名。漢高帝五年置。元帝後轄境相當今湖北長陽、五峰、鶴峰、來鳳等縣，湖南沅江流域以西，貴州東部及廣西三江侗族自治縣、龍勝自治縣等地。東漢移治臨沅（今湖南常德西）。⓰王堂　武陵太守。他事不詳。⓱長沙　郡國名。戰國秦滅楚置。西漢初為國，轄今湖南大部、廣西小部、廣東連州、英德等地和江西一部分。後轄境漸小，東漢仍改為郡。⓲韓福　長沙相。他事不詳。⓳桂陽　郡名。治郴縣（今湖南郴州）。轄湖南及廣東部分地區。⓴張隆　桂陽太守。他事不詳。㉑零陵　郡名。西漢元鼎六年（西元前一一一年）分桂陽郡置，轄境相當今湖南邵陽以南資水上游、衡陽、道縣之間的湘江瀟水流域，和廣西桂林、永福以東陽朔以北地。東漢移治泉陵（今湖南永州）。㉒田翕　零陵太守。他事不詳。㉓蒼梧　郡名。西漢元鼎六年置。轄今廣西都龐嶺、大瑤山以東，廣東肇慶、羅定兩地以西，湖南江永、江華以南，廣西藤縣、廣東信宜以北。㉔杜穆　蒼梧太守。他事不詳。㉕錫光　交阯太守。他事不詳。㉖貢獻　進奉或贈予他人，一般指下級向上級的貢獻，多為無償。㉗大長秋　皇后的屬官，秩二千石。㉘朔望　農曆每月初一叫朔，十五叫望。㉙太夫人　漢制，列侯之母稱太夫人。此指岑彭的母親。㉚西城　古縣名。漢置。治所在今陝西安康西北。㉛李育　公孫述將，有才幹。隨述多次率兵與光武軍戰，後降。光武因才擢用。㉜上邽縣名。屬漢陽郡。今甘肅天水市東北。㉝隴　古地區名。今甘肅一帶。㉞壅　堵塞。㉟行巡　隗囂之將。在光武諸將攻破落門後，他與周宗、苟宇等人將隗純歸降光武。㊱殿　行軍走在最後。李賢注：「凡軍在前曰啟，在後曰殿。」㊲任滿　公孫述將，為大司徒。與岑彭戰於荊門，敗，被王政斬首降於岑彭。㊳程汎　公孫述將，曾任南郡太守。他事不詳。㊴枋箄　用竹木編成的桴筏。指木排；竹排。㊵江關　古關名。又名瞿塘關。春秋楚築。今重慶奉節東長江北岸赤甲山上。㊶荊門　州名。春秋楚地。漢為南郡地，轄今湖北荊門、當陽兩地。㊷虎牙　山名。南郡夷陵縣（今湖北宜昌）內。㊸鬭樓　一種供瞭望敵情用的活動建築。一說即敵樓，城上的一種建築，亦憑以望敵。《資治通鑑》作「關樓」。胡三省注：「猶今城上敵樓也。」㊹欑柱　密集的柱樁。㊺直進樓船　船名。有門樓的船。㊻冒突露橈　船名。人可藏在船中，只有槳露在船外。橈，船槳。㊼劉隆　字伯元，南陽安眾（今河南鄧州）宗室。見本書卷二十二。㊽劉歆　字細君，鉅鹿（今河北鉅鹿）人。光武帝驍騎將軍。他事不詳。㊾棹卒　操棹行船的兵士。㊿重　尊重。51募　招募。52魯奇　偏將軍。他事不詳。53天風　《後漢書集解》引錢大昕說，「『天』，當為『大』字之訛。」《資治通鑑》作「東風」。54欑柱鉤不得去　司馬彪《續漢書》：「時天東風，其欑柱有反把，鉤其船不得去。」55耆老　老年人。56讓　謙讓。57益州　州名。漢武帝所置「十三刺史部」之一。轄境約當今四川邛崍山、雲南怒山、緬甸那拉山、薩爾溫江以東，甘肅疊部、岷縣、西和與陝西秦嶺以南，東面與湖北、湖南交界，除貴州東部外，包括今雲南全部，四川、貴州大部，陝西、甘肅、廣西、越南、緬甸等各一部分地區。58卒　通「猝」。59墊江　古縣名。秦置。治所在今重慶市合川區。60平曲　邑聚名。地當在今四川，湖北西北部一帶。61恢　公孫述弟。公孫述建武元年四月自立為天子，以公孫恢為大司空。後輔威將軍臧宮拔涪城，斬之。62廣漢　郡名。漢高帝六年（西元前二〇一年）分巴蜀二郡置。治雒縣乘鄉（今四川金堂東），東漢移治雒縣（今四川廣漢北）。63資中　縣名。今四川內江市西北部、沱江中游。64侯丹　公孫述將。他事不詳。65黃石　在湖北東部、長江南岸。轄黃石港、石灰窯、下陸、鐵山四區及大冶和陽新。66張　設置；部署。67疑兵　疑惑敵人的軍隊。68都江　水名。當指今重慶至宜賓的一段長江以及彭山以下的岷江。69倍道　兼程而行；一日走兩日的路程。70武陽　犍為郡治。今四川彭山縣東。71廣都　縣名。屬蜀郡。今四川宜賓西北。72成都　舊縣名。戰國秦惠文王更元十四年置縣。治所在今四川成都。73彭亡　山名。也稱彭模、平模、平無、平望、彭望。今四川彭山縣東，山上有彭祖祠，下有彭祖冢。74持軍　訓練軍隊，治理軍政。75秋豪　也作「秋毫」。指秋天鳥獸身上新長的細毛，後用來比喻極細微的事物。76任貴　即長貴。越夷。更始二年，殺太守枚根，自立為邛穀王。又降於公孫述。述敗，光武封其為邛穀王。建武十九年，謀叛，武威將軍劉尚誅之。❼❼憐　愛憐；憐憫。❼❽時　按時；到時候。

【語譯】 岑彭因為將要攻伐蜀漢，而河流兩岸穀物不多，水路艱難不便運輸，便留威虜將軍馮駿駐軍江州，都尉田鴻駐軍夷陵，領軍李玄駐軍夷道，自己則帶兵回到津鄉，這裡正當荊州要衝，岑彭曉示各蠻夷族，投降歸順的，將上奏朝廷加封他們的頭領。這以前，岑彭與交阯長官鄧讓交情很深，岑彭便寫信給鄧讓，講述漢朝廷的軍威政德，又派偏將軍屈光向江南傳送文告，頒布朝廷的命令。於是鄧讓與江夏太守侯登、武陵太守王堂、長沙相韓福、桂陽太守張隆、零陵太守田翕、蒼梧太守杜穆、交阯太守錫光等，相繼派使者到洛陽進貢，他們全部被封為列侯。有的還派自己的兒子帶兵協助岑彭征討。從此，江南的珍寶才開始流通。

2　建武六年冬，岑彭被召回京城，光武多次設宴接見他，多加賞賜。然後，仍南還津鄉，朝廷詔令他回家掃墓，還派大長秋每月初一、十五向岑彭的母親問安。

3　建武八年，岑彭率兵隨從光武攻下天水，與吳漢一道在西城圍攻隗囂。此時公孫述的將領李育領兵救援隗囂，駐守在上邽，光武派蓋延、耿弇圍攻李育，自己東歸洛陽。詔令岑彭說：「如果西城和上邽這兩座城池都攻下了，便可以率兵向南討伐蜀地的公孫述。人總是苦於不能知足，既平定隴地，又想得到西蜀。每一次發兵出征，都會增添一些白鬚白髮。」岑彭堵塞山間河水，淹灌西城，城才淹沒一丈多，隗囂將領行巡、周宗率領蜀地救兵趕到，隗囂因此得以逃出，奔還冀縣。漢軍糧食吃完了，便焚燒輜重，帶兵退出隴西，蓋延、耿弇也相隨退出。隗囂派軍隊追擊，岑彭行軍在最後，作為殿後部隊抵抗隗囂的追兵，所以全軍將領才能夠順利東歸。岑彭還歸津鄉。

4　建武九年，公孫述派遣他的將領任滿、田戎、程汎，率領數萬人乘木筏出江關，打敗了馮駿及田鴻、李玄等，攻下夷道、夷陵，占據了荊門、虎牙。橫江架起了浮橋、修建了鬥樓，在江中樹立叢集的木樁以斷絕水道，紮營山上，以抵抗漢兵。岑彭多次進攻，戰鬥不利，於是改裝成了數千艘直進樓船、冒突露橈。

5　建武十一年春，岑彭與吳漢及誅虜將軍劉隆、輔威將軍臧宮、驍騎將軍劉歆調動南陽郡、武陵郡、南郡兵員，又徵發桂陽、零陵、長沙各郡的運輸水兵，共六萬餘人，戰騎五千匹，都彙集到荊門。吳漢認為桂陽等三郡水兵耗費糧食太多，準備叫他們回去。岑彭認為蜀兵多，水兵不能遣散，於是給光武寫信彙報情況。光武帝給岑彭回信說：「大司馬習慣用步兵、騎兵，不懂得水戰，荊門地方的軍事，一切以征南公的決定為主。」岑彭下令軍中招募攻打浮橋的勇士，率先登上浮橋的人得上賞。偏將軍魯奇應募而前。當時狂風大作，魯奇的戰船逆流而上，直衝浮橋，但船被叢集的木樁鉤住不能走脫，魯奇等人乘勢拼死戰鬥，擲火炬去燒橋樓，風大火猛，橋樓燒塌了。岑彭又令全軍順風並進，所向無敵，蜀兵大亂，落水而死的達幾千人。殺了任滿，活捉了程汎，田戎則退守江州。岑彭上奏由劉隆為南郡太守，自己率臧宮、劉歆長驅直入江關，命令軍隊不得虜人搶掠。所到之處，老百姓都用牛肉好酒來迎接慰勞。岑彭會見了一些老年人，對他們說，巴蜀人民久被虜掠奴役，漢朝廷對此十分同情，所以興師遠來，討伐有罪的人，替百姓除害。岑彭推讓而不接受百姓的牛肉和酒。百姓都十分高興，紛紛開門歸順。光武詔令岑彭暫署益州牧，攻下的州郡，由他代行太守職責。

6 岑彭來到江州，因為田戎糧食充足，難以很快攻下，於是留馮駿駐守江州，自己領兵乘勝直指墊江，攻下平曲，收繳了幾十萬石糧食。公孫述派他的將領延岑、呂鮪、王元及他的弟弟公孫恢率領全部兵力在廣漢、資中兩地阻擊漢兵，又派將領侯丹率領兩萬多人在黃石抵抗。岑彭於是到處布置疑兵，派護軍楊翕與臧宮抵抗延岑等人，自己則分領一部分兵力浮江而下回江州，然後溯都江而上，襲擊侯丹，將他打得大敗。接著，日夜兼程兩千多里，占領了武陽，又派精悍的騎兵直奔廣都，此處距成都只有幾十里路了。岑彭軍隊來勢如疾風驟雨，所到之處，蜀兵都不戰而逃。起初，公孫述聽說漢兵還在平曲，所以派大軍去迎戰。及至岑彭已到了武陽，繞過延岑軍隊，出現在他的後面，西蜀軍民無不震駭。公孫述大驚，用手杖敲著地面說：「這是多麼神速呀！」

7 岑彭宿營的地方叫彭亡，岑彭聽了很討厭這個名字，想移駐別處，恰天色已晚，沒有轉移。巴蜀的刺客詐稱是逃亡的奴隸前來歸附，夜裡刺殺了岑彭。

8 岑彭最先攻下荊門，然後長驅直入，進軍武陽，軍隊很有紀律，秋毫無犯。邛穀王任貴聽聞岑彭的威信，從數千里外派使者來投降，恰岑彭已被刺身亡，光武帝將任貴所獻物品全部賜予岑彭的妻子兒女，謚號壯侯。西蜀百姓愛憐岑彭，在武陽縣為他修建了廟宇，每年按時祭祀。

1 子遵嗣，徙封細陽❶侯。十三年，帝思彭功，復封遵弟淮為穀陽❷侯。遵永平❸中為屯騎校尉。遵卒，子伉嗣。伉卒，子杞嗣，元初❹三年，坐事失國。建光❺元年，安帝復封杞細陽侯，順帝時為光祿勳❻。

2 杞卒，子熙嗣，尚❼安帝妹涅陽長公主❽。少為侍中❾、虎賁中郎將❿，朝廷多稱其能。遷魏郡太守，招聘隱逸，與參政事，無為而化。視事⓫二年，輿人⓬歌之曰：「我有枳棘⓭，岑君伐之。我有蟊賊⓮，岑君遏⓯之。狗吠不驚，足下生氂⓰。含哺⓱鼓⓲腹，焉知凶災？我喜我生，獨丁⓳斯時。美矣岑君，於戲休⓴茲！」

3 熙卒，子福嗣，為黃門侍郎㉑。

【章旨】以上為〈岑彭傳〉的第四部分，簡述岑彭後人的受封賞情況，讚揚岑熙的政治才能。

【注釋】❶細陽　縣名。屬汝南郡。今安徽太和東南。❷穀陽　縣名。屬沛國。今安徽亳州東。❸永平　東漢明帝劉莊年號，西元五八—七五年。❹元初　東漢安帝劉祜年號，西元一一四—一二〇年。❺建光　東漢安帝劉祜年號，西元一二一—一二二年。❻光祿勳　官名。秦稱郎中令，漢武帝時改稱光祿勳。東漢末復稱郎中令。❼尚　匹配。多用於匹配皇家的女兒。❽涅陽長公主　《後漢書集解》引惠棟曰：「公主名侍男。」❾侍中　官名。俸比二千石，掌侍皇帝左右，贊導眾事，顧問應對。❿虎賁中郎將　官名。俸比二千石，掌虎賁宿衛，戰時領兵征伐。⓫視事　就職治事。⓬輿人　指眾人。⓭枳棘　枳木與棘木。因其多刺而稱惡木。常用以比喻惡人、小人或環境險惡。⓮蟊賊　偷盜的小賊、貪官汙吏。⓯遏　扼止。⓰氂　長毛。李賢注：「犬無追吠，故足下生氂。」⓱哺　口中含著的食物。⓲鼓　敲擊。⓳丁　當。⓴休　美好；美善。㉑黃門侍郎　官名。秦及西漢郎官給事於黃闥（宮門）之內者，稱黃門郎或黃門侍郎。東漢始設為專官，或稱給事黃門侍郎，侍從皇帝，傳達詔命。

【語　譯】兒子岑遵繼承了爵位，改封為細陽侯。建武十三年，光武帝追思岑彭的功勞，又封岑遵的弟弟岑淮為穀陽侯。岑遵在永平年間擔任屯騎校尉。岑遵死，兒子岑伉繼承了爵位。岑伉死，兒子岑杞繼承了爵位。元初三年，岑杞因罪失去封國。建光元年，安帝又封岑杞為細陽侯，順帝時他擔任光祿勳。

2 岑杞死，兒子岑熙繼承了爵位。娶安帝的妹妹涅陽長公主為妻。岑熙年輕時就做了侍中、虎賁中郎將，朝廷稱讚他的才能。後來他出任魏郡太守，招聘那些隱居的高士賢人，讓他們參與政事，實行無為之治而政通人和。在任兩年，大家歌頌他道：「我們地方上有枳棘，岑君替我們砍伐。我們地方上有盜賊，岑君替我們消滅。社會安定長年沒有狗吠之驚，狗不追吠以致足下生毛。我們口裡吃著食物，手拍著肚皮，哪裡知道有什麼凶難災荒？我們滿意我們的生活，趕上了這麼個好世道。多好呀岑君，嗚呼！實在是個善良的人啊！」

3 岑熙死，兒子岑福繼承了爵位，擔任黃門侍郎。

1 賈復，字君文，南陽冠軍❶人也。少好學，習❷尚書。事舞陰李生，李生奇之，謂門人曰：「賈君之容貌志氣如此，而勤於學，將相之器❸也。」王莽末，為縣掾❹，迎❺鹽河東❻，會遇盜賊，等比❼十餘人皆放散其鹽，復獨完以還縣，縣中稱其信❽。

2 時下江⑨、新市⑩兵起，復亦聚眾數百人於羽山⑪，自號將軍。更始立，乃將其眾歸漢中王劉嘉，以為校尉。復見更始政亂，諸將放縱，乃說嘉曰：「臣聞圖堯舜之事而不能至者，湯武是也⑫；圖湯武之事而不能至者，桓文是也⑬；圖桓文之事而不能至者，六國是也⑭；定六國之規，欲安守之而不能至者，亡六國是也⑮。今漢室中興，大王以親戚⑯為藩輔⑰，天下未定而安守所保，所保得無不可保乎？」嘉曰：「卿言大，非吾任⑱也。大司馬劉公在河北，必能相施，第⑲持我書往。」復遂辭嘉，受書北度河，及光武於柏人⑳，因鄧禹得召見。光武奇之，禹亦稱有將帥節，於是署復破虜將軍督盜賊㉑。復馬羸，光武解左驂㉒以賜之。官屬以復後來而好陵折㉓等輩，調補鄗尉，光武曰：「賈督有折衝㉔千里之威，方任以職，勿得擅除。」

3 光武至信都，以復為偏將軍。及拔邯鄲，遷都護㉕將軍。從擊青犢㉖於射犬㉗，大戰至日中，賊陳堅不卻。光武傳召復曰：「吏士皆飢，可且朝飯。」復曰：「先破之，然後食耳。」於是被羽先登㉘，所向皆靡，賊乃敗走。諸將咸服其勇。又北與五校㉙戰於真定㉚，大破之。復傷創甚。光武大驚曰：「我所以不令賈復別將者，為其輕敵也。果然，失吾名將。聞其婦有孕，生女邪，我子娶之，生男邪，我女嫁之，不令其憂妻子也。」復病尋㉛愈，追及光武於薊，相見甚懽，大饗㉜士卒，令復居前，擊鄴賊，破之。

【章旨】以上為〈賈復傳〉的第一部分，記載賈復家世、性格及年輕時為官經歷。

【注釋】❶冠軍　古縣名。漢元朔六年（西元前一二三年）置。因霍去病功冠諸軍，封冠軍侯於此，故名。治所在今河南鄧州西北。❷習　通曉；熟習。❸器　人的度量；才幹。❹縣掾　縣級官員的屬官。❺迎　接。❻河東　郡名。戰國魏置，後屬秦。治安邑（今山西夏縣西北）。漢代轄今山西陽城、沁水縣、浮山縣以西，永和、隰縣、霍州以南地區。❼等比　同等地位的人。❽信　誠實。❾下江　地區名。古稱長江自南郡（今湖北荊州）以下為下江。❿新市　地名。在今湖北京山縣東北。⓫羽山　山名。確地不詳。⓬臣聞圖堯舜之事二句　我聽說想建立堯、舜那樣的事業卻沒有實現的是商湯和周武王。指堯舜禪讓之風，至商湯、周武王而止。⓭圖湯武之事二句　指齊桓公、晉文公試圖謀求湯、武般的統一大業，卻沒能做到，只能稱霸一時。⓮圖桓文之事二句　指戰國時韓、趙、魏、燕、齊、楚等六國試圖謀求齊桓公、晉文公那樣的霸業，卻沒能做到，只能割據一隅。⓯定六國之規三句　六國定下規則，想安分守業，卻沒能做到，終被滅亡。⓰親戚　此指宗室。⓱藩輔　捍衛；輔佐。⓲任　負擔；擔當。⓳第　但。⓴柏人　古縣名。西漢置。治所在今河北隆堯西。㉑督盜賊　官名。李慈銘《後漢書札記》謂，疑為督盜賊掾之訛。㉒驂　古代駕在車前兩側的馬。㉓陵折　欺凌；折辱。㉔折衝　本義是使敵人的戰車後撤，意謂抵禦、擊退敵人。衝，「衝」的本字。是古代的一種戰車。㉕都護　官名。意即總監。漢宣帝時設西域都護，為駐西域地區最高長官。其後廢置不常。東漢魏晉時又有都護、都護將軍，為統率諸將之官。㉖青犢　當時河北的一支暴動武裝。㉗射犬　即漢代的射犬聚。今河南沁陽東北。㉘被羽先登　背著弓箭率先突擊敵陣。㉙五校　當時河北的一支暴動武裝。㉚真定　郡、國名。漢元鼎四年（西元前一一三年）分常山郡置國。治真定（今河北正定南）。轄境相當今河北石家莊、藁城、正定等地，建武十三年（西元三七年）廢入常山國。㉛尋　頃刻；不久。㉜饗　用酒食慰勞。

【語譯】賈復，字君文，南陽郡冠軍縣人。自幼好學，熟讀《尚書》。曾侍奉舞陰人李生，李生以他為奇才，告訴門人說：「賈君有這樣的容貌和志氣，又勤於學習，是將相之才。」王莽末年，賈復任縣吏，去河東運鹽，遇上盜賊，和他同等職位的其他十多人全丟失了鹽，唯獨賈復完整的保全了鹽，運送回縣，縣裡人都稱讚他忠誠可靠。

2 當時下江、新市兵起事，賈復也在羽山聚集了幾百人，自稱將軍。更始立為皇帝後，賈復便率領他的人馬投歸漢中王劉嘉，被任為校尉。賈復見更始政權混亂，將領放任不軌，便勸劉嘉說：「我聽說，想建立堯、舜那樣的事業而不能實現的，是商湯、周武；想成就商湯、周武那樣的事業而不能達到目的的，是齊桓公、晉文公；圖謀建立齊桓公、晉文公那樣的功業而不能如願的，是戰國六國；六國定下割據格局，想安循規則又沒能做到，最終導致了六國的滅亡。現在漢室中興，大王您因為是宗室而成為漢朝的屏障與輔助，現在天下尚未平定，而您卻想安守您的地盤，難道可以維護得住嗎？」劉嘉說：「你說的目標太遠大了，不是我所能擔負的。大司馬劉公現在河北，一定能任用你，實施你的方略，你只管帶著我的書信前去即可。」賈復便辭別劉嘉，帶著書信北渡黃河，在柏人追上光武帝，通過鄧禹介紹見到光武帝。光武帝認為他是奇才，鄧禹也稱讚他有將帥的氣度，於是暫任他為破虜將軍負責督捕盜賊。賈復的坐騎瘦弱，光武帝便把自己的左驂馬賜給他。官員們因為賈復後來，又好侵陵傷害同輩，請求光武調他任鄗縣尉，光武帝說：「賈督有擊退敵人於千里之外的威嚴，剛剛授予他職務，不能隨便調動。」

3 光武帝到信都，以賈復為偏將軍。攻下邯鄲後，又升為都護將軍。賈復隨光武帝在射犬進擊青犢軍，大戰到中午，敵陣仍未攻破。光武帝傳令賈復說：「將士們全都餓了，可暫且吃早飯。」賈復說：「先攻破敵陣，然後再吃吧。」於是他背著弓箭，搶先迎敵，所到之處，敵人紛紛後退，敗逃。將領們都佩服他的英勇。他又與五校兵在真定開戰，大破敵軍，賈復也受了重傷。光武帝聽說後非常吃驚，說：「我之所以不讓賈復單獨領兵，是因為他輕敵。現在他果然身負重傷，使我失去一員名將。聽說他的妻子有孕在身，如果生女，我的兒子娶她，如果生男，我的女兒嫁給他，不要讓他為妻子和孩子擔憂。」賈復不久傷癒，又於薊追上光武帝，二人相見非常高興。光武帝大宴士卒，接著令賈復擔任前鋒，進擊鄴縣之賊，打敗了他們。

光武即位，拜為執金吾，封冠軍❶侯。先度河攻朱鮪於洛陽，與白虎公陳僑戰，連破降之。建武二年，益封穰❷、朝陽❸二縣。更始郾王尹尊及諸大將在南方未降者尚多，帝召諸將議兵事，未有言，沈吟久之，乃以檄❹叩地曰：「郾❺最彊，宛為次，誰當擊之？」復率然❻對曰：「臣請擊郾。」帝笑曰：「執金吾擊郾，吾復何憂！大司馬當擊宛。」遂遣復與騎都尉陰識❼、驍騎將軍劉植南度五社津❽擊郾，連破之。月餘，尹尊降，盡定其地。引東擊更始淮陽太守暴汜❾，汜降，屬縣悉定。其秋，南擊召陵❿、新息⓫，平定之。明年春，遷左將軍，別擊赤眉於新城⓬、澠池間，連破之。與帝會宜陽，降赤眉。

復從征伐，未嘗喪敗，數與諸將潰圍解急，身被⓭十二創⓮。帝以復敢深入，希⓯令遠征，而壯其勇節，常自從之⓰，故復少方面⓱之勳。諸將每論功自伐，復未嘗有言。帝輒曰：「賈君之功，我自知之。」

【章旨】以上為〈賈復傳〉的第二部分，記述賈復跟隨光武作戰，連戰連勝。他勇猛善戰又從不誇耀軍功，深受光武信任。

【注釋】❶冠軍　縣名。屬南陽郡。今河南鄧州西北。❷穰　古縣名。戰國時楚邑。後屬韓，秦置縣。治所在今河南鄧州。❸朝陽　古縣名。漢置。治所在今河南鄧州東南。因在朝水之北得名。❹檄　書刻官方文書的木簡。❺郾　縣名。古為郾子國地，漢置郾縣。在今河南漯河市西北部、沙河流域。❻率然　不加思考的樣子。❼陰識　字次伯，南陽新野人。見本書卷三十二。❽五社津　又名土社津。在今河南鞏義北。❾暴汜　更始淮陽太守。他事不詳。❿召陵　古邑名、縣名。春秋楚邑。今河南郾城東。戰國時屬秦，西漢置縣。⓫新息　古縣名。春秋息國。今河南息縣西南。漢置縣。移治今河南息縣改名新息。⓬新城　古縣名。一作新成。漢惠帝四年（西元前一九一年）置。治所在今河南伊川縣西南。⓭被　遭遇；遭受。⓮創　創傷。⓯希　少。⓰自從之　即「使之從自」。讓他跟從自己。⓱方面　指專斷一方的將官。

【語　譯】光武帝即位，拜賈復為執金吾，封為冠軍侯，賈復率先渡過黃河進攻在洛陽的朱鮪，又與白虎公陳僑開戰，接連打敗他，迫使他投降。建武二年，又將穰、朝陽二縣加封給他。更始帝的部下郾王尹尊以及南方很多將領尚未歸降，光武帝便召將領們商議進兵之事，沒有說話，沉思了很長時間，才拿著木簡敲著地說：「郾王最強，其次是宛王，誰去攻打？」賈復率先回答說：「請讓我去攻打郾王！」光武帝笑著說：「你執金吾去攻打郾王，我還有什麼可憂慮的！大司馬應當去攻打宛王。」於是派賈復與騎都尉陰識、驍騎將軍劉植向南在五社津渡河擊郾王，接連打敗了他。一個多月後，尹尊投降，他的領地全部平定。又率軍東擊更始帝部下淮陽太守暴汜，暴汜也投降，他的屬縣也都被平定。這年秋天，又南擊召陵、新息，平定了這些地方。第二年春，遷升為左將軍，領軍在新城、澠池間攻打赤眉軍，連連破敵取勝，與光武帝在宜陽會師，迫使赤眉軍投降。

賈復跟從光武帝征伐，從未打過敗仗，並多次與將領突破敵人包圍，解救急難，身上受傷十二處。光武帝因為他敢深入敵軍作戰，很少令他遠征，但稱讚他的勇氣和節操，常讓他隨從自己，所以他少有專權一個地方的功勳。將領們常常論功自誇，賈復從來不說話。光武帝常說：「賈復的功勞，我自然知道。」

1　十三年，定封膠東❶侯，食郁秩❷、壯武❸、下密❹、即墨❺、梃❻、觀陽❼，凡六縣。復知帝欲偃干戈❽，修文德❾，不欲功臣擁眾京師，乃與高密❿侯鄧禹並剽甲兵⑪，敦⑫儒學。帝深然之，遂罷左右將軍。復以列侯就第⑬，加位特進⑭。復為人剛毅方直，多大節。既還私第，闔門⑮養威重⑯。朱祐等薦復宜為宰相，帝方以吏事責三公，故功臣並不用。是時列侯唯高密⑰、固始⑱、膠東三侯與公卿參議國家大事，恩遇甚厚。三十一年卒，謚曰剛侯。

2 子忠嗣。忠卒，子敏嗣。建初⑲元年，坐誣告母殺人，國除。肅宗更封復小子邯為膠東侯，邯弟宗為即墨侯，各一縣。邯卒，子育嗣。育卒，子長嗣。

3 宗字武孺，少有操行，多智略。初拜郎中⑳，稍遷，建初中為朔方㉑太守。舊內郡徙人㉒在邊者，率多貧弱，為居人㉓所僕役，不得為吏。宗擢用其任職者，與邊吏參選㉔，轉相監司㉕，以擿發㉖其姦，或以功次㉗補長吏，故各願盡死。匈奴畏之，不敢入塞。徵為長水校尉㉘。宗兼通儒術，每讌見，常使與少府㉙丁鴻㉚等論議於前。章和二年㉛卒，朝廷愍惜焉。

4 子參嗣。參卒，子建嗣。元初元年，尚和帝女臨穎長公主㉜。主兼食潁陰㉝、許㉞，合㉟三縣，數萬戶。時鄧太后㊱臨朝，光寵最盛，以建為侍中，順帝時為光祿勳。

【章　旨】以上為〈賈復傳〉的第三部分，簡述光武初定天下，賈復助其宣導文德及賈復後代子孫的一些情況。

【注　釋】❶膠東　郡、國名。秦置郡，楚漢之際置國，漢初為郡，文帝時復為國。治即墨（今山東平度東南）。西漢末轄境相當今山東平度、萊陽、萊西等地及迤南一帶。東漢併入北海國。❷郁秩　縣名。故治在今山東平度。❸壯武　縣名。屬膠東國。今山東膠州東北。❹下密　縣名。屬膠東國。今山東昌邑東北。❺即墨　縣名。屬膠東國。今山東平度東南。❻梃　縣名。屬膠東國。今山東萊陽南。❼觀陽　縣名。屬膠東國。今山東萊陽東北。❽偃干戈　停止戰爭。偃，停止。干戈，兩種兵器。引申指戰爭。❾修文德　倡導文德教化。修，修明；倡導。文德，文德教化。❿高密　郡、國名。西漢本始元年（西元前七三年）改膠西郡置國。西漢末轄境相當今山東高密一帶，東漢併入北海國。⓫剽甲兵　消滅軍權。剽，消除。甲兵，鎧甲和兵器。這裡指軍權。⓬敦　力行。⓭就第　指免職回家。⓮特進　官名。西漢末期始置，以授列侯中之有特殊地位者，得自辟僚屬。⓯闔門　全家。⓰威重　威嚴莊重。⓱高密　指高密侯鄧禹。⓲固始　指固始侯李通。固始，縣名。在河南東南端、史河及灌河流域，鄰接安徽。春秋為蓼國地，西漢置蓼縣，東漢置固始縣。⓳建初　東漢章帝劉炟年號，西元七六—八四年。⓴郎中　官名。始於戰國。漢代沿置，屬郎中令（後改光祿勳），管理車、騎、門戶，並內充侍衛，外從作戰。初分車郎、戶郎、騎郎三類，長官有車戶騎三將，其後類別逐漸泯除。㉑朔方　漢武帝所置「十三刺史部」之一。轄境約當今銀川市至壺口的黃河流域，北括陰山南北，南迄陝西宜川縣、甘肅寧縣一線。東漢建武十一年（西元三五年）廢入并州。㉒徙人　因罪遷徙過去的外來人口。㉓居人　指當地的常住人口。㉔參選　夾雜選拔。㉕監司　監察。㉖擿發　揭露。㉗次　等第；順序。㉘長水校尉　官名。俸比二千石，主長水宣曲胡騎，掌宿衛。㉙少府　官名。始於戰國，秦漢相沿，為九卿之一。掌山海池澤收入和皇室手工業製造，為皇帝私府。東漢仍為九卿之一，掌宮中御衣、寶貨、珍膳等。㉚丁鴻　字孝公，潁川定陵（今河南平頂山市）人。見本書卷三十七。㉛章和二年　西元八八年。章和，東漢章帝劉炟年號，西元八七—八八年。㉜臨潁長公主　即臨潁公主劉利。參見本書卷十下。㉝潁陰　古縣名。秦置。治所在今河南許昌。㉞許　古縣名。春秋許國，秦置縣。治所在今河南許昌東。㉟合　總共。㊱鄧太后　諱綏，南陽新野人。太傅鄧禹之孫女，見本書卷十上。

【語　譯】建武十三年，定封賈復為膠東侯，食邑郁秩、壯武、下密、即墨、梃、觀陽，共六縣。賈復深知光武帝想停止戰爭，倡導文德教化，不想讓功臣們擁眾於京師，便與高密侯鄧禹一起削減自己的軍權，力行儒學。光武帝深以為是，於是廢除了左、右將軍。賈復以列侯身分至封地，並加賜特進之位。賈復為人剛毅方直，大節可嘉，回到封地的私宅後，關起門來講求修養，以保全自己的威嚴和聲望。朱祐等人舉薦賈復適宜為宰相。這時，光武帝正把國事交給三公處理，原來的功臣大都未被任用。當時列侯之中只有高密侯鄧禹、固始侯李通、膠東侯賈復與公卿一起參議國家大事，受恩待極厚。建武三十一年，賈復去世，諡號剛侯。

2 兒子賈忠繼承爵位。賈忠死，兒子賈敏繼承爵位。建初元年，賈敏因誣告母親殺人而犯法，封國廢除。肅宗孝章帝改封賈復小兒子賈邯為膠東侯，賈邯的弟弟賈宗為即墨侯，各食邑一縣。賈邯死，兒子賈育繼承爵位。賈育死，兒子賈長繼承爵位。

3 賈宗字武孺，自幼有操行，足智多謀。最初被任命為郎中，以後逐漸升遷，建初年間任朔方太守。舊時內郡因罪被遷徙到邊郡的人，大多貧窮弱小，被當地人所奴役，不能擔任官吏。賈宗選拔任用他們當中可任職的人，與邊吏一起任用，互相監督，以揭發邊吏的奸私。有的內郡徙人還因有功補授長吏，所以他們都願盡死效力。匈奴人畏懼賈宗，不敢侵入邊塞。朝廷徵召他為長水校尉。賈宗通曉儒家學術，皇帝每次設宴接見，常讓他與少府丁鴻等人一起在自己面前議論國事。章和二年賈宗死，朝廷上下哀憐惋惜。

4 兒子賈參繼承爵位。賈參死，兒子賈建繼承爵位。元初元年，賈建娶和帝的女兒臨潁長公主。公主又食祿潁陰、許縣，加上賈建的食邑，一共三個縣，幾萬戶。當時鄧太后臨朝聽政，賈建最受寵信，被任命為侍中。順帝時又任光祿勳。

論曰：中興將帥立功名者眾矣，唯岑彭、馮異建方面之號❶，自函谷❷以西，方城❸以南，兩將之功，實為大焉。若❹馮、賈之不伐❺，岑公之義信，乃足以感三軍❻而懷敵人，故能剋成❼遠業，終全其慶❽也。昔高祖忌柏人之名，違之以全福❾；征南惡彭亡之地，留之以生災。豈幾慮❿自有明惑，將⓫期數⓬使之然乎？

贊曰：陽夏⓭師克，實在和德⓮。膠東鹽吏⓯，征南宛賊⓰。奇鋒震敵，遠圖⓱謀國。

【章　旨】以上是作者對所傳人物的評論，除了肯定他們在東漢政權建立過程中的戰績，更讚揚了其謙虛慎重、善謀遠識的品格。

【注　釋】❶號　名稱。❷函谷　即函谷關。戰國時秦國建築的軍事要塞。因建在深險如函的山谷中，故稱函谷關。它是從東方入秦的重要關口，在今河南靈寶。❸方城　山名。在今河南葉縣南、方城東北，西連伏牛山脈。❹若　至於。❺伐　誇耀；自誇。❻三軍　軍隊的統稱。❼剋成　完成；實現。❽慶　福祉。❾昔高祖忌柏人之名二句　據《史記》記載：高祖欲宿於柏人，心動，曰：「柏人者，迫於人也。」不宿而去。時貫高欲在柏人行刺。❿幾慮　預兆思慮。幾，預兆。⓫將　猶「豈」。⓬期數　氣數；命運。⓭陽夏　指馮異。他在建武二年被封為陽夏侯。⓮和德　平和的德性。⓯膠東鹽吏　指賈復。⓰征南宛賊　指征南將軍岑彭。⓱遠圖　深遠的謀劃。

【語　譯】史家評論說：東漢將帥立功成名的人很多，只有岑彭、馮異建立方面之功，自函谷關以西，方城以南的廣大地區，這兩位將軍的功勞，實在大啊！馮異、賈復居功不自誇，岑公講信義，足以感動三軍，使敵人歸附，所以能夠建成遠大的事業，至終保全了自己的福祉。當初，漢高祖忌諱「柏人」這個名字，離開它而獲得了保全生命之福；征南將軍岑彭厭惡「彭亡」這個地方，留在那裡卻橫生災禍。這是預兆思慮自有明惑之分，還是命運使得事情會這樣呢？

史官評議說：陽夏侯馮異的軍隊克敵制勝，是由於他平和而有德，膠東侯賈復出身於鹽吏，征南將軍岑彭曾是宛縣之賊。但他們奇特的戰術，使敵人震驚，深遠的謀劃，使國家得到了很好的謀略。

【研 析】本卷所記三位人物，是東漢創立過程中功勳卓著的三員戰將。通過這三個人物經歷與戰功的敘述，我們可以獲得以下三個方面的認識。

首先，東漢建國形勢比西漢更為複雜，戰爭過程更為持久殘酷。劉邦創立西漢，聯合眾諸侯，對付西楚霸王項羽，陣營分明，力量集中。而東漢創始於王莽後期動亂局勢之中，劉秀唯一可以憑藉的只是漢皇室之後，但據史載，劉邦兄弟之後，西漢末已多達十萬人，比劉秀血統更正、政治地位更高者甚多，而且確也有不少劉氏人物於各地稱帝建號，劉秀的劉氏血統並沒有絕對的號召力。公孫述、隗囂之類政治野心家割據一方而稱雄者，不乏其人；郡縣豪族據守一地者比比皆是；因飢餓、或因自保而聚集的農民軍動輒十萬之眾。這使劉秀創立政權時所面臨的局勢，遠比劉邦所面對的更為複雜，而削平這種種勢力，所耗廢的時間也更長。如果從劉邦暗渡陳倉作為創立西漢之始，至其統一全國而稱皇帝，只用了四年；劉秀則在稱皇帝後，還進行了長達十三年的戰爭，才消平割據勢力，實現全國安定。本卷歷數馮異、岑彭所指揮的重要戰爭、攻占的地區與城縣，目的雖是記述二人的軍功與指揮藝術，但也間接地反映了東漢創立前後的慘烈戰爭過程。〈岑彭傳〉記劉秀在隴右殲滅隗囂的戰爭行將結束時下指令說：「兩城若下，便可將兵南擊蜀虜。人苦不知足，既平隴，復望蜀。每一發兵，頭鬚為白。」不只留下了「得隴望蜀」的典故，更反映出當時劉秀因戰爭曠日持久而產生的厭倦與無奈情緒。

其次，東漢初的功臣和西漢初功臣集團比較，性格迥異。清代學者趙翼在《廿二史箚記》中，羅列東漢初功臣武將好儒術的史實後總結說：「光武諸功臣大半多習儒術，與光武意氣相孚合，蓋一時之興，其君與臣本皆一氣所鍾，故性情嗜好之相近，有不期然而然者，所謂有是君，即有是臣也。」趙翼是在對比東漢與西漢開國功臣的基礎上得出這一認識的，在同一書中，他總結西漢開國功臣特徵說：「漢祖以匹夫起事，角群雄而定一尊。其君既起自布衣，其臣亦自多亡命（作奸犯科，不顧性命之人）。無賴之徒立功以取將相，此氣運為之也。」這是因為兩漢間社會文化發生了巨大的變化，與所謂「氣運」無關。就本卷來說，馮異「好讀書，通《左氏春秋》、《孫子兵法》」。賈復「少好學，習

《尚書》。〈岑彭傳〉雖不見類似記載，但他在王莽時任縣長，當亦儒生出身。這些有文化的知識人，因緣時會，統大軍折衝千里，掃平一方，但均不以殺略為功，而是以安民為務，能貫徹劉秀「今之征伐，非必略地屠城，要在平定安集之耳」的思想。馮異統兵關隴，「得百姓心」；岑彭率軍進攻公孫述，「見諸耆老，為言大漢哀愍巴蜀久見虜役，故興師遠伐，以討有罪，為人除害。讓不受其牛酒。百姓皆大喜悅，爭開門降」。中國歷史上的「儒將」，可以說始自東漢，始於馮異、岑彭等人。

其三，劉秀與功臣均善於自處，是東漢初由武力平天下迅速走向「文治」的重要原因。

光武帝劉秀不得不以武力征服天下，但時時表現出對戰爭的厭惡，戰爭還在進行時，他就大力宣揚「文治」。可以說「文治」既是書生出身的劉秀的一種政治理想，也是他削除功臣軍隊，實現個人集權的一種策略。長達十多年的戰爭，造就了一批頗有影響力的將軍、功臣，這對於最高統治者來說是一種潛在的威脅。馮異成功地平定關隴，坐鎮一方，手握大軍，又兼領數郡民事，且深得民心，被百姓稱作「咸陽王」，被人檢舉。而早在西漢初，劉邦就定下「非劉氏而王者，天下共誅之」的政治規矩，也就是皇權政治下，只有皇帝的親子弟才能封王。針對當時關隴仍需要馮異鎮撫的現實，劉秀將檢舉信退回給馮異本人，予以試探。本已「不自安」的馮異，立即上書表示自己懂得「上尊下卑」的道理，絕無非分之想。劉秀則回信以「義同父子」加以勉勵，並在馮異到洛陽述職時，進一步大打親情牌，回憶二人創業之初的艱難，並再次對當初逃難途中馮異設法給自己弄來豆粥麥飯表示感謝，馮異返回時，又特地讓他帶上家屬，以示對他絕對放心，無需留家屬在洛陽作人質。類似的情節我們在本書所記其他功臣的傳記中亦能讀到。如〈賈復傳〉記在賈復受重傷後，劉秀表示：「聞其婦有孕，生女邪，我子娶之，生男邪，我女嫁之，不令其憂妻子也。」戰事結束後，賈復亦能領會劉秀的心理「欲偃干戈，修文德，不欲功臣擁眾京師」，與鄧禹等主動解散自己指揮的部隊。這比宋代趙匡胤「杯酒釋兵權」，更少了許多周折。（馬春香注譯）

卷十八

吳蓋陳臧列傳第八

【題解】本卷的傳主有吳漢、蓋延、陳俊和臧宮，他們都是東漢政權建立過程中的將帥。作者記述了他們在軍事上所取得的戰功及表現出的智謀勇氣，並對其貢獻給予高度評價與充分肯定，歌頌了他們在為漢室平定天下的戰爭中前仆後繼、死而後已的精神。傳文有繁有簡，不是面面俱到，而是集中描寫各傳主的主要事跡，層次分明，詳略得當。

1 吳漢，字子顏，南陽❶宛❷人也。家貧，給事❸縣為亭長❹。王莽末，以賓客❺犯法，乃亡命至漁陽❻。資用乏，以販馬自業，往來燕、薊❼間，所至皆交結豪傑。更始❽立，使使者韓鴻徇河北❾。或謂鴻曰：「吳子顏，奇士也，可與計事❿。」鴻召見漢，甚悅之，遂承制拜為安樂令⓫。

2 會王郎⓬起，北州擾惑⓭。漢素聞光武⓮長者，獨欲歸心⓯。乃說太守彭寵⓰

曰：「漁陽、上谷⑰突騎⑱，天下所聞也。君何不合二郡精銳，附劉公擊邯鄲⑲？此一時⑳之功也。」寵以為然，而官屬皆欲附王郎，寵不能奪㉑。漢乃辭出，止外亭，念所以譎眾，未知所出。望見道中有一人似儒生者，漢使人召之，為具食㉒，問以所聞。生因言劉公所過，為郡縣所歸；邯鄲舉尊號者，實非劉氏。漢大喜，即詐為光武書，移檄㉓漁陽，使生齎㉔以詣寵，令具㉕以所聞說之，漢復隨後入。寵甚然之。於是遣漢將兵與上谷諸將并軍而南，所至擊斬王郎將帥。及光武於廣阿㉖，拜漢為偏將軍㉗。既拔㉘邯鄲，賜號建策侯。

3 漢為人質厚少文，造次㉙不能以辭自達㉚。鄧禹㉛及諸將多知之，數相薦舉。及得召見，遂見親信，常居門下㉜。

4 光武將發幽州㉝兵，夜召鄧禹，問可使行者。禹曰：「間數㉞與吳漢言，其人勇鷙㉟有智謀，諸將鮮㊱能及者。」即拜漢大將軍㊲，持節㊳北發十郡突騎。更始幽州牧苗曾㊴聞之，陰勒㊵兵，勑諸郡不肯應調㊶。漢乃將二十騎先馳至無終㊷。曾以漢無備，出迎於路，漢即撝㊸兵騎，收曾斬之，而奪其軍。北州震駭，城邑莫不望風弭從㊹。遂悉發其兵，引而南，與光武會清陽㊺。諸將望見漢還，士馬甚盛，皆曰：「是寧肯分兵與人邪？」及漢至莫府㊻，上兵簿㊼，諸將人人多請之。光武曰：「屬者[48]恐不與人，今所請又何多也？」諸將皆慙。

初，更始遣尚書令謝躬[49]率六將軍[50]攻王郎，不能下。會光武至，共定邯鄲，而躬裨將[51]虜掠不相承稟[52]，光武深忌之。雖俱在邯鄲，遂分城而處，然每有以慰安[53]之。躬勤於職事，光武常稱曰「謝尚書真吏也」，故不自疑。躬既而率其兵數萬，還屯於鄴[54]。時光武南擊青犢[55]，謂躬曰：「我追賊於射犬[56]，必破之。尤來[57]在山陽[58]者，埶必當驚走。若以君威力，擊此散虜，必成禽也。」躬曰：「善。」及青犢破，而尤來果北走隆慮山[59]，躬乃留大將軍劉慶[60]、魏郡太守陳康[61]守鄴，自率諸將軍擊之。窮寇死戰，其鋒不可當，躬遂大敗，死者數千人。光武因躬在外，乃使漢與岑彭[62]襲其城。漢先令辯士說陳康曰：「蓋聞上智不處危以僥倖[63]，中智能因危以為功，下愚安於危以自亡。危亡之至，在人所由，不可不察[64]。今京師敗亂，四方雲擾，公所聞也。蕭王[65]兵彊士附，河北歸命[66]，公所見也。謝躬內背蕭王，外失眾心，公所知也。公今據孤危之城，待滅亡之禍，義無所立，節無所成；不若開門內[67]軍，轉禍為福，免下愚之敗，收中智之功，此計之至者也。」康然之。於是康收劉慶及躬妻子，開門內漢等。及躬從隆慮歸鄴，不知康已反之，乃與數百騎輕[68]入城。漢伏兵收之，手[69]擊殺躬，其眾悉降。

躬字子張，南陽人。初，其妻知光武不平之，常戒躬曰：「君與劉公積不相能(70)，而信其虛談，不為之備，終受制矣。」躬不納，故及於難。

6 光武北擊群賊(71)，漢常將突騎五千為軍鋒，數先登陷陣(72)。及河北平，漢與諸將奉圖書(73)，上尊號。光武即位，拜為大司馬(74)，更封舞陽(75)侯。

【章旨】以上為〈吳漢傳〉的第一部分，記載了吳漢的里籍、家世及歸附光武後早期的戰績，如助光武攻占邯鄲、智收苗曾軍等，光武稱帝封其為舞陽侯。

【注釋】❶南陽　郡名。戰國秦昭王三十五年（西元前二七二年）置。治今河南南陽。漢轄境相當今河南熊耳山以南葉縣、內鄉間和湖北大洪山以北廣水市、鄖縣間地。❷宛　縣名。今河南南陽。❸給事　任職。❹亭長　秦漢時每十里為一亭，設亭長一人，掌治安、訴訟等事。❺賓客　戰國時貴族官僚對所養食客的稱謂；東漢以後世家豪族對依附人口的一種稱謂。❻漁陽　郡名。戰國燕置。治今北京密雲西南。轄境相當今河北灤河上游以南、薊運河以西，天津海河以北，北京懷柔、通州以東地區。❼燕薊　燕，郡、國名。都於薊。薊，古地名。秦置縣。今北京市區西南。❽更始　劉玄年號，西元二三—二五年，此處指更始帝劉玄。玄，字聖公，劉秀族兄。見本書卷十一。❾使使者韓鴻徇河北　使，指派。韓鴻，南陽人，更始時為謁者，他事不詳。河北，指黃河以北地區。❿計事　商議行事。⓫安樂令　安樂，縣名。屬漁陽郡。今北京順義西北。令，官名。春秋楚有令尹。秦漢時縣官轄區萬戶以上的叫令，萬戶以下的叫長。⓬王郎　即王昌。見本書卷十二。⓭北州擾惑　北州，北方各州，尤指幽州、并州地。約括今北京、河北、山西、內蒙古、遼寧等地。擾惑，騷亂惶恐。⓮光武　東漢光武帝劉秀，在位三十三年（西元二五—五七年）。見本書卷一。⓯歸心　心甘情願地歸附。⓰太守彭寵　太守，官名。本為戰國時郡守的尊稱。漢景帝時，改郡守為太守，為一郡行政的最高長官。俸二千石，總掌一郡軍政。彭寵，字伯通，南陽宛人。見本書卷十二。⓱上谷　郡名。戰國燕置。治今河北懷來西南。轄境相當今河北張家口、小五臺山以東，赤城、延慶以西，及內長城和昌平以北地。⓲突騎　精悍的騎兵。⓳邯鄲　郡名。秦始皇十九年（西元前二二八年）置。治今河北邯鄲西南。轄境相當今河北泜河以南，滏陽河上游和河南內黃、浚縣，山東冠縣西部地區。⑳一時　畢世。㉑奪　決斷。㉒具食　籌備飲食。㉓移檄　傳達公文。㉔齎　拿著。㉕具　都。㉖廣阿　古縣名。漢置。治今河北隆堯東。東漢廢。㉗偏將軍　官名。位次於將軍。㉘拔　攻克。㉙造次　匆忙；倉促。㉚自達　恰當地說出自己的意思。㉛鄧禹　字仲華，南陽新野（今河南新野）人。見本書卷十六。㉜門下　軍門之內。㉝幽州　州名。治薊縣。轄境相當今北京、河北北部、遼寧大部、山西小部及天津海河以北、朝鮮大同江流域。㉞間數　間，有時；時斷時續。數，屢次。㉟勇鷙　勇敢。鷙，猛禽。㊱鮮　很少。㊲大將軍　位如三公，主征伐，屬官有長史、司馬等。㊳持節　直接代表皇帝行使地方權力的官職。節是中國古代常用的信物，因用途不同而種類繁多。封建帝王所遣使者規定持「旄節」，使命完成後歸還。西漢旄節簡稱節，「以毛為之，上下相重，取象竹節」。持節者是欽差，權力極大。朝廷命將，以節為信，以指揮軍隊。也用於其他使命，如汲黯持節發河內倉粟以賑貧民等。東漢中葉以後，由於地方不寧，軍事屢興，皇帝欲增強中央的控制，遂令在地方都督諸軍的將領加節。㊴牧苗曾　牧，官名。俸二千石，總理一州軍政。苗曾，更始帝幽州牧，稱苗幽州，他事不詳。㊵陰勒　暗地布署。㊶應調　回應出發。㊷無終　本山戎國名。無終，山名，因為國號，漢為縣名。屬右北平。治今天津薊縣。㊸撝　通「揮」。督率。㊹弭從　順服。㊺清陽　縣名。漢置。故城在今河北清河縣東。㊻莫府　指將帥在外的營帳。軍旅無固定住所，以帳幕為府署，故稱幕府。莫，同「幕」。㊼兵簿　戰士的名冊。㊽屬者　正當；剛才。㊾尚書令謝躬　尚書令，官名。始於秦，西漢沿置。本為少府屬官，掌章奏文書。漢武帝以後職權漸重，東漢政務皆歸尚書，尚書令成為直接對君主負責總攬一切政令的首腦。謝躬，字子張，為更始帝尚書僕射，稱謝尚書。曾與光武聯軍共敗王郎，光武將軍吳漢襲殺躬於鄴。㊿將軍　官名。不常置，掌征伐。(51)裨將　古時將佐的稱呼，副將。(52)承稟　聽從指揮。(53)慰安　慰問安撫。(54)鄴　古都邑名。春秋齊桓公始築城，戰國魏文侯置縣，都此。漢後為魏郡治所。東漢末年又先後為冀州、相州治所。建安十八年（西元二一三年）曹操為魏公，定都於此。自曹操時至北齊，鄴長期為河北地區最繁盛富庶的大都市之一。有二城，南北相連。北周大象二年（西元五八〇年）楊堅焚毀鄴城。北故城遺址在今河北臨漳西南鄴鎮一帶，南故城遺址在漳南。(55)青犢　當時河北的一支武裝暴動力量。(56)射犬　即射犬聚。在今河南武陟西北。(57)尤來　當時河北的一支武裝暴動力量。(58)山陽　郡名。治昌邑縣（今山東金鄉西北）。轄境相當今山東巨野、兗州、高陽湖以南和成武以東及鄒縣以西、魚臺以北地區。(59)隆慮山　古山名。今河南林州西。東漢因避殤帝劉隆諱，改名林慮山。(60)劉慶　更始時謝躬將，他事不詳。(61)魏郡太守陳康　魏郡，郡名。治鄴縣。轄今河北大名、磁縣、涉縣、武安、臨漳、肥鄉、魏縣、丘縣、成安、廣平、館陶，河南滑縣、浚縣、內黃及山東冠縣等地。陳康，更始時為魏郡太守，他事不詳。62岑彭　字君然，南陽棘陽（今河南南陽）人。見本書卷十七。63僥倖　意外獲得功利。64察　思考；看清楚。65蕭王　指光武帝劉秀。更始曾派侍御史封劉秀為蕭王。蕭，縣名。屬沛郡。今安徽蕭縣西北。66歸命　歸順。特指歸順朝廷。67內　通「納」。迎納。68輕　輕率。69手　親手。70能　友好。71北擊群賊　北向攻擊銅馬、重連、高胡等寇賊。72陳　即「陣」。戰陣。73圖書　地圖和書籍。74大司馬　東漢復舊名太尉，與司徒、司空並稱三公。75舞陽　縣名。今河南漯河市西部、洪河上游。

【語譯】吳漢，表字子顏，南陽郡宛縣人。其家貧困，在縣裡供職，任亭長。王莽末年，因為其賓客犯法，他逃亡到漁陽。錢財用完了，便販賣馬匹謀生，來往於燕、薊兩地，所到之處都結納當地豪士。更始帝即位，命使者韓鴻率軍巡行黃河以北地區。有人告訴韓鴻：「吳子顏是一位奇士，可以與他共商大事。」韓鴻召見吳漢，十分喜歡他，於是秉承更始的旨意授任他為安樂縣令。

2 王郎在邯鄲稱帝，北方州郡騷亂惶惑。吳漢向來聽聞光武帝是位仁厚長者，心甘情願地想歸附於他。便勸導太守彭寵說：「漁陽、上谷兩郡的精騎，天下聞名。您何不集合這兩郡的精兵，追隨劉公去進攻邯鄲呢？這才是畢世不移的功業啊。」彭寵以為吳漢說得對，但手下官吏都要投靠王郎，彭寵無法強制他們決斷。吳漢於是告別彭寵，留居外亭，思考欺騙彭寵官吏的方法，卻還沒有想好。忽然望見路上走來一個似儒生模樣的人，吳漢使人去請他，給他備辦食物，問他所聽到的情況。這位儒生說凡劉公所經之地，各郡縣皆有歸附之心；而稱帝邯鄲之人，其實並非劉氏宗族。吳漢大喜，即刻偽造光武的書信，作為傳送漁陽的文書，請這位儒生帶信去拜訪彭寵，並讓他將他所聽到的消息告訴彭寵，而吳漢隨後跟去。彭寵對儒生和吳漢的話十分相信。於是命吳漢率兵同上谷郡的將領聯軍向南，所到之處斬殺大批王郎的將帥。吳漢在廣阿趕上了光武帝，受封為偏將軍。攻下邯鄲之後，光武帝又賜他建策侯的爵號。

3 吳漢為人樸質純實但缺乏文采，倉促之際，常會辭不達意。鄧禹及諸將都了解他的性情，屢次向光武帝推舉他。等到被光武召見後，就得到光武的親近和信任，常隨在光武營內。

4 光武要調動幽州的軍隊，夜裡召見鄧禹，問他派何人將兵合適。鄧禹說：「我近來多次同吳漢談話，此人勇猛多智，諸將多有不及。」光武便委任吳漢為大將軍，帶著符節北上幽州，調發幽州十郡的精銳騎兵。更始帝的幽州牧苗曾聞知此事後，暗地布署軍隊，並敕令各郡不要應調。吳漢於是統領二十名騎兵先急馳到無終縣。苗曾以為吳漢沒有準備，走出城來，迎於道路，吳漢乘機指揮騎兵將他拿住殺了，收了他的軍隊。北方各州震驚，各城邑莫不聞風而降。於是吳漢調動幽州所有軍隊，率領向南，與光武帝在清陽縣會師。眾將見吳漢歸來，兵士、馬匹甚多，都說：「他難道肯將兵馬分給別人嗎？」等到吳漢到光武幕府呈上兵士的名冊，將領們個個都請求多分一些兵員。光武說：「剛才還怕他不會給人，現在你們的要求又怎麼這麼多呢？」將領們聽了都很慚愧。

5 起初，更始命尚書令謝躬帶領六位將軍攻打王郎，沒能攻下。光武到達後，共同平定了邯鄲，而謝躬的部將抓人搶劫，不遵守號令，光武很憎惡他們。光武與謝躬雖同在邯鄲，卻是各自駐紮，不過光武總有慰勞安撫謝躬的方法。謝躬勤奮於自己的職事，光武經常稱揚他說「謝尚書是一位真正的官員呀」，因為這樣，謝躬沒有什麼疑心。不久，謝躬率領他的軍隊數萬人，回到鄴地屯兵。這時光武攻打南方的青犢軍，對謝躬說：「我追擊賊兵到射犬，一定能將他打敗。山陽的尤來軍，必定聞訊逃跑。如果憑藉您的威勢，去追擊那些逃散的敵軍，他們就必定要成為俘虜了。」謝躬說：「好。」當光武擊敗了青犢軍，尤來軍果然向北逃往隆慮山，謝躬便留大將軍劉慶、魏郡太守陳康留守鄴縣，親自統率眾將追擊尤來軍。瀕於絕境的尤來軍拼死抵抗，其鋒銳不可當，謝躬因而大敗，戰死了數千人。光武趁謝躬外出，便命吳漢與岑彭襲擊鄴縣。吳漢先派能言善辯的人勸說陳康：「我聽說上智之人不會自處危境之中以求僥倖而免難，中智之人能善用危境而成就功名，下智之人安適地處於危境之中而自取滅亡。危亡的發生，全在於一個人所做所為，這道理您不可不明察。現在長安形勢混亂，四方戰亂紛紜，這是您所知道的。蕭王兵力強大，志士歸附，黃河以北一帶已經順服，這是您所見到的。謝躬在內對抗蕭王，在外失去民心，這是您所清楚的。您現在據守著處於孤立危難中的城池，等待著滅亡的災禍，不能成就您的道義，也不能成就您的節操；不如大開城門，迎接我軍，轉禍為福，從而免除下愚者的失敗，實現中智者的功業，這是上上之計。」陳康認為他說得對。於是抓獲劉慶和謝躬的妻子兒女，開城迎接吳漢的軍隊。等到謝躬從隆慮回到鄴地，因為不知陳康已然背叛自己，僅率幾百騎兵輕率入城。吳漢埋伏兵士將他拿下，親手殺了謝躬，他的軍隊全部歸降了。謝躬表字子張，南陽人。起初，他的妻子知道光武對他不滿，經常勸戒謝躬說：「您與劉公素不和睦，卻聽信他的虛言假話，不對他有所戒備，終究會受到他的控制。」謝躬不聽，所以才會被殺。

6 光武向北攻打各路盜賊，吳漢經常率領五千驍勇的騎兵身為先鋒，屢次衝鋒陷陣。黃河以北地區平定以後，吳漢和將領們一起呈上地圖書冊，恭請劉秀登基為帝。光武即帝位，授任吳漢為大司馬，加封舞陽侯。

1 建武❶二年春，漢率大司空王梁❷，建義大將軍朱祐❸，大將軍杜茂❹，執金吾賈復❺，揚化將軍堅鐔❻，偏將軍王霸❼，騎都尉劉隆❽、馬武❾、陰識❿，共擊檀鄉賊⓫於鄴東漳水⓬上，大破之，降者十餘萬人。帝使使者璽書⓭定封漢為廣平侯，食廣平⓮、斥漳⓯、曲周⓰、廣年⓱，凡四縣。復率諸將擊鄴西山賊⓲黎伯卿⓳等，及河內⓴脩武㉑，悉破諸屯聚㉒。車駕親幸撫勞。復遣漢進兵南陽，擊宛、涅陽㉓、酈㉔、穰㉕、新野㉖諸城，皆下之。引兵南，與秦豐㉗戰黃郵水㉘上，破之。又與偏將軍馮異㉙擊昌城㉚五樓賊㉛張文㉜等，又攻銅馬㉝、五幡㉞於新安㉟，皆破之。

2 明年春，率建威大將軍耿弇㊱、虎牙大將軍蓋延㊲，擊青犢於軹㊳西，大破降之。又率驃騎㊴大將軍杜茂、彊弩將軍陳俊㊵等，圍蘇茂㊶於廣樂㊷。劉永㊸將周建㊹別招聚收集得十餘萬人，救廣樂。漢將輕騎迎與之戰，不利，墯馬傷膝，還營，建等遂連兵入城。諸將謂漢曰：「大敵在前而公傷臥，眾心懼矣。」漢乃勃然㊺裹創而起，椎㊻牛饗㊼士，令軍中曰：「賊眾雖多，皆劫掠群盜，『勝不相讓，敗不相救㊽』，非有仗節死義㊾者也。今日封侯之秋，諸君勉之！」於是軍士激怒，人倍其氣。旦日，建、茂出兵圍漢。漢選四部精兵黃頭吳河㊿等，及烏桓(51)突騎三千餘人，齊鼓而進。建軍大潰，反還奔城。漢長驅追擊，爭門並入，大破之，茂、建突(52)走。漢留杜茂、陳俊等守廣樂，自將兵助蓋延圍劉永於睢陽(53)。永既死，二城皆降。

3 明年，又率陳俊及前將軍王梁，擊破五校賊於臨平(54)，追至東郡(55)箕山(56)，大破之。北擊清河(57)長直(58)及平原(59)五里賊(60)，皆平之。時鬲縣五姓(61)共逐守長(62)，據城而反。諸將爭欲攻之，漢不聽，曰：「使鬲反者，皆守長罪也，敢輕冒(63)進兵者斬。」乃移檄告郡，使收守長，而使人謝(64)城中。五姓大喜，即相率歸降。諸將乃服，曰：「不戰而下城，非眾所及也。」

4 冬，漢率建威大將軍耿弇、漢忠將軍王常(65)等，擊富平、獲索(66)二賊於平原。

明年春，賊率五萬餘人夜攻漢營，軍中驚亂，漢堅臥不動，有頃[67]乃定。即夜發精兵出營突擊，大破其眾。因追討餘黨，遂至無鹽[68]，進擊勃海[69]，皆平之。又從征董憲[70]，圍朐城[71]。明年春，拔朐，斬憲。事已見劉永傳。東方悉定，振旅[72]還京師。

5 會隗囂[73]畔，夏，復遣漢西屯長安。八年，從車駕上隴[74]，遂圍隗囂於西城[75]。帝勑漢曰：「諸郡甲卒[76]但坐費糧食，若有逃亡，則沮敗[77]眾心，宜悉罷[78]之。」漢等貪并力攻囂，遂不能遣，糧食日少，吏士疲役，逃亡者多，及公孫述[79]救至，漢遂退敗。

6 十一年春，率征南大將軍岑彭等伐公孫述。及彭破荊門[80]，長驅入江關[81]，漢留夷陵[82]，裝露橈船[83]，將南陽兵及弛刑募士[84]三萬人泝江而上。會岑彭為刺客所殺，漢并將其軍。十二年春，與公孫述將魏黨[85]、公孫永[86]戰於魚涪津[87]，大破之，遂圍武陽[88]。述遣子壻史興[89]將五千人救之。漢迎擊興，盡殄[90]其眾，因入犍為[91]界。諸縣皆城守。漢乃進軍攻廣都[92]，拔之。遣輕騎燒成都[93]市橋[94]，武陽以東諸小城皆降。

7 帝戒漢曰：「成都十餘萬眾，不可輕[95]也。但堅據廣都，待其來攻，勿與爭鋒[96]。若不敢來，公轉營迫[97]之，須其力疲，乃可擊也。」漢乘利，遂自將步騎二萬餘人進逼成都，去城十餘里，阻[98]江北為營，作浮橋，使副將武威將軍劉尚[99]將萬餘人屯於江南，相去二十餘里。帝聞大驚，讓[100]漢曰：「比[101]敕公千條萬端，何意臨事勃亂[102]！既輕敵深入，又與尚別營，事有緩急[103]，不復相及。賊若出兵綴[104]公，以大眾攻尚，尚破，公即敗矣。幸[105]無它者，急引兵還廣都。」詔書未到，述果使其將謝豐[106]、袁吉[107]將眾十許萬，分為二十餘營，并出攻漢。使別將將萬餘人劫劉尚，令不得相救。漢與大戰一日，兵敗，走入壁，豐因圍之。漢乃召諸將厲[108]之曰：「吾共諸君踰越險阻，轉戰千里，所在斬獲，遂深入敵地，至其城下。而今與劉尚二處受圍，埶既不接，其禍難量。欲潛師就尚於江南，并兵禦之。若能同心一力，人自為戰，大功可立；如其不然，敗必無餘。成敗之機，在此一舉。」諸將皆曰「諾」。於是饗士秣馬，閉營三日不出，乃多樹幡旗，使煙火不絕，夜銜枚[109]引兵與劉尚合軍。豐等不覺，明日，乃分兵拒江北，自將攻江南。漢悉兵迎戰，自日至晡[110]，遂大破之，斬謝豐、袁吉，獲甲首[111]五千餘級。於是引還廣都，留劉尚拒述，具以狀上，而深自譴責。帝報曰：「公還廣都，甚得其宜，述必不敢略[112]尚而擊公也。若先攻尚，公從廣都五十里悉步騎赴之，適當值其危困，破之必矣。」自是漢與述戰於廣都、成都之間，八戰八剋，遂軍于其郭[113]中。述自將數萬人出城大戰，漢使護軍[114]高午[115]、唐邯[116]將數萬銳卒擊之。述兵敗走，高午奔陳刺述，殺之。事已見述傳。旦日城降，斬述首傳送洛陽。明年正月，漢振旅浮[117]江而下。至宛，詔令過家上冢[118]，賜穀二萬斛[119]。

8 十五年，復率揚武將軍馬成[120]、捕虜將軍馬武北擊匈奴[121]，徙鴈門[122]、代郡[123]、上谷吏人六萬餘口，置居庸[124]、常山關[125]以東。

9 十八年，蜀郡守將史歆[126]反於成都，自稱大司馬，攻太守張穆[127]。穆踰城走廣都，歆遂移檄郡縣，而宕渠[128]楊偉、朐䏰[129]徐容等，起兵各數千人以應之。帝以歆昔為岑彭護軍，曉習兵事，故遣漢率劉尚及太中大夫[130]臧宮將萬餘人討之。漢入武都[131]，乃發廣漢、巴、蜀[132]三郡兵圍成都，百餘日城破，誅歆等。漢乃乘桴[133]沿江下巴郡，楊偉、徐容等惶恐解散，漢誅其渠帥[134]二百餘人，徙其黨與[135]數百家於南郡[136]、長沙[137]而還。

【章旨】以上為〈吳漢傳〉的第二部分，記述了吳漢征戰生涯中的主要事件，集中筆墨寫了廣樂之戰、與公孫述在成都的激烈交鋒等幾次重要戰爭場面，表現出他的臨危不懼、知錯能改和善謀遠識。

【注釋】❶建武　東漢光武帝劉秀年號，西元二五—五六年。❷大司空王梁　大司空，三公之一，掌工程建築等事。王梁，字君嚴，漁陽要陽人。見本書卷二十二。❸朱祐　字仲先，南陽宛人。見本書卷二十二。❹杜茂　字諸公，南陽冠軍（今河南鄧州）人。見本書卷二十二。❺賈復　字君文，南陽冠軍人。見本書卷十七。❻堅鐔　字子伋，潁川襄城（今河南襄城）人。見本書卷二十二。❼王霸　字元伯，潁川潁陽（今河南許昌）人。見本書卷二十。❽劉隆　字元伯，南陽安眾（今河南鄧州）宗室。見本書卷二十二。❾馬武　字子張，南陽湖陽（今河南新野）人。見本書卷二十二。❿陰識　字次伯，南陽新野（今河南新野）人。見本書卷三十二。⓫檀鄉賊　《東觀漢記》：「檀鄉賊帥，董次仲也。」⓬漳水　《水經》：「漳水源出上黨長子縣，西發鳩山，東北至昌亭，與滹沱河合。」⓭璽書　用印章封記的文書。秦以後專指皇帝的詔書。⓮廣平　縣名。今河北邯鄲東部。⓯斥漳　即斥章。縣名。屬鉅鹿郡。今河北曲周東南。⓰曲周　縣名。漢置縣。今河北邯鄲東北部、滏陽河上游。⓱廣年　縣名。今河北邯鄲北部、太行山東麓。隋時為避隋煬帝諱，改為永年縣。⓲西山賊　當時武裝暴動力量的一支。⓳黎伯卿　西山武裝暴動的首領，他事不詳。⓴河內　郡名。治懷縣（今河南武陟西南），轄境相當今河南黃河以北、京廣鐵路以西地區。㉑脩武　即修武，縣名。屬河內郡。本殷之寧邑。《韓詩外傳》：「武王伐紂，勒兵于寧，改曰修武。」㉒屯聚　駐軍之地。屯，駐紮。聚，村。㉓涅陽　古縣名。西漢置。治今河南鄧州東北。㉔酈　古縣名。秦置。今河南南陽西北。㉕穰　古縣名。戰國時楚邑，後屬韓，秦置縣。治今河南鄧州。㉖新野　古縣名。西漢置。治今河南新野。㉗秦豐　南郡邔縣黎丘鄉（今湖北襄樊）人。更始元年起兵，自稱楚黎王。多次領兵與光武軍隊作戰，後被朱祐擒獲。㉘黃郵水　古棘水。在今河南新野縣東一段。㉙馮異　字公孫，潁川父城（今河南平頂山市）人。見本書卷十七。㉚昌城　縣名。今河北冀縣西北。㉛五樓賊　當時武裝暴動力量的一支。㉜張文　曾做過郎中，後為五校軍首領，他事不詳。㉝銅馬　西漢末年河北武裝暴動力量的一支。領袖有東山荒禿、上淮況等。㉞五幡　當時河北的一支武裝暴動力量。㉟新安　縣名。故地在今河南澠池縣東。㊱耿弇　字伯昭，扶風茂陵（今陝西咸陽）人。見本書卷十九。㊲蓋延　字巨卿，漁陽要陽人。見本卷。㊳軹　古縣名。戰國魏邑，漢置縣。治今河南濟源南。㊴驃騎　漢代將軍名號。《史記・衛將軍驃騎列傳》：「以冠軍侯去病為驃騎將軍。」張守節《正義》：「《漢書》云，霍去病征匈奴，有絕漢之功，始置驃騎將軍，位在三司，品秩同大將軍。」㊵陳俊　字子展，南陽西鄂（今河南南陽）人。見本卷。㊶蘇茂　陳留人。初為更始討難將軍，與朱鮪等守洛陽。朱鮪降漢，茂亦歸命。光武使蘇茂與蓋延共同攻打劉永，後茂反，殺淮陽太守，掠數城，據廣樂而臣於劉永。永以茂為大司馬、淮陽王。與吳漢戰於廣樂，敗。逃下邳，被張步所殺。㊷廣樂　故址在今河南虞城東北。㊸劉永　梁郡睢陽（今河南商丘）人。見本書卷十二。㊹周建　沛人，劉永將軍。率部隊多次與光武軍隊戰，後於垂惠敗走，死於道中。㊺勃然　忽然。㊻椎　用槌子擊殺。

㊼饗　用酒肉招待。㊽勝不相讓二句　意謂勝利則貪利爭功而不相互謙讓，失敗則貪生怕死而不相互救援。語出《左傳・隱公九年》。㊾仗節死義　仗節，固守氣節。死義，為義犧牲。㊿黃頭吳河　黃頭，據《漢書音義》，指船夫頭戴黃色帽子，故稱黃頭。又，黃頭，指一種利爪善鬥之鳥。黃頭還被用來比喻勇士。吳河，人名。(51)烏桓　古代少數民族名。本書卷九十：「烏桓者，本東胡也。漢初，匈奴冒頓滅其國，餘類保烏桓山，因以為號焉。」(52)突　迅速向外衝。(53)睢陽　古縣名。秦置。以在睢水之陽得名。治今河南商丘南。(54)臨平　縣名。屬鉅鹿郡。今河北辛集北。(55)東郡　郡名。戰國秦王政五年（西元前二四二年）置。治濮陽（今河南濮陽西南）。西漢轄境相當今山東東阿、梁山以西，山東鄆城、東明、河南范縣、長垣北部以北，河南延津以東，山東茌平、冠縣、河南清豐、濮陽、滑縣以南地區。東漢後轄境縮小。(56)箕山　地名。故址在今河南濮陽。許由所隱處也。(57)清河　郡、國名。漢高帝置郡。後屢改為國，元帝永光後為郡。治清陽（今河北清河縣東南）。元帝以後轄境相當今河北清河縣及棗強、南宮各一部分，山東臨清、夏津、武城及高唐、平原縣各一部分地。東漢改為國，移治甘陵（今山東臨清東）。(58)長直　《東觀漢記》及《續漢書》均作「長垣」。長垣，縣名。今河南新鄉東部、黃河西北岸，鄰接山東。(59)平原　郡、國名。西漢置郡。東漢、魏、晉或為郡，或為國。轄境相當今山東平原、陵縣、禹城、齊河、臨邑、商河、惠民、陽信及河北吳橋等縣。(60)五里賊　當時山東武裝暴動力量的一支。(61)鬲縣五姓　鬲縣，縣名。屬平原郡。今山東德州東南。五姓，指鬲縣的五大家族。(62)守長　郡守和縣令。(63)輕冒　輕率魯莽。(64)謝　謝罪。(65)王常　字顏卿，潁川舞陽（今河南舞陽）人。見本書卷十五。(66)富平獲索　當時河北的兩支武裝暴動力量。(67)有頃　一會兒。(68)無鹽　古地名。戰國齊邑。漢置縣，為東平國治。故城在今山東東平東。(69)勃海　郡名。漢文帝十五年（西元前一六五年）分河間國置，以地濱渤海得名。治所在浮陽（今河北滄縣東南）。宣帝以後轄境相當今天津、河北廊坊以南，文安、泊頭、阜城、寧津以東，山東樂陵、河北景縣、安平以北地區。東漢移治南皮（今河北南皮東北），其後轄境漸小。(70)董憲　東海人，起兵東海郡，後劉永立其為海西王。帶兵多次與光武軍隊交戰，後朐城破，吳漢追擊，被吳漢校尉韓湛追斬於方與。(71)朐城　城邑名。即東漢朐縣治城。故址在今江蘇連雲港市西南。(72)振旅　整治軍隊。(73)隗囂　字季孟，天水成紀（今甘肅通渭）人。見本書卷十三。(74)隴　地區名。指今甘肅一帶。(75)西城　古縣名。西漢置。故城在今陝西安康西北。(76)甲卒　兵士。(77)沮敗　挫敗；傷害。(78)罷　遣散打發。(79)公孫述　字子陽，扶風茂陵人。見本書卷十三。(80)荊門　州名。春秋楚地，漢為南郡地。轄今湖北荊門、當陽兩地。(81)江關　古關名，又名「瞿塘關」。春秋楚築。在今重慶市奉節東長江北岸赤甲山上。(82)夷陵　縣名。西漢置。治今湖北宜昌東南。(83)露橈船　人隱藏在船艙中，短槳露在外面的船。(84)弛刑募士　弛刑，去除了枷鎖刑具的囚徒。募士，募

集來的兵士。85魏黨　公孫述將，他事不詳。86公孫永　公孫述將，他事不詳。87魚涪津　《續漢書》：「犍為郡南安縣有漁涪津，在縣北，臨大江。」在今四川樂山市北。88武陽　縣名。犍為郡治。在今四川彭山縣東、岷江東岸。89史興　公孫述女婿，在武陽與光武大司馬吳漢、輔威將軍臧宮作戰時，被斬殺。90殄　滅絕。91犍為　郡名。西漢武帝建元六年（西元前一三五年）置。轄境相當今四川新津、簡陽以南，樂山市以東，榮昌及貴州大婁山以西，雲南鎮雄以北地區。92廣都　縣名。屬蜀郡。任豫《益州記》：縣內有望川源。鑿石二十里，引取郫江水灌廣都田，云後漢所穿鑿者。93成都　舊縣名。戰國秦惠文王更元十四年（西元前三一一年）置。治今四川成都。94市橋　即沖星橋。在成都西南四里。95輕　小瞧。96爭鋒　比試高低。97迫　逼近。98阻　依靠；憑依。99劉尚　光武帝武威將軍，吳漢副將。帶兵作戰多有功績。建武二十三年，武陵蠻叛，寇掠郡縣，劉尚受命討之，與敵戰於沅水。尚輕敵入險，山深水急，軍隊大敗，悉為所沒。100讓　責備。101比　屢屢。102勃亂　混亂。勃，通「悖」。103緩急　偏義複詞。危難；情勢緊迫。104綴　制約。105幸　幸虧。106謝豐　公孫述將，為大司徒。被吳漢斬殺於廣都。107袁吉　公孫述將，為執金吾。被吳漢斬殺於廣都。108厲　勉勵。109銜枚　在口中橫啣一個像筷子一樣的東西（枚），以防出聲。110晡　申時。相當於現在下午三至五時。111甲首　穿鎧甲的兵士。112略　撇下。113郭　外城。114護軍　官名。護即督統之意。秦漢時，臨時設置護軍都尉或中尉，以調節各將領的關係。115高午　光武護軍將軍，他事不詳。116唐邯　光武護軍將軍，他事不詳。117浮　順江。118冢　墳墓。119斛　量器名，也為容量單位。古代十斗為一斛。120馬成　字君遷，南陽棘陽人。見本書卷二十二。121匈奴　古族名，亦稱胡。戰國時活動於燕、趙、秦以北地區。東漢光武建武二十四年（西元四八年），分裂為二部，南下附漢的稱為南匈奴，留居漠北的稱為北匈奴。122鴈門　郡名。戰國趙武靈王置。秦漢治善無（今山西右玉南）。轄境相當今山西河曲、五寨、寧武等縣以北，恆山以西，內蒙古黃旗海、岱海以南地。東漢移治陰館（今山西代縣西北）。123代郡　郡名。戰國趙武靈王置。秦、西漢治代縣（今河北蔚縣東北）。一說西漢治桑乾，今河北陽原東）。西漢轄境相當今河北懷安、淶源以西，山西陽高、渾源以東的內外長城間地和長城外的東洋河流域。東漢移治高柳（今山西陽高西北）。北鄰烏桓、匈奴等族，故為北方要郡。124居庸　指居庸關，舊稱「軍都關」、「薊門關」。在今北京昌平西北部。長城要口之一，控軍都山隘道（軍都徑）中樞。125常山關　又名鴻上關。即今河北唐縣西北、太行山東麓的倒馬關。126史歆　蜀郡守將，後叛。光武大司馬吳漢率兵討之，吳漢攻拔成都，斬史歆等人。127張穆　曾為蜀郡太守，他事不詳。128宕渠　古縣名。西漢置。治今四川渠縣東北。129朐䏰　縣名。屬巴郡。今四川雲陽。130太中大夫　官名。俸比千石，掌議論，有時亦被遣領兵。131武都　郡名。西漢武帝元鼎六年（西元前一一一年）置。轄境相當於今甘肅武都、成縣、徽縣、西和、兩當、康縣及陝西鳳縣、略陽等地。132 廣漢巴蜀　廣漢，郡名。漢高帝六年（西元前二〇一年）分巴蜀二郡置。治雒縣乘鄉（今四川金堂東），東漢移治雒縣（今四川廣漢北）。巴，郡名。戰國秦於古巴國置。轄境相當今四川旺蒼、西充，重慶永川等以東地區。蜀，郡名。古蜀國地，戰國秦置。西漢轄境相當今四川松潘以南，北川、彭州、洪雅以西，峨邊、石棉以北，邛崍山大渡河以東，以及大渡河與雅礱江之間康定以南，冕寧以北地。其後漸小。133 桴　竹木編的小筏子。134 渠帥　首領。135 黨與　同伙；同屬一黨的人。古代黨是地方組織，五百家為一黨。136 南郡　郡名。戰國秦昭襄王二十九年（西元前二七八年）置。治郢（今湖北荊州北）。漢轄今湖北粉青河及襄樊以南，荊門、洪湖以西，長江和清江流域以北，西至重慶市巫山。137 長沙　郡、國名。戰國秦滅楚置。西漢初為國，轄今湖南大部、廣西小部、廣東連州、英德等市和江西一部。後轄境漸小，東漢乃改為郡。

【語譯】建武二年春，吳漢帶領大司空王梁，建義大將軍朱祐，大將軍杜茂，執金吾賈復，揚化將軍堅鐔，偏將軍王霸，騎都尉劉隆、馬武、陰識，共同在鄴縣東的漳水邊上攻打檀鄉賊，將他們打得大敗，投降了十多萬人。光武帝命使者正式下詔封吳漢為廣平侯，食邑為廣平、斥漳、曲周、廣年四縣。吳漢又率將領攻打鄴城西山盜賊黎伯卿等，直打到河內郡的脩武縣，攻占了所有屯聚。光武親臨慰問。又命吳漢進兵南陽，攻打宛縣、涅陽縣、酈縣、穰縣和新野縣等各處城池，全都攻下。吳漢又領兵向南，在黃郵水沿岸與秦豐作戰，將他打敗。又與偏將軍馮異攻打昌城縣的五樓賊張文等，在新安縣攻打銅馬、五幡，全部戰勝了他們。

2 第二年春天，吳漢帶領建威大將軍耿弇和虎牙大將軍蓋延，在軹縣西部攻打青犢軍，將他們打得大敗，投降的很多。又率領驃騎大將軍杜茂、彊弩將軍陳俊等，在廣樂包圍蘇茂軍。劉永的部將周建另外招募到十餘萬人，增援廣樂。吳漢統領輕騎兵迎戰，作戰失利，從馬上跌下，膝部負傷，返回營中，周建等與援兵匯合一起進入城中。眾將對吳漢說：「大敵當前，而您因傷臥床，軍心恐慌。」吳漢勃然而起，包紮好傷口，殺牛犒勞兵士，命令軍中說：「賊兵雖多，但都是搶劫的盜賊，『勝欲爭功不能互相謙讓，敗欲逃生不能互相救助』，沒有幾個堅持守節操，願意為義而死的人。如今正是立功封侯的時候，大家努力作戰吧！」於是兵士鬥志昂揚，士氣倍增。次日一早，周建、蘇茂派兵包圍吳漢。吳漢挑選四部精兵和勇士吳河等，以及烏桓的精銳騎兵三千餘人，一起擂鼓而進。周建的軍隊大敗，掉頭逃奔入城。吳漢軍長驅追擊，與周建軍一起爭門而入，大敗敵軍，蘇茂、周建急忙逃走。吳漢派杜茂、陳俊等人留下駐守廣樂，自領兵到睢陽協助蓋延圍攻劉永。劉永死後，兩座城池都降順了。

3 第二年，吳漢又統領陳俊及前將軍王梁，在臨平戰勝五校賊，一直追擊到東郡的箕山，將他們打得大敗。又向北攻打清河的長直與平原的五里賊，全部剿滅了賊寇。當時，鬲縣的五姓豪族一起驅逐了郡守縣長，據城謀反。眾將領們爭先要去攻打，吳漢不允許，說：「鬲縣造反的原因是郡守和縣長的罪過，有敢輕率進攻的，斬！」於是他刊發文書，讓郡中人拘禁郡守和縣令，一方面又派人到鬲縣城中致歉。五姓豪族很是高興，便相從歸順。眾將很佩服吳漢，說：「不作戰而拿下城池，不是眾人所能做得到的。」

4 這年冬天，吳漢統領建威大將軍耿弇、漢忠將軍王常等，在平原郡攻打富平、獲索二地之賊。第二年春天，盜賊率領五萬多人夜裡襲擊吳漢軍營，軍中驚亂，吳漢卻躺著不動，一會兒軍中便安定下來。當夜，吳漢便調動精兵出營突然進襲，大破賊兵。於是又追擊殘餘賊寇，直到無鹽，進兵渤海，都肅清了這些地方的盜賊。吳漢又隨從光武征討董憲，圍攻朐城。第二年春，攻占朐縣，刀斬董憲。這段史事在〈劉永傳〉中已有記載。東方都平定後，吳漢整頓軍隊返回京城。

5 正值隗囂反叛，這年夏天，光武又派遣吳漢往西屯軍長安。建武八年，吳漢隨光武出兵隴地，將隗囂包圍在西城。光武命令吳漢說：「各郡調來的兵士只知坐吃軍糧，如若再有逃亡者，就會使軍心頹喪，應當全都遣散他們。」吳漢等貪著合兵攻打隗囂，未加遣散，糧食一天少於一天，官兵疲倦，逃亡之人漸多，等到公孫述派出救援隗囂的軍隊到來，吳漢軍隊便敗退了。

6 建武十一年春天，吳漢率領征南大將軍岑彭等人討伐公孫述。等到岑彭攻占荊門，長驅直入江關，吳漢則留駐夷陵，製造露橈戰船，然後率領南陽兵及除下刑具的刑徒和招募來的兵士共三萬人溯江而上。恰遇上岑彭遭刺客暗殺，吳漢便兼領他的軍隊。建武十二年春天，吳漢與公孫述的將領魏黨、公孫永在魚涪津作戰，大敗他們，進而圍攻武陽。公孫述調派他的女婿史興領五千人援救武陽。吳漢迎頭截擊史興，消滅了他的全部兵士，乘勝進入犍為郡界。各縣都閉城堅守。吳漢便進軍攻打廣都縣，拿下縣城。派出輕裝騎兵燒了成都的市橋，武陽以東所有小城都歸順了。

7 光武帝告誡吳漢道：「成都有十幾萬軍隊，不可輕敵。你只須固守廣都，等待公孫述前來攻打，不可與他們爭勝負。如果他不敢來，你可以反覆調動軍隊逼迫他，等他精疲力盡，才可以攻擊他。」吳漢乘勝，便自領步兵騎兵二萬餘人進擊成都，離城十餘里，依憑大江紮營，架設浮橋，使副將武威將軍劉尚領萬餘人駐軍在大江的南岸，相距二十餘里。光武帝聞訊大驚，責備吳漢說：「我對你千囑咐萬囑咐，為什麼事到臨頭便舉止錯亂！既輕敵深入，又與劉尚分開紮營，一旦事態緊急，便不能互相照顧。敵人如果分兵牽制你，卻以大軍進攻劉尚，劉尚若敗了，你也就失敗了。幸虧沒有出事，趕緊領兵回到廣都。」光武的詔書還沒有到，公孫述果然派遣他的將領謝豐、袁吉率領約十萬軍隊，分為二十餘營，同時出動攻打吳漢。又另遣將領統率一萬餘人襲擊劉尚，使他無法援救吳漢。吳漢與謝豐、袁吉大戰一日，兵敗，跑回營中，謝豐乘機將他們包圍。吳漢召集將領，激勵他們說：「我和諸位戰勝了各種艱險，轉戰千里，所到之處，殺敵獲俘，方得深入敵境，直到敵人城下。現在，我們與劉尚，兩處受困，兵勢不能相接，災禍也就無法估量了。我想暗暗率兵過江與劉尚合兵，共同禦敵。如果諸位能夠同心協力，個個都主動奮戰，可以建立大功；如果不能這樣，我們必敗無疑。成敗的關鍵，在此一仗。」眾將都說「是」。於是，命兵士吃飽喝足，餵飽戰馬，閉營三日不出，又立了很多旗幟，使煙火不息，夜裡讓兵士啣枚，吳漢率軍與劉尚會合。謝豐等人竟沒有發覺，次日，謝豐分出一部兵力抵抗江北的吳漢，自己揮兵攻打江南的劉尚。吳漢全軍迎戰，從早上一直打到下午，大破敵軍，殺了謝豐、袁吉，斬殺敵人兵士五千多人。於是吳漢領兵回到廣都，留下劉尚抵抗公孫述。吳漢將全部情況寫成文書上報光武，並且痛加譴責自己。光武帝回信說：「你回到廣都，十分適當，公孫述必定不敢越過劉尚來攻擊你。如他先攻劉尚，你從廣都出發，只五十里路，率全部步、騎兵去救援，趕到戰地，正是敵人危難時候，將他打敗是必定的。」從此，吳漢與公孫述便在廣都與成都之間連續作戰，吳漢八戰八勝，從而駐軍在成都的外城之中。公孫述親領數萬人出城大戰，吳漢派護軍高午、唐邯帶領幾萬精銳兵士迎戰。公孫述失敗逃跑，高午馳入陣內斬殺了公孫述。此事已記載在〈公孫述傳〉中。次日一早，成都城投降，吳漢割下公孫述的頭用驛車送到洛陽。第二年正月，吳漢整頓軍隊順江而下。到達宛縣時，光武下詔，命他探家掃墓，賜給他穀物二萬斛。

8 建武十五年，吳漢又統領揚武將軍馬成、捕虜將軍馬武北上攻擊匈奴，遷移雁門、代郡、上谷的官吏、百姓六萬餘人安置到居庸關、常山關以東一帶。

9 建武十八年，蜀郡守將史歆在成都反叛，自稱大司馬，進攻太守張穆。張穆逃出成都城，跑到廣都，史歆便發布文書到全郡各縣，而宕渠縣的楊偉、朐䏰縣的徐容等人，各率領幾千人起兵響應史歆。光武帝知道史歆曾是岑彭的護軍，熟悉戰事，所以派吳漢率領劉尚及太中大夫臧宮領一萬餘人去攻打史歆。吳漢進軍武都，調發廣漢、巴郡、蜀郡三郡兵力圍攻成都，經過一百多天，攻下成都城，殺了史歆等人。吳漢於是乘小筏沿長江東下巴郡，楊偉、徐容等惶恐四散，吳漢殺其首領二百多人，將他們的幾百家同黨遷徙到南郡、長沙郡，然後班師回京。

1 漢性彊力❶，每從征伐，帝未安，恆側足❷而立。諸將見戰陳不利，或多惶懼，失其常度❸。漢意氣自若❹，方整厲❺器械，激揚士吏。帝時遣人觀大司馬何為，還言方修戰攻之具，乃歎曰：「吳公差彊人意❻，隱若一敵國❼矣！」每當出師，朝受詔，夕即引道❽，初無❾辨嚴❿之日，故能常任職，以功名終。及在朝廷，斤斤謹質⓫，形於體貌。漢嘗出征，妻子在後買田業。漢還，讓之曰：「軍師在外，吏士不足，何多買田宅乎！」遂盡以分與昆弟⓬外家⓭。

2 二十年，漢病篤⓮。車駕親臨，問所欲言。對曰：「臣愚無所知識⓯，唯願陛下慎無赦⓰而已。」及薨⓱，有詔悼愍⓲，賜謚⓳曰忠侯。發北軍五校⓴、輕車㉑、介士㉒送葬，如大將軍霍光故事㉓。

3 子哀侯成嗣，為奴所殺。二十八年，分漢封為三國：成子旦為灈陽㉔侯，以奉漢嗣；旦弟盱為筑陽㉕侯；成弟國為新蔡㉖侯。旦卒，無子，國除。建初㉗八年，徙封盱為平春㉘侯，以奉漢後。盱卒，子勝嗣。初，漢兄尉為將軍，從征戰死，封尉子彤為安陽㉙侯。帝以漢功大，復封弟翕為褒親侯。吳氏侯者凡五國。

【章　旨】以上為〈吳漢傳〉的第三部分，簡述吳漢謹慎、質樸的品格及後世子孫的襲封情況。

【注　釋】❶彊力　堅強；強悍。❷側足　斜身。❸常度　常態。❹自若　自然；保持常態。形容遇事沉穩。❺厲　「礪」的本字。磨利。❻差彊人意　意謂還算能振奮人的意志。差，稍微。❼隱若一敵國　言其威重堪與國家相當。多用於嘆賞人才繫國家之重者。隱，威重之貌。❽引道　上道；出征。❾初無　未曾有。❿辦嚴　即「辦裝」。整拾行裝。裝，明帝諱裝，故改為「嚴」。⓫斤斤謹質　拘謹質樸。⓬昆弟　兄弟。引申為友好親愛。⓭外家　外祖父母家；舅家。⓮病篤　病情沉重。⓯知識　水平；見識。⓰赦　寬赦。⓱薨　古代諸侯死曰薨。⓲愍　憂傷。⓳謚　帝王、貴族、大臣、士大夫死後，依其生前事跡給予的稱號。⓴五校　指東漢中央五支常備軍，即屯騎、越騎、步兵、長水、射聲五校尉所統轄的戍守京城的軍隊。㉑輕車　指輕車士，也即駕輕便車輛打仗的士兵。㉒介士　身披鎧甲的士卒，也叫甲兵。㉓霍光故事　據《漢書・霍光金日磾傳》，霍光去世後，朝廷派北軍五校士、輕車士等為霍光送葬。故事，舊例。㉔灈陽　縣名。屬汝南郡。在灈水之陽，因以為名。今河南上蔡西南。㉕筑陽　縣名。屬南陽郡，在筑水之陽，因以為名。今湖北穀城東北。㉖新蔡　縣名。秦置縣。在河南東南部，洪河、汝河在境內匯合，與安徽接壤。㉗建初　東漢章帝劉炟年號，西元七六－八四年。㉘平春　縣名。屬江夏郡。今河南信陽西北。㉙安陽　古縣名。秦置。治今河南安陽西南。

【語譯】 吳漢性格強悍，每次隨從光武作戰，光武處境不安時，他總是側身侍立。諸將見戰勢不佳時，多有人恐懼，因而失去常態。而吳漢則從容自若，而且整修兵器，鼓勵士卒。光武有時候命人去看吳漢在做什麼，得到回覆是在整修攻戰的器械，光武感慨地說：「吳公還算能振奮人的意志，其威重可與國相當。」吳漢每次出征，早上得到詔令，下午就上路，向來未有置辦行裝的時候，故常能勝任實職，有功名終身。在朝廷時，他明察事情、謹慎詳斷的品性，形於言表。有一次，吳漢出征在外，他的妻子兒女則在家置辦田產。吳漢回到家中，指責備他們說：「軍隊在外，官吏、士兵不足食用，為何你們要多置田地房產呢！」於是將全部田產都分給了兄弟和舅家。

2 建武二十年，吳漢病重。光武親自去探望，問他有什麼要求。吳漢回答說：「臣愚昧，沒有什麼見識，只希望陛下千萬不要寬赦我的過錯。」吳漢死後，光武下詔哀悼，賜謚號忠侯。派北軍五營的兵士、戰車、甲士送葬，按照宣帝時給大將軍霍光送葬那樣的儀禮辦理。

3 吳漢的兒子哀侯吳成繼承爵位，後來被奴僕所殺。建武二十八年，把吳漢的封地分為三個封國：吳成的兒子吳旦為灈陽侯，作為吳漢的嫡嗣；吳旦的弟弟吳盱為筑陽侯；吳成的弟弟吳國為新蔡侯。吳旦去世後，沒有兒子，封國被撤銷。建初八年，改封吳盱為平春侯，作為吳漢的嫡嗣。吳盱死後，其子吳勝繼承爵位。早先吳漢的哥哥吳尉為將軍，跟隨征伐，在戰鬥中死亡，於是封吳尉之子吳彤為安陽侯。光武帝認為吳漢功勞很大，又封他的弟弟吳翕為褒親侯。吳氏一共被封了五個侯國。

初，漁陽都尉嚴宣❶，與吳漢俱❷會光武於廣阿，光武以為偏將軍，封建信❸侯。

論曰：吳漢自建武世，常居上公❹之位，終始倚愛之親❺，諒❻由質簡❼而彊力也。子曰：「剛毅木訥近仁。」❽斯豈漢之方乎？昔陳平智有餘以見疑，周勃資朴忠而見信❾。夫仁義不足以相懷❿，則智者以有餘為疑，而朴者以不足取信矣。

【章　旨】以上為〈吳漢傳〉的第四部分，簡介嚴宣受封建信侯，及通過孔子之言闡而發之，表達了作者對吳漢的高度讚揚。

【注　釋】❶都尉嚴宣　都尉，官名。輔佐郡守並掌全郡軍事。嚴宣，與吳漢一起歸附光武，受封建信侯，他事不詳。❷俱　一起。❸建信　縣名。屬千乘國。故治在今山東高青北。❹上公　官名。位在三公之上。❺倚愛之親　唐李賢注：「『差強人意』是倚之也，『遂見親信』是愛之也。」❻諒　料想；估量。❼質簡　本質簡樸。❽子曰剛毅木訥近仁　子，即孔子。剛，剛強。毅，果決。木，樸實。訥，言語不輕易出口。❾陳平智有餘以見疑二句　陳平、周勃均是漢高祖時的名臣。據《史記・高祖本紀》高祖重病時，呂后問，蕭何相國死後，誰可接任相國。高祖說：「陳平智有餘，然難以獨任。周勃重厚少文，然安劉氏者必勃也，可令為太尉。」資，別本作「質」。❿相懷　互相信賴。

【語　譯】起初，漁陽郡都尉嚴宣，與吳漢一起在廣阿投靠光武帝，光武帝以他為偏將軍，封建信侯。

史家評論說：吳漢在建武一代，常居上公之位，始終深受皇上的倚重和信任，是由於他為人樸質而個性堅強。孔子說：「剛毅質樸又慎於言詞便接近仁了。」這難道不是吳漢的寫照嗎？從前陳平因為才智有餘而被懷疑，周勃則因為天性質樸仁厚而受到信任。如果不能憑藉仁義之心而互相信任，那麼聰明的人因為才智有餘而被懷疑，而質樸的人則因為才智不足而受到信任。

1 蓋延，字巨卿，漁陽要陽❶人也。身長八尺❷，彎弓三百斤❸。邊俗❹尚勇力，而延以氣[5]聞。歷郡列掾[6]、州從事[7]，所在職辦[8]。彭寵為太守，召延署[9]營尉，行[10]護軍。

2 及王郎起，延與吳漢同謀歸光武。延至廣阿，拜偏將軍，號建功侯，從平河北。光武即位，以延為虎牙將軍。

3 建武二年，更封安平[11]侯。遣南擊敖倉[12]，轉攻酸棗[13]、封丘[14]，皆拔。其夏，督騶馬都尉[15]馬武、騎都尉[16]劉隆、護軍都尉馬成、偏將軍王霸等南伐劉永，先攻拔襄邑[17]，進取麻鄉[18]，遂圍永於睢陽。數月，盡收野麥。夜梯其城入。永驚懼，引兵走出東門[19]，延追擊，大破之。永棄軍走譙[20]，延進攻，拔薛[21]，斬其魯郡[22]太守，而彭城[23]、扶陽[24]、杼秋[25]、蕭[26]皆降。又破永沛郡[27]太守，斬之。永將蘇茂、佼彊[28]、周建等三萬餘人救永，共攻延，延與戰於沛西，大破之。永軍亂，遁沒溺死者太半[29]。永棄城走湖陵[30]，蘇茂奔廣樂。延遂定沛、楚[31]、臨淮[32]，修高祖廟，置嗇夫[33]、祝宰[34]、樂人[35]。

4 三年，睢陽復反[36]，城迎劉永，延復率諸將圍之百日，收其野穀。永乏食，突[37]走，延追擊，盡得輜重[38]。永為其將所殺，永弟防舉城降。

5 四年春，延又擊蘇茂、周建於蘄[39]，進與董憲戰留[40]下，皆破之。因率平狄將軍龐萌[41]攻西防[42]，拔之。復追敗周建、蘇茂於彭城，茂、建亡奔董憲，董憲將賁休[43]舉蘭陵[44]城降。憲聞之，自郯[45]圍休。時延及龐萌在楚，請往救之。帝勑曰：「可直往擣[46]郯，則蘭陵必自解。」延等以賁休城危，遂先赴之。憲逆戰而陽[47]敗，延等逐退，因拔圍入城。明日，憲大出兵合圍，延等懼，遽出突走，因往攻郯。帝讓之曰：「間欲先赴郯者，以其不意[48]故耳。今既奔走，賊計已立，圍豈可解乎！」延等至郯，果不能克，而董憲遂拔蘭陵，殺賁休。延等往來要擊[49]憲別將[50]於彭城、郯、邳[51]之間，戰或日數合，頗有剋獲[52]。帝以延輕敵深入，數以書誡之。及龐萌反，攻殺楚郡太守，引軍襲敗延，延走，北度泗水[53]，破舟檝，壞津梁[54]，僅而得免。帝自將而東，徵延與大司馬吳漢、漢忠將軍王常、前將軍王梁、捕虜將軍馬武、討虜將軍王霸等會任城[55]，討龐萌於桃鄉[56]，又並從征董憲於昌慮[57]，皆破平之。六年春，遣屯長安。

6 九年，隗囂死，延西擊街泉[58]、略陽[59]、清水[60]諸屯聚，皆定。

7 十一年，與中郎將[61]來歙[62]攻河池[63]，未剋，以病引[64]還，拜為左馮翊[65]，將軍如故[66]。十二年，增封定食萬戶。十五年，薨於位。

8 子扶嗣。扶卒，子側嗣。永平[67]十三年，坐[68]與舅王平[69]謀反，伏誅[70]，國除。

永初(71)七年，鄧太后(72)紹(73)封延曾孫恢為蘆亭侯。恢卒，子遂嗣。

【章　旨】以上為〈蓋延傳〉。記載了蓋延的家世和履歷，集中記述了他的卓越戰績，如建功於睢陽、平定楚沛等縣、與董憲交戰頗多繳獲等，表現了他的勇猛有力。此外，還簡述了他的後代繼封變故等事。

【注　釋】❶要陽　縣名。屬漁陽郡。故治在今河北豐寧東。❷尺　計量單位。漢時一尺約相當於現在的二三・〇九公分。❸斤　重量單位。漢代規定十六兩為一斤。❹邊俗　邊境習俗。❺氣　氣勢；氣質。❻掾　古代屬官的通稱。❼從事　官名。即從事史。漢以後州刺史自辟僚屬，多以從事為稱。❽辦　做事效率高。❾署　攝官，指代理、暫任或試充官職。❿行　官銜高而實際擔任的職務低，稱行。⓫安平　古邑名。今山東臨淄東北。⓬敖倉　秦所置穀倉。在今河南滎陽北敖山上。地當黃河與濟水分流處，是當時重要糧倉，漢魏均仍在此設倉。⓭酸棗　古縣名。春秋鄭邑，秦置縣。治今河南延津西南。⓮封丘　縣名。漢置縣。在今河南新鄉東南部，東、南兩面臨黃河。⓯駙馬都尉　簡稱「駙馬」。侍從武官。漢武帝元鼎二年（西元前一一五年）置，與奉車都尉、騎都尉合稱三都尉。掌駙馬，即天子副車之馬，秩比二千石，多以宗室、外戚及諸公子孫任之。⓰騎都尉　官名。秩比二千石。統率羽林騎，屬光祿勳。⓱襄邑　古縣名。秦置。治今河南睢縣。⓲蘄鄉　縣名。今安徽碭山縣東北。⓳東門　李賢注：「東門名魚門也。」⓴譙　古縣名。春秋陳譙邑，秦置縣。治今安徽亳州。(21)薛　古國名。秦置縣。屬薛郡。今江蘇睢寧西北。(22)魯郡　郡、國名。西漢高后元年（西元前一八七年）改薛郡置魯國。末年轄境相當今山東曲阜、滕州、泗水縣等地。(23)彭城　古縣名。春秋時宋邑，秦置縣。治今江蘇徐州。(24)扶陽　縣名。屬沛郡。(25)杼秋　縣名。屬梁國。今安徽碭山縣東南。(26)蕭　縣名。春秋為蕭國，秦置縣。今安徽北端，東臨江蘇，西接河南。(27)沛郡　郡、國名。漢高帝以秦泗水郡南部置郡，治相縣（今安徽濉溪縣西北）。成帝末年轄今安徽淮河以北、西肥河以東，河南夏邑、永城及江蘇沛縣、豐縣等地。(28)佼彊　山陽人。西防賊帥，劉永拜其為橫行將軍，數與光武軍交戰，後率其眾歸降光武。(29)太半　大部分。(30)湖陵　縣名。屬山陽郡。《前漢志》王莽改曰湖陸，章帝復其號。今山東魚台東南。(31)楚　郡、國名。西漢宣帝地節元年（西元前六九年）改楚國為彭城郡，宣帝黃龍元年（西元前四九年）復為楚國。治彭城（今江蘇徐州）。轄境相當今山東微山縣、江蘇徐州、銅山縣、沛縣東南部、邳州西北部及安徽濉溪縣東部。(32)臨淮　郡名。武帝置為臨淮郡，東漢明帝永平十五年（西元七二年）更為下邳國，故治在今江蘇睢寧西北。(33)嗇夫　諸侯王園陵官。(34)祝宰　主持祭祀並念頌詞的官。㉟樂人　主管音樂的長官。㊱反　反叛。㊲突　猛衝。㊳輜重　特指部隊行軍時攜帶的器械、糧草及其他物資。㊴蘄古地名。今湖北蘄春一帶。㊵留　古縣名。秦置留縣。治今江蘇沛縣東南。㊶龐萌　山陽（今山東金鄉）人，見本書卷十二。㊷西防　縣名。春秋時宋之西防邑，今山東單縣北。㊸賁休　初為董憲將，後以蘭陵城降光武，董憲攻克蘭陵，斬殺休。㊹蘭陵　古縣名。戰國楚置。治今山東蒼山縣西南蘭陵鎮，其後屢有廢、復。㊺郯　古縣名。秦置。治今山東臨沂郯城縣北。㊻擣《東觀漢記》作「擊」。進攻。㊼陽　通「佯」。假扮。㊽不意　料想不到。㊾要擊　攔截阻擊。㊿別將　配合主力作戰的軍隊長官。(51)邳　即下邳縣。在今江蘇睢寧西北。(52)剋獲　勝利和俘獲。(53)泗水　古河名。在山東西南部。源出山東泗水縣東蒙山南麓，四源並發，故名。(54)津梁　渡口的橋梁。(55)任城　縣名。治今山東濟寧東南。(56)桃鄉　縣名。今山東微山縣西南。(57)昌慮　縣名。屬東海郡。治今山東滕州東南。(58)街泉　縣名。屬漢陽郡。今甘肅莊浪東南。(59)略陽　縣名。在陝西漢中西北部、嘉陵江上游。鄰接甘肅。(60)清水　縣名。在甘肅天水市東部，鄰接陝西。漢置縣，以縣境有清水得名。(61)中郎將　官名。秦置中郎，西漢分五官、左、右三署，各置中郎將以統領皇帝的侍衛，隸光祿勳。漢平帝時又置虎賁中郎將，統虎賁郎。東漢以後，統兵將領亦多用此名，其上再加稱號。如前期的使匈奴中郎將，後期的北中郎將等。(62)來歙　字君叔，南陽新野人。見本書卷十五。(63)河池　縣名。屬武都郡。今甘肅徽縣西北。(64)引　撤退。(65)左馮翊　官名。西漢武帝太初元年（西元前一〇四年）改左內史置。職掌相當於郡太守。(66)如故　像過去一樣。(67)永平　東漢明帝劉莊年號，西元五八—七五年。(68)坐　獲罪。(69)王平　漁陽（今北京市密雲西南）人。岑側舅，王堅石弟。曾因圖劃謀反下獄，他事不詳。(70)伏誅　受死；被處死。(71)永初　東漢安帝劉祜年號，西元一〇七—一一三年。(72)鄧太后　名綏，南陽新野人。太傅鄧禹之孫女，見本書卷十上。(73)紹　續承。

【語　譯】蓋延，表字巨卿，漁陽郡要陽縣人。他高八尺，能拉開三百斤的硬弓。邊境習俗崇尚勇力，而蓋延卻以豪氣聞名。歷任郡列掾、州從事，所任皆能稱職。彭寵為太守時，召請蓋延暫任營尉，代理護軍之職。

2 王郎起兵時，蓋延與吳漢一同謀劃投奔光武帝。蓋延到廣阿，被拜為偏將軍，號建功侯，隨從光武帝平定黃河以北。光武帝即位，以其為虎牙將軍。

3 建武二年，蓋延被改封為安平侯。光武帝命他南擊敖倉，轉攻酸棗、封丘，全部攻打下來。這年夏天，又統率駙馬都尉馬武、騎都尉劉隆、護軍都尉馬成、偏將軍王霸等人南征劉永。他們先奪取了襄邑，再進攻麻鄉，從而將劉永包圍在睢陽。包圍幾個月，將其郊野之麥全部收割。一天深夜，登梯入城。劉永驚懼，領兵奔出東門，蓋延追殺，打敗他們。劉永棄軍逃到譙縣，蓋延進擊，占領薛縣，斬殺魯郡太守，既而彭城、扶陽、杼秋、蕭縣等地全部投降。又攻敗劉永的沛郡太守，並殺死他。劉永的部將蘇茂、佼彊、周建等率三萬餘人來營救劉永，共同進攻蓋延，蓋延與他們在沛郡西部開戰，大破敵軍。劉永軍隊大亂，逃跑及淹死的有一半多。劉永棄城逃到湖陵，蘇茂逃奔廣樂。蓋延於是收復了沛郡、楚郡、臨淮等地，修建高祖廟，設置嗇夫、祝宰、樂人等供奉之。

4 建武三年，睢陽城反叛，迎回劉永。蓋延又率各將領攻圍睢陽百日，收其郊野之穀。劉永糧食匱乏，突圍出逃，蓋延進擊，獲其全部輜重。劉永被他的部將所殺，劉永之弟劉防率全城歸降。

5 建武四年春天，蓋延又在蘄縣攻打蘇茂、周建，接著在留縣與董憲作戰，將他們全打敗。又趁勢率平狄將軍龐萌攻取西防。在彭城追上周建、蘇茂，並打敗了他們，蘇茂、周建退奔董憲，董憲部將賁休率蘭陵城投誠。董憲聞訊，從郯縣發兵圍攻賁休。當時，蓋延和龐萌正在楚縣，聞訊請求前往相救。光武帝下詔說：「可直接攻打郯縣，這樣蘭陵之圍必然自動解除。」蓋延等認為賁休所守之城十分危急，便違詔先赴蘭陵。董憲迎戰而假裝敗退，蓋延等追退了敵人，進入城中。第二天，董憲大舉出兵包圍蘭陵，蓋延等驚恐，即刻突圍出走，去進攻郯縣。光武帝譴責他們說：「早先讓你們先攻郯縣，是因為敵人會料想不到。現在你們已經敗走，敵人的計謀已成，蘭陵之圍豈能解除！」蓋延等人抵達郯縣，果然不能取勝，而董憲卻攻取蘭陵，殺死賁休。蓋延等人便在彭城、郯縣、邳縣一帶攔擊董憲的別將，有時一天數次戰鬥，頗有斬獲。光武帝因為蓋延輕敵深入，多次下詔勸誡他。後龐萌叛亂，殺死楚郡太守，領軍襲擊蓋延，蓋延逃走，北渡泗水，搗壞船隻，毀壞渡口的橋梁，才得以免遭覆滅。光武帝親自領兵東伐，詔令蓋延與大司馬吳漢、漢忠將軍王常、前將軍王梁、捕虜將軍馬武、討虜將軍王霸等人於任城相會，往桃鄉攻打龐萌，又一起隨從光武帝到昌慮征討董憲，全都將他們攻破，收復了這些地方。建武六年春天，光武帝命蓋延屯守長安。

6 建武九年，隗囂死，蓋延西擊街泉、略陽、清水等處屯聚之賊，都平定了。

7 建武十一年，蓋延與中郎將來歙進攻河池，沒能攻下，因得病返回京城，被拜為左馮翊，仍像以前一樣統領軍隊。建武十三年，加賜封地，食邑一萬戶。建武十五年，在左馮翊任上逝世。

8 蓋延之子蓋扶繼承爵位。蓋扶去世，其子蓋側繼承爵位。永平十三年，因與他的舅舅王平謀反而獲罪，被處死，封國也被撤銷。永初七年，鄧太后續封蓋延曾孫蓋恢為蘆亭侯。蓋恢去世，其子蓋遂繼承爵位。

1 陳俊，字子昭，南陽西鄂❶人也。少為郡吏。更始立，以宗室劉嘉❷為太常❸將軍，俊為長史❹。光武徇河北，嘉遣書薦俊，光武以為安集掾。

2 從擊銅馬於清陽，進至蒲陽❺，拜彊弩將軍。與五校戰於安次❻，俊下馬，手接短兵，所向必破，追奔二十餘里，斬其渠帥而還。光武望而歎曰：「戰將盡如是，豈有憂哉！」五校引退入漁陽，所過虜掠。俊言於光武曰：「宜令輕騎出賊前，使百姓各自堅壁❼，以絕其食，可不戰而殄也。」光武然之，遣俊將輕騎馳出賊前。視人保壁堅完者，勑令固守；放散在野者，因掠取之。賊至無所得，遂散敗。及軍還，光武謂俊曰：「困此虜者，將軍策也。」及即位，封俊為列侯❽。

3 建武二年春，攻匡❾賊，下四縣，更封新處❿侯。引擊頓丘⓫，降三城。其秋，大司馬吳漢承制拜俊為彊弩大將軍，別擊金門、白馬⓬賊於河內，皆破之。四年，轉徇汝陽⓭及項⓮，又拔南武陽⓯。是時太山豪傑多擁眾與張步連兵，吳漢言於帝曰：「非陳俊莫能定此郡。」於是拜俊太山⑯太守，行大將軍事。張步⑰聞之，遣其將擊俊，戰於嬴⑱下，俊大破之，追至濟南⑲，收得印綬⑳九十餘，稍㉑攻下諸縣，遂定太山。五年，與建威大將軍耿弇共破張步，事在弇傳。

4 時琅邪㉒未平，乃徙俊為琅邪太守，領㉓將軍如故。齊㉔地素聞俊名，入界，盜賊皆解散。俊將兵擊董憲於贛榆㉕，進破朐賊孫陽，平之。八年，張步畔，還琅邪，俊追討，斬之。帝美其功，詔俊得專征青、徐㉖。俊撫貧弱，表有義，檢制軍吏，不得與郡縣相干㉗，百姓歌之。數上書自請，願奮擊隴、蜀。詔報曰：「東州㉘新平，大將軍之功也。負海猾夏㉙，盜賊之處，國家以為重憂，且勉鎮撫㉚之。」

5 十三年，增邑㉛，定封祝阿㉜侯。明年，徵奉朝請㉝。二十三年卒。

6 子浮嗣，徙封蘄春㉞侯。浮卒，子專諸嗣。專諸卒，子篤嗣。

【章旨】以上為〈陳俊傳〉，簡述了陳俊家世，通過寫他率軍與五校軍作戰、平定太山、琅邪等郡之事，表現出他的勇猛果敢和雄鷹般的氣勢。

【注釋】❶西鄂　古縣名。西漢置。治今河南南陽北。❷劉嘉　字孝孫，順陽（今河南內鄉）懷侯，光武族兄。見本書卷十四。❸太常　官名。秦置奉常，漢景帝時改稱太常。九卿之一，掌宗廟禮儀，兼掌選試博士。歷代沿置為司祭祀禮樂之官。

❹長史　官名。西漢時丞相、太尉、御史大夫屬官均有長史，東漢的太尉、司徒、司空三公府亦設長史，職任頗重，號為三公輔佐。❺蒲陽　山名。今河北順平西北。峰巒秀美，多白石，故又名白崖山。❻安次　縣名。在今河北廊坊。❼堅壁　固守營壘。❽列侯　爵位名。秦代時爵位分為二十級，徹侯為最高位，為避漢武帝劉徹諱，改徹侯為通侯，或稱列侯。❾匡　古邑名。春秋衛地。今河南長垣西南。❿新處　縣名。屬中山國。治今河北望都西南。⓫頓丘　古縣名。西漢置。治今河南清豐西南。⓬金門白馬　李賢注：「金門、白馬並山名。」⓭汝陽　古縣名。西漢置。治今河南商水縣西南。⓮項　古縣名。春秋項國，後屬楚，秦置縣。治今河南沈丘。⓯南武陽　縣名。在今山東平邑治城。⓰太山　郡名。治奉高縣（今山東泰安東北），轄境相當今山東泰山南、費縣北、泗水縣東及沂源以西地區。⓱張步　字文公，琅邪不其（今山東即墨）人。見本書卷十二。⓲嬴　古縣名。春秋齊邑，秦置縣。治今山東萊蕪西北。⓳濟南　郡、國名。西漢初改博陽郡置郡，治東平陵（今山東章丘西）。轄境相當今山東濟南、章丘、濟陽、鄒平等地。⓴印綬　官印。綬，繫印的絲帶。㉑稍　漸漸。㉒琅邪　郡名。秦置。西漢移治東武（今山東諸城），轄境相當今山東半島東南部。東漢改為國，移治開陽（今山東臨沂北）。㉓領　指兼任較低級的職務。㉔齊　地區名。今山東泰山以北黃河流域及膠東半島地區，為戰國齊地，漢以後沿稱齊。㉕贛榆　縣名。在江蘇連雲港市北部，鄰接山東，東鄰黃海。漢置贛榆縣。㉖專征青徐　專征，古代諸侯或將帥經特許得自行征伐。青，即青州。漢武帝所置「十三刺史部」之一。轄今山東德州、齊河縣以東，馬頰河以南，濟南、臨朐、安丘、高密、萊陽、棲霞、乳山等地以北、以東和河北吳橋等地。徐，即徐州。漢武帝所置「十三刺史部」之一。轄境相當今江蘇長江以北和山東東南部地區。㉗干　索取。㉘東州　謂東方六州，包括司隸、兗、豫、徐、冀、并中原地區東部六州。㉙負海猾夏　負，背倚。猾，侵擾。夏，指漢族。㉚鎮撫　鎮壓撫恤。㉛邑　封地。㉜祝阿　古地名、縣名。春秋齊地，又名「督揚」。今山東濟南西南。西漢置縣。㉝奉朝請　本為貴族、官僚定期朝見皇帝的稱謂。古代以春季的朝見為朝，秋季的朝見為請，故名。漢代退職大臣、將軍和皇室、外戚，多以奉朝請名義參加朝會。㉞蘄春　縣名。在湖北黃岡東南部、長江北岸、蘄水流域，鄰接安徽，漢置蘄春縣。

【語　譯】陳俊，表字子昭，南陽郡西鄂縣人。青年時曾任郡吏。更始皇帝立，以宗室劉嘉為太常將軍，陳俊為長史。光武兵巡黃河以北之時，劉嘉書信舉薦陳俊，光武便任他為安集掾。

2 陳俊隨光武帝在清陽進擊銅馬軍，軍至蒲陽時，被拜為彊弩將軍。在安次與五校軍作戰，陳俊跳下戰馬，手持短兵器，無人能擋，追趕敵人二十多里，殺敵軍首領而回。光武帝遙望後感歎說：「如果戰將都像這樣勇猛，還有憂慮嗎！」五校軍退入漁陽，四處擄掠。陳俊向光武帝進言：「應派譴輕騎兵趕到賊眾前面，叫百姓各自堅固壁壘，斷絕賊軍糧源，賊兵可不戰而滅了。」光武帝認為很對，命陳俊率輕騎兵趕到賊軍前面。看到那些壁壘堅固完好的，就令其固守；那些散放在外的，就趁機掠奪走。賊軍到了這裡，一無所得，於是潰散敗亡。陳俊領軍返回後，光武帝對他說：「是將軍的計策才使賊虜困敗啊。」光武帝即位後，封陳俊為列侯。

3 建武二年春天，陳俊進攻匡地賊寇，攻取四縣，被改封新處侯。又領兵攻頓丘縣，降服三城。這年秋天，大司馬吳漢受帝命封陳俊為彊弩大將軍，另率兵在河內攻打金門、白馬諸賊，全戰勝了他們。建武四年，轉而進攻汝陽及項縣，又奪取南武陽。當時，太山豪強多擁兵與張步聯合，吳漢向光武帝進言：「除了陳俊沒人能收復這個郡。」於是，光武帝封陳俊為太山太守，兼代大將軍之職。張步聽說，便派將攻打陳俊，雙方在嬴縣開戰。陳俊大敗敵軍，一直追至濟南，繳獲印綬九十多個，又逐步攻占了其他各縣，平復了太山郡。建武五年，與建威大將軍耿弇一起大敗張步，這件事記錄在〈耿弇傳〉中。

4 當時，琅邪郡尚未平復，光武帝改派陳俊為琅邪太守，仍領將軍之職。齊地人早就知道陳俊的威名，所以他一進入齊界，盜賊全聞風散夥。陳俊領兵去贛榆征討董憲，進而攻破朐地之賊孫陽，光復了這些地方。建武八年，張步反叛，返回琅邪，陳俊前往攻打，斬了張步。光武帝稱揚陳俊的功勳，詔令陳俊可以自行征討青、徐等州。陳俊安撫貧困弱小者，表彰有義之人，約束軍吏，不讓他們敲詐郡縣百姓，百姓頌美其政。陳俊數次上書請命，願帶軍奮擊隴、蜀兩地的敵軍。光武帝下詔說：「東方六州新近平定，這是大將軍你的功勞。那些背靠海域的盜賊，仍在侵擾我中原地區，他們聚集之處，國家深以為慮，你還是盡力鎮懾或撫恤他們吧。」

5 建武十三年，加賜陳俊封邑，定封為祝阿侯。下一年，朝廷徵他為奉朝請。建武二十三年去世。

6 其子陳浮繼承爵位，改封蘄春侯。陳浮去世，其子陳專諸繼承爵位。陳專諸去世，其子陳篤繼承爵位。

1 臧宮，字君翁，潁川❶郟❷人也。少為縣亭長、游徼❸，後率賓客入下江❹兵中為校尉❺，因從光武征戰，諸將多稱其勇。光武察宮勤力少言，甚親納❻之。及至河北，以為偏將軍。從破群賊，數陷陳卻敵。

2 光武即位，以為侍中❼、騎都尉。建武二年，封成安❽侯。明年，將突騎與征虜將軍祭遵❾擊更始將左防、韋顏❿於涅陽、酈，悉降之。五年，將兵徇江夏⓫，擊代鄉、鍾武、竹里⓬，皆下之。帝使太中大夫持節拜宮為輔威將軍。七年，更封期思⓭侯。擊梁郡⓮、濟陰⓯，皆平之。

3 十一年，將兵至中盧⓰，屯駱越⓱。是時公孫述將田戎⓲、任滿⓳與征南大將軍岑彭相拒於荊門，彭等戰數不利，越人謀畔從⓴蜀。宮兵少，力不能制。會屬縣送委輸車數百乘至，宮夜使鋸斷城門限㉑，令車聲回轉出入至旦。越人候伺㉒者聞車聲不絕，而門限斷，相告以漢兵大至。其渠帥乃奉牛酒以勞軍營。宮陳兵大會，擊牛釃㉓酒，饗賜慰納之，越人由是遂安。

4 宮與岑彭等破荊門，別㉔至垂鵲山㉕，通道出秭歸㉖，至江州㉗。岑彭下巴郡，使宮將降卒五萬，從涪水㉘上平曲㉙。公孫述將延岑㉚盛兵於沈水㉛，時宮眾多食少，轉輸不至，而降者皆欲散畔，郡邑復更保聚㉜，觀望成敗。宮欲引還，恐為所反[33]。會帝遣謁者將兵詣岑彭，有馬七百匹，宮矯制[34]取以自益，晨夜進兵，多張旗幟，登山鼓噪，右步左騎，挾船而引[35]，呼聲動山谷。岑不意漢軍卒[36]至，登山望之，大震恐。宮因從擊[37]，大破之。斬首溺死者萬餘人，水為之濁流。延岑奔成都，其眾悉降，盡獲其兵馬珍寶。自是乘勝追北[38]，降者以十萬數。

5 軍至平陽[39]鄉，蜀將王元[40]舉眾降。進拔緜竹[41]，破涪城[42]，斬公孫述弟恢[43]，復攻拔繁[44]、郫[45]。前後收得節[46]五，印綬千八百。是時大司馬吳漢亦乘勝進營逼成都。宮連屠大城，兵馬旌旗甚盛，乃乘兵入小雒郭門[47]，歷成都城下，至吳漢營，飲酒高會。漢見之甚歡，謂宮曰：「將軍向者[48]經虜城下，震揚威靈，風行電照。然窮寇難量，還營願從它道矣。」宮不從，復路而歸，賊亦不敢近之。進軍咸門[49]，與吳漢並滅公孫述。

6 帝以蜀地新定[50]，拜宮為廣漢太守。十三年，增邑，更封酇[51]侯。十五年，徵還京師，以列侯奉朝請，定封朗陵侯。十八年，拜太中大夫。

7 十九年，妖巫維汜[52]弟子單臣、傅鎮[53]等，復妖言相聚，入原武[54]城，劫吏人，自稱將軍。於是遣宮將北軍及黎陽[55]營數千人圍之。賊穀食多，數攻不下，士卒死傷。帝召公卿諸侯王問方略，皆曰「宜重其購賞」。時顯宗[56]為東海王，獨對曰：「妖巫相劫，孰無久立，其中必有悔欲亡者。但外圍急，不得走耳。宜小(57)挺緩(58)，令得逃亡，逃亡則一亭長足以禽(59)矣。」帝然之，即勑宮徹圍緩賊，賊眾分散，遂斬臣、鎮等。宮還，遷城門校尉(60)，復轉左中郎將(61)。擊武谿(62)賊，至江陵(63)，降之。

8 宮以謹信質樸，故常見任用。後匈奴飢疫，自相分爭，帝以問宮，宮曰：「願得五千騎以立功。」帝笑曰：「常勝之家，難與慮敵(64)，吾方自思之。」二十七年，宮乃與楊虛侯馬武上書曰：「匈奴貪利，無有禮信，窮則稽首(65)，安則侵盜(66)，緣邊被(67)其毒痛，中國(68)憂其抵突(69)。虜今人畜疫死，旱蝗赤地(70)，疫困之力，不當(71)中國一郡。萬里死命，縣(72)在陛下。福不再來，時或易失，豈宜固守文德(73)而墮武事乎？今命將臨塞，厚縣購賞，喻告高句驪、烏桓、鮮卑(74)攻其左，發河西四郡(75)、天水(76)、隴西(77)羌胡(78)擊其右。如此，北虜之滅，不過數年。臣恐陛下仁恩不忍，謀臣狐疑，令萬世刻石之功(79)不立於聖世。」詔報曰：「黃石公記(80)曰：『柔能制剛，弱能制彊。』柔者德也，剛者賊也。弱者仁之助也，彊者怨之歸也。故曰有德之君，以所樂樂人；無德之君，以所樂樂身。樂人者其樂長，樂身者不久而亡。舍近謀遠者，勞而無功；舍遠謀近者，逸而有終。逸政(81)多忠臣，勞政(82)

多亂人。故曰務[83]廣地[84]者荒[85]，務廣德者彊。有其有者安，貪人有者殘。殘滅之政，雖成必敗。今國無善政，災變不息，百姓驚惶，人不自保，而復欲遠事邊外乎？孔子曰：『吾恐季孫之憂，不在顓臾。』[86]且北狄[87]尚彊，而屯田警備傳聞之事，恆[88]多失實。誠能舉天下之半以滅大寇，豈非至願？苟非其時，不如息人。」自是諸將莫敢復言兵事者。

9 宮永平[89]元年卒，謚曰愍侯。子信嗣。信卒，子震嗣。震卒，子松嗣。元初[90]四年，與母別居，國除。永寧[91]元年，鄧太后紹封松弟由為朗陵侯。

【章旨】以上為〈臧宮傳〉，記載了臧宮一生的重要事件及後代子孫的情況。集中敘述了他跟從光武連續征戰所取得的戰功，體現出他臨危不亂、智勇雙全、忠信樸素等品格。

【注釋】❶潁川　郡名。戰國秦王政十七年（西元前二三〇年）置。治今河南禹州。轄境相當今河南登封、寶豐以東，尉氏、郾城以西，新密以南，葉縣、舞陽以北地。其後治所屢有遷移，轄境漸小。西漢置有工官，東漢中平初波才領導的黃巾軍在此起事。❷郟　縣名。春秋鄭郟邑，秦置縣。在河南平頂山市西北部、北汝河上游。❸游徼　古代鄉官。秦始置，掌一鄉的巡察緝捕。兩漢至南北朝多沿置，後漸廢。李賢注：「《續漢書》曰：『每鄉有游徼，掌循禁姦盜。』」❹下江　地區名。古稱長江自南郡（治今湖北荊州）以下為下江。❺校尉　漢時軍職之稱，略次於將軍。隨其職務冠以名號，如掌北軍壘者有中壘校尉，掌西域屯兵者有戊己校尉等。漢武帝時置中壘、屯騎、步兵、越騎、長水、胡騎、射聲、虎賁八校尉，為專掌特種部隊的將領，東漢略同。❻親納　親信結納。❼侍中　官名。俸比二千石，掌侍皇帝左右，贊導眾事，顧問應對。❽成安　縣名。今河北邯鄲東部。❾祭遵　字弟孫，潁川潁陽（今河南許昌）人。見本書卷二十。❿左防韋顏　左防、韋顏皆更始將，他事不詳。⓫江夏　郡名。漢高祖六年（西元前二〇一年）置。治今湖北新洲西。轄今湖北安陸、鍾祥、潛江、仙桃、嘉魚、蒲圻、崇陽等地以東，及河南光山縣、新縣以西、信陽以東、淮河以南地。⓬代鄉鐘武竹里　代鄉，邑聚名。故址當在河南信陽與湖北交界一帶。鐘武，縣名。治今河南信陽東南。竹里，鄉里名。當在今河南信陽地區。⓭期思　古縣名。漢置。治今河南淮濱東南期思。⓮梁郡　郡、國名。漢高帝五年（西元前二〇二年）改碭郡為梁國。治今河南商丘東南。轄境相當今河南商丘和虞城、民權、安徽碭山縣等地。⓯濟陰　郡、國名。漢景帝中元六年（西元前一四四年）分梁國置國，後改為郡。治今山東定陶西北。轄境相當今山東菏澤附近，南至定陶、北至濮城地區。⓰中盧　縣名。屬南郡。今湖北襄樊西南。⓱駱越　古越人的一支。漢時分布在交趾、九真和河浦等郡，大抵在今廣西南寧西南達今越南北部和中部，下及今廣東雷州半島和海南。後北移至今湖北境內。這裡民族名代指地名。⓲田戎　起兵夷陵，後為公孫述將。與光武軍戰，多敗。光武威虜將軍馮駿圍田戎於江州，擒獲之。⓳任滿　公孫述將，為大司徒。光武征南大將軍岑彭率軍與田戎、任滿戰於荊門，戎、滿敗，公孫述將王政斬滿首降於岑彭。⓴從　歸順。㉑門限　門檻。㉒候伺　偵探；刺探。㉓釃　倒酒。㉔別　分支。此處有「分軍」之意。㉕垂鵲山　山名。確址待考。㉖秭歸　縣名。今湖北宜昌西北，長江橫貫。㉗江州　古縣名。春秋巴國都，戰國秦惠王置縣。至南朝宋皆為巴郡治。治今重慶嘉陵江北岸。㉘涪水　一稱「內江」，嘉陵江支流。在四川中部和重慶北部。源出九寨溝南，東南流經平武、江油、綿陽、三臺、射洪、遂寧、潼南等地到合川入嘉陵江。㉙平曲　縣名。今四川境內。㉚延岑　字叔牙，南陽人。始起據漢中，自稱武安王。又擁兵關西，所在破散，走至南陽，略有數縣。善戰，曾大破赤眉於杜陵。數次與光武軍戰，多敗。吳漢率軍屠殺成都城時殺之並滅其族。㉛沈水　水名。當即四川射洪東南涪江東岸的支流洋溪河。㉜保聚　擁兵自保。㉝反　傾覆。㉞矯制　偽稱皇帝的詔令。㉟引　拽；拖。㊱卒　通「猝」。突然。㊲從擊　肆無忌憚地進攻。從，通「縱」。㊳北　敗逃者。㊴平陽　古邑，縣名。春秋時為晉羊舌氏邑，後置縣。治今山西臨汾西南。㊵王元　字遊翁，長陵人。隗囂之將，後奔依公孫述。率軍數與光武將領戰，最後歸降。㊶緜竹　縣名。漢置縣。今四川德陽西北部、沱江上游。㊷涪城　古縣名。西漢置。治今四川綿陽東涪江東岸。㊸恢　公孫述弟，建武元年，述自立為天子，封恢為大司空，後輔威將軍臧宮拔涪城，斬之。㊹繁　縣名。屬蜀郡。今四川眉山市東南。㊺郫　縣名。屬蜀郡。今四川青神南。㊻節　符節。古代使者用來作憑證的東西。㊼小雒郭門　李賢注：「張載注〈蜀都賦〉云：『漢武帝元鼎三年，立成都郭十八門。』小雒郭門蓋其數焉。」㊽向者　從前；剛剛。㊾咸門　成都北部的東側門。㊿新定　才剛安定。(51)酇　古縣名。秦置。治今河南永城西酇縣鄉。(52)維汜　妖言稱神，有弟子上百人，後坐伏誅。(53)單臣傅鎮　妖巫，維汜弟子。據原武反叛，太中大夫臧宮率軍伐之，攻克原武，斬殺二人。(54)原武　縣名。西漢置。治今河南原陽。(55)黎陽　古縣名。西漢置。治今河南浚縣東。東漢置黎陽營於此，為當時軍事重鎮。56顯宗　東漢明帝劉莊廟號。57小　稍微。58挺緩　放緩。59禽通「擒」。擒拿。60城門校尉　官名。俸比二千石，掌京都洛陽十二城門屯衛兵。61左中郎將　官名。俸比二千石，掌左署郎持戟值班，宿衛諸殿門，出充車騎，或奉命差遣。62武谿　水名。屬武陵郡。在湖南境內。63江陵　縣名。屬南郡。今湖北江陵。64虜敵　謀劃打擊敵人。65稽首　下跪，拱手至地，額也至地。是舊時所行跪拜禮之一。這裡指歸附稱臣。66侵盜侵擾邊疆，擄掠財物。67被　遭；受。68中國　中原一帶。69抵突　冒犯。70赤地　旱災或蟲災嚴重時，遍地不生五穀。71當相當；相等。72縣　「懸」的本字。繫；握。73文德　以禮樂教化實行統治。74高句驪烏桓鮮卑　高句驪，也叫「高句麗」、「句麗」、「高麗」等。朝鮮古國。亦族名，相傳其始祖朱蒙於西元前三七年建國。西元四世紀初南占樂浪郡地。此後百濟、新羅興起，互爭霸權，朝鮮史上稱為「三國時代」。廣開土王（好太王）在位時，敗日本、百濟聯軍，臣服新羅。其子長壽王（西元四一三—四九一年）加強王權，都平壤；西元四七五年南攻百濟，奪取漢江流域地區，為高句驪極盛時期。西元六世紀後漸衰。西元七世紀中葉為新羅所併。高句驪與中國有密切聯繫。鮮卑，古族名。東胡族的一支。秦漢時，游牧於今西拉木倫河與洮兒河之間。附於匈奴。北匈奴西遷後，進入匈奴故地，併其餘眾，勢力漸盛。漢桓帝時，首領檀石槐建庭立制，組成軍事行政聯合體。分為東、中、西三部，各置大人率領。檀石槐死後，聯合體瓦解，由步度根、軻比能等首領各擁所部，附屬漢魏。75河西四郡　指張掖郡、酒泉郡、武威郡、金城郡。76天水　郡名。西漢武帝元鼎三年（西元前一一四年）置。治今甘肅通渭西北。轄境相當今甘肅通渭、靜寧、秦安、定西、清水、莊浪、甘谷、張家川回族自治縣等及天水西北部、隴西東部、榆中東北部地。77隴西　郡名。戰國秦昭襄王二十八年（西元前二七九年）置，因在隴山之西得名。治狄道（今甘肅臨洮南）。西漢轄今甘肅東鄉以東洮河中游、武山以西渭河上游、禮縣以北西漢水上游及天水市東部地區。78羌胡　即羌族。我國古代少數民族。79刻石之功　可建碑作傳的功績。80黃石公記　書名。分〈上略〉、〈中略〉、〈下略〉三部分。黃石公，即張良在下邳遇到的老人。81逸政　樂政。82勞政　酷政。83務　從事。84廣地　開拓領地。85荒　覆滅。86孔子曰三句語出《論語‧季氏》：「吾恐季孫之憂，不在顓臾，而在蕭牆之內也。」意謂季孫憂慮的不是顓臾，而是魯君。蕭牆，是魯君所用的屏風。人臣至此屏風，便當肅然起敬，故叫蕭牆。蕭牆之內，指魯君。87北狄　指匈奴。88恆　經常。89永平　東漢明帝劉莊年號，西元五八—七五年。90元初　東漢安帝劉祜年號，西元一一四—一二〇年。91永寧　東漢安帝劉祜年號，西元一二〇—一二一年。

【語　譯】臧宮，表字君翁，潁川郡郟縣人。青年時曾任亭長、游徼，後來率領賓客參加下江軍，充任校尉，因此隨從光武帝征戰，眾將都稱讚他勇猛。光武帝發現臧宮做事盡心盡力，寡言少語，特別親近並樂意接納他。到了黃河以北後，光武拜他為偏將軍。臧宮隨從光武帝擊敗眾賊人，多次陷陣退敵。

2 光武帝即位，以臧宮為侍中、騎都尉。建武二年，封他為成安侯。第二年，臧宮統領精銳騎兵與征虜將軍祭遵一起在涅陽、酈縣等地攻打更始帝的將帥左防、韋顏，全都降服了他們。建武五年，又領兵征略江夏，攻取了代鄉、鐘武、竹里。光武帝派太中大夫持節拜臧宮為輔威將軍。建武七年，改封他為期思侯。他又平定了梁郡、濟陰等地。

3 建武十一年春，臧宮率部到中盧，屯駐在駱越。當時，公孫述的部將田戎、任滿正與征南大將軍岑彭在荊門相持，岑彭等多次戰事不利，越人也策劃著叛漢從蜀，而臧宮兵少，無力控制他們。恰在此時，下屬各縣數百輛運糧車送到，臧宮便讓人夜裡鋸斷城門檻，命糧車反覆出入城門，隆隆車輪聲從深夜一直響到天亮。打探消息的越人耳聽車聲不絕，又看到門檻斷了，回報說漢軍的大部隊到了。其頭領聽到這個消息，便帶著牛、酒到漢軍營中慰勞。臧宮於是擺兵會見，宰牛濾酒，宴賞撫慰駱越首領，越人自此便安定下來。

4 臧宮和岑彭等人攻破荊門後，分軍來至垂鵲山，由大道離開秭歸，抵達江州。岑彭攻下巴郡，派臧宮領五萬降兵，沿著涪水上至平曲。公孫述部將延岑在沈水屯駐重兵，當時臧宮軍隊中人眾糧缺，軍糧供給不上，那些投降者都想叛亂逃散，沿途郡邑又聚眾自保，坐觀成敗。臧宮想退兵而還，又怕被他們覆亡。恰好光武帝此時命謁者領兵來見岑彭，有七百匹馬，臧宮便假稱詔命將馬匹和士卒留下，以壯大自己的勢力，並於拂曉之前向敵營進兵。他命軍隊多張旗幟，登山擂鼓吶喊，左右步騎，挾船而進，呼聲震動山谷。延岑沒想到漢軍會突然到來，登山觀望，大為震恐。臧宮乘勢大肆進攻，大破延岑。被殺死或被水淹死的敵兵有一萬多人，死者的血將沈水都染紅了。延岑退奔成都，其部眾悉數投降。全部兵馬、珍寶被臧宮繳獲。臧宮又乘勝追擊，投降的敵軍有十來萬人。

5 臧宮的軍隊進至平陽鄉時，蜀將王元率所有人馬歸降。臧宮進而奪取緜竹，攻破涪城，斬殺公孫述之弟公孫恢，又攻取繁、郫二縣。前後共繳獲五個符節，一千八百顆印綬。此時，大司馬吳漢也乘勝前進，迫近成都。臧宮連破幾座大城，收繳的兵器、馬匹、旌旗非常多，於是領兵進入小雒郭門，途經成都城下，來到吳漢營中，與之大會飲酒。吳漢與他相見，非常高興，說：「將軍剛才從敵人城下經過，威靈震揚，如疾風閃電一般。然而勢窮力竭的賊寇難以測度，望將軍回營時，從別的道路走吧。」臧宮不聽，回去時仍走舊路，敵人也不敢靠近他。不久臧宮進兵咸門，與吳漢一同消滅了公孫述。

6 光武帝因為蜀地新近平復，詔封臧宮為廣漢太守。建武十三年，增賜封邑，改封他為酇侯。建武十五年，被徵召回京師，以列侯的身分參加朝會，定封朗陵侯。建武十八年，被晉封為太中大夫。

7 建武十九年，妖巫維汜弟子單臣、傅鎮等，以妖言糾集一幫人，來到原武城，劫持官吏和百姓，自稱將軍。光武帝便派臧宮率領北軍及黎陽營共幾千兵包圍原武。賊兵糧草多，臧宮幾次攻不下，士卒多有傷亡。光武帝召集公卿、諸侯王問討敵方略，他們都認為「應該出重金懸賞破敵者」。當時顯宗還是東海王，不同意眾人見解，說：「妖巫的攻劫，一定不能持久，其中必定有反悔想逃跑的人。只不過我們在外面圍攻很急，他們無法逃罷了。應該讓圍困稍微放鬆點，讓他們可以逃走，這樣只用一亭長之力，便可破擒妖賊。」光武帝同意此計，立即命令臧宮撤圍緩敵，賊眾果然分散，於是斬殺單臣、傅鎮等人。臧宮還師後，升任城門校尉，又轉為左中郎將。他征討武谿賊，進至江陵，便降服了敵軍。

8 臧宮因為性情謹慎、樸實重信，故而常被重用。後來匈奴鬧瘟疫饑荒，內部鬥爭頻繁，光武帝問臧宮應對匈奴採取什麼對策，臧宮說：「請讓我帶五千騎兵，前去立功。」光武帝笑道：「常常取勝的人，很難與他一起商量如何應對敵人，我還是自己考慮這個問題吧。」建武二十七年，臧宮和楊虛侯馬武上奏章說：「匈奴好貪小利，不講禮儀和信義，窘迫時向人叩頭稱臣，安定時就侵犯邊塞，邊塞各地深受其害，中原地區也憂慮他們的侵犯。現在匈奴人、畜多因瘟疫而死，乾旱和蝗災使那裡五穀不生，瘟疫使他們國力消弱，抵不上中原一個郡的實力。萬里之外那些垂死者的命運，掌控在陛下手中。福不再來，時機易失，怎能只固守文德而廢棄武事呢？現在應派大將去邊塞，再以重金懸賞，曉喻高句驪、烏桓和鮮卑進擊匈奴左面，徵發河西四郡、天水和隴西的羌胡攻打右面。這樣，不消幾年就會滅掉匈奴。臣恐怕陛下懷仁德恩義的不忍之心，謀臣們又猶豫不決，以致在當今聖世不能立下使萬世刻石銘記的功勳。」光武帝下詔回答說：「《黃石公記》說：『柔能克剛，弱能制強。』柔是善德，剛是殘賊。弱者易得到仁愛的輔助，強者易成為怨恨的結局。所以說有道德的君王，會推廣能使自己快樂之事以便使他人也快樂，沒有道德的君王，只會獨占使自己快樂的事物以使自身享受。讓別人快樂，自己的快樂才會長久，只使自己快樂，不久就會滅亡。放棄近利而圖謀遠利，勞苦而無功；放棄遠利而謀求近利，安逸且有好結果。樂民的政治，忠臣多；虐民的政治，搗亂的人多。所以說致力於擴大地盤的會荒亡，致力於推廣仁德的會強盛。占有自己該有的就安寧，貪戀他人所有的人就會殘暴。殘酷荒亡的政治，即使一時成功最終也一定會失敗。現在國內沒有良好的政治，災禍變亂不止，百姓驚惶，人人難以自保，這樣還要遠征塞外之地嗎？孔子說：『我擔心季孫所該憂慮的，不在顓臾。』況且，匈奴還很強大，而邊境屯田、警備之處傳來的資訊，又常常失真。如果真能用天下一半財力來消滅大敵，我怎能不願意呢？但如果時機還未成熟，不如息事寧人。」自此以後，將領們再不敢說發兵之事了。

9 臧宮於永平元年死去，諡號為愍侯。其子臧信繼承爵位。臧信去世，其子臧震繼承爵位。臧震死，其子臧松繼承爵位。元初四年，因為與母親分別居住，封國被撤銷。永寧元年，鄧太后續封臧松之弟臧由為朗陵侯。

論曰：中興之業，誠艱難也。然敵無秦、項❶之彊，人資附❷漢之思，雖懷璽紆紱❸，跨陵❹州縣，殊名詭❺號，千隊為群，尚未足以為比功上烈❻也。至於山西❼既定，威臨天下，戎羯❽喪其精膽，群帥貫❾其餘壯，斯誠雄心尚武之幾❿，先志翫兵⓫之日。臧宮、馬武之徒，撫鳴劍而抵掌⓬，志馳於伊吾⓭之北矣。光武審黃石，存包桑⑭，閉玉門以謝西域之質⑮，卑詞幣以禮匈奴之使⑯，其意防⑰蓋已弘深。豈其顛沛平城之圍⑱，忍傷黥王之陳⑲乎？

贊曰：吳公鷙彊⑳，實為龍驤㉑。電埽群孽，風行巴、梁。虎牙猛力，功立睢陽。宮、俊休休㉒，是亦鷹揚㉓。

【章旨】作者在論中對光武中興事業作了歷史的評價，贊語則是對本傳人物赫赫戰績的高度讚揚。

【注釋】❶秦項　秦，指秦始皇嬴政。項，指項羽。❷資附　資，積蓄。附，順從。❸紆紱　紆，佩著；掛著。紱，繫印章或佩玉的綢帶。此處指代官印。❹跨陵　兼有；占領。❺詭　怪異。❻比功上烈　比照功績，近功。上烈，巨大功勳。❼山西　古地區名。戰國、秦、漢時通稱崤山或華山以西為山西。❽戎羯　泛指西北邊疆少數民族。戎、羯皆為古族名。❾賈　出售。❿幾　通「機」。機會；時機。⓫先志翫兵　先志，乘勝拓土之志。翫兵，演練武略。⓬撫鳴劍而抵掌　撫，按。鳴劍，晉王嘉《拾遺記・顓頊》：「(顓頊)有曳影之劍，騰空而舒，若四方有兵，此劍則飛起指其方，則克伐，未用之時，常於匣裏，如龍虎之吟。」因用「鳴劍」指良劍。抵掌，說話時，手掌向空側擊作勢。形容興奮激揚的樣子。⓭伊吾　郡名。屬西域都護府。治今新疆哈密。⓮包桑　同「苞桑」。桑樹的莖幹。苞，本幹。⓯謝西域之質　據本書卷八十八，建武二十一年，西域十八國都遣子弟入侍，光武帝以中國剛剛平定，全部遣還各侍子。謝，謝絕。質，人質。⓰禮匈奴之使　禮待匈奴使臣。據本書卷八十九，建武二十八年，匈奴遣使貢馬和裘，求和親，光武反贈匈奴繒五百匹，斬馬劍一，並且答詞甚為謙虛。⓱意防　內心警惕。⓲平城之圍　指西元前二〇〇年漢高祖在平城被匈奴圍困七日。平城，古縣名。秦置。治今山西大同東北。⓳黥王之陳　指漢高祖與淮南王黥布交戰時，在戰場上被飛箭所傷。⓴鷙彊　像鷙鳥一樣堅強。鷙鳥，勇猛的鳥。㉑龍驤　比喻氣概威武。㉒休休　氣度寬宏。㉓鷹揚　像鷹一樣高翔，比喻威武或施展雄才。

【語譯】史家評論說：光武帝興漢的事業，固然是很艱難的。但並沒有遇上像秦皇、項羽那樣的強敵，又有心懷漢室之人的幫助，所以雖然佩帶璽綬，占據州縣，建立各種名號，部眾千軍萬馬，也不足以說創建了巨大的功勳。至於收復了崤山以西的大量土地，聲威遍天下，邊疆各族因而喪膽，眾將餘勇仍盛，這的確是他們樹立志尚武的時機，乘勝拓疆，演練武略的日子。臧宮、馬武等人，按著鳴劍，手掌向空側擊作勢，立志馳騁於伊吾之北。但是光武帝根據《黃石公記》，為了保衛基業，緊閉玉門關拒絕接納西域各族送來作人質的貴族子弟，用謙和的話語和貨財來禮遇匈奴使臣，他的防範警惕之意已夠弘大深邃的了。這樣，他不是借鑒了漢高祖被圍困於平城時處境窘迫、討伐黥布時飛箭傷體的經驗了嗎？

史官評議說：吳漢像鷙鳥一樣堅強，像巨龍昂首奔騰那樣威風。他像閃電一樣剿滅群寇，像疾風一樣蕩滌巴、梁叛逆。虎牙將軍蓋延威猛強力，建功立業在睢陽。臧宮、陳俊氣度寬宏，也像蒼鷹一樣振翅高翔。

【研　析】本卷主要體現了作者對漢室中興事業中各將領赫赫戰功的肯定與讚揚。在協助光武帝平定天下的過程中，出現了很多忠心盡力的將帥，他們或勇或智，或忠或信，率領軍隊，所向披靡，不斷殺敵占地，攻克一座座城池。作者通過對吳漢、蓋延、陳俊、臧宮四位將領生平事跡的記述，表達了對他們的讚揚之情。

〈吳漢傳〉中，寫他早期時說服彭寵及其部下歸附光武，由此可見其遠識。在征戰生涯中，處處見其智謀，顯其攻掠之才。寫到他智取苗曾軍隊，大獲兵馬；在與劉永的廣樂之戰中表現出的臨危不亂，指揮若定；與公孫述成都激烈交戰的傳文很是詳細，寫了他不聽光武之言而暫敗，然知錯則改，態度認真，危急情況下鎮定自若，指揮軍隊反敗為勝；還寫他訓誡妻子兒女不該置辦田產等事，更突出其恭謹儉約。對其作戰勇猛，作者給予了激情洋溢的讚頌：「吳公鷙強，實為龍驤。」其人「質簡而彊力」，故為光武所信重。

〈蓋延傳〉中，他事多略，集中敘述了其戰績。建功於睢陽，平定沛、楚、臨淮等縣，整修高祖廟；與董憲軍隊先後幾次交鋒，頗多繳獲。如贊言「虎牙猛力」，他帶兵作戰勇猛而有威力，以氣勢威猛震懾敵軍。

在陳俊、臧宮的傳記中，作者寫了陳俊與五校軍作戰的勇敢，寫他連戰連勝，大敗張步，平定太山郡及平定琅邪、鎮撫百姓等事。筆墨簡潔而集中，展現了一代將帥雄鷹般的氣勢。對於臧宮，也是集中敘其戰功。在與延岑交戰中，描述了他臨危不懼，以寡敵眾，終於智敗延岑軍隊的事跡；在成都與公孫述交戰中，他去見吳漢，徑直從敵人城下經過，絲毫不把敵人放在眼裡。其評「震揚威靈，風行電照」，很是恰當。

吳漢、蓋延、陳俊和臧宮都是跟隨光武安定天下的猛將。西漢末年，政局動盪，各地豪強紛紛起兵，相互攻伐，正是有膽有識、有勇有謀之士建功立業的好時機。此四人都可謂光武帝手下智勇雙全的戰將，合為一傳，自然合理。本卷所述史實安排得當，詳略有法，彼此間既有照應，又不重複冗煩，表現出高超的史學技巧。(馬春香注譯)

卷十九

耿弇列傳第九　弟國　國子秉　秉弟夔　國弟子恭

【題解】本卷的主要傳主是耿弇，附傳有其弟國、國子秉、秉弟夔、國弟子恭。作者記述了耿氏家族從漢室中興到建安時期重要人物的主要事跡。重點寫到耿弇在東漢政權建立初期的卓越戰功及他的文韜武略，耿國的遠謀及阻抗北狄，耿恭艱危處境下枯泉飛液等事，對他們的貢獻做了充分肯定和高度讚揚。傳文條理分明，繁簡適當，而不是一味鋪寫，突出了傳中主要人物的事跡，扼要簡潔。還表明了作者的歷史態度。

1 耿弇，字伯昭，扶風❶茂陵❷人也。其先❸武帝❹時，以吏二千石❺自鉅鹿❻徙焉。父況❼，字俠游，以明經❽為郎❾，與王莽從弟伋共學老子❿於安丘先生，後為朔調連率⓫。弇少好學，習⓬父業。常見郡尉試⓭騎士，建旗鼓，肄⓮馳射，由是好將帥之事。

2 及王莽敗，更始⓯立，諸將略地⓰者，前後多擅⓱威權，輒⓲改易守、令⓳。

況自以莽之所置，懷不自安[20]。時弇年二十一，乃辭況奉奏詣更始，因齎貢獻[21]，以求自固之宜。及至宋子，會王郎[22]詐稱成帝子子輿，起兵邯鄲[23]，弇從吏[24]孫倉、衛包於道共謀曰：「劉子輿成帝[25]正統[26]，捨此不歸，遠行安之？」弇按劍曰：「子輿弊賊，卒[27]為降虜耳。我至長安，與國家陳漁陽[28]、上谷[29]兵馬之用，還出太原[30]、代郡[31]，反覆數十日，歸發突騎以轔[32]烏合之眾[33]，如摧枯折腐耳。觀公等不識去就，族滅[34]不久也。」倉、包不從，遂亡[35]降王郎。

3 弇道聞光武[36]在盧奴[37]，乃馳北上謁，光武留署[38]門下吏。弇因說[39]護軍朱祐[40]，求歸發兵，以定邯鄲。光武笑曰：「小兒曹[41]乃有大意哉！」因數召見加恩慰。弇因從光武北至薊[42]。聞邯鄲兵方[43]到，光武將欲南歸，召官屬計議。弇曰：「今兵從南來，不可南行。漁陽太守彭寵[44]，公之邑人[45]；上谷太守，即弇父也。發此兩郡，控弦[46]萬騎，邯鄲不足慮也。」光武官屬腹心皆不肯，曰：「死尚南首，柰何北行入囊中[47]？」光武指弇曰：「是我北道主人也。」會薊中亂，光武遂南馳，官屬各分散。弇走昌平[48]就況，因說況使寇恂[49]東約彭寵，各發突騎二千匹，步兵千人。弇與景丹[50]、寇恂及漁陽兵合軍而南，所過擊斬王郎大將、九卿[51]、校尉[52]以下四百餘級，得印綬百二十五，節[53]二，斬首三萬級，定涿郡[54]、中山[55]、鉅鹿、清河[56]、河間[57]凡二十二縣。遂及光武於廣阿[58]。是時光武方攻王郎，傳言二郡兵為邯鄲來，眾皆恐。既而悉詣營上謁。光武見弇等，說[59]，曰：「當與漁陽、上谷士大夫共此大功。」乃皆以為偏將軍，使還領其兵。加況大將軍、興義侯，得自置偏裨[60]。弇等遂從拔邯鄲。

4 時更始徵代郡太守趙永，而況勸永不應召，令詣于光武。光武遣永復郡。永北還，而代令張曄據城反畔[61]，乃招迎匈奴[62]、烏桓[63]以為援助。光武以弇弟舒為復胡將軍，使擊曄，破之。永乃得復郡。時五校[64]賊二十餘萬北寇[65]上谷，況與舒連擊破之，賊皆退走。

5 更始見光武威聲日盛，君臣疑慮，乃遣使立光武為蕭王，令罷兵與諸將有功者還長安；遣苗曾[66]為幽州牧[67]，韋順為上谷太守，蔡充為漁陽太守，並北之部。時光武居邯鄲宮，晝臥溫明殿[68]。弇入造[69]牀下請間[70]，因說曰：「今更始失政[71]，君臣淫亂，諸將擅命於畿內[72]，貴戚縱橫於都內[73]。天子之命，不出城門，所在牧守，輒自遷易，百姓不知所從，士人莫敢自安。虜掠財物，劫掠婦女，懷金玉者，至不生歸[74]。元元叩心[75]，更思莽朝。又銅馬、赤眉[76]之屬數十輩，輩數十百萬，聖公不能辦[77]也。其敗不久。公首事[78]南陽[79]，破百萬之軍；今定河北，據天府之地。以義征伐，發號響應，天下可傳檄而定[80]。天下至重，不可令它姓得之。聞使者從西方來，欲罷兵，不可從也。今吏士死亡者多，弇願歸幽州，益發精兵，以集大計。」光武大說，乃拜弇為大將軍，與吳漢北發幽州十郡兵。弇到上谷，收[81]韋順、蔡充斬之；漢亦誅苗曾。於是悉發幽州兵，引而南，從光武擊破銅馬、高湖、赤眉、青犢[82]，又追尤來、大槍、五幡[83]於元氏[84]。弇常將精騎為軍鋒，輒破走之。光武乘勝戰順水上，虜危急，殊死戰。時軍士疲弊，遂大敗奔還，壁范陽[85]。數日乃振，賊亦退去，從追至容城[86]、小廣陽[87]、安次[88]，連戰破之。光武還薊，復遣弇與吳漢、景丹、蓋延、朱祐、邳彤、耿純、劉植、岑彭、祭遵、堅鐔、王霸、陳俊、馬武[89]十三將軍，追賊至潞東，及平谷[90]，再戰，斬首萬三千餘級，遂窮追於右北平無終[91]、土垠[92]之間，至俊靡[93]而還。賊散入遼西、遼東[94]，或為烏桓、貊[95]人所鈔[96]擊，略盡。

【章　旨】以上為〈耿弇傳〉的第一部分，記載了耿弇的家世、學業和愛好，以及歸附光武初期所表現出的才幹與神勇。

【注　釋】❶扶風　即右扶風。治槐里縣（今陝西興平東南），轄境相當今陝西秦嶺以北與戶縣、咸陽、旬邑以西地區。❷茂陵　古縣名、陵墓名。武帝建元二年（西元前一三九年）在槐里縣（今陝西興平）茂鄉築陵，並遷戶置縣。❸先　先祖；祖上。❹武帝　指西漢武帝劉徹。西元前一四一—前八七年在位。詳見《漢書》本紀。❺二千石　指郡守。因為漢朝郡守的月俸是二千石。❻鉅鹿　郡、國名。秦始皇二十五年（西元前二二二年）置郡。轄境相當今河北白洋淀、文安窪以南，南運河以西，高陽、寧晉、任縣以東，平鄉威縣以北，山東德州、高唐，河北館陶之間地。漢縮小至今滹沱河以南，平鄉以北，柏鄉以東，新集，新河以西地。東漢移治廮陶（今河北寧晉西南）。❼況　耿況，字俠游，更始時為上谷太守，後歸附光武。屢有戰功，被封為隃麋侯，死後謚列侯。❽明經　精通經學。❾郎　帝王侍從官的通稱。郎，古「廊」字。指宮殿的廊。郎官的職責原為護衛陪從，隨時隨議，備顧問及差遣。始於戰國，秦漢沿置，有議郎、中郎、侍郎、郎中等名。秦漢時，初屬郎中令（後改光祿勳），無定員。出身或由任子、貲選，或由文學、技藝。至東漢，以尚書臺為政務中樞，其分曹任事者為尚書郎，職責範圍與過去的郎官不同。後世遂以侍郎、郎中、員外郎為各部要職。❿老子　書名，又稱《道德經》。春秋時人老聃著。⓫朔調連率　朔調，郡名。王莽改上谷郡而成。連率，官名。王莽改郡守作連率。⓬習　學。⓭試　考試；考核。每逢年底，郡中舉行騎、射等類考試，以便選拔人才。⓮肄　訓練；演習。⓯更始　劉玄年號，西元二三—二五年，此處指更始帝劉玄。玄，字聖公，劉秀族兄。見本書卷十一。⓰略地　占領土地。⓱擅　獨斷專行。⓲輒　總是。⓳守令　郡守和縣令。⓴懷不自安　內心有不安全感。㉑齎貢獻　齎，通「資」。物資；錢財。貢獻，進貢；奉獻。㉒王郎　即王昌，趙國邯鄲人。見本書卷十二。㉓邯鄲　郡名。秦始皇十九年（西元前二二八年）置。轄境相當今河北泜河以南，滏陽河上游和河南內黃、浚縣，山東冠縣西部地區。㉔從吏　部屬；隨員。㉕成帝　元帝劉奭之子劉驁。西元前三三—前七年在位。㉖正統　一脈相傳的嫡派子孫。㉗卒　究竟；最後。㉘漁陽　郡名。戰國燕置。秦漢治漁陽（今北京密雲西南）。轄境相當今河北灤河上游以南、薊運河以西，天津海河以北，北京懷柔、通州以東地區。㉙上谷　郡名。戰國燕置。秦治沮陽（今河北懷來東南）。轄境相當今河北張家口、小五臺山以東，赤城、北京延慶以西，及內長城和昌平以北地。北魏廢。㉚太原　郡名。戰國秦莊襄王三年（西元前二四七年）置郡。治晉陽（今山西太原西南古城營）。秦轄今山西五臺山和管涔山以南、霍山以北地區。漢以後漸小。漢文帝改為國，不久復為郡。㉛代郡　郡名。戰國趙武靈王置。秦、西漢治代縣（今河北蔚縣東北）。一說西漢治桑乾，今河北陽原東）。西漢轄境相當今河北懷安、淶源以西，山西陽高、渾源以東的內外長城間地和長城外的東洋河流域。東漢移治高柳（今陽高西北）。北鄰烏桓、匈奴等族，故為北方要郡。㉜轔　車輪滾壓。㉝烏合之眾　像烏鴉一般聚散無常，比喻匆忙中集合起來的戰鬥力較差的隊伍。㉞族滅　殺掉整個宗族中的人。㉟亡　逃跑。㊱光武　東漢光武帝劉秀，在位三十三年（西元二五—五七年）。見本書卷一。㊲盧奴　古縣名。西漢置。相傳城內有池，水黑而不流，水黑曰「盧」，不流曰「奴」，故名。治今河北定州。㊳署　指暫時擔任官職。㊴說　勸說別人服從自己的意見。㊵護軍朱祐　護軍，官名。護，督統之意。秦漢時，臨時設置護軍都尉或中尉，以調節各將領之間的關係。朱祐，字仲先，見本書卷二十二。㊶曹　輩；儕。㊷薊　古地名。秦置縣。今北京市區西南隅。㊸方　正巧；恰好。㊹彭寵　字伯通。見本書卷十二。㊺邑人　同處一邑的人。㊻控弦開弓，此處指士卒。㊼囊中　口袋中。漁陽郡、上谷郡居於北部邊塞，到此再無路可退，故說如入囊中。㊽昌平　縣名。在北京市西北部、溫榆河上游、長城以南，鄰接河北。漢置昌平、軍都兩縣，北魏廢昌平入軍都縣，東魏改置昌平縣。㊾寇恂字子翼，上谷昌平人。見本書卷十六。㊿景丹　字孫卿。見本書卷二十二。(51)九卿　秦漢通常以奉常（太常）、郎中令（光祿勳）、衛尉、太僕、廷尉、典客（大鴻臚）、宗正、治粟內史（大司農）、少府為九卿。(52)校尉　漢時軍職之稱，略次於將軍。隨其職務冠以名號，如掌北軍軍壘者有中壘校尉，掌西域屯兵者有戊己校尉等。漢武帝時置中壘、屯騎、步兵、越騎、長水、胡騎、射聲、虎賁八校尉，為專掌特種部隊的將領，東漢略同。(53)節　使臣等用作信物的符節。(54)涿郡　郡名。治涿縣（今河北涿州），轄境相當今河北灤源以東，霸州以西，保定以北，及北京市房山區以南地區。(55)中山　郡、國名。西漢景帝三年（西元前一五四年）置中山國，宣帝五鳳三年（西元前五五年）改為郡，後屢有更改。轄境相當今河北狼牙山以南，保定、安國以西，唐縣、新樂以東和滹沱河以北地區。(56)清河　郡名。治清陽縣（今河北清河縣東南），轄境相當今河北故城南、威縣東及山東臨清北、平原縣以西地區。(57)河間　郡、國名。漢高帝置郡，文帝改國，其後或為郡，或為國。治樂城（今河北獻縣東南）。平帝時轄今河北獻縣、泊頭、東光、阜城、武強各一部分地。東漢初併入信都，永元初復置國，轄境擴大至相當今河北雄縣及大清河以南，南運河以西，高陽、肅寧以東，泊頭、阜城以北地。(58)廣阿　古縣名。漢置。治今河北隆堯東。東漢廢。(59)說　同「悅」。喜悅。(60)偏裨　偏將和裨將，古代對將佐的通稱。(61)畔　通「叛」。背叛。(62)匈奴　古族名，亦稱胡。戰國時活動於燕、趙、秦以北地區。東漢光武建武二十四年（西元四八年），分裂為二部，南下附漢的稱為南匈奴，留居漠北的稱為北匈奴。(63)烏桓　古代少數民族名。本書卷九十：「烏桓者，本東胡也。漢初，匈奴冒頓滅其國，餘類保烏桓山，因以為號焉。」(64)五校　指新莽末五校地方的武裝暴動力量，在今河北。其首領為高扈。(65)寇　侵擾。(66)苗曾　更始時做幽州牧，稱苗幽州。他事不詳。(67)幽州牧　幽州，州名。治薊縣。轄境相當今北京市、河北北部、遼寧大部、山西小部及天津市海河以北、朝鮮大同江流域。牧，官名。俸二千石，總理一州軍政。(68)溫明殿　宮殿名。在今河北邯鄲，是西漢趙王如意的宮殿。(69)造　至；往。(70)請間　請避開他人以言事。(71)失政　政治混亂，不清明。(72)畿內　天子直接管轄的地區之內，泛指首都所轄之地。(73)縱橫於都內　縱橫，放縱而無所畏忌。都內，京城之中。(74)生歸　活著返回。(75)元元叩心　元元，老百姓。叩心，捶打胸口，特別痛恨。(76)銅馬赤眉　銅馬，西漢末年河北武裝暴動力量的一支。首領有東山荒禿、上淮況等。赤眉，即赤眉軍。王莽天鳳五年（西元一八年），青徐（今山東東部和江蘇北部）發生大災荒，琅邪（今山東諸城）人樊崇在莒縣（今屬山東）起事，逢安、謝祿等起兵回應，聚眾數萬人。約定「殺人者死，傷人者償創」。因用赤色染眉作標識，故稱「赤眉軍」。(77)辨　治理；降服。(78)首事　率先起兵。(79)南陽　郡名。戰國秦昭王三十五年（西元前二七二年）置。漢轄境相當今河南熊耳山以南葉縣、內鄉間和湖北大洪山以北廣水、鄖縣間地。(80)傳檄而定　指一紙文書便可平定。(81)收　拘捕。(82)高湖赤眉青犢　高湖、青犢，當時河北的兩支武裝暴動力量。(83)尤來大槍五幡　新莽末年河北的武裝暴動力量。當時河北起事軍有銅馬、大彤、高湖、重連、鐵脛、大槍、尤來、上江、青犢、五校、檀鄉、五幡、五樓、富平、獲索等數百萬人，以銅馬軍為最強大，西元二四年，陸續被劉秀擊破，銅馬部眾多被收編。後銅馬、青犢、尤來餘眾共立孫登為帝，不久失敗。(84)元氏　縣名。今河北石家莊南部、太行山東麓。漢置縣。(85)壁范陽　壁，修築壁壘。范陽，古縣名。秦置。治今河北定興南固城。(86)容城　縣名。漢置縣。在河北保定北部、拒馬河流域。(87)小廣陽　李賢注：「廣陽國有廣陽縣，故曰小廣陽。」故治在今北京市房山區良鄉鎮東北。(88)安次　舊縣名。漢置縣。今河北廊坊。(89)吳漢句　吳漢、蓋延、陳俊，參見本書卷十八。邳彤、耿純、劉植，參見本書卷二十一。岑彭，見本書卷十七。祭遵、王霸，參見本書卷二十。堅鐔、馬武，參見本書卷二十二。(90)平谷　縣名。故治在今北京市平谷區。(91)右北平無終　右北平，郡名。戰國燕置。秦治無終（今天津市薊縣），西漢移治平剛（今內蒙古寧城西南）。轄境相當今內蒙古寧城、河北承德、天津薊縣以東（長城南的灤河流域及其以東除外）、遼寧大凌河上游地區。東漢移治土垠（今河北豐潤東南）。無終，山名。因為國號，漢為縣名。屬右北平。治今天津市薊縣。(92)土垠　縣名。今河北豐潤東南。(93)俊靡　縣名。故治在今河北興隆東南。(94)遼西遼東　遼西，郡名。戰國燕置。秦漢治陽樂（今遼寧義縣西）。轄今河北遷西、樂亭、遼寧松嶺山以東，長城以南，大凌河下游地區。遼東，郡名。戰國燕置郡。秦漢時治襄平（今遼寧遼陽），轄今遼寧大凌河以東。(95)貊　古代稱呼居於東北地區的少數民族。(96)鈔　抄襲擄掠。

【語譯】耿弇，表字伯昭，扶風郡茂陵縣人。他祖上在漢武帝時，因屬二千石級的官吏而從原籍鉅鹿遷徙於此。耿弇的父親耿況，表字俠游，因精通經學而擔任郎官，曾與王莽的堂弟王伋一道師從安丘先生研習《老子》，後來調任朔調郡連率。耿弇小時候就上進好學，承襲父業讀經。常見郡都尉官校驗騎兵時，樹旗擊鼓，訓練騎馬射箭，因此愛上了將兵統帥之事。

2 等到王莽覆亡，更始帝登基，派往各地攻城略地的部將，前前後後大多都專權擅命，肆意威風，動輒改換郡守，更易縣令。耿況因為自己是王莽設置的一郡長官，心中頗感不安。當時耿弇年方二十一歲，便辭別父親耿況，奉書去拜見更始，並貢獻財物，以求安身立命保全身家之計。耿弇途中到達宋子縣時，恰逢王郎詐稱成帝之子子輿，在邯鄲起事，耿弇的部屬孫倉、衛包二人，在路上一起商量說：「劉子輿是成帝的兒子，乃漢朝正統，若捨此不歸，繼續前行，還打算到哪裡去呢？」耿弇得知後，不禁按劍而起說：「子輿不過一破敗賊寇，終究會成為俘虜。我將親往長安，向朝廷陳述漁陽、上谷二郡兵馬的用處，然後由太原、代郡返回，往返不過數十日，回來便可徵調精銳騎兵，以討平那些烏合之眾，到時大軍所過，勢如破竹，掃蕩叛賊，必似摧枯拉朽。我看你二人不知道該依附誰，滅族之災，近在眉睫啊！」孫倉、衛包二人不聽他的話，逃往邯鄲，投奔王郎去了。

3 耿弇在途中聞知光武帝在盧奴縣，便策馬北上拜謁，光武帝留他暫時擔任門下吏。耿弇乘機勸說護軍都尉朱祐，請求讓自己返回原郡發兵，以收復邯鄲。光武帝得知後，笑道：「這小傢伙還真有點兒遠大志向！」於是多次召見他，熱情鼓勵，予以恩寵。之後，耿弇就隨光武帝一道向北進發，到達薊縣。聽說邯鄲王郎的兵馬正好來到，光武帝打算南歸，便召集下屬官員共同商議。耿弇對光武帝說：「現今王郎的兵馬正從南面殺來，我們決不能迎其兵鋒，向南而行。漁陽太守彭寵，是您的同鄉；上谷太守，是我的父親。若徵調這兩郡兵馬，可得騎兵萬餘，如此，邯鄲之敵，不足為慮。」但光武帝手下屬官及心腹親信都不願北行，他們說：「就是要死，也當頭朝南面，為什麼一定要向北而行，進入那口袋裡送死呢？」光武帝指著耿弇對大家說：「他，就是我們北行道上的主人！」正在這時，薊縣城中發生騷亂，光武帝倉促間馳馬南行，他手下的部屬也四下走散，各不相知。耿弇奔至昌平縣，依就父親耿況，說服耿況派部將寇恂去東方邀請彭寵，各調發二千精銳騎兵和一千步兵。於是，耿弇率景丹、寇恂與漁陽郡兵會合，向南進發，一路擊殺王郎的軍隊，先後斬殺王郎大將、九卿、校尉以下軍官共四百餘人，繳獲官印一百二十五副，符節兩個，殺死三萬餘人，收復了涿郡、中山、鉅鹿、清河、河間等郡共二十二縣。耿弇等人在廣阿趕上了光武帝。當時，光武帝正在進攻王郎，外邊謠傳漁陽、上谷二郡兵馬是為援助邯鄲而來的，眾人一片恐慌。不久，耿弇一行前往軍營拜謁光武帝。光武帝接見耿弇等人，十分高興，對大家說：「應與漁陽、上谷二郡士大夫們共建攻襲王郎的大功。」於是將耿弇一行都任命為偏將軍，讓他們各自回營，統領所部兵馬。又晉封耿況為大將軍、興義侯，並授予他自置部屬的權限。之後，耿弇等人便跟隨光武帝一道攻占了邯鄲城。

4 當時，更始正要召見代郡太守趙永，耿況勸說趙永別去應召，讓他去投奔光武帝。趙永拜見過光武帝後，又被派回代郡。趙永北還，但代郡已被反叛的代縣縣令張曄所占據，並迎請匈奴、烏桓等部族以為援助，抗拒趙永。光武帝得知後，任耿弇弟耿舒為復胡將軍，命他率兵攻打張曄，擊敗了張曄。趙永方得回歸本郡。這時，五校軍二十餘萬北襲上谷郡，耿況與耿舒合兵，連續攻破他們，五校敗軍全部逃走。

5 更始見光武帝聲威日盛，擔心光武帝功高震主，異志外心，君臣之間彼此疑忌，於是一方面派使者立光武帝為蕭王，令光武帝罷兵停戰，與眾有功戰將返回長安；另一方面，又命苗曾為幽州牧，韋順為上谷太守，蔡充為漁陽太守，一道北上，前往各自的職位。當時光武帝住在邯鄲宮中，白天在溫明殿休息。耿弇來到邯鄲宮溫明殿，徑往光武帝床榻前，請求摒退侍人，趁勢進勸光武帝道：「現在更始政治失和，君臣淫亂，諸將擅命於京畿之內，貴戚橫暴於都城。天子詔令，出不了京師城門，州牧郡守，隨意遷置更易，平民百姓無所適從，士人忐忑於心。他們搶掠財物，劫持婦女，攜帶金銀珠玉外出之人，竟至不能生還。萬民百姓，痛心疾首，反而懷念新莽王朝。又加上銅馬、赤眉之類亂兵數十起之多，每起又有數十百萬之眾，對此劉聖公是難於降服的。由此看來，更始之敗，已為時不遠。您首先起事於南陽，破王莽百萬大軍；現在又收復黃河以北，據有天府之寶地。若仗義征伐，號召天下，天下便會雲集回應，如此一紙文書可定天下。國家至重，不能讓於外姓人。聽說使者從長安東來，打算讓您罷兵休戰，您萬萬不可聽信依從。因戰事頻仍，我軍將士現傷亡逃跑的較多，我願返回幽州，再調精兵，以助您成就大計。」光武帝聽後很高興，便拜耿弇為大將軍，讓他與吳漢一道往北，徵調幽州十郡兵馬。耿弇到達上谷郡，收斬韋順、蔡充；吳漢也誅殺了苗曾。於是調發幽州所有兵馬，疾速南行，隨從光武帝，一路擊敗銅馬、高湖、赤眉、青犢各軍，又追殺尤來、大槍、五幡各軍於元氏。歷次戰鬥，耿弇總是親率精銳騎兵充任前鋒，常將敵軍擊退。光武帝乘勝與敵軍在順水上作戰，敵軍在危急關頭，與漢軍拼死相戰。當時，光武帝軍經長途奔襲，勞頓不堪，士卒早已精疲力竭，因而大敗逃回，修築軍營堡壘，退保范陽縣城。休整數日以後，士氣才恢復，這時敵軍已經退走，光武帝率軍追至容城、小廣陽、安次等縣，連戰連勝，大敗敵軍。光武帝回到薊縣，又命耿弇與吳漢、景丹、蓋延、朱祐、邳彤、耿純、劉植、岑彭、祭遵、堅鐔、王霸、陳俊、馬武等十三位將帥，繼續將敵軍趕到潞縣東，又追至平谷，再次交戰，斬殺一萬三千餘人，接著又窮追不捨，將敵軍趕至右北平無終、土垠各縣之間，一直追擊到俊靡縣才返回。殘敵分散逃入遼東、遼西二郡，或者被烏桓、貊人所抄襲、劫持，大都滅亡了。

1 光武即位，拜弇為建威大將軍。與驃騎大將軍景丹、彊弩將軍陳俊攻厭新賊❶於敖倉❷，皆破降之。建武二年，更封好畤❸侯，食好畤、美陽❹二縣。三年，延岑❺自武關❻出攻南陽，下數城。穰人杜弘❼率其眾以從岑。弇與岑等戰於穰，大破之，斬首三千餘級，生獲其將士五千餘人，得印綬三百。杜弘降，岑與數騎遁走東陽❽。

2 弇從幸舂陵❾，因見自請北收上谷兵未發者，定彭寵於漁陽，取張豐❿於涿郡，還收富平、獲索⓫，東攻張步⓬，以平齊⓭地。帝壯其意，乃許之。四年，詔弇進攻漁陽。弇以父據上谷，本與彭寵同功⓮，又兄弟無在京師者，自疑，不敢獨進，上書求詣洛陽⓯。詔報曰：「將軍出身舉宗⓰為國，所向陷敵，功效尤著，何嫌何疑，而欲求徵？且與王常⑰共屯涿郡，勉思方略。」況聞弇求徵，亦不自安，遣舒弟國入侍。帝善之，進封況為隃麋⑱侯。乃命弇與建義大將軍朱祐、漢忠將軍王常等擊望都⑲、故安⑳西山賊㉑十餘營，皆破之。時征虜將軍祭遵屯良鄉㉒，驍騎將軍劉喜㉓屯陽鄉㉔，以拒彭寵。寵遣弟純㉕將匈奴二千餘騎，寵自引兵數萬，分為兩道以擊遵、喜。胡騎經軍都㉖，舒襲破其眾，斬匈奴兩王，寵乃退走。況復與舒攻寵，取軍都。五年，寵死。天子嘉況功，使光祿大夫㉗持節迎況，賜甲第㉘，奉朝請㉙。封舒為牟平㉚侯。遣弇與吳漢擊富平、獲索賊於平原，大破之，降者四萬餘人。

3 因詔弇進討張步。弇悉收集降卒，結部曲㉛，置將吏，率騎都尉劉歆㉜、太山太守㉝陳俊引兵而東，從朝陽㉞橋濟河以度。張步聞之，乃使其大將軍費邑㉟軍歷下㊱，又分兵屯祝阿㊲，別於太山鐘城㊳列營數十以待弇。弇度河先擊祝阿，自旦攻城，日未中而拔之，故開圍一角，令其眾得奔歸鐘城。鐘城人聞祝阿已潰，大恐懼，遂空壁㊴亡去。費邑分遣弟敢守巨里㊵。弇進兵先脅巨里，使多伐樹木，揚言以填塞阬塹㊶。數日，有降者言邑聞弇欲攻巨里，謀來救之。弇乃嚴令軍中趣㊷修攻具，宣勅㊸諸部，後三日當悉力攻巨里城。陰緩生口㊹，令得亡歸。歸者以弇期告邑，邑至日果自將精兵三萬餘人來救之。弇喜，謂諸將曰：「吾所以修攻具者，欲誘致邑耳。今來，適(45)其所求也。」即分三千人守巨里，自行精兵上岡阪(46)，乘高合戰，大破之，臨陳斬邑。既而收首級以示巨里城中，城中兇懼(47)，費敢悉眾亡歸張步。弇復收其積聚，縱(48)兵擊諸未下者，平四十餘營，遂定濟南(49)。

4 時張步都劇(50)，使其弟藍(51)將精兵二萬守西安(52)，諸郡太守合萬餘人守臨淄(53)，相去四十里。弇進軍畫中(54)，居二城之間。弇視西安城小而堅，且藍兵又精，臨淄名雖大而實易攻，乃敕諸校會(55)，後五日攻西安。藍聞之，晨夜儆(56)守。至期夜半，弇敕諸將皆蓐食(57)，會明(58)至臨淄城。護軍荀梁(59)等爭之，以為宜速攻西安。弇曰：「不然。西安聞吾欲攻之，日夜為備；臨淄出不意而至，必驚擾(60)，吾攻之一日必拔。拔臨淄即西安孤，張藍與步隔絕，必復亡去，所謂擊一而得二者也。若先攻西安，不卒(61)下，頓兵(62)堅城，死傷必多。縱(63)能拔之，藍引軍還奔臨淄，并兵合埶，觀人虛實，吾深入敵地，後無轉輸，旬日(64)之間，不戰而困(65)。諸君之言，未見其宜。」遂攻臨淄，半日拔之，入據其城。張藍聞之大懼，遂將其眾亡歸劇。

5 弇乃令軍中無得妄掠(66)劇下，須張步至乃取之，以激怒步。步聞大笑曰：「以尤來、大彤[67]十餘萬眾，吾皆即[68]其營而破之。今大耿[69]兵少於彼，又皆疲勞，何足懼乎！」乃與三弟藍、弘、壽[70]及故大彤渠帥重異[71]等兵號二十萬，至臨淄大城[72]東，將攻弇。弇先出淄水上，與重異遇，突騎[73]欲縱，弇恐挫其鋒，令步不敢進，故示弱以盛其氣。乃引歸小城，陳兵於內。步氣盛，直攻弇營，與劉歆等合戰[74]。弇升王宮[75]壞臺望之，視歆等鋒[76]交，乃自引精兵以橫突[77]步陳於東城下，大破之。飛矢中弇股，以佩刀截之，左右無知者。至暮罷。弇明日復勒兵[78]出。是時帝在魯，聞弇為步所攻，自往救之，未至。陳俊謂弇曰：「劇虜兵盛，可且閉營休士，以須上來。」弇曰：「乘輿[79]且到，臣子當擊牛釃酒[80]以待百官，反欲以賊虜遺君父邪？」乃出兵大戰，自旦及昏，復大破之，殺傷無數，城中溝塹皆滿。弇知步困將退，豫[81]置左右翼[82]為伏以待之。人定[83]時，步果引去，伏兵起縱擊，追至鉅昧水[84]上，八九十里僵尸相屬[85]，收得輜重[86]二千餘兩。步還劇，兄弟各分兵散去。

6 後數日，車駕[87]至臨淄自勞軍[88]，群臣大會[89]。帝謂弇曰：「昔韓信破歷下以開基[90]，今將軍攻祝阿以發迹[91]，此皆齊之西界，功足相方[92]。而韓信襲擊已降[93]，將軍獨拔勍敵[94]，其功乃難於信也。又田橫亨酈生[95]，及田橫降，高帝詔衛尉[96]不聽為仇。張步前亦殺伏隆[97]，若步來歸命，吾當詔大司徒釋[98]其怨，又事尤相類也。將軍前在南陽建此大策，常以為落落難合[99]，有志者事竟成也！」弇因復追步，步奔平壽[100]，乃肉袒[101]負斧鑕[102]於軍門[103]。弇傳步詣行在所[104]，而勒兵入據其城。樹十二郡[105]旗鼓，令步兵各以郡人詣旗下，眾尚十餘萬，輜重七千餘兩，皆罷遣歸鄉里。弇復引兵至城陽[106]，降五校餘黨，齊地悉平。振旅[107]還京師。

7 六年，西拒隗囂[108]，屯兵於漆[109]。八年，從上隴[110]。明年，與中郎將[111]來歙[112]分部徇[113]安定[114]、北地[115]諸營保[116]，皆下之。

8 弇凡[117]所平郡四十六，屠城[118]三百，未嘗[119]挫折。

9 十二年，況疾病，乘輿數自臨幸。復以國弟廣、舉並為中郎將。弇兄弟六人皆垂青紫[120]，省侍醫藥，當代以為榮。及況卒，謚烈侯，少子霸襲[121]況爵。

10 十三年，增弇戶邑[122]，上[123]大將軍印綬，罷[124]，以列侯[125]奉朝請。每有四方異議，輒召入問籌策[126]。年五十六，永平[127]元年卒，謚曰愍侯。

【章旨】以上為〈耿弇傳〉的第二部分，重點記述了耿弇跟隨光武平定天下過程中的戰績，如溫明殿請問、巧用智謀定濟南，在與張步交戰中更顯其智勇雙全，受到光武的高度讚揚。

【注釋】❶厭新賊　當時武裝暴動力量的一支。厭新，取勝新莽之義。❷敖倉　秦所置穀倉。故址在今河南滎陽北敖山上。

地當黃河與濟水分流處，是當時重要糧倉，漢魏均仍在此設倉。❸好畤　古縣名。秦置。治今陝西乾縣東好畤。❹美陽　古縣名。戰國秦孝公置。治今陝西武功西北。❺延岑　字叔牙，南陽人。始起據漢中，自稱武安王。善戰，曾大破赤眉於杜陵。數次與光武軍戰，多敗。吳漢率軍屠殺成都城時殺之，並滅其族。❻武關　戰國秦置。今陝西丹鳳東南。❼穰人杜弘　穰，古縣名。戰國時楚邑，後屬韓，秦置縣。治今河南鄧州。杜弘，曾率眾跟從延岑抗擊耿弇於穰，岑敗後，歸降光武。❽東陽　地名。今河南鄧州南。❾舂陵　古縣名。漢元帝初元四年（西元前四五年）置。漢光武祖舂陵侯劉仁遷封於此，故名。治今湖北棗陽南。❿張豐　涿郡太守，後反叛光武，被征虜將軍祭遵所殺。⓫富平獲索　河北武裝暴動力量的兩支。⓬張步　字文公，琅邪不其（今山東即墨）人。見本書卷十二。⓭齊　地區名。今山東東山以北黃河流域及膠東半島地區，為戰國時齊地，漢以後沿稱齊。⓮同功　功績等同。⓯洛陽　中國古都之一。「洛」本作「雒」，三國魏改。周成王時周公營雒邑，此為成周城所在。戰國時改稱雒陽，因在雒水（今河南洛河）之北得名。秦置縣，為三川郡治所；漢後歷為河南郡、司州、洛州、河南府、河南路治所。東漢、三國魏、西晉、北魏（孝文帝以後）、隋（煬帝）、武周、五代唐先後定都於此；新莽、唐、五代梁、晉、漢、周、北宋、金（宣宗以後）皆以此為陪都。戰國至西漢是全國性商業都市之一，一國乃至全亞洲的經濟、文化中心。漢、魏故城在今洛陽白馬寺東洛水北岸，南北九里餘，東西六里餘。⓰舉宗　整個家族。⓱王常　字顏卿，潁川舞陽人。見本書卷十五。⓲隃麋　古縣名。漢置。因隃麋澤得名。治今陝西千陽東。⓳望都　縣名。西漢置。治所在今河北唐縣東北。⓴故安　古縣名。屬中山國。今河北易縣西南。㉑西山賊　武裝暴動力量的一支。㉒良鄉　舊縣名。漢置縣，原屬河北。在北京市西南部。㉓劉喜　驍騎將軍，劉植弟，王郎起兵後，他與兄劉植等率宗族據昌城，抗擊王郎。建武二年，劉植死，帝令喜代植營，封觀津侯。㉔陽鄉　古縣名。屬涿郡。今河北固安東北。㉕純　彭寵弟。他事不詳。㉖軍都　縣名。漢置昌平、軍都二縣，即今北京昌平。西北有軍都山，為太行八徑之一。㉗光祿大夫　官名。戰國時置中大夫，漢武帝時改稱光祿大夫。掌顧問應對，屬光祿勳。㉘甲第　頭等門第。㉙奉朝請　本為貴族、官員定期晉見皇帝之意。古代以春季的朝見為朝，秋季的朝見為請，故名。漢代退職大臣、將軍和皇室、外戚，多以奉朝請名義參加朝會。㉚牟平　古縣名。屬東萊郡。今山東煙台福山區西北。㉛部曲　古代軍隊的編制單位。㉜騎都尉劉歆　騎都尉，官名。秩比二千石。統率羽林騎，屬光祿勳。劉歆，字細君，鉅鹿昌縣人。光武帝驍騎將軍。他事不詳。㉝太山太守　太山，郡名。治奉高縣（今山東泰安東北），轄境相當今山東泰山南、費縣北、泗水縣東及沂源以西地區。太守，官名。郡的長官，俸二千石，總掌一郡軍政。㉞朝陽　古縣名。漢置。治今河南鄧州東南，因在朝水之北得名。㉟費邑　張步大將，步封其為濟南王，屯兵歷下，被耿弇所殺。㊱歷

下　古邑名。春秋戰國時齊地。今山東濟南西。因南對歷山，城在山下得名。㊲祝阿　古地名、縣名。春秋齊地，又名督揚。西漢置縣。今山東濟南西南。㊳鐘城　地名。漢時屬太山郡。今山東禹城東南。㊴空壁　只餘壁壘。㊵敵守巨里　敵，費邑弟，他事不詳。巨里，聚名，一名巨合城。屬濟南國歷城。今山東歷城西南。㊶阬塹　此特指環繞營壘或護城的壕溝。塹，同「壍」。坑，壕溝。㊷趣　急速。㊸宣勑　宣讀詔令。㊹陰緩生口　祕密放寬對俘虜的監守。㊺適　適逢；正好。㊻岡阪《爾雅》：「山脊曰岡，坡者曰阪。」㊼兇懼　吵嚷驚懼。㊽縱　發；放。㊾濟南　郡、國名。西漢初改博陽郡置郡。治東平陵（今山東章丘西）。轄境相當今山東濟南、章丘、濟陽、鄒平等地。㊿劇　古縣名。古紀國，西漢置縣。治今山東壽光南。(51)藍　張步弟，曾為玄武大將軍，後被琅邪太守陳俊斬殺。(52)西安　古縣名。屬齊郡。今山東淄博東北。(53)臨淄　舊縣名。秦置縣。在山東中部偏北。(54)畫中　即棘裡亭，有澅水，因名。屬齊國西安，今山東桓臺南。(55)校會　校，古代軍隊的編制。會，集合。(56)儆　通「警」。警戒；防備。(57)蓐食　在床蓐上吃飯。是為避免敵軍知曉而夜晚秘密行動。(58)會明　天剛亮時。(59)苟梁　光武護軍。他事不詳。(60)驚擾　驚懼擾攘。(61)卒　迅即。(62)頓兵　軍隊屯駐下來。頓，屯駐。(63)縱　縱使。(64)旬日　十天。(65)困　困窘。(66)無得妄掠　無得，不可以。妄掠，妄自去強取。(67)大彤　河北武裝暴動力量的一支。(68)即　就；往就。(69)大耿　指耿弇。耿弇乃耿況長子，故稱。(70)弘壽　弘，張弘。張步弟，曾為衛將軍。後被琅邪太守陳俊斬殺。壽，張壽。張步弟，曾為高密太守。他事不詳。(71)渠帥重異　渠帥，頭目。重異，當時河北一支武裝暴動力量的頭領。他事不詳。(72)大城　即古臨淄城。在今山東淄博東北的臨淄北。有大、小二城，大者占地四十里，小者又稱子城，占地十里。下文「小城」即指此。(73)突騎　精銳騎兵。(74)合戰　會戰。(75)升王宮　升，登上。王宮，臨淄西周至戰國時為齊國國都，內建有齊王的宮殿。(76)鋒　部隊的先鋒。(77)橫突　橫衝。(78)勒兵　領兵。(79)乘輿　皇帝、諸侯所乘之車。此指代光武帝。(80)擊牛釃酒　擊牛，宰牛。釃酒，倒酒。(81)豫　同「預」。事先。(82)左右翼　指左右兩隊伏兵。(83)人定　夜深安睡之際。(84)鉅昧水　水名，一名巨洋水。今山東壽光西南。(85)相屬　相接。(86)輜重　特指部隊行軍時攜帶的器械、糧草及其他物資。(87)車駕　特指帝王的車馬。此處指代帝王。(88)勞軍　犒勞部隊。(89)大會　相會。(90)昔韓信句　韓信，西漢初年的諸侯王。破歷下，事見《漢書·韓彭英盧吳傳》。楚漢相爭時，劉邦命韓信率軍抄襲項羽後部，奪取齊地。當時齊王田廣據兵歷下，劉邦派酈食其勸田廣投降，田廣已表示投降，並放棄了守備。韓信聽從了蒯通的話，還是攻取了歷下，俘虜了田廣。開基，開創帝王基業。(91)發迹　立功揚名。(92)方　比擬。(93)已降　已經投降的人。(94)獨拔勍敵　獨立收服強大的敵人。(95)田橫亨酈生　田橫，齊國貴族。田廣為齊王時，他為相國。韓信破齊後他自立為齊王。劉邦建漢後，他領從屬五百多人逃到海島上。劉邦遣使招降，他被迫回洛陽，因羞為漢臣子在途中自殺。亨，通「烹」。煮。刑罰的一種。酈生，即酈食其。劉邦謀士。劉邦派他勸降齊王田廣，韓信卻趁機偷襲擊。齊王認為被酈食其出賣，把他烹煮了。96衛尉　官名。始於戰國，漢時九卿之一。掌宮門警衛，主南軍。此處指酈食其之弟酈商。97伏隆　字伯文，見本書卷二十六。98釋　開解。99落落難合　粗疏而難以完成。落落，粗疏。100平壽　古縣名。屬北海郡。今山東昌樂東南。101肉袒　脫掉上衣，裸露肌膚。意示誠敬、惶恐。102斧鑕　也作「鈇鑕」。古代殺人的刑具。103軍門　軍營之門。古時駐軍，樹兩杆旗為營門。104行在所　皇帝行宮所在之地。105十二郡　指耿弇所收復的城陽、琅邪、高密、膠東、東萊、北海、齊、濟南、平原、太山、臨淄等十二個郡。106城陽　郡、國名。西漢初置郡，後改為國。治莒縣（今屬山東）。107振旅　整治軍隊。108隗囂　字季孟，見本書卷十三。109漆　古縣名。秦置。治今陝西彬縣。110隴　古地區名。今甘肅一帶。111中郎將　官名。秦置中郎，西漢分五官、左、右三署，各置中郎將以統領皇帝的侍衛，隸光祿勳。漢平帝時又置虎賁中郎將，統虎賁郎。東漢以後，統兵將領亦多用此名，其上再加稱號。如前期的使匈奴中郎將，後期的北中郎將等。112來歙　字君叔，見本書卷十五。113徇　領兵巡察占地。114安定　郡名。西漢武帝元鼎三年（西元前一一四年）置。轄今甘肅平涼、景泰、靖遠、會寧、涇川、鎮原及寧夏中寧、中衛、同心、西吉、固原等地。東漢移治臨涇（今甘肅鎮原東南）。115北地　郡名。戰國秦置。西漢治馬嶺（今甘肅慶陽西北），東漢移治富平（今寧夏吳忠西南）。轄今寧夏賀蘭山、青銅峽、山水河以東及甘肅環江、馬蓮河流域。116營保　營壘；軍營。117凡　統共。118屠城　攻占城池並屠戮城中軍民。119未嘗　未曾；沒有過。120垂青紫　垂，懸掛。青紫，漢代規定丞相、太尉懸金印垂紫綬，御史大夫則銀印青綬。此言耿弇兄弟都職位顯赫。121襲　承襲。122戶邑　封賜的人戶城邑。123上　呈上。124罷　停職。125列侯　爵位中最高的一級。秦時爵位分二十級，徹侯最高。漢承秦制。漢武帝名徹，為避其諱，徹侯改為通侯，又稱列侯。126籌策　計策。127永平　東漢明帝劉莊年號，西元五八—七五年。

【語　譯】光武帝登基後，拜耿弇為建威大將軍。與驃騎大將軍景丹、彊弩將軍陳俊在敖倉進攻厭新賊，擊敗賊軍，並使之投降。建武二年，光武帝加封耿弇為好時侯，食好時、美陽二縣。建武三年，延岑從武關發兵，進攻南陽，攻下數城。穰縣人杜弘率其部眾歸屬延岑。耿弇率軍與延岑戰於穰縣，擊敗延岑，斬首三千餘級，生擒延岑將士五千餘人，繳獲官印三百顆。杜弘歸降，延岑僅率數名騎兵，逃往東陽。

2 耿弇跟隨光武帝到達春陵後，晉見光武帝，請求讓他北上，盡收上谷郡未曾調發的兵馬，以攻取漁陽的彭寵，平定涿郡的張豐，然後回兵，收降富平、獲索賊軍，再向東進攻打張步，以收復齊地。光武帝對耿弇的深謀遠慮和豪壯膽氣大為讚賞，便同意了他的計劃。建武四年，光武帝詔命耿弇攻打漁陽。耿弇因為父親正占據上谷，本來與彭寵功勞相當，又加上沒有兄弟留在京城侍候皇上，恐怕自己被懷疑，不敢一人獨自進兵，於是上書光武帝，要求返回洛陽。光武帝詔書答覆他說：「耿將軍您出身於全族皆為國盡忠的家庭，攻城略地，斬將搴旗，所向無敵，戰功卓著，何必自我嫌猜疑忌，而要求徵召回朝呢？還是與王常共同屯駐涿郡，認真策劃取勝方略吧。」耿況聽到耿弇上書請求徵召進京，心中也不安寧，讓耿弇之弟耿國入侍皇上。光武帝對此十分滿意，加封耿況為隃麋侯。於是派耿弇與建義大將軍朱祐、漢忠將軍王常等進攻駐紮在望都、故安二縣的十餘營西山賊軍，都打敗了他們。當時，征虜將軍祭遵屯駐良鄉，驍騎將軍劉喜駐軍陽鄉，以抵敵彭寵。彭寵命其弟彭純率匈奴騎兵二千餘騎，自己親率精兵萬餘，兵分兩路，攻襲祭遵、劉喜。當匈奴騎兵途經軍都縣時，耿舒率軍擊敗匈奴兵，斬匈奴兩王，彭寵才撤退奔逃。耿況又與耿舒兩軍匯合，追擊彭寵，攻取軍都。建武五年，彭寵死。光武帝為嘉獎耿況戰功，派光祿大夫持符節恭迎耿況進京，賜他以第一等的府第，授予奉朝請身分。又封耿舒為牟平侯。隨後，派耿弇與吳漢去平原攻打富平、獲索寇賊，大敗敵軍，投降的多達四萬餘人。

3 光武帝下詔，命耿弇等人乘勢進討張步。耿弇集合降卒，重新編制，安排將官屬吏，帶領騎都尉劉歆和太山太守陳俊，揮戈東進，在朝陽的濟河上架橋而渡。張步聞知，便命其大將軍費邑屯駐歷下，又分兵駐守祝阿，此外在太山郡鐘城列營數十座，以抗擊耿弇。耿弇渡過黃河，先攻祝阿。攻城從日出開始，日未中天，便攻占祝阿。並特意放鬆包圍圈的一角，留下一條生路，讓其士兵得以逃往鐘城。鐘城人聽說祝阿已被攻破，極度恐懼之下，空城而逃。費邑駐軍歷下，又命其弟費敢駐守巨里。耿弇先率軍迫脅巨里，他讓士兵們大量砍伐樹木，聲稱將以樹枝填塞護城河。數日之後，有投降的士卒稟告耿弇，說費邑聽說耿弇要攻打巨里後，便打算率兵來援救。耿弇於是一方面嚴令軍中加緊修治攻城戰具，命令各部眾，三日後當全力進攻巨里城。同時又悄悄放寬對俘虜的監守，讓他們得以逃回。俘虜逃回後，將耿弇進攻巨里的時間報告了費邑。三天到期，費邑果然率精兵三萬餘人前來增援。耿弇得知費邑率軍援救費敢，非常高興，對諸將說：「我之所以命令修整攻城戰具，目的是誘使費邑前來。現在費邑果然來了，這正是我所希望的。」當下留三千士兵圍巨里，自己則親領精兵埋伏在山坡上，居高臨下，命伏兵出擊，兩軍接戰，費邑軍大敗，費邑本人也臨陣被斬。耿弇命士兵們收集費邑將士的首級，讓巨里守軍看。城中守軍見狀，恐懼萬分，騷動不寧，費敢忙率部眾逃歸張步。耿弇繳獲了費敢屯於城中的全部糧草輜重，又發兵攻打尚未投降的那些地方。又攻取四十餘營，於是收復了濟南。

4　當時張步定都劇縣，派其弟張藍率精兵二萬駐守西安縣，各郡太守合兵約萬餘人，駐守在臨淄，兩地距離四十餘里。耿弇率部進駐畫中，停在兩地之間。耿弇見西安城雖然不大，但十分堅固，且張藍所率盡是精兵；臨淄城名義上較大，但實際上更易於攻破。於是，便傳令各軍校尉官集合，揚言五日後將進攻西安。張藍得知後，日夜加緊戒備，不敢有絲毫懈怠，到攻城的那天半夜，耿弇傳令各營將士在臥席上吃飯，然後出發，天明之時到達臨淄城下。護軍都尉荀梁等與耿弇發生爭執，他們認為應按原計劃火速進攻西安。耿弇說：「不可以。西安城聽說我們將要進攻他們，晝夜防守備；而我們出其不意地出現在臨淄城下，城中必然驚慌失措，全力攻打，只須一日，必然攻下。臨淄失守，西安則孤立無援，張藍又與張步彼此隔斷，不能相救，他必然又會逃走，這就是所謂的擊破一地而得到兩地。倘若我們首先攻打堅固的西安城，短時間難以攻破，將部隊長期駐紮在堅固的西安城下，傷亡必多。縱使最後攻下西安，張藍率部逃奔臨淄，匯合兵馬，勢力大增，然後可乘我虛實不備，與我決戰，而我軍深入敵腹，後無糧草接濟，十天之內，便不戰而困。各位的意見，不合時宜。」於是全力攻擊臨淄，僅半天時間，便破城而入，據守其城。張藍聽說臨淄失守，大為惶懼，便率其部眾，逃往劇縣去了。

5　耿弇傳令軍中，不得隨意攻掠劇城郊外之地，而要靜候張步來交戰時再行攻取，以便激惱張步。張步聽說後，不禁大笑，不以為然地說：「以尤來、大彤十餘萬人馬，我都能逐營攻破，現耿老大兵少於尤來、大彤，又經長途奔走，疲勞不堪，有何可怕！」於是召集三個弟弟張藍、張弘、張壽及原大彤頭領重異等，號稱二十萬大軍，向臨淄殺來。張步大軍直逼臨淄大城東面，打算進攻耿弇。耿弇首先率軍至淄水岸邊，與重異相遇，精銳騎兵正要縱馬衝入敵陣，但耿弇恐怕一下挫敵銳氣，使張步止步不敢向前，便故意詐敗示弱，以助長張步的囂張氣焰。於是率眾退到了小城內，在城中陳兵以待。張步更加趾高氣揚，率軍徑撲耿弇的大營，與耿弇部將劉歆交鋒。耿弇登上臨淄城內原齊王宮殿的舊臺眺望，看到張步已與劉歆混戰成一團時，便親率精兵衝擊，在城東攔腰殺入敵陣，兩軍夾擊，大敗敵軍。混戰中，流矢飛來，正中耿弇大腿，耿弇拔出佩刀，將箭斬斷，左右竟無一人知曉。兩軍酣戰，一直到天黑才停止。耿弇次日又率兵出戰張步。當時，光武帝正在魯縣，聽說耿弇遭到張步進攻，便親率大軍前往迎救，但還沒有到達。陳俊建議耿弇說：「張步賊軍氣勢驕盛，我們可暫且閉營收兵，休整將士，待皇上率大軍來後，再圍殲賊軍。」耿弇正言道：「皇上即將駕臨此地，作為臣子，應當殺牛備酒，以迎百官，怎能把處置殘賊的事情留給君王呢？」於是率兵與張步大戰，從日出直打到黃昏。耿弇大敗敵軍，殺傷無數，城中溝塹，都被屍體填滿。耿弇料知張步已然窘迫，必率兵退去，便預先在張步退路的兩旁埋下伏兵，專等張步到來。夜深人靜時，張步果然率敗軍離去，這時伏兵四起，縱橫擊殺，將張步殘兵一直趕到鉅昧水邊，沿途追殺，八九十里地面死屍相疊，繳獲了張步輜重二千餘輛。張步退守劇縣，他的幾個弟弟也各自率兵散去了。

6 數日後，光武帝來到了臨淄，親自慰勞耿弇軍將士，大宴群臣。光武帝對耿弇說：「以前韓信攻克歷下，奠定了帝王的基業，現在耿將軍攻取祝阿，從此也立功揚名，歷下、祝阿同在齊國舊地的西界，可謂功業相當。但當年韓信所破，不過是一座降城，而將軍卻是獨立戰勝強敵，可見耿將軍建立功業，更難於當年韓信。再則，田橫烹食酈食其，等田橫歸降時，高皇帝下詔衛尉酈商，不得與田橫結仇。張步從前也曾殺伏隆，若張步來降，我也將下詔大司徒伏湛，讓他盡釋怨仇，此事又尤其相似。耿將軍當年在南陽進獻平叛戰略，籌劃大計，我曾以為疏闊的計劃難以完成，但的確是有志者事竟成啊！」耿弇發兵劇縣，繼續追擊張步，張步逃到了平壽，便裸露上身，背負斧鑕，在營門前服罪請降。耿弇將張步用驛車押往光武帝所在的臨淄，自己則率軍進入平壽縣城。他在城中樹立十二郡旌旗戰鼓，讓張步降卒各自集中本郡旗幟之下，粗略統計，總共還有十萬餘人，輜重七千餘輛，耿弇將降卒盡行遣散回鄉。耿弇又帶軍至城陽，收降五校軍殘部，於是齊國舊地，終得平定。然後整頓軍隊，班師回京。

7 建武六年，耿弇率兵向西抵擋隗囂，在漆縣駐紮。建武八年，耿弇隨光武帝到隴地。次年，耿弇與中郎將來歙分別率軍巡行攻占安定、北地二郡的各敵軍營堡，全部攻破。

8 耿弇總共收復了四十六個郡，攻取及屠殺三百座城池，從未遭遇挫折。

9 建武十二年，耿況病危，光武帝屢次親臨探視。又拜耿國之弟耿廣、耿舉為中郎將。耿弇兄弟六人都垂青掛紫，侍醫奉藥，當世人以為極盡榮耀。耿況逝世後，賜諡號為烈侯。小兒子耿霸，襲爵。

10 建武十三年，增加賜耿弇食邑。耿弇呈上大將軍印璽，退職後，以列侯身分享有晉見皇上的特權。每當朝廷大事爭議不決，光武帝總是召耿弇入朝籌劃。耿弇活了五十六歲，永平元年逝世，賜諡愍侯。

1 子忠嗣。忠以騎都尉擊匈奴於天山❶，有功。忠卒，子馮嗣。馮卒，子良嗣，一名無禁。延光❷中，尚❸安帝妹濮陽長公主，位至侍中❹。良卒，子協嗣。

2 隃麋侯霸卒，子文金嗣。文金卒，子喜嗣。喜卒，子顯嗣，為羽林左監❺。顯卒，子援嗣。尚桓帝❻妹長社公主❼，為河東❽太守。後曹操❾誅耿氏，唯援孫弘存焉。

3 牟平侯舒卒，子襲嗣。尚顯宗❿女隆慮公主⓫。襲卒，子寶嗣。

4 寶女弟⓬為清河孝王⓭妃。及安帝立，尊孝王，母為孝德皇后，以妃為甘園大貴人⓮。帝以寶元舅⓯之重，使監羽林左騎⓰，位至大將軍。而附事內寵，與中常侍樊豐⓱、帝乳母王聖⓲等譖廢皇太子為濟陰⓳王，及排陷太尉楊震⓴，議者怨之。寶弟子承襲公主爵為林慮㉑侯，位至侍中。安帝崩㉒，閻太后㉓以寶等阿附嬖倖㉔，共為不道㉕，策免寶及承，皆貶爵為亭侯㉖，遣就國㉗。寶於道自殺，國除。大貴人數為耿氏請，陽嘉㉘三年，順帝遂紹㉙封寶子箕為牟平侯，為侍中。以恆為陽亭侯，承為羽林中郎將㉚。其後貴人薨㉛，大將軍梁冀㉜從承求貴人珍玩，不能得，冀怒，風㉝有司奏奪其封。承惶恐，遂亡匿於穰。數年，冀推迹㉞得之，乃并族㉟其家十餘人。

論曰：淮陰㊱廷論項王㊲，審料成埶㊳，則知高祖之廟勝㊴矣。耿弇決策河北，定計南陽，亦見光武之業成矣。然弇自剋拔㊵全齊，而無復尺寸功。夫豈不懷？將㊶時之度數，不足以相容乎？三世為將，道家所忌㊷，而耿氏累葉㊸以功名自終。將㊹其用兵欲以殺止殺乎？何其獨能隆㊺也！

【章　旨】以上為〈耿弇傳〉的第三部分，簡述耿弇及其弟耿霸的後代的情況，其中較詳細地記述了耿寶之事。在此作者還對耿氏家族作了歷史性的評價。

【注　釋】❶天山　亞洲內陸中部的著名大山系。橫貫中國新疆維吾爾自治區中部，西端深入哈薩克斯坦和吉爾吉斯斯坦。

為塔里木、準噶爾兩盆地的分界。❷延光　東漢安帝劉祜年號，西元一二二—一二五年。❸尚　匹配，用於匹配皇家的女兒。以卑娶尊為尚。❹侍中　官名。俸比二千石，掌侍皇帝左右，贊導眾事，顧問應對。❺羽林左監　監羽林左騎，官名。掌管羽林左騎。《漢官儀》：「羽林左騎秩六百石，領羽林，屬光祿勳。」❻桓帝　劉志。西元一四六—一六七年在位。見本書卷七。❼長社公主　桓帝姐，耿弇弟霸玄孫援之妻。參見本書卷十下。❽河東　郡名。戰國魏置，後屬秦。治安邑（今山西夏縣西北）。漢代轄今山西陽城、沁水、浮山以西，永和、霍州以南地區。❾曹操　（西元一五五—二二〇年），字孟德，小字阿瞞，漢沛國譙（今安徽亳州）人。靈帝中平元年以騎都尉參加鎮壓黃巾軍，遷濟南相。後討董卓，迎獻帝，先後擊滅袁術、袁紹、劉表，逐漸統一黃河流域，位至丞相、大將軍，封魏王。兒子曹丕代漢稱帝，追尊曹操為太祖武帝。事跡詳見《三國志・魏書・武帝紀》。❿顯宗　即東漢明帝劉莊。西元五七—七五年在位。見本書卷二。⓫隆慮公主　劉迎，適耿弇弟舒之子牟平侯耿襲。⓬女弟　妹妹。⓭清河孝王　指劉慶。見本書卷五十五。⓮大貴人　女官名。職位僅次於皇后，金印紫綬。⓯元舅　長舅。⓰監羽林左騎　掌管羽林左騎。《漢官儀》：「羽林左騎秩六百石，領羽林，屬光祿勳。」⓱中常侍樊豐　中常侍，官名。秦始置，兩漢沿置。出入宮廷，侍從皇帝，常為列侯至郎中的加官。東漢中常侍一般由宦官充當，傳達詔令和掌理文書，權力極大。樊豐，安帝時中常侍。與江京、王聖等人共參與構陷太尉楊震及廢太子事。順帝即位後被誅。⓲王聖　安帝乳母，稱野王君。與樊豐、江京等人共參與構陷太尉楊震及廢太子事。順帝即位後被誅。⓳濟陰　郡名。漢景帝中元六年（西元前一四四年）分梁國置國，後改為郡。治定陶（今山東定陶西北）。轄境相當今山東菏澤附近，南至定陶、北至濮城地區。⓴太尉楊震　太尉，官名。秦至西漢設置，為全國軍政首腦，與丞相、御史大夫並稱三公。漢武帝時改稱大司馬。東漢復舊名太尉，與司徒、司空並稱三公。楊震，字伯起，弘農華陰（今陝西華陰）人，見本書卷五十四。㉑林慮　即隆慮，縣名。殤帝諱隆，故而改稱。故治在今河南林縣。㉒崩　古代帝王死曰崩。㉓閻太后　安帝的皇后，諱姬，河南滎陽人。參見本書卷十下。㉔阿附嬖倖　阿附，攀附。嬖倖，受寵倖的人。㉕不道　罪名。《漢律》：殺無辜一家三人為不道。㉖亭侯　以亭食祿的列侯，是最低級的爵位。㉗國　指封邑。㉘陽嘉　東漢順帝劉保年號，西元一三二—一三五年。㉙紹　續。㉚羽林中郎將　西漢武帝時選隴西、天水等六郡良家子弟宿衛建章宮，稱建章營騎。後改為羽林騎，屬光祿勳，為皇帝護衛，長官有羽林中郎將及羽林郎。㉛薨　古時諸侯死曰薨。㉜梁冀　字伯卓，安定烏氏（今寧夏平涼）人。見本書卷三十四。㉝風　通「諷」。用含蓄委婉的話暗示、勸告或指責。㉞推迹　尋找蹤跡。㉟族　滅族。㊱淮陰　指漢初的淮陰侯韓信。㊲項王　指項羽。㊳審料成埶　審，詳細。料，估計；推測。成埶，成敗之勢。㊴廟勝　在廟堂之內籌策謀劃而勝敵。㊵剋拔　攻占；

攻下。㊶將　或許。㊷三世為將二句　三代人均做將軍，這是道家所忌諱的。據《史記》載：秦王命王翦之孫王離攻趙。有人說，王離是秦國名將，去攻趙必然取勝。有人說，不一定如此。為將三代必敗，由於殺戮多，後代會承受報應。㊸累葉　累代。㊹將　副詞。相當於「豈」。難道。㊺隆　興旺；昌盛。

【語　譯】耿弇之子耿忠繼承了封爵。耿忠以騎都尉的身分領兵到天山攻打匈奴，立了功。耿忠死，其子耿馮繼承封爵。耿馮死，其子耿良繼承封爵，耿良又叫耿無禁。延光年間，娶安帝之妹濮陽長公主為妻，官至侍中。耿良死，其子耿協承繼封爵。

2 隃麋侯耿霸死，其子耿文金承繼封爵。耿文金死，其子耿喜襲爵。耿喜死，其子耿顯繼承封爵，出任羽林左監。耿顯去世，其子耿援繼承封爵。耿援娶桓帝之妹長社公主為妻，官至河東太守。後來曹操誅滅耿氏的時候，僅耿援之孫耿弘得以倖存。

3 牟平侯耿舒死，其子耿襲繼承封爵。他娶明帝之女隆慮公主為妻。耿襲死，其子耿寶繼承封爵。

4 耿寶的妹妹嫁給清河孝王為妃。安帝即位後，尊崇孝王，拜母親為孝德皇后，以王妃為甘園大貴人。安帝因為耿寶位居長舅的貴戚身分，便讓他監管領羽林左騎，官拜大將軍。但是他依附宮中寵侍，與中常侍樊豐、安帝的乳母王聖等人一道誣陷皇太子，廢太子為濟陰王，又排擠陷害太尉楊震，人們都很憎惡他。耿寶弟弟的兒子耿承承襲公主的爵位為林慮侯，職位升至侍中。安帝逝世後，閻太后因為耿寶等人勾結依附宮中寵侍，一起圖謀不軌的罪名，就下令免去耿寶和耿承的職位，把他們的爵位都貶低為亭侯，遣送他們回到封地去。耿寶在半路上自盡，封地被撤銷。甘園大貴人多次為耿氏求情，陽嘉三年，順帝續封耿寶之子耿箕為牟平侯，官封侍中。封耿恆為陽亭侯，授任耿承為羽林中郎將。後來甘園大貴人逝世，大將軍梁冀向耿承索要大貴人生前的珍寶，沒有如願，梁冀很生氣，示意有司上奏剝奪耿承的封爵。耿承很害怕，於是逃亡到穰縣躲藏起來。幾年後，梁冀根據線索找到了他，把他全家十幾人全部殺掉。

5 史家評論說：從淮陰侯韓信在朝廷中議論項羽，周密地預料成敗的形勢，可以知道漢高祖在廟堂籌策就能敗敵取勝。耿弇決策於黃河以北，定計於南陽，也可以看到光武帝的事業將得到成功了。可是耿弇自從攻占整個齊地以後，就不再有一點兒功勞。難道他不想再建立大功嗎？大概是時運氣數所限，不容許他再建奇功吧？三代迭任將帥，這是道家所忌諱的事情，可是耿氏卻能幾代人以功名而自終。難道他們用兵是想以殺伐而止殺伐的原因嗎？為什麼唯獨耿氏能如此興旺呢！

國字叔慮，建武四年初入侍❶，光武拜為黃門侍郎❷，應對左右，帝以為能，遷❸射聲校尉❹。七年，射聲官罷，拜駙馬都尉❺。父況卒，國於次❻當嗣，上疏❼以先侯❽愛少子霸，固自陳讓❾，有詔許焉。後歷頓丘❿、陽翟⓫、上蔡⓬令，所在吏人稱之。徵為五官中郎將⓭。

是時烏桓、鮮卑⓮屢寇⓯外境，國素有籌策，數言邊事，帝器⓰之。及匈奴薁鞬日逐王比自立為呼韓邪⓱單于⓲，款塞稱藩⓳，願扞禦⓴北虜。事下公卿㉑。議者皆以為天下初定，中國㉒空虛，夷狄㉓情偽㉔難知，不可許。國獨曰：「臣以為宜如孝宣故事㉕受之，令東扞鮮卑，北拒匈奴，率厲㉖四夷，完復邊郡，使塞下無晏開之警㉗，萬世安寧之策也。」帝從其議，遂立比為南單于。由是烏桓、鮮卑保塞自守，北虜遠遁，中國少事。二十七年，代馮勤㉘為大司農㉙。又上言宜置度遼將軍，左右校尉，屯五原㉚以防逃亡。永平元年卒官㉛。顯宗追思國言，後遂置度遼將軍㉜，左右校尉，如其議焉。

【章 旨】以上為耿弇之弟〈耿國傳〉，敘述耿國為官經歷及其在邊塞問題方面的卓識遠見。

【注 釋】❶入侍 入朝奉侍皇帝，即當官。❷黃門侍郎 官名。秦及西漢郎官給事於黃闥（宮門）之內者，稱「黃門郎」或「黃門侍郎」。東漢始設為專官，或稱給事黃門侍郎，侍從皇帝，傳達詔命。❸遷 擢升。❹射聲校尉 官名。俸比二千石，掌宿衛兵。❺駙馬都尉 簡稱「駙馬」。侍從武官。漢武帝元鼎二年（西元前一一五年）置，與奉車都尉、騎都尉合稱三都尉。掌駙馬，即天子副車之馬，秩比二千石，多以宗室、外戚及諸公子孫任之。❻於次 依據兄弟長幼排行的次序。❼上疏 呈上奏摺。❽先侯 指耿國之父耿況，耿況生前被封隃麋侯。❾固自陳讓 固，堅決。自陳，自我表白。讓，讓嗣。❿頓丘 古縣名。西漢置。治今河南清豐西南。⓫陽翟 古縣名。秦置。治所在今河南禹州。⓬上蔡 縣名。戰國韓置上蔡縣，治今河南禹州。⓭五官中郎將 官名。俸比二千石，掌五官郎，持戟值班，宿衛皇宮殿門，出充車騎，或奉命差遣。⓮鮮卑 古族名。東胡族的一支。秦漢時，游牧於今西拉木倫河與洮兒河之間。附於匈奴。北匈奴西遷後，進入匈奴故地，併其餘眾，勢力漸盛。東漢桓帝時，首領檀石槐建庭立制，組成軍事行政聯合體。分為東、中、西三部，各置大人率領。檀石槐死後，聯合體瓦解，由步度根、軻比能等首領各擁所部，附屬漢魏。⓯寇 侵擾。⓰器 重視。⓱呼韓邪 匈奴單于的名號。⓲單于 漢代時匈奴的君長稱為單于。⓳款塞稱藩 款塞，叩塞門，指通好或歸服。稱藩，即稱臣內附。藩，大國的附屬國；藩屬。⓴扞禦 抗禦。扞，保衛；抵禦。㉑事下公卿 將事情交由公卿大臣商議決定。㉒中國 中原一帶。㉓夷狄 古代對少數民族的蔑稱。㉔情偽 真假。㉕孝宣故事 孝宣，指漢宣帝劉詢。故事，往事。宣帝甘露二年（西元前五二年），呼韓邪單于對漢稱臣。宣帝調發單于朝見途中各郡的兩千騎兵恭迎單于，以示恩寵，令其地位高於諸侯王。㉖率厲 率，率領。厲，策；鞭打。㉗晏開之警 遲開關門的緊急警報。晏，遲。㉘馮勤 字偉伯，魏郡繁陽（今河南內黃）人。見本書卷二十六。㉙大司農 官名。掌租稅錢穀鹽鐵和國家的財政收支，為九卿之一。㉚五原 郡名。西漢武帝元朔二年（西元前一二七年）置。治九原（今包頭西）。轄今內蒙古後套以東、陰山以南、包頭以西和達拉特、準噶爾等旗地。㉛卒官 死於任上。㉜置度遼將軍 晉司馬彪《續漢書・百官志一》：「明帝初置度遼將軍，以衛南單于眾新降有二心者，後數有不安，遂為常守。」南朝梁劉昭注：「《東觀書》云司馬二人。」《玉海》卷一三七引與劉昭注同。劉昭注又引應劭《漢官儀》：「度遼將軍，孝武皇帝初用范明友。明帝永平八年，行度遼將軍事。安帝元初元年，置真，銀印青綬，秩二千石。長史、司馬六百石。」

【語 譯】耿國表字叔慮，建武四年初入宮侍奉東漢光武帝，光武帝委任為黃門侍郎，在光武帝身邊聽使喚，光武帝認為耿國很有才能，於是擢升他為射聲校尉。建武七年，射聲校尉任滿，晉封為駙馬都尉。他的父親耿況死後，按照長幼次序，耿國應當襲爵，但他上疏給朝廷以父親喜歡小兒子耿霸為由，堅決陳辭謙讓襲封爵號，朝廷有詔書允許他轉讓爵位。後來耿國歷任頓丘縣令、陽翟縣令、上蔡縣令，凡所任職之地，百姓和官員全都稱揚他。朝廷又徵拜為五官中郎將。

當時，烏桓、鮮卑數次侵略邊塞，耿國向來富於謀略，多次就邊境之事進言，光武帝很看重他。等到匈奴薁鞬日逐王比立自己為呼韓邪單于之後，主動臣服漢朝，願意為漢朝保衛邊境、抵抗北邊的敵人。光武帝把這件事交給百官公卿議決。發表議論的人都認為天下才剛平定，中原空虛，夷狄歸服之事真假難知，不可以答允。唯有耿國說：「我認為應當像西漢宣帝那樣接受呼韓邪單于的歸降，讓他東抗鮮卑、北禦匈奴，率領四邊的民族，使邊境郡縣安好，使塞下沒有緊急警報，這是使萬代安寧的大計。」光武帝接受了他的意見，於是封比為南單于。從此，烏桓、鮮卑保塞自守，北部強虜向遠處逃走了，中原地區不再受到滋擾。建武二十七年，耿國代替馮勤為大司農。耿國又向皇上進言應該設置度遼將軍、左右校尉，屯駐在五原，防吏民逃亡。明帝永平元年，耿國卒於任上。明帝追思耿國的建議，之後就設置了度遼將軍、左右校尉，就像耿國建議的那樣。

1 國二子：秉，夔。

2 秉字伯初，有偉體❶，要帶八圍❷。博通書記❸，能說司馬兵法❹，尤好將帥之略。以父任為郎，數上言兵事。常以中國虛費，邊陲❺不寧，其患專在匈奴。以戰去戰，盛王之道❻。顯宗既有志北伐，陰然其言❼。永平中，召詣省闥❽，問前後所上便宜[9]方略，拜謁者僕射[10]，遂見親幸。每公卿會議，常引秉上殿，訪以邊事，多簡[11]帝心。

3 十五年，拜駙馬都尉。十六年，以騎都尉秦彭[12]為副，與奉車都尉[13]竇固[14]等俱伐北匈奴。虜皆奔走，不戰而還。

4 十七年夏，詔秉與固合兵萬四千騎，復出白山[15]擊車師[16]。車師有後王、前王，前王即後王之子，其廷相去五百餘里。固以後王道遠，山谷深，士卒寒苦，欲攻前王。秉議先赴後王，以為并力根本[17]，則前王自服。固計未決。秉奮身而起曰：「請行前。」乃上馬，引兵北入，眾軍不得已，遂進。並縱兵抄掠[18]，斬首數千級，收馬牛十餘萬頭。後王安得震怖[19]，從數百騎出迎秉。而固司馬[20]蘇安[21]欲全功歸固，即馳謂安得曰：「漢貴將獨有奉車都尉，天子姊壻[22]，爵為通侯[23]，當先降之。」安得乃還，更令其諸將迎秉。秉大怒，被甲上馬，麾[24]其精騎徑造固壁。言曰：「車師王降，訖今不至，請往梟[25]其首。」固大驚曰：「且止，將敗事[26]！」秉厲聲曰：「受降如受敵。」遂馳赴之。安得惶恐，走出門，脫帽抱馬足降。秉將以詣固。其前王亦歸命，遂定車師而還。

5 明年秋，肅宗[27]即位，拜秉征西將軍。遣案行[28]涼州[29]邊境，勞賜[30]保塞羌胡，進屯酒泉㉛，救戊己校尉㉜。

6 建初㉝元年，拜度遼將軍。視事㉞七年，匈奴懷㉟其恩信。徵為執金吾，甚見親重㊱。帝每巡郡國及幸宮觀㊲，秉常領禁兵㊳宿衛㊴左右。除㊵三子為郎。章和㊶二年，復拜征西將軍，副㊷車騎將軍竇憲㊸擊北匈奴，大破之。事并見憲傳。封秉美陽侯，食邑三千戶。

7 秉性勇壯而簡易於事，軍行常自被甲在前，休止㊹不結㊺營部，然遠斥候㊻，明要誓㊼，有警，軍陳立成，士卒皆樂為死。永元㊽二年，代桓虞為光祿勳㊾。明年夏卒，時年五十餘。賜以朱棺、玉衣㊿，將作大匠(51)穿冢(52)，假鼓吹(53)，五營騎士三百餘人送葬。謚曰桓侯。匈奴聞秉卒，舉國號哭，或至剺(54)面流血。

8 長子沖嗣。及竇憲敗(55)，以秉竇氏黨，國除(56)。沖官至漢陽(57)太守。

9 曾孫紀，少有美名(58)，辟公府(59)，曹操甚敬異之，稍遷少府(60)。紀以操將篡漢，建安(61)二十三年，與大醫令吉平(62)、丞相司直韋晃(63)謀起兵誅操，不克，夷三族(64)。于時衣冠盛門(65)坐紀罹(66)禍滅者眾矣。

【章　旨】以上為〈耿秉傳〉，講述耿國之子耿秉的事跡，並簡單介紹其後世子孫的情況。耿秉熟知邊境情形，與竇固率軍北擊匈奴，為人豪壯，帶兵嚴簡，深受軍民愛戴。

【注釋】❶偉體 體格魁偉。❷圍 計度圓周的量詞。徑尺為圍，一說五寸為圍。❸書記 猶書籍。❹司馬兵法 書名。屬兵書類。今存一卷，五篇。《漢書・藝文志》稱《軍禮司馬法》一百五十五篇。❺邊陲 邊境。❻盛王之道 使王業隆盛的辦法。❼陰然其言 暗中認可其說法。陰，暗；隱。❽省闥 禁中；宮中。❾便宜 當做的事，特指於國有利之事。❿謁者僕射 謁者，官名。漢置。掌賓贊。其首長為謁者僕射，又稱大謁者。⓫簡 中；符合。⓬秦彭 字伯平，扶風茂陵人。見本書卷七十六。⓭奉車都尉 官名。漢武帝元鼎二年（西元前一一五年）置，秩比二千石。掌御皇帝車乘。東漢屬光祿勳。⓮竇固 字孟孫，扶風平陵（今陝西咸陽）人。見本書卷二十三。⓯白山 山名。亦稱折羅漫山或天山，因春夏積雪得名。今新疆哈密、吐魯番北。⓰車師 西域城國名。屬都護。國都交河城（遺址在今新疆吐魯番西北）。東南通敦煌，南通樓蘭、鄯善，西通焉耆，西北通烏孫，東北通匈奴，扼絲綢之路的要衝。國人屬印歐人種，操焉耆—龜茲語。在今新疆吐魯番及吉木薩爾一帶。⓱根本 最重要之處。⓲縱兵抄掠 放縱軍兵，抄襲攻掠。⓳震怖 震恐。⓴司馬 漢代諸宮門有司馬掌警衛，大將軍營五部，部各置軍司馬一人。將軍、校尉屬官有司馬，邊郡亦有司馬。㉑蘇安 竇固司馬。他事不詳。㉒天子姊壻 竇固尚涅陽公主，而涅陽公主是東漢明帝劉莊的姐姐；故稱。㉓通侯 爵位名。秦設二十等爵，此是最高級，漢承秦制。又叫徹侯、列侯。㉔麾 帶領；號召。㉕梟 懸首示眾。㉖敗事 使事情不成功。㉗肅宗 即東漢章帝劉炟。西元七五—八八年在位。見本書卷三。㉘案行 巡察。㉙涼州 州名。西漢武帝置「十三刺史部」之一。東漢時治隴縣（今甘肅張家川回族自治縣）。轄境約當今甘肅、寧夏，青海湟水流域，陝西定邊、吳旗、鳳縣、略陽和內蒙古額濟納旗一帶。㉚勞賜 犒勞頒賜。㉛酒泉 郡名。漢武帝元狩二年（西元前一二一年）以原匈奴昆邪王地置。治祿福（晉改為福祿，隋改酒泉，今甘肅酒泉市）。元鼎後轄境相當今甘肅疏勒河以東、高臺以西地區。㉜戊己校尉 指耿恭。校尉，漢時軍職之稱，略次於將軍。隨其職務冠以名號，如掌北軍軍壘者有中壘校尉，掌西域屯兵者有戊己校尉等。㉝建初 東漢章帝劉炟年號，西元七六—八四年。㉞視事 治事。指政事。㉟懷 感念。㊱親重 親厚看重。㊲宮觀 祠廟。㊳禁兵 保衛皇宮的士兵。㊴宿衛 在宮中值宿、護衛。㊵除 拜官。㊶章和 東漢章帝劉炟年號，西元八七—八八年。㊷副 輔助。㊸竇憲 字伯度，扶風平陵人。見本書卷二十三。㊹休止 駐紮。㊺結 搭建。㊻斥候 偵察。也指偵察敵情的士兵。㊼要誓 誓約。㊽永元 東漢和帝劉肇年號，西元八九—一〇五年。㊾光祿勳 秦漢負責守衛宮殿門戶的宿衛之臣，後逐漸演變為專掌宮廷雜務之官。本名郎中令，秦已設置。漢武帝太初元年（西元前一〇四年），改名光祿勳。新莽時改為司中。東漢時仍稱光祿勳。㊿朱棺玉衣 朱棺，紅漆棺材，意示貴重。玉衣，玉石所製壽服。(51)將作大匠 官名。俸二千石，掌修作宗廟、路寢、宮室、陵園土木工程並種植桐梓之類於道側。52穿冢　挖通墳墓。53假鼓吹　假，借用。鼓吹，樂名。主要樂器包括鼓、鉦、簫、笳等。源出北方民族，本是軍中之樂。東漢時，邊塞將帥及統領上萬人的將軍才可享用。不夠資格的只可假鼓吹。54棃　割。55竇憲敗　事見本書卷二十三。56國除　取消封國。57漢陽　郡名。東漢明帝永平十七年（西元七四年）改天水郡置。治冀縣（今甘肅甘谷東南）。轄境相當今甘肅定西、隴西、禮縣以東，靜寧、莊浪以西，黃河以南，嶓冢山以北地。58美名　良好的名聲。59辟公府　辟，徵辟。公府，三公（太尉、司徒、司空）的府衙。60少府　官名。始於戰國。秦漢相沿，為九卿之一。掌山海池澤收入和皇室手工業製造，為皇帝私府。西漢諸侯王也設有私府，郡守亦設有少府。東漢仍為九卿之一，掌宮中御衣、寶貨、珍膳等。61建安　東漢獻帝劉協年號，西元一九六—二二〇年。62大醫令吉丕　大醫令，即太醫令。官名。秦置。西漢太常、少府皆有之。屬於太常的為百官治病，屬於少府的為宮廷治病。有經驗良方，頒行於各郡國。東漢、曹魏沿置，隋唐改稱太醫署令。吉丕，他事不詳。63丞相司直韋晃　丞相，官名。始於戰國，為百官之長。亦稱相邦。秦代以後為封建官僚組織中的最高官職，輔佐皇帝，綜理全國政務，但也有居丞相之名而無實權的。西漢初，稱為相國，後改丞相，與太尉、御史大夫合稱三公。西漢末改為大司徒，東漢末復稱丞相。司直，官名。漢置。掌佐丞相舉不法。韋晃，他事不詳。64三族　說法不一。一說：父母、兄弟、妻子；一說：父族、母族、妻族。65衣冠盛門　家族中多有朝廷官員。衣冠，士大夫的穿戴。66罹　遭受；受到。

【語　譯】耿國有二子：耿秉和耿夔。

2 耿秉表字伯初，身材魁梧，腰帶長八圍。學識淵博，通曉各種典籍，能解析《司馬兵法》，尤其喜好將帥用兵打仗的方略。因為父親的關係而被朝廷任命為郎，數次上奏章談論戰事。他認為中原耗費大國庫空虛而且邊境不寧的禍根在於匈奴。用戰爭消滅戰爭，才是使帝業隆盛的方法。明帝早已有意向北征伐匈奴，心裡認為耿秉的話很對。永平年間，明帝徵召耿秉到宮中，詢問前前後後所建議的對國家有利的戰略，授任他為謁者僕射，受到皇上親近敬重。每次大會群臣議事，常常宣耿秉上殿，問他有關邊疆之事，他所建言大多深合帝心。

3 永平十五年，朝廷任命耿秉為駙馬都尉。十六年，派騎都尉秦彭擔任耿秉的副手，命他與奉車都尉竇固等一起征討北匈奴。敵人都望風而逃，未曾接戰便奏凱回朝了。

4 永平十七年夏，明帝下詔耿秉和竇固統率騎兵一萬四千多人，再次由白山出兵討伐車師。車師國有後王、前王。前王是後王之子，他們的王庭相距五百餘里。竇固以為到後王都城路遠山高谷深，士卒們都將遭受嚴寒之苦，故想去進攻前王。耿秉建議先奔襲後王，若合兵猛攻要害之處，那麼前王自然就屈服了。竇固猶豫不決。耿秉起身說：「請讓我先去。」於是上馬，帶兵向北深入車師腹地，眾軍沒辦法，只得前進。並揮軍攻掠後王都城，殺敵數千人，獲得馬、牛十多萬頭。車師後王安得特別震驚害怕，率數百名騎兵出城恭迎耿秉。但竇固的司馬蘇安欲把功勞全都歸於竇固，就驅馬向前對安得說：「漢朝尊貴的將軍只有奉車都尉竇固，他是當今聖上的姐夫，爵屬通侯，你理應先向竇將軍投降。」安得於是退回，轉命手下將領迎接耿秉。耿秉非常生氣，披上鎧甲飛躍上馬，率領其精銳騎兵直撲竇固軍營。說道：「車師王表示歸降，但到現在還不來，請讓我前往殺了他的頭。」竇固大吃一驚，說：「暫且停下，你這樣做會壞事的！」耿秉厲聲道：「接受投降就像抵擋敵人一樣。」於是驅馬衝向安得陣營。安得十分害怕，奔到城門外，摘下帽子，抱著馬腳表示歸降。耿秉於是帶著安得來見竇固。車師前王也投降了，於是收降車師，勝利返回朝廷。

5 次年秋天，章帝登基，授職耿秉為征西將軍。朝廷詔命他巡行涼州邊境，犒勞獎勵保塞羌胡人，進駐酒泉，援救戊己校尉。

6 建初元年，朝廷授職耿秉為度遼將軍。耿秉在邊境七年，匈奴人對他感激信任。朝廷徵召耿秉為執金吾，深受皇上親信敬重。章帝每次巡察郡國和到各宮觀去，耿秉常指揮禁軍在章帝身邊負責警衛。皇上晉封他三個兒子為郎官。章和二年，朝廷又封他為征西將軍，做車騎將軍竇憲的副手進攻北匈奴，大勝匈奴。這件事記載於〈竇憲傳〉中。加封耿秉美陽侯，食邑三千戶。

7 耿秉性格驍勇豪壯而做事粗疏不講究，打仗時常常自己披甲衝鋒在前，休息時不鋪設營帳，但他總是派哨兵在遠處巡邏守衛，嚴明誓約，一有緊急情況，部隊立即布成戰陣，士兵們都樂意為他去拼命。和帝永元二年，耿秉代替桓虞擔任光祿勳。次年夏天，耿秉逝世，壽五十多歲。朝廷賞賜他紅漆棺材，玉製壽衣，派將作大將挖墳，賜用鼓吹軍樂，五營騎士三百餘人送葬。賜謚桓侯。匈奴人聞知耿秉死了，舉國悲痛號哭，有甚至哭得破面血流。

8 其長子耿沖襲爵。等到竇憲事敗自殺，因為耿秉是竇憲的同黨，被撤銷了封國。耿沖官至漢陽太守。

9 曾孫耿紀，年青時便有美名，被公府徵辟，曹操非常敬重他，認為他不尋常，沒多久升遷為少府。耿紀因為曹操打算篡權奪位，建安二十三年，與大醫令吉丕、丞相司直韋晃謀劃興兵誅殺曹操，計策失敗，被誅滅三族。當時富貴之家因為耿紀遭受災禍以致被殺者甚多。

1 夔字定公。少有氣決❶。永元初，為車騎將軍竇憲假❷司馬，北擊匈奴，轉騎都尉。三年，憲復出河西❸，以夔為大將軍左校尉。將精騎八百，出居延塞❹，直奔北單于廷，於金微山❺斬閼氏❻、名王已下五千餘級，單于與數騎脫亡，盡獲其匈奴珍寶財畜，去塞五千餘里而還，自漢出師所未嘗至也。乃封夔粟邑❼侯。會北單于弟左鹿蠡王於除鞬自立為單于，眾八部❽二萬餘人，來居蒲類海❾上，遣使款塞。以夔為中郎將，持節衛護之。及竇憲敗，夔亦免官奪爵土❿。

2 後復為長水校尉⓫，拜五原太守，遷遼東太守。元興⓬元年，貊人寇郡界，夔追擊，斬其渠帥。永初⓭三年，南單于檀反畔，使夔率鮮卑及諸郡兵屯鴈門⓮，與車騎將軍何熙⓯共擊之。熙推夔為先鋒，而遣其司馬耿溥⓰、劉祉⓱將二千人與夔俱進。到屬國故城⑱，單于遣薁鞬日逐王三千餘人遮⑲漢兵。夔自擊其左，令鮮卑攻其右，虜遂敗走，追斬千餘級，殺其名王六人，獲穹廬⑳車重千餘兩，馬畜生口㉑甚眾。鮮卑馬多羸病，遂畔出塞。夔不能獨進，以不窮追，左㉒轉雲中㉓太守，後遷行度遼將軍事。

3 夔勇而有氣，數侵陵㉔使匈奴中郎將鄭戩㉕。元初㉖元年，坐徵下獄，以減死㉗論，笞㉘二百。建光㉙中，復拜度遼將軍。時鮮卑攻殺雲中太守成嚴㉚，圍烏桓校尉徐常㉛於馬城㉜。夔與幽州刺史㉝龐參㉞救之，追虜出塞而還。後坐法免㉟，卒於家。

【章　旨】以上為〈耿夔傳〉，記載了耿國之子耿夔的主要事跡，表現出他的辦事果決、氣魄超人。

【注　釋】❶氣決　勇武果決。❷假　暫任。❸河西　故地區名。春秋戰國時指今山西、陝西間黃河南段之西。漢唐時指今甘肅、青海兩地以西，即河西走廊與湟水流域。❹居延塞　古邊塞名。漢武帝太初三年（西元前一〇二年）路博德築於居延澤上，以遮斷匈奴由此侵入河西之路，故一名遮虜障。至今遺地猶存。❺金微山　山名。即阿爾泰山脈。在蒙古西北與新疆阿勒泰、青河以及俄羅斯三國交界地一帶。❻閼氏　匈奴單于正室的稱呼。❼粟邑　古縣名。屬左馮翊。今陝西西安東北。❽部　軍隊編制。❾蒲類海　湖泊名。今新疆巴里坤西北巴里坤湖。❿爵土　封爵和領地。⓫長水校尉　官名。俸比二千石，主長水宣曲胡騎，掌宿衛。⓬元興　東漢和帝劉肇年號，西元一〇五年。⓭永初　東漢安帝劉祜年號，西元一〇七—一一三年。⓮鴈門　郡名。戰國趙武靈王置。秦、西漢治善無（今山西右玉南）。轄境相當今山西河曲、五寨、寧武等地以北，恆山以西，內蒙古黃旗海、岱海以南地。東漢移治陰館（今山西代縣西北）。⓯何熙　字孟孫，陳國（今河南淮陽）人。見本書卷四十七。⑯耿溥　耿恭之子，為京兆虎牙都尉。擊叛羌於丁奚城，軍敗，戰歿。⑰劉祉　字巨伯，光武族兄。見本書卷十四。⑱屬國故城　屬國，附屬郡國。漢代，將邊境降民移居一處，設立郡國，但仍沿用本國的風俗，故而稱為屬國。故城，原來的都城。⑲遮　截擊。⑳穹廬　北方游牧民族居住的氈帳。㉑生口　也作「牲口」。牲畜。㉒左　降級。㉓雲中　郡名。戰國趙武靈王置。秦代治雲中（今內蒙古托克托東北）。轄境相當今內蒙古土默特右旗以東，大青山以南，卓資以西，黃河南岸及長城以北。西漢轄境縮小，東漢末廢。㉔侵陵　凌辱。㉕鄭戩　匈奴中郎將。他事不詳。㉖元初　東漢安帝劉祜年號，西元一一四—一二〇年。㉗減死　免除死罪。㉘笞　古代的一種刑罰。用竹板、荊條打人脊背或臀部。㉙建光　東漢安帝劉祜年號，西元一二一—一二二年。㉚成嚴　雲中太守。安帝時鮮卑入侵居庸關，成嚴擊之，戰歿。㉛徐常　為烏桓校尉，守馬城。鮮卑進犯馬城，常夜得潛出，與耿夔等合力，擊敗敵人。他事不詳。㉜馬城　古縣名。屬代郡。今河北懷安西南。㉝刺史　官名。西漢武帝時，分全國為十三部（州），部置刺史，以六條察問郡縣，本為監察官性質，其官階低於郡守。成帝時，改刺史為州牧。哀帝初，又改歸舊制，不久復稱為州牧。東漢初又稱刺史。靈帝時，為鎮壓武裝暴動，再改刺史為州牧，居郡守之上，掌握一州的軍政大權。㉞龐参　字仲達，河南緱氏（今河南偃師）人。見本書卷五十一。㉟免　罷免官職。

【語　譯】耿夔表字定公，年輕時就豪氣干雲，處事有決斷。和帝永元初年，擔任車騎將軍竇憲的代理司馬，向北進攻匈奴，轉為騎都尉。永元三年，竇憲又進軍河西，以耿夔為大將軍左校尉。帶領精銳騎兵八百，出居延塞，徑襲北單于庭，在金微山斬殺了閼氏、名王以下五千餘人。單于和幾名騎兵逃脫，耿夔全部收繳了匈奴的珍寶財物和牲畜，距邊塞五千多里而返回，這麼遙遠的地方，是漢朝自出師以來所不曾到達的。朝廷於是封耿夔為粟邑侯。這時，恰逢北單于之弟左鹿蠡王在除鞬自立為單于，擁有部屬八支約兩萬多人，居住在蒲類海上，派遣使者敲開關塞大門，與漢朝通好。詔用耿夔為中郎將，手持漢朝廷的符節監護他們。等到竇憲事敗身亡後，耿夔也被罷官，削除爵號、免去封地。

2 後來耿夔又歷任長水校尉、五原太守，升遷為遼東太守。和帝元興元年，貊人攻略遼東郡邊界，耿夔率軍追擊，殺敵魁首。安帝永初三年，南單于檀叛亂，詔命耿夔指揮鮮卑兵以及各部士兵屯駐在鴈門，和車騎將軍何熙共同進攻檀。何熙保舉耿夔為先鋒，並且派耿夔的司馬耿溥、劉祉率兩千人和耿夔一起出兵。到達附屬國故都時，單于遣薁鞬日逐王三千餘人截擊漢軍。耿夔自己進攻左邊的匈奴兵，命令鮮卑兵進攻右邊的匈奴兵，匈奴人失敗逃走，追斬一千餘人，殺匈奴名王六人，又收繳穹廬、車馬一千多輛，還有很多牛馬牲口。鮮卑的馬多羸弱有病，背叛逃跑到塞外。耿夔難以單獨進軍，朝廷認為他不窮追敵人，降職為雲中太守，後來升遷為代度遼將軍。

3 耿夔勇健而有力氣，多次欺凌匈奴中郎將鄭戩。安帝元初元年，獲罪下獄，論處他減死之罪，鞭笞二百下。安帝建光年間，又授職耿夔為度遼將軍。當時鮮卑人進攻並殺掉漢朝的雲中太守成嚴，在馬城包圍了烏桓校尉徐常。耿夔和幽州刺史龐參去增援徐常，將敵人趕出邊塞後才返回。後來犯法，被免官，死於家裡。

1 恭字伯宗，國弟廣之子也。少孤。慷慨多大略❶，有將帥才。永平十七年冬，騎都尉劉張❷出擊車師，請恭為司馬，與奉車都尉竇固及從弟駙馬都尉秉破降之。始置西域都護、戊己校尉，乃以恭為戊己校尉，屯後王部金蒲城❸，謁者關寵❹為戊己校尉，屯前王柳中❺城，屯各置數百人。恭至部，移檄烏孫❻，示漢威德，大昆彌❼已下皆歡喜，遣使獻名馬，及奉宣帝時所賜公主博具❽，願遣子入侍。恭乃發使齎金帛，迎其侍子❾。

2 明年三月，北單于遣左鹿蠡王二萬騎擊車師。恭遣司馬將兵三百人救之，道逢匈奴騎多，皆為所歿❿。匈奴遂破殺後王安得，而攻金蒲城。恭乘城搏戰，以毒藥傅⓫矢，傳語匈奴曰：「漢家箭神，其中瘡者必有異。」因發彊弩射之。虜中矢者，視創⑫皆沸⑬，遂大驚。會天暴風雨，隨雨⑭擊之，殺傷甚眾。匈奴震怖，相謂曰：「漢兵神，真可畏也！」遂解去。恭以疏勒⑮城傍有澗水可固⑯，五月，乃引兵據之。七月，匈奴復來攻恭，恭募⑰先登數千人直馳之，胡騎散走，匈奴遂於城下擁絕⑱澗水。恭於城中穿井十五丈不得水，吏士渴乏，笮⑲馬糞汁而飲之。恭仰歎曰：「聞昔貳師將軍⑳拔佩刀刺山，飛泉涌出；今漢德神明，豈有窮㉑哉。」乃整衣服向井再拜，為吏士禱。有頃，水泉奔出，眾皆稱萬歲。乃令吏士揚水以示虜。虜出不意，以為神明，遂引去。

3 時焉耆、龜茲㉒攻歿都護陳睦㉓，北虜亦圍關寵於柳中。會顯宗崩，救兵不至，車師復畔，與匈奴共攻恭。恭厲㉔士眾擊走之。後王夫人先世漢人，常私以虜情告恭，又給以糧餉。數月，食盡窮困，乃煮鎧弩，食其筋革㉕。恭與士推誠㉖同死生，故皆無二心，而稍稍死亡，餘數十人。單于知恭已困，欲必降之。復遣使招恭曰：「若降者，當封為白屋王，妻以女子。」恭乃誘其使上城，手擊殺之，炙㉗諸城上。虜官屬望見，號哭而去。單于大怒，更益兵圍恭，不能下。

4 初，關寵上書求救，時肅宗新即位，乃詔公卿會議。司空第五倫㉘以為不宜救。司徒鮑昱㉙議曰：「今使人於危難之地，急而棄之，外則縱蠻夷之暴，內則傷死難㉚之臣。誠令權時後無邊事可也，匈奴如復犯塞為寇，陛下將何以使將？又二部㉛兵人裁㉜各數十，匈奴圍之，歷旬不下，是其寡弱盡力之效也。可令敦煌㉝、酒泉太守各將精騎二千，多其幡幟㉞，倍道兼行㉟，以赴其急。匈奴疲極之兵，必不敢當，四十日間，足還入塞。」帝然之。乃遣征西將軍耿秉屯酒泉，行太守事；遣秦彭與謁者王蒙、皇甫援㊱發張掖㊲、酒泉、敦煌三郡及鄯善㊳兵，合七千餘人，建初元年正月，會柳中擊車師，攻交河城㊴，斬首三千八百級，獲生口㊵三千餘人，駝驢馬牛羊三萬七千頭。北虜驚走，車師復降。

會關寵已歿，蒙等聞之，便欲引兵還。先是恭遣軍吏范羌至敦煌迎兵士寒服，羌因隨王蒙軍俱出塞。羌固請㊶迎恭，諸將不敢前，乃分兵二千人與羌，從山北迎恭，遇大雪丈餘，軍僅能至。城中夜聞兵馬聲，以為虜來，大驚。羌乃遙呼曰：「我范羌也。漢遣軍迎校尉耳。」城中皆稱萬歲。開門，共相持涕泣。明日，遂相隨俱歸。虜兵追之，且戰且行㊷。吏士素飢困，發疏勒時尚有二十六人，隨路㊸死沒，三月至玉門㊹，唯餘十三人。衣屨穿決㊺，形容枯槁㊻。中郎將鄭眾㊼為恭已下洗沐易衣冠。上疏曰：「耿恭以單兵㊽固守孤城，當匈奴之衝㊾，對數萬之眾，連月踰年㊿，心力困盡。鑿山為井，煮弩為糧，出於萬死無一生之望。前後殺傷醜虜數千百計，卒全忠勇[51]，不為大漢恥。恭之節義，古今未有。宜蒙顯爵，以厲將帥。」及恭至雒陽，鮑昱奏恭節過蘇武[52]，宜蒙爵賞。於是拜為騎都尉，以恭司馬石修[53]為雒陽市丞，張封為雍營司馬，軍吏范羌為共[54]丞，餘九人皆補羽林。恭母先卒，及還，追行喪制[55]，有詔使五官中郎將齎牛酒釋服[56]。

6 明年，遷長水校尉。其秋，金城、隴西[57]羌反。恭上疏言方略，詔召入問狀[58]。乃遣恭將五校士[59]三千人，副車騎將軍馬防討西羌[60]。恭屯枹罕[61]，數與羌接戰。明年秋，燒當羌[62]降，防還京師，恭留擊諸未服者，首虜[63]千餘人，獲牛羊四萬餘頭，勒姐、燒何羌[64]等十三種數萬人，皆詣恭降。初，恭出隴西，上言：「故安豐侯竇融昔在西州[65]，甚得羌胡腹心。今大鴻臚[66]固，即其子孫。前擊白山，功冠三軍。宜奉大使[67]，鎮撫涼[68]部。令車騎將軍防屯軍漢陽，以為威重。」由是大忤[69]於防。及防還，監營謁者李譚[70]承旨[71]奏恭不憂[72]軍事，被詔怨望[73]。坐徵下獄，免官歸本郡，卒於家。

7 子溥，為京兆虎牙都尉[74]。元初二年，擊畔羌於丁奚城[75]，軍敗，遂歿。詔拜溥子宏、曄並為郎。

8 曄字季遇。順帝[76]初，為烏桓校尉。時鮮卑寇緣邊[77]，殺代郡太守。曄率烏桓及諸郡卒出塞討擊，大破之。鮮卑震怖，數萬人詣遼東降。自後頻出輒克獲，威振北方。遷度遼將軍。

9 耿氏自中興㊼已後迄建安之末，大將軍二人，將軍㊾九人，卿十三人，尚公主三人，列侯十九人，中郎將、護羌校尉⑻及刺史、二千石數十百人，遂與漢興衰云。

【章　旨】以上為耿國之姪〈耿恭傳〉，敘述耿恭一生的主要經歷及其後人的一些情況。其中寫到他率領軍隊頑強打擊匈奴、困守疏勒枯泉飛液等事，頗使人感動，但其終填牢戶之結局亦值得深思。

【注　釋】❶大略　長遠的謀略。❷劉張　劉伯升孫，劉章子，劉石弟。任騎都尉，光武封為下博侯。❸金蒲城　古城名。車師國後王城，今新疆烏魯木齊東南。❹關寵　戊己校尉，耿恭與竇固攻下車師國後，派其屯兵柳中。後北虜進攻，圍關寵於柳中，戰歿。❺柳中　古縣名。今新疆鄯善西南魯克沁。當西域交通孔道。東漢延光中班勇為西域長史駐此。❻烏孫　漢時西域城國。在今新疆伊犁河流域。❼昆彌　烏孫國王的稱號。❽公主博具　公主，指江都王劉建之女細君。武帝元豐中嫁烏孫昆莫。博具，博戲用的器具。❾侍子　古代諸侯國或屬國之王命兒子進宮奉侍皇帝，稱作侍子。❿歿　殺死。⓫傅　塗抹。⓬創　刀、槍等所致的外傷。⓭沸　水翻滾沸騰。此指傷口血肉翻捲。⓮隨雨　借助雨勢。⓯疏勒　西域國名。又作「竭石」、「竭叉」、「可失哈耳」、「哈實哈兒」、「室利訖栗多底」等。國都在今新疆喀什。西漢宣帝神爵二年（西元前六〇年）起，屬西域都護府。⓰固　此指堅守。⓱募　召集。⓲擁絕　截斷。⓳笮　榨；擠。⓴貳師將軍　指李廣利。貳師，大宛城名。武帝派李廣利帶兵征大宛，約定打到貳師城，故而以此城名為號。㉑窮　完結。㉒焉耆龜茲　焉耆，西域城國。今新疆焉耆回族自治縣境內。龜茲，西域城國。在天山南麓，漢代時位於通往西域北道的交通線上，屬西域都護府。㉓陳睦　西域都護。焉耆、龜茲攻擊西域時，全滅其眾。㉔厲　勉勵；激勵。㉕筋革　用來做鎧甲弓弩的獸皮獸筋。㉖推誠　坦誠相向。㉗炙　烤。㉘司空第五倫　司空，官名。西周始置，春秋戰國時沿置，掌工程。西漢成帝時改御史大夫為大司空，後世用作工部尚書的別稱，侍郎則稱少司空。第五倫，字伯魚，京兆長陵（今陝西涇陽）人。見本書卷四十一。㉙司徒鮑昱　司徒，官名。西周始置，金文多作「司土」。春秋時沿置，掌土地和人民。官司籍田，負責徵發徒役。西漢哀帝時丞相改稱「大司徒」，東漢改稱「司徒」。鮑昱，字文泉，上黨屯留（今山西屯留）人。見本書卷二十九。㉚死難　為國難而死。㉛二部　指關寵與耿恭兩路軍隊。㉜裁　通「才」。只。㉝敦煌　郡名。西漢武帝元鼎六年（西元前一一一年）分酒泉郡置。治敦煌縣（今甘肅敦煌西）。轄境相當今甘肅疏勒河以西及以南地區。㉞幡幟　旌旗。幡，長方而下垂的旗子。㉟倍道兼行　一天趕兩天的路程。㊱王蒙皇甫援　謁者。他事不詳。㊲張掖　郡名。西漢武帝元鼎六年（西元前一一一年）置。治觻得（今甘肅張掖西北）。轄境相當今甘肅永昌以西、高臺以東地區。㊳鄯善　古西域國名，本名樓蘭。王居扜泥城（今新疆若羌，治卡克里克）。在西域南道上。西漢昭帝元鳳四年（西元前七七年），漢立尉屠耆為王，改樓蘭為鄯善。東漢時曾幾次遣子入侍。㊴交河城　古城名。今新疆吐魯番西北約五公里處雅爾湖村之西，處於兩條小河交叉環抱的一個柳葉形小島上。今故址猶存。自西漢至後魏，車師前王國皆都於此。㊵生口　活口；俘虜。㊶固請　堅持懇求。㊷且戰且行　一邊作戰一邊前行。㊸隨路　順路。㊹玉門　關名。屬敦煌郡。今甘肅敦煌西北。㊺衣屨穿決　衣衫襤褸，鞋子破裂。穿，穿透；穿破。㊻形容枯槁　形容，形體面貌。枯槁，瘦瘠；乾癟。㊼鄭眾　字仲師，河南開封人。見本書卷三十六。㊽單兵　薄弱的兵力。㊾衛　交通要道。㊿連月踰年　累月經年。指時間長久。(51)卒全忠勇　終於成就了忠義勇敢的大節。(52)蘇武　西漢杜陵（今陝西西安）人。武帝天漢元年（西元前一〇〇年），奉命出使匈奴，被扣留。匈奴單于威逼利誘，蘇武不降，遂被流放北海（今貝加爾湖）邊放羊，蘇武飲冰臥雪十九年而不屈。(53)石修　耿恭司馬。他事不詳。(54)共　古縣名。屬河內郡。今河南輝縣。(55)喪制　喪事的儀節與禮制。(56)釋服　除去喪服。(57)金城隴西　金城，郡名。西漢昭帝始元六年（西元前八一年）置。治允吾（今甘肅永靖西北）。轄今甘肅蘭州以西，青海省青海湖以東的河、湟二水流域和大通河下游地區。隴西，郡名。戰國秦昭襄王二十八年（西元前二七九年）置，因在隴山之西而得名。治狄道（今甘肅臨洮南），西漢轄今甘肅東鄉以東洮河中游、武山以西渭河上游、禮縣以北西漢水上游及天水東部地區。(58)狀　情狀；形狀。(59)五校士　禁衛軍五校尉所屬的兵士。五校，指屯騎、越騎、步兵、長水、射聲五校尉。(60)馬防討西羌　馬防，為副車騎將軍。曾隨耿恭率軍討西羌，與耿恭有隙，還京後構陷恭，他事不詳。西羌，東漢羌人內遷的一支。定居在金城、隴西、漢陽等郡。因住地偏西，故稱。(61)枹罕　古縣名。秦置。治今甘肅臨夏東北（北魏遷今臨夏）。(62)燒當羌　漢代羌族的一支。(63)首虜　斬敵首級。(64)勒姐燒何羌　勒姐、燒何漢代羌族的兩支。(65)竇融昔在西州　竇融，字周公，扶風平陵人。見本書卷二十三。西州，地區名。指涼州、朔方一帶。(66)大鴻臚　官名。漢武帝時改典客為大鴻臚，原掌接待少數民族等事，為九卿之一。後漸變為贊襄禮儀之官。(67)宣奉大使　奉，派。大使，帝王所派的使節。(68)涼即涼州。為「十三刺史部」之一。東漢時治隴縣（今甘肅張家川回族自治縣）。轄境約當今甘肅、寧夏，青海湟水流域，陝西定邊、吳旗、鳳縣、略陽和內蒙古額濟納旗一帶。(69)忤　觸怒；觸犯。(70)李譚　謁者。他事不詳。(71)承旨　受人指使。(72)憂操心。(73)被詔怨望　被詔，接受詔命。怨望，心存怨恨。(74)京兆虎牙都尉　《漢官儀》：「京兆虎牙都尉，扶風（郡）都尉，比二千石。以涼州近羌，數犯三輔，將兵護園陵。」(75)丁奚城　在北地郡靈州縣內。今寧夏靈武西南。(76)順帝　即劉保，西元一二五－一四四年在位。見本書卷六。(77)緣邊　周邊。(78)中興　指東漢建立以來。(79)將軍　官名。不常置，掌征伐背叛。(80)護羌校尉　比二千石。主西羌。

【語譯】耿恭表字伯宗，是耿國之弟耿廣之子。幼年喪父。耿恭慷慨多智謀，有將帥之才。明帝永平十七年冬天，騎都尉劉張討伐車師，請耿恭當司馬，和奉車都尉竇固以及他的堂弟駙馬都尉耿秉共同打敗車師，使其投降。朝廷開始設置西域都護、戊己校尉，並封耿恭為戊己校尉，屯駐在原車師後王王庭所在地金蒲城，謁者關寵任戊己校尉，屯駐在原車師前王王庭所在地柳中城，每處配置幾百人。耿恭到了金蒲城，傳檄文到烏孫國，宣示漢皇的威信和德義，烏孫自大昆彌以下諸人都非常喜悅，遣使向漢朝廷進獻名馬，並捧著西漢宣帝時賜給細君公主的博具，表示願意派遣自己的兒子到漢王庭，在皇帝身邊侍奉。耿恭就派遣使者攜帶金銀布帛前往接迎烏孫國的侍子。

2 次年三月，北單于命左鹿蠡王率領兩萬騎兵進擊車師。耿恭令司馬帶領三百士兵前往增援，中途遇到許多匈奴騎兵，漢軍都被殺死。匈奴騎兵於是攻打車師後王安得，並且殺了安得，又進軍耿恭屯駐的金蒲城。耿恭登上城樓，與匈奴騎兵搏鬥，他把毒藥抹在箭頭上，向匈奴兵喊話說：「漢軍的箭神異，那些被箭射中的人一定會發生很怪異的事情。」於是拉開強弓把毒箭射出去。匈奴兵被毒箭射中的，察其傷口血肉翻捲，於是都大吃一驚。恰逢暴風雨，趁著大雨漢兵奮力擊殺匈奴兵，殺傷了很多人。匈奴兵震駭恐怖，互相說：「漢兵是神兵，太可怖了！」於是撤圍離開金蒲城。疏勒城旁邊有一條澗水耿恭認為可以固守，五月，便引兵占據疏勒城。七月，匈奴人又來進攻耿恭，耿恭招募敢死隊幾千人直接向前進，匈奴騎兵四散逃走，匈奴兵於是在疏勒城下截斷澗水。耿恭在疏勒城中挖井，挖到十五丈深，也沒有挖到水，官員和士兵口渴難忍，榨取馬糞汁喝。耿恭仰天歎息，說：「我聽說過去貳師將軍拔出佩刀刺山，飛湧的泉水噴薄而出；現在漢朝道德隆盛，難道還會有困絕嗎！」於是整理衣服向水井拜了兩次，為官員士兵祈禱。不一會兒，水泉奔流而出，眾人都歡呼萬歲。於是耿恭傳令士兵把水拋灑出去給匈奴人看。匈奴人大感意外，以為漢兵有神靈幫助，於是引兵撤退。

3 當時，焉耆、龜茲擊殺了西域都護陳睦，北邊的敵人在柳中包圍了關寵。恰遇上漢明帝去世，漢朝的救兵沒有趕到，車師又背叛漢朝，和匈奴一道進攻耿恭。耿恭鼓勵將士，奮起反抗，擊退敵人。車師後王的夫人先輩是漢人，因此她常常暗中把敵人的情況告訴耿恭，又供給耿恭士兵糧餉。過了幾個月，耿恭軍糧食吃光了，處境困窘，於是把鎧甲弓弩煮了，吃那上面的筋帶皮革。耿恭和士兵推誠相待，誓同生死，士卒全無二心，但逐漸死亡，僅餘下幾十人。單于知道耿恭已陷入絕境，心想一定能降服耿恭。於是又譴使者勸降耿恭，說：「你若歸降，一定封你做白屋王，並還美女為你成家。」耿恭便誘騙單于的使者來到城頭，親自動手殺了他，並於城上點火燒烤。匈奴官員遠遠看見，號哭著離開了。單于大怒，更增兵包圍耿恭，但還是不能攻下疏勒城。

4 早先，關寵向朝廷上書請援，當時章帝剛剛登基，便召集百官公卿商討這件事情。司空第五倫認為不應該去救援關寵等人。司徒鮑昱進諫說：「現在朝廷派人在危難的地方作戰，情況緊急了又拋棄他們，這樣做對外放任了蠻夷的兇狠殘暴，對內使死難的臣子傷心悲痛。審時度勢，如果確實能使邊境今後沒有戰事，那麼不派兵援救他們的作法是可以的，假如匈奴再侵犯邊塞抄掠屠殺，陛下將如何調兵遣將呢？耿恭和關寵兩部的兵力各自只餘幾十人，匈奴包圍他們，歷經數十天都不能攻下，這說明耿恭、關寵以寡弱的兵力盡力拼戰。可以命令敦煌太守和酒泉太守各帶精銳騎兵二千，樹立很多旗幟，日夜兼程，解危救難。匈奴疲憊不堪的騎兵，一定不能抵禦，四十天之內，就可以入關回來。」章帝認為鮑昱說得很對。於是派遣征西將軍耿秉屯駐酒泉，代理酒泉太守的職務；又派秦彭與謁者王蒙、皇甫援調發張掖、酒泉、敦煌三郡人馬以及鄯善兵，共七千多人，於章帝建初元年正月，在柳中城會合，共同進攻車師，又攻打交河城，殺敵三千八百人，俘虜三千多人，獲駱駝、驢、馬、牛、羊等牲口三萬七千頭。北虜倉皇北逃，車師再次降順。

5 恰逢關寵已死，王蒙等人聞知，便想引兵南歸。起初，耿恭命部將范羌到敦煌迎取士兵的冬衣，范羌於是隨著王蒙的部隊一同出塞。范羌堅持懇請派兵迎接耿恭，但眾將均裹足不前，於是分給范羌兩千士兵，從山北迎接耿恭，遭遇一丈多深的大雪，軍隊勉強到達那裡。疏勒城中的人夜裡聽到兵馬聲，以為是敵軍來了，都很驚慌。范羌就在遠處呼喊，說：「我是范羌。朝廷派軍隊迎接校尉來了。」城中的人都歡呼萬歲。打開城門，兩部分士兵互相扶持，抱頭痛哭。次日，便相從返回。敵兵追擊他們，他們一邊作戰一邊行進。耿恭士兵已經忍飢挨餓很長時間了，從疏勒城出發時尚有二十六人，沿路不斷有士兵死亡，三月到玉門關，僅餘十三人了。他們衣破鞋爛，容顏憔悴。中郎將鄭眾讓耿恭及其部下洗浴乾淨，換上新的衣帽。向朝廷上書說：「耿恭用微弱的兵力固守孤立無援的疏勒城，這裡又是通往匈奴的交通要道，面對匈奴的幾萬軍隊，連月經年，心力交盡。他們鑿山開井，煮弓弩當糧食，在萬死而無一生的情況下脫困出來。前後殺傷敵人數以千百計，終於成就忠勇的節義，沒有成為大漢朝的恥辱。耿恭的節義，是古今所沒有的。應當受封朝廷顯耀的爵號，來鼓勵所有將帥。」等到耿恭到了洛陽，鮑昱奏稱耿恭的氣節超過蘇武，應該受到朝廷的爵號和賞賜。於是晉封耿恭為騎都尉，耿恭的司馬石修為洛陽市丞，張封為雍營司馬，軍吏范羌為共縣丞，其餘九人全錄入羽林軍。耿恭之母在耿恭返回之前仙逝，等耿恭返回，補辦喪禮，朝廷下詔派五官中郎將贈送牛、酒給耿恭，為他除喪。

6 第二年，耿恭遷升為長水校尉。同年秋天，金城、隴西的羌人謀反。耿恭上疏暢論應對羌人的方略，皇帝下詔召他入宮詳加詢問。隨後派耿恭率五校士三千人，做車騎將軍馬防的副手討伐西羌。耿恭屯駐在枹罕，數次和西羌人作戰。次年秋天，燒當羌人投降，馬防班師回京，耿恭則在原地打擊那些沒有投降的各部羌人，斬殺俘虜千餘人，收繳牛羊四萬多頭，勒姐、燒何羌等十三個部落數萬人，全降順耿恭。當初，耿恭由隴西出征時，上疏說：「已故的安豐侯竇融過去在西州，深受羌人信任。現今的大鴻臚竇固，就是竇融的後代。

上次進攻白山，他的功勞是最高的。應當尊奉竇固為大使，鎮撫涼州的羌人。詔命車騎將軍馬防駐紮在漢陽，以軍事實力威懾西涼。」這樣，耿恭就極大地觸犯了馬防。等到馬防回到京城，監營謁者李譚遵照馬防的意思，上疏彈劾耿恭不關心軍事，接受皇帝的詔書又怨恨在心。耿恭獲罪入獄，罷官回鄉，死於家中。

7 其子耿溥，擔任京兆郡的虎牙都尉。安帝元初二年，在丁奚城攻打叛亂的羌人，作戰失利，後死亡。皇帝詔封耿溥的兒子耿宏、耿曄為郎官。

8 耿曄表字季遇。順帝初年，封烏桓校尉。當時，鮮卑侵犯邊境，代郡太守遇害。耿曄帶領烏桓和各郡兵力出塞抗敵，大敗鮮卑。鮮卑震驚恐懼，幾萬人來遼東投誠。自此以後耿曄頻頻出塞，都能克敵制勝，威震朔方。官至度遼將軍。

9 耿家自東漢中興以來直到獻帝建安末年，有二人做了大將軍，九人做了將軍，十三人為卿，三個人娶了皇帝的女兒，列侯十九人，中郎將、護羌校尉以及刺史、二千石數百人，可說是與東漢王朝同盛衰了。

論曰：余初讀蘇武傳，感其茹毛窮海❶，不為大漢羞。後覽耿恭疏勒之事，喟然❷不覺涕之無從。嗟哉，義重於生❸，以至是乎！昔曹子抗質於柯盟❹，相如申威於河表❺，蓋以決一日之負❻，異乎百死❼之地也。以為二漢當疏高爵❽，宥❾十世。而蘇君恩不及嗣，恭亦終填牢戶❿。追誦龍蛇之章⓫，以為歎息。

贊曰：好時經武⓬，能畫能兵⓭。往收燕卒，來集漢營。請問趙殿⓮，釃酒齊城⓯。況、舒率從，亦既有成。國圖久策，分此凶狄⓰。秉洽胡情⓱，夔單虜迹⓲。慊慊伯宗⓳，枯泉飛液⓴。

【章旨】以上是作者對耿氏一家幾位重要人物的概括與評價，其間流露出了作者深沉的歷史意識與悲憫情懷。

【注釋】❶茹毛窮海　據《漢書·蘇武傳》載：匈奴囚蘇武於窖中，斷絕飲食。蘇武以雪就著氈毛為食，得以活命，匈奴見餓不死他，便把他流放至北海絕域，經十九年始得歸漢。❷喟然　歎息聲。❸義重於生　道義重於生命。參見《孟子》：「生亦我所欲也，義亦我所欲也，二者不可得兼，舍生而取義者也。」❹昔曹子抗質於柯盟　曹子，指春秋時魯國大夫曹劌。一說是曹沬。質，誓約。柯，春秋地名。今山東東阿西南。據《史記·齊太公世家》載：齊桓公五年（西元前六八一年），齊魯交戰，魯國失敗。魯莊公欲割地請和，與齊桓公會盟於柯地。曹沬在盟會中用匕首威逼桓公歸還魯國以前所有割讓給齊國的土地，桓公只得答應。❺相如申威於河表　據《史記·廉頗藺相如列傳》：西元前二八二年，秦國攻敗趙國。秦王請趙王在西河外澠池會盟，欲羞辱趙王。藺相如針鋒相對，鬥智鬥勇，使秦王未能得逞，維護了趙國和趙王的尊嚴。❻一旦之負　一時之輸贏。❼百死　指無時無刻均有可能死亡。❽疏高爵　分給高官厚祿。❾宥　寬宥；赦罪。❿牢戶　監牢。⓫龍蛇之章　據《史記》載：晉文公重耳曾長期流亡，後歸國即位，獎賞當年隨他流亡的功臣。介之推未曾要求，重耳也便未加封賞。介之推在宮門外寫道：「龍想登天，五蛇相助。龍已上天，四蛇各得其位。一蛇獨怨，終未有處。」以譏諷重耳。⓬好畤經武　即好畤侯耿弇。經武，修整武備。⓭能晝能兵　既有謀略又能善統兵。⓮請間趙殿　指耿弇在原西漢趙王如意的溫明殿摒退他人為光武帝籌策國事。請間，請摒去他人報告事務。⓯釃酒齊城　指耿弇領兵征伐張步，降服濟南、臨淄等地。⓰分此凶狄　指耿國進言立日逐王為南單于，此後鮮卑人保疆自守，北部敵寇逃亡。⓱秉洽胡情　指耿秉擔任度遼將軍時，與匈奴情好甚篤。洽，和樂；協調。⓲夔單虜迹　言耿夔不遺餘力抵禦匈奴、鮮卑。單，通「殫」。竭力。⓳慊慊伯宗　言耿恭使朝廷滿意。慊慊，使滿意或愜意。⓴枯泉飛液　乾涸的泉眼中泉水噴湧。指耿恭在疏勒城時掘井十五丈，祈禱後始有泉水湧出的事。

【語譯】史家評論說：我早先讀〈蘇武傳〉，為蘇武的茹毛飲雪、牧羊北海，沒有成為大漢朝的羞恥所感動。後來讀到有關耿恭在疏勒城事跡的記載，喟然長歎，不禁潸然淚下。唉！耿恭視道義重於生命，到了如此崇高的境界！過去曹劌在柯盟中和齊桓公抗衡，藺相如在黃河外為趙國申威，大多是爭一時的勝負，和決勝於百死之地是不同的。原以為西漢和東漢都應當給有高功的人高等爵位，赦免他們十代子孫的罪過。但是蘇武所受恩惠沒有澤及子孫，耿恭也最終被送到牢獄中。追憶介之推的「龍蛇」詩篇，深深地為蘇武、耿恭歎息。

史官評議說：好畤侯耿弇修整武備，既有謀略又能打仗。他收服了燕地的士卒，使之歸於漢軍營中。在趙王如意的溫明殿中為光武出謀劃策，他濾酒獎勵戰士攻下齊城臨淄。耿況、耿舒都追隨光武，也屢建功勛。耿國建議立日逐王為南單于，因此鮮卑保塞自守，而北匈奴遠逃。耿秉協調與羌胡的關係，耿夔拼力追擊虜寇。赤膽忠心的耿恭，他的忠心感動了枯竭的泉眼，泉水奔湧而出。

【研　析】本卷最重要的是體現了作者對耿氏家族的稱讚及惋惜之情。本卷傳主是耿弇，然對附傳中其同輩及後人的記述亦較詳。自東漢初至建安末，耿氏一家可謂與東漢一朝同興衰。

在〈耿弇傳〉中，作者花很大筆墨描述耿弇的生平事跡，展現其智謀才略。早年之時，便好將帥之事，適逢戰亂，他有自己的看法，且堅定己念不盲從他人。在跟從光武平定天下的過程中功不可沒。攻打邯鄲時，他率兵來助光武；溫明殿請閒，誠諫光武，為其謀劃天下；大敗延岑，與弟舒攻擊彭寵，連續平定一些郡縣；巧用智謀敗費邑，平定濟南；與張步激戰，更顯智勇雙全。其顯赫功績受到光武帝的極力讚揚。耿弇弟耿國也是有遠識之人。他熟知邊境之事，且常有獨到見解。傳中集中寫到他建議光武禮遇匈奴，設置度遼將軍、左右校尉等，以防百姓逃亡。他為國家謀長久之策可謂盡其力也。耿國之子耿秉是一位猛將。他通曉軍事，熟知邊事。傳中花許多筆墨寫他與竇固攻打車師一事，足見其勇猛。如文所言，他「勇壯而簡易於事」，駐軍休息時從不安營紮寨，一有敵警，軍隊馬上列成陣勢，士兵皆願跟隨他拼死戰鬥。他任職邊境，受匈奴人愛戴，正如贊中所稱「秉洽胡情」。〈耿夔傳〉主要寫耿夔辦事果決，氣魄超人，率領軍隊力追寇虜，為國家邊境之安寧做出了貢獻。〈耿恭傳〉也寫得非常精彩。其中耿恭苦守疏勒而枯泉飛液之事更是令人感動。論者亦對此讚歎尤甚，與蘇武之事相提並論，「後覽耿恭疏勒之事，喟然不覺涕之無從。嗟哉，義重於生，以至是乎！」高度讚其忠義。然終陷牢獄，令人惋惜。論者言：「蘇君恩不及嗣，恭亦終填牢戶。追誦龍蛇之章，以為歎息。」然而，此種際遇又豈止一家？歷史上這類人物太多了！論者哀惋之情使人深思。

將耿氏良才合為一傳，讀之令人感慨萬千。此種傳記寫法，可見作者獨具之匠心。傳中往往通過對話與行動等多方面描寫，刻劃鮮明豐富的人物性格。通過這一卷的抒寫，我們不僅可以從中看到歷史的鮮活面目，還可以深切體會到一位具有進步思想的史學家的悲憫情懷。(馬春香注譯)

卷二十

銚期王霸祭遵列傳第十　祭遵從弟彤

【題解】本卷記述了銚期、王霸及祭遵（附其堂弟祭彤）的事跡。這是一篇以籍貫相同而編次的將軍傳記。傳主都是潁川郡人。銚期在為漢室爭奪天下的戰爭中，身先士卒，傷而彌勇，取得了一次次的勝利。他還嚴於治軍，不事擄掠，憂國愛主，直言敢諫。王霸傳記述了他詭言冰堅可渡，從而成功護送光武帝渡過滹沱河的事跡。在垂惠之戰中，他計救馬武，並以不戰而屈人之兵的手段獲勝。他通曉邊事，在邊郡多年而境安，所上奏議皆得施行。這一切都充分顯示了他的善於權變與富有謀略的性格特點。祭遵，少好經書，常從征伐，勇武善戰。傳中著重寫出了他身在軍旅，不忘俎豆之事。並且讚揚了他執法嚴明、不迷信、不盲從的性格。祭彤，有權略，善理政，尤善邊事，巧用以夷制夷之策來鎮撫邊疆，施以恩信，深受邊郡百姓和塞外民族愛戴。後因受騙無功，憤怨而死。作者於論中感歎「一眚之故，以致感憤，惜哉，畏法之敝也！」

1 銚期，字次況，潁川郟❶人也。長❷八尺❸二寸，容貌絕異，矜嚴有威。父猛，為桂陽太守❹，卒❺，期服喪三年，鄉里稱之。光武❻略地潁川，聞期志義，召署賊曹掾❼，從徇薊❽。時王郎❾檄書到薊，薊中起兵應郎。光武趨駕出，百姓聚觀，諠呼滿道，遮路不得行，期騎馬奮戟❿，瞋目大呼左右曰「蹕⓫」，眾皆披靡⓬。及至城門，門已閉，攻之得出。行至信都⓭，以期為裨將⓮，與傅寬⓯、呂晏⓰俱屬鄧禹⓱。徇傍縣，又發房子⓲兵。禹以期為能，獨拜偏將軍⓳，授兵二千人，寬、晏各數百人。還言其狀，光武甚善之。使期別徇真定宋子⓴，攻拔樂陽㉑、槀㉒、肥纍㉓。

2 從擊王郎將兒宏、劉奉㉔於鉅鹿㉕下，期先登陷陳，手殺五十餘人，被創中額，攝幘㉖復戰，遂大破之。王郎滅，拜期虎牙大將軍。乃因間㉗說光武曰：「河北㉘之地，界接邊塞，人習兵戰，號為精勇。今更始㉙失政，大統危殆，海內無所歸往。明公據河山之固，擁精銳之眾，以順萬人思漢之心，則天下誰敢不從？」光武笑曰：「卿欲遂前蹕邪？」時銅馬㉚數十萬眾入清陽㉛、博平㉜，期與諸將迎擊之，連戰不利，期乃更背水而戰，所殺傷甚多。會光武救至，遂大破之，追至館陶㉝，皆降之。從擊青犢㉞、赤眉㉟於射犬㊱，賊襲期輜重㊲，期還擊之，手殺傷數十人，身被三創，而戰方力㊳，遂破走之。

3 光武即位，封安成㊴侯，食邑五千戶。時檀鄉、五樓賊㊵入繁陽㊶、內黃㊷，又魏郡[43]大姓數反覆，而更始將卓京[44]謀欲相率反鄴城[45]。帝以期為魏郡太守，行大將軍事。期發郡兵擊卓京，破之，斬首六百餘級。京亡入山，追斬其將校數十人，獲京妻子。進擊繁陽、內黃，復[46]斬數百級，郡界清平。督盜賊李熊[47]，鄴中之豪，而熊弟陸[48]謀欲反城迎檀鄉。或[49]以告期，期不應，告者三四，期乃召問熊。熊叩頭首服[50]，願與老母俱就[51]死。期曰：「為吏儻不若為賊樂者，可歸與老母往就陸也。」使吏送出城。熊行求得陸，將詣鄴城西門。陸不勝愧感，自殺以謝[52]期。期嗟歎，以禮葬之，而還熊故職[53]。於是郡中服其威信。

4 建武[54]五年，行幸[55]魏郡，以期為太中大夫[56]。從還洛陽[57]，又拜衛尉[58]。

5 期重於信義，自為將，有所降下，未嘗虜掠。及在朝廷，憂國愛主，其有不得於心，必犯顏諫諍[59]。帝嘗輕與期門[60]近出，期頓首車前曰：「臣聞古今之戒，變生不意，誠不願陛下微行[61]數出。」帝為之回輿而還。十年卒，帝親臨襚斂[62]，贈以衛尉、安成侯印綬[63]，謚[64]曰忠侯。

6 子丹嗣。復封丹弟統為建平[65]侯。後徙封丹葛陵[66]侯。丹卒，子舒嗣。舒卒，子羽嗣。羽卒，子蔡嗣。

【章　旨】以上是〈銚期傳〉，記述了他以賢孝而得識光武，並在隨從作戰中勇猛向前，以恩信管理兵士，還敢於抗言直諫，深得光武賞識，子孫受封。

【注　釋】❶潁川郟　潁川，郡名。戰國秦王政十七年（西元前二三〇年）置。治今河南禹州。轄境相當今河南登封、寶豐以東，尉氏、郾城以西，新密以南，葉縣、舞陽以北地。其後治所屢有遷移，轄境漸小。郟，縣名。今河南郟縣。❷長　高。❸尺　計量單位。漢代一尺約等於現代的〇・七尺。❹桂陽太守　桂陽，郡名。漢高帝置。治所在郴縣（今湖南郴州）。王莽改為南平郡。東漢復為桂陽郡。太守，官名。本為戰國時郡守的尊稱。西漢景帝時，改郡守為太守，為一郡最高的行政長官。❺卒　古代指諸侯、大夫的死。❻光武　指東漢光武帝劉秀。見本書卷一。❼賊曹掾　《漢官儀》：「東西曹掾比四百石，餘掾比三百石。賊曹，主盜賊之事。」❽徇薊　徇，帶兵巡行攻占地方。薊，古地名。今北京市區西南。周封堯後於此，後為燕國國都。秦置縣。秦、西漢時為廣陽郡治所。❾王郎　即王昌，趙國邯鄲人。見本書卷十二。❿戟　一種既能直刺又能橫擊的古代兵器。⓫趩　同「蹕」。帝王或官員出巡時，禁止人們在路上行走。《周禮》：「隸僕掌趩宮中之事。」鄭眾曰：「止行清道也，若今警蹕。」⓬披靡　本意指草木隨風散倒，此處形容人眾紛紛躲避。⓭信都　郡國名。治今河北冀州。⓮裨將　協助主將作戰的將校，即偏將。⓯傅寬　曾為執金吾陰識掾史，隨大將軍鄧禹作戰。性簡賢，官至校尉。⓰呂晏　從鄧禹攻戰，為數百人長。⓱屬鄧禹　屬，歸……統轄。鄧禹，字仲華，南陽新野人。見本書卷十六。⓲房子　縣名。一作防子縣。西漢置。治今河北高邑西。王莽改為多子縣。東漢復為房子縣。⓳拜偏將軍　拜，授予職位。偏將軍，官名。位次於將軍。⓴真定宋子　真定，國名。西漢武帝元鼎四年（西元前一一三年）置。治所在真定縣（今河北正定南）。東漢建武十二年（西元三六年）廢。宋子，縣名。秦置。治今河北趙縣東北。㉑樂陽　縣名。屬常山郡。今河北鹿泉東北。㉒槀　縣名。今河北藁城，故城在縣西。㉓肥纍　故肥子國，漢以為縣。故城在今河北藁城西南，並屬真定國。㉔兒宏劉奉　均為王郎手下將領，鉅鹿之戰中為銚期所敗。㉕鉅鹿　郡、國名。秦始皇二十五年（西元前二二二年）置。漢轄境縮小至今滹沱河以南、平鄉以北、柏鄉以東、辛集、新河以西地。東漢移治廮陶（今河北寧晉西南）。㉖攝幘　整理頭巾。攝，整理。幘，包裹頭髮的頭巾。㉗間　私下。㉘河北　泛指黃河以北地區。㉙更始　劉玄年號，西元二三—二五年。此處代指劉玄。玄，字聖公，劉秀族兄。見本書卷十一。㉚銅馬　鎮名。今河北鉅鹿北。此處指新莽末年河北的武裝暴動力量。當時河北武裝暴動力量有銅馬、大彤、高湖、重連、鐵脛、大槍、尤來、上江、五校、五幡、富平、獲索等數百萬人，以銅馬軍為最強大，領袖有東山荒禿、上淮況等。西元二四年，暴動軍陸續被劉秀擊破，銅馬部眾多被收編。後銅馬、青犢、尤來餘眾共立孫登為帝，不久失敗。㉛清陽　縣名。西漢置。治今河北清河縣葛仙莊東南。㉜博平　春秋本博陵邑。西漢置縣。治今山東茌平西博平西北。王莽改名加睦縣。東漢復名博平縣。㉝館陶　縣名。屬魏郡。今河北館陶。㉞青犢　西漢末武裝暴動力量的一支，在今河北境內。㉟赤眉　即赤眉軍。西漢末，土地兼併劇烈，階級矛盾日趨激化。王莽代漢後，又進行「改制」，廣大農民遭受更加深重的災難。王莽天鳳五年（西元一八年），青徐（今山東東部和江蘇北部）發生大災荒，琅邪（今山東諸城）人樊崇在莒縣（今屬山東）起事，逄安、謝祿等起兵回應，聚眾數萬人。約定「殺人者死，傷人者償創」。因用赤色染眉作標識，故稱「赤眉軍」。㊱射犬　聚名。今河南修武西南。㊲輜重　特指部隊行軍時攜帶的器械、糧草及其他物資。㊳力　戰鬥激烈。㊴安成　縣名。屬汝南郡。故城在今河南汝陽東南。㊵檀鄉五樓賊　新莽末年武裝暴動力量的兩支，檀鄉軍首領為董次仲，五樓軍首領為張文。檀鄉，今山東兗州東北。五樓，今河南商水縣西南。㊶繁陽　縣名。故城在今河南內黃西北。㊷內黃　縣名。西漢置。今河南內黃西北。㊸魏郡　郡名。西漢高帝十二年（西元前一九五年）置。治今河北臨漳西南鄴鎮。㊹卓京　京，或作「原」。卓京初為更始帝將領，王郎起兵時，欲反，為銚期所敗，逃入山中，他的妻子和孩子被殺。㊺鄴城　古都邑名。春秋齊桓公始築城，戰國魏文侯置縣，都此。漢後為魏郡治所。有二城，南北相連。北故城遺址在今河北臨漳西南鄴鎮村一帶，南故城遺址在臨漳南。㊻復　再；又。㊼李熊　鄴中之豪士，擔任銚期軍中督盜賊的職務。㊽陸　李陸，鄴城人。李熊的弟弟。㊾或　有人。㊿首服　主動認罪。(51)就　靠近；趨向。(52)謝　謝罪。(53)故職　原來的職位。(54)建武　東漢光武帝劉秀年號，西元二五—五六年。(55)幸　特指皇帝到某處去。(56)太中大夫　官名。俸比千石，掌議論，有時亦被派遣領兵。(57)洛陽　中國古都之一。洛，本作「雒」，三國魏改。周成王時周公營雒邑，此為成周城所在。戰國時改稱雒陽，因在雒水（今河南洛河）之北而得名。漢、魏故城在今洛陽白馬寺東洛水北岸，南北九里餘，東西六里餘。(58)衛尉　秦漢統率衛士守衛宮禁之官。(59)犯顏諫諍　冒犯尊長威儀的直率勸說。犯顏，冒犯尊嚴。諫諍，意謂直言進諫。諫，規勸君主，尊長或朋友，使之改正錯誤或過失。諍，以直言勸告，使人改正錯誤。(60)期門　班固《漢書》：「武帝將出，必與北地良家子期於殿門，故曰『期門』」。遂以期門郎為官名。(61)微行　即間出，便服出行。(62)襚斂　襚，祭禮的一種。斂，同「殮」。意謂把死者裝進棺材。(63)綬　古代官員繫在腰間的佩帶，上面可以繫印，綬帶的顏色不同，標誌官位的高低不同。(64)謚　古代帝王、貴族、大臣或其他有地位的人死後被加的帶有褒貶意義的稱號。(65)建平　縣名。屬沛郡。今河南永城西北。(66)葛陵　今河南新蔡西北。

【語　譯】銚期，表字次況，潁川郡郟縣人。他身高八尺二寸，相貌不凡，端莊威嚴。銚期的父親銚猛，任桂陽太守，他去世後，銚期服喪三年，受到家鄉人們的稱讚。東漢光武帝攻占潁川後，聽說了銚期的忠誠孝義，徵召任命他為賊曹掾，跟隨光武帝巡行占領薊縣。當時，王郎起兵的文書傳到了薊縣，受到當地響應。光武帝匆忙整裝出城，老百姓聚眾圍觀，喧譁叫囂，堵塞了道路，無法通行，銚期騎馬揮戟，圓睜雙目，大聲喝令「走開」，圍著的人們才紛紛向後躲避。到了城門口，城門已關閉，奮力攻打才得出城。到信都後，任命銚期為偏將軍，與傅寬、呂晏都歸屬鄧禹統領。占領附近的縣，又調發了房子縣的兵士。鄧禹認為銚期很能幹，單獨提拔他為偏將軍，調撥給他兩千名士兵，傅寬、呂晏各領兵數百名。返回後鄧禹講了銚期的情況，光武帝對銚期非常賞識。派銚期另外攻打真定郡的宋子縣，攻占了樂陽、稾、肥纍等縣。

2　銚期跟從光武帝在鉅鹿城下攻打王郎部將兒宏、劉奉，他率先衝入敵陣，親手殺死了五十多人，額頭受傷，理好頭巾再次參戰，於是大敗敵軍。王郎滅亡後，封銚期為虎牙大將軍。他私下勸說光武帝道：「河北這個地區，與邊塞相連，人們都熟悉打仗作戰，以精幹勇猛著稱。現在更始帝已經失去人心，恢復漢室大統的事業處於危急關頭，海內沒有可以歸服嚮往的中心。明公您占據了依山傍河的有利地勢，擁有精銳的軍隊，順應天下人思念漢室之心，那麼天下誰敢不從命呢？」光武帝笑著說：「你想要實現為皇帝清道的願望嗎？」當時有幾十萬銅馬起事軍進入清陽、博平縣境，銚期與各位將領前去迎擊，幾次作戰都未取勝，銚期於是改變戰術，背水而戰，殺傷了許多銅馬軍。正逢光武帝救兵到達，於是大敗銅馬軍，一直追擊到館陶縣，銅馬軍將士都投降了。又跟從光武帝在射犬攻打青犢軍和赤眉軍。青犢、赤眉軍襲擊銚期運載軍糧什物的輜重部隊，銚期回頭反擊，殺傷幾十人，身上三處負傷，仍然拼命苦戰，因而迫使敵軍敗逃。

3　光武帝即位，任命銚期為安成侯，食邑五千戶。當時，檀鄉、五樓起事軍侵入繁陽、內黃地區，再加上魏郡地方的大族多次反覆無常，而且更始帝手下將領卓京謀劃也要隨後在鄴城發動叛亂。光武帝封銚期為魏郡太守，兼行大將軍職責。銚期調動郡中軍隊攻打卓京，取得勝利，斬殺六百多人。卓京逃進山中，銚期又追擊斬殺了他手下的將領數十人，捉住了卓京的妻子和孩子。接著，又進攻繁陽、內黃地區的檀鄉軍和五樓軍，再次斬首數百人，魏郡境內便清靜安定了下來。督盜賊李熊是鄴城的豪紳，而他的弟弟李陸謀劃在鄴城反叛，迎入檀鄉軍。有人報告了銚期，銚期沒有反應，報告此事的人多了，銚期方才叫來李熊查問。李熊主動磕頭認罪，願意與老母親一起受死。銚期說：「如果你認為當官吏不如做叛賊快活，那麼你可以帶著你的老母親投奔李陸。」並派官吏把他送出了城。李熊出去找到李陸，帶著李陸快要回到鄴城西門時，李陸非常慚愧，自殺以向銚期謝罪。銚期深為歎息，按照禮節安葬了李陸，並使李熊官復原職。因此，魏郡的人都很佩服銚期的威德信義。

4 建武五年，光武帝巡幸魏郡，任命銚期為太中大夫。銚期隨光武帝返回洛陽，又被任命為衛尉。

5 銚期注重信義，自他當將領以來，無論是有敵人投降還是攻克敵軍城池，從來未曾虜掠過。他在朝廷任京官時，操心國事，愛護君主，若皇帝做了自己認為不合適的事，也必定不怕觸犯皇帝的尊嚴而直言進諫。光武帝曾經與期門郎一起外出，銚期攔在車前叩頭勸諫道：「臣聽說古今的戒律都是一樣的：變亂常發生在人們不注意的時候，因此，臣委實不願陛下微服簡從而多次外出。」光武帝聽從了銚期的進言，調轉車駕返回宮中。建武十年，銚期去世，光武帝親自前往祭殮，並授予衛尉和安成侯的印綬，諡號忠侯。

6 銚期的兒子銚丹承襲了封爵。又封銚丹之弟銚統為建平侯。後來改封銚丹為葛陵侯。銚丹死，兒子銚舒承襲了封爵。銚舒死，兒子銚羽承襲封爵。銚羽死，兒子銚蔡承襲封爵。

1 王霸，字元伯，潁川潁陽❶人也。世好文法❷，父為郡決曹❸掾，霸亦少為獄吏。常慷慨❹不樂吏職，其父奇之，遣西學長安。漢兵起，光武過潁陽，霸率賓客上謁，曰：「將軍興義兵，竊不自知量，貪慕威德，願充行伍。」光武曰：「夢想賢士，共成功業，豈有二哉！」遂從擊破王尋、王邑❺於昆陽，還休鄉里。

2 及光武為司隸校尉[6]，道過潁陽，霸請其父，願從。父曰：「吾老矣，不任軍旅[7]，汝往，勉之！」霸從至洛陽。及光武為大司馬[8]，以霸為功曹令史[9]，從度河北。賓客從霸者數十人，稍稍引去[10]。光武謂霸曰：「潁川從我者皆逝[11]，而子獨留。努力！疾風知勁草。」

3 及王郎起，光武在薊，郎移檄購[12]光武。光武令霸至市中募人，將以擊郎。市人皆大笑，舉手邪揄[13]之，霸慚愧[14]而還。光武即南馳至下曲陽[15]。傳聞王郎兵在後，從者皆恐。及至虖沱河[16]，候吏還白[17]河水流澌，無船，不可濟[18]。官屬大懼。光武令霸往視之。霸恐驚眾，欲且前，阻水，還即詭[19]曰：「冰堅可度。」官屬皆喜。光武笑曰：「候吏果[20]妄語也。」遂前。比[21]至河，河冰亦合，乃令霸護度[22]，未畢[23]數騎而冰解。光武謂霸曰：「安吾眾得濟免者，卿之力也。」霸謝曰：「此明公至德，神靈之祐，雖武王白魚之應[24]，無以加此。」光武謂官屬曰：「王霸權以濟事，殆天瑞[25]也。」以為軍正[26]，爵關內侯[27]。既至信都，發兵攻拔邯鄲[28]。霸追斬王郎，得其璽綬[29]。封王鄉侯[30]。

4 從平河北[31]，常與臧宮[32]、傅俊[33]共營，霸獨善撫[34]士卒，死者脫衣以斂之，傷者躬親以養之。光武即位，以霸曉兵[35]愛士[36]，可獨任，拜為偏將軍，并[37]將臧宮、傅俊兵，而以宮、俊為騎都尉[38]。建武二年，更封富波[39]侯。

四年秋，帝幸譙[40]，使霸與捕虜將軍馬武[41]東討周建[42]於垂惠[43]。蘇茂[44]將五校兵四千餘人救建，而先遣精騎遮擊[45]馬武軍糧，武往救之。建從城中出兵夾擊武，武恃霸之援，戰不甚力，為茂、建所敗。武軍奔[46]過霸營，大呼求救。霸曰：「賊兵盛，出必兩敗，努力而已。」乃閉營堅壁[47]。軍吏皆爭之。霸曰：「茂兵精銳，其眾又多，吾吏士心恐，而捕虜與吾相恃，兩軍不一，此敗道也。今閉營固守，示不相援，賊必乘勝輕進；捕虜無救，其戰自倍。如此，茂眾疲勞[48]，吾承[49]其弊，乃可剋也。」茂、建果悉[50]出攻武。合戰良久，霸軍中壯士路潤[51]等數十人斷髮請戰。霸知士心銳，乃開營後，出精騎襲[52]其背。茂、建前後受敵，驚亂敗走，霸、武各歸營。賊復聚眾挑戰，霸堅臥不出，方饗士作倡樂[53]。茂雨射[54]營中，中[55]霸前酒樽[56]，霸安坐不動。軍吏皆曰：「茂前日已破，今易擊也。」霸曰：「不然。蘇茂客兵遠來，糧食不足，故數[57]挑戰，以徼[58]一切[59]之勝。今閉營休[60]士，所謂不戰而屈人之兵，善之善者也[61]。」茂、建既不得戰，乃引還營。其夜，建兄子誦[62]反，閉城拒之，茂、建遁[63]去，誦以城降。

五年春，帝使太中大夫持節[64]拜霸為討虜將軍。六年，屯田[65]新安[66]。八年，屯田函谷關[67]。擊滎陽[68]、中牟[69]盜賊，皆平之。

7 九年，霸與吳漢[70]及橫野大將軍王常[71]、建義大將軍朱祐[72]、破姦將軍侯進[73]等五萬餘人，擊盧芳[74]將賈覽[75]、閔堪[76]於高柳[77]。匈奴[78]遣騎助芳，漢軍遇雨，戰不利。吳漢還洛陽，令朱祐屯常山[79]，王常屯涿郡[80]，侯進屯漁陽[81]。璽書[82]拜霸上谷[83]太守，領屯兵如故，捕擊胡虜，無拘[84]郡界。明年，霸復與吳漢等四將軍六萬人出高柳擊賈覽，詔霸與漁陽太守陳訢[85]將兵為諸軍鋒。匈奴左南將軍將數千騎救覽，霸等連戰於平城[86]下，破之，追出塞，斬首數百級。霸及諸將還入鴈門[87]，與驃騎大將軍杜茂[88]會攻盧芳將尹由[89]於崞[90]、繁畤[91]，不剋。

8 十三年，增邑戶，更封向[92]侯。是時，盧芳與匈奴、烏桓[93]連兵，寇盜[94]尤數，緣邊[95]愁苦。詔霸將弛刑徒[96]六千餘人，與杜茂治飛狐道[97]，堆石布土，築起亭障，自代[98]至平城三百餘里。凡與匈奴、烏桓大小數十百戰，頗識邊事，數上書言宜與匈奴結和親[99]，又陳委輸可從溫水漕[100]，以省陸轉輸之勞，事皆施行。後南單于[101]、烏桓降服，北邊無事。霸在上谷二十餘歲。三十年，定封淮陵[102]侯。永平[103]二年，以病免[104]，後數月卒。

9 子符嗣，徙封軑[105]侯。符卒，子度嗣。度尚[106]顯宗[107]女浚儀長公主[108]，為黃門郎[109]。度卒，子歆嗣。

【章旨】以上是〈王霸傳〉，主要記述他詭言安眾渡過滹沱河、不戰而勝蘇茂、周建軍、築飛狐道等事，在勇猛中突出了他的過人之謀。

【注釋】❶潁陽　縣名。治今河南許昌西南。❷文法　法令條文。❸決曹　《漢舊儀》：「決曹，主罪法事。」❹慷慨　意氣激昂。❺王尋王邑　王尋，新莽時，出使匈奴。初為不進侯，後升任大司徒，封章新公。與王邑一起平定山東，在昆陽之戰中，被劉秀軍斬殺。王邑（？—西元二三年），西漢末魏郡元城人。王莽從兄弟。新莽時，遷大司空，封隆新公。更始元年，與綠林軍戰於昆陽時，大敗。綠林軍攻入長安，被殺。❻司隸校尉　官名。司隸本為《周禮》秋官司寇屬官。漢武帝時始置司隸校尉，掌糾察京師百官及所轄附近各郡，相當於州刺史。❼不任軍旅　即不能勝任行軍打仗的軍營生活。❽大司馬　官名。漢武帝罷太尉置大司馬。西漢一朝，常以授掌權的外戚，多與大將軍、驃騎將軍、車騎將軍等聯稱，為三公之一。東漢初改太尉，末年又別置大司馬。❾功曹令史　官名。大司馬的屬官。❿稍稍引去　稍稍，逐漸。引去，避開；退卻。⓫逝　離開。⓬購　懸賞徵求。⓭邪揄　同「揶揄」。嘲笑。⓮懅　亦「慚」也。⓯下曲陽　西漢置。今河北晉縣西。⓰虖沱河　歷史上名稱多異。《禮記》稱「惡池」或「灌池」。《周禮》稱「滹池」。戰國時稱「呼沱水」（呼池水）。秦稱「虖池河」。西漢稱「虖池」。東漢稱「虖沱河」。《史記》稱「滹沱」，也稱「亞沱」。《水經注》始稱「滹沱」。滹本為呼，沱即滂沱，為水流湍急、泛濫之意。發源於山西繁峙，流經山西、河北，於獻縣臧家橋與滏陽河匯流，後稱子牙河，再入渤海。⓱白　報告。⓲濟　過河；渡河。⓳詭　欺瞞。⓴果　果然；果真。㉑比　等到。㉒護度　保護過河。㉓畢　完畢；結束。㉔武王白魚之應　《今文尚書》：「武王伐紂，度孟津，中流白魚躍入王舟，長三尺，赤文有字，告以伐紂之意」。㉕天瑞　上天降下的吉兆、祥瑞。㉖軍正　軍中執法之官。㉗關內侯　承秦賜爵十九等，為關內侯，無土，寄食在所縣，民租多少，各有戶數為限。㉘邯鄲　郡名。秦始皇十九年（西元前二二八年）置。轄境相當今河北泜河以南，滏陽河上游和河南內黃、浚縣，山東冠縣西部地區。㉙璽綬　指繫有絲帶的皇帝的印。璽，印。秦以後專指皇帝的印。㉚王鄉侯　清武英殿本考證謂地理、郡國志無「王鄉」地名。「王」字疑誤。㉛河北　泛指黃河以北地區。㉜臧宮　（？—西元五八年），字君翁，潁川郟（今河南郟縣）人。見本書卷十八。㉝傅俊　字子衛，襄城人。見本書卷二十二。㉞撫　撫慰；安撫。㉟兵　軍事；戰爭。㊱士　將士。㊲并　一起；

一併。㊳騎都尉　官名。秩比二千石。統率羽林騎，屬光祿勳。㊴富波　侯國。治今安徽阜南東南。㊵譙　古縣名。春秋陳焦邑，秦置縣。治今安徽亳州。㊶馬武　字子張，南陽湖陽人。見本書卷二十二。㊷周建　人名，劉永將領。劉永死後，與蘇茂一起立其子為梁王，後為光武軍所滅。㊸垂惠　聚名。今安徽蒙城西北。㊹蘇茂　陳留人，初為更始討難將軍，後歸順光武帝，與蓋延俱攻劉永。二人軍中不睦，蘇茂遂殺淮陽太守潘蹇而附劉永。劉永死後立其子為梁王，與光武軍多次交戰，後被其部將張步斬殺。㊺遮擊　攔截攻打。㊻奔　戰敗逃跑。㊼堅壁　使營壘堅固。㊽茂眾疲勞　《太平御覽》二八四引，「茂」下有「建」字。㊾承　通「乘」。趁著。㊿悉　都。(51)路潤　人名，王霸軍中壯士。他事不詳。(52)襲　乘人不備進攻。(53)倡樂　倡優的歌舞雜戲表演。(54)雨射　比喻箭下如雨。(55)中　射中。(56)樽　酒器。(57)數　屢次。(58)儌　求取。(59)一切　當時。(60)休　使……休息。(61)不戰而屈人之兵二句　語出孫武《孫子兵法·謀攻篇》：「是故百戰百勝，非善之善也；不戰而屈人之兵，善之善者也。」(62)誦　周建的姪子，垂惠之戰中倒戈投降王霸。(63)遁　悄悄地逃走。(64)節　符節。(65)屯田　自漢以來，政府利用軍隊或農民、商人墾種土地，徵取收成以為軍餉，稱為「屯田」。(66)新安　縣名。今河南澠池東。(67)函谷關　戰國時秦國建築的軍事要塞。因建在深險如函的山谷中，故稱函谷關。在今河南靈寶。(68)滎陽　縣名。今河南滎陽東北。(69)中牟　縣名。今河南中牟東。(70)吳漢　字子顏，南陽宛人。見本書卷十八。(71)王常　字顏卿，潁川舞陽人。見本書卷十五。(72)朱祐　字仲先，南陽宛人。見本書卷二十二。(73)侯進　光武帝將領，常帶軍四處征戰。曾官積射將軍，破姦將軍。(74)盧芳　字君期。見本書卷十二。(75)賈覽　盧芳將領，數次與漢軍交鋒，在高柳外之戰中被王霸、吳漢軍擊敗。(76)閔堪　代郡人，自起兵稱將軍。後附盧芳。復隨盧芳降光武帝，封代相。(77)高柳　縣名。故城在今山西陽高西北。(78)匈奴　古族名。亦稱胡。戰國時活動於燕、趙、秦以北地區。秦漢之際，冒頓單于統一各部，勢盛，統轄大漠南北廣大地區。漢初，不斷南下攻擾，漢朝基本上採取防禦政策。西漢武帝對其轉取攻勢，多次進軍漠北，使其受到很大打擊，勢漸衰。西漢宣帝甘露二年（西元前五二年）呼韓邪單于附漢，翌年來朝。其後六七十年間，與漢經濟文化交流頻繁。東漢光武帝建武二十四年（西元四八年）分裂為二部，南下附漢的稱為南匈奴，留居漠北的稱為北匈奴。南匈奴屯居朔方、五原、雲中（今內蒙古自治區境內）等郡，東漢末分為五部。和帝時北匈奴被東漢和南匈奴擊敗，部分西遷。(79)屯常山　屯，駐紮；防守。常山，郡、國名。秦置恆山郡，西漢避文帝諱改為常山郡。高后及景帝、武帝元鼎前曾為國，後又為郡。治元氏（今河北元氏西北）。西漢末轄境相當今河北唐河以南、京廣鐵路線以西（石家莊、新樂、正定除外）、內丘以北地。東漢初改為國，轄境略大。東漢建安中復為郡。(80)涿郡　郡名。治涿縣（今河北涿州），轄境相當今河北淶源以東，霸州以西，保定以北，及北京市房山區以南地區。(81)漁陽郡名。戰國燕置。秦漢治漁陽（今北京市密雲西南）。轄境相當今河北灤河上游以南、薊運河以西，天津市海河以北，北京市懷柔、通州以東地區。王莽改名通路郡。東漢復名漁陽郡。(82)璽書　封口蓋有皇帝印記的詔書。(83)上谷　郡名。戰國燕置。秦治沮陽（今河北懷來東南）。轄境相當今河北張家口、小五臺山以東，赤城、延慶以西，及內長城和昌平以北地區。(84)拘　限定。(85)陳訢　光武帝將領，曾任漁陽太守，從征戰。(86)平城　縣名。秦置。今山西大同東北古城。王莽改為平順縣。東漢初復名為平城縣，末年移治今代縣東平城堡。(87)鴈門　郡名。戰國趙武靈王置。秦、西漢治善無（今山西右玉南）。轄境相當今山西河曲、五寨、寧武等縣以北，恆山以西，內蒙古黃旗海、岱海以南地。東漢移治陰館（今山西代縣西北）。(88)杜茂　字諸公，南陽冠軍人。見本書卷二十二。(89)尹由　平城人，盧芳將領，平城之戰中為鴈門人賈丹所殺。(90)崞　縣名。屬鴈門郡。今山西渾源西麻莊。崞縣境內有崞山。(91)繁時　縣名。屬鴈門郡。今山西渾源西南。(92)向　縣名。屬沛郡。今安徽懷遠西北。(93)烏桓　古代少數民族名。本書卷九十：「烏桓者，本東胡也。漢初，匈奴冒頓滅其國，餘類保烏桓山，因以為號焉。」(94)寇盜　寇，騷擾；侵犯。盜，盜竊；偷東西。(95)緣邊　此處指代居住在邊境上的人民。緣，沿著。邊，邊境。(96)弛刑徒　被解脫刑具囚衣罰服勞役的人。(97)飛狐道　東漢初築，今河北蔚縣、淶源縣界，為華北平原通往晉北高原的交通要道。(98)代郡　名。戰國趙武靈王置。秦、西漢治代縣（今河北蔚縣東北）。西漢轄境相當今河北懷安、淶源以西，山西陽高、渾源以東的內外長城間地和長城外的東洋河流域。東漢移治高柳（今山西陽高西北）。北鄰烏桓、匈奴等族，故為北方要郡。(99)和親　漢為避匈奴掠奪，以公主嫁單于，即為和親，同時還要歲奉貢獻，並開關市與之交易。(100)溫水漕　溫水，酈道元《水經注》：「溫餘水出上谷居庸關東，又東過軍都南，又東過薊縣北。益通以運漕也。」漕，從水上運輸。(101)南單于　單于，匈奴稱其君長為單于。南單于，本書卷一下〈光武帝紀〉：「（建武二十四年）冬十月，匈奴薁鞬日逐王比自立為南單于，於是分為南、北匈奴。」(102)淮陵　縣名。屬臨淮郡。治今安徽明光市東北。(103)永平　東漢明帝劉莊年號，西元五八—七五年。(104)病免　因病免職。(105)軑　縣名。屬江夏郡。治今河南光山縣西北。(106)尚　特指娶公主為妻。(107)顯宗　東漢孝明皇帝劉莊。見本書卷二。(108)浚儀長公主　字仲，永平十七年封浚儀公主。據本書卷十下：「漢制，皇女皆封縣公主，儀服同列侯。其尊崇者，加號長公主，儀服同蕃王。」浚儀，縣名。屬魏郡。秦將大梁改置浚儀縣。即今河南開封。(109)黃門郎　官名。秦及西漢郎官給事於黃闥（宮門）之內者，稱黃門郎或黃門侍郎。東漢始設為專官，或稱給事黃門侍郎，侍從皇帝，傳達詔命。

【語　譯】王霸，字元伯，潁川郡潁陽縣人。他家世代熟悉法令條文，他的父親是潁川郡的決曹掾，王霸年輕時也曾任獄吏。王霸平素意氣激昂，不喜歡做獄吏，他父親認為他與常人不同，便送他西到長安求學。漢兵興起，光武帝路經過潁陽時，王霸率領賓客前往拜謁，說：「將軍興舉義兵，我不自量力，傾慕您的威望德行，願意加入您的隊伍。」光武帝說：「我做夢都盼望得到賢士，共同成就一番功業，難道還有其他的答覆嗎！」於是，王霸隨從光武帝在昆陽作戰，打敗了王尋和王邑的軍隊後，王霸返回家鄉休息。

2 等到光武帝擔任了司隸校尉，重經潁陽時，王霸請求父親，希望能隨從光武帝征戰。他父親說：「我已老了，不能適應軍旅生活，你去吧，要努力啊！」王霸跟隨光武帝到洛陽。光武帝升任大司馬後，任命王霸為功曹令史，他跟從光武帝渡過黃河，來到黃河以北。原來跟隨王霸的數十名賓客，逐漸離開了。光武帝對王霸說：「潁川跟隨我的人都離開了，惟獨你留了下來。努力吧！疾風知勁草。」

3 到王郎起兵時，光武帝正在薊縣，王郎發布文告懸賞捉拿他。光武帝下令王霸到市井間招募人員，準備用以攻打王郎。市井之人紛加嘲笑，並舉手作態戲弄王霸，王霸慚愧地回去了。光武帝立即乘馬向南急馳前往下曲陽。聽說王郎的軍隊在後面，隨從的人都很害怕。到了虖沱河附近，派出的偵察人員回報說河水還在流淌，冰未凍實，沒有船，是無法渡過河的。官員及其部屬們都非常害怕。光武帝命令王霸前往探察。王霸恐怕驚散眾人，想先前進，到水邊再想辦法，於是回去後謊稱：「冰很堅固，可以渡河。」官屬都很高興。光武帝笑著說：「偵察者果然是胡說八道。」於是繼續前進。等到了河邊，冰也已凍嚴河面，於是光武帝就命令王霸護衛過河，隊伍中僅餘少數幾騎還未渡過河時，好多地方的冰又斷裂了。光武帝對王霸說：「安定我部下軍心得以過河，從而免遭禍患，這全是你的功勞啊！」王霸辭謝說：「這是因為明公您德望至高，得到了神靈的保佑，即使是周武王白魚之應一事，也無法與此相比。」光武帝對僚屬說：「王霸靈活機敏地辦妥了過河這件事，大概是上天降下的祥瑞吧。」於是晉封王霸為軍正，並賜爵關內侯。到了信都之後，光武帝發兵占領了邯鄲。王霸追擊王郎並殺了他，得到了王郎的璽綬。被封為王鄉侯。

4 王霸跟隨光武帝平定黃河以北地區，經常與臧宮、傅俊共處一營，惟獨王霸善於撫慰士卒，對於死者，他脫下自己的衣服為其裝殮，對於傷者，他親自慰問並加以看護。光武帝即位後，因為王霸精通軍事，愛護下屬，可以獨當一面，被任命為偏將軍，並且連臧宮、傅俊的部隊也由他一起統率，而任命臧宮、傅俊為騎都尉。建武二年，又改封王霸為富波侯。

5 建武四年秋天，光武帝巡視譙縣，派王霸與捕虜將軍馬武一起到東方的垂惠征討周建。蘇茂率領四千多五校兵援救周建，先派出精銳的騎兵截擊馬武的軍糧，馬武前往解救。周建從城中出兵夾擊馬武，馬武自恃會有王霸支援，應戰不夠積極，為蘇茂、周建所敗。馬武軍隊敗逃經過王霸軍營時，大聲呼救。王霸說：「賊兵正在兵強氣盛的時候，出去救援，事必兩敗俱傷，你們只能努力應戰了。」於是緊閉營門，加固壁壘。軍吏都爭著要求出戰。王霸說：「蘇茂軍是精銳部隊，人馬也多，我軍官吏士卒心懷恐懼，而捕虜將軍與我軍互相依賴，兩軍不同心一志，此時出擊是敗軍之道。現在閉營固守，顯示出不派兵救援馬武軍的樣子，賊兵必定乘勝輕舉冒進；捕虜將軍的隊伍看到沒有救兵，自會拼死作戰，戰鬥力必然倍增。這樣一來，蘇茂的軍隊連續作戰疲困勞乏，我軍趁勢出戰，才可以克敵制勝。」蘇茂、周建果然出動全軍攻打馬武軍。混戰了很長時間，王霸軍中的壯士路潤等數十人割髮立誓，請求出戰。王霸知道軍心已經振奮，便打開軍營後門，派出精銳騎兵，從背後襲擊蘇茂、周建的軍隊。蘇茂、周建軍遭受前後夾擊，驚慌騷亂敗逃而去，王霸、馬武各自率兵回營。蘇茂、周建再次集合軍隊挑戰，王霸堅守營壘並不出戰，卻觀賞歌舞表演，設宴慰勞將士。蘇茂軍將羽箭雨點般射入營中，其中一箭射中了王霸面前的酒樽，王霸卻安坐不動。軍吏都說：「蘇茂軍前日已被我軍打敗了，現在很容易攻打的。」王霸說：「不是這樣。蘇茂是遠道而來的救援軍隊，糧食不足，所以屢次挑戰，以求儘快取勝。現在我軍堅閉營門，休養將士，這正是不用作戰而使敵軍屈服的策略，是兵法中的上上策。」蘇茂、周建既然不能夠交戰，只好退兵回營。那天夜裡，周建哥哥之子周誦反叛，關起城門不讓蘇茂、周建軍隊入城，蘇茂、周建逃走，周誦就舉城投降了漢軍。

6 建武五年春天，光武帝派遣太中大夫持符節敕封王霸為討虜將軍。建武六年，王霸帶兵在新安屯田。建武八年，在函谷關屯田。攻打滎陽、中牟一帶的盜賊，把他們都平定了。

7 建武九年，王霸與吳漢以及橫野大將軍王常、建義大將軍朱祐、破姦將軍侯進等五萬餘人，在高柳攻打盧芳部將賈覽和閔堪率領的軍隊。匈奴調派騎兵增援盧芳，因為遇到大雨，漢軍作戰失利。於是，吳漢返回洛陽，光武帝命令朱祐駐紮在常山郡，王常駐紮在涿郡，侯進駐紮在漁陽郡。光武帝下詔封王霸為上谷太守，仍像原先那樣統領屯田部隊，抓捕打擊胡虜，不受郡界的限制。第二年，王霸再次與吳漢等四位將軍率領六萬人馬，出高柳縣攻打賈覽，詔書命令王霸與漁陽太守陳訢帶兵作為各路軍馬的先鋒。匈奴左南將軍帶領數千騎兵援助賈覽，王霸等在平城下與敵數次交戰，大敗敵軍，一直把他們追趕到塞外，斬首數百級。王霸及諸將返回雁門關，與驃騎大將軍杜茂聯合，在崞縣、繁時縣共同攻打盧芳部將尹由的軍隊，但未能取勝。

8 建武十三年，增加王霸的食邑戶數，改封他為向侯。當時，盧芳與匈奴、烏桓聯合起來，更加頻繁地騷擾侵掠，邊境地區的人民深受其苦。光武帝下詔命令王霸統領被解脫刑具囚衣罰服勞役的人六千餘名，與杜茂修築飛狐道，堆石鋪土，築起亭障，修治了自代縣到平城長達三百餘里的道路。王霸與匈奴、烏桓不斷交鋒，大小戰鬥達數百次，他對邊境各方面的情況都很了解，因而多次上書陳說應該與匈奴結親和好；又建議軍糧可通過溫水經由水路運輸，以減少陸路運輸中不斷轉輸的繁勞，這些意見都被採納實施了。後來，匈奴南單于和烏桓都歸降了，北部邊境平安無事。王霸在上谷郡共任職二十餘年。建武三十年，王霸被封為淮陵侯。永平二年，王霸因病免官，幾個月後就去世了。

9 其子王符承襲爵位，改封為軑侯。王符死後，其子王度繼承爵位。王度娶孝明帝的女兒浚儀長公主為妻，受封為黃門郎。王度死後，兒子王歆承襲爵位。

1 祭遵，字弟孫，潁川潁陽人也。少好經書❶。家富給❷，而遵恭儉，惡❸衣服。喪母，負土起墳。嘗為部吏所侵，結客殺之。初，縣中以其柔也，既而皆憚❹焉。

2 及光武破王尋等，還過潁陽，遵以縣吏❺數進見，光武愛其容儀，署為門下史⑥。從征河北，為軍市令⑦。舍中兒⑧犯法，遵格⑨殺之。光武怒，命收⑩遵。時主簿陳副⑪諫曰：「明公常欲眾軍整齊，今遵奉法不避，是教令所行也。」光武乃貰⑫之，以為刺姦將軍⑬。謂諸將曰：「當備⑭祭遵！吾舍中兒犯法尚殺之，必不私⑮諸卿也。」尋⑯拜為偏將軍，從平河北，以功封列侯⑰。

3 建武二年春，拜征虜將軍，定封潁陽侯。與驃騎大將軍景丹⑱、建義大將軍朱祐、漢忠將軍王常、騎都尉王梁⑲、臧宮等入箕關⑳，南擊弘農㉑、厭新㉒、柏華㉓蠻中㉔賊。弩㉕中遵口，洞出流血，眾見遵傷，稍引退，遵呼叱止之，士卒戰皆自倍，遂大破之。時新城㉖蠻中山賊張滿，屯結險隘為人害，詔遵攻之。遵絕其糧道，滿數挑戰，遵堅壁不出。而厭新、柏華餘賊復與滿合，遂攻得霍陽聚㉗，遵乃分兵擊破降之。明年㉘春，張滿飢困㉙，城拔，生獲㉚之。初，滿祭祀天地，自云當王，既執㉛，歎曰：「讖㉜文誤我！」乃斬之，夷其妻子。遵引兵南擊鄧奉弟終㉝於杜衍㉞，破之。

4 時涿郡太守張豐㉟執使者舉兵反，自稱「無上大將軍」，與彭寵㊱連兵。四年，遵與朱祐及建威大將軍耿弇㊲、驍騎將軍劉喜㊳俱擊之。遵兵先至，急攻豐，豐功曹孟厷㊴執豐降。初，豐好方術㊵，有道士言豐當為天子，以五綵囊裹石繫豐胕，云石中有玉璽。豐信之，遂反。既執當斬，猶曰：「胕石有玉璽。」遵為椎破之，豐乃知被詐，仰天歎曰：「當死無所恨(41)！」諸將皆引還，遵受詔留屯良鄉(42)拒彭寵。因遣護軍傅玄襲擊寵將李豪於潞(43)，大破之，斬首千餘級。相拒歲餘，數挫其鋒，黨與多降者。及寵死，遵進定其地。

5 六年春，詔遵與建威大將軍耿弇、虎牙大將軍蓋延(44)、漢忠將軍王常、捕虜將軍馬武、驍騎將軍劉歆(45)、武威將軍劉尚(46)等從天水(47)伐公孫述(48)。師次(49)長安，時車駕(50)亦至，而隗囂(51)不欲漢兵上隴(52)，辭說解故(53)。帝召諸將議。皆曰：「可且延囂日月之期，益(54)封其將帥，以消散之。」遵曰：「囂挾姦久矣。今若按甲引時，則使其詐謀益深，而蜀(55)警增備，固不如遂進。」帝從之，乃遣遵為前行。隗囂使其將王元(56)拒隴坻(57)，遵進擊，破之，追至新關(58)。及諸將到，與囂戰，並敗，引退下隴。乃詔遵軍汧(59)，耿弇軍漆(60)，征西大將軍馮異軍栒邑(61)，大司馬吳漢等還屯長安。自是後遵數挫隗囂。事已見馮異傳。

6 八年秋，復從車駕上隴。及囂破，帝東歸過汧，幸遵營，勞饗(62)士卒，作黃門(63)武樂(64)，良(65)夜乃罷。時遵有疾，詔賜重茵(66)，覆以御蓋。復令進屯隴下。及公孫述遣兵救囂，吳漢、耿弇等悉奔還，遵獨留不卻。九年春，卒於軍。

7 遵為人廉約小心，克己奉公，賞賜輒盡與士卒，家無私財，身衣韋絝(67)，布被，夫人裳不加緣(68)，帝以是重焉。及卒，愍悼之尤甚。遵喪至河南(69)縣，詔遣百官先會喪所，車駕素服臨之，望哭哀慟。還幸城門，過其車騎，涕泣不能已。喪禮成，復親祠以太牢，如宣帝臨霍光故事(70)。詔大長秋(71)、謁者(72)、河南尹(73)護喪事，大司農(74)給費。博士范升(75)上疏，追稱遵曰：「臣聞先王崇政，尊美屏惡(76)。昔高祖大聖，深見遠慮，班爵割地，與下分功，著錄勳臣，頌其德美。生則寵以殊禮，奏事不名，入門不趨(77)。死則疇其爵邑，世無絕嗣(78)，丹書鐵券，傳於無窮(79)。斯誠大漢厚下安人長久之德，所以累世十餘，歷載數百，廢而復興，絕而復續者也。陛下以至德受命，先明漢道，褒序輔佐，封賞功臣，同符祖宗。征虜將軍潁陽侯遵，不幸早薨。陛下仁恩，為之感傷，遠迎河南，惻怛之慟，形於聖躬，喪事用度，仰給(80)縣官，重賜妻子，不可勝數。送死有以加生，厚亡有以過(81)存，矯俗厲化，卓(82)如日月。古者臣疾君視，臣卒君弔(83)，德之厚者也。陵遲已來久矣。及至陛下，復興斯禮，群下感動，莫不自勵。臣竊見遵修行積善，竭忠於國，北平漁陽，西拒隴、蜀，先登坻上(84)，深取略陽。眾兵既退，獨守衝難(85)。制御士心，不越法度。所在吏人，不知有軍(86)。清名聞於海內，廉白著於當世。

所得賞賜，輒盡與吏士，身無奇衣，家無私財。同產兄午(87)以遵無子，娶妾送之，遵乃使人逆(88)而不受，自以身任於國，不敢圖生慮繼嗣之計。臨死遺誡(89)牛車載喪，薄葬洛陽。問以家事，終無所言(90)。任重道遠，死而後已(91)。遵為將軍，取士皆用儒術，對酒設樂，必雅歌投壺(92)。又建為孔子立後，奏置五經大夫(93)。雖在軍旅，不忘俎豆(94)，可謂好禮悅樂，守死善道者也。禮，生有爵，死有謚，爵以殊尊卑，謚以明善惡。臣愚以為宜因遵薨，論敘眾功，詳案(95)謚法(96)，以禮成之。顯章國家篤古之制，為後嗣法。」帝乃下升章以示公卿。至葬，車駕復臨，贈以將軍、侯印綬，朱輪容車(97)，介士(98)軍陳送葬，謚曰成侯。既葬，車駕復臨其墳，存見夫人室家。其後會朝，帝每歎曰：「安得憂國奉公之臣如祭征虜者乎！」遵之見思若此。

8 無子，國除。兄午，官至酒泉(99)太守。從弟(100)彤。

【章旨】以上是〈祭遵傳〉，記述了他格殺光武舍中兒、重傷不下戰場，大敗張豐、彭寵、公孫述、隗囂等人，突出其執法嚴明和作戰有勇有謀，還重點交代了他廉約謹慎、克己奉公的高尚節操。

【注釋】❶經書　指儒家經典，《詩》、《尚書》、《禮記》、《易經》之類。❷給　豐足。❸惡　壞；不好。❹憚　恐懼。❺縣吏　縣中負責某方面事務的官吏。❻署為門下史　署，代理；暫任。門下史，郡府屬官，為雜務人員。❼軍市令　官名。掌管軍市交易的官。⑧舍中兒　家奴。⑨格　擊；打。⑩收　拘押。⑪主簿陳副　主簿，主管文書的官員。陳副，光武帝將領，曾任主簿，騎都尉。⑫貰　赦免。⑬刺姦將軍　將軍的一種稱號，主罪法。⑭備　提防。⑮私　偏袒。⑯尋　隨即；不久。⑰列侯　所食縣為侯國。承秦爵二十等，為徹侯，金印紫綬，以賞有功。功大者食縣，小者食鄉、亭，得臣其所食吏民。後避武帝諱，為列侯。即是指異姓功臣封侯的人。⑱景丹　字孫卿，左馮翊櫟陽人。見本書卷二十二。⑲王梁　字君嚴，漁陽要陽人。見本書卷二十二。⑳箕關　今河南濟源西王屋山南。㉑弘農　郡名。西漢武帝元鼎四年（西元前一一三年）置。治今河南靈寶東北故函谷關城。王莽改為右隊郡。東漢初復名弘農郡。末年改恆農郡。㉒厭新　確址待考。當在今河南汝陽附近。㉓柏華　聚名。疑在今河南靈寶西。㉔蠻中　聚名。故戎蠻子國。今河南汝陽東南。俗謂之麻城。㉕弩　一種利用機械力量射箭的弓。㉖新城　縣名。今河南伊川縣西南。㉗霍陽聚　一名「霍陽城」、「張侯城」。今河南汝州東南。㉘明年　第二年，即建武三年（西元二七年）。㉙飢困　飢，餓；吃不飽。困，困窘；處境困難。㉚生獲　生擒。㉛執　擒拿。㉜讖　迷信的人認為將來能應驗的預言、預兆。㉝終　鄧終，在杜衍一戰中被祭遵打敗。㉞杜衍　縣名。屬南陽郡。故城在今河南南陽西南。㉟張豐　道士言張豐能當天子，於是舉兵反叛，建武四年，為其功曹孟厷所擒，降漢，後被殺。㊱彭寵　字伯通。見本書卷十二。㊲耿弇　字伯昭。見本書卷十九。㊳驍騎將軍劉喜　驍騎將軍，官名。率領驍騎兵的將軍。驍騎，裝備精良的精銳騎兵。劉喜，字共仲，劉植的弟弟。因迎世祖有功，封偏將軍，後任驍騎將軍，封觀津侯，常從世祖四處征伐。且得傳國於後。㊴功曹孟厷　功曹，官名。漢代郡守下有功曹史，簡稱功曹，相當於郡守的總務長，除掌人事外，並得與聞一郡的政務。孟厷，反將張豐功曹，後擒張豐降漢。㊵方術　中國古代用自然的變異現象和陰陽五行之說來推測、解釋人和國家的吉凶禍福、氣數命運的醫卜星相、遁甲、堪輿和神仙之術等的總稱。㊶恨　遺憾；不滿意。㊷良鄉　縣名。屬涿郡。西漢置。治今北京市房山區西南。王莽改名廣陽。東漢復名良鄉。㊸傅玄襲擊寵將李豪於潞　傅玄，祭遵護軍，在潞縣大敗李豪軍。李豪，彭寵將領。在潞之戰中為漢將傅玄所滅。潞，縣名。屬漁陽郡。今河北三河市西南。有潞水，因以為名。㊹蓋延　字巨卿，漁陽郡要陽縣人。見本書卷十八。㊺劉歆　字細君，劉植堂兄。封浮陽侯。㊻劉尚　皇室子孫，為光武帝的同族兄弟。官封武威將軍，曾平西南夷，討滅公孫述，破河池，平武都等，在攻打武陵五溪蠻夷時，深入作戰，全軍敗歿。㊼天水　郡名。西漢武帝元鼎三年（西元前一一四年）置。治平襄（今甘肅通渭西北）。轄境相當今甘肅通渭、靜寧、秦安、定西、清水、莊浪、甘谷、張家川等縣及天水西北部、隴西東部、榆中東北部地。王莽改為鎮戎郡。東漢初復名天水郡。㊽公孫述　字子陽，扶風茂陵人。見本書卷十三。㊾次　駐紮。㊿車駕　專指皇帝的車駕。此處特指皇帝。(51)隗囂　字季孟，天水成紀人。見本書卷十三。52隴　指位於此地的隴山，隴山在今陝西隴縣以西。隴山為六盤山餘脈，綿延橫亙幾百里，屏障關中西部。53辭說解故　曲為之說的託辭。54益　更加。55蜀　郡名。古蜀國地，戰國秦置。治成都（今四川成都）。56王元　長陵人，隗囂將領。隗囂死後，擁立其子隗純為王，輔威將軍臧宮破延岑，王元率眾投降臧宮。後留為蜀將。57隴坻　即隴阪。今陝西隴縣、寶雞與甘肅清水縣、張家川回族自治縣之間。北入沙漠，南上渭水，為關中西部屏障。58新關　即安戎關。今陝西隴縣。59汧　縣名。春秋秦寧公置。今陝西隴縣東南。60漆　縣名。今陝西彬縣。61征西大將軍馮異句　征西大將軍，官名。負責向西方征伐的大將軍。馮異，字公孫，潁川父城人。見本書卷十七。栒邑，縣名。屬右扶風。故城在今陝西旬邑東北。62勞饗　用酒食慰勞。63黃門　官署名。班固《漢書》：「是時名倡皆集黃門。」64武樂　執干戚以舞。65良　深。66重茵　多層的褥墊。67韋絝　牛皮套褲。68緣　用作點綴的花邊。緣，或作「彩」。69河南　縣名。治今河南洛陽西郊澗水東岸。70如宣帝臨霍光故事　霍光薨，宣帝及上官太后親臨光喪，使太中大夫任宣、侍御史五人持節護喪事。71大長秋　皇后的屬官，秩二千石。72謁者　掌管接待賓客的官，秩比六百石。73河南尹　東漢以保忠信郡改置，治所在雒陽縣（今河南洛陽東北漢、魏洛陽故城）。尹，官名。漢代都城行政長官。74大司農　官名。掌租稅錢穀鹽鐵和國家的財政收支，為九卿之一。75博士范升　博士，學官名。俸比六百石，掌教弟子；國有疑事，掌承問對。范升，字辯卿，代郡人。見本書卷三十六。76尊美屏惡　語出《論語・堯曰》。孔子曰：「尊五美，屏四惡。」77奏事不名二句　班固《漢書》：「蕭何奏事不名，入門不趨。」78死則疇其爵邑二句　言功臣死後，子孫襲封，世世與先人等。疇，等同。79丹書鐵券二句　班固《漢書》：「高祖與功臣剖符作誓，丹書鐵契，金匱石室，藏之宗廟。」80給　供給。81過　訪問；撫慰。82卓　高。83古者臣疾君視二句　班固《漢書》賈山上書曰：「古之賢君於其臣也，尊其爵祿而親之，疾則臨視之無數，死則往弔哭之，臨其小斂大斂，可謂盡禮也，故臣下竭力盡死以報其上。」84坻上　指隴坻上。85獨守衝難　謂吳漢、耿弇等悉奔還，唯遵獨留不卻。衝，同「衝」。兵衝；交通要道。86所在吏人二句　意謂祭遵軍隊不侵擾吏民百姓。87同產兄午　同產兄，同胞兄長。午，祭午，官至酒泉太守。88逆　違背；不順。89遺誡　遺言告誡。90問以家事二句　謂祭遵以國事為重，公而忘私。91任重道遠二句　語出《論語・泰伯》。曾子曰：「仁以為己任，不亦重乎。死而後已，不亦遠乎。」92雅歌投壺　雅歌，唱《詩》中的雅詩。投壺，古人宴飲時的一種遊戲。主客依次朝一特製的壺中投箭，以投中的多少定輸贏，輸者將被罰酒。93五經大夫　指掌管《五經》的高級文職官員。五經，指《詩》、《尚書》、《禮記》、《易經》和《春秋》五部儒家經典。大夫，古代諸侯國中職官分卿、大夫、士三等。以後又作為某種高級文職官員的稱謂，如御史大夫、諫議大夫等。也泛稱一般做官的人。94俎豆　俎和豆都是古代祭祀用的禮器。此處代指禮樂。95案 依據。96謚法 確定謚號的書籍。謚號的出現晚於稱號，相傳由周公制定〈謚法〉。秦始皇廢棄，漢初重新起用。97容車 容飾之車，言不用送喪的素車素馬，而用祭遵在世時用的車馬。98介士 穿鎧甲的士兵。99酒泉 郡名。西漢武帝元狩二年（西元前一二一年）置。治所在祿福（今甘肅酒泉市）。王莽改為輔平郡。東漢復名酒泉郡。100從弟 堂弟。

【語　譯】祭遵，字弟孫，潁川郡潁陽縣人。他從小就喜好經書。雖然祭遵家境富裕，但他卻謙恭儉樸，不喜歡華麗的衣服。祭遵的母親死後，他親自背土造墳。祭遵曾經受到部吏的欺辱，就結交賓客把那個部吏殺了。縣衙裡的人原來都認為祭遵軟弱，從此之後就都害怕他了。

2 等到光武帝擊敗王尋等人的軍隊，返經潁陽時，祭遵以縣吏的身分數次晉見，光武帝喜愛他的容貌風度，任命他為門下史。祭遵跟隨光武帝征戰黃河以北地區時，擔任軍市令。光武帝的一個家奴犯了法，祭遵就依法殺了他。光武帝大怒，下令拘捕祭遵。當時任主簿的陳副進諫說：「明公您常想要使眾軍謹嚴有度，整齊劃一，現在祭遵秉公執法，不避權貴，正是按照命令執行的。」光武帝聽後就赦免了祭遵，並封他為刺姦將軍。光武帝對諸將說：「你們應當提防祭遵！我的家奴犯了法尚且要殺掉，必定不會對諸位徇私情的。」不久，晉封祭遵為偏將軍，隨光武帝平定黃河以北地區，因為有功被封為列侯。

3 建武二年春，封祭遵為征虜將軍，定封為潁陽侯。祭遵與驃騎大將軍景丹、建義大將軍朱祐、漢忠將軍王常、騎都尉王梁、臧宮等人進入箕關，向南征討弘農、厭新、柏華、蠻中的賊寇。交戰中，弩箭射中祭遵的嘴，被箭洞穿的地方鮮血直流，兵眾見祭遵受傷，逐漸後退，祭遵就大聲呼喝申叱，制止他們後退，於是，士兵們加倍奮戰，大敗賊寇。當時，新城縣蠻中的山賊張滿，糾集人馬，憑藉險隘地勢，禍害百姓，光武帝下詔命祭遵去攻打。祭遵斷絕了張滿軍的糧道，張滿多次挑戰，祭遵都堅壁固守營壘，不出去應戰。而厭新、柏華殘餘的人馬再次與張滿聯合，因此攻占了霍陽聚，祭遵就分兵攻打敵軍，取得了勝利，並迫使敵軍投降了。第二年春天，張滿軍飢餓困乏，祭遵乘勢奪取城池，生擒了張滿。當初，張滿祭祀天地時，自己說應當稱王天下，被活捉後，歎息說：「讖文害了我！」於是斬了張滿，並誅殺了他的妻子兒女。祭遵又率兵向南進攻，在杜衍縣攻打鄧奉弟弟鄧終的部隊，取得勝利。

4 當時，涿郡太守張豐扣押了朝廷使者，舉兵反叛，自稱「無上大將軍」，並與彭寵兵馬相連。建武四年，祭遵與朱祐以及建威大將軍耿弇、驍騎將軍劉喜一起攻打叛軍。祭遵率兵先到，急攻張豐，張豐的功曹孟厷抓住張豐投降了漢軍。當初，張豐喜好方術，有個道士說張豐命當為天子，並且把用五彩囊裹著的一塊石頭繫在張豐的胳膊附上，還說石頭中有玉璽。張豐相信了道士的話，於是就發動叛亂。張豐已經被抓住就要問斬時，還說：「我附上的石頭裡有玉璽。」祭遵為他捶破那塊石頭，張豐才知道被欺騙了，仰天長歎說：「我該死，沒有可遺憾的了！」後來，其他各位將軍都退兵還朝了，只有祭遵受詔留下，駐紮在良鄉抵禦彭寵。於是，祭遵派遣護軍傅玄率兵到潞縣，襲擊彭寵部將李豪的軍隊，大敗李豪軍，斬首千餘級。祭遵與彭寵兩軍相持了一年多，祭遵多次擊敗彭寵的進攻，彭寵的黨羽大多數都投降了。等到彭寵死後，祭遵進兵平定了彭寵原來控制的地盤。

5 建武六年春天，光武帝詔令祭遵與建威大將軍耿弇、虎牙大將軍蓋延、漢忠將軍王常、捕虜將軍馬武、驍騎將軍劉歆、武威將軍劉尚等同往天水攻打公孫述。軍隊駐紮在長安，當時光武帝也到了那裡，而隗囂不想讓漢軍上隴山，用各種言辭進行推託。光武帝便召集各位將領商議此事。大家都說：「可以暫且延緩攻打隗囂的時間，另外對他的將帥加以封賞，以此來瓦解他的軍心。」祭遵說：「隗囂心懷奸詐已經很久了。如果現在按兵不動，拖延時日，將使他的詐謀更深細完備，蜀地的防備則會更加完備，因此不如現在進兵。」光武帝採納了祭遵的建議，派他為先鋒。隗囂派將軍王元在隴坻抵抗漢軍，祭遵進軍攻戰，打敗王元，並一直追殺到新關。等其他諸位將領到達後，與隗囂交戰，都敗了，便從隴山撤退下來。於是，光武帝詔令祭遵駐紮汧縣，耿弇駐兵漆縣，征西大將軍馮異駐軍栒邑，而大司馬吳漢等則返回到長安屯兵。自此以後，祭遵數次打敗隗囂。這些情況已記載於〈馮異傳〉中。

6 建武八年秋，祭遵再次跟隨光武帝攻打隴地。等到隗囂被攻破，光武帝東歸時路過汧縣，巡幸祭遵軍隊，犒賞士卒，令黃門倡優執干戚起舞以助興，直至夜深才結束。當時祭遵生病，光武帝下詔賜給他多層坐席，並以皇帝使用的車蓋遮蔽身體。又命令祭遵進駐隴山下。及至公孫述派兵救援隗囂時，吳漢、耿弇等將軍全都逃奔而回，只有祭遵獨自引軍留駐未曾退卻。建武九年春天，祭遵死於軍中。

7 祭遵為人清廉節儉，處事謹慎，克己奉公，得到的賞賜全都分給士卒，家中沒有私產，身穿普通的皮套褲，臥具僅為布被，夫人的衣裳也不用花邊修飾，光武帝因此很看重他。他死後，光武帝特別哀痛悲傷。祭遵喪車到了河南縣，詔令百官先到靈堂集合，光武帝身穿素服前來弔喪，望靈痛哭，十分哀傷。光武帝返回時經過城門，看到祭遵的喪車，又痛哭不已。喪禮結束之後，光武帝再次親臨祠堂，用太牢犧牲作祭，就像當年漢宣帝親自哭弔霍光那樣。詔令大長秋、謁者、河南尹監理喪事，大司農供給費用。博士范升上疏，追念稱頌祭遵說：「微臣聽說先王重視政務，治政時尊敬賢能，摒除邪惡。當年高祖大智大德，慮事周詳，見識深遠，頒賜爵位，分封土地，功勞與部下共分，對有功勳的大臣特加文字著錄，以頌揚他們的德業功績。活著時以特殊的禮遇彰顯恩寵，奏事不必通報姓名，進殿門也不需要快步趨進。死後其子孫襲封爵位，世代與先人相同，丹書鐵券存於宗廟，流傳於後世。這確實是大漢王朝厚德安人心、基業得以長久的美德，所以累計傳世十餘代，歷經數百年，而且能夠廢而復興，絕而復續。陛下您以至高無上的德望承受天命，光大彰明漢室道統，褒獎、封賞了有功的文臣武將，這一切完全與祖宗做法契合。征虜將軍潁陽侯祭遵，不幸早逝。陛下仁厚恩寬，為他感動傷懷，到河南遠迎其靈，悲痛之情，表現於聖上的一舉一動，辦理喪事的費用，全由朝廷供給，又重賞厚賜他的家眷，類似之事都無法計算。善待死者有助於勉勵活著的人，厚葬亡者將有助於激勵存世的人，這是矯正風俗，嚴肅風化，崇高如日月的聖明之舉。在古代，臣子有病，國君會去探視，大臣去世，國君會去弔喪，這是富於仁德的表現。可這種習俗已衰落很久了。直到陛下才復興了這種愛撫臣下的禮節，群臣為之感動，沒有不自我勉勵以求盡忠於陛下的。我私下觀察到，祭遵磨礪品行，廣積善緣，為國家竭盡忠心，向北平定漁陽，向西抵禦隴、蜀之叛軍，他率先帶兵登上隴坻，深入隗囂腹地奪取略陽。其他將領率兵既已奔逃，他還孤軍獨守著軍事要衝，艱難地抵抗著隗囂和公孫述的進攻。祭遵能控制士兵的思想情緒，使他們不違越法度規矩。以致所駐地的官吏和百姓，都感覺不到當地還有軍隊駐紮。祭遵清正的名聲傳遍海內，廉潔的聲望聞名當世。他所得到的賞賜，全部都分給了手下的官吏和兵士，身上沒有貴重的衣服，家中沒有多餘的財產。祭遵的同母兄長祭午因為他沒有兒子，娶妾送給他，祭遵卻派人回絕了，並不接受，他認為自己身負朝廷重任，不應該費心考慮傳宗接代的事。他臨死時遺言告誡，要用牛車運載棺木，薄葬於洛陽。問及他家中的事，最終也沒有說什麼。正如古人所說，任重道遠，死而後已。祭遵任將軍時，招取將士都用儒術加以考察，酒宴上的音樂必定是歌唱雅詩，並輔以投壺遊戲作為宴會的禮儀。他又建議為孔子確立後繼人，奏請設置《五經》大夫。他雖然身在軍旅，也不曾忘記禮儀之事，真可以說是喜好禮儀，心怡雅樂，至死奉行善道的典範。按照禮儀，活著時有爵位的，死後應有諡號，爵位是為了分別尊卑，諡號是為了明辨善惡。以臣愚見，正該趁祭遵逝世的時機，論議評定眾位大臣的功勞，詳細考察〈諡法〉的規定，按照禮儀行事。這樣，就可以彰顯國家忠實地遵行上古的制度，同時作為後人效法的榜樣。」光武帝於是批下范升的奏章讓群臣議論。到了為祭遵出殯的日子，光武帝再次親臨弔祭，賜贈將軍、侯的印綬，並用經過裝飾的紅漆車輪的車子，和身披甲冑的兵士列成軍陣進行送葬，贈以成侯的諡號。安葬之後，光武帝再次哭弔祭遵的墳墓，並到家裡慰問祭遵的夫人。之後每逢朝會時，光武帝常常歎息說：「怎樣才能得到像征虜將軍祭遵這樣憂慮國事、克己奉公的忠臣呢！」祭遵就是這樣深受光武帝追念的。

8 祭遵沒有兒子，因此死後撤銷封國。兄長祭午，官位最高做到了酒泉郡太守。堂弟，名叫祭彤。

1 彤字次孫，早孤，以至孝見稱。遇天下亂，野無煙火，而獨在冢側。每賊過，見其尚幼而有志節❶，皆奇而哀之。

2 光武初以遵故❷，拜彤為黃門侍郎，常在左右。及遵卒無子，帝追傷之，以彤為偃師❸長，令近遵墳墓，四時奉祠之。彤有權略，視事❹五歲，縣無盜賊，課❺為第一，遷襄賁令❻。時天下郡國尚未悉平，襄賁盜賊白日公行。彤至，誅破姦猾，殄❼其支黨，數年，襄賁政清。璽書勉勵，增秩❽一等，賜縑❾百匹。

3 當是時❿，匈奴、鮮卑⓫及赤山⓬烏桓連和彊盛，數入塞殺略吏人。朝廷以為憂，益增緣邊兵，郡有數千人，又遣諸將分屯障塞。帝以彤為能，建武十七年，拜遼東⓭太守。至則勵⓮兵馬，廣斥候⓯。彤有勇力，能貫⓰三百斤弓。虜每犯塞，常為士卒前鋒，數破走之。二十一年秋，鮮卑萬餘騎寇遼東，彤率數千人迎擊之，自被甲陷陳，虜大奔，投水死者過半，遂窮⓱追出塞，虜急，皆棄兵⓲裸身散走，斬首三千餘級，獲馬數千匹。自是後鮮卑震怖，畏彤不敢復闚塞。彤以三虜連和，卒為邊害，二十五年，乃使招呼⓳鮮卑，示以財利。其大都護偏何⓴遣使奉獻，願得歸化，彤慰納賞賜，稍復親附。其異種滿離㉑、高句驪㉒之屬，遂駱驛款塞，上貂裘好馬，帝輒倍其賞賜。其後偏何邑落諸豪並歸義，願自效。彤曰：「審㉓欲立功，當歸擊匈奴，斬送頭首乃信耳。」偏何等皆仰天指心曰：「必自效！」即擊匈奴左伊秩訾㉔部，斬首二千餘級，持頭詣郡。其後歲歲相攻，輒送首級受賞賜。自是匈奴衰弱，邊無寇警㉕，鮮卑、烏桓並入朝貢。

4 彤為人質厚重毅，體貌絕眾。撫夷狄㉖以恩信，皆畏而愛之，故得其死力。

初，赤山烏桓數犯㉗上谷，為邊害，詔書設購賞，切責㉘州郡，不能禁。彤乃率勵偏何，遣往討之。永平元年，偏何擊破赤山，斬其魁帥，持首詣彤，塞外震讋。彤之威聲，暢於北方，西自武威㉙，東盡玄菟㉚及樂浪㉛，胡夷皆來內附，野無風塵。乃悉罷緣邊屯兵。

5 十二年，徵為太僕㉜。彤在遼東幾㉝三十年，衣無兼副。顯宗既嘉其功，又美彤清約，拜日，賜錢百萬，馬三匹，衣被刀劍下至居室什物，大小無不悉備。帝每見彤，常歎息㉞以為可屬以重任。後從東巡狩㉟，過魯㊱，坐孔子講堂，顧指子路㊲室謂左右曰：「此太僕之室。太僕㊳，吾之禦侮也。」

6 十六年，使彤以㊴太僕將萬餘騎與南單于左賢王信㊵伐北匈奴，期至涿邪山㊶。信初有嫌於彤，行出高闕塞㊷九百餘里，得小山，乃妄言以為涿邪山。彤到不見虜而還，坐逗留㊸畏懦下獄免。彤性沈毅內重，自恨見詐無功，出獄數日，歐血死。臨終謂其子曰：「吾蒙國厚恩，奉使不稱，微績不立，身死誠慚恨㊹。義不可以無功受賞㊺，死後，若悉簿上所得賜物㊻，身自詣兵屯，效死前行，以副㊼吾心。」既卒，其子逢上疏具陳遺言。帝雅㊽重彤，方更任用，聞之大驚，召問逢疾狀㊾，嗟歎者良久焉。烏桓、鮮卑追思彤無已，每朝賀京師，常過冢拜謁，仰天號泣[50]乃去。遼東吏人為立祠，四時奉祭焉。

7 彤既葬，子參[51]遂詣奉車都尉竇固[52]，從軍擊車師[53]有功，稍遷遼東太守。永元[54]中，鮮卑入郡界，參坐沮敗，下獄死。彤子孫多為邊吏者，皆有名稱[55]。

8 論曰：祭彤武節剛方，動用安重，雖條侯[56]、穰苴[57]之倫，不能過也。且臨守偏海，政移獷俗[58]，徼[59]人請符[60]以立信，胡貊[61]數級於郊下，至乃臥鼓邊亭，滅烽[62]幽障者將[63]三十年。古所謂「必世而後仁」[64]，豈不然哉！而一眚[65]之故，以致感憤，惜哉，畏法[66]之敝也！

【章旨】以上是祭遵的堂弟〈祭彤傳〉。文中先寫他幼年早孤以至孝聞名亂世，出仕後主要記述的是他恩威兼施安撫鮮卑、烏桓等少數民族，使邊境安寧之事。

【注釋】❶節 節操；氣節。❷以遵故 因為祭遵的緣故。❸偃師 縣名。今河南偃師東南。❹視事 治理；處理政事。❺課 按一定的標準考核，考評。❻襄賁令 即襄賁的縣令。襄賁，縣名。屬東海郡。故城在今山東臨沂南。令，縣令。萬戶以上的大縣置令一人，俸千石，掌治一縣民事。❼殄 滅絕。❽秩 官吏的品級第次。❾縑 細絹。❿當是時 就在那個時候。⓫鮮卑 古族名。東胡族的一支。秦漢時，游牧於今西拉木倫河與洮兒河之間。附於匈奴。⓬赤山 今內蒙古巴林左旗北大興安嶺東側。⓭遼東 郡名。治所在襄平（今遼寧遼陽老城）。⓮勵 訓練。⓯斥候 放哨，也指哨兵。⓰貫 同「彎」。拉滿。⓱窮 竭盡；追究到底。⓲兵 兵器；武器。⓳招呼 誘使歸順投降。⓴大都護偏何 大都護，鮮卑族的官職。偏何，鮮卑人的名字。㉑滿離 漢代東北部的少數民族。㉒高句驪 也叫「高句麗」、「句麗」、「高麗」等。朝鮮古國。亦族名，相傳其始祖朱蒙於西元前三七年建國。西元四世紀初南占樂浪郡地。此後百濟、新羅興起，互爭霸權，朝鮮史上稱為「三國時代」。廣開土王（好太王）在位時，敗日本、百濟聯軍，臣服新羅。其子長壽王（西元四一三—四九一年）加強王權，都平壤；

西元四七五年南攻百濟，奪取漢江流域地區，為高句驪極盛時期。西元六世紀後漸衰。西元七世紀中葉為新羅所併。高句驪與中國有密切聯繫。㉓審　的確。㉔伊秩訾　匈奴官號（或說是王號），分有左、右。㉕警　緊急的情況或消息。㉖夷狄　此處泛稱少數民族。㉗犯　侵擾。㉘切責　嚴厲責備。㉙武威　郡名。原匈奴休屠王地。西漢昭帝或宣帝時置郡，治武威（今甘肅民勤東北），西漢後轄今甘肅黃河以西，武威以東及大東河、大西河流域地區。東漢移治姑臧（今甘肅武威）。㉚玄菟　郡名。漢武帝元封三年（西元前一〇八年）置。治沃沮城（也作夭租城，今朝鮮咸鏡南道咸興）。㉛樂浪　郡名。漢武帝元封三年（西元前一〇八年）置。治朝鮮（今朝鮮平壤市南）。㉜太僕　官名。俸中二千石，掌馭及車馬。㉝幾　將近。㉞歎息　讚歎。㉟巡狩　古時君王定期出巡，視察諸侯所守的地方，考察政績和風土人情。㊱魯　周代諸侯國。今山東南部一帶。㊲子路（西元前五四二—前四八〇年），姓仲，名由，字子路，一字季路，春秋後期魯國卞（今山東泗水縣）人。孔子弟子，七十子之一。性率直粗野，尚勇力，善政事。詳參《史記·仲尼弟子列傳》。㊳太僕　此處指祭彤。㊴以　以……的身分。㊵左賢王信　左賢王，匈奴單于之下的統帥，分左、右賢王。信，南單于左賢王的名字。㊶涿邪山　今蒙古杭愛山脈南。㊷高闕塞　今內蒙古杭錦後旗東北。㊸逗留　沿途停頓，停滯不前。㊹慚恨　慚愧遺憾。㊺義不可以無功受賞　此句語意源於以下兩種說法。一為《論語·述而》：「不義而富且貴，於我如浮雲。」一為《韓非子·內儲說上》：「卜皮對曰：『夫慈者不忍，而惠者好與也。不忍，則不誅有過；好予，則不待有功而賞。有過不罪，無功受賞，雖亡，不亦可乎？』」㊻若悉簿上所得賜物　意謂你要造冊登記所賜之物而上交。若，你。㊼副　相稱。㊽雅　平素；向來。㊾狀　樣子；具體情態。㊿號泣　痛哭流淚。51參　祭參，祭彤的兒子。受父命參軍，以軍功，任遼東太守，後因敗於鮮卑而被下獄死。52奉車都尉竇固　奉車都尉，官名。西漢武帝元鼎二年（西元前一一五年）置。秩比二千石。掌御皇帝車乘。東漢屬光祿勳。竇固，字孟孫，扶風平陵人。見本書卷二十三。53車師　西域城國名。屬都護。國都交河城（遺址在今新疆吐魯番西北）。東南通敦煌，南通樓蘭、鄯善，西通焉耆，西北通烏孫，東北通匈奴，扼絲綢之路的要衝。國人屬印歐人種，操焉耆—龜茲語。在今新疆吐魯番及吉木薩爾一帶。王莽時，叛附匈奴。明帝永平十七年（西元七四年），漢遣竇固、耿秉等出擊車師，前、後部俱降。以耿恭、關寵為戊己校尉，分屯前、後部境。54永元　東漢和帝劉肇年號，西元八九—一〇五年。55名稱　好的聲名。56條侯　指西漢名將周亞夫。以軍令嚴整聞名，雖遇文帝巡視，亦不廢軍禮。57穰苴　春秋時齊國人。曾為嚴明軍紀，斬殺國君齊景公派去的監軍莊賈。58獷俗　粗野的習俗。59徵　招請。60符　徵驗。61胡貊　古代對邊疆少數民族的一種稱呼。此處指匈奴民族。62烽　即烽火，是古代報警所用的主要信號中的一種。63將　幾乎；將近。64必世而後仁　古人以三十年為一世，此句意謂承化日久。孔子曰：「如有王者，必世而後仁。」65眚 過失；過錯。66畏法 嚴法。

【語 譯】祭肜字次孫，他很小時父親就死了，以極盡孝道而受到稱讚。當時正逢天下大亂，野外沒有煙火人聲，祭肜卻獨自守候在父親墓旁。每當有賊寇經過，見他年齡小卻很有志氣節操，都很驚奇而且憐惜他。

2 起初，光武帝由於祭遵的緣故，任命祭肜為黃門侍郎，讓他經常跟隨在身邊。祭遵死後沒有兒子，光武帝追念傷悼祭遵，便任命祭肜為偃師縣長，使他離祭遵墳墓近些，以便四季供奉祭祀。祭肜富有權變和謀略，任職五年，縣境之內不再有盜賊，政績考核時被評為第一，於是升任襄賁縣令。當時天下郡國還未完全平定，襄賁縣的盜賊白天就公然為非作歹。祭肜上任後，誅殺奸詐狡猾的盜賊首領，消滅追隨他的黨羽，幾年之內，襄賁縣便政治清明了。光武帝下詔加以勉勵，增加一級俸祿，並賜給他一百匹細絹。

3 就在此時，匈奴、鮮卑和赤山烏桓聯合起來，兵力強盛，多次從塞外入侵邊境，燒殺搶掠當地的官吏百姓。朝廷對此很是憂慮，逐漸增加邊境的軍隊，每郡郡兵都有幾千人，又派遣將領分兵屯駐在邊境要塞。光武帝認為祭肜有才幹，建武十七年，任他為遼東太守。祭肜到任後，訓練兵馬，廣布哨兵。他勇猛有力，可以拉開三百斤的弓。每當匈奴等軍隊侵犯邊塞，他常身先士卒，多次打敗並趕走敵軍。建武二十一年秋天，鮮卑一萬餘騎兵入侵遼東，祭肜統率數千人迎擊，親自披盔貫甲衝鋒陷陣，敵軍大敗，拼命逃跑，跳入水中淹死的超過一半。他們緊追至塞外，敵軍被追急了，紛紛扔掉兵器，裸身四散奔逃。這一戰斬首三千餘級，繳獲數千匹馬。此後，鮮卑震驚恐怖，畏懼祭肜而不敢再窺覷邊塞了。祭肜認為，匈奴、鮮卑及烏桓聯合起來，終究會成為邊疆的禍害，便於建武二十五年，派出使者招撫鮮卑，並以財貨利誘。鮮卑大都護偏何派使者奉獻禮物，表示情願歸順，祭肜接納並給予賞賜以示撫慰，鮮卑漸漸再次與漢室親近，歸附漢朝。其他少數民族滿離、高句驪族之類，也絡繹不絕地進出關塞，向漢朝獻上貂裘良馬以示好，光武帝都會加倍給予賞賜。後來，偏何部落的各位首領全都歸附，並願意效力以示忠心。祭肜說：「果真想要立功，應當回去攻打匈奴，並割下他們的首級送來，這才能令人相信啊。」偏何等人都面朝蒼天，以手指心說：「一定會表明自己的忠心！」隨即進攻匈奴左伊秩訾部落，斬首兩千餘級，帶著首級來到遼東郡。此後，年年都與匈奴作戰，戰後就送來首級討賞。自此以後，匈奴衰弱，邊境再沒有敵人襲擾的警報了，鮮卑、烏桓都來漢室朝見進貢。

4 祭肜為人質樸忠厚，穩重堅毅，體貌不凡，超出眾人。他以恩惠信義安撫夷狄，他們都是既敬畏他又愛戴他，所以能夠得到他們的拼死效力。起初，赤山烏桓多次襲擾上谷，成為邊塞禍害，皇帝下詔書懸賞擒拿，嚴厲責成州郡抵禦，但未能禁止。祭肜就激勵並派偏何前去討伐。永平元年，偏何攻打並擊敗赤山烏桓，斬殺其統帥，帶著首級來見祭肜，震懾了塞外。祭肜的威名，傳遍北方，西自武威郡，東到玄菟及樂浪郡，胡夷全都來歸附，塞外沒有了戰亂。於是，全部撤回了邊境地區屯駐的兵馬。

5 永平十二年，祭肜被徵召為太僕。祭肜在遼東郡將近三十年，卻並無多餘的衣服。顯宗既嘉獎祭肜的功勳，又讚揚他清正簡樸，授官之日，賜給他錢百萬，馬三匹，以及衣被、刀劍甚至居室什物，大小用具盡皆齊備。皇上每次看到祭肜，常加以讚歎，以為可以委派祭肜擔當重任。後來，祭肜跟隨明帝到東部巡視，經過魯地，明帝坐在從前孔子的講堂上，回過頭指著子路當年的房間對左右說：「這是祭太僕的居室。祭太僕，是為我抵禦外侮的勇士。」

6 永平十六年，派祭肜以太僕的身分率領一萬餘名騎兵與南單于左賢王信一起討伐北匈奴，約定共至涿邪山。左賢王信起初對祭肜有怨恨，走出高闕塞九百餘里後，見到一座小山，就欺騙祭肜說這就是涿邪山。祭肜到此不見北匈奴的軍隊就帶兵返回，結果卻被以進軍停滯、畏縮不前而定罪，入獄免官。祭肜性格沉穩剛毅，內心慎重，對於自己被人欺騙未能立功自怨自責，出獄沒幾天，就嘔血而死。臨終時，祭肜對兒子說：「我承受國家的厚恩，領受使命卻不稱職，一點兒功績也沒有建立，這樣死了實在慚愧遺憾。從義理上講，人不可以無功而受賞，等我死後，你要把我所得到的賞賜之物在文簿上寫清，全部上交，然後你自己去軍中服役，不怕犧牲勇敢作戰。這樣做才符合我的心意。」祭肜死後，他的兒子祭逢上疏，詳盡陳述他的遺言。明帝平素十分看重祭肜，正想重新啟用他，聽到他的死訊大驚，召來祭逢詢問祭肜得病時的情況，感歎唏噓了很久。烏桓、鮮卑也長久地追思祭肜，每逢來京師朝賀，都要前往祭肜的墳墓祭拜，仰天號哭後才離去。

遼東郡的吏民為祭彤立了祠堂，一年四季都供奉祭祀他。

7 安葬祭彤後，其子祭參來到奉車都尉竇固軍中，在隨軍攻打車師時立功，逐漸升遷至遼東太守。永元年間，鮮卑侵入遼東郡境內，祭參因慘敗而被判罪，關進監牢，死在獄中。祭彤的子孫大多擔任邊疆的官職，而且都極有聲名。

8 史家評論說：祭彤志節剛強，治軍嚴整，做事穩重，即使是周亞夫、田穰苴之輩，也不能超過他。況且他守衛偏遠的海濱，用政治手段改變當地兇悍的風俗，招致塞外之人如偏何等請求立功以驗證歸附的真心，於是他們殺死許多胡貊送首級前來領受賞賜，遂使邊塞歇戰鼓、滅烽煙，撤銷隱蔽的障礙，維持和平將近三十年。古人所說的「經過三十年才能達到仁政的境界」，難道不是這樣的嗎！卻只因為一點點過失，致使感傷悲憤而死，真是可惜，這實在是過分嚴厲的法律的弊病啊！

贊曰：期啟燕門，霸冰虖河。祭遵好禮，臨戎雅歌。彤抗遼左❶，邊廷懷❷和。

【章　旨】總評全文，點出每位傳主的主要功績。

【注　釋】❶遼左　遼東的別稱。❷懷　安。

【語　譯】史官評議說：銚期開啟燕地的門戶，王霸詭言滹沱河流水結冰。祭遵好禮，在前線軍陣中歌唱雅詩。祭彤抗敵於遼東，使塞外歸順，邊境安和。

【研　析】本卷塑造了幾個或勇猛或權變或儒雅好禮的統兵將領的生動形象。他們同為一郡人，且同在亂世中實現了遇明主、共創功業的人生理想。

〈銚期傳〉中，寫他以孝義聞名鄉里，並因之而得到略地於此的光武帝的徵召。傳中突出描寫了他勇猛無畏的戰鬥精神。三次提到他親手殺死數十人，兩次提到他受傷復戰，且愈戰愈勇，從而大敗敵軍的過程。正是有著如此頑強戰鬥意志的銚期，才使得光武帝在危急時刻，順利從薊縣衝出，並得以東山再起，所以作者讚頌他「期啟燕門」。銚期還極重信義，不擄掠，對將士施以恩義。其勇敢還表現在朝堂上，從不唯唯喏喏，而是「有不得於心，必犯顏諫諍」。通過多側面的描寫，成功塑造了一位叱吒風雲、勇武善戰而又剛正廉潔的將軍的形象。

〈王霸傳〉中，記述光武帝路過潁陽，王霸自薦，並始終如一地追隨光武帝，並不因時勢暫變而有絲毫的改變。傳中詳寫了他護渡滹沱河時，詭言冰堅可渡，權以應變的機謀。這一段文字描寫，文筆優美，人物的對話、神態活靈活現，呼之欲出，而且能從其言語動作中窺見人物微妙的心理活動。王霸謀略的運用還表現在具體的戰事中，如在垂惠之戰中，他智救馬武，並「不戰而屈人之兵」。王霸提出的一些頗有見地的備邊奏議，皆得施行。這也反映了他善謀略、通權變的性格特點。

〈祭遵傳〉中，突出刻畫了祭遵剛正不阿、儒雅好禮的儒將風範。他是在光武帝道經潁陽時，被賞識而隨從征伐的。光武帝家奴犯法，祭遵也堅決殺無赦，表現了剛正不阿的重法精神。祭遵少好經書，這種習性體現在他兢兢業業、克盡職守的一生中。正如博士范升所讚頌他的「雖在軍旅，不忘俎豆」，他取士用儒術，奏置《五經》大夫，在軍中娛樂也必歌雅詩，而不媚俗。作者用大量筆墨抒寫了光武帝對祭遵去世的追悼與懷念。並在傳末的贊中用了八個字來稱揚他，即「祭遵好禮，臨戎雅歌」。

〈祭肜傳〉在本卷中雖是附傳，但作者卻用了相當於本卷四分之一的篇幅來為他鄭重立傳，主要在於祭肜所建樹的業績正如前幾位傳主一樣可歌可泣。傳中記述祭肜雖因堂兄而得官，但他權略過人，所治之地政清民和，成績斐然。當匈奴、鮮卑及赤山烏桓聯合侵擾遼東邊境之時，祭肜受命理邊，多次擊敗犯塞之敵，保障了邊塞吏民多年的和平生活。令人悲歎的是，祭肜最後一次征伐被騙，無功而返，以致含冤下獄，憤憾而逝。他的悲劇結局既與其沉毅內重的性格有關，更是當時封建社會嚴酷苛法所造成的惡果。他臨終還遺命其子必赴邊庭，盡忠報國。對祭肜的功績，作者給予了高度的讚美，稱其「必世而後仁」；對祭肜的悲劇，作者也表現出了極大的憤慨：「惜哉，畏法之敝也！」

通過這一卷的抒寫，我們不僅可以從中看到歷史的鮮活面目，而且還能於此讀出一位具有進步思想的史學家的慈憫的靈魂，感受到他作史時懷有的「正一代之得失」的修史宗旨。(馬春香注譯)

卷二十一

任李萬邳劉耿列傳第十一　任光子隗

【題解】本卷記述了任光、李忠、萬脩、邳彤、劉植和耿純等人的事跡。在王郎起兵、郡國多降附於他的危急形勢下，任光、李忠、萬脩等獨為漢拒邯鄲，開門迎世祖，並建策出力，奮勇作戰，終挽頹勢。此外又突出描寫了他們各自的特點，如任光的以權略速降鉅鹿，屠邯鄲；李忠廉潔自守、決不縱賊不誅的忠心不貳和政以化俗以禮治政的方略；萬脩病卒於軍的克盡職守。任隗，強調了他的好黃老、義行內修、剛正不阿的品格。邳彤，力駁議者欲因信都兵而送歸長安之論，提出應順勢而起，進而平定天下的主張，可謂的論。並記述了其家屬被敵監禁卻涕泣不肯為顧私而有損於國的感人事跡。劉植及其弟兄，於危難之中開門迎世祖，歌頌了他們在為漢室平定天下的戰爭中前仆後繼、死而後已的精神。耿純，胸藏文韜武略，心懷不貳忠心。無論說服別人還是設計用兵，都能有不凡之效。治理郡務也如其用兵一樣，功績卓著，吏民悅服。

1 任光，字伯卿，南陽❶宛人也。少忠厚，為鄉里所愛。初為鄉嗇夫❷，郡縣吏。漢兵至宛，軍人見光冠服鮮明，令解衣，將殺而奪之，會光祿勳劉賜❸適至，視光容貌長者，乃救全④之。光因率黨與從賜，為安集掾⑤，拜偏將軍⑥，與世祖⑦破王尋⑧、王邑⑨。

2 更始⑩至洛陽，以光為信都太守⑪。及王郎⑫起，郡國皆降之，光獨不肯，遂與都尉李忠⑬、令萬脩⑭、功曹阮況⑮、五官掾郭唐⑯等同心固守。廷掾⑰持王郎檄詣府白光，光斬之於市，以徇百姓，發精兵四千人城守。更始二年春，世祖自薊⑱還，狼狽不知所向，傳聞信都獨為漢拒邯鄲，即馳赴之。光等孤城獨守，恐不能全，聞世祖至，大喜，吏民皆稱萬歲，即時開門，與李忠、萬脩率官屬迎謁。世祖入傳舍⑲，謂光曰：「伯卿，今埶力虛弱，欲俱入城頭子路⑳、力子都㉑兵中，何如邪？」光曰：「不可。」世祖曰：「卿兵少，如何？」光曰：「可募發奔命㉒，出攻傍縣，若不降者，恣聽掠之。人貪財物，則兵可招而致也。」世祖從之。拜光為左大將軍㉓，封武成㉔侯，留南陽宗廣㉕領信都太守事，使光將兵從。光乃多作檄文曰：「大司馬劉公㉖將城頭子路、力子都兵百萬眾從東方來，擊諸反虜。」遣騎馳至鉅鹿㉗界中。吏民得檄，傳相告語。世祖遂與光等投暮入堂陽㉘界，使騎各持炬火，彌滿澤中，光炎燭天地，舉城莫不震驚惶怖，其夜㉙即降。旬日之間，兵眾大盛，因攻城邑，遂屠㉚邯鄲，迺遣光歸郡。

3 城頭子路者，東平[31]人，姓爰，名曾，字子路，與肥城[32]劉詡起兵盧[33]城頭，故號其兵為「城頭子路」。曾自稱「都從事[34]」，詡稱「校三老[35]」，寇掠河、濟[36]間，眾至二十餘萬。更始立，曾遣使降，拜曾東萊[37]郡太守，詡濟南[38]太守，皆行大將軍事。是歲，曾為其將所殺，眾推詡為主，更始封詡助國侯，令罷兵歸本郡。

4 力子都者，東海[39]人也。起兵鄉里，鈔擊徐、兗[40]界，眾有六七萬。更始立，遣使降，拜子都徐州牧[41]。為其部曲所殺，餘黨復相聚，與諸賊會於檀鄉[42]，因號為檀鄉。檀鄉渠[43]帥董次仲始起茌平[44]，遂渡河入魏郡清河[45]，與五校[46]合，眾十餘萬。建武元年，世祖入洛陽，遣大司馬吳漢[47]等擊檀鄉。明年春，大破降之。

5 是歲，更封光阿陵[48]侯，食邑萬戶。五年，徵詣京師，奉朝請[49]。其冬，卒[50]。子隗嗣。

6 後阮況為南陽太守，郭唐至河南尹[51]，皆有能名。

7 隗字仲和，少好黃老[52]，清靜寡欲，所得奉秩，常以賑卹[53]宗族，收養孤寡[54]。顯宗[55]聞之，擢[56]奉朝請，遷[57]羽林左監[58]、虎賁中郎將[59]，又遷長水校尉[60]。肅宗[61]即位，雅相敬愛，數稱其行，以為將作大匠[62]。將作大匠自建武以來常謁者[63]兼之，至隗迺置真焉。建初[64]五年，遷太僕[65]，八年，代竇固[66]為光祿勳，所歷皆有稱。章和[67]元年，拜司空[68]。

8 隗義行內修，不求名譽，而以沈正見重於世。和帝[69]即位，大將軍[70]竇憲[71]秉權[72]，專作威福，內外朝臣莫不震懾。時憲擊匈奴，國用勞費，隗奏議徵憲還，前後十上。獨與司徒[73]袁安[74]同心畢力，持重[75]處正，鯁言[76]直議，無所回隱[77]，語在袁安傳。

9 永元[78]四年薨[79]，子屯嗣。帝追思隗忠，擢屯為步兵校尉[80]，徙封西陽[81]侯。

10 屯卒，子勝[82]嗣。勝卒，子世嗣，徙封北鄉[83]侯。

【章旨】以上是〈任光傳〉，後附其子任隗小傳。文中主要記述了任光獨守孤城迎接光武帝並為之設計攻取邯鄲之事，還插敘了城頭子路和力子都的事跡。

【注釋】❶南陽　郡名。戰國秦昭王三十五年（西元前二七二年）置。治所在宛縣（今河南南陽）。❷鄉嗇夫　官名。主知民善惡，為役先後，知民貧富，為賦多少，平其差品。晉司馬彪《續漢志・志二八・百官五》：「三老、遊徼，郡所署也，秩百石，掌一鄉人。其鄉小者，縣署嗇夫一人，主知人善惡，為役先後，知人貧富，為賦多少。」❸光祿勳劉賜　光祿勳，秦漢負責守衛宮殿門戶的宿衛之臣，後逐漸演變為專掌宮廷雜務之官。本名郎中令，秦已設置。西漢武帝太初元年（西元前一〇四年），改名光祿勳。新莽時改為司中。東漢時仍稱光祿勳。劉賜，字子琴，光武族兄。事見本書卷十四。❹全　使……全。❺安集掾　負責招募人馬的屬官。安集，招募、聚集。掾，屬官的統稱。❻偏將軍　官名。位次於將軍。❼世祖　指東漢開國皇帝光武帝劉秀，世祖是其廟號。見本書卷一。❽王尋　王莽時哀章所獻的金匱圖有王尋姓名。新莽時，曾出使匈奴，初為丕進侯，後升任大司徒，封章新公。與王邑一起平定山東，在昆陽之戰中，被光武帝劉秀率軍斬殺。❾王邑　（？—西元二三年），西漢末，魏郡元城人。王商之子，王莽從兄弟。新莽時，遷大司空，封隆新公。更始元年，與綠林軍戰於昆陽，大敗，逃歸洛陽，旋徵還長安，拜大司馬。綠林軍攻入長安，被殺。❿更始　劉玄年號，西元二三—二五年，此處指更始帝劉玄。玄，字聖公，劉秀族兄。見本書卷十一。⓫信都太守　信都，郡名。治今河北冀州。太守，官名。本為戰國時郡守的尊稱。西漢景帝時，改郡守為太守，為一郡行政的最高長官。⓬王郎　即王昌，趙國邯鄲人。見本書卷十二。⓭都尉李忠　都尉，官名。輔佐郡守並掌全郡軍事。李忠，字仲都，東萊黃人。見本卷。⓮萬脩　字君游，扶風茂陵人。信都令，事見本卷。⓯功曹阮況　功曹，官名。漢代郡守下有功曹史，簡稱功曹，相當於郡守的總務長，除掌人事外，並得與聞一郡的政務。阮況，曾為功曹，後官至南陽太守，官聲甚佳。⓰五官掾郭唐　五官掾，漢代郡太守自署屬吏之一，掌春秋祭祀，若功曹史缺，或其他各曹員缺，則署理或代行其事，為太守的左右手，地位與功曹史相類。郭唐，曾為五官掾，與任光一起守信都，迎世祖，敗王郎。後官至河南尹，政聲很好。⓱廷掾　輔佐縣令的官，掌管錢糧賦稅。《東觀漢記》載：此處廷掾指扶柳縣廷掾。⓲薊　古地名。今北京市區西南。周封堯後於此，後為燕國國都。秦置縣。秦、西漢時為廣陽郡治所。⓳傳舍　驛站供行人住宿的房舍。⓴城頭子路　即爰曾，字子路，東平人。因起兵盧城頭，故號其兵為城頭子路。㉑力子都　東海人，率眾在鄉里起事。㉒奔命　漢代兵士名稱，多為軍情緊急時臨時徵募的士兵。蕭該《漢書音義》：「舊時郡國皆有材官、騎士，若有急難，權取驍勇者聞命奔赴，故謂之『奔命』。」㉓左大將軍　在大將軍前冠以前、後、左、右等者，皆為雜號將軍，主征伐，事訖皆罷。㉔武成　縣名。今內蒙古清水河縣北。㉕宗廣　南陽人，官至尚書。㉖大司馬劉公　指光武帝劉秀，此時還未稱帝。大司馬，官名。漢武帝罷太尉置大司馬。西漢一朝，常以授掌權的外戚，多與大將軍、驃騎將軍、車騎將軍等聯稱，為三公之一。東漢初改太尉，末年又別置大司馬。㉗鉅鹿　郡、國名。秦始皇二十五年（西元前二二二年）置郡。漢轄境縮小至今滹沱河以南、平鄉以北、柏鄉以東、辛集、新河以西地。東漢移治廮陶（今河北寧晉西南）。㉘堂陽　縣名。今河北新河西北。㉙其夜　那一夜。㉚屠　多所誅殺。㉛東平　國名。治所在無鹽縣。今山東東平東。㉜肥城　縣名。屬太山郡。今山東肥城。㉝盧　縣名。屬太山郡。治今山東長清西南。㉞都從事　即都官從事，負責察舉百官犯法者。㉟校三老　掌管教化的官。㊱河濟　此指黃河、濟水流域。濟水，古為「四瀆」之一。包括黃河南北兩部分：河北部分仍名濟水，源出今河南濟源西至王屋山，惟其下游入黃河處歷代屢有變遷；河南部分原係黃河所分支派，其分流處在今河南滎陽北，東流經原陽，封丘等縣，至今山東定陶西，折東北入巨野澤，又自澤北出經梁山縣東，折東北經今平陰、長清、齊河、歷城、鄒平、博興等縣，而入於海，經歷代屢次變遷，故道或堙，或為他河所奪。㊲東萊　郡名。治黃縣（今山東龍口市東），轄境相當於今山東半島東部地區。㊳濟南　郡名。治今山東章丘西北。建武十五年（西元三九年）改為濟南國。㊴東海　郡名。治郯縣（今山東郯城北），轄境相當今山東臨沭、蒼山縣以南，微山縣以東至海及江蘇沭陽以北地區。㊵鈔擊徐兗　鈔擊：強取。徐兗，此指徐州、兗州地界。徐州，西漢「十三刺史部」之一。轄有今山東東南部和江蘇長江以北地區。兗州，轄境相當今山東西南部一帶。㊶牧　官名。俸二千石，總理一州軍政。㊷檀鄉　今山東兗州東北。㊸渠　大。㊹茌平　縣名。屬東郡。故城在今山東聊城東。㊺魏郡清河　魏郡，郡名。西漢高帝十二年（西元前一九五年）置。治所在鄴縣（今河北臨漳西南鄴鎮）。清河，郡、國名。漢高帝置郡。後屢改為國，西漢元帝永光後為郡。元帝以後轄境相當今河北清河縣及棗強、南宮各一部分，山東臨清、夏津、武城及高唐、平原縣各一部分地。東漢改為國，移治甘陵（今山東臨清東）。㊻五校　指新莽末五校地方的武裝暴動力量，在今河北。其首領為高扈。㊼吳漢　字子顏，南陽宛人。見本書卷十八。㊽阿陵　縣名。屬涿郡。今河北任丘東北南陵城。㊾奉朝請　本為貴族、官僚定期朝見皇帝的稱謂。古代以春季的朝見為朝，秋季的朝見為請，故名。漢代退職大臣、將軍和皇室、外戚，多以奉朝請名義參加朝會。㊿卒　古代指諸侯、大夫的死。51河南尹　河南，郡名。西漢高帝二年（西元前二〇五年）改秦三川郡置郡。治雒陽（今河南洛陽東北）。轄今河南黃河以南洛水、伊水下游，雙洎河、賈魯河上游地區及黃河以北原陽；其後漸小。尹，官名。漢代都城行政長官稱尹，有京兆尹、河南尹。52黃老　即黃帝、老子。此處指黃帝、老子所倡導的清淨無為的道家學說。53賑卹　救濟；周濟。54孤寡　《禮記》：「幼而無父曰孤。」《大戴禮》：「五十無夫曰寡。」55顯宗　孝明皇帝劉莊，廟號顯宗，光武帝劉秀第四子，母為陰皇后。見本書卷二。56擢　提拔；選拔。57遷　調動官職；升官。58羽林左監　晉司馬彪《續漢志》：「羽林有左、右監一人，各六百石，主左、右羽林騎。」59虎賁中郎將　官名。漢平帝時置，統虎賁郎。東漢以後，統兵將領亦多用此名，其上再加稱號。如前期的使匈奴中郎將，後期的北中郎將等。60長水校尉　官名。俸比二千石，主長水宣曲胡騎，掌宿衛。61肅宗　指孝章皇帝劉炟，肅宗是他的廟號。見本書卷三。62將作大匠　官名。俸二千石，掌修作宗廟、路寢、宮室、陵園土木工程並種植桐梓之類於道側。63謁者　掌管接待賓客的官，秩比六百石。64建初　孝章帝劉炟年號，西元七六—八四年。65太僕　官名。俸中二千石，掌馭及車馬。66竇固　字孟孫，扶風平陵人。見本書卷二十三。67章和　孝章帝劉炟年號，西元八七—八八年。68司空　三公之一。掌水土事。凡營城起邑、浚溝洫、修墳防之事，則議其利，建其功。凡四方水土功課，歲盡則奏其殿最而行賞罰。凡郊祀之事，掌掃除、樂器，大喪則掌將校復土。凡國有大造大疑，諫爭，與太尉同。69和帝　劉肇，西元八九—一〇五年在位。見本書卷四。70大

將軍　位如三公，主征伐，屬官有長史、司馬等。(71)竇憲　字伯度，扶風平陵人。見本書卷二十三。(72)秉權　掌握政權；把持朝政。(73)司徒　官名。西周始置，金文多作「司土」。春秋時沿置，掌土地和人民。官司籍田，負責徵發徒役。西漢哀帝時丞相改稱「大司徒」，東漢改稱「司徒」。(74)袁安　（？—西元九二年），字邵公，汝南汝陽人。見本書卷四十五。(75)持重　即守正。(76)鯁言　直言。(77)回隱　回，曲。隱，避忌。(78)永元　東漢和帝劉肇年號，西元八九—一〇五年。(79)薨　古代稱侯王死叫薨。(80)步兵校尉　官名。秩二千石，屬官有丞及司馬，專掌位於長安西南郊上林苑的苑門屯兵。(81)西陽　縣名。屬山陽郡。今河南光山縣西。(82)勝　《東觀漢記》：「勝」字作「騰」。(83)北鄉　侯國，屬齊郡。今山東半島一帶。

【語譯】任光，字伯卿，南陽郡宛縣人。年少時忠厚老實，受到鄉里人的喜愛。原先做過鄉嗇夫和郡縣小吏。漢軍來到宛縣時，士兵看見任光衣帽很鮮亮，就讓他脫下來，正要殺掉他奪取他的衣帽，恰逢光祿勳劉賜來到，看到任光的儀容有長者的風範，遂解救了他，使他得以毫髮無損。於是任光帶領隨從歸順劉賜，做了安集掾，被任命為偏將軍，隨從世祖一起打敗王尋、王邑的軍隊。

2　更始帝到洛陽後，任命任光為信都郡太守。等到王郎起兵時，各郡國大都歸順了他，只有任光不肯降，他和都尉李忠、縣令萬脩、功曹阮況以及五官掾郭唐等人同心協力固守本郡。廷掾拿著王郎勸降的檄書到府中來稟告任光，任光在鬧市中處決了他，並拿來示眾，派精兵四千人守城。更始二年春天，世祖從薊縣回來，窘迫難堪不知該投奔哪裡為好，聽說惟有信都郡在為漢朝抗擊邯鄲方面的敵人，就馬上飛奔前往。任光等人孤城獨守，恐怕難以保全，聽說世祖到來，十分高興，官民都喊萬歲，即刻打開城門，和李忠、萬脩帶領官員隨從前去迎接拜見。世祖入住客館後，對任光說：「伯卿，現在我們勢單力薄，想一起投入城頭子路、力子都軍中，怎麼樣呢？」任光說：「不可以。」世祖說：「你的軍隊少，那該怎麼辦呢？」任光說：「可以臨時招募奔命軍，外出攻打附近的縣，如果這些縣不肯投降，就聽憑軍隊任意掠奪。人都貪慕財物，那麼士兵就可以招集到了。」世祖答應了。提升任光為左大將軍，封武成侯，留下南陽人宗廣暫且代理信都太守的職務，讓任光帶領軍隊跟隨自己。任光於是製作了許多文告說：「大司馬劉公統率城頭子路、力子都的軍隊一百多萬人從東方開來，攻打所有反叛的人。」派人騎馬緊急送到鉅鹿縣地界中。官民得到告示，互相轉告。

世祖和任光等人趁著夜色進入堂陽地界，讓騎兵每人高舉著火把，滿澤都是火把，光焰照亮了天空，全城人無不感到驚慌失措，不知所從，當夜就投降了。一旬之間，兵馬猛增氣勢盛大，乘機攻打城池，血洗邯鄲，這才派遣任光返回信都郡去。

3 城頭子路，是東平人，姓爰，名曾，字子路，和肥城的劉詡在盧縣的城頭揭竿而起，所以把他的軍隊稱為「城頭子路」。爰曾自封為「都從事」，劉詡自封為「校三老」，在黃河、濟水流域一帶騷擾擄掠，兵眾達到二十多萬人。更始帝登基後，爰曾派人去請求歸降，於是任命爰曾為東萊郡太守，劉詡為濟南太守，都握有大將軍的權柄。就在那一年，爰曾被其部將殺掉，眾人推舉劉詡為首領。更始帝加封劉詡為助國侯，讓他休兵返回自己所任職的濟南郡去。

4 力子都，是東海人。在鄉里起兵，攻打掠奪徐州、兗州交界之處，有兵眾六、七萬人。更始帝即位後，力子都派人前去請降，被任命為徐州牧。後來，他被自己的手下所殺，餘下的部隊又聚集起來，和各方賊軍在檀鄉會合，於是軍隊號稱為檀鄉軍。檀鄉軍的大帥董次仲，開始是在茌平起事的，於是他便帶領部隊渡過黃河進入魏郡、清河，和五校兵會合，人數達到十多萬。建武元年，世祖進入洛陽，派大司馬吳漢等人攻打檀鄉。第二年春天，大敗敵軍，並使其歸降漢軍。

5 就在這一年，改封任光為阿陵侯，食邑一萬戶。建武五年，任光被徵召到京城，定期參加朝會。當年冬天去世。他兒子任隗承襲他的爵位。

6 後來，阮況任南陽太守，郭唐官至河南尹，都有很好的官聲。

7 任隗，字仲和，從小就愛好黃帝、老子的學說，生性清靜無為，恬淡寡欲，所得到的俸祿，常常用來救濟宗族窮人和收養孤寡之人。顯宗聽說後，提拔他為奉朝請，後又升任羽林左監、虎賁中郎將，接著又被提升為長水校尉。肅宗即位後，敬重喜愛任隗，屢次稱讚他的品行，升任任隗為將作大匠。將作大匠這個官職，自從建武以來，常常由謁者兼任，至任隗才真正設立專人任職。建初五年，任隗晉封太僕。建初八年，他代竇固為光祿勳。無論他擔任什麼職位都得到了人們的稱頌。章和元年，官至司空。

8 任隗注重向內修養自己的仁心義行，不追求外在的名譽，他以穩重正直被世人所敬重。和帝即位後，大將軍竇憲把持政權，作威作福，朝廷內外大臣無不感到震驚害怕。當時竇憲進攻匈奴，國力耗損很嚴重，任隗上奏章主張把竇憲召回，前後上書十次。他惟獨和司徒袁安志同道合，在處事上，他們兩人同心協力，守正不阿，直言敢諫，無所迴避，這些事在〈袁安傳〉中有記載。

9 永元四年任隗去世，他的兒子任屯襲爵。和帝追念任隗的忠正，提升任屯為步兵校尉，改封西陽侯。

10 任屯死，其子任勝承襲封爵。任勝死，其子任世承襲封爵，改封北鄉侯。

1 李忠，字仲都❶，東萊黃❷人也。父為高密都尉❸。忠元始中以父任為郎❹，署❺中數十人，而忠獨以好禮修整稱。王莽時為新博❻屬長，郡中咸❼敬信之。

2 更始❽立，使使者行❾郡國，即❿拜忠都尉官。忠遂與任光同奉世祖，以為右大將軍⓫，封武固侯。時世祖自解所佩綬⓬以帶忠，因從攻下屬縣。至苦陘⓭，世祖會⓮諸將，問所得財物，唯忠獨無所掠。世祖曰：「我欲特賜李忠，諸卿得無望乎⓯？」即以所乘大驪馬⓰及繡被衣物賜之。

3 進圍鉅鹿，未下。王郎遣將攻信都，信都大姓⓱馬寵⓲等開城內之，收太守宗廣及忠母妻，而令親屬招呼忠。時寵弟從忠為校尉⓳，忠即時召見，責數以背恩反城，因格殺之。諸將皆驚曰：「家屬在人手中，殺其弟，何猛⓴也！」忠曰：

「若縱賊不誅，則二心也。」世祖聞而美之，謂忠曰：「今吾兵已成矣，將軍可歸救老母妻子，宜自募吏民能得家屬者，賜錢千萬，來從我取。」忠曰：「蒙明公㉑大恩，思得效命，誠不敢內顧宗親。」世祖迺使任光將兵救信都，光兵於道散降王郎，無功而還。會更始遣將攻破信都，忠家屬得全。世祖因使忠還，行太守事，收㉒郡中大姓附㉓邯鄲者，誅殺數百人。及任光歸郡，忠迺還復為都尉。建武二年，更封中水㉔侯，食邑三千戶。其年，徵拜五官中郎將㉕，從平龐萌、董憲㉖等。

4 六年，遷丹陽㉗太守。是時海內新定，南方海濱江淮㉘，多擁兵據土。忠到郡，招懷降附，其不服者悉誅之，旬月皆平。忠以丹陽越俗不好學，嫁娶禮儀，衰於中國㉙，乃為起學校，習禮容，春秋鄉飲㉚，選用明經㉛，郡中向慕之。墾田增多，三歲間流民占著者五萬餘口。十四年，三公㉜奏課為天下第一，遷豫章㉝太守。病去官，徵詣京師。十九年，卒。

5 子威嗣。威卒，子純嗣，永平㉞九年，坐母殺純叔父，國除。永初㉟七年，鄧太后㊱復封純琴亭㊲侯。純卒，子廣嗣。

【章 旨】以上是〈李忠傳〉。記敘了他年少即以禮著稱郡中，後與任光同奉世祖，突出了他一心效命世祖而不顧宗親安危的忠貞之心。

【注 釋】❶李忠字仲都 王先謙《後漢書集解》引惠棟說，謂袁紀「都」作「卿」。❷黃 縣名。今山東龍口市東黃城。❸高密都尉 唐李賢注：《東觀漢記》、《續漢書》並云「中尉」。又〈郡國志〉高密為侯國。〈百官志〉皇子封，每國傅、相各一人，中尉一人，比二千石，職如郡都尉，主盜賊。高密非郡，為「都」字者誤。❹以父任為郎 以父任，因為父親保舉。漢代有「任子」制度。班固《漢書・哀帝紀》：「除任子令。」注引應劭：「任子令者，《漢儀注》曰：吏二千石以上，視事滿三年，得任同產兄（同胞兄弟）若子一人為郎。」任，保任；保舉。郎，帝王侍從官的通稱。郎，古「廊」字。指宮殿的廊。郎官的職責原為護衛陪從，隨時隨議，備顧問及差遣。始於戰國，秦漢沿置，有議郎、中郎、侍郎、郎中等名。秦漢時，初屬郎中令（後改光祿勳），無定員。出身或由任子、貲選，或由文學、技藝。至東漢，以尚書臺為政務中樞，其分曹任事者為尚書郎，職責範圍與過去的郎官不同。後世遂以侍郎、郎中、員外郎為各部要職。❺署 衙門；官吏辦公的場所。❻新博 原信都國。今河北冀縣。❼咸 都；全部。❽更始 劉玄，字聖公，劉秀族兄。見本書卷十一。❾行 巡行。❿即 即刻；即時。⓫以為右大將軍 王先謙《後漢書集解》引惠棟說，謂《東觀漢記》無「大」字。右大將軍，官名。在大將軍前冠以前、後、左、右者均為雜號將軍，皆主征伐，事訖皆罷。⓬綬 官印上的繫帶。綬帶的顏色不同，標誌官位的高低不同。⓭苦陘 縣名。屬中山國，章帝改曰漢昌，自此以後，隨代改之。今河北定州東南。⓮會 會合；聚會。⓯得無望乎 得無……乎，該不會……吧。望，埋怨；怪責。⓰驪馬 色黑而青的馬。⓱大姓 大族。⓲馬寵 信都大族，王郎起兵反時，他開城投降。⓳校尉 漢時軍職之稱，略次於將軍。常在其職務前冠以名號，如掌北軍軍壘者有中壘校尉，掌西域屯兵者有戊己校尉等。漢武帝時置中壘、屯騎、步兵、越騎、長水、胡騎、射聲、虎賁八校尉，為專掌特種部隊的將領，東漢略同。⓴猛 魯莽。㉑明公 指光武帝劉秀。㉒收 逮捕。㉓附 歸附。㉔中水 縣名。屬涿郡。故城在今河北獻縣西北。㉕五官中郎將 官名。俸比二千石，掌五官郎，持戟值班，宿衛皇宮殿門，出充車騎，或奉命差遣。㉖平龐萌董憲 平，平定。龐萌，山陽人。見本書卷十二。董憲，（？—西元三〇年），東海人。赤眉軍首領之一，後歸附梁王劉永，晉封海西王。卒為吳漢所滅。㉗丹陽 郡名。治所在宛陵（今安徽宣州）。㉘江淮 長江、淮河。此處指長江、淮河流域。㉙中國 中原地區。㉚春秋鄉飲 《禮記》：「鄉飲酒之義，主人拜迎賓於庠門之外，三揖而後至階，三讓而後升，所以致尊讓也。六十者坐，五十者立侍，以聽政役，所以明尊長也。合諸鄉射，教之鄉飲酒之禮，而孝悌之行立。」鄭玄注：「春秋以禮會民於州序也。」㉛明經　漢代的選舉科目之一，至宋神宗時廢。被推舉者須明習經書，故以明經為名。兩漢舉明經並不定期，也無固定名額。明經由郡國或公卿推舉，被舉出後須通過射策以確定等第而得官。明經也有除為博士、文學等官者。㉜三公　朝中三位高級官員，東漢時指太尉、司徒、司空。太尉掌四方兵事功課，司徒掌人民事，司空掌水土事。㉝豫章　郡名。西漢高帝九年（西元前一九八年）分九江郡置。治所在南昌（今江西南昌）。㉞永平　東漢明帝劉莊年號，西元五八—七五年。㉟永初　東漢安帝劉祜年號，西元一〇七—一一三年。㊱鄧太后　名綏，東漢和帝劉肇皇后，太傅鄧禹的孫女。諡熹。見本書卷十上。㊲琴亭　侯國。今山東蓬萊城南。

【語　譯】李忠，字仲都，東萊郡黃縣人。父親任職高密都尉。元始年間李忠憑藉父親的保舉而得任郎官，衙門中共有數十人，只有李忠因為愛好修習禮儀整飭儀容而聞名。王莽在位時，他任新博屬長，郡中的人們都尊敬、信賴他。

2 更始帝即位後，派使者到郡國巡察時，即刻任命李忠為都尉。李忠於是和任光共同侍奉世祖，拜任他為右大將軍，封武固侯。當時世祖親自解下自己身上所佩帶的綬帶給李忠繫上，李忠接著隨從光武帝攻打本郡下屬各縣。到了苦陘，世祖會集各位將領，詢問他們所得到的財物情況，惟有李忠什麼也沒有擄掠。世祖說：「我想要特地賞賜李忠，各位該不會埋怨吧？」隨即把自己所乘坐的大驪馬和繡被、衣物等賞賜給他。

3 漢軍進兵圍困鉅鹿，沒有攻下。王郎派將攻打信都，信都的大族馬寵等人打開城門把他們放進來，收捕了太守宗廣以及李忠的母親和妻子，然後讓李忠的親屬去招降李忠。當時馬寵的弟弟跟隨李忠，官任校尉，李忠立刻召見他，責罵他哥哥忘恩負義開城反叛之事，接著就擊殺了他。將領們都大驚說：「您的家屬還在人家手中，卻殺了他的弟弟，太魯莽了！」李忠說：「如果放縱叛賊，不加誅殺，那就是對君主懷有二心。」世祖聽說後，稱讚了他，對他說：「現在我們軍隊已經壯大了，將軍你可以回去解救母親、妻子了，你應當親自從官民中招募能夠救你家屬的人，救得後，賞錢千萬，到我這裡來領取。」李忠說：「蒙受明公您的大恩，我只想能為您效命出力，確實不敢顧念家屬宗族。」於是世祖派遣任光帶領軍隊前往解救信都，但任光的士兵在路上就逃散並投降了王郎，任光無功而返。正逢更始帝派人攻占了信都，李忠的家眷始得保全。世祖便命李忠回去，擔任信都太守的職務，他繫捕了郡中那些曾依附王郎的大族，誅殺數百人。待到任光返回信都郡任職時，李忠就又恢復擔任都尉一職。建武二年，改封李忠為中水侯，食邑三千戶。同年，徵召拜任他為五官中郎將，跟隨光武帝平定了龐萌、董憲等。

4 建武六年，李忠升任丹陽太守。那時中原剛安定，而南方靠近海濱的長江、淮河一帶，還有很多人在擁兵割據。李忠來到丹陽郡，招降那些樂於歸附的人，對於那些不投降的就全部殺掉，十個月時間就使得郡內清平了。李忠見丹陽的越人風俗不愛讀書，婚嫁禮儀比不上中原一帶齊備，就為他們創設學校，讓他們學習禮儀容止，春天、秋天舉行鄉飲酒的禮儀，選拔任用通曉經書的人，郡中的人都很喜歡，樂於修習。他還注重開墾土地，三年之間，有五萬多流民在這裡定居下來。建武十四年，三公上奏李忠在政績考核中位居全國第一，遷任豫章太守。後因病離任，被徵召到京城。建武十九年，李忠去世。

5 他的兒子李威繼承封爵。李威死，其子李純承襲封爵，永平九年，李純因為母親殺害他的叔父一事而被定罪，封國也被撤銷。永初七年，鄧太后封李純為琴亭侯。李純死，其子李廣襲爵。

萬脩，字君游，扶風❶茂陵❷人也。更始時，為信都令，與太守任光、都尉李忠共城守，迎世祖，拜為偏將軍，封造義侯。及破邯鄲，拜右將軍❸，從平河北。建武二年，更封槐里❹侯。與揚化將軍堅鐔❺俱擊南陽，未剋而病，卒于軍。子普嗣，徙封泫氏❻侯。普卒，子親嗣，徙封扶柳❼侯。親卒，無子，國除。永初七年，鄧太后紹封❽脩曾孫豐為曲平亭侯。豐卒，子熾嗣。永建❾元年，熾卒，無子，國除。延熹❿二年，桓帝紹封脩玄孫恭為門德亭侯。

【章旨】以上是〈萬脩傳〉。略述萬脩一生升遷、征戰事及後代爵位承襲情況。

【注釋】❶扶風　即右扶風。治槐里縣，轄境相當今陝西秦嶺以北與戶縣、咸陽、旬邑以西地區。❷茂陵　古縣名、陵墓名。武帝建元二年（西元前一三九年）在槐里茂鄉築陵，並遷戶置縣。治今陝西興平東北。❸右將軍　官名。漢代有前、後、左、右四將軍，地位次於上卿。❹槐里　縣名。今陝西興平東南。❺堅鐔　字子伋，潁川襄城人。見本書卷二十二。❻泫氏　縣名。屬上黨郡。西有泫谷水，故以為名。今山西高平。❼扶柳　縣名。故城在今河北冀縣西北。❽紹封　皇親和重要功臣無嫡子襲爵「國絕」時，為示優寵殊遇，也可由庶子庶孫襲爵。紹封者權益低於正常襲爵，僅食國之半租。❾永建　東漢順帝劉保年號，西元一二六－一三二年。❿延熹　東漢桓帝劉志年號，西元一五八－一六七年。

【語譯】萬脩，字君游，扶風茂陵人。更始帝時，他任信都縣令，和太守任光、都尉李忠一同守城，迎接世祖，受封為偏將軍，封造義侯。待到攻占邯鄲之後，他升任右將軍，跟隨光武帝平定了河北。建武二年，徙封槐里侯。萬脩和揚化將軍堅鐔一起攻打南陽，還沒有攻下便患病，死在軍營中。

萬脩的兒子萬普襲爵，改封泫氏侯。萬普死後，他的兒子萬親襲位，改封為扶柳侯。萬親死後，因沒有兒子，封國被撤銷。永初七年，鄧太后封萬脩的曾孫萬豐為曲平亭侯。萬豐死後，他的兒子萬熾繼承爵位。永建元年，萬熾死後，無子，封國被撤銷。延熹二年，桓帝封萬脩的玄孫萬恭為門德亭侯。

1 邳彤❶，字偉君，信都人也。父吉，為遼西❷太守。彤初為王莽和成❸卒正❹。世祖徇河北，至下曲陽❺，彤舉城降，復以為太守，留止數日。世祖北至薊，會王郎兵起，使其將徇地，所到縣莫不奉迎❻，唯和成、信都堅守不下。彤聞世祖從薊還，失軍，欲至信都，乃先使五官掾張萬⑦、督郵尹綏⑧，選精騎二千餘匹，緣路迎世祖軍。彤尋與世祖會信都。世祖雖得二郡之助，而兵眾未合，議者⑨多言可因⑩信都兵自送，西還長安。彤廷對⑪曰：「議者之言皆非也。吏民歌吟思漢久矣，故更始舉尊號而天下響應，三輔⑫清宮除道以迎之。一夫荷戟大呼，則千里之將無不捐⑬城遁逃，虜伏請降。自上古以來，亦未有感物動民其如此者也⑭。又卜者⑮王郎，假名因埶，驅集烏合之眾，遂震燕、趙⑯之地；況明公奮⑰二郡之兵，揚響應之威，以攻則何城不克，以戰則何軍不服！今釋⑱此而歸，豈徒⑲空失河北，必更驚動三輔，墮損威重，非計之得者也。若明公無復⑳征伐之意，則雖信都之兵猶難會也。何者？明公既西，則邯鄲城民不肯捐父母，背城主，而千里送公，其離散亡逃可必㉑也。」世祖善㉒其言而止。即日拜彤為後大將軍，和成太守如故，使將兵居前。比至堂陽，堂陽已反屬王郎，彤使張萬、尹綏先曉譬㉓吏民，世祖夜至，即開門出迎。引兵擊破白奢㉔賊於中山㉕。自此常從戰攻。

2 信都復反為王郎，郎所置信都王捕繫㉖彤父弟及妻子，使為手書㉗呼㉘彤曰：「降者封爵，不降族滅。」彤涕泣報曰㉙：「事君者不得顧家。彤親屬所以至今得安於信都者，劉公之恩也。公方爭國事，彤不得復念私也。」會㉚更始所遣將攻拔信都，郎兵敗走，肜家屬得免。

3 及拔㉛邯鄲，封武義侯。建武元年，更封靈壽㉜侯，行大司空事㉝。帝入洛陽，拜肜太常㉞，月餘日轉少府㉟，是年免㊱。復為左曹侍中㊲，常從征伐。六年，就國㊳。

4 肜卒，子湯嗣，九年，徙封樂陵㊴侯。十九年，湯卒，子某㊵嗣；無子，國除。元初元年，鄧太后紹封肜孫音為平亭㊶侯。音卒，子柴嗣。

5 初，張萬、尹綏與肜俱迎世祖，皆拜偏將軍，亦從征伐。萬封重平㊷侯，綏封平臺㊸侯。

6 論曰：凡言成事者，以功著易顯；謀幾初㊹者，以理隱難昭㊺。斯固原情比迹，所宜推察者也。若迺議者欲因二郡之眾，建入關之策，委成業，臨不測，而世主未悟，謀夫景同，邳肜之廷對，其為幾乎！語曰「一言可以興邦㊻」，斯㊼近之矣。

【章 旨】以上是〈邳肜傳〉。主要記述了他在信都迎接世祖並力排眾議阻攔西還，助世祖攻克堂陽，大敗白奢及為國事而不顧家人安危之事。

【注 釋】❶邳肜 黃山《後漢書校補》謂《三國志・蜀志・譙周傳》作「邳彤」。❷遼西 郡名。治陽樂（今遼寧義縣西）。

❸和成　郡名。新朝王莽分鉅鹿為和成郡。故治下曲陽。❹卒正　即太守，王莽改。為一郡行政的最高長官。❺下曲陽　縣名。西漢置。今河北晉州西。❻所到縣莫不奉迎　李慈銘謂「所到」下脫一「郡」字。❼張萬　初任五官掾，因迎世祖有功，封偏將軍。復從世祖征伐，官至重平侯。❽督郵尹綏　督郵，郡的屬官。負責考察所屬各縣官吏的功罪善惡，並督治地方豪強奸惡，權力比較大。尹綏，曾任信都郡督郵，因迎世祖有功，封偏將軍。復從世祖征伐，官至平臺侯。❾議者　獻計的人。❿因　依靠；憑藉。⓫廷對　在朝堂上反駁。⓬三輔　地區名。初指西漢治理京畿地區的三個職官。西漢景帝二年分內史為左、右內史，與主爵中尉（不久改主爵都尉）同治長安城中，所轄皆京畿之地，故合稱「三輔」。武帝太初元年改左、右內史、主爵都尉為京兆尹、左馮翊、右扶風。轄境相當於今陝西中部地區。⓭捐　捨棄。⓮亦未有句　王先謙謂「其」字當衍。⓯卜者　占卜的人。卜，占卜。燒灼龜甲或牛骨用來問吉凶的一種迷信行為。⓰燕趙　燕，國名。戰國七雄之一。都於薊（今北京市區西南）。轄境相當今北京部分市區、大興、昌平、河北廊坊等地。趙，國名。戰國七雄之一。原是晉國的一部分。轄境相當今山西北部、河北西部和南部一帶。⓱奮　奮發；興起。⓲釋　通「捨」。捨棄；拋棄。⓳豈徒　不僅僅是。⓴無復　不再有。㉑必　一定。㉒善　形容詞的意動用法，以……為善。㉓曉譬　同義複詞。曉諭。㉔白奢　居於中山國的農民軍的首領，為邳彤所滅。㉕中山　始為郡，西漢高帝置。治所在盧媽縣（今河北定州）。景帝改為國。王莽改名常山郡。東漢復為中山國。張曜《中山記》：「城中有山，故曰中山。」㉖捕繫　捉拿拘囚。㉗使為手書　讓邳彤的親屬親手寫信。㉘呼　招呼；勸降。㉙涕泣報曰　流著淚答覆。㉚會　適逢；恰巧。㉛拔　占領。㉜靈壽　縣名。故城在今河北靈壽西北。㉝行大司空事　行使大司空的權力。㉞太常　官名。俸比中二千石，掌禮儀祭事。㉟少府　九卿之一。負責徵收山海地澤收入和管理手工業製造，所領諸事均為皇帝私人財政事項。東漢時，並兼管宮廷所用服御諸物、寶貨、珍膳等。㊱免　罷免；免職。㊲左曹侍中　班固《漢書》：侍中有左、右曹。入侍天子，故曰侍中。侍中，官名。俸比二千石，掌侍皇帝左右，贊導眾事，顧問應對。㊳就國　當時列侯多住在京城，並不在自己的封地內，現在要使列侯回歸封國，所以說就國。㊴樂陵　縣名。屬平原郡。故城在今山東樂陵東南。㊵某　史闕名。㊶平亭　縣名。今河南孟津東。㊷重平　縣名。屬勃海郡。故城在今山東樂陵東北神頭鎮。㊸平臺　縣名。屬常山郡。確址待考。㊹幾初　事之先見者。㊺昭　顯露。㊻一言可以興邦　語出《論語》：「定公問：『一言而可以興邦，有諸？』孔子對曰：『言不可以若是其幾也。』」㊼斯　這。

【語　譯】邳彤，字偉君，信都人。其父邳吉，任遼西太守。邳彤起初曾任王莽的和成郡卒正。世祖攻占河北，到下曲陽後，邳彤帶領全城降順，世祖又任命他為太守，並在下曲陽住了幾天。後來北上到了薊地，恰逢王郎舉兵，派出他的部將攻城掠地，所到的郡縣沒有不歸順奉迎的，只有和成、信都的兵將堅守城池攻打不下。邳彤聞知世祖由薊返回，軍隊失散，欲往信都，因而提前派五官掾張萬、督郵尹綏，選精兵兩千餘騎，沿路奉迎世祖。不久，邳彤和世祖在信都相見。雖然世祖得到和成、信都兩郡兵馬的援助，但軍隊還是沒有彙集起來，獻計的人大多主張可以借助信都軍隊的護送，西回長安。邳彤當堂反駁說：「獻計的人所說的都不對。官吏百姓歌頌思念漢室已經很長時間了，所以更始帝一復興漢室的尊號，天下人都群起響應，三輔地區的人清掃宮殿修整道路來迎接他。一個人持戟大喊，千里之外的將領無不棄城逃走，或者叩頭請降。自上古以來，也沒有出現過像這樣激動人心的事情。還有，本為占卜者的王郎，卻憑藉帝王的稱號，順應大勢，糾集烏合之眾，組成軍隊，就使得燕、趙之地的人都震驚；何況明公您發動兩郡的軍隊，樹立響應漢室的聲威，用來進攻，那什麼城池能不被攻克，用來戰鬥，什麼軍隊能不被打敗呢！如今若要放棄這些而西還，不僅僅是丟失河北一地的事，也一定會再驚動三輔地區，有損漢室的威名重望，這並不是好計謀。如果明公您不再有征伐的心意，那麼即使是信都的軍隊也難以彙集起來。為何呢？您既要西還，勢必離開此地，可是邯鄲城的官民將不願意拋下父母，背棄城市，而遠送您到千里之外去，因此，他們一定會離散逃亡的。」世祖認為他的話很對，就放棄了西還的打算。當日，就晉封邳彤為後大將軍，而且仍舊擔任和成太守的職務，命他率領軍隊作為先鋒。等進軍堂陽，堂陽已經叛歸王郎，邳彤就派張萬、尹綏先去曉諭官民：世祖晚上會到來，大家須打開城門出城迎接。邳彤率兵在中山打敗了白奢賊眾。從此以後，他常跟隨世祖征戰。

2 信都再次叛歸王郎，王郎所封的信都王逮捕監禁了邳彤的父親、弟弟、妻子和孩子，迫使他們親手寫信招降邳彤，信中說：「投降就可以封官，不投降就夷滅親族。」邳彤流著淚回信說：「輔佐君主的人是不能顧念家庭的。我的親屬之所以到現在仍能平平安安地住在信都，那是託賴劉公的恩德。劉公正為國事而征戰，我不能只考慮自己的事情。」恰逢更始帝派出的將領攻占了信都，王郎兵敗逃跑，邳彤的家屬才得免於災禍。

3 待攻下邯鄲後，封邳彤武義侯。建武元年，改封為靈壽侯，行使大司空的職權。光武帝入主洛陽後，任命邳彤為太常，一個多月後改任少府，當年又被罷免。後又受任左曹侍中，常隨光武帝征伐。建武六年，前往封國。

4 邳彤死，他的兒子邳湯繼承封爵。建武九年，改封為樂陵侯。建武十九年，邳湯去世，兒子邳某繼承封爵；後因沒有兒子，封國被撤。元初元年，鄧太后再封邳彤的孫子邳音為平亭侯。邳音去世後，其子邳柴襲爵。

5 起初，張萬、尹綏和邳彤共迎世祖，皆官拜偏將軍，也都曾隨從世祖征戰。後來，張萬被封為重平侯，尹綏則受封平臺侯。

6 史家評論說：大凡是評論已成之事的，都會因為功績已具而易於評說；而在事情還未發生的時候就作謀劃的人，則會因為道理隱蔽而難以讓人理解。這的確需要事先對事物的本原、形跡詳加考察、推究，仔細分析比照才能做到啊。至於像謀議之人所想的那樣，憑藉兩郡的兵力就提出西入函谷關回到長安的計策，那是要放棄已成的事業，而到不可預測的險境中去，而且世祖也沒有悟到其悖謬，參謀的人隨聲附和，這個時候，邳彤在朝堂上所作出的駁斥，那就是見微知著料事如神啊！《論語》中說「一句話可以使國家振興」，邳彤之言論就差不多是這樣的吧。

劉植，字伯先，鉅鹿昌城❶人也。王郎起，植與弟喜、從兄歆❷率宗族賓客❸，聚兵數千人據昌城。聞世祖從薊還，迺開門迎世祖，以植為驍騎將軍❹，喜、歆偏將軍，皆為列侯。時真定王劉揚❺起兵以附王郎，眾十餘萬，世祖遣植說揚，揚迺降。世祖因留真定，納郭后❻。后即揚之甥也，故以此結之。迺與揚及諸將置酒郭氏漆里❼舍，揚擊筑❽為歡。因得進兵拔邯鄲❾，從平河北。建武二年，更封植為昌城侯。討密縣❿賊，戰歿。子向嗣。帝使喜代將植營，復為驍騎將軍，封觀津⓫侯。喜卒，復以歆為驍騎將軍，封浮陽⓬侯。喜、歆從征伐，皆傳國于後。向徙封東武陽⓭侯，卒，子述嗣，永平十五年，坐與楚王英⓮謀反，國除。

【章旨】以上是〈劉植傳〉。略記劉植兄弟在昌城迎接世祖及勸降真定王之事。文中還敘及其後人征戰、受封情狀，並插敘了世祖納郭后一事。

【注釋】❶昌城　縣名。治今河北冀縣西北。❷弟喜從兄歆　喜，劉喜，字共仲。因迎世祖有功，封偏將軍，後任驍騎將軍，封觀津侯，常從世祖四處征伐，且得傳國於後。歆，劉歆，字細君。因迎世祖有功，封偏將軍，劉喜死後任驍騎將軍，封浮陽侯。常隨世祖征戰四方，亦得傳國於後。❸賓客　指劉植門下的食客。❹驍騎將軍　率領驍騎的將軍。驍騎，指勇猛矯捷的騎兵。❺真定王劉揚　真定，國名。治所在真定（今河北正定南）。劉揚，西漢景帝七代孫。為真定王，因欲謀叛，謀未發，即被前將軍耿純誅殺。❻郭后　即光武帝皇后，名聖通，真定槀人。建武十七年廢為中山王太后，二十八年死。見本書卷十上。❼漆里　地名。郭后所居之里。❽筑　古代絃樂器，像琴，有十三根絃，絃下設柱，演奏者以竹尺擊絃發音。❾邯鄲　郡名。秦始皇十九年（西元前二二八年）置。轄境相當今河北泜河以南，滏陽河上游和河南內黃、浚縣，山東冠縣西部地區。❿密縣　縣名。今河南新密東南。⓫觀津　縣名。故城在今河北武邑東南。⓬浮陽　縣名。屬渤海郡。在浮水之陽，今河北滄州東南舊滄州。⓭東武陽　縣名。屬東郡。在武水之陽，故城在今山東莘縣東南。⓮楚王英　光武帝的兒子，許美人所生，封楚王。見本書卷四十二。

【語譯】劉植，字伯先，鉅鹿郡昌城縣人。王郎起兵反叛時，劉植和弟弟劉喜、堂兄劉歆帶領宗族之人和門下食客，匯集了數千人的軍隊，占據了昌城。劉植聽說世祖從薊南來，就打開城門迎接世祖入城。世祖晉封劉植為驍騎將軍，任命劉喜、劉歆為偏將軍，他們都被封為列侯。當時，真定王劉揚起兵叛附王郎，隊伍人數達到了十幾萬，世祖派劉植前往勸降劉揚，劉揚於是歸降了世祖。世祖便留居真定，在此娶了郭皇后。郭皇后就是劉揚的外甥女，世祖是藉此來籠絡劉揚。於是世祖與劉揚等各位將領在郭皇后所居住的漆里的家中置酒設宴，劉揚敲擊著樂器筑來助興。隨後，他們進軍占領了邯鄲，並隨從世祖平定了黃河以北地區。

建武二年，加封劉植為昌城侯。劉植在征討密縣的賊兵時陣亡。他的兒子劉向襲其爵。光武帝派劉喜代為統率劉植的軍隊，又任命劉喜為驍騎將軍，並封觀津侯。劉喜去世後，又詔命劉歆為驍騎將軍，封浮陽侯。劉喜、劉歆跟隨世祖征伐有功，他們的封國都由後代承繼。劉向後改封東武陽侯。劉向死後，其子劉述襲爵。永平十五年，劉述因為與楚王劉英謀反一事有牽連而被判罪，封國被撤銷。

1 耿純，字伯山，鉅鹿宋子❶人也。父艾❷，為王莽濟平尹❸。純學於長安，因除❹為納言士❺。

2 王莽敗，更始立，使舞陰王李軼❻降諸郡國，純父艾降，還為濟南太守❼。時李軼兄弟用事❽，專制方面，賓客游說者甚眾。純連求謁不得通，久之迺得見，因說軼曰：「大王以龍虎之姿，遭風雲之時❾，奮迅拔❿起，期月⓫之間兄弟稱王，而德信不聞於士民，功勞未施於百姓，寵祿暴興，此智者之所忌也⓬。兢兢自危，猶懼不終，而況沛然⓭自足，可以成功者乎？」軼奇⓮之，且以其鉅鹿大姓，迺承制⑮拜為騎都尉⑯，授以節⑰，令安集趙、魏⑱。

3 會世祖度河⑲至邯鄲，純即謁見，世祖深接⑳之。純退，見官屬㉑將兵法度㉒不與它將同，遂求自㉓結納，獻馬及縑帛數百匹。世祖北至中山，留純邯鄲。會王郎反，世祖自薊東南馳㉔，純與從昆弟訢、宿、植共率宗族賓客二千餘人㉕，老病者皆載木自隨㉖，奉迎於育㉗。拜純為前將軍㉘，封耿鄉㉙侯，訢、宿、植皆偏將軍，使與純居前，降宋子，從攻下曲陽及中山。

4 是時郡國多降邯鄲者，純恐宗家㉚懷異心，迺使訢、宿歸燒其廬舍。世祖問純故，對曰：「竊㉛見明公單車臨河北，非有府臧之蓄，重賞甘餌，可以聚人者也，徒㉜以恩德懷之，是故士眾樂附。今邯鄲自立，北州㉝疑惑，純雖舉族歸命㉞，老弱在行，猶恐宗人賓客半有不同心者，故燔燒屋室，絕其反顧㉟之望。」世祖歎息。及至鄗㊱，世祖止傳舍，鄗大姓蘇公㊲反城開門內王郎將李惲㊳。純先覺知，將兵逆㊴與惲戰，大破斬之。從平邯鄲，又破銅馬㊵。

5 時赤眉㊶、青犢㊷、上江、大彤、鐵脛、五幡㊸十餘萬眾並在射犬㊹，世祖引兵將擊之。純軍在前，去眾營數里，賊忽夜攻純，雨射營中，士多死傷。純勒㊺部曲，堅守不動。選敢死㊻二千人，俱持彊弩，各傅㊼三矢，使銜枚閒行㊽，繞出賊後，齊聲呼譟，彊弩並發，賊眾驚走，追擊，遂破之。馳騎白世祖。世祖明旦與諸將俱至營，勞(49)純曰：「昨夜困乎？」純曰：「賴明公威德，幸而獲全。」世祖曰：「大兵不可夜動(50)，故不相救耳。軍營進退無常，卿宗族不可悉居軍中。」迺以純族人耿伋(51)為蒲吾(52)長，悉令將親屬居焉(53)。

6 世祖即位，封純高陽(54)侯。擊劉永(55)於濟陰(56)，下(57)定陶。初，純從攻王郎，墮馬折肩，時疾發，迺還詣懷宮(58)。帝問：「卿兄弟誰可使者？」純舉(59)從弟植，於是使植將純營，純猶以前將軍從。

7 時真定王劉揚復造作讖記(60)云：「赤九之後，癭揚為主(61)。」揚病癭，欲以惑眾，與緜曼賊交通(62)。建武二年春，遣騎都尉陳副(63)、游擊將軍鄧隆(64)徵揚，揚閉城門，不內副等。乃復遣純持節，行赦令於幽、冀(65)，所過並使勞慰王侯。密勑純曰：「劉揚若見，因而收之。」純從吏士百餘騎與副、隆會元氏(66)，俱至真定，止傳舍。揚稱病不謁(67)，以純真定宗室之出(68)，遣使與純書，欲相見。純報曰：「奉使見王侯牧守(69)，不得先詣，如欲面會，宜出傳舍(70)。」時揚弟臨邑侯讓(71)及從兄細(72)各擁兵萬餘人，揚自恃眾強而純意安靜，即從官屬詣之，兄弟並將輕兵(73)在門外。揚入見純，純接以禮敬，因延請(74)其兄弟，皆入，迺閉閤(75)悉誅之，因勒兵[76]而出。真定震怖，無敢動者。帝憐揚、讓謀未發，並封其子，復故國。

8 純還京師，因自請曰：「臣本吏家子孫，幸遭大漢復興，聖帝受命，備位[77]列將，爵[78]為通侯[79]。天下略定，臣無所用志，願試治一郡，盡力自效。」帝笑曰：「卿既治武，復欲修文邪？」迺拜純為東郡[80]太守。時東郡未平，純視事數月，盜賊清寧。四年，詔純將兵擊更始東平太守范荊，荊降。進擊太山[81]濟南及平原[82]賊，皆平之。居東郡四歲，時發干[83]長[84]有罪，純案奏[85]，圍守之，奏未下，長自殺。純坐免[86]，以列侯奉朝請。從擊董憲，道過東郡，百姓老小數千隨車駕[87]涕泣，云「願復得耿君」。帝謂公卿曰：「純年少被甲冑[88]為軍吏耳，治郡迺能見思若是乎！」

9 六年，定封為東光[89]侯。純辭就國，帝曰：「文帝[90]謂周勃[91]『丞相[92]吾所重，君為我率諸侯就國』，今亦然也。」純受詔而去。至鄴[93]，賜穀萬斛[94]。到國，弔死問病，民愛敬之。八年，東郡、濟陰盜賊群起，遣大司空李通[95]、橫野大將軍王常[96]擊之。帝以純威信著於衛地[97]，遣使拜太中大夫[98]，使與大兵會東郡。東郡聞純入界，盜賊九千餘人皆詣純降，大兵不戰而還。璽書復以為東郡太守，吏民悅服。十三年，卒官，謚曰成⑲侯。子阜⑳嗣。

10 植後為輔威將軍，封武邑(101)侯。宿至代(102)郡太守，封遂鄉(103)侯。訢為赤眉將軍，封著武(104)侯，從鄧禹(105)西征，戰死雲陽(106)。凡宗族封列侯者四人，關內侯(107)者三人，為二千石者九人。

11 阜徙封莒鄉(108)侯，永平十四年，坐同族耿歙(109)與楚人顏忠(110)辭語相連，國除。建初二年，肅宗追思純功，紹封阜子盱為高亭(111)侯。盱卒，無嗣，帝復封盱弟騰。騰卒，子忠嗣。忠卒，子緒嗣。

【章　旨】以上是〈耿純傳〉，撰者為之著墨較多。文中於勸諫李軼一事彰顯傳主遠見。耿純投奔世祖後一心輔漢，征戰勇猛，治郡有方，政聲很好，其中詳敘了他誅殺劉揚弟兄之事。

【注　釋】❶宋子　縣名。秦置。治今河北趙縣東北。❷艾　耿艾，耿純的父親，曾任王莽濟平尹，後降更始帝，任濟南太守。❸濟平尹　即濟平郡的郡守。濟平，王莽改濟陰郡為濟平郡。治所在定陶（今山東定陶西北）。東漢又復名濟陰郡。❹除　任命；拜官。❺納言士　指尚書。王莽法古置納言之官。每官皆置士，故稱納言士。❻舞陰王李軼　舞陰，縣名。今河南泌陽西北。李軼，東漢初南陽宛人。李通堂弟。新莽末，綠林、赤眉起事，李軼與李通從劉秀舉兵於舂陵。後為朱鮪所殺。❼還為濟南太守　意謂接任濟南太守之職。❽用事　掌權。❾以龍虎之姿二句　化用《易經》中的句子。《易經》：「雲從龍，風從虎。」遭，遭遇。❿拔　突出。⓫期月　一整月，也指整年。⓬寵祿暴興二句　《史記・項羽本紀》：「陳嬰母謂嬰曰：『今暴得大名，不祥。』」故云智者之所忌。⓭沛然　《公羊傳》：「力沛然若有餘。」何休注：「沛，有餘貌。」⓮奇　意動用法，以……為奇。⓯承制　遵照皇帝旨意。⓰騎都尉　官名。秩比二千石。統率羽林騎，屬光祿勳。⓱節　符節。節是中國古代常用的信物，因用途不同而種類繁多。封建帝王所遣使者規定持「旌節」，使命完成後歸還。西漢旌節簡稱節，「以毛為之，上下相重，取象竹節」。持節者是欽差，權力極大。朝廷命將，以節為信，以指揮軍隊。⑱魏　周代諸侯國，戰國七雄之一，原是晉國的一部分。轄境相當今河南北部和山西西南部一帶。⑲河　指黃河。⑳深接　熱情接待。㉑官屬　官員一類，指廷掾等。㉒法度　法規；制度。㉓求自　即自求，自己請求。㉔世祖北至中山四句　《東觀漢記》：「王郎舉尊號，欲收純，純持節與從吏夜逃出城，駐節道中，詔取行者車馬，得數十，馳歸宋子，與從兄訢、宿、植俱詣上所在盧奴，言王郎反狀。」㉕純與從昆弟句　從昆弟，指堂兄弟。耿訢、耿宿，為耿純堂兄弟，與耿純共迎世祖，拜偏將軍。常從征戰，曾為耿純派回鄉自燒族人廬舍。耿訢後為赤眉將軍，封著武侯；耿宿官至代郡太守，封遂鄉侯。耿植，耿純的堂弟，與耿純共迎世祖，拜偏將軍。後為耿純舉薦，代將其軍。曾討鄧奉、劉永、秦豐等，因有軍功，為輔威將軍，封武邑侯。㉖載木自隨　木謂棺也，老病者恐死，故載以從軍。㉗育　縣名。故城在今河北冀州。㉘前將軍　率領前鋒部隊的將軍。㉙耿鄉　酈道元《水經注》：成郎水北有耿鄉，光武封耿純為侯國，俗謂之宜安城。其故城在今河北藁城西。㉚宗家　指宗族之人。㉛竊　副詞。用作表示個人意見的謙辭。㉜徒　僅；只是。㉝北州　指幽州、并州一帶。幽州，治薊縣。轄境相當今北京市、河北北部、遼寧大部、山西小部及天津市海河以北、朝鮮大同江流域。并州，治晉陽（今山西太原西南），轄境相當今山西大部，陝西北部及內蒙古部分地區。㉞歸命　降順。㉟反顧　回顧。此處指反悔。㊱鄗　古地名。春秋晉邑。在今河北柏鄉北。㊲蘇公　指蘇茂。㊳李惲　王郎手下將領，鄗之戰中，為耿純所斬殺。㊴逆　迎；接。㊵銅馬　鎮名。今河北鉅鹿北。此指新莽末銅馬武裝暴動力量。㊶赤眉　即赤眉軍。西漢末，土地兼併劇烈，階級矛盾日趨激化。王莽代漢後，又進行「改制」，廣大農民遭受更加深重的災難。王莽天鳳五年（西元一八年），青、徐（今山東東部和江蘇北部）發生大災荒，琅邪（今山東諸城）人樊崇在莒縣（今屬山東）起事，逄安、謝祿等起兵回應，聚眾數萬人。約定「殺人者死，傷人者償創」。因用赤色染眉作標識，故稱「赤眉軍」。㊷青犢　西漢末武裝暴動力量稱號。在今河北境內。㊸上江大彤鐵脛五幡　此處指新莽末年武裝暴動力量的稱號。都在今河北境內。各軍或以山川土地為名，或以軍容強盛為號。大彤起事軍的首領為樊重。後來他們都彙聚到了射犬。㊹射犬　聚名。今河南修武西南。㊺勒　約束。㊻敢死　指敢死隊。意謂不怕犧牲、勇敢善戰的精銳部隊。㊼傳　帶著。㊽銜枚間行　銜枚，古代行軍時，為不使士兵喧譁，不讓敵人發覺，就要士兵將枚（類似短筷子）啣在口中，兩端用繩子繫在脖子後面，這樣可使士兵不能講話出聲，叫銜枚。間行，從小道行走。㊾勞　慰勞；犒勞。㊿夜動　夜晚行動。(51)耿假　耿純的族人，光武帝令為蒲吾縣長，率族人居蒲吾。(52)蒲吾　縣名。屬常山郡。故城在今河北靈壽南。(53)焉　於此。兼有語氣詞和代詞的作用。(54)高陽　縣名。今河北高陽東舊城。(55)劉永　漢室宗親，梁孝王第八世孫。襲封梁王。見本書卷十二。(56)濟陰 郡名。治今山東定陶西北。(57)下 攻克；攻占。(58)懷宮 指河內郡懷縣的皇帝住所。懷縣，今河南沁陽。(59)舉舉薦；推薦。(60)讖記 預言將來之事的文字圖錄。秦時興起，東漢較盛，成為許多人號召組織群眾的一種手段。(61)赤九之後二句 劉秀之後，劉揚當為皇帝。赤九，劉秀。漢因火德稱王，故用赤代指；劉秀是漢高祖九代孫，故用九代指。癭，生在脖子上的一種囊狀瘤子，主要指甲狀腺腫大等病症。揚，劉揚。(62)與綿曼賊交通 綿曼，縣名。屬真定國。故城在今河北鹿泉東北。交通，交往；勾結。(63)陳副 光武帝手下將領，曾任主簿、騎都尉。(64)鄧隆 常從光武帝征戰，任游擊將軍。(65)幽冀 指幽州、冀州一帶。冀州，西漢武帝置「十三刺史部」之一。東漢治所在高邑（今河北柏鄉北）。後移治鄴縣（今河北臨漳西南）。轄境相當今河北中南部、山東及河南一小部分地區。(66)元氏 縣名。屬真定國。今河北元氏西北。(67)謁 拜見；請見。一般用於下對上、幼對長。(68)出 外甥。《爾雅・釋親》：「男子謂姊妹之子為出。」(69)王侯牧守 指漢代地方行政區劃侯國、州、郡的最高統治者。(70)宜出傳舍 適合到驛館相會。(71)臨邑侯讓 臨邑，縣名。今山東東阿。讓，劉揚的弟弟，臨邑侯。因謀欲反，被耿純所殺。(72)細 即劉細，劉揚的堂兄。為耿純所殺。(73)輕兵 輕裝便於迅速反應的軍隊。(74)延請 邀請。(75)閤 正門旁的小門。(76)勒兵 統率士兵。(77)備位 謙辭。謂，聊以出掌職位。(78)爵 爵位。(79)通侯 即列侯。漢制，劉姓子弟封侯者，謂之諸侯。異姓功臣封侯者，謂之列侯。也叫徹侯，金印紫綬。為避西漢武帝諱而改稱列侯。(80)東郡 郡名。戰國秦王政五年（西元前二四二年）置。治濮陽（今河南濮陽西南）。西漢轄境相當今山東東阿、梁山以西，山東鄆城、東明、河南范縣、長垣北部以北，河南延津以東，山東茌平、冠縣、河南清豐、濮陽、滑縣以南地區。東漢以後轄境縮小，三國以後廢置。(81)太山 郡名。治奉高（今山東泰安東北），轄境相當今山東泰山南、費縣北、泗水東及沂源以西地區。(82)平原 郡名。治平原（今山東平原縣西南）。轄今山東北部德州地區及河北吳橋一帶。(83)發干 今山東冠縣東。(84)長 為漢官名。掌治其縣。不足萬戶人口的縣的最高長官叫長，秩三百至五百石。(85)案奏 據實呈報。(86)坐免 因有罪而罷官。(87)車駕 皇帝的乘輿，此處代指光武帝。(88)甲冑 鎧甲和頭盔。(89)東光 縣名。今河北東光東。(90)文帝 （西元前二〇二－前一五七年），高祖中子，母為薄姬。在位二十二年。重視農業發展，減輕刑罰，不輕易對周邊少數民族用兵。在他及其子景帝的共同努力下，出現了歷史上稱為「文景之治」的封建盛世局面。詳見《漢書・文帝紀》。(91)周勃 （？－西元前一六九年），西漢初年的開國功臣。出身貧苦，隨劉邦起兵於沛。在推翻秦王朝、楚漢戰爭和漢初平定異姓諸侯王叛亂的過程中，功勳卓著。劉邦稱帝後，封為絳侯。仕三朝，諡武侯。(92)丞相 古代官名。一般指皇帝下最高行政長官，輔佐皇帝總理百政的官員。(93)鄴 古都邑名。春秋齊桓公始築城，戰國魏文侯置縣，都此。漢後為魏郡治所。東漢末年後又先後為冀州、相州治所。建安十八年（西元二一三年）曹操為魏公，定都於此。自曹操時至北齊，鄴長期為河北地區最繁盛富庶的大都市之一。有二城，南北相連。北周大象二年（西元五八〇年）楊堅焚毀鄴城。北故城遺址在今河北臨漳西南鄴鎮村一帶，南故城遺址在臨漳南。94 斛　量器名，也為容量單位。漢代以十斗為一斛。95 李通　字次元，南陽宛人。見本書卷十五。96 王常　字顏卿，潁川舞陽人。見本書卷十五。97 衛地　東郡屬於舊衛地。故此處稱衛地來指代東郡。98 太中大夫　官名。俸比千石，掌議論，有時亦被遣領兵。99 成　縣名。今山東寧陽東南董大城。100 阜　耿阜，耿純的兒子。繼承父爵。後改封莒鄉侯，永平十四年，因族人之事被牽連而封國被撤。101 武邑　縣名。屬信都。今河北武邑。102 代　郡名。戰國趙武靈王置。秦、西漢治代縣（今河北蔚縣東北。一說西漢治桑乾，今河北陽原東）。西漢轄境相當今河北懷安、淶源以西，山西陽高、渾源以東的內外長城間地和長城外的東洋河流域。東漢移治高柳（今山西陽高西北）。北鄰烏桓、匈奴等族，故為北方要郡。103 遂鄉　鄉名。屬濟北國蛇丘。104 著武　縣名。今內蒙古呼和浩特東南美岱二十家古城。105 鄧禹　字仲華，南陽新野人。見本書卷十六。106 雲陽　縣名。今陝西淳化西北。107 關內侯　漢承秦制，二十等爵之十九等為關內侯，無土，寄食在所縣，民租多少，各有戶數為限。108 莒鄉　縣名。秦置。今山東莒縣。109 耿歙　耿純族人。110 顏忠　楚地人。111 高亭　鄉亭名。故地當在今山東莒縣附近。

【語譯】 耿純，字伯山，鉅鹿郡宋子縣人。其父耿艾，擔任王莽的濟平尹。耿純在長安求學，因而被晉封為納言士。

2 王莽被打敗後，更始帝即位，派舞陰王李軼去降服各個郡國。耿純的父親耿艾歸降後，接任濟南太守。當時，李軼兄弟兩人掌握政權，專制一方，到他們門下遊說的人很多。耿純接連幾次請求拜見都沒能見到他，過了很久，才得進見。耿純於是勸說李軼道：「大王您憑藉著龍虎般的威風，又遇上風雲際會的好時機，迅速飛黃騰達，一年之間你們兄弟兩人就得稱王。可是你們的德望信義並沒有在官吏百姓中傳開，你們也沒有對老百姓施予恩惠，榮寵和俸祿突然並臨，這正是聰明人所當忌諱的。兢兢業業，小心謹慎，還怕不能夠有好下場，更何況是志得意滿，自以為了不起，難道這樣可以成就功業嗎？」李軼認為他不同尋常，況且他又是鉅鹿的大族人家，於是秉承更始帝旨意把他任命為騎都尉，授給他節杖，讓他安撫平定趙、魏之地。

3 恰逢世祖渡河來到邯鄲，耿純即刻去拜謁，世祖很熱情地接見了他。耿純告辭出來時，見到世祖手下的官員帶兵的規矩和其他將領不一樣，於是請求世祖接收自己，並獻上馬和幾百匹細絹絲帛。世祖向北進軍中山，把耿純留在邯鄲。恰逢王郎謀反，世祖馬上從薊縣向東南方向疾馳，耿純和堂兄弟耿訢、耿宿、耿植一起帶領宗族、門客兩千多人，其中老弱多病者則用車子拉著棺材也跟隨著，他們共同在育縣敬迎世祖。世祖授任耿純為前將軍，封耿鄉侯，耿訢、耿宿、耿植都被任命為偏將軍，讓他們和耿純共任前鋒，迫使宋子縣投降，又跟隨世祖攻打下曲陽和中山。

4 當時，很多郡國都投降了邯鄲，耿純恐怕自己的族人心懷二志，於是派耿訢、耿宿返回去把他們宗族的房屋都燒毀了。世祖問耿純這樣做的原因，他回答說：「臣竊以為明公您獨身來到河北，並沒有多少府庫蓄積，也沒有可以用來收買人心的錢財或物品，您所可以招聚眾人歸依的，僅是您的恩義德望，也正因此人們都樂於來歸附您。現今邯鄲自立為王，北州的人民還在疑惑不定，雖然我率全族人都來歸順您，包括年老的和病弱的人在內，但還恐怕族人、門客當中有心志不同的人，所以把房屋室家都燒毀了，斷絕他們返回家鄉的念頭。」世祖感歎不已。到了鄗之後，世祖居住在客館裡，鄗的大族蘇公在城中謀叛，打開城門迎接王郎的部將李惲進城。耿純最先發覺，帶領軍隊迎上去與李惲交戰，取得了勝利，並斬殺了李惲。耿純隨著世祖收復了邯鄲，又擊敗了銅馬軍。

5 當時，赤眉、青犢、上江、大彤、鐵脛、五幡等十多萬大軍都在射犬，世祖率軍攻打他們。耿純的部隊駐紮在最前面，距離其他將領的駐地還有幾里地，賊兵突然在晚上偷襲耿純，箭矢像雨點一樣射入軍營中，許多士兵中箭或死或傷。耿純約束軍隊，令堅守不動。然後選拔了兩千人的敢死隊，讓他們都拿著強勁的弩弓，每人再帶三支箭，為了防止喧譁，銜枚從小路前進，繞到敵兵的背後，一起大聲呼喊鼓噪，同時弩箭齊發，賊兵驚慌逃走。耿純帶兵追擊，打敗了賊兵。耿純派人騎馬飛奔報告世祖。世祖第二天早上和各位將領都來到耿純的軍營中，慰勞耿純說：「昨天晚上被圍困住了吧？」耿純說：「依仗明公您的威德，軍隊僥倖得以保全。」世祖說：「大軍晚上不可以隨便行動，所以沒有前來救援你。軍營中勝敗沒有一定的規律，你的族人不應該全部都留在軍營中。」於是封耿純族人耿伋為蒲吾縣長，命他帶領他們的宗族親屬全部都居住在蒲吾縣。

6 世祖即位後，封耿純為高陽侯。耿純在濟陰郡攻打劉永，攻克了定陶。起初，耿純跟隨世祖攻打王郎時，從馬上掉下來摔折了肩膀。當時傷口發作，於是就回到懷縣的行宮去，光武帝問他：「你的兄弟中誰可以率兵攻戰呢？」耿純推薦了他的堂弟耿植，於是派耿植統率耿純的部隊，耿純則還以前將軍的身分隨軍出戰。

7 當時，真定王劉揚再次造作讖語說：「漢高祖九代孫之後，患癭的劉揚當為帝。」劉揚脖子上長有腫瘤，所以想以此來迷惑人們，他和綿曼的賊兵互相勾結。建武二年春季，光武帝命騎都尉陳副、游擊將軍鄧隆徵召劉揚，劉揚緊閉城門，不讓陳副等人進城。於是光武帝再派耿純拿著符節，在幽、冀兩州發布赦免令，還命令他同時慰勞當地的王侯。光武帝下密詔給耿純道：「劉揚如果見你，趁勢逮捕他。」耿純帶領一百多名隨從人員騎馬到元氏和陳副、鄧隆匯合，一起來到真定，居住在客館裡。劉揚稱病不來拜望，但因為耿純是真定王族的外甥，所以派人送信給耿純，想和他見面。耿純答覆說：「我奉皇上的命令出使召見王侯、牧守，不能先去見你，如果想會面，以出王府相見於館舍為當。」當時劉揚的弟弟臨邑侯劉讓和堂兄劉細，各擁兵一萬多人，劉揚自恃勢力強大而耿純意思平和，沒有什麼特殊的動作，就和下屬官員來到館舍，他的兩兄弟都帶著勇武、迅捷的軍隊守衛在門外。劉揚進去拜見耿純，耿純按禮儀恭敬地接見了他，趁機邀請他的兩個兄弟，也一同進入館舍，於是緊閉客館的門戶，把劉揚兄弟等全部誅殺，接著率兵而出。真定的軍民大為震動驚恐，沒有人敢反抗。光武帝由於劉揚、劉讓的陰謀並未曾發動就被誅殺，可憐他們的兒子，於是都封為列侯，並恢復他們先前的封國。

8 耿純返歸京城後，就主動向光武帝請求說：「臣本來是官吏的後代，有幸遇上聖明的皇帝您受命上天，復興大漢，我才得以位列將軍之中，爵封列侯。現在全國已基本平定，臣已經沒有什麼戰事需要費心了，願意試著去治理一郡，定當竭力效命。」光武帝笑道：「愛卿已經通曉了軍事，又要治理文教嗎？」於是任命耿純為東郡太守。當時東郡還不曾平定，耿純治理幾個月後，平息盜賊，郡縣安寧。建武四年，光武帝下詔命耿純率軍攻打更始帝所封的東平太守范荊，范荊歸順。又揮軍攻打太山、濟南和平原三郡的賊寇，把他們全部掃蕩了。耿純在東郡當了四年太守，當時發干縣長犯了罪，耿純追查此事，上奏皇帝，並派人圍困。皇帝的批文還沒下來，發干縣長就自殺了。耿純因此事而被免去官職，僅餘列侯的身分和奉朝請的名號。他又跟隨光武帝攻打董憲時，路過東郡，百姓老小數千名，跟在光武帝的車子後面哭喊，說「希望再一次得到耿君」。光武帝對三公、九卿們說：「耿純年輕的時候就披甲從軍為軍官，治理一郡竟然能夠受到人們如此深切的懷念！」

9 建武六年，定封耿純為東光侯。耿純辭別皇上，欲往封國，光武帝說：「文帝對周勃說『丞相您是朕所敬重的人，您就為我帶領諸侯們到各自的封國去吧』，現在也是這樣。」耿純接受詔書去了封國。到鄴縣時，受賜穀物一萬斛。他到了封國後，弔唁死者，撫慰病人，老百姓都很愛戴尊敬他。建武八年，東郡、濟陰的盜賊又猖獗起來，光武帝詔命大司空李通、橫野大將軍王常攻打他們。光武帝知道耿純在舊衛地的威信很高，所以派使者任命他為太中大夫，命他和大軍在東郡會合。東郡人聞知耿純到來，九千多名盜賊都去向耿純請降，大軍不用戰鬥就勝利返回。皇帝下詔再次冊封耿純為東郡太守，官民心悅誠服。建武十三年，耿純在任上去世，謚號成侯。其子耿阜襲爵。

10 後來，耿植被晉封為輔威將軍，封武邑侯。耿宿官至代郡太守，封遂鄉侯。耿訢被授任為赤眉將軍，封著武侯，隨從鄧禹西征，在雲陽戰死。耿純全族被封為列侯的共有四人，封關內侯的有三人，俸祿等級二千石的共有九人。

11 後來耿阜被改封為莒鄉侯。永平十四年，他因為同族的耿歙和楚地人顏忠有書信勾通聯繫之事，而受牽連被治罪，封國也被撤銷。建初二年，肅宗追懷耿純的功勞，繼封耿阜之子耿盱為高亭侯。耿盱死後，沒有兒子繼承，章帝再封耿盱之弟耿騰為侯。耿騰死，其子耿忠襲爵。耿忠死，其孫耿緒襲爵。

贊曰：任、邳識幾，嚴城解扉❶。委佗還旅，二守焉依❷。純、植義發，奉兵佐威。

【章　旨】總贊幾位傳主的功績。

【注　釋】❶解扉　解，打開。扉，門扇。此指邯鄲城門。❷委佗還旅二句　指世祖劉秀失軍南回，依任、邳以成功。委佗，走路遲緩的情狀。還旅，謂光武帝自薊而還。二守，謂信都太守任光與和成太守邳彤。

【語　譯】史官評議說：任光、邳彤有先見之明，他們守護堅固的城池專為世祖而打開。世祖在失意的時候從薊縣返回，依仗任光、邳彤兩位太守而取得成功。耿純、劉植心懷大義，帶領著軍隊同來佐助世祖的聲威。

【研　析】本卷所記述的任光、李忠、李植、邳彤、耿純等五人，均名列光武帝創業功臣「雲臺二十八將」之中。同是東漢創業功臣，各有各的特性與功績，這數人列於一卷之中，自有其共性。他們不同於早年同學、為人持重，劉秀用以震服群倫的鄧禹，不同於族大宗強、保據一方，劉秀創業時必須借重的寇恂、耿弇，也不同於提大軍攻城略地，獨擋一面馮異、賈復，也不是劉秀兄弟初起即捨命相從的親屬、同鄉，如李通、鄧晨。作為創業功臣，此數人的特性又是什麼呢？

首先，這數人都是在劉秀奠基河北遇到嚴重挫折時，死心踏地跟隨劉秀，使劉秀得以復振。此須與本書卷一〈光武帝紀上〉對看，方能有更全面的了解。

劉秀隨兄劉伯升舉兵反王莽，兵敗投於綠林軍中，及綠林軍占據南陽，擁劉縯為漢帝，年號更始，並誅殺桀驁不馴的劉伯升，使劉秀在心理上與更始政權分道揚鑣。西元二十四年十月，劉秀奉命至河北「鎮慰州郡」，而漢宗室劉林擁戴王郎，稱之為漢成帝之子，於同年十二月在邯鄲稱漢帝，「遣使者降下郡國」。漢成帝死後，據說有遺腹子流落民間，在廣大民眾看來，絕對是漢室正宗，於是群起響應。劉秀被懸賞搜捕，「狼狽不知所向」，幾乎走投無路。在這種情形下，河北只有更始政權任命的信都太守任光、都尉李光，據城自保，不從王郎，使逃亡途中的劉秀在河北獲得了一個根據地，並以此為基礎，或招徠、或強拉，組建武裝，最終消滅王郎，據有河北，形成與更始政權分庭抗禮的勢力，遂稱帝創立東漢。沒有任光、李忠堅守信都，並接納劉秀，劉秀的政治前途或許是一個全然不同的結局。鉅鹿太守邳彤亦為更始政權堅守，並遣兵二千接應逃亡中的劉秀；率宗族賓客，聚兵數千占據昌城的劉植，「開門迎世祖」，並說動真定人劉揚十萬之從聽命劉秀；耿純則因與劉秀一面之交而誠心歸附，在劉秀逃亡之際，「率宗族賓客二千餘人」追隨，均屬雪中送炭，其功甚偉。

其次，此數人在劉秀前途未卜時，都表現了絕對的忠心，成為劉秀得以獨立發展的保證。

如果說任光與李忠守信都、邳彤守鉅鹿，以及劉植、耿純追隨劉秀，最初的政治考量只是在更始政權與王郎這個假冒的劉氏皇帝之間作出選擇，當他們齊聚信都，接受劉秀號令以後，很快實現了認同劉秀為真命天子的轉變，並表現出絕對地忠誠。當信都一度被王郎的軍隊攻占後，他們在信都城中的家屬被扣作為人質，任光率眾反攻信都，兵士們於途中「散降王郎」，應該是擔心家屬的緣故。任光等是選擇劉秀，還是為了家人安危棄之而從王郎，便又成了決定劉秀政治前途的關鍵。李忠的母親與妻子被當作人質，李忠反而自己麾下將敵方首領的弟弟處死，以示絕無「二心」，劉秀大加稱讚；邳彤的父親、弟弟及妻兒被扣作人質，並受到滅族的威脅，他卻表示「事君者不得顧家」；耿純更是派人回家中，將宗親的房舍燒個乾乾淨淨，以防止他們「懷異心」，同時也表明了自己的誠意。正是有此數人忠心擁戴，劉秀才得以再次渡過危機。

劉秀穩定控制河北後，東漢建國歷程進入了一個更為宏大的場境，那已是鄧禹、馮異他們施展才華的時候，本卷人物除了任光在東郡太守任上，政績可圈可點外，其他人並不見有重要作為，但奠基之功不可沒，危難之時的忠心不可忘，他們得與鄧禹等並列為建國元勳，正在於此。（馬春香注譯）

- 新譯蘇軾詞選
- 新譯蘇轍文選
- 新譯曾鞏文選
- 新譯王安石文選
- 新譯柳永詞集
- 新譯李清照集
- 新譯辛棄疾詞選
- 新譯陸游詩文選
- 新譯歸有光文選
- 新譯薑齋文集
- 新譯顧亭林文集
- 新譯袁枚詩文選
- 新譯聊齋誌異選
- 新譯閱微草堂筆記

教育類

- 新譯爾雅讀本
- 新譯顏氏家訓
- 新譯曾文正公家書
- 新譯三字經
- 新譯百家姓
- 新譯幼學瓊林
- 新譯增廣賢文・千字文
- 新譯格言聯璧

歷史類

- 新譯史記
- 新譯漢書
- 新譯後漢書
- 新譯三國志
- 新譯資治通鑑
- 新譯尚書讀本
- 新譯史記——名篇精選
- 新譯逸周書
- 新譯左傳讀本
- 新譯公羊傳
- 新譯穀梁傳
- 新譯春秋穀梁傳
- 新譯戰國策
- 新譯國語讀本
- 新譯說苑讀本
- 新譯新序讀本
- 新譯吳越春秋
- 新譯西京雜記
- 新譯列女傳
- 新譯越絕書
- 新譯燕丹子
- 新譯東萊博議
- 新譯唐六典
- 新譯唐摭言

宗教類

- 新譯金剛經
- 新譯高僧傳
- 新譯碧巖集
- 新譯百喻經
- 新譯楞嚴經
- 新譯梵網經
- 新譯六祖壇經
- 新譯禪林寶訓
- 新譯維摩詰經
- 新譯經律異相
- 新譯無量壽經
- 新譯妙法蓮華經
- 新譯景德傳燈錄
- 新譯大乘起信論
- 新譯釋禪波羅蜜
- 新譯八識規矩頌
- 新譯永嘉大師證道歌
- 新譯華嚴經入法界品
- 新譯地藏菩薩本願經
- 新譯悟真篇
- 新譯无能子
- 新譯坐忘論
- 新譯列仙傳
- 新譯抱朴子
- 新譯神仙傳
- 新譯性命圭旨
- 新譯老子想爾注
- 新譯周易參同契
- 新譯道門觀心經
- 新譯養性延命錄
- 新譯樂育堂語錄
- 新譯沖虛至德真經
- 新譯長春真人西遊記
- 新譯黃庭經・陰符經

地志類

- 新譯山海經
- 新譯水經注
- 新譯佛國記
- 新譯大唐西域記
- 新譯洛陽伽藍記
- 新譯徐霞客遊記
- 新譯東京夢華錄

政事類

- 新譯商君書
- 新譯鹽鐵論
- 新譯貞觀政要

軍事類

- 新譯孫子讀本
- 新譯孫臏兵法
- 新譯司馬法
- 新譯尉繚子
- 新譯三略讀本
- 新譯六韜讀本
- 新譯吳子讀本
- 新譯李衛公問對